흉노인 김씨의 나라 '가야'

伽倻

서동인 지음

흉노인 김씨의 나라 '가야'
실크로드의 지배자 가야를 세우다

지은이 | 서동인
펴낸이 | 최병식
펴낸날 | 2011년 6월 10일
펴낸곳 | 주류성출판사
서울특별시 서초구 서초동 1308-25 강남오피스텔 1309호
TEL | 02-3481-1024(대표전화) • FAX | 02-3482-0656
www.juluesung.co.kr | juluesung@yahoo.co.kr

값 25,000원

잘못된 책은 교환해 드립니다.

ISBN 978-89-6246-057-5 03900

흉노인 김씨의 나라 '가야'

실크로드의 지배자 가야를 세우다

목차

7 — 서문 | 가야사, 그 새로운 이해를 위하여

17 — 구지가는 구야국 '마리' 정복가

39 — 1세기 후반 김해 구야국 수장 나타나다

55 — 진한의 중국인 포로 낙랑 송환 및 배상문제

71 — 김해가야의 여전사들

87 — 김씨는 중국 서부 감숙성이 고향인 흉노인

135 — 가라국의 1세 김수로는 김시金諟

151 — 금관가야의 금관은 무엇을 의미하는가?

157 — 알지는 제천금인의 금인金人

167 — 양동리 고분군은 김해 가야 지배자들의 무덤

195 — 가라국의 시작은 양동리 가곡마을

215 — 양동리고분에서 출토된 청동정의 비밀

235 — 허황후는 산동 제후국인 허국의 공주

269 — 우리말 속의 흉노어 및 알타이어와 가야어

291 — 대성동고분군, 김해가야 역사를 토해내다

329 — 고령 지산리고분군은 대가야 지배층의 무덤

357 — 동복은 본래 흉노에 특유한 유물

369 — 무용총 천정의 장사는 스모相撲선수다!

387 — '미추왕과 죽엽군' 설화에 담긴 의미

401 — 양동리와 동시대 무덤인 경주 조양동고분군

423 — 흉노 김씨와 허황후는 최초의 불교 전래자

449 — 합천에는 묘산가야가 있었다

463 — 흉노인, 실크로드 장악하고 중국에 철기 전해

511 — 참고문헌

523 — 사진 및 그림 출전(출처)

가야사, 그 새로운 이해를 위하여

또 하나의 흉노 제국 '가야'

  이 책을 쓰게 된 직접적인 동기는 구지가龜旨歌에 있었다. 처음 구지가를 배우면서 어딘가 번역이 잘못되었다는 생각에 많은 거부감을 가졌던 적이 있다. 그 이후 이 문제는 줄곧 잠재의식 속에 남아 있었고, 그것이 계기가 되어 오랜 세월 향찰에 관심을 갖게 되었다. 그러다가 어느 날, 덮어두었던 기억이 살아나면서 불현듯 구지가에 담겨 있는 참뜻을 제대로 이해할 수 있게 되었다.

  그런데 막상 구지가의 의미를 파악하고 나니 또 다른 문제에 사로잡히게 되었다. 구지가가 김해가야의 건국 과정을 담은 내용이라면 그 역사를 다시 정리해야 할 필요가 있다고 생각하였고, 그것은 하나의 의무감으로 다가왔다. 그렇게 시작된 일이었지만 대충 쓰고 싶지는 않았다. 어떻게 하면 기록과 자료에 철저히 의존하여 전문성은 살리면서 일반인이 가야 사회와 그 역사를 보다 쉽게 이해할 수 있을까를 고민하게 되었다. 그리하여 마침내 가야사를 테마별로 분류하여 정리하는 것이 좋겠다고 판단하였다. 어차피 현재의 여건이 통사通史로서의 가야 역사를 구성할 수 없는 처지라면 그것이 가장 효과적인 방법이 되리라고 본 것이다.

  여기에 소개하는 내용은 2006년 봄에 준비해 두었던 원고의 일부를 손질한 것이다. 애초 가야사에서 핵심이 되는 문제들을 1백여 개의 주제로 나누어서 설명함으로써 이왕이면 가야의 실체를 쉽게 어림할 수 있도록 구성한 것인데, 다만 분량이 많아 이번에 그 일부만을 가려서 내놓게 되었다.

전체적인 구성은 흉노와 가야의 관계를 중심으로 설정하였다. 즉, 가야인은 물론 한국의 고대인들이 중국 북방의 유민과 깊은 관련을 갖고 있다는 사실을 바탕으로 북방민족과 한족漢族과의 관계 속에서 한국의 고대사가 어떻게 전개되었는지를 분석해 보고자 하였다.

한국과 중국의 모든 김씨는 흉노인이며 김해가야는 흉노인 김씨의 나라였다. 이것이 이 책을 쓰게 된 두 번째 이유이다. 흉노인 김씨와 가야의 관련성에 대해서는 1960년대 문정창씨가 『가야사』에서 처음 제기하였지만 그간 역사학계는 그 주장을 받아들이지 않았다. 하지만 그의 견해는 옳았다. 나아가 김씨의 원류에 관한 중국의 자료를 검증하는 과정에서 그가 몰랐던 여러 가지 충격적인 사실을 새로이 확인하였다. 또한 『전한서』·『후한서』 등 중국의 역사기록을 바탕으로 초기 7대의 김씨 가계도를 복원하였으며 흉노인들의 문화와 생활 및 풍속 그리고 그들의 광대한 영역과 삶을 자세하게 알아보았다. 그간 전혀 알려지지 않은 내용들이 대부분이었다. 사실 전인미답의 신천지를 개척하는 느낌이었다는 표현이 어울릴 것 같다. 이로써 흉노족의 진실에 접근할 수 있었으며, 나아가 오환선비烏丸鮮卑 및 선비족·만주족 그리고 기타 북방민족들에 관한 자료를 널리 추적해 보았다. 중국과 한국·일본의 발굴 자료는 물론 중국의 방대한 기록으로부터 한국 고대사와 관련된 내용을 추려내 가야의 실제 모습을 복원해보고자 한 것은 기록과 유물이 사실에 얼마나 부합하는가를 철저히 밝혀보기 위한 목적에서였다.

현재의 중국 감숙성과 돈황~서역을 지배하던 흉노 우현왕의 태자 김일제와 그 아우 김륜金倫의 후예들이 한국 땅에 세운 또 하나의 흉노제국이 가야였다. 흉노 우현왕의 두 아들이 김씨 성을 갖게 되면서 김씨가 탄생했다. 그런데도 김해 가야의 건국세력이 쇠를 다루던 사람들이었다 하여 김金이란 성씨가 나왔다거나 심지어 김해金海를 '쇠의 바다'라는 뜻으로 해석하는 이들도 있다. 하지만 그것은 사실이 아니다. 대단히 잘못된 추측이며 억단일 뿐이다. 김金은 금Gold이지 철鐵이 아니다.

흉노匈奴의 고향은 원래 곤륜산崑崙山 서쪽으로부터 중앙아시아 일대였다. 이 지역에 흉노의 나라 구국狗國이 있었다고 하였고, 구국의 狗, 즉 개를 흉노어로 구트야라 하므로 구야국狗倻國의 구야는 '구트야'의 한자 표기라는 점도 처음으로 제기하였다. 이 흉노인들이 중국 북방으로 들어와 황하를 지배하였으며 기록상 황하의 최초 지배자는 하족夏族이라 하는 흉노족이었다. 그들이 남긴 대표적인 흔적이 오르도스와 황하 주변 지역에 남아 있는 기원전 2900~2300년의 신석기시대 석성들이다. 이것은 현재의 중앙아시아 지역에서 중국 북방으로 흉노족이 들어와 살았음을 알려주는 구체적인 증거물이라 할 수 있다. 이들 촌락이 『노자老子』에 소국과민小國寡民으로 표현되어 있는 것이라고 생각된다. 나라는 작고 인구는 적었음을 전하는 기록이다. 이 시기를 거쳐 기원전 2070년경에 비로소 기록상 중국 최초의 왕조인 하夏가 등장하는데, 하 왕조 역시 흉노족의 정권이었다. 흉노의 전성시대에는 중국과 중앙아시아 사이에 인적·물적 교류가 매우 활발하였다. 기록과 유물로 보더라도 기원전 2900년경부터 3천여 년 이상 흉노인들은 북방을 호령한 중국의 실질적인 지배자였다.

흉노의 匈은 본래 兇과 같은 글자로, 두 사람이 서로 허리춤을 맞잡고 겨루는 씨름 모습을 상형한 것이다. 고구려나 백제·신라는 물론 가야인들도 우리의 전통 씨름을 즐겼을 것이고, 씨름으로 보아 우리 민족의 형성에는 흉노와 선비족의 비중이 컸다. 중국 길림성 집안輯安에

있는 무용총과 각저총의 씨름 및 스모すもう 벽화의 원류와 배경을 살펴본 것도 고대 흉노·선비족의 이동과 문화 전파라는 측면을 훑어보기 위한 것이었다. 따라서 현재 우리와 비슷한 씨름이 남아 있는 카자흐스탄은 우리의 씨름과 하나의 계통성을 갖고 있다는 점에서 주목된다.

이어 기원전 174년 흉노 모돈선우는 우현왕으로 하여금 돈황 너머 서역 26국을 통일하도록 하여 강력한 흉노제국을 완성하였다. 당시 우현왕의 중심지인 주천酒泉은 서역으로 가는 출발지였다. 이곳에서 서역으로 가는 사신과 돌아오는 사람이 마주보며 손을 흔들고 서로 화답했을 정도로 많은 흉노인들이 서역을 빈번하게 왕래했다. 이 무렵 실크로드를 장악한 흉노족은 대단히 강성하였다. 그 실크로드의 실질적인 지배자는 흉노 우현왕이었다. 이들이 가져온 로마와 서역의 문물은 흉노 사회를 풍요롭게 하였다. 흉노 대선우의 지배력과 우현왕 세력은 막강하였으며 이에 어쩔 수 없이 중국의 전한前漢 왕조는 화친책으로써 많은 양의 황금과 공물 그리고 미녀를 흉노에게 바쳐야 했다. 하지만 이런 평화의 시기는 오래 가지 않았다.

기원전 121년 가을 흉노 우현왕이 죽임을 당하고, 그 부인과 함께 두 왕자가 포로로 잡히면서 흉노의 세력은 크게 꺾였다. 그리고 흉노 우현왕의 태자 김일제 및 김륜 두 형제로부터 오늘의 중국과 한국의 김씨가 시작되었다. 김일제는 곧 무제의 측근이 되었고 전한 말기에 김일제의 증손녀 김정군金政君이 전한前漢 원제元帝의 정비인 효원황후가 되어 아들 성제成帝를 낳았다. 김일제 이후 김씨들은 7대를 내려오며 중국 조정에서 큰 세력을 형성했다. 그리고 마침내 효원황후의 친정 조카인 김망金莽은 왕위를 찬탈하여 신(新, 기원후 8~23년) 정권을 세웠다. 김망은 왕망王莽의 본명이다.

하지만 김씨들의 전성시대는 그리 오래 가지 않았다. 신 정권이 무너지고, 후한 광무제(한 고조 유방의 9세손)가 등장하자 황실과 그 주변에 있던 김씨들은 사방으로 뿔뿔이 흩어졌다. 이들 망명객 김씨들의 일부가 김해와 경주 일대에 들어왔다. 이들은 기원전 2세기 말 고조선 및 낙랑으로부터 내려와 있던 피난민들과 어울려 새로운 세력을 형성하였다. 그 결과 김해 양동리에서 김시金諟가 김해가야를 열었다. 김시는 낙랑에 철을 공급하는 조공외교에 성공하였고, 이 과정에서 금관가야金官伽倻가 성립되었다. 이 사람을 금관가야·김해가야·가라국·임나가라의 시조로 파악하였다. 곧이어 김시金諟의 후손 김성金星이 경주로 진출하여 신라의 중심으로 부상하였다. 이 사람이 바로 기록상 신라 김씨의 시조 '알지'이다. 그러나 알지는 어느 특정인의 이름이 아니라 금인金人의 뜻이며 모든 김씨는 '알지'임을 증명하였다. 김씨는 본래 중국 감숙성 일대가 고향인 불교도였다. 금불상을 만들어 놓고 흉노인들이 숭배하던 제천금인祭天金人의 금인金人에 착안하여 한漢 무제武帝가 내려준 성씨가 '金'이라는 성씨이다. 경주 조양동고분의 유물과 묘제가 김해 양동리와 같은 시대, 같은 유형이라는 것은 두 지역의 주민이 대략 같은 종족이었으며 김씨를 비롯하여 북방에서 내려온 이들이 어울려 산 증거로 볼 수 있다.

김시金諟가 김해에 내려가 세력을 형성하기 이전인 기원후 20년 무렵, 현재의 경남 창원(=염사) 지역에 살던 염사착은 낙랑으로 망명하였다. 그는 성이 없어 '염사 사람 착'이라는 의미에서 염사착이라고 하였다. 그러나 염사착은 본래 김착金鑛이었을 가능성도 있다.

그로부터 다시 20여 년 후인 기원후 44년, 김해 양동리에 내려가 있던 김시는 낙랑에 들어가 조공을 하고 염사읍군이 되었다. 그는 아마도 낙랑에 들어갈 때마다 염사착을 자주 만났을 것이다. 이 김시金諟에 의해 금관가야가 탄생했고, 김시의 후손으로서 김성金星이라는 인물이

사로연맹에 가담해 박씨·석씨와의 연립정권을 구성하였다.

　김씨들이 중국 서안西安에서 내려왔음은 양동리에서 나온 청동정으로도 증명된다. 중국의 『한서』를 비롯한 역사 기록을 참고로 양동리 청동정은 서원궁정西苑宮鼎일 것으로 추론하였다. 이 동정을 양동리에 가져온 김씨들은 고조선·낙랑계 선주인들과 잘 융화하였다. 양동리고분군은 양동리 가라골에서 금관가야를 건국한 이들이 남긴 흔적이다. 3세기 초에 김씨들은 세력을 모아 대성동 지역에 있던 변진구야국을 정복하면서 금관가야를 가라국으로 바꾸고 재건국의 전기를 마련하였다. 선주족과 변진구야국의 수장을 제압하고 새로운 세상을 연 과정이 구지가에 반영되어 있음은 앞에서 설명하였다.

　다음으로, 김해시 봉황동의 공설운동장 터에서 기원후 1세기 후반의 목관묘와 수장급의 유물이 나와 이것을 구야국 수장의 무덤으로 보는 견해가 제기되었다. 또 2세기 중반의 무덤으로 추정되는 구지로 12호 목관묘에서는 180cm의 장신에 편두를 하고 많은 양의 유리구슬을 부장품으로 갖고 간 인물이 확인되었다. 이들은 양동리 일대의 김씨들이 세력을 형성하던 때 김해 대성동 지역에서 세력을 떨치고 있던 실력자로서 결국 이와 같은 사람들이 후일 김해가야 김씨 세력의 기반이 되었다. 1세기 중반 양동리 가라골에서 금관가야로 시작한 김씨들은 가라국을 건국하고 3세기 후반 대성동으로 근거지를 옮겼을 것으로 보았다. 3세기 초 구야국 정복을 계기로 영남 해안의 8개 소국인 포상팔국浦上八國은 김해가야를 대상으로 끈질긴 싸움을 벌였고, 이 전쟁에서 승리한 김씨 정권은 대성동으로 세력을 확장한 것으로 파악하였다. 그러므로 대성동으로 진출하여 선주세력을 정복한 김수로는 전후 상황과 시대를 감안할 때 김시金諟의 5~6세손이 될 것으로 추정하였다.

　기원후 3세기에는 김해와 경주 일대에는 북방으로부터 많은 유민이 내려왔다. 특히 위魏의 조조曹操 정권은 흉노와 요서遼西의 오환선비 등을 요동으로 축출하거나 무자비하게 학살하였다. 소위 동호東胡를 대상으로 한 대규모 살육전을 전개하자 많은 유민이 요동과 한반도로 내려왔고, 기원후 244년과 246년에는 위魏의 관구검이 침입해 고구려 정권이 거의 와해되다시피 했다. 이 무렵에도 대규모 유민이 발생하였으며 그 중 상당수가 영남 지역에 유입되었다. 또 3세기 말에는 부여의 멸망에 따라 그 유민이 쏟아져 들어왔다. 기원후 3세기까지 오늘의 영남 지방은 말하자면 '북방 유민 특별거류지'와 같은 곳이었다. 북방에서 내려온 다양한 종족을 마한馬韓은 성가신 존재로 여겨 영남 지역에 분리하여 정착시키는 정책을 취했기 때문이다.

3세기의 영남은 한 마디로 혼란과 동란의 시대였다. 유민이 계속 들어오면서 인구가 늘어났다. 인구의 증가는 생산력을 높였다. 그리하여 2~4세기 김해가야는 비약적으로 발전하였다. 3세기 말 대성동 일대에 새로운 무덤들이 부쩍 늘어난 것은 양동리에서 옮겨온 세력과 북방 이주민들로 김해 지역의 인구가 증가한 사실을 보여주는 매우 구체적인 자료로 이해할 수 있다.

김해의 변진구야국을 바탕으로 성장한 김해가야는 3~4세기 영남의 실력자였다. 그러나 5세기부터 영남의 패권은 신라로 넘어가고, 가야는 고령·부산(복천동)·함안 등으로 분산되었다. 결국 6세기 중반 가야는 통일왕국을 완성하지 못하고 드디어 신라에 차례로 통합되었다. 이것은 넓게 보면 신라로 진출한 김씨들이 자신들의 역량을 넓혀 가야를 아우른 것이므로 가야가 신라에 정복된 것이 아니라 흉노인 김씨들의 통합과 김씨 왕국의 확대로 이해할 수 있을 것 같다. 다시 말해 가야 연맹을 주도한 김씨 정권을 사로연맹으로 진출한 김씨들이 흡수 통합한 결과로서 가야의 멸망과 신라의 성장은 신라와 가야라는 국가적 관점에서 볼 것이 아니라 흉노인 김씨들의 세력 확대란 점에서 새롭게 이해할 필요가 있다고 보는 것이다.

흉노인의 한반도 유입을 알려주는 유물들은 적지 않다. 중국 북부지방과 황하 주변·오르도스·외몽고·서역·헝가리·남시베리아 등지에서 발견되는 동복이 김해와 평양에서 출토된 것이나 평양 석암리 29호분에서 출토된 흉노적 색채의 은제행엽이 대표적인 사례이다. 또한 중국 신강新疆 지역에서 나온 것과 똑같은 금제교구가 석암리 9호분에서도 나왔는데, 이것들은 흉노인이나 오환선비족 수장층의 유입을 짐작케 하는 유물이다. 더욱이 대성동고분군에서 조사한 목곽묘가 고조선계와 흉노계 두 가지 계통의 유형으로 구분되는 점도 이러한 사실을 뒷받침한다. 고조선계 목곽묘는 가로 : 세로의 비율이 대략 3 : 2이며 흉노계는 네 모서리와 중간에 기둥을 세운 구조로서 폭이 좁고 길다.

한국의 고대 사회에 상당수의 흉노인과 오환선비·선비인이 유입된 사실은 언어상으로도 증명된다. 우리말 속에 남아 있는 흉노어가 의외로 많다. 어순과 어휘로 보면 우리말은 흉노어에 아주 가깝다. 현대 한국어는 신라어에 기초를 두고 있고, 신라의 문화는 흉노적 색채가 짙다. 따라서 한국어는 흉노어일 가능성이 있으며, 적어도 고대 한국어가 삼한계의 말에 흉노 및 선비어가 추가되어 형성된 것은 분명하다. "가야국 가실왕은 '여러 나라의 방언이 제각기 다르니 그 소리가 어찌 한결같을 수 있겠는가'라고 생각하여 우륵을 시켜 12곡을 만들게 하였다"고 한 『삼국사기』의 기록을 볼 때 우륵의 작곡 배경은 이처럼 이질적인 종족의 문화와 언어를 통일하기 위한 노력으로 볼 수 있을 것이다.

현재의 한국어에는 우리가 알지 못해서 그렇지 상당히 많은 수의 흉노어가 있으리라 짐작된다. 이런 점을 감안하여 이 책에서는 우리말에 남아 있는 흉노어 외에 흉노인의 말로 짐작되는 단어들까지 추적하여 그 의미를 밝혔는데, 이것은 흉노사 연구에서 세계 최초의 일이라 하겠다. '우리말 속의 흉노어 및 알타이어와 가야어'라는 주제로 소개한 내용은 앞으로 역사학 뿐 아니라 국문학 분야에서도 큰 도움이 될 것이다.

기록과 지명을 대조하여 잃어버린 가야의 위치 및 가야사와 관련된 문제들을 언어학적 차원에서 비중 있게 조명한 것도 같은 맥락이다. 변진12국의 하나인 미오야마국彌烏邪馬國이 합천 묘산면에 있었던 묘산국(=묘산가야)임을 증명한 것도 큰 의미가 있을 것이다. 당시에 많은 유민이 내려와 이런 가야 소국들을 형성하였을 것이다. 여러 성씨를 굳이 들 것 없이 김씨들이 한국에 내려온 사실 하나만으로도 흉노인이 고대 한국에 들어온 사실은 충분히 입증되는 것이다. 이와 함께 흉노인 김씨와 허 황후는 이 땅에 불교를 최초로 가져왔으며 허 황후의 출신지는 중국 허창許昌이었다는 점 또한 흥미롭게 다가올 것이다.

이상으로 이 책에서 거론한 내용을 간략하게 요약해 보았지만, 그 대부분은 저자가 처음으로 제기한 것이다. 서역으로부터 중국과 한국·일본에 이르는 광대한 영역에서 명멸한 흉노족 및 선비족의 정권과 그 문화를 아우르며 가야사를 조망한 것은 한국 고대사 분야에서 획기적인 일이라 하겠다. 앞으로 이 책이 가야사 연구에 새로운 전환점을 마련해줄 것이며, 학계와 연구자들에게 하나의 이정표가 되리라 믿는다.

2011년 5월
著者

구지가는 구야국 '마리' 정복가

신화, 역사가 되다

사람들은 자신들이 살아온 역사를 만들고 또 신화를 남겼다. 그리하여 어느 나라든 역사가 있고 신화가 있다. 고대 그리스와 로마의 신화가 있으며 중국의 삼황오제三皇五帝 신화가 있고, 우리에겐 단군신화와 주몽신화 및 김수로 건국신화가 있다. 이웃 일본에도 나름대로 건국신화가 있으며 또 역사가 있다.

역사는 시대를 달리해 살아간 사람들의 행동과 심리를 기록한 것이어서 시대와 상황, 역사적 배경이 분명하다. 그러나 신화는 시공간 상황이 불확실하다. 연대가 불분명한 것은 물론이고 인물이나 사건의 배경이 애매하다. 기록과 기억이 희미하고 시대와 공간적 상황이 불확실해 내용을 알 수 없는 것들은 그 스스로 역사에서 따로 분리돼 나와 신화라는 영역을 만들었다. 여러 사람들에 의해 오랜 세월 구전되던 내용이 생략되거나 때로는 왜곡되어 문자로 기록될 즈음, 그것은 자연스레 역사의 영역 밖으로 벗어난 것이다. 그리하여 그 내용을 제대로 파악할 수 없게 되자 사람들은 그것을 신화라고 명명했다. 그래서 신화는 단지 신들의 이야기로 생각하지만, 그것은 결코 신들의 이야기가 아니다. 신화에 등장하는 신과 이야기는 기본적으로 사람들의 이야기이지 인간의 상상력으로 빚어낸 허구일 수 없는 것이다.

이런 까닭에 만약 신화의 실체를 정확히 이해할 수 있다면 신화는 다시 역사로 복원될 수 있을 것이다. 그리스와 로마 신화가 그러하고, 단군신화나 신라의 박혁거세 신화 그리고 가야의 김수로왕 신화 역시 마찬가지이다. 단군신화의 경우만 해도 그렇다. 이미 조선시대의 역사학자인 성호 이익과 그 제자 안정복 이후 많은 실학자들은 신화 속의 단군을 역사적인 인물로 이해했다. 단군신화는 우리 고대사회에 '실재했던 역사'를 전하는 한 편의 토막이야기로 인정한 것이다. 그리하여 1900년대 초의 박은식과 신채호 같은 민족주의 역사가들은 단군을 우리 고대사로 다루었으며, 정인보·최남선도 단군조선의 역사와 영역을 복원하려고 시도했다.[1]

한 마디로 신화란 없다. 신화에 담긴 내용이 너무나 먼 옛날의 이야기여서 그 내용을 정확히 이해할 수 없기 때문에 신화라는 말로 얼버무리는 것이다. 신화라는 이름으로 불리는 이야기들 속에 담겨 있는 내용을 정확히 알 수만 있다면 사람들은 굳이 그것을 신화라고 이름 지었을까? 그런 점에서 보면 신화라는 말의 의미를 이제는 '내용이 불확실한 역사'라는 개념으로 다시 정리할 필요가 있을 것 같다.

그렇다면 김해가야의 창업자 김수로와 관련된 신화 또한 단순한 신

---

1. 최남선은 일찍이 우리의 단군신화가 산동반도 일대에도 전해오고 있는 사실에 주목한 바 있다.

화이며 신들의 이야기일까? 가락국기의 김수로 관련 신화는 단군신화보다는 좀 더 구체적인 내용을 담고 있다. 그래서 김수로의 이야기를 신화라는 개념에 묶어두지 않고 설화라고 이해하고 있지만, 그 이야기는 설화도 아니고 신화도 아니다. 우리 고대사의 한 부분을 말해주는 진실한 사화史話다. 여러 왕의 이름과 연대도 사실적인 요소들을 많이 갖고 있다. 단군신화가 막연한 이야기 형태라면 그보다는 훨씬 사실적이며 비교적 정확한 연대관을 바탕으로 하고 있다. 비록 실제 연대와는 차이가 있을 수 있으나 기년紀年을 사용하고 있고 장소와 공간·인명이나 직명 등이 보다 구체적이며 상당 부분 역사적인 요소들을 많이 포함하고 있다. 이런 점에서 가락국기는 그 제목이 제시하는 바와 같이 역사적 사실들을 다루고 있는 것은 틀림없으나 연대 상의 오류나 설화적 요소가 함께 어울려 있다. 따라서 이런 허구적 요소를 걷어내고 가락국기에서 우리가 증명할 수 있는 사실이 있다면 김수로 탄생 설화라든가 구지가를 포함해 가락국기가 전하는 내용은 엄연한 가야의 역사임을 인정해야 한다.

　가락국기가 설화적 요소를 갖고 있는 가야 건국사라면 그 기록의 의미를 좀 더 합리적으로 해석할 수는 없을까? 만약 올바르게 해석할 수 있다면 김해 가야의 역사를 어느 정도 재구성하여 복원할 수 있을지도 모른다.

　가야의 역사를 전해주는 기록은 『삼국유사』 가락국기와 그 외 약간의 자료뿐이다. 『삼국사기』에는 가야사 자체가 빠져 있으며, 신라나 백제 등 인접국의 기사 속에 등장하는 가야만 있다. 김해 김씨나 양산 김씨 족보에는 김씨 가계의 세계世系 일부가 전하는 것이 고작인 데다 그 내용들을 전부 믿을 수 있는 것은 아니다. 관련 자료가 원체 적으니 있는 자료라도 제대로 알 수 있어야 하는데 그것이 생각처럼 쉽지 않은 일이다. 현재 우리는 가야시대로부터 너무나 먼 거리에 단절되어 있어 제한된 자료나마 거기서 의미를 발견하기란 참으로 어렵다. 또한 신화적 요소와 역사적 사실을 구분하기란 정말로 쉽지 않은 일이다. 하지만 깊이 생각해 보면 작은 사실에서 많은 것을 깨달을 수도 있고, 가락국기에서 흥미진진한 요소들을 발견해낼 수도 있다.

정확한 번역은 없고 억측만 무성했던 구지가

한국의 고대사에는 유별나게 미스터리가 많다. 잦은 병란으로 기록과 자료가 산실된 탓에 제대로 역사를 복원할 수 없는 부분이 꽤 많은 것이다. 무엇보다도 가야사는 자료 부족이 큰 장애다. 기록이 적으니 역사 복원과 유적·유물의 해석에 어려움이 따른다. 가야사 관련 기록이라 해야 『삼국유사』 가락국기가 유일하다고 할 수 있다. 하지만 이것도 가야 당시의 기록이 아니라 고려시대의 것이어서 진실과 사실 사이의 차이를 찾아내기가 어렵다. 따라서 가야사를 이해하려면 어쩔 수 없이 김해가야 건국설화인 가락국기부터 거론할 수밖에 없다. 김수로가 어떤 집단이었는지, 그리고 김수로가 등장하던 시기의 김해지역 상황을 좀 더 명확하게 이해하려면 가락국기[2]의 구지가龜旨歌부터 제대로 번역해야 한다. 구지가의 원문과 지금까지의 번역내용은 다음과 같다.

(가) 龜何龜何(거북아 거북아)

(나) 首其現也(머리를 내밀어라)

---

2. 일연(一然, 1206~1289), 『삼국유사』 권2의 내용.

(다) 若不現也(내밀지 않으면)

(라) 燔灼而喫也(구워서 먹겠다)

위 내용은 고등학교 고전문학 교과서에도 그대로 실려 있다. 1946년 『삼국유사』 번역본에도 이렇게 되어 있으니 지난 수십 년 동안 일반인과 전문 연구자들에게 통용된 번역이다. 그러나 이것은 정확한 번역이 아니다. 지금까지 구지가를 올바르게 번역하지 않았으니 그 내용을 제대로 이해할 수 없었다. 그래서 그간 구지가에 대해 잠꼬대 같은 주장들이 많았다. "구지가는 문화구조와 사상의 반영이므로 제의祭儀이자 신화라는 맥락에서 연구해야 한다"거나 "재탄생이란 통과의례 성격의 노래"로 보기도 하고 "천손강림 난생설화" 또는 "국조國祖 수로의 하강과 출산의례" 등으로 보는 견해가 어지럽게 제기되었다. 거북이가 제의에 쓰인 희생물이라거나 토템동물이라고도 하고, '대장장이의 노래' 라고 보는 이도 있었다. '잡귀를 쫓는 주문呪文'[3]이라고 보거나 '성과 관련된 상징물' 이라는 주장도 있다. "철을 장악한 권력층이 자신들의 신분을 거북이 모양의 의기儀器로 표현한 내용일 것"이라는 주장도 있다. 만일 거북이 모양의 의기에 대한 이야기라면, 김해 일대의 그 많은 유적에서 어찌 해서 지금까지 거북이를 닮은 유물이 한 점도 출토되지 않는 것일까?

이 외에도 많은 연구논문과 기괴한 주장들이 있지만 구지가를 정확히 파악한 사람은 없었다. 이처럼 구구한 억측이 나온 것은 구지가를 정확히 번역하지 않았기 때문이다. 구지가는 신화가 아니고 사실의 기록이므로 국문학에서 먼저 다룰 내용이 아니다. 사실 제대로 알고 보

---

3. 朴智弘, 「龜旨歌研究」, 국어국문학회, 1957

면 구지가는 가야사를 이해하기 위한 첫 관문이라고 할 수 있다. 그래서 정확한 번역과 해석이 중요하다. 그러면 구지가의 어느 부분을 어떻게 잘못 번역한 것일까?

먼저 龜何구하를 '거북아'로 새긴 것부터 잘못되었다. 의문사 또는 의문부사로 쓰이는 何라는 글자가 문장의 끝으로 와서 호격조사로 쓰일 수는 없다. 문장의 끝이나 주어 다음에 오면 형용사나 동사와 같은 용언으로 쓰인다. 何를 문장의 맨 끝에 놓고서 '아무개야!' 하는 식으로 쓰지 않는 까닭은 何의 위치와 쓰임새가 정해져 있기 때문이다. '거북아, 거북아'로 해석할 수 있으려면 호격조사 乎호를 사용하여 龜乎龜乎로 쓰는 것이 정석이다. 그럼에도 龜何龜何를 쓴 데는 이유가 있다. 이 문제는 『삼국유사』의 해가사海歌詞만 보더라도 가볍게 이해할 수 있다. 해가사는 이렇게 시작한다.

"龜乎龜乎出水路"(거북아 거북아 수로를 내어라)

龜何龜何라고 쓰지 않은 이유는 乎와 何의 쓰임새가 전혀 다른 까닭이다. 해가사의 표기는 올바른 것이고, 구지가의 표기도 바르게 된 것이다. 다만 번역이 잘못되었다. 그러면 何하는 어떻게 번역해야 할까? '어찌할까?'이다. '어찌 할 거라고?' 묻는 말이다.

龜에 담긴 의미의 이중성

그러면 구지가에 왜 龜[4]라는 글자를 썼으며 그 의미는 무엇일까? 일연이 『삼국유사』에 가락국기를 잘못 옮겼을까? 일연은 이두와 향찰에 밝았으므로 잘못 기록했을 가능성은 적다. 오히려 당시까지 전해지고 있던 기록을 그대로 옮겼다고 보아야 한다. 처음에 가락국기 (1076년)를 지었다는 고려의 문인은 그때까지 전해오던 자료를 바탕으로 구지가를 정리했을 것이고, 그것을 일연은 충실히 옮겨 적었을 것이다.

지금까지 구지가를 제대로 해석할 수 없었던 가장 큰 이유는 고대 한국어와 일본어의 친연성에 대한 이해가 없었기 때문이다. 구지가는 고대 한국어 및 일본어 향찰과 한문의 이중구조로 구성되어 있는 노래다. 이 때문에 번역과 해석이 어려웠다. 구지가에서 핵심이 되는 단어는 龜와 首 두 글자다. 먼저 龜구는 '거북이'나 소릿값 '구'를 표현한 것이 아니다. 단지 가미(かみ, 神) 대신 선택된 단어다. 일본어에서 거북이를 가메カメ라 한다. '가미'와 소릿값이 유사한 가메(カメ, 龜)를 대신 써서 정복자 김수로 즉, 김 가미를 살짝 숨긴 것이다.[5] 이렇게 해서 구지가는 일종의 암호문이 되었다. 따라서 구지가 속의 거북이는 거북이가 아니다. 실제 전하고자 한 것은 정복자 가미다. 이것은 고도의 수사Rhetoric이며 언어적 유희이다. '가미'는 고구려와 백제·가야 그리고 왜(倭)가 함께 사용한 고대 한일 공통어로서 절대지배자 왕을 가리킨다.

다음으로, 龜旨구지의 旨는 '사람의 말이나 뜻'이다. 예를 들어 성지 聖旨는 임금님의 말씀이고 밀지密旨는 비밀 얘기이다. 따라서 龜旨는 '거북이의 뜻'이라는 의미로 포장되었으나 실제로는 '가미[神]의 뜻'이고

---

4. 거북이라는 뜻을 갖고 있는 글자. 우리나라에서는 '구'·'귀'라는 소릿값을 함께 쓰고 있다. 갈라진다, 쪼개진다, 찢어진다는 의미도 갖고 있는 글자. 단 이때는 '균'으로 읽는다. 일본에서는 キㅋ라는 소릿값으로 읽으며 カメ가메라고 한다.

5. 그러니 龜何龜何는 원래 神何神何로 써야 했다. 그리고 해가사의 龜乎龜乎 역시 숨은 뜻은 神乎神乎였다. 가미가 마리를 정복한 과정을 담은 노래로서 神가미 대신 가메龜로 정복자를 표현한 것이다.

구지가는 거북이의 노래가 아니라 '가미의 의지神늘'를 담은 노래이니 신지가神늘歌이다.

앞에 소개한 해가사의 龜구 역시 본래의 의미는 거북이가 아니라 가미이다. 따라서 해가사의 龜乎龜乎는 '가미야 가미야 수로水路를 내놓아라'는 의미이다. 『삼국유사』 수로부인 편에 "신라 성덕왕 때 순정공이 강릉태수로 부임하러 가는 길에 바닷가 임해정臨海亭이란 정자에서 점심을 먹는데 바다의 용이 수로부인을 납치해 바다로 들어가 버렸다. 그래서 그 지역의 백성들을 불러 모아 지팡이로 강 언덕을 두드리며 해가사海歌詞를 지어 부르게 하니 바다의 용이 수로부인을 도로 바쳤다"고 하였다. 이것은 단순한 설화가 아니라 경주에서 강릉으로 가는 동해안길 어딘가에서 수로와 해로 및 해상권을 두고 토착 세력과 신라 중앙정부 사이에 벌어진 갈등을 그린 내용이라고 보는 것이 타당할 듯하다. 수로부인으로 의인화했을 뿐이지 실제 내용은 해상권과 관련된 것이며, 해가사라는 것이 '바다노래 이야기'이므로 신라가 중앙집권화와 함께 영역을 넓혀가던 시기에 지방 호족들이 반발한 사건이었을 것이다. 이 문제와 관련하여 문무왕비의 경진씨鯨津氏 또는 진씨秦氏, 울진 봉평비를 고려해볼 필요가 있다. 해로나 수로 및 해상권과 직접적인 관계가 있는 내용이라면 우선 신라의 성장과 발전에 큰 밑받침이 되었던 경진씨와 관련이 있을 수 있다. 경진씨 가계가 신라 중앙정부와 갈등을 빚던 때의 사건이 시간을 두고 설화로 전승되면서 수로부인과 관련된 해가사로 남게 되었을 것이다.

다음으로는 진씨와 관련지을 수 있는 문제라 생각된다. 본래 진씨는 '진역秦役을 피해 경주와 신라로 들어온' 중국 유민들로서 현재 한국에는 이 성씨가 별로 남아 있지 않다. 하지만 일본에는 상당수의 진씨가 있다. 다만 일본에서는 하다はた라는 성씨로 불린다. 본래 하다はた

는 '바다'의 고대 신라어였다. 아마도 진씨 가계가 해상업무를 전담하는 신라의 파진찬波珍湌이라는 관직을 맡으면서 秦이라는 성씨가 하다(はた, 하타) 씨로 불린 것이라고 볼 수는 없을까? 파진찬의 波珍은 '바다'의 향찰표기이며, 이것의 또 다른 일본어 표기가 '하다'였을 것으로 추정된다. 신라 중앙정부와 대결을 벌이던 진씨 일족이 일본으로 건너가면서 한국의 진씨秦氏와 일본의 하다씨가 생겼을 가능성도 있다.[6]

이 외에 울진 봉평비와의 관련성을 생각해볼 수도 있을 것 같다.[7] 봉평비는 신라 법흥왕 때[8] 거벌모라居伐牟羅 해곡현海谷縣에 세워졌다.[9] 울진·삼척 지방에서 일어난 지방민의 반발을 법흥왕이 왕명으로 처리하면서 세운 비석인데, 이 지역 행정 및 군사 최고책임자와 신라 중앙 6부의 책임자 이름이 있는 것으로 보아 중요한 사건이었다. 지방 책임자에게 곤장 1백대와 60대씩을 때린 것으로 보아 희생자는 없었던 것 같다. 그런데 이 비석 내용 중에 파단波旦이 등장하므로 이것이 '바다'라는 뜻의 신라어이며 동시에 海谷해곡[10]이었음을 알 수 있다. 고구려의 파단현이 신라의 해곡현이며 바로 그곳이 봉평비가 세워진 봉평리였던 것이다. 성에 불을 지르고 반란을 일으켜 신라 중앙의 군대가 출

---

6. 일본에서는 이들 진씨를 한인漢人으로 파악하고 있다.
7. 경북 울진군 죽변면 봉평2리에 있으며 길이 204cm, 폭 70cm 가량의 큰 돌로 만들어졌다.
8. 법흥왕 11년(기원후 524년), 1월 15일에 법흥왕의 왕명이 있었고 석달 뒤인 4월 15일 지금의 봉평2리에 이 비가 세워졌다.
9. 차음법을 고려할 때 居伐牟羅거벌모라는 기성己城 또는 기성其城의 신라식 향찰표기로 짐작된다. 거벌모라는 지금의 울진, 이 비가 세워진 곳은 원래 신라의 海谷縣해곡현이었을 것으로 추정된다. 海曲縣本高句麗波旦縣景德王改名今未詳(해곡현은 본래 고구려 파단현이다. 신라 경덕왕이 이름을 고쳤다.『삼국사기』지리지 울진군). 그러나 海曲縣은 海谷縣을 잘못 표기한 것이다.
10. 海曲이라고 한 것은 신라 측에서 잘못 표기한 것이거나 김부식이『삼국사기』를 적을 때 잘못 옮겨 적은 것으로 보아 한다.

동한 사건으로서 얼룩소를 잡고 민심을 무마한 내용도 있어 아마도 해가사는 이 사건을 바탕으로 생긴 설화일 것이라고 생각된다.[11] 6세기에 있었던 사건이 8세기 경덕왕 때의 일로 구전되다가 일연一然에 의해 채록된 것으로 본다는 것이다.

구지가는 김수로 집단의 구야국 '마리' 정복가

구지가 해석에서 저지른 또 하나의 큰 잘못은 首를 단순히 '머리'로만 이해한 데 있다. 龜를 거북이로 해석하고 보니 首는 당연히 거북이의 머리라고 본 것이다. 거북이의 머리라고 잘못 번역하고 나니까 더 이상 다른 의미를 발견할 수 없었다. 首를 거북이의 머리로 번역하면 전체 내용의 앞뒤가 맞지 않는다. 首는 거북이의 머리를 말하는 것이 아니다. 사람의 머리이며, 사람 위의 사람인 '우두머리'이고, 구간九干의 왕 '마리'를 가리키는 향찰 표기이다. 한국의 고대사회(삼한)에서는 우두머리라는 의미에서 '마리(말)'가 쓰였다. 구야국의 통치자 9간 위에 군림하던 마리를 '머리 首'자로 나타낸 것이다. 결국 龜는 가미, 首는 마리의 향찰표기이다.

다음으로, 首其現也수기현야를 '머리를 내밀어라'고 번역한 것도 큰 잘못이다. 首는 목적어로 쓰인 것이 아니라 주어로 쓰였다. 구야국의 왕이며 군장君長, 즉 '마리[首]'를 가리킨다. 그 뒤에 其를 곧바로 받쳐 적었는데, 이 경우 其는 지시대명사이며 首의 반복이다. 그렇게 함으로써 '마리 그것이 …'라고 효과적으로 강조할 수 있었다.

---

11. 대외교역항 및 교역로를 차지하기 위한 갈등을 그린 내용으로 추정할 수 있으며 이야기 가운데 암소가 등장하는 것으로 보아 봉평비가 있는 영덕 축산항丑山港~축변항을 중심으로 한 해상세력의 반발과 관련된 내용일 수 있다고 생각한다.

그리고 또, 首其現也를 '머리를 내밀어라'고 번역했는데 이 문장은 명령형이 아니다. 現에는 '내밀다'는 뜻도 없으려니와 설령 '내밀다'라는 뜻을 갖고 있다 하더라도 명령문으로 해석할 수 있으려면 어순이 '現其首也현기수야'가 되어야 한다. 하지만 現은 타동사가 아니라 자동사다. 그리고 여기서의 現현은 '지금' 또는 '당장'이라는 의미의 부사로 쓰였다. 2행을 제대로 번역하면 首其現也는 '마리 그것이 (지금) 당장 말이지'라는 뜻이 된다.

2행의 現과 3행의 現을 '내밀다(=나타나다)'는 한 가지 뜻으로 번역한 것도 치명적인 오류다. 2행의 現과 3행의 現은 의미와 쓰임새가 다르다. 2행의 現과 달리 3행의 現은 '나타나다'는 의미의 자동사이다. 現에는 '디밀어라(내밀어라)'는 뜻은 전혀 없다. 따라서 제 3행의 若不現也약불현야는 '만약 나타나지 않으면…'이라는 의미이다.

구지가는 어디까지나 노래의 형식이므로 전체 내용을 4행으로 끊어서 부른 것은 맞다. 그리고 네 번째 행의 '구워서 먹지(불에 구워 먹는다)'라는 번역은 그대로 맞다. 아마도 두 편으로 나누어 이 노래를 묻고 답하는 형식으로 불렀다면 극적 효과를 높일 수 있었을 것이다. 이상의 해석을 바탕으로 구지가를 다시 정리하면 이런 내용이 된다.

신지가神旨歌

(A그룹 선창) : 가미는 어떡한다고 했나?

(B그룹 선창) : 가미는 어떡한다고 했나?

(A·B그룹 합창) : 마리 그것이 지금 당장

　　　　　　　　나타나지 않으면

　　　　　　　　잡아서 구워먹는다고 했지.

'불에 구워 먹으리라'고 은근한 말로 노래해서 그렇지 실제로는 "순순히 나와서 넙죽 엎드려! 안 그러면 화형시키겠다"고 으름장을 놓은 것이다. 이것이 바로 구지가에 숨긴 김수로의 의지였다.

가락국기에 의하면 당시는 3월이었고, 구지봉에 모인 사람은 구간九干과 그를 따르는 무리 2~3백여 명이었다. 이들은 김수로가 지어준 노래를 정확히 이해하고 있었다. 9촌의 촌주村主 격인 9간들은 자연스레 서로의 합의에 따라 김수로를 추대한 것이다. 아마도 혁명의 주역들은 이 노래를 목간木簡에 적어 은밀하게 전달했을 것이다. 만약 이 노래를 아이들이 부른다면 별 의미 없는 동요처럼 들릴지 모른다. 그러나 구지봉에 모인 사람들이 전문 무사집단이라면 살벌한 정복가로서 몸을 떨게 할 만큼 강력한 전달력을 갖고 있는 혁명가이다. '마리가 당장 나와서 항복하지 않으면 화형에 처하겠다'는 것이고 '구지봉 정상의 땅을 파면서'[12] 이 노래를 부르라고 김수로가 주문했다 하였으니 한마디로 구야국 '마리'가 빨리 나와서 항복하지 않으면 '죽여서 구지봉에 바로 묻어버리겠다'는 살벌한 선전포고이다. 이것은 기존 구야국의 '마리'를 김수로가 제압한 정복가이지 신화가 아니다. 세계사에서 이처럼 생생하게 정복자의 말을 담아둔 기록이 얼마나 되겠는가?

이 구지가의 내용을 들여다보면 마치 서동요[13]의 선화공주를 닮았다는 생각이 든다. '선화공주님은 매일 밤 서동방을 몰래 껴안고…'로 시작하는 서동요를 경주 일대에 파다하게 퍼트려 그 소문으로 상대를 꼼짝 못하게 만든 수법과 꼭 닮았다는 것이다.[14] 하지만 김수로(가미)는 애초부터 구야국 왕을 잡아서 화형에 처할 생각은 없었을지 모른다.

---

12. "…掘峰頂撮土…"(「가락국기」)
13. 『삼국유사』 무왕편에 전하는 서동薯童과 선화공주善花公主에 관한 향가.

다만 순순히 나와서 무릎을 꿇는 것이 좋겠다고 노래로 알려 항복 무드를 조성함으로써 무혈정복을 원했거나 심리전으로 상대를 무력하게 만들고자 했을 것이다.

이로써 우리는 일연이 남긴 구지가의 내용을 8백여 년 만에 비로소 정확히 이해할 수 있게 되었으며, 구지가에 얽혀 있는 진실과 가라국 건국 당시의 실체들을 명확히 알 수 있게 되었다.

'김가미' 구시마로를 토벌하다

김수로가 등장하기 이전의 구야국은 김해 각 고을의 촌장 구간이 다스리는 사회였다. 9간은 아홉 마을(九村)의 대표였고, 그들은 박혁거세를 추대한 신라의 6촌 촌주村主와 성격이 같다. 하지만 9간이 추대한 김수로는 마리이면서 구야국 마리보다 더 높은 가미였다.[15] 김수로의 가락국이 나중에 "신라의 직관을 따라 각간角干·아질간阿叱干·급간級干의 등급을 두고 그 아래 관료들은 주나라[16]와 한나라의 제도에 따라

---

14. 2009년 전북 익산 미륵사 서탑 심주석 사리공 안에서 얇은 금제 판에 기록된 '금제사리봉안기'에 무왕의 부인은 백제 좌평佐平 사택적덕沙宅積德의 딸로 기록되어 있어 신라 진평왕의 딸 선화공주와 백제 무왕 사이의 로맨스에 의문이 제기되었다. 하지만 연구자들 사이에서는 선화공주에 대한 미련을 버리지 못하고 있다. "선화공주는 미륵사 창건에 깊숙이 관여했다"(조경철), "선화공주의 신분은 '왕후王后' 바로 아래인 '부인夫人' 이었다"(길기태)는 견해가 나왔다. 그러나 개인적인 견해이지만 익산 지역에 4~5세기까지 존속했던 마한 소국인 건마국乾馬國의 실세가 사택씨沙宅氏였고, 무령왕 또는 무왕이 이 사택씨 가계와 혼인을 맺으면서 있었던 일이 백제가 멸망한 뒤, 백제유민에 의해 전승되다가 백제와 신라 사이의 이야기로 탈색되었을 것이라고 본다. 즉, 무왕이 사택씨를 포용했듯이 백제가 신라와도 원만한 관계를 가졌더라면 좋았으리라는 염원을 백제 왕가와 사택씨 가문이 결혼한 사실에 빗대어서 생긴 설화였을 수도 있다고 보는 것이다.
15. 김수로金首露는 '김마리(소마리)'의 향찰표기이다. 『고성김씨대동세보』에는 고성 김씨의 시조가 김말로金末露로 되어 있는데, 이것 역시 향찰로 김마리이다. 소가야국 시조 말로왕末露王을 시작으로 그 아들이 대아왕(大阿王, 2세) 그리고 그 아들은 미추왕味鄒王이라고 하였다.

구지봉 입구에 있는 구지봉 표지석.

각기 나누어 배정했다"는 『삼국유사』 가락국기의 내용은 사실과는 다를 수 있다. 하지만 김수로에 의해 9간의 연합적[17] 사회구조가 비로소 수직적 구조로 개편된 것은 분명하다.

수로 왕 김가미는 구간들로 하여금 구지봉에서 소리 높여 구지가를 부르게 함으로써 '마리는 당장 나와 항복하라'는 메시지를 강력하게 전달할 수 있었으며, 이 노래를 들은 구야국의 왕 '마리'는 수로에게 바로 투항했거나 아니면 저항하다 제거당했을 것이다.

김수로와 그를 따르는 무리들이 거사를 꾸민 구지봉과 대성동 일대는 본래 구시불이었고, 그 주변의 마을은 구시모라였다. 『일본서기』를 비롯하여 여러 자료를 보면 현재의 애꾸지와 구지로·대성동 일대는 당시 임나가라任那加羅의 중심지로서 구시모라久斯牟羅라는 이름으로 불리었다.[18] 구시모라의 '구시'는 김해이며 '모라'는 마을이란 뜻. 현재

---

16. 주周 왕조의 존속연대는 기원전 1042년~기원전 231년이다.
17. 세력이 비슷비슷한 촌주. 9간들이 주요 마을을 통치하던 세상으로, 그들은 서로 종속관계가 아니라 수평적 관계를 갖고 있었다.
18. 당시에 斯는 소릿값이 '사'와 '시' 그리고 '스'로 함께 쓰이며 명확하게 확정되지 않았기 때문에 구사모라라고도 했다.

대성동고분박물관 뒤로 보이는 작은 둔덕이 애구지이다. 김해 사람들은 이곳을 '애꾸지'라고 부른다.

부산시 사상구 모라동毛羅洞의 '모라'에 그 사례가 남아 있다.[19]

구시모라(김해 임나가라)의 지배자 '마리'는 구시마리[20]였으며 구지가는 그에 대한 선전포고였다. 다시 말해 가미[神]가 마리[首]를 정복하던 당시의 상황을 생생히 기록한 비쥬얼 씬Visual scene이다. "구시クシ의 수장 구시마리(구시마로)야! 빨리 나와 항복하지 않으면 화형에 처해 네 조상들이 묻힌 이 구지봉에 묻어버리겠다"는 무시무시한 메시지. 하지만 '항복하지 않으면 구워 먹겠다'고 은근히 표현해 듣는 이와 당사자의 감성을 크게 자극하시 않았다.

19. 울진 봉평비에도 거벌모라居伐牟羅라는 지명이 있다. 그러나 『양서梁書』 신라전에 "…其俗呼城曰健牟羅…"라고 한 내용을 들어 '모라'를 성으로 보려는 의견도 있는 것 같다. 하지만 이 경우 건모라健牟羅는 '큰 마을'이라는 의미의 '큰 모라'를 나타낸 것이지 성을 가리킨 말은 아니다. 일본어 무라むら의 원형은 모라이다. 일본어 '무라'는 본래 삼한三韓의 말이었다.

20. 또는 구사마르. 일본에서 사용된 것은 구사마로였던 것 같다.

대성동고분박물관 반대편에서 바라본 애꾸지. 김수로 세력의 거사 장소로 추정한다.

    그러면 9간과 그 무리들이 소리 높여 구지가를 부른 곳은 어디였을까? 지금의 구지봉이 아니라 대성동고분박물관 옆의 애구지였다. 김해시내 북쪽, 여기저기 들어선 아파트 사이의 독립구릉에 대성동고분군이 펼쳐져 있는데, 이 일대를 김해 사람들은 애꾸지라고 부르고 있다. 큰 구지봉이 따로 있는 것을 전제로, 작은 구지봉이라는 의미의 '애구지' 또는 '왜(倭)구지'에서 온 말이라고 보는 이도 있지만 그렇지 않다. 우리말에서 '애–'는 '처음' 또는 '원래'의 의미를 갖고 있다. '애당초'나 '애저녁'이란 말에서 보듯이 '애'는 시원적인 것을 의미한다. 따라서 애구지는 '원래의 구지'라는 뜻이며 김수로 추대 세력은 구야국 지배자들이 옹기종기 묻혀 있는 바로 이 애구지에서 거사를 한 것이다. 더군다나 「가락국기」에는 구지봉의 생김새를 '사람 열 명이 엎드려 있는 모양'[21]이라고 하였다. 이것으로 보더라도 「가락국기」에서 말한 구지봉은 지금의 구지봉이 아니라 대성동의 애구지였던 것이다.[22]

구지봉에서 내려다본 애꾸지.

바로 그곳에서 땅을 파면서 노래를 부르게 하여 구야국 수장을 압박하였으니 '구시마로야, 빨리 나와라. 나오지 않으면 네 조상들이 묻혀 있는 이곳에 묻어버리겠다'는 메시지를 전달한 것이다. 말하자면 구지가를 부르며 구지봉에 구덩이를 파도록 함으로써 소름 끼치는 상황을 가장 효과적으로 연출한 것이다.

9간과 김수로는 구지가를 만들면서 임나가라의 구시라는 지명에 주목했던 것 같다. 한자로는 久斯구사라 표기했는데, 이것은 '구사'와 '구시' 두 가지로 읽을 수 있다. 그러나 구지가를 지은 이는 '구시'라는 마을 이름에 龜旨구지의 소릿값도 교묘하게 겹쳐놓았다. 이처럼 가메

---

21. 是峰巒之稱 若十朋伏之狀故云之(『삼국유사』 가락국기). 바로 이 구절이 구지봉은 대성동 고분박물관 옆의 애구지였음을 알려주는 것이라 하겠다.
22. 3세기 중반 이후 김해의 새로운 실력자로 등장한 사람들이 이곳에 있던 무덤들을 파헤치고 자기들의 무덤을 쓴 것이다.

[龜]와 가미[神], 구지龜늘와 신지神늘 그리고 구시ㅅ斯를 교묘하게 배합함으로써 중의성과 그 효과를 극대화할 수 있었던 것이다.[23] 이 노래를 들은 구시모라 마을 사람들은 '가미의 뜻'이란 의미를 자연스레 떠올렸을 것이고, 구야국 왕은 아마 기겁해서 쓰러졌을지 모른다. 그 자신에게 반기를 든 9간과 김수로 측의 무력도 두려웠을 테지만, 이와 같은 촌철살인의 노래 몇 마디에 구시모라의 전사들은 아예 전의를 잃고 흩어졌을 것이다.

그러면 구지가를 부르던 당시의 상황으로 돌아가 '혁명의 아침'을 그려보자.

따사로운 봄볕에 들판이 한결 푸르러졌다. 음력 3월로 들어서자 남녘의 봄은 한층 빨랐다. 여기저기서 벚꽃이 눈부시게 흐드러졌고, 개나리도 활짝 피어올랐다. 구시부루(구지봉) 일대는 진달래가 핏빛으로 피어오를 준비를 하고 있고 평화로운 마을은 이제 막 기지개를 켜고 있었다. 간간이 개 짖는 소리와 낮닭의 울음소리 뿐. 아직은 북풍의 찬 여운이 남아서 사르륵 뺨을 부비는 실바람이 불어왔다. 그 바람결에 실려 구시부루(구시불)로부터 이상한 노랫소리가 들려왔다.

가미는 어찌 할 거라고?
가미는 어찌 할 거라고?
마리[24] 그놈이 지금 당장
나타나지 않으면

---

23. 이것을 보다 정확히 말하면 우의법寓意法이라 할 수 있다.
24. 구시모라의 지배자 마리.

잡아서 구워 먹는다고 했지.

9간과 그 무리 2~3백여 명이 모여서 부르는 소리였다. 조용한 구시모라에 울려 퍼지는 그 노래는 단순한 내용이 아니었다. 여태껏 아무 탈 없이 구시모라를 다스려온 구시마로의 귀에 그 노래가 흘러 들어가자 마을은 온통 뒤집힐 듯 어수선해졌다. 얼마 전부터 떠돌던 소문이 현실로 나타난 것이다. 가라골 아잔阿殘[25] 패거리와 갈지[26]들이 구시모라의 마리를 쳐 없앨 거라는 소문과 함께 9간이 모두 마음을 맞췄다는 얘기가 며칠 전부터 은밀하게 나돌았었다. 그러더니 가라불과 가라골 일대 '갈지' 패거리들이 구시부루에 모여 거사를 일으키고 있는 것이다.

번쩍이는 철갑옷과 투구를 갖춰 입고 길다란 창을 곧추 세워 땅에 대고 절구질하며 박자를 맞추는 소리는 마치 메트로놈의 그것과 같다. 건장한 사내들이 부르는 그 노랫소리는 구시모라 '마리'의 목숨을 재촉하는 것이었다. 한쪽에서는 서너 명이 머리를 맞대고 구덩이를 파내려가고 있었다.

김수로와 그를 따르는 무리가 벌인 거사 당일의 모습을 재구성해본 것인데, 이처럼 전통 구야국의 수장을 정복한 과정을 담은 이 구지가 외에도 당시 가야인들이 수장을 가미かみ로 부른 예를 현재 경남 산청

---

25. 낙랑사람이나 그 후예를 이르는 말. 당시 낙랑 지역에서 남하한 사람들을 '아잔'이라고 불렀다. 이것은 『삼국지』 위서 진한조에 나오는 내용(名樂浪人爲阿殘)이지만 진한과 변진의 언어 습속이 서로 비슷했다는 사실로 보더라도 변진에서도 아잔이라고 불렀을 것이다. 百濟백제를 고구려 광개토왕비에서 百殘백잔으로 표기한 사례를 감안할 때 아잔阿殘은 아저씨란 의미의 '아제'일 수 있겠다. 이 경우의 아제는 지금의 영남 사람들이 그러하듯이 집안 어른, 친인척 남자 어른을 이르는 말이라고 본다.

26. 『삼국유사』 가락국기에 ○刀干○도간으로 기록한 것이나 弁韓변한은 '가라한(=갈한)'의 향찰표기이다. 이때의 간干은 절대자·지배자 칸Khan이다. 흉노어 및 선비어로 한(=칸)·말(마리)의 뜻을 가진 말은 '지(치)'이다.

군 덕산 지방에 전해오는 노래로써 보다 명확하게 알 수 있다.

거미야 거미야 왕거미야
진주 덕산 왕거미야
네 천룡 내 활량
청융산에 청바우
미리국 미리국
두덩실두덩실
왕거미야

'왕거미의 노래'로 전해오는 이 노래 속의 왕거미는 거미줄을 치는 왕거미일까? 청융산도 나오고 청바우도 나오니까 산에 사는 거미로 생각하겠지만, 아니다. '왕'을 이르는 말 '가미'가 거미로 바뀌어 '왕거미'가 되었다. '진주 덕산의 왕, 가미'가 다스리는 곳이 미리국彌離國이었던 것이다.

덕산은 현재의 경남 산청군 시천면[27]이다. 덕산이 진주에 속해 있던 시절에 그 이전부터 전해오던 노래를 구전으로 대물림해온 것인데, 바로 이 덕산德山이 과거 미리국이었다는 얘기이다.[28] 1천5백여 년 전 산청 지방 소국의 이름을 이런 방식으로 고스란히 전해왔으나 정작 한국과 중국의 기록에는 이 미리국이 없다. 다만 『삼국지』변진전에 변진 12국 가운데 난미리미동국難彌離彌東國과 '변진미리미동국'이 따로 기

---

27. 현재의 행정명은 산청군 시천면矢川面이다. 그러나 矢川은 '시내'라는 우리말을 한자로 옮긴 것에 불과하므로 역사성이 있는 이름인 德山面덕산면을 행정명으로 사용하는 게 좋겠다. 지금도 산청 사람들은 덕산과 시천 두 지명을 함께 쓰고 있다. 조선시대까지는 진주晋州에 속한 곳이었다.

록되어 있다. 난미리미동국이 밀양이나 양산이었을 것이라고 보면 변진 미리미동국은 바로 이 덕산 미리국이 아니었을까 싶다.

이 노래는 아마도 미리국 가미를 위한 축가였거나 기우가祈雨歌였으리라 생각된다. 본래 밀[29]·미르Mir는 용을 뜻하는 말이었다.[30] 따라서 미리국(=미르국)은 용신을 믿던 흉노인 또는 선비인들에 의해 건국되었을 가능성이 높다. 노래 속의 천룡天龍은 하늘에 있는 용이며, 이 천룡은 비와 구름을 갖고 있는 용이기에 지상으로 내려오면 지룡地龍이며 동시에 강의 천룡川龍이 된다. 즉 하늘의 천룡天龍은 강의 천룡川龍이므로 미리국에 비를 내리게 하여 즐거움을 내려주라는 의미가 아니었을까?

참고로, 가야시대 무덤이 밀집해 있는 울산 하대고분군은 '검단골'에 있다. 이 검단골이란 이름의 '검' 역시 '가미'의 변형 형태이다. 원래는 '가미'였다. 단은 谷곡이란 의미의 고구려어이다. 현재 일본어는

---

28. 이 덕산과 관련하여 재미있는 이야기가 하나 더 있다. 남양 홍씨의 시조 홍천하洪天河가 고구려 영류왕 때 중국 남양南陽 즉, 현재의 산동 치박시淄博市에서 고구려로 정치적 망명을 했다. 그런데, 이를 간첩으로 의심한 연개소문에 의해 죽임을 당하게 되자 신라 쪽으로 피신했으며, 후에 산청 덕산으로 가서 덕산촌德山村主가 되었다는 시조설화가 구전으로 전해오고 있다. 조선 인조 때의 명신名臣 홍서봉洪瑞鳳을 중조로 하는 이들 홍씨(당홍) 일가는 일제시대 창씨개명을 강요당하자 고민 끝에 덕산德山으로 성씨를 바꾸어 도꾸야마라고 했다는 유명한 이야기가 있다. 그래서 실제 홍씨들의 일제시대『창씨개명록』일부를 확인해 보았다. 상당수가 도쿠야마로 개명한 사실을 알 수 있었는데, 그 대표적인 예로 중추원 참의中樞院 參議인 홍종국洪鍾國은 德山善彦도쿠야마 요시히코로 개명하였으며, 북진사립광동학교의 홍기벽洪幾闢은 덕산기벽德山幾闢으로 고치고 도쿠야마 기헤키라고 부른 사실을 확인할 수 있었다. 구전이 사실과 부합하는 사례는 얼마든지 많지만, 도쿠야마로 개명한 홍씨들을 비롯하여 한국인들의 뿌리 의식은 이처럼 깊다.
29. 고구려·부여계 북방어로서 셋을 뜻하기도 한다.
30. 용은 본래 흉노인들이 믿었던 상상 속의 동물이며, 미리(=미르)는 본래 흉노어였을 것이다. 짐작이지만, 미루나무도 '용나무'란 의미일 것으로 본다. 미리내는 용천 및 은하수란 뜻을 갖고 있다.

고구려의 전통을 그대로 이어받아 타니たに로 쓰고 있다. '단'의 원형이 '타니'였음을 알 수 있는 말이 그 다음의 '골'이다. 단과 골은 같은 의미니까 겹쳐 쓴 것이다(동어반복).[31] 따라서 검단을 복원하면 가미타니神谷가 된다. 이것은 '가미(=왕)들의 계곡'이란 의미이다. 발굴에 의해 증명되었듯이 하대리 검단골 고분의 주인들은 이집트의 피라미드가 있는 '왕가의 계곡에 잠든 왕들'과 마찬가지로 그 지역의 수장들이었다.

이와 같이 언어상으로 보면 동래·부산지역까지 고구려·부여와의 동질성이 확인된다. 부산 복천동이나 울산 하대 유적[32]을 남긴 이들은 고구려나 부여와 같은 선비족들이었다고 볼 수 있는 점이다. 이들 고분의 조성 시점이 기원후 1~2세기이므로 하대고분은 김시金諟 일가가 김해 일대에서 활동하던 무렵에 정착한 세력이 남긴 유적이라고 할 수 있다.

---

31. 골의 원형은 고구려어 홀忽이다. 일본어에서는 고-리こおり로 쓰고 있다.
32. 울산광역시 울주구 웅촌면 하대리에 있으며 1991~1992년 목곽묘와 목관묘 81기, 옹관묘 8기 등 총 95기를 발굴했다. 이곳은 2세기 중엽~4세기의 유적으로, 이 유적에서는 동정과 철기 695점, 토기 207점 등 모두 1510점의 유물이 나왔다. 하대리 유적에 목곽묘가 처음 등장하는 시기는 2세기 중반으로 대략 양동리와 같으며 출토유물로 보아 그 문화양상이 부산 복천동이나 김해 양동리와 매우 흡사하다.

> 1세기 후반
> 김해 구야국 수장 나타나다

1세기 후반 김해 구야국 수장 나타나다

김해시 주촌면 양동리[1]에 터를 잡은 김수로 일가가 김해시 중심가의 대성동으로 진출한 시기는 기원후 2세기 말~3세기이며 구지가는 대성동의 수장 '마리'를 토벌하던 내용을 담은 설화였음을 따로 설명하였다. 그런데 흥미롭게도 지난 2004년 8~10월 사이 김해시 봉황동 431번지 김해공설운동장 터에서 기원후 1세기 후반 경에 만든 것으로 추정되는 무덤을 발굴하면서 새로운 사실들이 드러났다. 무덤 하나 발굴한 것이 별 게 아니라고 생각할지 모르나 이것은 중국과 한국·일본 어디에도 기록에는 없는 매우 중요한 발견이었다. 도심 테마파크인 '가야의 숲'을 조성하기 위해 옛 김해공설운동장 부지를 사전 발굴하는

---

1. 酒村面 良洞里

봉황동 3호목관묘. 피장자와 유물 부장 당시의 모습을 재현한 모식도.

부채 및 칠초철검.

소문경.

두형칠기에 새겨진 문양.

주머니호.

과정에서 드러난 이 유적은 초기 철기시대 구야국 수장의 무덤일 것이라고 발굴자들은 추정하였다. 무덤이 발견된 곳은 대성동고분군과 수로왕릉 사이에 있는 지역이었다. 일찍부터 이 봉황동 일대에는 중요한 유적이 있을 것으로 예상해 왔는데, 막상 발굴하고 보니 대성동고분군의 묘역이 바로 이 봉황동 일대까지 연장되어 있었다. 무덤의

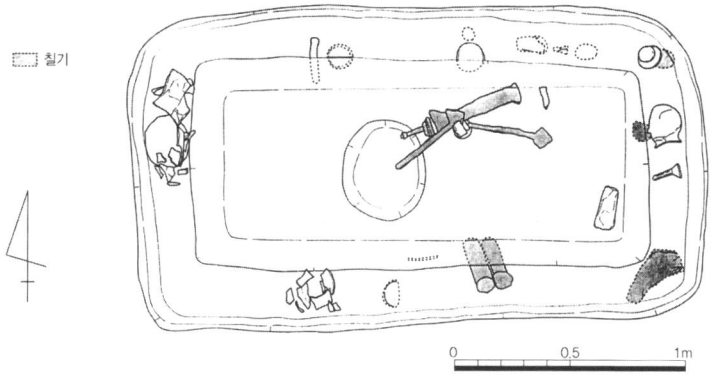

김해 봉황동 3호목관묘.

종류로는 목관묘[2]와 목곽묘[3] 및 옹관묘[4]를 포함한 가야의 묘제가 모두 있었다. 옹관묘는 목관묘와 함께 구야국[5] 초기에 만든 것들이며 목곽묘는 4세기에 축조되었다고 판단하였다. 그런데 또 그 주변에서는 호안석축護岸石築과 석곽묘가 나왔고, 무덤군의 가장자리에는 큰 연못이 있었음을 알게 되었다. 다만 연못과 석곽묘는 김해가야가 신라에 병합된 후인 6세기 중반 무렵에 만들어졌을 것으로 추정하고 있다.

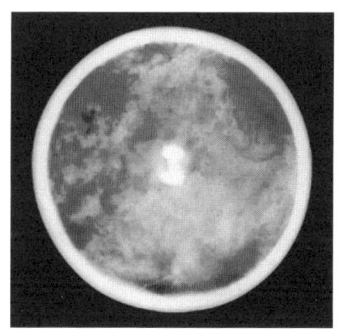

봉황동 3호목관묘 출토 소문경 X-ray 사진.

2. 木棺墓. =나무널무덤
3. 木槨墓. =나무덧널무덤
4. 甕棺墓. 독널무덤이라고도 한다.
5. 狗耶國. 이 시기의 김해 일대가 구야국이었는지에 대해서 여기서는 논외로 하며 다만 발굴자들의 판단을 그대로 따르기로 한다. 그런데 여기서 나온 칠초철검은 창원 다호리 1호분에서 출토된 칠초동검(漆鞘銅劍, 길이 60.2cm) 및 경주 사라리 130호분 출토 동검 부속구(동검 길이 29.9cm)와 같은 유형으로 짐작된다. 다만 동검에서 철검으로 소재만 바뀌었을 뿐이다.

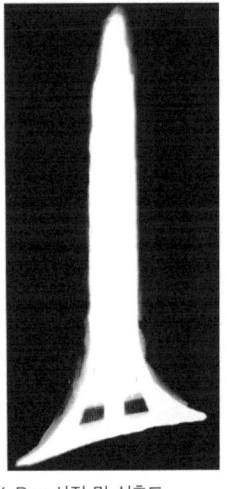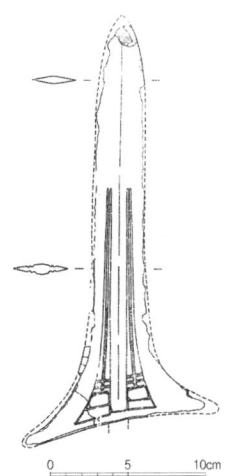

봉황동 3호목관묘 출토 동과와 X-Ray 사진 및 실측도.

이 지역을 발굴하면서 얻은 가장 큰 수확은 기원후 1세기의 구야국 수장과 당시 지배층의 매장방식 및 생활상을 확인하고, 양동리나 대성동 목관묘와의 차이점을 비교할 수 있는 자료를 확보한 것이다. 여러 개의 목관묘 중에서 구야국의 수장급 인물은 봉황동 3호목관묘에 묻혀 있었다. 목관의 장축은 동서 방향에 두었고 시신은 머리를 동쪽에 두고 있었다. 대성동 목관묘와 관의 방향이며 시신의 머리 방향이 같아 봉황동고분군도 대성동고분군의 연장선에 있는 무덤군이었음을 알게 되었다. 묘광은 길이 260cm, 폭 140cm에 깊이는 82cm였고, 네 모서리를 살짝 죽인 말각장방형의 묘광 안에 목관을 배치했다. 목관은 길이 170cm에 너비는 75cm로서 폭에 비해 길이가 짧았으므로 이 목관에 묻힌 구야국 수장은 160cm 남짓한 단신이었을 것이라고 보고 있다.

목관 안에서는 시신을 안치하고 그 위에 얼굴을 가리느라 사용한 부채 한 쌍과 가죽 주머니에 넣은 소문경素文鏡[6] 그리고 칠초철검漆鞘鐵劍[7]이 각기 한 점씩 나왔다. 묘광과 목관 사이에서는 원통형 칠기 한 쌍을 포함하여 여러 점의 칠기와 동과銅戈 · 철부鐵斧 · 철모鐵鉾 · 주머니호와 양이부호[8] 등 1세기 말~2세기 전반에 유행한 부장품이 다양하게 출토되었다.

부장품 가운데 시신의 얼굴과 오른쪽 가슴을 덮었던 칠기 부채 2개, 그리고 옻칠을 한 칼집에 청동제 부속을 단 칠초철검은 대단히 흥미로운 유물이다. 목관묘에서 부채가 나온 사례는 이곳 외에도 창원 다호리와 성주 예산리 · 경산 임당동 유적이 더 있지만 다른 유적에서는 1개의 부채가 나왔으나 봉황동유적에서는 한 쌍이 나왔다. 이 부채는 신분이 높은 자의 위상을 알려주는 것으로서『삼국지』위지 동이전 변진조에 이 칠기부채와 관련된 내용이 있다. "(변진에서는) 큰 새의 깃털로 장례를 지내는데, 그것은 죽은 사람이 하늘로 날아오를 수 있도록 하기 위한 것이다"[9]라는 내용이다. 구야국 수장은 양손에 부채를 쥐고 가슴에 두 손을 모아 X자로 올려놓은 채로 누워 있었으므로 마치 이집트의 미이라가 태양신에게 기도하는 자세와 마찬가지 모습이었다. 이런 점으로 보건대 가야 지역의 무덤에서 발견되는 새 모양의 토기라든가 여러 가지 기물은 '죽은 사람이 하늘로 날아오르기를 염원하며 만들어 넣은 장례물품' 들이었으리라 추정해 본다.

이 외에 가죽에 싼 소문경(직경 8.5cm)도 있었는데, 그것은 중국의 동경도 아니고, 또 중국 동경을 본떠서 만든 방제경[10]도 아니다. 한경

---

6. 素文鏡. 문양이 없는 청동거울.
7. 칼자루에 검은 옻칠을 한 철제 검. 참고로, 5세기 대가야의 영역이었던 전북 남원시 아영면의 두락리고분에서도 여러 개의 국화 문양을 자루에 새기고 검게 옻칠을 입힌 검의 손잡이편이 출토되었다.
8. 어깨에 두 귀가 달린 항아리. 정확한 명칭은 양이부단경호이다.
9. 大鳥羽送死其意欲使死者飛揚
10. 倣製鏡. 중국의 청동거울을 모방해서 만든 동경.

창원 다호리 1호분 출토 칠초동검. 길이 60.2cm (국립중앙박물관 | 유물번호 본관 5303).

韓鏡인 다뉴세문경 또는 다뉴조문경의 특징을 계승하고 있어 이 가야국의 수장은 고조선에 뿌리를 둔 사람이었을 것으로 보는 견해가 나왔다. 머리 방향을 동쪽에 둔 시신 위에는 칼끝을 피장자의 머리 방향으로 하여 칠초철검을 가슴에 올려놓고, 그 위에 다시 동경을 올려놓았다. 시신의 양 손에는 칠기부채를 들려주어 얼굴과 오른쪽 가슴을 덮도록 하였다. 통상 청동기~초기철기시대 무덤에 검劍 · 경鏡 · 옥玉을 세트로 부장했을 경우 피장자의 신분을 수장으로 본다. 그런데 이 3호 목관묘에는 옥은 없고 철검과 동경이 들어있었으므로 이 무덤의 주인이 구야국의 최고 수장은 아니라고 보는 의견도 있었다. 하지만 구야국 수장이 아니었다 하더라도 최상층의 지배자였음은 분명하다.

시신을 안치한 목관의 허리 부근에서는 길이 40cm, 폭 47cm, 깊이 3~6cm의 부장품을 넣기 위한 요갱腰坑[11]이 확인되었다. 이와 같은 요갱은 기원후 1~2세기 영남지방의 목관묘에 흔히 나타난다.

한편 목관 바깥의 묘광 안에서는 와질토기인 주머니호와

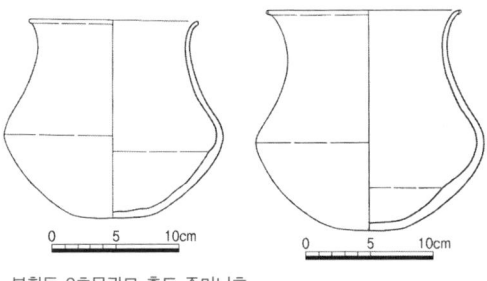

봉황동 3호목관묘 출토 주머니호

[11] 이것은 피장자의 허리 부근에 따로 작은 구덩이를 파고 그 안에 부장품을 넣어주기 위해 마련한 별도공간이다.

양이부호(각 1점), 조합우각형파수부호(2점) 등이 나왔다. 주머니호와 조합우각형파수부호는 양동리 55호무덤과 99호무덤 및 대성동 V-11호에서 나온 것과 같다. 이들 주머니호와 우각형파수부호는 칠기 기대器臺 위에 올려놓고 사용하던 그릇이다. 이 외에도 원통

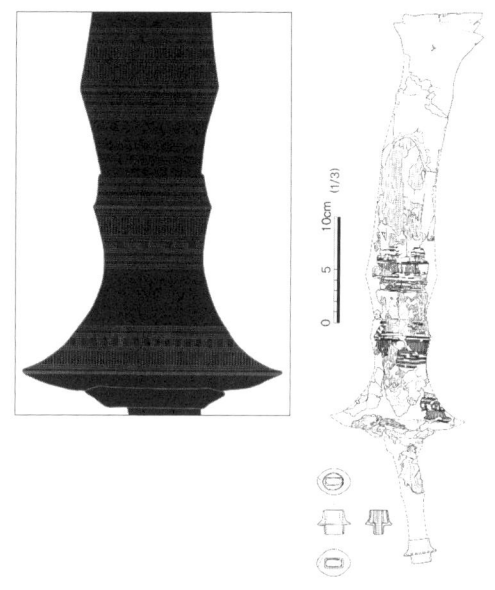

봉황동 3호목관묘 출토 칠초철검 손잡이 복원도.

형 칠기와 두형豆形 칠기류가 더 나왔는데, 일찍이 다호리 15호분에서도 이와 유사한 원통형 칠기가 나온 적이 있고, 평양 왕우묘王旴墓와 채협총彩篋塚 목관묘에서도 출토된 바 있다. 아마도 이 원통형 칠기는 문서 보관용 용기였으리라고 보고 있다.

목관 바깥의 보강토에서는 몇 점의 금속제 도구가 더 나왔다. 철부(쇠도끼) · 따비(길이 23cm)와 같은 농기구와 철모[12] · 동과銅戈 그리고 용도 미상의 철환鐵環도 나왔다. 동과는 목관 바깥의 보강토 바닥에 비스듬히 꽂힌 상태로 출토되었는데, 생김새가 경북 영천시 용전동에서 나온 것과 유사하며 길이는 25cm이다. 몸에는 혈구血溝가 있으나 슴베는 없다. 발굴자들은 이 동과를 실제 전투에서 사용하기 위한 것이 아

---

12. 철제 투겁창

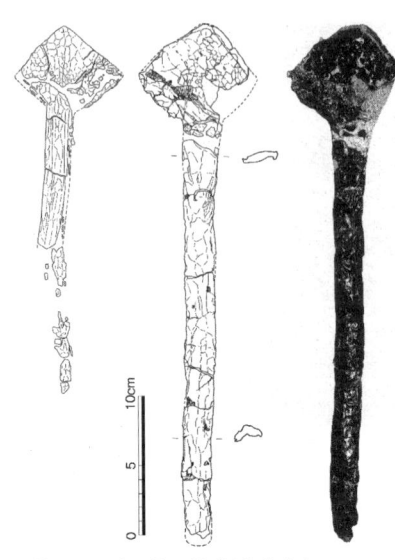

봉황동 3호목관묘 출토 칠기부채 손잡이.

니며, 몇 대에 걸쳐 물려오다가 무덤에 묻은 권력자의 상징물이었다고 추정하였다.[13]

그런데 3호 목관은 특이하게도 통나무 목관으로 추정하고 있다. 통나무를 세로로 갈라서 그 안을 파낸 다음 시신을 넣고 나무덮개로 뚜껑을 덮었으리라 보는데, 그 까닭은 목곽과 묘광 사이를 덮은 보강토에서 통나무관이 부식된 흔적을 발견하였기 때문이다. 이러한 통나무관은 흉노인의 묘제에 그 연원을 두고 있다.[14] 이 목관묘를 만든 시기는 기원후 1세기 후반일 것이라고 한다. 일부에서는 동과銅戈가 출토된 만큼 1세기 중반 이전으로 올려봐야 한다는 견해도 제기되었지만 목관 안에서 출토된 와질토기가 1세기 후반 이후 2세기 전반에 이 지역에서 널리 제작된 것들이어서 1세기 후반으로 봐야 한다는 견해에 따라 일단 기원후 1세기 중반 이후로부터 후반 사이로 연대를 좁혀 보는 것이 좋겠다. 그렇지만 조합우각형파수부호 중에는 기원후 1세기 중반에 제작된 것들도 꽤 있는 만큼 1세기 중반 전후의 시기로 보아도 문제는 없을 듯하다.

---

13. 이런 중국식 동과는 중국 연燕 지역으로부터의 유이민과 관련 지어 생각할 필요가 있다. 『삼국지』 진한조에 진한인들이 쓰는 용어나 사물의 이름이 연과 제齊 나라뿐 아니라 진秦 나라 사람과 유사하다고 한 점을 참고할 필요가 있다. 진, 연, 제는 전국칠웅에 속하는 나라들이다.
14. 이런 대형 통나무 목관묘는 창원 다호리와 창녕 송현동 6호 및 7호 고분에서도 확인된 바 있다.

발굴에 참여한 사람들은 칠기부채와 칠기류·동과 등으로 보아 이것은 김해 지역 수장의 무덤이라고 보았다. 그러면서 "1~3세기

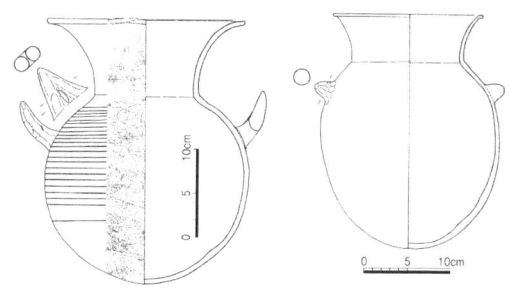
봉황동 3호목관묘 출토 조합우각형파수부호.

김해지역 목관묘 단계의 중심지는 양동리이며 3~4세기 목곽묘 단계에서 그 중심을 대성동으로 옮겼다는 이론은 수정해야 할 것"이라고 충고했다. 이것은 김해가야 건국 세력이 양동리에서 대성동으로 옮겨갔다고 보는 견해에 대한 반박이다.

봉황동 3호 목관묘에서 나온 부채를 비롯하여 여러 점의 칠기漆器는 김해지역의 수장이 낙랑 등지의 선진문물을 수입하여 자기화한 것이라고 보는 사람들도 있다. 물론 그들의 주장대로 옻칠을 한 칠기는 중국 한과 낙랑의 영향을 받은 것이거나 고조선과 관계가 있는 것으로 볼 수 있다. 이 문제는 이웃의 창원 다호리 유적과 연계해 생각해볼 필요가 있지만, 청동 및 철기유물이 동시에 나온 것을 보면 서서히 철기를 받아들이던 문화의 변혁기에 김해지역을 다스린 지배층 신분이 남긴 유적임은 분명하다. 목관묘라는 점에서는 양동리와 같으나 토기를 제외한 부장품의 성격이나 부채와 같은 유물을 감안할 때 같은 시기 양동리 세력과는 차이가 있다.

아마도 이 무덤에 묻힌 사람은 기원후 44년 낙랑에 가서 염사읍군이 되어 돌아온 소마시蘇馬諟, 즉 1세수로 김시金諟와 생전에 자주 만났을지도 모른다. 양동리의 '갈지'들을 모두 알고 있었고, 그들의 동태를 파악해가며 주시한 인물이었을 수도 있다. 그 자신은 영남지역의 선

주 세력으로서 수장의 후예이거나 아니면 그들과는 또 달리 기원전 108년의 동란기를 전후한 시기에 내려와 지배자 계층으로 변신한 사람의 후예일 수도 있다. 청동거울이 중국의 것이 아니고 중국의 청동거울을 모방해서 만든 방제경도 아닌 한경韓鏡 계통이라는 점에서는 위만 조선의 유민이나 고인돌의 축조가 중단된 이후 이 지역의 실력자로 남은 9간의 한 사람으로 볼 수도 있을 것이다. 구슬이나 옥과 같은 부장

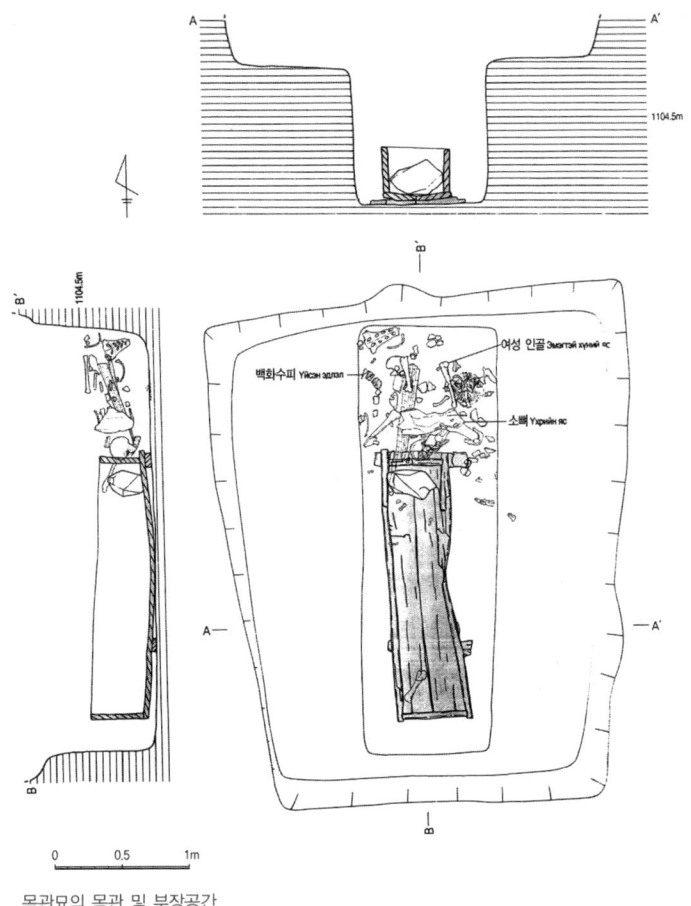

목관묘의 목관 및 부장공간.

품이 전혀 없는 것으로 보아 수조권收租權을 가진 변진구야국의 수장이라기보다는 그 아래의 등급으로서 촌주村主이며 구야국 마리의 정치적 배경이 된 차상급 실력자일 수도 있겠다. 후일 이 같은 세력이 김수로의 정치적 배경으로 변신함으로써 김해가야(가라)가 구야국을 대신하여 구시대를 청산하는 것이라고 이해할 수 있으며 이 3호 목관묘에 묻힌 이의 손자나 증손자가 구지봉 거사에 참여한 혁명의 주역이었을지도 모른다. 만일 1세수로 김시金諟가 토벌한 구시모라의 실력자가 이 봉황동 3호목관묘의 주인이라면 아예 이 같은 무덤이 생겼을 리가 없다. 만일 3호 목관묘가 구지봉에서 항복한 수장의 무덤이라면 목이 잘린 시신을 넣었을 테니까 목관은 170cm가 아니라 그보다 훨씬 짧았을 것이고 그처럼 호사스런 물건들을 함께 넣어주지는 않았을 것이다. 더구나 1세기 후반이라는 시점으로 보면 양동리 김씨 일가가 대성동에 세력을 뻗치기 전이므로 1세 수로 김시가 염사읍군이 되었을 때 경쟁적인 관계에 있던 구야국 사람으로 볼 수는 있으나 반드시 구야국 수장이라고 단언하기는 어렵지 않을까?

그런데 이 무덤의 주인은 키가 160~165cm였을 것이라고 보고 있다. 고고학자들의 조사 결과니까 믿을 수 있을 것 같다. 그렇다면 이 무덤의 주인공은 어떤 종족이었을까? 부장품의 내용으로 보면 키가 큰 흉노인의 특징과는 거리가 멀다. 한국식 동경이라든가 매장의례로 보면 오환선비·선비를 포함하여 예맥이나 고조선계 가운데 어느 하나일 것이다. 요령식 동검, 즉 비파형 동검의 원형이 내몽고 영성寧城 일대에서도 확인된 만큼 그 같은 가능성을 배제할 수 없다. 이 무덤의 목관 양식이 평양지방에 기원전 2세기에 나타나는 목관묘 및 그 직후의 목곽묘와는 성격이 다르다는 것도 이 같은 판단의 기준이 될 것이라 생각한다.

이 무덤의 주인은 김해 구지로 고분군에서 확인한 또 다른 인물과 비교된다. 구지로 12호고분(목관묘)[15]의 주인이다. 이 사람은 180cm 이상의 큰 키에 2천 개가 넘는 유리구슬을 무덤에 가져갔다. 팔에는 청동팔찌를 끼었고, 좁고 긴 철판을 둥글게 말아서 만든 관 모양의 물건을 머리에 착용하고 있었다고 한다. 장신에 머리가 큰 사람인데도 관의 직경이 작아서 아마도 편두를 한 사람으로 보고 있다. 기록에는 진한이 편두 습속을 갖고 있다고 했으나[16] 발굴 결과로는 변한인도 편두를 한 사실이 처음으로 밝혀지게 된 것이다. 편두는 머리를 납작하게 만드는

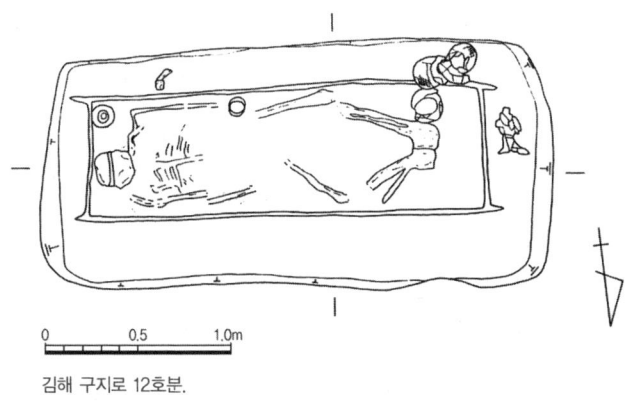

김해 구지로 12호분.

---

15. 대성동고분군 북쪽 구릉 선단부에 있는 구지로의 확장공사를 앞두고 1993년 발굴했다. 김해시 북부동 483-5번지로서 대성동고분군의 북쪽 언저리에 해당한다. 목관묘 14기, 목곽묘 38기, 석곽묘 1기, 옹관묘 4기를 합해 모두 57기의 무덤을 발굴했다. 목관묘에서 나온 유물로는 조합우각형파수부호(5점), 단경호(1점), 주머니호(1점), 소형호(1점), 소옹(4점) 등 15점의 와질토기와 함께 연질토기인 소옹(2점)이 있다. 철기류는 14기의 무덤 모두에서 확인되었다. 철부 6점, 철겸 4점, 철도자 3점, 철촉 20점, 철모 2점, 철검 1점 등 37점의 철기가 8기의 무덤에서 나왔다. 목곽묘에서는 221점의 토기가 나왔는데 종류별로는 단경호 127점, 노형토기 15점이다. 기대는 노형기대와 발형기대(5점)이 있으며 고배는 21점이 나왔다. 목곽묘에서 나온 철기는 총 38기의 목곽묘 중 17기에서 242점이다. 철촉 154점, 환두대도 3점, 철모 11점, 철겸 4점, 철창 2점, 물미 2점, 투구 1점, 철검 10점, 철부 28점, 철도자 14점, 철착 2점, 꺽쇠 2점, 따비 1점 등이다. 목관묘는 2세기 중엽의 것이고 목곽묘는 3세기 중엽~4세기까지의 것으로 보고 있다.

것으로, 진한인들은 아이가 태어나면 납작한 돌이나 나무판자를 머리에 눌러놓아 이마를 납작하게 하는 편두偏頭 습속을 갖고 있었다.[17]

토광과 목곽 사이를 채워 넣은 흙 안에서는 조합우각형파수부호(2점)[18]·주머니호·단경호 등의 와질토기와 쇠도끼·쇠낫·쇠칼이 각기 1점씩 출토되었다. 그런데 청동유물은 팔찌 하나밖에 없었으므로 이 무덤은 기원후 2세기 전반~중반의 무덤이라고 판단하게 되었다. 목관의 방향도 동서향이고 관 내부 중앙에는 직경 40cm, 깊이 15cm의 네모난 요갱이 있었다. 이는 한국화된 청동거울과 청동창·옻칠을 한 칠초철검·칠기부채·쇠도끼와 쇠창을 부장품으로 가져간 1세기 후반의 봉황동 무덤과는 대조적이다. 그런데 구지로 12호분에는 청동제 무기나 청동거울은 없고, 단지 청동 장신구만 있었다. 구지로 12호 목관묘와 봉황동 3호 목관묘에 묻힌 두 사람은 비슷한 시대를 살았으나 구지로 12호분의 주인은 180cm의 훤칠한 인물로서 봉황동 3호분 주인과 차이가 있다. 철대鐵帶로 만든 관을 쓴 것으로 보아 구지로 12호분의 주인은 장신형 편두인으로서 기존 토착세력과는 다른 종족이다. 아마도 이러한 인물이 소위 뿔처럼 생긴 관이나 변관弁冠을 쓴 '갈지' 신분이었을 것이다. 다만 당시로서는 대단히 값비싼 유리가 2천 개 이상이 나온 것으로 보아 외래인이거나 외교업무 또는 대외 무역에 종사한 사

---

16. "兒生便以石壓其頭 欲其褊 今辰韓人皆褊頭(아이가 태어나면 돌로 눌러놓아 머리를 납작하게 한다. 머리를 좁게 만들기 위해서인데 지금 진한인은 모두 편두를 한다."(『삼국지』 변진전)고 되어 있다. 그런데 편두의 褊편은 狹(협, 좁다)과 통하는 글자이므로 머리를 뾰족하게 한 게 아닌가 싶다.
17. 4세기의 유적인 김해 예안리에서 출토된 여성 인골 가운데 30% 가량이 편두를 했다고 한다.
18. 쇠뿔손잡이항아리라고도 한다. 이 형식은 청동기시대 흑도黑陶가 중국 한식漢式 토기의 영향을 받아 기형이 변화한 것이라고 본다. 충북 진천 출토품과 경주 조양동 38호분, 김해 양동리 출토품이 대표적인 사례이다.

람이었을 가능성이 있다. 정치적으로 최상위 실력자나 수장이었을 수 있다. 당시로서는 매우 귀한 유리를 무덤에 가져간 것으로 보아 대단한 부자였음은 분명하다. 한 마디로 봉황동의 인물은 전통적인 수장층 인물로 볼 수 있는 반면, 구지로 12호분의 주인은 외래인이거나 신흥세력이었다. 키가 크고 우람한 흉노인의 피를 이어받은 사람이었을 수도 있으며, 이와 같은 인물이 후일 김수로의 거사에 적극 참여했을

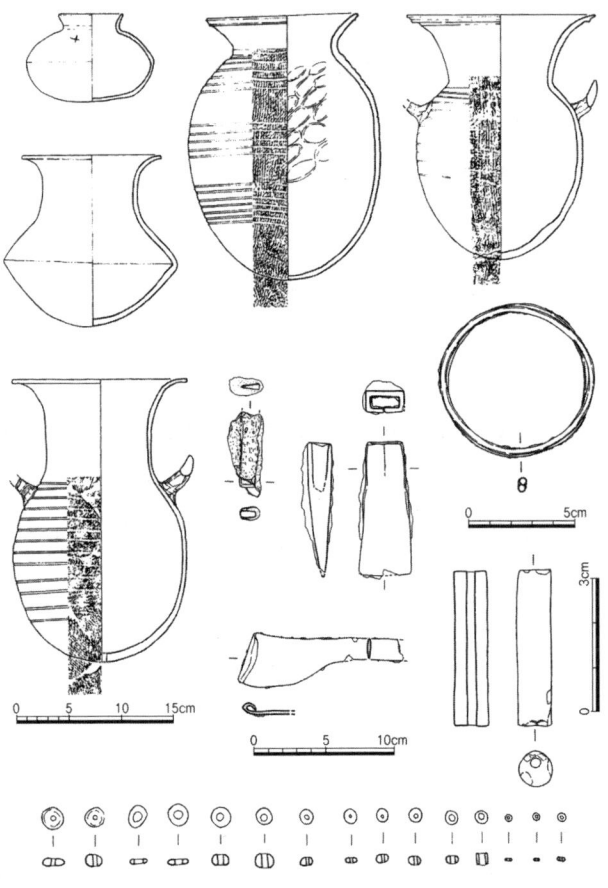

김해 구지로 12호분 출토 유물.

것이다. 키가 작은 사람이 선주족이었다면 키가 큰 사람들은 변진인이었다. 『삼국지』위서 동이 변진弁辰 조에 "…(변진) 12국에는 각기 왕이 있으며 변진 사람들은 모두 다 크다"[19]고 한 설명에 구지로 12호분의 남자는 딱 들어맞는다.

다시 한 번 정리하면, 봉황동 3호 목관묘의 주인은 김수로에 의해 정복된 '마리'의 선조에 해당하는 신분이거나 김수로를 추대한 9간의 선조였을 것이다. 이들과 함께 구지로12호분 주인과 같은 사람의 후손이나 북방에서 내려온 새로운 이주인들이 합류하여 구지봉에서의 거사에 참여했을 것이다.

쉽게 말해 봉황동 3호 목관묘의 주인은 기원전 108년 한 무제의 흉노·조선정벌 때에 남하한 고조선계 또는 선비족일 것이라고 본다. 그렇다면 과연 이런 추측은 합리적인 것일까? 당시 흉노 좌현왕은 상곡上谷 동쪽 지역에 자신의 통치기반을 갖고 있었다. 『사기』 흉노열전에 의하면 바로 흉노의 동편에 예맥이 접해 있었고, 예맥의 동쪽에 조선(고조선)이 있었다고 하였다. 진시황의 진秦 그리고 그 이전의 전국시대 말기에는 예맥과 고조선이 『사기』에 기록된 것보다는 훨씬 더 서쪽에 있었다. 진·한에 의해 계속 동쪽으로 밀려난 결과인데, 전한前漢[20] 정부에 의해 기원전 109년부터 시작된 흉노 좌지와 요동정벌은 흉노뿐만 아니라 예맥과 위만조선 정권을 와해시킨 대사건이자 대규모 전쟁이었다. 그야말로 한 무제의 군대와 말발굽으로 요동 전체가 흙먼지로 자욱하던 동란의 시기에 많은 유민이 발생하였고, 그 과정에서 한국 땅에는 많은 종족이 내려와 정착하였다. 흉노·선비와 예맥·고

---

19. …十二國亦有王 其人形皆大…
20. 기원전 206~기원후 8년.

조선 계열 등 각기 다른 이들이 내려와 상이한 무덤 양식과 문화내용을 남겼으며, 그 가운데 목관묘는 위만조선의 멸망과 관련이 있을 것으로 본다. "이때 한漢은 동쪽으로 예맥과 조선을 정벌하여 군郡으로 삼고, 서로는 주천군酒泉郡을 두어 동호와 서쪽의 강羌을 잇는 길을 끊어 버렸다"고 한 『사기』 흉노열전의 기록이나 "고조선은 흉노의 왼팔"이라고 한 『한서』의 기록을 감안하면 고조선[21]이나 위만조선[22]은 기본적으로 흉노인 및 선비인과 친연성이 매우 높았음을 알 수 있다. 이런 점에서 구지로 12호분의 인물은 흉노·선비를 포함한 동호東胡 계열로서 위만조선 멸망기 또는 그 전후에 남하한 유이민과 직접 관계가 있을 수 있다고 생각한다.

---

21. 기원전 194년 연인燕人 위만에 의해 멸망.
22. 기원전 108년 한 무제에 의해 멸망.

진한의 중국인 포로
낙랑 송환 및 배상문제

열세에 몰린 진한의 중국인 포로 낙랑 송환 사건

한 무제가 중국 남방의 양월兩越¹과 흉노정벌에 이어 동쪽으로 창검을 돌려 대규모 군사를 일으키니 그것이 조선정벌이었다. 이로써 위만조선이 망하고 고조선인들은 조상 대대로 살아오던 터전을 대부분 잃었으며, 그 땅에는 한사군이 설치되었다. 북방에서 일어난 전쟁바람은 대규모 유민을 만들어내었고, 그들은 남쪽으로 이동했다. 기원전 2세기 말 이후 기원후 1~2세기에 경주나 고령·성주·김해·부산 복천동이나 노포동을 비롯하여 경남지방 곳곳에는 서북한이나 요서遼西와 요동지역으로부터 적지 않은 수의 유이민이 이동해 왔다. 김해시 주촌면酒村面 양동리·창원 다호리·경주시 조양동·포항 옥성리(흥해읍)

---

1. 남월南越과 민월閩越. 지금의 항주杭州와 광주廣州·운남성雲南省 일대에 해당한다.

· 부산 동래(복천동) · 경북 성주 등지에도 많은 사람들이 들어왔다. 얼마 후 이들 여러 곳에는 사람들이 하나 둘 묻히기 시작하면서 무덤군이 형성되었다. 그 무덤들에는 전한시대의 청동거울이나 철기 그리고 많은 수의 토기며 장신구와 같은 생활유물을 남겼다. 유물로 보면 당시 양동리 일대에 살았던 사람들은 낙랑지역을 중간 거점으로 하여 중국과 교류한 것이 분명하다. 시대적 상황과 김해의 지리적 위치를 감안해 보면 사람과 물자, 문화의 교류는 낙랑을 통해 이루어졌다. 따라서 시기적으로 한 무제가 흉노정벌에 이어 이민족을 정벌하는 맨 마지막 과정으로 고조선 정벌을 감행해 한사군을 설치한 뒤, 중국 동북지방과 평양 그리고 서북한 지방으로부터 이동한 무리 가운데 일부가 양동리 일대로 들어온 것이라고 보는 데엔 무리가 없다. 초기철기시대로 접어든 시기인 만큼 청동제 무기는 생산이 중단되었다. 청동기는 일부 의기로만 사용되었고 첨단 소재인 철이 새로운 흐름을 주도하던 때였다.

　이 시기 사람과 물자의 이동은 육로와 함께 발해만 및 서해를 통해 이루어졌다. 하지만 아직은 연안항로를 이용하던 시기였으므로 산동지방이나 황하 하구 남북지역에서 묘도열도[2]를 따라 동북쪽으로 북상한 다음,[3] 연안을 따라 다시 남쪽으로 내려와 대동강을 타고 평양에 오르거나 계속 남하하여 호남과 가야 · 영남지방으로 이동했다고 봐야 한다. 물론 강원도 북부에서 동해 연안을 따라 영남에 이르는 해로도 이

---

2. 廟島列島. 현재의 봉래시蓬萊市에서 여대旅大 방향으로 작은 섬과 여(=갯바위)가 점점이 흩어져 있어서 이것들이 항해의 안내 표지판 역할을 했으며 기록상 기원전 2세기 초 이 코스를 통해 군대와 물자의 이동이 있었음을 알 수 있다.

3. 다른 말로 이 코스를 노철산수로老鐵山水路라고도 한다. 이 코스를 따라 대련 지방으로 올라갔다가 단동丹東 · 압록강을 지나쳐 남하하면 한국 땅에 이를 수 있다.

용되었으며, 평안도와 황해도 지역에서 영남에 이르는 내륙로 또한 주요 이동로였다. 기원전 4세기 이후 만주지역이나 서북한 및 중국으로부터의 유이민이 계속 늘어나면서 중국의 문물이 자연스럽게 유입되었으며 이 과정에서 철기 또한 자연스럽게 전파되었다. 중국에서는 제후의 후읍侯邑을 중심으로 염철의 전매가 이루어졌으며 소금과 철은 제후와 대상인·부호들의 손에서 치부의 수단이 되었다. 이러한 전매제도는 철의 가격상승을 불렀고 실수요자가 철기를 구입할 수 없는 상황으로 몰고 가 철기의 보급과 저변 확대에 큰 장애가 되었다.

중국의 전한前漢[4]은 국가전매를 통해 소금과 철·술의 제조와 유통을 엄격히 관리하고 있었으나 철과 소금의 제한은 인구의 증가와 더불어 시대의 흐름에 역행하는 조치였다. 술과 염철의 전매는 제후나 중신들이 독점함으로써 부의 편중과 경제질서의 혼란을 부추겼고, 국가 주도의 염철 제한은 자유로운 시장경제의 발전을 가로막아 많은 폐단을 자아냈다. 급기야 한 무제 때에 이르러 전매제도 규제를 풀어 염철의 자유로운 생산과 유통을 장려해야 할 필요성이 절실해지면서 염철론이 등장하였다. 그러나 그 후 오래도록 속 시원한 조치가 없었다. 왕망의 신新[5] 정부가 들어서자 오히려 상업의 폐단을 빌미로 상인을 억제하는 대신 농업을 장려하는 중농억상정책을 시행하였고, 이러한 정책은 호족과 상인의 반발을 불렀다. 대상인이나 부호들의 상업을 억제함으로써 제후들까지 가세해 집단 반발하는 사태가 빚어졌으며 이와 같은 상황은 신新을 지나 후한에 이르러서도 획기적으로 개선되지 않았다.

4. 기원전 206년~기원후 8년.
5. 기원후 8~23년. 김망이 세운 정권.

낙랑군 지역 또한 이러한 제한과 제도에서 자유로울 수는 없었으나 그래도 다른 곳보다 조금은 느슨한 측면이 있었다. 하지만 낙랑 이외의 삼한 지역에서는 염철의 생산에 한결 자유가 있었다. 그 중에서도 특히 김해의 제작기술로 만든 철기는 교역이라는 이름으로 낙랑과 대방에 제공되었다. 그에 따라 낙랑은 번화하고 풍요로운 도시로 빠르게 탈바꿈해갔다. 옥저와 동예·일본도 김해의 철을 가져다 썼다.

사실과는 다소 거리가 있겠지만 이해를 돕기 위해 당시의 상황을 그려본다.

넓은 분지를 배경으로 올망졸망 야트막한 봉우리와 산들이 펼쳐져 있는 낙랑 중심가. 중국 한의 수도 장안長安에 비교할 수는 없지만, 전국의 물산이 모여 풍요로웠다. 중국 이민족이 세운 식민총독 특별부. 낙랑대로에는 잘 구워 반질반질한 보도블럭이 깔려 있고, 그 좌우로는 기와집들이 죽 늘어서 있다. 군데군데 사람들이 몰려 물을 긷고 빨래하는 우물이 있으며, 푸줏간이며 과일을 파는 가게도 즐비하다. 땔감으로 숯을 파는 장사치들의 우마차와 지체 높은 관리들이 탄 청동마차와 말들이 분주하게 오고간다. 대장간에서는 풀무질이 분주하고 벌겋게 달아오른 쇳덩이를 치는 대장장이들의 어깨 근육이 터질 듯하다. 청동마차의 부속품을 파는 곳도 여럿 있고, 편자를 갈아주는 곳도 있다. 군데군데 항아리나 도기 등 그릇을 늘어놓고 파는 곳과 음식을 파는 곳이며, 어름빗이나 참빗 그리고 여인네들의 방물을 파는 전문 가게도 여럿 있다. 화려하게 꽃을 수놓은 가죽신 가게엔 사람들이 끊이지 않았다. 중국인들 사이사이에는 서역 구차龜玆와 고창高昌 또는 우루무치에서 온 이들도 있다.

옛 모습 그대로 살고 있는 조선의 유민들도 적지 않았다. 한껏 기교를 내어 옻칠 세례를 받은 칠기며 찬합과 같은 살림살이를 파는 가게는 늘상 부인네들의 눈길을 붙잡았고, 진한에서 올라온 비단과 명주며 변한의 광폭세포가 여인네들의 발길을 잡아 세웠다. 잔뜩 솜씨를 부린 아이들의 옷가지를 내놓은 가게엔 대갓집 여인네들로 늘 붐볐다. 곧게 뻗은 거리는 깨끗하게 단장되어 십 리나 된다고 소문이 났다. 낙랑에 속해 있는 군현郡縣의 부인네와 아이들조차 낙랑을 밟아보는 게 소원이라고 했다. 낙랑대로는 어찌나 깨끗한지 버선발로 다닌다 하고, 낙랑태수의 관저에는 예하 군현에서 상납하는 봉물 봇짐이 수레에 실린 채로 길을 메웠다. 소문만으로 듣던 진한이나 변한 사람들이 살아 한 번 가보고 싶다던 낙랑은 사람들의 모습에서부터 여느 곳과 달랐다. 농사일과는 거리가 먼 낙랑 사람들의 피부는 뽀송뽀송하고 하얀 빛이었다. 의상 또한 화려했다. 귀부인들의 나들이에는 일산이 받쳐진 청동마차가 낙랑대로의 보도 블럭을 요란스레 두드리며 지나가고 여인네의 짙은 향이 청동 말방울의 쇳소리와 함께 그 흔적을 길게 남겼다.

　화폐는 오수전·반량전을 비롯해 중국 돈만이 통용되었고, 돈의 가치가 높은 대신, 해동의 산물은 지나치게 값이 낮았다. 낙랑의 한인들이 누리는 그 풍요로움은 한전漢錢의 괴력이 지어내는 것이었다. 도깨비굴로 빨려가듯 마한과 진한·변한의 값나가는 물건들이 헐값에 낙랑으로 흘러 들어가면서 낙랑과 그 밖의 지역 사이에는 점차 격차가 벌어져 갔다. 사람은 나면 낙랑에서 태어나야 하고, 사람답게 살려거든 장안長安이 아니면 낙랑으로 가야 한다고들 했다.

　이러한 여건에서 진한은 나름대로 대책을 마련하고 있었다. 김해의 김수로가 낙랑에 조공을 하고 염사읍군이 된 후로 열세에 몰린 진한은 그 타개책으로 낙랑과의 적극적인 교류와 제철에 전력을 기울였다. 농기구와 생활도구 그리고 무기의 제작이라는 것은 경제와 군사적 필요성에서 그 어떤 것보다도 우선해야 하는 것이었고, 제철기술의 도

입은 국가의 운명을 결정짓는 중대한 사안이었다. 이후 신라가 낙랑과의 원활한 교역을 위해 서기 156년과 158년에 죽령과 계립령을 거쳐 서북지방으로 통하는 새로운 길을 연 것[6] 역시 낙랑으로부터의 선진 문물 수입과 제철산업에 비중을 둔 조치였다. 이것은 가야와의 경쟁에서 살아남기 위한 피할 수 없는 선택이었다. 그와 같은 상황을 엿볼 수 있는 자료가 남아 있으니 중국 왕망시대에 벌어진 다음 기록은 중국 및 낙랑과 진한 사이에 벌어진 국제분쟁을 알려주는 유일한 자료다.

"왕망王莽의 지황地皇[7] 때 염사착廉斯鑡이 진한辰韓의 우거수右渠帥가 되었는데, 낙랑의 토지가 비옥하여 사람들이 풍요롭고 안락하게 산다는 소문을 듣고는 낙랑으로 도망쳐 들어가 항복하기로 작정했다. 그가 살던 부락을 나오다가 밭 가운데서 참새를 쫓고 있는 한 남자를 만났는데, 그 사람이 쓰는 말이 한인韓人의 말이 아니었다. 이에 그 까닭을 물으니 그 남자 말로는 "우리는 한漢나라 사람이며 이름은 호래戶來이다. 우리 무리 1500명이 벌목을 하다가 한韓의 습격을 받아 포로가 되어 모두 머리를 깎이고 노예가 된 지 3년이나 되었다"[8]고 했다. 이에 염사착이 "나는 한나라의 낙랑에 들어가서 항복하려고 하는데, 너도 가고 싶지 않으냐?" 하고 물으니 호래가 좋다고 했다.

염사착이 호래를 데리고 함자현含資縣[9]으로 나갔다. 함자현에서 이 사실을

---

6. 『삼국사기』 신라본기
7. 중국 新(기원후 8~23년) 정권의 연호로서 기원후 20~22년을 이른다.
8. 皆斷髮爲奴積三年矣
9. 황해도 안악군 안악읍 유성리에서 일민함자왕군묘逸民含資王君墓라는 명문이 있는 벽돌이 나왔다 하여 이 일대에 낙랑의 속현인 함자현이 있었으리라 추정하고 있다.

낙랑군에 보고하자 낙랑군에서는 즉시 염사착을 통역으로 삼아 잠중^{岑中}[10]에서 큰 배[大船]를 타고 진한에 들어가 호래 등을 맞아 데리고 왔는데, 호래와 함께 항복한 무리 1000명을 얻었다. 다른 5백 명은 이미 죽은 뒤였다. 이에 염사착이 진한에 따지기를 "너희는 5백 명을 돌려보내라. 만약 그렇지 않으면 낙랑의 군사 1만 명을 파견해서 배를 타고 가서 너희들을 칠 것이다"고 하니 진한에서 말하기를 "5백 명은 이미 죽었다. 우리가 마땅히 그에 대한 보상을 치르겠다"고 하였다. 그리고는 진한 사람 1만5천 명과 변한의 포^布 1만5천 필을 내어놓았다.

염사착이 이를 거두어 가지고 곧바로 돌아왔다. 낙랑군에서는 염사착의 공과 의기를 표창하여 관책^{冠幘}과 전택^{田宅}을 주었다. 그의 자손들은 여러 대가 지나 안제^{安帝} 연광^{延光} 4년(125년)에 이르기까지 그 공으로 말미암아 세금과 부역을 면제받았다."[11]

변한 사람 염사착 낙랑으로 귀화하다

세상은 항상 영악스러운 자의 것이다. 진한이 잡아 둔 중국인 포로들을 보고 그것을 국제적인 사건으로 확대시켜 염사착은 자신의 영

---

10. 황해도 신천군 남부면 봉황리에있는 전실묘에서 수장잠왕경守長岑王卿이라는 명문전이 출토되어 이 일대를 장잠현長岑縣으로 보고 있다. 잠중은 아마도 장잠長岑이 아닐까 추정하고 있다. 그러나 『요사遼史』를 비롯하여 중국의 정사正史 기록에는 장잠이나 낙랑이 요동 양평 근처에 있는 것으로 되어 있어 앞으로 이 문제에 대한 근본적인 검토가 이뤄져야 할 것이다. 더욱이 고구려인으로서 북위 효문제의 부인이 된 고조용高照容의 큰언니 묘지명을 보면 장잠長岑은 압록강 이북의 요서나 요동에서 찾는 게 좋을 것 같다. 하북성 곡양曲陽의 무덤에서 나온 묘지명은 魏故持節徵虜將軍營州刺史長岑侯韓使君賄夫人高氏墓誌銘으로 되어 있어 장잠이 영주부營州府 관할지역에 있었으리라 추정할 수 있기 때문이다. 영주營州는 용성龍城 · 유성柳城 · 조양朝陽 등으로 불린 곳이다.

11. 『삼국지』 위지 동이전 · 『魏略』

달과 부를 챙겼다. 어느 시대든 자신의 이익만을 챙기는 자는 항상 손익이 기준일 뿐, 다른 데 가치를 두지 않는다. 낙랑인 포로문제를 재빠르게 낙랑과 진한 사이의 정치적 지렛대로 삼아 염사착 제 자신의 이익을 챙긴 이 포로문제는 당시에는 꽤나 유명한 사건이었을 것이다. 진한에서 우거수를 믿고 맡겼더니 낙랑에 정보를 팔아 아예 거덜을 내버린 꼴이 되었으니 중국인들은 내심 통쾌하게 생각했을 것이다.

  이 중국인 포로 문제는 낙랑의 중국 한인漢人들이 진한 땅에 들어가서 벌목을 하다가 진한에 붙잡혀 강제노동을 당한 것이 발단이었다. 대체 왜 그토록 많은 중국인들이 진한 땅에까지 가서 벌목을 했으며 진한은 왜 또 이 낙랑 포로들에게 벌목을 시킨 것일까? 밥 짓는 일과 난방 외에는 연료가 그다지 많이 필요 없던 시대에 제철용 땔감의 확보를 위한 강제노역이 아니고서는 그처럼 많은 중국인 포로를 붙잡아 대규모 벌목을 시킨 이유가 무엇인지를 설명하기가 곤란하다. 위의 기록에서 잠중岑中은 낙랑의 현 가운데 하나인 장잠長岑이 아닐까 생각되는데, 그렇다면 진한이 이 낙랑포로를 잡아들인 것은 언제 무렵이었을까? 기록에서는 기원후 20~22년 사이에 진한과 낙랑 사이의 다툼을 찾을 수 없다. 다만 신라 남해왕 11년(기원후 14년)에 왜병이 병선 1백여 척에 나누어 타고 해변으로 들어와 약탈했으며, 이것을 기회로 낙랑이 경주지역에 침입한 사실이 이렇게 기록돼 있다.

  "낙랑이 금성(경주)을 공격해 위급했다. 밤에 유성이 적의 진영에 떨어지자 무리가 두려워 물러나 알천가에 주둔해 돌무더기 스무 개를 만들어 놓고 달아났다. 6부의 병사 1천여 명이 추격했는데, 토함산 동쪽으로부터 알천에 이르러 돌무더기를 보고 적의 규모가 큰 것으로 여겨 추격을 그쳤다."

물론 이것은 진한이 아니라 신라의 기록이지만, 이 자료로 보면 낙랑인들이 동해안으로 쳐들어 왔음을 짐작할 수 있다. 당시 낙랑인 침입 사실이 기록에 나타난 것은 이것뿐이니, 진한이 낙랑인 포로를 잡은 시점을 중국과 한국 양국의 사료로는 더 이상 추적할 수 없다. 다만 『삼국지』에서 중국인 포로문제는 기원후 20~22년 사이의 일이라 하였고, 진한과 관련된 사건으로서 중국인 호래의 말로 잡혀온 지 3년이 되었다고 했으니 신라 남해왕 17~19년 사이의 일이었을 것이다. 그런데 남해왕 19년(기원후 22년)에 '전염병이 크게 돌아 사람이 많이 죽었다'고 한 기록을 감안하면 중국인 포로 5백 명이 죽은 것은 이때 전염병 때문이었을 것이며, 낙랑인들이 진한에 포로로 잡혀온 시기는 대략 기원후 18~19년 무렵이었을 것이다.

이 사건은 진한과의 문제이니 기록상의 신라(사로)와는 관계가 없을 것이다. 하지만 신라의 전신이 진한 6촌이고 설사 신라와 관련된 일이었다 하더라도 중국의 입장에서는 진한으로 생각했을 수 있다. 사실 『삼국사기』 신라본기의 초기 기사 중에는 진한의 역사가 신라의 그것으로 탈바꿈한 것들이 적지 않으리라 생각되지만, 아무튼 진한의 거수渠帥가 된 염사착은 중국어에 능통한 교역인이었거나 정치세력이었다면 낙랑에도 상당히 알려진 인물이었을 것이다. 다만 염사착은 한인韓人이라 하였고, 진한에서 그를 우거수로 등용했으니 진한과 변한에서도 꽤 알려진 인물이었을 것이다. 한 가지 분명한 것은 그가 중국어를 잘 구사했다는 점이다. 이 점에서 보면 그는 중국에서 내려온 유민이었을 수 있다. 염사착이 중국어를 익히게 된 배경이나 과정에 대한 설명은 없지만 우거수라는 높은 신분과 정치적·국제적 감각이 있었기에 그는 낙랑과 진한의 역학관계를 간파하고 낙랑에 포로문제를 일러바친 것이다. 위 기록에 따르면 염사廉斯가 변한지역이었으니 염사착은 본래 진한인으로서 변한에 나가 있었다고 보는 데엔 무리가 없겠다. 그런 염사착이 대규모 포로문제를 낙랑에 일러바쳐 국제적인 사건으로 촉발시키고 거기서 자신의 이익을 얻기 위한 계산을 해두었기 때문에 호래戶來를 이끌고 낙랑으로 간 것이라고 보는 것이 옳다. 낙랑이 살기 좋다 하여 그곳으로 귀순하려 했다고 말한 것은 포로문제와 관련해서 자신의 속셈과 계획을 세운 뒤, 자신의 행위를 합리화하기 위해 염사착이 낙랑에 내세운 이야기를 중국 측이 그대로 기록한 것이라고 보는 게 타당할 듯싶다. 이 중국인 포로 사건은 진한과 낙랑의 교역 사실을 전하는 유일한 내용이지만, 염사착은 원래 그 선조가 낙랑지역에 뿌리를 두고 있었으나 오래 전 변한 지역에 내려와 있던 사람이었을 수 있다. 그가 중국어에 능통했다는 것이 그와 같은 추정을 가능하게 한다. 당시 관련 기록을 보면 낙랑지역에서 변진지역에 내려와 산 이들이 많았다. 이들을 가야나 신라에서는 아잔阿殘[12]이라고 불렀다고 한다.

허목의 「동사東事」에 "변한은 낙랑의 후예이다. 진한秦韓에 부속되어 변진이라고도 하니 구나狗那·재해再奚·불사변不斯弁·낙노樂奴 등이 2한二韓[13]에 속하며 각기 12국이나 되니…"라고 기록했는데, 이것으로 보더라도 당시 진한과 변한에는 낙랑에서 남하한 유이민이 많았음을 알 수 있다. 하지만 이것 말고도 '변한이 낙랑의 후예'라고 한 기록은 많다.

그런데 '변한인은 낙랑의 후예'라는 기록은 변한의 지배층에 대한 설명이지 하층민에 대한 표현이라고 보기는 어렵다. 다시 말해 일찍

---

12. 이것은 '아제'의 향찰식 표기였을 수 있다고 본다.
13. 변한과 진한을 이름.

부터 변한에 내려가 살던 낙랑인으로서 변한 상층부 사람들을 가리키는 이야기라고 해석할 수밖에 없다는 것이다. 낙랑에서 변한으로 사람이 이동하고 일부가 그곳에 남았기에 변한의 후손들이 낙랑 땅에 남아 있다고 한 것이다. 물론 이것은 변한 중심의 서술이었기 때문에 나온 표현이지만 『신당서』와 『구당서』의 기록을 빌어 '변한의 후손들이 낙랑 땅에 산다'[14]고 한 『삼국유사』 역시 동일한 차원에서 이해할 수 있다. 그러나 변한이 낙랑과 오래도록 교류하면서 변한 사람으로서 낙랑에 들어가 산 사람도 많았기에 '변한의 후예가 낙랑에 산다'는 말이 나왔다고 볼 수도 있다. 아울러 같은 시기에 경주 지역으로 내려간 낙랑인들도 상당수가 있었다.

그런데 그 당시 다른 지역을 제쳐놓고 낙랑 사람들이 변한으로 많이 내려간 것은 무엇 때문이었을까? 이미 청동기시대 또는 그 이전부터 이주한 사람들이 있었고, 낙랑이 멸망하기까지 변한과 깊은 관계를 가졌기 때문에 변한에 대해 갖고 있던 정보가 크게 작용했을 것이다. 대다수 낙랑 사람들이 내려간 것은 우선 기원전 108년과 고구려 대무신왕 20년(기원후 37년) 고구려가 낙랑국을 멸망시킨 시점, 그리고 낙랑군의 멸망기(기원후 313년)였으리라 짐작할 수 있다. 위만조선 멸망기에 낙랑국 상층부 사람들이 변한 지역으로 피난하였고 그 뒤로, 중국 광무제의 군대가 낙랑군을 재건하면서 살수 이남이 한의 지배하에 들어간 기원후 44년에도 다시 유이민이 발생했을 것이다. 『삼국유사』 낙랑국 조에 '고구려 대무신왕이 낙랑을 정벌하여 멸망시키니 그 나라 사람들이 대방과 함께 신라에 투항했다'고 한 것은 참고가 된다. 신라에 투항했다고 한 것은 신라 중심의 서술일 뿐이고, 당시에는 진한과

---

14. 新・舊唐書云卞韓苗裔在樂浪之地

변한이었다고 볼 수 있다.

고구려에 의한 낙랑국 멸망,[15] 그리고 후한 광무제[16] 군대의 낙랑 정벌(44년)[17] 이전에 일어난 낙랑포로 문제에 관한 염사착의 기사는 진한과 낙랑의 접촉 사실을 아주 구체적으로 전해주는 자료이지만, 진한은 신라가 2세기 중반 계립령과 죽령을 거치는 길을 개척하기 이전부터 낙랑과의 교섭을 계속했음을 알 수 있다.

염사착은 잠중岑中에서 큰 배를 타고 진한으로 들어갔다고 하였으니 이때 낙랑의 군사가 함께 갔을 것이고, 대선大船을 가지고 내려갔다고 하였으니 염사착은 진한이 내준 1만5천 명의 진한 노예와 1만5천 필의 변한 포布를 대선으로 운반해 왔을 것이다. 상당한 물자와 사람의 이동이었던 만큼 그 규모는 웬만한 전쟁 출정과 비슷하였을 것이다. 진한인 1만5천 명을 실어 날랐다면 대선 한 척에 2백여 명을 싣는다 하더라도 최소 70~80척의 배가 필요했을 것이다. 더구나 진한인 노예뿐만 아니라 1만5천 필의 변한포弁韓布[18]까지 실어갔으니 규모가 작지 않았다. 당시 마한은 진한의 왕을 임명하던 체제였고, 현재의 서울·중부권 일대가 마한의 중심이었는데 어떻게 해서 진한이 낙랑의 중국인 포로를 1천5백 명이나 잡아갔는지는 알 수 없다. 또 이 정도의 사건이 우리의 기록에 실리지 않은 것도 이상한 일이다. 그리고 진한에 변한포를 요구한 것도 석연치 않은 점이다. 당시 변한에서 생산되던 베는 폭이 넓고 올이 고운 데다 품질이 우수해서 중국에도 소문이 나 있었

---

15. "대무신왕 20년(기원후 37년) 왕이 낙랑을 습격해 멸망시켰다."(『삼국사기』 고구려본기)
16. 光武帝. 재위기간 기원후 25~57년.
17. "대무신왕 27년 가을 9월에 광무제가 군사를 보내 바다를 건너와 낙랑을 치고 그 땅을 빼앗아 군현을 만드니 살수薩水 이남이 한에 속하게 되었다."(『삼국사기』 고구려본기)
18. 삼베 한 필疋은 120자이니 1만5천 필은 1백80만 재尺로서 540km나 되는 길이이다.

다. 그래서 『삼국지』 위지 변진조에 '중국인들은 변한포를 광폭세포廣幅細布'라고 했을 정도였다. 고급 삼베로서 이름이 있는 세포였기에 중국에도 잘 알려졌던 것이다. 하지만 변한포를 중국이 먼저 요구한 것인지 아니면 진한이 먼저 낙랑에 제시한 것인지는 알 수 없다. 또 변한으로부터 진한이 받던 공물을 당시 낙랑과의 교역항인 창원 일대에서 곧바로 실어가도록 한 것인지도 알 수 없다. 다만 낙랑에서 변한으로 내려간 사람들이 많았고, 염사착이 변한인이었으므로 변한에 유리한 조건을 제시해 진한을 억누르려 했을 수 있다는 추측은 해볼 수 있겠다.[19]

김수로가 내려가 김해가야를 창업하기 전에 일어난 이 일을 당시 진한과 낙랑의 웬만한 사람이면 다 알고 있었을 것이고, 그야말로 대사건이었을 것이다. 이런 일이 있고 나서 20여 년 후에 김수로 가계는 김해에 내려가 나라를 세웠다.

그러면 염사착이 배를 타고 낙랑으로 출발한 염사읍은 어디일까? 충남 아산일 것이라는 설과 창원의 염산廉山으로 보는 견해가 있다. 염사착이 본래 한인이고 염사는 지명이라고 하였으며, 그가 진한의 우거수가 되었다 하였으니 일단 변한 사람이고, 마한과는 거리가 있다. 다시 말해 아산보다는 창원이라야 맞을 듯하다는 얘기다. '진한의 우거수가 되어 진한 땅에 들어가서 밭 가운데서 참새를 쫓던 중국인 포로 호래를 만난 것'이니까 염사착이 중국인 포로 호래를 만난 곳은 지금의 경주시 일대로 추정할 수 있으며, 진한에서는 당시 우거수와 좌거수의 두 거수가 있었음을 알 수 있다.

---

19. 아마도 변한 염사와 진한은 이 시기 경쟁관계였고, 진한이 제철에 착안하여 중국인 포로의 노동력으로 생산한 철 제품을 중국과 교역하기 위해 중국어에 능통한 염사착을 등용했으나 염사착은 오히려 낙랑에 그 정보를 판 것으로 짐작된다는 것이다.

하지만 '진한 땅에 들어갔다'고 한 설명에서 염사착은 진한 바깥지역에서 출발하여 진한으로 들어갔음을 알 수 있다. 따라서 염사착이 출발한 염사는 진한 밖의 영남 어딘가에 있던 지명으로 보는 것이 옳고, 염사착이 우거수가 되기 위해 출발한 곳이 진한 땅 밖이라면 염사는 변한 땅일 수밖에 없다.

이것은 중국 왕망시대인 기원후 20~22년 사이의 일로, 신라로 치면 남해왕[20] 시절에 해당한다.[21] 당시에 진한은 현재의 경주시내 또는 건천지역에 대한 지배력을 갖고 있었다고 가정할 때, 진한 우거수의 관할범위를 추리해볼 수는 있을 것 같다. 조선시대 낙동강을 기준으로 그 좌측을 좌도, 우측을 경상우도라 한 것으로 보더라도 낙동강 서편 지역이 우거수의 관할령이었다고 판단할 수 있다. 한나라 때 경상우도를 변진12국의 땅, 그러니까 구야국을 포함한 후일의 김해부로 보았는데,[22] 이러한 내용은 단순한 추정이 아니라 그 이전에 전해오던 기록을 바탕으로 한 것이었으므로 믿을 만하다고 볼 수 있다. 당시는 진한 왕을 마한에서 임명하여 세습하던 시기였는데, 그 밑에 좌거수와 우거수가 있었다면 우거수가 낙동강 서편을 맡았고, 그 지역이 바로 염사였다는 얘기가 된다. 그 염사의 중심이 염산이라면 염산고성廉山古城이 있는 창원 일대를 이른다고 보는 게 맞다. 발굴 결과 염산고성은 신라 때의 포곡식산성으로 밝혀졌으나 그 이전부터 김해·창원 일대의 중심이 되었던 것만은 분명하다. 염사가 염산이고 '염사 사람 착鑡'이 염사착의 의미라고도 볼 수 있으니까 여러 가지 측면에서 염사는 현재의 창원 염산이라고 보는 것이 그럴 듯하다. 참고로 鑡착은 '착'과

20. 『삼국사기』에 재위기간은 기원후 4~23년으로 되어 있다.
21. 하지만 우리의 역사서에는 이와 관련된 기록이 없으며 진한의 기록은 더더욱 없다.
22. 한치윤(1765~1814)의 『해동역사』 지리1, 고금강역도 고금지분연혁古今地分沿革 팔도표八道表.

'치'라는 소릿값을 갖고 있고 '치'는 고대 사회의 지배자를 뜻하는 말인 만큼 '염사치'로 읽을 수 있다는 주장도 있다.[23]

그리고 만약 염사가 창원 염산이었다면 당시 염사착은 남해안을 거쳐 서해로 낙랑에 드나들었을 가능성이 있다. 하지만 진한의 중심인 경주지역으로 들어가서 중국인 호래를 만난 뒤, 동쪽으로 나가 해안선이 단조롭고 이동에 편한 동해 연안항로를 따라 간성이나 통천 등지를 거쳐 낙랑으로 들어갔을 가능성이 더 크다. 특히 4월 이후의 동해 연안은 북상에 좋은 조건을 갖게 되어 서해로 들어가는 경우보다 고구려나 낙랑지역으로의 이동이 한결 수월하다. 하지만 창원에서 서해 연안을 따라 북상한 다음, 낙랑의 함자含資나 장잠長岑[24]에 들어갔을 가능성이 아주 없지는 않다. 다만 서해 항로를 택할 경우는 항해 여정이 길고 조류가 복잡하므로 바다의 조류와 해로에 대한 상세한 정보와 고도의 항해술이 필요하다.

하여튼 낙랑 포로문제로 진한이 내놓은 노예와 변한포가 낙랑으로 들어온 뒤로 낙랑의 거리는 더욱 붐볐다. 그들의 노동력이 만들어낸 풍요로움 속에 낙랑은 한층 화려해졌다. 마침 중국에서는 왕망의 정부가 무너지고 산동지역은 적미赤眉의 난으로 혼란에 빠졌으나 한 고

---

23. 하지만 고대 사회에서는 사람이나 지배자를 '치'가 아니라 '지'라 하였다.
24. 이 사건은 낙랑과 진한 사이의 국제적 갈등을 보여주는 유일한 기록이지만, 이 당시 진한은 변한과 미묘한 경쟁관계에 있었을 것이라는 짐작을 하게 된다. 제철 및 철 교역이란 측면에서 보면 진한과 낙랑의 분쟁사건은 진한을 누름으로써 변한이 얻게 된 이익이 있었으리라고 생각되기 때문이다. 아마도 이를 계기로 변한의 상층부와 낙랑의 염사착 사이에는 교류가 있었을지도 모를 일이다. 황해도 신천군 남부면 봉황리 전실묘에서 守長岑長王卿이란 명문이 있는 벽돌(명문전)이 출토되어 이 일대를 장잠현으로 비정하고 있다. 그러나 거란족의 역사서인 『요사』에는 崇州숭주를 본래 한나라 때의 장잠현長岑縣으로 적고 당시 거란의 수도 동경東京에서 북으로 150리 거리에 있다고 하였다. 요나라 때 동경 湯州탕주는 본래 한나라 양평현襄平縣으로 현재의 심양沈陽 서남에 있다.

조 유방의 9세손인 광무제가 진압하고 새로운 황제로 즉위한 때였다. 이 일로 말미암아 후한後漢 정부와 낙랑태수樂浪太守로부터 후한 포상과 함께 낙랑의 요지에 전택田宅을 받은 염사착은 그 후로 중국의 진한과 변한 및 마한에 관한 정치·외교에 관한 실무를 맡았을 가능성도 있다.

김해가야의 여전사들

김해가야의 묘제는 목관묘에서 목곽묘, 그리고 수혈식석곽묘로

지난 2001년, 김해 대성동에서 4차발굴이 진행되었다. 이 발굴은 김해시 대성동 일대의 고분과 기타 유적에서 나온 출토품을 전시하기 위한 대성동고분박물관을 짓기에 앞서 그 부지를 조사하는 것이었다. 발굴 결과 총 50기의 무덤을 찾아냈다. 그 중에서 가장 많은 양식은 목관묘(22기)와 목곽묘(17기)였다. 이 외에 옹관묘[1]와 수혈식석곽묘가 각기 4기씩 있었고 토광묘(1기), 횡혈식석실묘(1기), 그리고 성격을 알 수 없는 무덤 1기가 더 있었다. 옹관묘와 목관묘 사용자는 같은 사람들로서 이 두 가지 무덤양식은 함께 축조되는 것이 보통이며, 횡혈식석실묘는 최소한 4~5세기 이후의 묘제이므로 일단 제쳐두기로 하자. 고인

---

1. 합구식合口式 옹관으로서 옹관의 장축 방향은 동서향이다.

진동유적이 있는 경남 마산 진동 일대 전경.

돌 이후 영남지방에 공통된 무덤양식은 외래 양식인 목관묘 및 목곽묘와 함께 수혈식석곽묘라고 할 수 있다. 물론 청동기시대 토광묘나 석곽묘의 전통은 계속 남아 있었다. 목관묘에 이어 목곽묘가 5세기 초를 끝으로 김해에서 사라진 뒤에는 수혈식석곽묘가 영남(경주 제외)의 대표적인 무덤형식으로 자리 잡게 된다.[2] 이 수혈식석곽묘를 고인돌의 하부구조(매장시설)에서 발전한 형태로 보는 설도 있고 북방에서 별도로 유입된 새로운 형식이라고 보는 견해도 있다. 고인돌의 하부구조인 석곽묘의 발전형이라고 볼 경우, 고인돌의 하부 매장공간인 석곽묘에서 나오는 토기와 수혈식 석곽묘의 토기는 너무도 다르다는 것이 문제다. 무덤에 넣은 토기가 다르니 사용자가 달랐다고 볼 수밖에 없는 것이다. 따라서 수혈식석곽묘는 북방에서 유입된 새로운 양식으로

2. 그러나 합천 쌍책면 옥전고분군에서는 5세기에도 줄곧 목곽묘가 사용된다.

파악하는 견해가 우세한 것 같다.[3] 이 문제는 중국 길림吉林의 청동기 말기 무덤양식인 서단산 석관묘 문화와 견주어서 생각할 필요가 있겠다. 물론 김해 대성동고분박물관 부지에서 확인한 무덤 유형은 아직 목관묘의 비중이 제일 높고 수혈식석곽묘는 4기 뿐이어서 부지 일대는 기원후 2세기에서 4세기 사이의 무덤들이 중심이었음을 알 수 있었다. 발굴자들은 2세기 말 이후 4세기 말까지 약 2백여 년 동안에 조성된 무덤군이라고 판단하였다. 수혈식석곽묘는 김해 일대에 3세기 중반에 처음 나타나는 것으로, 북방에서 유입되었을 가능성도 있다.

마산 진동 A군 1호 고인돌 노출 전경.

마산 진동 석관묘 나군 21호.

마산 진동 A군 1호 주체부.

---

3. 지금까지의 발굴 결과로는 수혈식석곽묘는 3세기 중반 김해지역에서 가장 먼저 나타나 영남지방으로 확산된다고 한다.

그런데 목관묘에는 부장품을 넣어두는 요갱腰坑이 따로 없고 유물은 목관 안에만 있었다. 하지만 유물이 너무 빈약했다. 토기는 총 21점밖에 되지 않았고[4] 철기는 쇠화살촉(15점)·철검(3점)·쇠창(4점)·쇠도끼(4점)·쇠낫(3점)으로 모두 27점이다. 이와 함께 장신구 1점과 청동제 호형대구虎形帶鉤[5]가 나왔다. 대성동 11호분에 이어 두 번째로 출토된 호형대구는 67호 목관묘(동서향)의 정중앙에서 나와 피장자가 착용한 상태로 무덤에 묻혔음을 알 수 있었다.[6] 이 외에 토착 삼한사회의 전통적인 양식으로 볼 수 있는 장동옹長胴甕[7]이 대성동고분군에서는 처음으로 출토되었다. 그러나 22기의 목관묘에서 나온 유물이 고작 52점밖에 안 되었다.

한편 17기의 목곽묘는 모두 4세기의 것으로서 목곽은 길이가 2~3m를 넘지 않는 소형이었다. 우리가 목곽묘를 이해할 때 대형은 상층 지배세력의 무덤이고, 소형은 그보다 낮은 지위의 신분층이 사용한 무덤이라고 생각하면 된다. 그런데 목곽묘 중에서는 47호와 52호분이 주목을 끌었다. 47호분(동서향)은 주곽 외에 유물을 부장하는 공간인 부곽을 따로 갖고 있는 주부곽식 묘이다. 발굴자들은 이것을 기원후 370~380년대의 무덤으로 추정하였는데, 이 47호 무덤에서 또 하나의 동복이 출토되었다. 동복은 단경호·양이부호·개배 등과 함께 부곽에서 나왔다. 이 외에 마구와 등자鐙子[8]도 출토되었는데, 등자는 이 47

---

4. 주요 토기 유물은 조합우각형파수부호 7점, 단경호 6점, 소옹 4점 등이었다.
5. 길이 8.2cm, 높이 4.5cm이다. 호형대구는 쉽게 말해 호랑이 모양의 허리띠 버클이다.
6. 경북 영천 및 성주 예산리에서도 이와 같은 허리띠 버클이 나왔다.
7. 몸통이 매우 긴 항아리형 토기.
8. 말을 탈 때 발을 걸고 올라서기 위한 것으로, 말에 앉아서는 양쪽 발을 걸고 몸의 균형을 잡기 위한 용도. 발걸이라고도 한다.

호분뿐만 아니라 57호 무덤에서도 나왔다.[9]

뿐만 아니라 동서향의 소형목곽묘인 52호 무덤에서는 양이부단경호·사이부단경호·화로형토기·단경호·쇠화살촉(34점)·철검·구슬 등이 출토되었다. 그런데 이 무덤에서는 쇠화살촉이 많이 나왔다. 3세기 말의 무덤으로 짐작하고 있는 이 무덤에서는 양이부단경호·노형토기[10]·단경호와 함께 철기가 부쩍 늘어난 것을 알 수 있었다. 토기는 단경호와 화로형토기가 특징이다. 그러나 발굴 전부터 대단히 많은 양의 유물이 나올 것으로 기대했던 것과는 달리 유물이 많지 않았다. 54호·55호는 모두 목곽묘인데 54호에서는 환두대도와 쇠스랑이 나왔고, 55호분에서는 양이부호·삼이부호[11]·노형토기가 나왔다.

전국시대[12] 말~전한 시기 중국 북방과 흉노(선비) 사회에서 유행한 목관묘와 목곽묘에는 중요한 원칙이 있었다. 목관묘는 동서향, 목곽묘는 남북향이었다. 대성동고분군의 일부인 이 전시관부지 일대에서도 그 같은 원칙은 대략 지켜졌다. 그러나 거기서 벗어나는 것들도 일부 있다. 이를테면 목곽묘 중에도 동서향 무덤이 따로 있었는데,[13] 이것은 기존의 목관묘 전통을 가진 세력이 목곽묘를 수용한 결과로 볼 수 있을 것 같다. 물론 그와 반대로 목곽묘 사용자가 목관묘의 방향을 채택한 것일 수도 있다.

---

9. 두 무덤에서 나온 등자는 목심철판피륜등자木心鐵板被輪鐙子라고 부르는 것으로, 이것은 목심을 철판으로 감싼 둥근 고리 형태의 등자이다. 동래 복천동에서 출토된 것과 함께 4세기 등자라 하며, 북방에서 유입된 선비계의 등자라고 판단하고 있다. 하지만 광개토왕 군대의 남정南征 시기보다 앞선 때의 것이어서 일단 고구려와는 관련이 없는 것으로 보고 있다.
10. 화로처럼 생겼다 하여 노형토기爐形土器라고 한다.
11. 어깨에 귀가 세 개 달린 항아리형 토기여서 三耳附壺삼이부호라고 한다.
12. 기원전 3~4세기. 이러한 목관묘와 목곽묘는 본래 그 원류가 중국에 있다.
13. V-20, V-25, V-28, 47호, 52호, 54호, 55호 무덤이 대표적이다.

참고로, 영남지방의 목관묘는 조합우각형파수부호·주머니호를 특징으로 하며 목곽묘의 표지적인 유물은 화로형토기이다. 대표적으로 47호분은 목관묘의 전통적인 부장품인 조합우각형파수부호[14]·주머니호만을 제외하고는 기존의 토기 전통을 따르고 있다. 목관묘 전통을 갖고 있던 이들이 목곽묘를 받아들이면서 목관묘의 흔적을 남긴 것으로 이해할 수 있는 대표적인 사례로서 55호분을 더 들 수 있다. 이 55호분에서는 희한하게도 어깨 양쪽에 혹이 달린 토기가 나왔다. 한 마디로 이것은 조합우각형파수부호의 초기형이거나 잔재형이라고 할 수 있다.

반면 수혈식석곽묘는 남북향이 원칙이다.[15] 그렇지만 수혈식석곽묘인데도 석곽의 방향이 동서향(V-20호, 56호)인 무덤이 있다. 이것은 목관묘를 사용하던 이들이 수혈식석곽묘를 받아들이면서 방위만큼은 기존 전통을 반영한 것이라고 볼 수 있다. 그 점에서 목관묘와 목곽묘의 유물을 뒤섞어 놓은 듯한 모습을 한 56호 수혈식석곽묘는 시사하는 바가 크다.[16]

다음으로 57호분[17]은 목곽묘(남북향)로서 등자[18]를 비롯하여 마구와 각종 부장품을 배출한 흥미로운 무덤이다. 그런데 이 무덤은 목관묘를 사용하던 집단이 목곽묘를 수용한 패턴처럼 기존 목관묘의 특징도 있지만, 목곽묘가 갖고 있어야 할 별도의 부곽은 없다. 토기는 고배·소형기대·화로형토기·양이부호·단경호·대호大壺 등이 나왔다. 이

---

14. 쇠뿔손잡이형 항아리
15. V-24호, V-26호 수혈식석곽묘는 이 원칙을 따르고 있다.
16. 56호 수혈식석곽묘는 고배·단경호·광구소호·쇠낫·쇠화살촉·쇠칼·종장판투구·옥(환옥·관옥·곡옥)이 부장품으로 갖고 있어 이전의 목관묘와 목곽묘 문화를 아우르고 있다.
17. 4세기 말에 조성된 무덤으로 파악하고 있다. 길이 7m에 폭이 3.5m나 되는 목곽묘이며 피장자의 방향은 남북향이다.
18. 鐙子. 말안장의 발걸이.

외에 철기로서 쇠창·쇠도끼·말고삐·등자·살포(2점)·교구鉸具·종장판투구(5점)·볼가리개 등이 더 나왔는데, 종장판투구縱長板冑는 좁고 긴 철판을 17~18개 가량 세로로 이어붙인 것이었다. 양쪽에 볼가리개를 덧대었으며, 각 철판에는 일정한 간격으로 구멍을 뚫어 가죽으로 단단히 고정시켰다. 부장한 토기 양상으로 보면 목관묘·목곽묘·수혈식석실묘의 요소를 모두 갖고 있는데, 아마도 이 같은 단계를 거쳐 영남의 기본 묘제인 수혈식석곽묘로 전환되는 것이라고 하겠다. 이러한 현상은 잦은 전쟁으로 목곽묘 축조집단이 사라지고 대신 기층의 수혈식석곽묘 집단의 신분이 서서히 상승한 결과로 보아도 될 것 같다.

　김해지방의 무덤양식이 목관묘→목곽묘→수혈식석곽묘로 변화한 사실을 가지런히 보여주고 있으며, 이 과정을 들여다보면 5세기 중반 이후 수혈식석곽묘가 뿌리를 내리는 배경을 어렵지 않게 이해할 수 있다. 이 57호분의 규모와 무덤에 묻힌 사람의 권세를 비교하기 위해 김해와 인접한 함안군 법수면의 황사리고분을 예로 든다. 함안 아라가야의 하위계층 무덤으로 보고 있는 황사리에서는 47기의 중소형 목곽묘와 옹관묘(3기)가 나왔다. 김해 대성동의 57호분과 똑같이 4세기의 무덤이며 이 목곽묘에서는 화로형토기도 나왔다. 그런데 함안 황사리 목곽묘는 2m급도 있고, 6m 가까운 대형도 있다. 숫자로 보면 길이가 4~5m 정도인 중간급 크기의 목곽묘가 가장 많다. 6m짜리 목곽묘가 4세기 황사리의 최고층 무덤인데, 김해 대성동 57호분은 그보다도 훨씬 큰 대형이다. 황사리 최고지배자와 대성동 57호분에 잠든 사람은 지배력과 신분에 그만큼 큰 차이가 있었던 것이다.

대성동에서 확인한 4세기 김해가야의 여전사들

유적이나 유물에서 확인하는 사람의 흔적은 때로 묘한 흥분을 자아낸다. 이를테면 토기에 남아 있는 도공의 손가락 지문은 야릇한 흥분을 안긴다. 그것은 시대를 뛰어넘어 옛날에 산 사람들이 지금의 우리와 별다르지 않았다는, 말하자면 사람의 마음 저 밑바탕에 있는 무엇인가를 자극하기 때문일 것이다. 그러나 그에 못지않게 현재의 우리와는 달랐던 고대인들의 모습 또한 쉽게 가라앉힐 수 없는 자극제가 된다. 더욱이 그것이 1천5~6백여 년 이전의 일이라면 말할 것도 없다.

앞서 설명하다 만 김해 대성동 57호 무덤은 하나의 공간에 여러 명의 사람을 순장한 사실이 주목된다. 이 무덤에는 주인 외에 3명의 여인이 더 있었는데, 이들 세 여인은 주인의 죽음을 따라간 순장녀들이었다. 주인의 발치에 가로로 나란히 누워 있는 상태였으며, 머리는 동쪽에 두고 있었다. 그 정도의 크기면 부장품을 따로 넣은 부장곽이 별도로 있을 법한데 부곽은 없고 7m가 넘는 주곽만 있는 점도 흥미롭다. 그러나 그보다 더 관심을 끄는 것은 세 여인에게서 얻은 새로운 정보들이다.

순장한 세 여인은 모두 한두 번씩은 아이를 낳은 엄마들로 추정하였다. 이것은 한국과 일본의 전문가들이 과학의 힘을 빌어서 내린 결론이니 믿어도 될 것 같다. 편의상 김해의 세 여인을 A, B, C라 명명하자. 여인 A는 키가 152.6cm로서 꽃다운 30대에 이승을 버렸다. 장두형에 얼굴은 좁고 긴 편이다. 두개골이 거의 완전하게 남아 있어서 살았을 때의 모습을 그대로 그려낼 수 있었다. 여인 B는 148.7cm의 키에 20대의 혈기 왕성한 나이. 역시 누군가에 의해 삶을 접었다. C여인은 20대에서 30대 사이로 추정되며 제일 키가 작다(147.7cm). 이들은 모두 두개골이 장두형이며 얼굴이 길쭉하고 갸름하다는 공통점이 있다. 그런데 코는 낮다. 특히 A여인은 두개골이 한국 여인의 전형적인 특징을 보여준다고 한다.

지금까지 영남지방에서 발견된 여성의 두개골이나 팔·다리뼈를

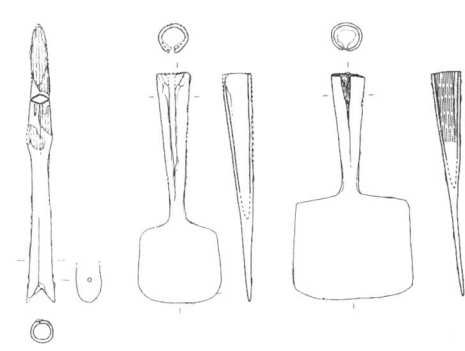
김해 대성동 37호분 출토 살포 및 철모.

토대로 계산해낸 결과를 보면 한국의 고대 여인들은 키가 작았다.[19] 대략 148~153cm 정도였다. 대구 성산리에서 발견된 '대구 여인'의 키는 153.5cm이니까 이 경우는 약간 큰 편에 속한다. 김해 유하리 고분에서 나온 여인은 152.1cm였으며 김해 예안리 여인은 150.8cm였다. 물론 이들은 대성동의 세 여인보다는 약간 후에 산 사람들이다. 대성동 여인보다 약간 앞서 살았던 사천 늑도패총의 여인들도 대략 비슷한 키였다. 하지만 대성동 여인들은 김해 지역의 다른 여인들보다도 더 키가 작은 편이다.

1천6백여 년을 잠들어 있던 A여인의 두개골이 다행스럽게도 완형에 가까운 상태로 고스란히 간직될 수 있었던 것은 마사토 모래층에 묻혀 있었기 때문이었다고 한다. 오랜 세월에도 두개골이 온전하게 남은 것은 석회암지대가 적고 산성도가 높은 화강암 지역이 대부분인 우리나라에서는 매우 드문 일이다. 이 두개골을 가지고 얼굴을 복원한 것을 보면 김해의 세 여인은 한 마디로 전형적인 한국 여인의 모습이라고 할 수 있다.

19. 지금까지의 연구로는 가야인 남성의 평균신장은 164.7cm, 여성은 150.8cm로 큰 편이다.

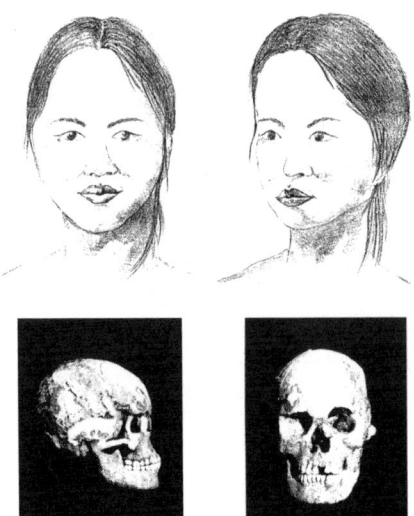

김해 대성동 57호 고분에서 나온 김해가야의 여전사들.

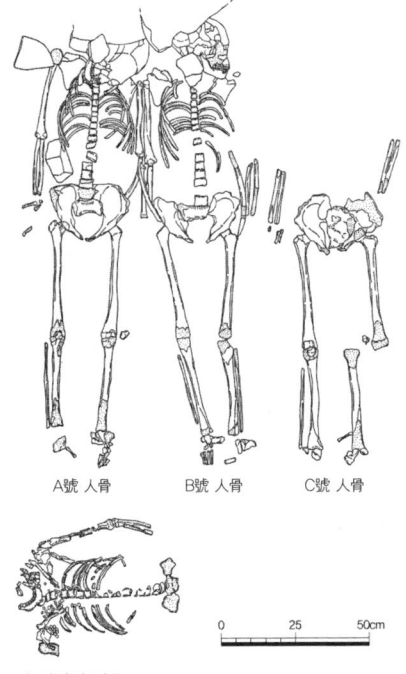

세 여인의 인골.

이웃 김해공설운동장 터에서 나온 기원후 1세기 후반의 구야국 수장은 키가 160cm에도 못 미치는 단신이며, 구지로 12호분의 변한인은 180cm 이상의 장신인 것을 감안해 보면 이 여인들은 모두 단신족이라고 해도 되겠다. 구야국 수장과 180cm의 장신족인 변한인은 목관묘에 묻혔던 사람이고, 대성동의 세 여인은 목곽묘에 묻힌 사람들이므로 목관묘와 목곽묘의 두 그룹은 종족이 서로 달랐을 수도 있다.

그런데 김해 A, B, C 세 여인의 머리맡에서 5개의 투구가 발견되어 대단히 흥미롭다. 순장한 여인들의 머리맡에 있는 것이니 이 여인들이 썼던 것이고, 여인네들이 투구를 썼다면 그들은 여전사女戰士였다고 볼 수밖에 없다. 여러 정황으로 미루어 투구는 무덤 주인의 것이 아니라 여자들의 것이 틀림없고, 세 여인은 비록 복발은 없는 투구지만 중무장을 한 여전사로 볼 수밖에 없었다.

한 사람의 무덤에 세 명의 여자를 순장한 것으로 보아 무덤의 주인은 남자가 틀림없다. 그리고 만약 이 여인들이 10대 후반에 결혼하였다고 가정하면 모두 10여 살 전후의 아이를 둔 엄마들이었다. 결국 이 무덤의 여인들은 남편이 죽자 함께 묻혔으며, 순장이란 방식에 의해 남편의 저승길 동행자가 되었다고 판단하는 것이 자연스러울 것 같다. 순장의 대상은 대개 무덤의 주인을 따르던 애첩이었으리라고 짐작할 수 있지만, 이것으로 당시 김해가야는 일부다처제 사회였음을 덤으로 알 수 있게 되었다. 고대사회에서는 어디나 일부다처제가 당연한 것이지만, 이들이 잠든 57호 목곽묘는 무덤의 규모로 보면 상류층이 묻힌 대형 무덤이다. 더욱이 살포가 2개씩이나 나온 점으로 보아 왕은 아니고 상층 지배세력으로 볼 수 있다.[20] 즉 김해가야 정권의 실세였을 수는 있으나 수장은 아니므로 대성동의 세 여인은 지배층의 여전사였다.

발굴에 참여한 사

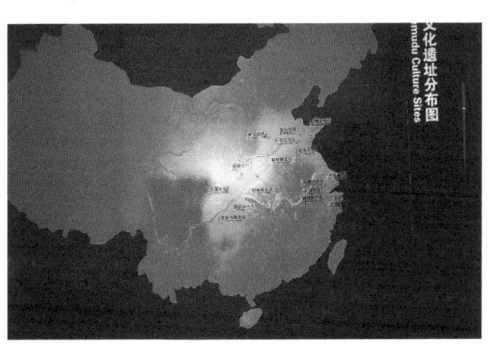

중국 은의 영역.

---

20. 왕권사회에서 왕이 신하에게 살포를 주는 전통은 오래 전부터 있었다. 가야의 이 고분 뿐만 아니라 4세기 초반의 무덤군인 공주 수촌리유적에서도 나왔다. 고려나 조선 시대에도 당상관 堂上官 이상의 고위직을 지낸 기로신耆老臣에게 살포를 하사하고 특별히 예우해 온 관례가 있으며 신라 사회에서도 이것은 대략 마찬가지였다.

중국 하남성 은허유적 전시관.

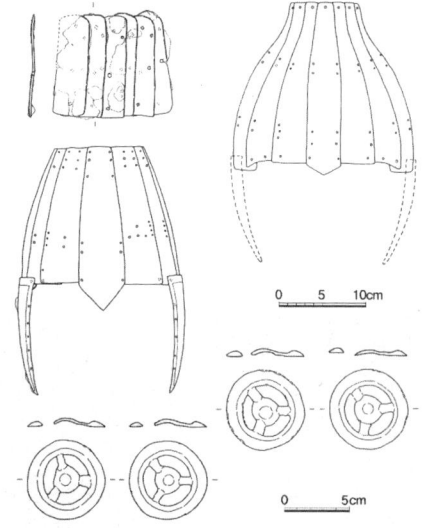

김해 대성동 57호분 출토 여전사용 투구.

람들은 여기서부터 공설운동장 자리까지는 1~2세기의 목관묘가 집중적으로 몰려 있는 지역이었으며 지금까지의 발굴결과를 종합할 때 위치상으로도 구야국의 무덤군이 집중되어 있는 중심지였다고 보고 있다. 더군다나 1972년 김해공설운동장 공사 때 무덤이 모두 파괴되었으며 그 때 실려나간 토기와 유물이 엄청난 양이었다는 주민들의 증언을 토대로 이 일대 무덤들은 목관묘가 중심이었으리라고 판단하는 것이다. 아마도 개발시대, 김해공설운동장을 만드느라 그처럼 무자비하게 김해가야의 무덤을 파헤치지 않았더라면 지금의 우리는 보다 많은 여전사들을 만날 수 있었을 것이고, 나아가 가야를 보다 더 정확하게 복원해 확인하고 즐기는 역사로 재현하였을지도 모른다. 파괴는 또 다른 창조일 수 있지만, 유적은 단 하나 뿐이기에 유적의 파괴는 철저한 파괴일 뿐이다.

참고로, 김해의 여전사들이 있던 시대에서 다시 1400여 년을 거슬러 올라가 중국에서 또 다른 모습의 여전사를 확인해 보자. 1976년 중국 하남성 안양安陽의 은허殷墟에서 발굴한 부호묘婦好墓[21]이다. 이 무덤이 발굴되어 은殷 왕조 시대의 상황을 매우 상세히 짐작할 수 있게 되었다. 그 무덤에서는 청동전차와 청동투구·청동복·청동도끼·청동창[銅戈]

은허 출토 멧돼지 문양 용기.

은나라 사람들의 주거지 복원도(추정).

등 많은 무기와 함께 말·개 그리고 사람을 순장한 사실도 알게 되었으며, 사람의 머리를 넣고 삶아서 죽은 이에게 바친 동복銅鍑도 나왔다. 다만 이 동복은 국내에서 발견되는 철복과 비슷한 형태이지

---

21. 1976년 여성 고고학자 정진향鄭振香이 안양安陽 원수洹水 남쪽에 있는 소둔촌小屯村에서 발견했다. 묘광은 장방형에 수혈식이고 남북 5.6m, 동서 4m, 깊이 7.5m였다. 묘도는 없었으며 묘실 위쪽에 건물터의 흔적이 있었다. 이것은 제사용 건축물이었던 것으로 짐작되었다. 도굴 흔적이 없고 묘 안에서는 16구의 순장 시신과 여섯 마리의 개뼈가 발견되었다. 청동기와 옥기, 골기 등 1928점의 유물이 나왔다. 청동기의 총무게는 1625kg에 모두 210건의 청동기가 있었다. 부호라는 이름은 무정 시대의 갑골문 복사에도 비교적 많이 나온다고 알려져 있다. 자신에게 부호가 시집을 올 것인지, 부호의 가노家奴가 도망한 일에 관심을 가졌다든지, 부호가 50마리의 거북이를 공물로 바쳤다는 등의 내용이 복사에 나온다. 또 결혼 후에는 부호가 아들을 낳을지 딸을 낳을지를 묻는 복사와 함께 부호가 딸을 낳은 내용도 있다.

부호묘에서 출토된 남녀 두개골로 복원한 은나라 사람의 모습.

대성동에서 나온 동복과 같은 형태는 아니라는 차이점은 있다. '머리를 잘라서 술잔을 만든' 두개골도 많이 나왔다. 그런데 청동정이나 여러 청동기물 그리고 거기에 새긴 문양이나 디자인은 신선하며 활기가 있다. 이처럼 은殷의 문화는 창의성과 잔혹함이란 양면성을 갖고 있다. 화려한 문양을 청동정이나 기타 청동유물에 새긴 은나라 사람들의 예술적 재능과 창의력 및 디자인은 21세기의 새로운 양식이 될 수도 있겠지만, 한편으로 은의 문화는 잔인성을 가졌다는 점에서 적잖이 놀라게 된다.

부호는 은 왕조 중기 무정武丁이라는 왕의 아내이다. 직접 무장을 하고 청동전차에 올라 여러 차례 정복전쟁을 치렀으며 또 많은 승리를 거두었다고 한다. 물론 이때 중무장한 전사들이 전차를 에워싸고 전쟁터로 나가는 게 통상적인 방법이었다.[22] 『삼국지』에도 산동반도와 북경 일대로부터 요령성·요동·한반도에 이르는 지대는 은민족이 흩어져 살았다고 했으니 이러한 여전사라든가 순장과 같은 전통은 은의 유제라고 파악해야 할지 아니면 흉노와 같은 북방 민족 고유의 전통으로 이해할지는 판단이 서지 않는다.

---

22. 은나라의 역사와 문화를 연구하는 이들에 의하면 당시의 전쟁에는 보통 2~3천 명 정도의 병력이 움직였다고 한다. 은의 마지막 왕인 주(紂, =帝辛)를 주周 나라의 무왕武王이 전차 3백대, 갑사甲士 3천 명을 동원하여 정복했다고 한 『맹자』의 기록으로도 그 같은 사실은 물론 당시 전쟁의 규모를 가늠해 볼 수 있다.

다만 이 순장 여인들을 확인함으로써 김해 사회에서 왕의 측근 또는 지배층에는 여전사가 있었던 것은 분명해졌다. 백제·고구려·신라에는 여전사가 있었다는 기록도 없고 유물이나 기타 발굴자료가 없다. 그런데 김해에서 여전사의 실체

은 왕조 무정武丁 시대의 귀갑복사龜甲卜辭. 이것은 무정이 직접 점을 치고 그가 말한 내용을 거북 등껍질에 기록한 것이다. 王占曰吉(왕이 점을 치고 말하기를 '길하다'고 했다), 癸酉卜…(계유일에 점을 치다), 王占曰吉其令 등의 점복내용이 있다. 이 외에 來, 丙午, 歲, 入50 등의 글자와 함께 붉은 물감을 붓으로 찍어 쓴 受, 黍年이라는 갑골문이 보인다.(하남성 안양 소둔촌 127호갱 출토).

를 확인하였으니 당시 이웃나라의 사정도 비슷했으리라고 생각해 보면 고구려나 백제 및 신라에서도 이와 유사한 부류의 여전사들이 있지 않았을까? 기원후 400년 광개토왕의 군대가 가야를 원정했을 때 이런 여전사들이 각기 주인의 호위무사를 겸해 전장에 따라나섰을 것이다.[23]

백제나 왜의 사례로 보면 아끼는 애첩을 믿을 수 있는 신하에게 왕이 내려주는 형식을 취하는 경우도 빈번히 있었다. 임신한 여자를 주는 방식도 종종 있었다. 백제에도 있었고, 특히 일본에서는 이와 같은 사례가 많이 있는 것으로 보아 아마 김해가야도 마찬가지였으리라는 생각이 든다. 하여튼 이러한 여자들이 왕이나 상층 그룹의 호위무사로서 정보를 수집하고 전달하거나 어떤 특수한 임무를 담당했다면 그

---

23. 고대의 전쟁에서 무녀巫女들이 군대의 맨 앞에서 북을 두드리며 군사의 사기를 북돋웠다. 김해의 세 여인 역시 이러한 역할을 맡았을 가능성도 있다고 본다.

들을 여전사라고 봐도 하등의 문제는 없을 것이다. 은나라 무정의 아내 부호나 김해의 세 여인들은 모두 특수한(?) 임무를 맡은 여전사였던 것은 분명하므로 고구려 · 백제 · 신라에도 이러한 '특수 여인부대'가 따로 존재했다고 볼 수 있으리라 생각한다.

김씨는 중국 서부 감숙성이 고향인 흉노인

국내 최다 성씨인 김씨의 고향은 감숙성

2000년 통계청의 인구주택총조사에 따르면 김씨는 남한에만 1천만 명이 살고 있다. 통계상으로는 전인구의 21%가 넘는 숫자다. 5명 가운데 1명이 김씨라고 할 정도로 김씨는 이제 대성대족大姓大族이 되었다. 김씨의 나라 김해가야와 1천 년의 신라왕국이 지속되는 사이 김씨들은 그 수를 크게 불렸고, 이런 증가추세는 더욱 빠르게 전개되고 있다.

그러나 김씨는 한국에만 있는 성씨가 아니다. 본래 중국 서북지역에서 시작된 성씨여서 중국에도 적지 않은 수의 김씨가 살고 있다. 중국과 북한의 김씨까지 합치면 그 수는 대단히 많다. 중국과 한국의 모든 김씨는 2천1백여 년 전, 흉노 우현왕의 태자 김일제金日磾[1]와 그 아우 김륜金倫 두 사람으로부터 시작되었다.

중국 대륙 북방과 서북의 드넓은 초원을 누비던 기마민족으로서 실크로드[2]를 장악하고 서역과의 교역을 담당하던 흉노인 김씨들. 비록 중국 한漢 황실에 포로로 들어왔으나 끝내 황실과 중국을 장악했고, 왕망王莽의 실각 이후에는 다시 중국을 벗어나 망명의 길을 떠나야 했지만 그들은 망명지인 이 땅에서 또 하나의 제국 가야를 열었다. 그리고 또 신라를 차지했으며 신라의 종말도 보았다. 김해가야 김씨의 일부는 일본으로 들어가 고대국가를 세웠으며, 5세기 일본의 고분시대는 김해가야 사람들을 중심으로 전개된 신문화의 시대였다.[3]

김씨들의 고향은 중국 서안西安 서북에 있는 감숙성甘肅省 일대이다. 한 무제[4]의 포로가 된 흉노 우현왕[5](=휴저왕)의 두 왕자 이전에는 김씨가 없었다. 이들 흉노인이 김씨를 성으로 갖게 된 것은 한 무제로부터였다. 금으로 사람의 형상(=금불상)을 만들어 놓고 하늘에 제사를 지내는 흉노의 제천금인祭天金人을 보고, 한 무제가 金김을 성으로 주었기 때문에 한 무제의 사성賜姓 김씨가 한국과 중국의 김씨인 것이다. 따라서 김씨는 태생적으로 불교와 관련이 있다.[6]

김씨의 조상인 휴저왕休屠王[7]은 중국 감숙성의 양주凉州, 즉 지금의 양성凉城 일대를 통치하던 흉노 우현왕으로, 휴저왕 자신의 관할구역인

---

1. 휴저왕休屠王의 태자이다. 자字는 옹숙翁叔. 무제에게 포로로 붙들려와 황문黃門에서 말을 길렀다. 키가 8척2촌에 용모가 매우 준엄했다. 나중에 마감馬監이 되었다가 감천궁에 들어가 시중부마도위광록대부侍中駙馬都尉光祿大夫가 되었다.

2. 실크로드Silk Road란 말은 19세기 독일의 지리학자 리히트호펜(Ferdinand von Wilhelm Richthofen, 1833~1905)이 처음 사용한 데서 비롯되었다. 독일어로 비단길은 자이덴슈트라센 Seidenstrassen이다. 비단길 또는 오아시스길이라 하는 교역로는 서안-돈황-천산산맥-타클라마칸 사막-시리아로 이어지는 코스가 잘 알려져 있다.

3. 일반적으로 알려진 것과 달리 일본 나라奈良나 후쿠오카福岡 일대의 땅 속에서는 백제시대의 유물보다는 가야의 유물이 많이 출토되는데, 그것 역시 가야가 백제보다 먼저 일본에 진출한 사실을 알려주는 증거이다.

4. 漢 武帝(기원전 141~87년).

양성 일대를 당시에는 휴저택休屠澤이라 불렀다. 김씨들은 그 후에도 양주 일대의 평량平凉지역에 대를 물려 살았으며, 감숙성에는 지금도 많은 김씨가 살고 있다. 또한 이곳뿐만 아니라 중국 섬서성陝西省 일대에는 흉노 김씨의 후예들이 집단을 이루어 거주하고 있다. 그런데 현재 한국에는 사람들이 잘 모르는 또 하나의 김씨가 따로 존재한다.

"남씨의 시조는 김충金忠이다. 본래 중국 여남汝南[8] 봉성부鳳城府 사람으로, 일본에 사신으로 갔다 오다가 표류하여 현재의 영덕 축산丑山으로 들어왔다. 신

---

5. 흉노족은 최고 왕으로서 중국의 황제와 같은 지위에 있던 왕을 선우單于라고 하여 그 밑에 좌현왕과 우현왕을 두었다. 중국의 입장에서 흉노 우지匈奴 右地라고 표현한 것이 우현왕인 휴저왕의 관할 영역이었다. 즉 김일제의 아버지 휴저왕은 흉노 우현왕이었다. 후일 백제도 흉노와 마찬가지로 좌현왕과 우현왕 제도를 시행한 바 있는데, 이로 보면 백제가 부여의 후예에 의해 건국된 나라이지만, 기실은 흉노족의 한 분파였음을 알 수 있다.(선비 또한 흉노와 유사한 종족으로, 선비는 흉노와 선비족 사이의 혼혈이었다). 흉노의 대왕大王은 좌현왕과 우현왕을 거느리고 있는 흉노 왕의 최고 지위에 있는 선우인 까닭에 대선우大單于라고도 한다. 천자天子로서 중국의 황제에 해당한다. 현재 국내의 족성 가운데 한씨韓氏, 기씨奇氏, 선우鮮于 세 성씨는 기자의 후예로서 한국으로 남하했다고 한다. 본래 선우의 3형제였으나 각기 성씨를 따로 갖게 되었다고 전하며, 이러한 연유로 말미암아 이들 세 성씨는 지금도 서로 통혼하지 않고 있다. 이들 성씨는 흉노 대선우에서 유래했다는 설이 있다. 單у나 鮮于는 모두 '선우'라는 소릿값을 빌려쓰기 위해 택한 글자이므로 같은 것이다. 기록을 추적한 중국의 학자들은 "선우씨鮮于氏는 상조(商朝, = 殷) 왕실인 기자의 후예(商朝王室 箕子之后)이며 선우宣于氏라고도 한다. 선씨鮮氏로도 쓴다"고 하여 이들을 북적北狄의 한 지파인 철륵족(鐵勒族, 일부에선 이것을 투르크의 음사로 보기도 한다)으로 분류하였다. 이 철륵족은 현재 중국 심양瀋陽 동북 지역에 일부가 살고 있다. 물론 이들도 넓은 범위에서는 흉노와의 혼혈인 선비족인데, 오늘의 한국 성씨인 한씨 · 기씨 · 선우씨 세 성씨가 한 집안이며 기자의 후예라는 가계 전승은 기록과 구전이 일치하는 좋은 예이다.
6. 철을 다루어 그것을 교역하면서 '쇠'에서 김씨라는 성씨가 생겼다는 항간의 설은 대단히 잘못된 이야기이다.
7. 이때의 屠는 '도'로 읽지 않는다. 따라서 休屠王은 휴도왕이 아니라 휴저왕으로 읽어야 한다. 屠를 儲로 읽어야 한다고 『사기』에 제시되어 있다.
8. 여남군汝南郡을 이른다. 한漢 고조高祖 4년 처음으로 여남에 군을 설치했다. 후한 초 46만여 호戶에 인구는 약 2백60만 명이었다. 현재 한국의 남씨는 여남군 봉성부鳳城府에서 온 것으로 되어 있다. 현재는 허창시에 속해 있다.

라 경덕왕이 그 내력을 듣고는 가상히 여겨 여남에서 온 김씨이므로 성을 南남으로 하고, 현재의 경남 의령을 근거지로 삼게 하였다."

이것은 의령 남씨南氏의 족보에 기록된 내용이다. 즉 의령을 본관으로 하는 남씨는 본래 중국 여남에 살던 김씨이며, 신라 경덕왕이 김충金忠을 가상히 여겼다 함은 시조를 같이하는 동족의 족성族姓인 까닭에 나온 말이었다. 이들의 만남은 8세기 중반에 우연히 이루어졌다. 그런데 중국의 여러 자료를 참고하면 의령 남씨의 선조인 김충의 조상은 김애金崖라는 인물이었을 가능성이 매우 높다. 이 김애 역시 흉노 휴저왕[9] 제천금인의 후예로서 평량平凉의 휴저休屠[10] 일대에서 대를 물려 살던 사람이다. "428년 8월 섬서 연안 휴저休屠의 흉노 추장이었던 김애는 부部를 인솔하여 와서 속민이 되었다. 김씨는 평량[11]에 대를 물려 살았다"[12]고 한 『위서魏西』의 기록을 보면 흉노인 김씨들이 5세기 초반에도 대단한 세력을 이루고 있었음을 알 수 있다. 『위서』의 기록은 김애가 한족漢族의 그늘에서 벗어나 선비족의 나라인 북위 정권으로 투항하였음을 전하고 있다. 그러나 김애는 433년 탁발선비[13]의 북위北魏[14] 정권 하에서 반란을 일으켰다. 이에 김애는 현재의 허창시許昌市 일대로

---

9. 휴저왕休屠王 屠는 이 경우 '도'가 아니라 儲 즉 저로 읽어야 한다고 제시돼 있다. 그런데 휴저왕休屠王의 휴저는 무슨 뜻일까? 그것을 알 수 있는 키워드가 김일제의 일제日磾이다. 일제라는 이름은 휴저라는 말의 소리와 의미를 고스란히 살린 것이기 때문이다. 휴저는 지금의 '빛'이라는 말의 원형인 히지(日, ひじ)를 소릿값으로 나타낸 것이고, 日磾는 그 의미와 소리를 함께 저장한 표기라고 볼 수 있다. 그렇다면 그 의미는 김광金光이 된다. 휴저를 일제로 표기한 것은 백제의 온조溫祚가 백제百濟의 다른 표기인 것과 같다. 이런 것을 보면 향찰은 흉노인에게서 나온 것이지 신라인들의 작품이 아닌 것이 분명하다.
10. 흉노 우현왕의 통치 영역이었던 곳으로서 휴저택休屠澤 일대.
11. 감숙성甘肅省 평량平凉.
12. 陝西胡酋金崖率部內屬金氏世居平凉

사민徙民되었다고 하였으니 김충이 여남汝南 사람이었다고 한 것으로 보아 아마도 김충은 '김애의 후손'일 것이다. 이 외에도 본래 김씨 성이었던 성씨가 더 있다. 인주이씨와 안동권씨이다. 인주이씨는 김씨에서 바꾼 성씨이고, 안동권씨의 시조는 본래 김행金幸[15]이었으나 고려태조 왕건이 권權이란 성씨를 내려주어 권씨가 되었다.[16] 이들 김씨의 연원과 관련하여 김부식은 『삼국사기』 열전 김유신전에서 가락국의 시조와 신라 왕실의 김씨에 대해 이렇게 적었다.

"김유신은 왕경(=경주) 사람이다. 그의 12세 할아버지는 수로首露인데, 어떤 사람인지는 알 수 없다. 후한 건무 18년(기원후 42) 구봉龜峰에 올라 가락駕洛의 아홉 촌을 살펴보고 마침내 그 땅에 이르러 나라를 열어 가야加耶라 했다가 후에 나라 이름을 금관국金官國으로 고쳤다. 그의 자손이 대를 이어 수로의 9세손인 구해仇亥에 이르렀다. 구해는 구차휴仇次休라고도 하며 유신의 증조부이다. 신라 사람들이 스스로 소호김천씨少昊金天氏의 후예이므로 그들의 성씨는 김씨라고 하는데 김유신비庾信碑에도 '헌원씨[17]의 후예이며 소호씨少

---

13. 탁발선비拓拔鮮卑는 선비인 아버지와 흉노 어머니 사이에서 태어난 종족을 가리킨다.(鮮卑父胡母). 중국의 기록에 소위 천녀天女라는 이름으로 등장하는 여인을 흉노여인(胡母)으로 보고 이들이 바로 발钹일 것으로 파악하는 견해도 있다. 그러나 고대 정사서에는 탁발선비의 탁은 땅[土], 발钹은 뒤를 가리킨다는 기록이 있으므로 앞의 견해와는 다르다.
14. 기원후 3세기 중엽 선비족은 탁발부拓拔部의 한 지파로서 대흥안령大興安嶺의 현재 내몽고 화림격이和林格爾 북쪽 일대로 옮겨갔다. 기원후 315년에 서진西晉은 대왕代王을 칭하게 되었고, 현재의 산서 대동시大同市에서 탁발규拓拔珪가 위魏를 건국하였으니 이것을 역사는 북위라고 부른다.
15. 신라 왕족의 후예인 김행金行이 후백제 견훤과 고려 태조 왕건이 병산(현재의 안동 와룡 일대)에서 전투를 벌일 때 왕건을 도와 승리로 이끌었기 때문에 권도權道를 아는 사람이라 하여 왕건이 권씨 성을 하사한 것이 오늘의 안동권씨와 그 시조이다.
16. 그러나 권씨는 중국에도 일찍이 있었다. 660년 백제를 멸망시킨 소정방의 공적을 새긴 대당평백제비(정림사지오층석탑)의 비문 내용을 쓴 인물이 權懷素이다.
17. 軒轅氏, =황제黃帝

昊氏의 자손'이라고 했으니 남가야南加耶의 시조 수로와 신라 왕실은 성이 같은 셈이다."[18]

김부식은 황당하다고 생각되는 자료 중에서 다 버릴 수가 없어 그 중 믿을만하다고 생각되는 것만을 남겨둔다는 취지로 이처럼 간단히 요약해 놓았다. 김씨가 본래 감숙성의 흉노족이었다는 사실은 문무왕비에 나오는 '투후 제천 금인의 후예로 7세를 전해…성한왕…'[19] 이라는 구절로도 충분히 짐작할 수 있다. 문무왕의 선조를 지칭한 이 구절과 '망국의 포로로서 한 황실에 들어와…그 명예를 7세에 전했다'[20] 고 한 내용을 맞춰보면 휴저왕의 아들인 김일제·김륜의 7세 후손이 신라 및 가야 김씨의 실제 선조가 되었음을 알 수 있다. 또한 『삼국사기』에 가야와 신라의 김씨를 소호 김천씨少昊金天氏[21]의 후예라고 한 기록에서도 한국과 중국 김씨들의 기원을 찾을 수 있다. 그런데 682년에 세워진 신라 문무왕릉비에는 보다 구체적인 내용이 실려 있다. 조선 정조 때(1796년) 경주지방 사람이 그 비의 일부를 발견하여 홍양호[22]의 문집인 『이계집耳溪集』에도 비문의 내용이 실려 있다.

문무왕릉 비편 내용.

18. 『삼국사기』 열전 김유신전
19. …枝載生英異 秺侯祭天金人之胤傳七葉以…
20. 『한서』 김일제전
21. 소호少昊는 젊은 태양이라는 의미이며 금천金天은 제천금인祭天金人이란 뜻이다. 이것은 태양을 숭배하는 태양족이자 불교도임을 나타낸 이름으로서 흉노 우현왕 가계와 그 선조를 지칭한다.
22. 洪良浩(1724~1802)

또한 전후좌우 네 장의 탑본이 청나라 유희해劉喜海의 손에 들어가『해동금석원海東金石苑』에도 실리게 되었는데,『해동금석원』에 수록된 비편은 상하 두 조각 중 윗부분이다. 그런데 1961년에 경주 동부동에서 나머지 하부의 비신碑身이 또 다시 발견돼 비로소 문무왕비의 내용을 대략 추정할 수 있게 되었다. 먼저 발견된 비의 상면에는 화관지후火官之后[23]라 하여 신라 김씨의 원류를 멀리 중국 삼황오제 시대의 염제炎帝, 즉 신농씨神農氏로 제시하였다. 또한 비면 하부편에는 신라 왕가 김씨의 시작을 알리는 중요한 구절로서 "…투후 제천금인의 후손으로 7세를 전해…"라고 한 내용이 있다. 이것을 '투후[24] 김일제로부터 7세를 전하였다'는 문무왕비의 내용과 '제천금인의 후예인 김일제로부터 7세손까지 한漢에서 김씨들은 영예를 누렸다'고 한『사기』김일제전의 내용과 비교해 보면 김일제의 7세손 이후 누군가가 가야와 신라의 시조가 되었다는 사실을 추리할 수 있다.

문무왕비에는 문무왕의 15대조 성한왕星漢王을 신라 김씨의 시조로 설명하는 대목이 이어지고 있는데,[25] 이 역시 김일제의 7세손 이후 누군가가 문무왕의 시조가

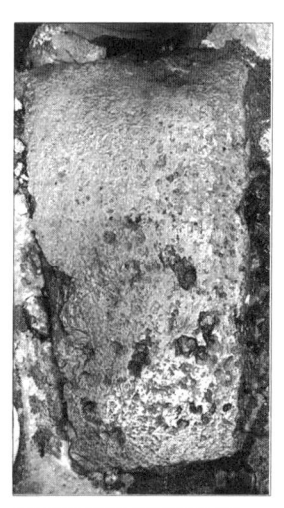

문무왕릉 비편(국립경주박물관).

---

23. 신농씨神農氏인 염제炎帝를 가리킨다.
24. 투후秺侯란 흉노 우현왕 소호김천씨의 태자 김일제가 한 무제로부터 받은 작호이다. 원래는 䕃侯라고 하였다. 하투河套의 제후라는 의미로서 '황하변의 오르도스 제후'를 가리킨다. 이 말은 중국식 표기에 의하면 顎爾多斯악이다사의 제후라는 뜻으로 오르도스(어얼더스)를 한자로 베낀 말이다.
25. 十五代祖星漢王降質圓穹誕靈仙岳肇臨大王思術深長風姿英拔量同江海威若雷霆…

되었음을 암시한다. 그렇다면 여기서 말하는 성한왕은 누구일까? 이에 관해서는 이 책의 '알지는 제천금인의 금인' 편에서 다루었으나 좀 더 소상하게 다시 설명한다. 『삼국사기』에는 신라 김씨의 시조는 김알지이고 김알지의 아들이 세한勢漢으로 되어 있다. 그러나 세한을 알지로 보거나 성한왕星漢王으로 보기도 하고 김알지를 성한왕으로 보는 견해가 있다. 이와 달리 성한星漢과 세한勢漢은 같은 사람이며 이 사람이 문무왕의 15대조이고 김알지는 가공의 인물일 것이라고 보는 이도 있다. 그러나 당시 신라 왕가와 지배층에서 星과 勢세를 구분하지 못했을 리 없으며, 이것은 향찰식 표기가 아닌 까닭에 한 사람의 이름을 두 가지로 적었다고 보기는 어렵다. 더군다나 흥덕왕릉興德王陵 비편에서도 신라 김씨의 시조를 太祖星漢王태조성한왕으로 똑같이 다루고 있으므로 세한으로 기록한 『삼국사기』보다는 신라 당대의 문무왕릉비와 흥덕왕릉비의 기록이 더 믿을만하다.

만일 '문무왕의 15대조 성한왕星漢王'을 탈해왕 아래서 대보大輔 벼슬을 했다는 김알지의 아들 세한으로 볼 경우 성한星漢과 세한勢漢은 동일 인물이 된다. 즉, 이렇게 되면 김부식이 『삼국사기』에서 성한을 세한으로 잘못 적었다는 얘기가 된다. 또한 세한도 세한왕勢漢王으로 적었어야 했다. 그리고 성한왕은 본래 김일제의 후손으로서 한漢의 제후왕이었던 까닭에 한왕漢王이란 표현을 썼을 것이므로 성한왕의 본래 이름은 김성金星이었을 가능성이 매우 높다. 신라 왕가에서 착오를 일으켜 비문에 잘못 썼을 리는 없을 테니까.

조선시대 유학자 유득공柳得恭은 「고예당일기」에서 '신라의 金김이 김일제의 金인가'라는 글을 남긴 바 있는데, 이것으로 보아 조선의 유학자들도 신라 김씨가 김일제에서 시작되었음을 알고 있었던 것 같다. 아울러 조선 후기의 추사 김정희도 이 문제에 깊은 관심을 가졌다. 그는 「해동비고海東碑攷」에서 '성한왕은 김씨의 시조 김알지'[26]라고 하여 신라의 김알지를 신라 시조 성한왕으로 확정하였다.

모든 김씨의 연원인 소호김천씨[27]는 흉노 우현왕을 이른다. 소호김천씨는 『사기』에 명확히 기록되어 있다. 『사기』와 『삼국사기』에 기록된 이 인물을 마치 전설시대의 허구적인 인물로 생각해서는 안 된다. 그런데도 "가야의 왕통인 김유신계는 신라로 들어가 진골귀족에 편입되었고, 같은 진골귀족인 김춘추 계열과 함께 삼국통일을 이루었으므로 김유신계의 전성기에 소호김천씨의 후예라고 표방하면서 자신들의 역사서인 「개황록開皇錄」을 지었으며 그래서 좀 과장된 내용을 실었을 것"이라는 견해가 있다.[28] 아마도 이때 자신들을 신김씨新金氏라 하여 신라 왕족에 버금가는 신분임을 내세우기 위해 자신들의 시조로 받들었을 것이라고 추정하는 것이다. 그러나 김해가야와 신라 왕가의 김씨 계열이 무엇이 아쉬워서 중국의 소호김천씨에 자신들의 뿌리를 갖다 대었단 말인가.

『김해김씨선원대동세보』에는 김유신을 비롯하여 그의 선조 김수로는 물론, 신라 김씨의 시조인 김알지와 그의 후손들 모두 소호김천씨의 후예이며 김당金當의 후손이라고 밝혀놓았다.

"『삼국사』에 이르기를 신라의 시조는 소호김천씨의 후예인 까닭에 이름은 김당이라고 하였다. 신라 고지에는 김알지는 금관국 수로의 후예라고 하였다. 소호김천씨의 후예이므로 김당이다."[29]

26. …星漢王者金氏之始祖金閼智也…
27. 흉노 휴저왕의 별칭.
28. 그러나 그보다는 소위 신라로 간 '알지' 계열과 김유신계를 구분하기 위해 지었을 수도 있을 것 같다.

이것은 『三國史』에 있는 기록이라 하였지만, 중국의 『사기』와 『전한서』·『후한서』를 보면 더욱 명확하다. 더구나 김씨의 연원을 밝힌 이야기로는 김해가야는 물론 신라의 김유신 가계를 비롯, 많은 가문에서 집요하게 지켜온 가계의 족보에 실려 있는 구절이 오히려 일반 역사서보다 생명력이 있고, 경우에 따라서는 더 구체적이며 숨김없는 진실을 담고 있을 수 있다. 위 기록에서 주목해야 하는 내용은 두 가지이다. 김알지는 김수로의 후예이고 신라 김씨와 가야국 김씨들은 김당[30]을 시조로 믿고 있다는 사실이다. 소호김천씨와 김당의 후예라고만 밝히고 '김당의 시조는 김일제'라는 사실을 빠트렸지만 중국『한서』 김일제·곽광전에 김일제가 김당의 조부로 되어 있고, 김씨들의 초기 가계와 출자出自[31]가 비교적 상세하게 기록되어 있으므로 믿을 만하다. 물론 이 내용은 국내의 일반 역사서에는 없지만, 김씨 가계의 족보에서는 김당이나 소호김천씨를 빠트리지 않고 전하고 있는 것으로 보아 조작된 내용이 아니라 명확한 사실에 바탕을 둔 것이라 생각한다. 『사기』 및 『전한서』와 『후한서』에는 김씨의 출신과 가계가 정확히 기록되어 있고 전한[32] 황실에서 김당金當의 후손은 크게 번성하였다.

더구나 김해 양동리에서 청동정이 출토됨으로써 이러한 기록은 훨씬 힘을 얻게 되었다. 따로 자세히 설명하였듯이 이 청동정이 출토됨으로써 김일제의 7세손 김씨들이 양동리로 들어왔음이 분명해졌다. 가야와 신라의 김씨를 비롯한 모든 김씨의 조상은 한 황실을 장악했던

---

29. 三國史曰新羅之祖小昊金天氏之後故姓金當新羅古誌謂金閼智乃金官國首露之後乃小昊金天氏之故姓金當(金海金氏濬源大同世譜, 小痊公 德承舊譜遺記)
30. 金當. 흉노 우현왕의 큰아들인 김일제의 손자.
31. 출신성분과 유래 및 기원.
32. 前漢 중국에서는 서한西漢이라고 부른다. 기원전 206~기원후 8년까지 215년간 존속한 왕조.

김일제·김륜의 후손들이다. 효원황후와 그의 친정조카인 김망(金莽, =왕망), 그리고 황후의 아버지 김당과 흉노 휴저왕의 태자 김일제·김륜 이전에는 중국과 한국에 김씨란 아예 없었다. 『삼국사기』 김유신전에도 '(자신들은) 소호김천씨의 후예라 한다'고 기록되어 있는 바, 중국과 한국의 기록이 일치하며 구전 전승 또한 명확하다.[33]

이들 소호김천씨는 전설상의 이야기가 아니다. 저 광활한 중국대륙과 북방 초원지대에서 생겨난 소호씨小昊氏[34]라는 성씨는 중국 전설시대인 황제黃帝[35]로부터 나왔다고 되어 있다. 『사기』나 『한서』에 나오는 소호김천씨는 흉노족의 한 분파인 우현왕계를 이르며 이들로부터 김씨가 시작되었다.[36]

---

33. 『후한서』 원후전元后傳에서는 '왕망은 그 스스로 황제黃帝의 후손이라 하였는데, 황제의 성은 姚氏요씨이며, 황제의 8세손이 虞우·舜순을 낳고 순은 嬀汭규예에서 일어났으므로 嬀규를 성으로 삼았다'고 하였다.

34. 『사기』나 『전한서』에는 공자의 고향인 곡부曲阜도 소호씨의 옛터(少昊之虛)라고 기록하였다. 일찍이 흉노인이 황하 이남지역으로까지 내려와 살았음을 알려주는 기록이다. 이로 보더라도 산동지역에는 기원전 2천년 이전에 흉노인과 토착 세력 사이의 갈등과 융화가 있었음을 알 수 있다. 이런 점에서 보면 소위 동이東夷는 제齊·노魯 지역에서 선주족과 흉노족 사이에서 생겨난 종족이었음을 알 수 있다.

35. 『사기史記』 오제본기五帝本紀의 첫머리에는 중국 최초의 제왕으로 헌원軒轅이라는 인물이 소개돼 있다. 이 헌원씨가 황제黃帝의 다른 이름이다. 황제에게는 25명의 아들이 있었고, 그 가운데 24명이 성씨를 갖게 되었다고 한다. 5제는 중국 최초의 왕조인 하夏 왕조가 들어서기 전에 있었던 인물들로, 소호少昊·고양(高陽, =顓頊)·고신(高辛, =帝嚳)·당(唐, =舜)·우虞의 다섯 제왕을 이른다. 흔히 중국의 전설시대라고 하는 이 시대는, 그러나 전설시대도 아니고 이들 5제는 허구적인 인물이 아니다. 오제五帝 이전에는 복희伏犧·신농(神農, =炎帝)·황제黃帝의 소위 삼황三皇 시대가 있었다. 소호씨少昊氏는 황제의 맏아들 현효玄囂의 다른 이름이다. 신농 시대의 말기, 여러 군웅들을 제치고 신농씨와 싸워 제왕이 된 황제는 마지막으로 치우蚩尤를 물리치고 탁록涿鹿을 도읍으로 삼았다. 후에 유웅有熊으로 옮겼으며, 여기서 유웅씨가 생겼는데, 이 유웅씨가 바로 흉노와의 혼혈인 선비족으로서 지금의 하남성 일대로부터 북경 동북 지역을 중심으로 살았다.

36. 돈황~감숙성 일대로부터 서역까지를 통치하던 흉노 우현왕을 제천금인이라 하였고, 그 선조들인 흉노족을 소호씨라 하였다. 복희伏羲를 태호씨太昊氏라 한 사실에 견주어 볼 때 태호씨나 소호씨는 모두 태양을 숭배한 흉노족이었음을 알 수 있다.

기원전 140년 한 무제武帝[37]는 '흉노와 싸우지 말라'는 한 고조 유방 劉邦의 유언을 깨고 드디어 위청衛靑을 대장군으로 삼아 20만 군대를 보내어 흉노를 치게 했다. 그러나 흉노의 세력이 등등하던 시절이었기에 위청은 흉노에게 패했다. 무제는 기원전 134년에도 흉노를 공격했으나 또 다시 흉노에게 패했다.[38] 이처럼 번번이 패하게 되자 한 무제는 흉노 문제에 골몰했다. 기원전 133년, 한 고조 유방과 한신이 흉노 모돈선우[39]에게 포위돼 죽음을 목전에 두었다 풀려난 마읍馬邑[40]에서 흉노와 다시 충돌하여 무제는 대패했다.[41] 그로부터 4년 뒤[42] 좌현왕 직할령과 남쪽에 인접한 상곡上谷[43]으로 쳐들어갔다. 한 무제는 위청衛靑 공손하公孫賀·공손오[44], 이광李廣에게 각기 1만 명의 기병을 주어 흉노를 치도록 하였다. 위청은 상곡에서 용성龍城[45]으로 쳐들어가 흉노 포

---

37. 이름은 劉邦유방. 본명은 徹之철지이다.
38. 이 일로 이듬해인 기원전 139년 무제는 장건을 서역에 파견했다. 이는 대월지국 및 오손 등과 연합하여 흉노를 치기 위한 포석이었다.
39. 흉노의 대선우로서 말하자면 선우는 흉노의 총왕이다. 기원전 3세기 말(기원전 206년) 모돈선우(冒頓單于, 209~174)는 30만의 보기군步騎軍으로 동호東胡를 쳤다. 동호가 10만으로 요하遼河에서 대치했으나 대패했다.
40. 현재의 대동시大同市에 있다.
41. 현재 대동시 동북쪽에 그 유적지가 남아 있다. 대동시大同市 평성平城 백등산白登山 전투에서 한 무제는 흉노 선우에게 7일 동안 포위되어 전멸의 위기를 맞았다. 한 고조 유방과 한신이 흉노에 포위되었을 때 선우의 처인 알씨에게 뇌물을 보내어 포위를 풀도록 간계를 써서 간신히 살아날 수 있었다. 유방의 오른팔인 진평陳平이 나무 인형을 깎아 고운 여인의 옷을 입히고(雕木之工狀佳人之美) 멀리서 선우 알씨에게 보이도록 한 뒤, 이 미녀를 선우에게 바칠 것이라고 거짓 계교를 꾸며 선우의 처로 하여금 선우에게 포위를 풀도록 종용했다.
42. 기원전 129년.
43. 처음에는 흉노 좌현왕의 중심지였다. 그러나 흉노의 전성기에는 좌현왕은 상곡 동쪽에 거주했다. 상곡 새외塞外의 백산白山 일대에 오환선비烏桓鮮卑가 살았다. 이것을 오환 백산부白山部라고 하였다. 『삼국사기』 신라본기 박혁거세편에 "진한인들이 진秦의 난리를 피해 (경주지방으로) 내려왔다(秦人避役)"는 기록이 있는데, 이것이 사실이라면 이 일대에서 신라의 선조들이 내려왔음을 뜻하는 것으로 볼 수 있다.

로 7백여 명과 많은 수급을 얻어 전과를 올렸다. 그러나 공손오는 흉노에게 대패하여 7천명의 병졸을 잃었으며, 이광은 부상을 입고 생포되었으나 가까스로 흉노 소년의 말을 빼앗아 타고 탈출했다. 상곡上谷이나 어양漁陽·우북평右北平[46] 등지는 본래 예맥과 고조선의 서쪽에 인접한 곳들이었다.[47]

이듬해인 기원전 128년, 2만여 명의 흉노가 난하灤河 일대로 쳐들어가 요서군遼西郡의 태수를 죽이고 2천여 명의 포로를 잡아갔다. 이에 이광을 무제가 다시 기용해 우북평군 태수로 삼았는데, 이때 흉노는 이광을 두려워하여 침입하지 않았다고 『한서』는 기록하였다. 그가 흉노에게 포로로 잡혔다가 말을 빼앗아 타고 달아난 뒤로 그의 용맹성을 인정했기 때문이었다.

그 다음 해인 기원전 127년과 126년에는 위청의 3만 군대가 서쪽으로 방향을 돌려 농서隴西의 누번왕·백양왕을 하투河套[48]에서 무찌르고 소와 양 1백여만 마리를 잡아갔다. 이것은 흉노에게는 치명적인 손실

---

44. 『사기』 위곽전衛霍傳에 의하면 공손하公孫賀·공손오公孫敖 형제는 상군上郡 북지北地에 살던 의거인義渠人으로서 적인狄人이었다. 적인은 현재의 영하회족자치구寧夏回族自治區 일대를 중심으로 살던 흉노족의 별칭이었다. 『사기』 위곽전에 의하면 "공손하公孫賀·공손오公孫敖 형제는 의거인義渠人이다. 의거란 岐기·梁양·涇경·漆칠의 북쪽 지역을 가리키며 소위 북지北地라 하는 지역이 이에 해당한다. 의거義渠는 흉노인이며 북지北地는 본래 흉노 땅이었다. 주나라 "진秦 소왕昭王 때 의거왕과 선태후宣太后가 난을 일으켰다. 선태후는 거짓으로 속여서 의거왕을 감천甘泉에서 죽였다. 의거는 북지北地이다"라고 되어 있다.(『사기』 흉노열전 應昭 註). 제齊 나라 환공이 산융을 정벌하고 요서遼西 고죽국까지 갔다 왔다는 사실로 미루어 보더라도 전한 때까지도 북경 지역을 포함하여 현재의 하북성 일대까지가 흉노족의 근거지였음을 알 수 있다.
45. 현재의 요령 조양朝陽 일대. 용정龍庭이라고도 불렀다. 당나라 때는 유성柳城이라 했다.
46. 이들 세 군을 요서삼군遼西三郡이라 하며, 여기에 대군代郡·안문雁門을 합쳐 요서오군遼西五郡으로 부르기도 했다.
47. 상곡, 어양, 우북평의 요서삼군은 요서의 핵심지역으로 중시되었다. 본래는 흉노의 땅이었다. 특히 포두시包頭市 일대를 중심으로 하여 상곡까지가 흉노 대선우가 매우 중시한 곳이었고, 전한 무제 때까지는 흉노가 다른 민족에게 내어준 적이 없는 흉노의 본거지였다.

이었다. 이 무렵 흉노는 좌지左地의 조양현朝陽縣[49]을 되찾아 점거하고 있었다. 그로부터 3년 뒤인 기원전 124년에는 하투의 땅에 한나라가 삭방군을 설치하게 되는데 삭방군은 대략 황하 이북, 그러니까 지금의 포두시包頭市 일대를 이른다.

흉노 우현왕계 한 무제의 포로가 되다

기원전 121년 곽거병은 18세의 어린 나이에 처음으로 흉노정벌에 참가하였다. 이듬해에도 8백 기의 기병을 거느리고 다시 쳐들어가 흉노 선우單于의 백부와 숙부의 목을 베고 2천여 명의 흉노인들을 포로로 사로잡아 개선한 경력이 있었다.[50] 무제는 곽거병을 표기장군으로 삼았다. 한나라 주력 정예군인 육군 기병부대의 총대장(표기장군)으로서 곽거병은 기원전 121년 3월, 병사 1만 명을 거느리고 고란을 거쳐 농서隴西 지방으로 쳐들어갔다. 그해 가을에 훈야왕[51]이 휴저왕休屠王[52]을 죽이고 한에 투항했으며, 곽거병

서안西安 곽거병 무덤 앞에 서있는 흉노마답상.

---

48. =하남河南. 사방이 강으로 둘러싸인 곳을 투套 또는 하투河套라고 하였다. "강이 굽으면서 만灣을 이룬 곳에도 하투가 있다"(『滿洲地名考』)고 한 기록도 참고가 된다. 곧 오르도스를 가리키는 말이다.

49. =용성龍城. 롱성蘢城으로도 불렸다. 우북평右北平에 속한 곳이었다.

50. 그 공으로 무제는 곽거병을 표기장군으로 삼았다.

은 휴저 왕자 김일제를 포함하여 많은 포로를 사로잡고[53] 제천금인祭天金人[54]을 거두어 돌아왔다.[55] 제천금인이란 흉노 우현왕계가 모셔두고 불공을 드리던 불상이다. 기원전 121년 가을 김일제와 그 어머니가 붙잡혀 올 당시, 중국 한나라에 자신들의 땅을 빼앗기고 나서 흉노인들 사이에 떠돌던 노래가 있었으니 그 내용을 보면 애잔한 마음이 솟는다.

기련산[56]을 빼앗겨 육축六畜[57]을 기르며 쉴 곳 없어라.
우리 연지산을 잃고 시집가는 여인네 얼굴빛을 잃었네.[58]

하서주랑[59] 일대의 흉노 우지右地[60]와 두 산을 잃은 뒤 민간에 유행한 노래다. 『사기』에는 "서하고사西河故事에 이르기를 흉노는 기련산과 언

---

51. 흉노匈奴를 昆邪곤사, 渾邪훈사 등으로도 기록하고 있어 훈야·훈의 소릿값에 따라 표기한 경우와 '훈느'에 가까운 소릿값으로 흉노匈奴로 기록한 사례가 있다.
52. 김일제의 아버지인 흉노 우현왕.
53. "훈야왕渾邪王이 무리를 이끌고 항복하니 드디어 하서 주천酒泉의 땅을 열었다."(渾邪王以衆降遂開河西酒泉之地)고 『사기』 위곽전衛霍傳에 기록한 것은 이때의 일을 말한 것이다. 주천군을 둠으로써 한나라는 서북지역을 안정시키는 동시에 강(羌, 서쪽 흉노 분파인 서융)과 호(胡, 흉노 좌현왕의 땅에 사는 흉노 및 선비, 즉 동호)의 교류를 차단하는 효과를 거두었다.
54. 금불상. 『위서』에는 높이가 10자였다고 하였다. 주척周尺으로 계산하면 2.35m가 된다.
55. 이에 한 무제는 곽거병이 빼앗은 하서河西의 땅에 2군二郡을 설치하였으니 이것이 무위군(武威郡, 甘肅 涼州)과 주천군(酒泉郡, 甘肅 肅州)이다.(기원전 115년)
56. 기련산祁連山은 평균 해발 5천m 이상으로 사실은 기련산맥이라고 할 수 있다. 산정에는 만년설이 덮여 있어 고대인들이 신성시했다. 기련祁連은 흉노인들의 말로 '하늘'을 의미한다고 한다.
57. 육축六畜이란 소·말·양·돼지·개·닭을 이른다. 이 기록이 중국 한인漢人들에 의해 쓰였지만, 은殷 이후 중국인들은 가축을 육축의 범위에서 생각해 왔다.
58. 亡我祁連山 使我六畜不蕃息 失我燕支山 使我嫁婦無顔色
59. 河西走廊. 하서회랑河西回廊이라고도 한다.
60. 우현왕의 관할 지역인 감숙성 일대의 땅을 이름. 상군上郡 이서의 지역.

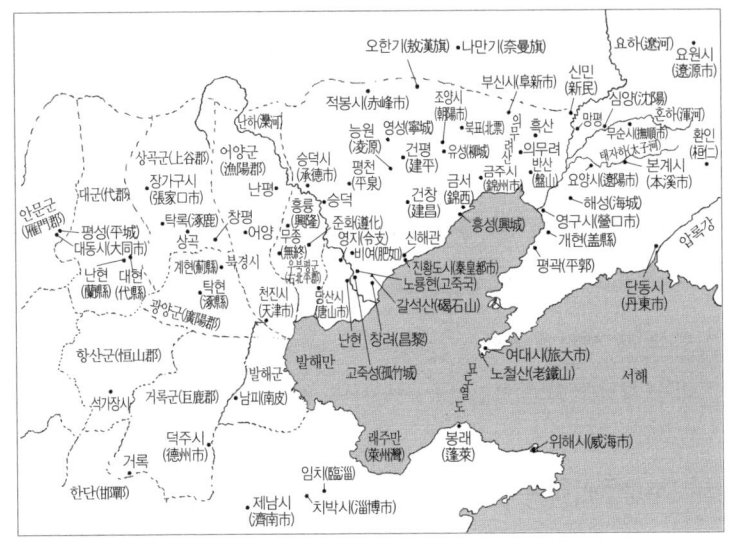

중국 동북지역

지산 2개의 산을 잃고 부른 노래가 있었다"[61]고만 간단히 소개하였다. 기련산은 장액과 주천酒泉 사이에 있다. 본래 장액과 주천은 동서 2백여 리, 남북 1백여 리에 걸쳐 있으며 소나무나 잣나무가 울창하게 자라고, 물과 풀이 무성하며 겨울에는 따뜻하고 여름에 서늘하므로 목축에 적합했다.

위 노래는 흉노인들이 기련산과 연지산을 잃고 부른 망국의 패망가로서 기원전 121년 가을 휴저왕의 부인이자 김일제의 어머니 알씨 閼氏[62]가 청년장군 곽거병에게 붙잡혀 갈 때 새파랗게 질린 애처로운 모습을 그린 내용이다. 연지를 못 바르고 잡혀가는 김일제의 어머니 알씨가 창백해진 모습을 노래한 것인데, 연지산은 본래 언지산焉支山[63]이

---

61. 匈奴失祁連焉支二山乃歌曰亡我祁連山 使我六畜不蕃息 失我燕支山 使我嫁婦無顏色
62. 氏는 한나라 때의 소릿값이 지였으므로 이것은 '알지' 도는 '아지'로 읽어야 할 것으로 생각된다. 아마도 '아지'였을 것으로 보인다.

었다고 한다. 이 언지산의 언지와 얼굴에 바르는 연지臙脂는 동음동의 어로서 이들을 교묘하게 배합하여 부른 것이다. 장액·주천 등지의 흉노 땅에는 잇꽃이라 불리는 홍람화紅藍花가 흔하였다.[64] 흉노인들은 그것으로 연지·곤지를 칠하였는데 이제부터는 그 잇꽃을 마음 놓고 딸 수 없게 되었으니 흉노 여인네들이 얼굴을 곱게 단장할 수 없게 되었다고 한탄한 노래이다.

그로부터 6년 뒤인 기원전 115년 한 무제는 곽거병이 빼앗은 하서河西의 땅에 2군二郡을 설치하였으니 이것이 무위군武威郡[65]과 주천군酒泉郡[66]이다. 그런데 "훈야왕渾邪王[67]이 그 무리를 이끌고 항복하니 드디어 하서 주천酒泉의 땅을 열었다"[68]고 『사기』 위곽전衛霍傳[69]에 기록한 것은 김일제 형제와 그 어머니가 포로로 잡혀오기 직전에 있었던 일을 말한 것이다. 주천군을 둠으로써 한나라는 서북지역을 안정시키는 동시에 강羌과 흉노의 교류를 차단하는 효과를 거두었다. 『사기』에 "서쪽에 주천군을 둠으로써 흉노와 강羌의 통로를 끊어버렸다"[70]고 한 것은 서쪽 흉노의 분파인 강족羌族[71]과 동북지역의 흉노[72]가 서로

---

63. 『사기』에는 焉支山으로 기록되어 있다. "언지산을 천여 리 가량 지나 휴저왕 제천금인을 얻었다."(過焉支山千餘里破得休屠王祭天金人).
64. 지금도 이 지역에는 홍람화가 많이 자생하고 있으며 재배도 하고 있다. 이것을 현재 한국에서는 홍화 또는 잇꽃이라고 부르고 있다. 이것으로 여인네들은 연지·곤지를 찍었다.
65. 현재의 감숙甘肅 양주凉州이다. "무위군은 옛날 흉노 휴저왕의 땅이다. 무제가 군을 설치했으며 낙양에서 서쪽 3500리 거리이다. 14개 성에 10044戶, 인구 34226명이다."(武威郡故匈奴休屠王地武帝置雒陽西三千五百里十四城 戶萬四十二 口三萬四千二百二十六-『후한서』 지리지 제 23)
66. 현재의 감숙甘肅 숙주肅州. 흉노 우현왕의 통치 중심. 서역으로 가는 사신은 모두 이곳에서 출발했다.
67. 이 훈야왕이 김일제·김륜의 아버지를 죽였다.
68. 渾邪王以衆降遂開河西酒泉之地
69. 『사기』 衛靑위청·霍光傳곽광전을 가리킨다.

교류하지 못하도록 차단한 조치를 이른 것인데, 동쪽으로 예맥과 고조선을 정벌한 것도 흉노와의 연합을 막기 위한 것이었다.[73]

기원전 115년에 취한 이 일로 한 무제는 일단 하서河西 지역을 평정할 수 있었는데, 주천과 무위군武威郡이 바로 예전 휴저왕의 땅이었다. 장액은 훈야왕의 영역이었다. 곽거병이 함락시킨 고란은 현재 서안西安 서북의 난주시蘭州市 북쪽에 인접해 있는 도시이다. 여기서 서북으로 장성 안쪽(남쪽)에 무위시가 있는데, 이곳이 예전의 그 무위군이다. 무위는 인도승 구마라습鳩摩羅什이 18년 동안 억류되어 있던 오아시스 도시이다. 이 무위군에서 다시 서북으로 장액張掖[74]을 거치면 바로 주천시酒泉市를 지나 장성의 서북 최대 관문인 가곡관시嘉谷關市에 다다르게 된다. 훈야왕이 기원전 121년 흉노 우현왕을 죽인 뒤, 백성을 이끌고 곽거병에게 투항한 곳이 바로 이 장액이었다.

가곡관을 지나면 서역으로 가는 길목 돈황시敦煌市이다. 돈황은 감숙성甘肅省[75]에 속하며, 현재의 감숙성은 감주甘州와 숙주肅州의 두 주를 합

---

70. 是時漢東拔濊貊朝鮮以爲郡而西置酒泉郡以鬲絕胡與羌通之路(『사기』 흉노열전). 여기서 말하는 호胡는 흉노를 가리킨다.
71. 서쪽 흉노의 분파인 서융西戎을 포함한다. 현재의 티베트인들은 강족의 한 갈래에 속한다. 강족과 장족藏族은 그 원류가 같다. 그래서 지금 중국의 학계에서는 강장동원설羌藏同源說이 정설로 받아들여지고 있다.
72. 흉노 좌현왕의 땅에 사는 흉노 및 선비·오환선비 등이 포함된다.
73. 기원전 119년 한 무제는 서역 오손烏孫에 사신을 파견하여 오손과 연합, 흉노의 오른쪽 지역을 차단했다.
74. "장액군은 옛날 훈야왕의 땅이다. 무제가 군을 설치했으며 낙양 서쪽 4200리 거리에 있다." (張掖郡故匈奴昆邪王地 武帝置 雒陽西四千二百里-『후한서』 지리지 권 23)
75. 현재 감숙성은 인구 2천만의 산간도시로서 한족 이외에 몽고족·회족回族·동향족東鄉族·보안족保安族·유고족裕固·만滿·사士·유維·장족藏族 등 11개 민족이 살고 있다. 감숙성은 난주시蘭州市와 가곡관시·금창시金昌市·백은시白銀市·천수시(天水市, 예전의 上邽)·농남隴南지구·경양慶陽지구·정서定西지구·장액張掖·주천酒泉·무위武威와 같은 도시들을 거느리고 있다.

감숙성과 그 주변 주요지역

친 이름이다. 감주는 예전의 장액이고 숙주는 바로 주천이다. 돈황을 통해 서역으로 연결되는 서안 서북편의 이 지역을 흔히 하서주랑河西走廊 또는 하서회랑이라는 이름으로 부르는데, 그 이유는 돈황으로 통하는 통로가 마치 회랑回廊처럼 길게 이어지고 있기 때문이다. 서쪽으로 만년설이 뒤덮여 있는 기련산맥이 따라가고 있고, 만년설이 녹아내리면서 하서주랑 주변의 건조한 땅을 촉촉히 적셔주고 있다. 한 무제가 이 지역을 접수한 뒤 무위 및 주천의 2군을 설치하고 돈황을 주천군의 관할에 둔 해로부터 4년 후인 기원전 111년에는 장액·돈황 2군을 추가로 설치해 하서4군河西四郡이라고 부르게 되었다.

그로부터 3년 후인 기원전 108년 음력 8월 한 무제는 요동과 고조선을 정벌하고 한사군을 설치했다. 기원전 121~120년을 전후하여 서쪽의 섬서·감숙 일대를 차지하기 위해 시작한 흉노 우지右地[76] 정복전이 일단 마무리되었으므로 군대를 돌려 삭방 이북의 황하 건너 내몽고로 흉노를 내쫓고 나서 흉노 좌현왕 관할 지역인 상곡·어양·우북평 등지의 동북지역 요서遼西 일대를 정리해야 할 필요가 있었기 때문이다. 한 무제에게는 현재의 중국 하북성河北省 승덕承德[77] 지구를 포함하여 그 동쪽의 예맥·조선을 정벌하는 일이 4이四夷 정벌의 마지막 작업이었다. 기원전 119~108년 사이에 한 무제는 고삐를 늦추지 않고 흉노의 좌지左地[78]를 격파하고 예맥과 위만조선을 쳐부수어 흉노와 위만조선이 연합하지 못하도록 하였으며 그 땅에 한사군을 둔 것은 이런 배경에서였다. 위만조선을 정벌하여 현도·낙랑을 둔 것이 흉노와 고조선의 연계를 막기 위한 조치였던 것이다. 그것을 분명하게 증명해주는 기록이 다음 내용이다.

"동으로 조선을 정벌하여 현도·낙랑을 일으킴으로써 흉노의 좌측 팔을 자르고 서쪽으로 대완大宛을 쳐서 36국을 병합하고 오손과 연합, 돈황·주천·장액을 접수하여 강족과의 교류를 끊어 흉노의 우측 팔을 자름으로써 그 틈이 벌어지게 하였다."[79]

한 무제의 서북지역 흉노 정벌은 경제와 정치라는 두 가지 목적에서 이루어졌다. 우선 서북지역을 자주 침입하면서 혼란스럽게 만드는 흉노의 세력을 제압해 안정시킬 필요가 있었다. 아울러 흉노의 땅을 빼

---

76. 선우정이 있던 현재의 포두시包頭市를 기준으로 그 서쪽 지역.
77. 현재의 북경시 동북 쪽에 있다.
78. 선우정의 동쪽 지역. 요서를 포함한다.
79. 東伐朝鮮起玄菟樂浪以斷匈奴之左臂 西伐大宛幷三十六國結烏孫起敦煌酒泉張掖以鬲以 羌裂匈奴之右臂[『한서』 권 73, 위현전韋賢傳]

앗고 실크로드를 확보하는 동시에 경제적 타격을 가함으로써 흉노인들을 흡수하지 않으면 안 되었다. 흉노인들은 대하大夏나 대완·대월지大月氏[80]로부터 한혈마汗血馬를 가져다가 전쟁에 사용하였으므로 말의 숫자도 적고 조랑말 수준인 한의 군대는 날쌔게 공격하고 도망하는 흉노인들을 따라잡을 수가 없어 번번이 패하였다.[81] 전한前漢 정부가 확보한 말의 숫자도 얼마 되지 않았다. 따라서 기병 수도 적고 훈련된 기병도 흉노에 훨씬 못 미쳤다. 그래서 무제는 우선 말을 수입해야 했고, 그러기 위해서는 서역과의 교역을 독점하던 실크로드를 우현왕으로부터 빼앗아 흉노를 흡수해야 했다. 실크로드를 통해 서역의 문물을 수입하고 그 이익을 얻어야 했으며 흉노와 동호(=선비)를 분리해 후방 세력을 약화시키지 않으면 안 되었다.

결국 중국과 서역을 잇는 거점도시인 돈황을 포함하여 하서주랑河西走廊을 확보함으로써 한 무제의 전한 정부는 드디어 실크로드를 장악할 수 있었다. 한나라는 실크로드를 통해 비단과 도자기·공예품·철기 등을 수출할 수 있게 되었고, 그로부터 많은 이익을 얻을 수 있었다. 이러한 중국의 문물은 서역의 경제·문화 발전을 촉진했으며, 그것은 중국에게도 마찬가지였다. 그리하여 한 무제가 그토록 염원하던 한혈마를 가질 수 있게 되었고, 서방의 유리나 옥·포도·호도胡桃·석류 등이 중국에 들어오게 되었다. 한 무제는 대완大宛[82]과 오손烏孫[83]에서 나는 한혈마를 천마天馬라 하여 무척 좋아했다. 그는 이사[84]장군으

---

80. 대월지국은 "대완大宛 서쪽 2~3천리 거리에 있으며 규수嬀水 북쪽에 수도가 있다. 대완 남쪽에 대하大夏, 그 서쪽에 안식국(安息國, 파르티아), 북쪽에 강거康居가 있다. 목축을 생업으로 하여 이동하며 산다. 흉노와 풍속이 같고 궁수弓手는 1~2십만이 있다."(『사기』 대완열전)고 하였다.

81. 『사기』 위청전衛青傳에 "…마침내 흉노를 다시 격파하지 못했으니 그것은 한漢의 말이 적었기 때문이다.…"(竟不復擊匈奴者以漢馬少…)라고 하였는데, 이것은 당시 병마가 적고 그 말 또한 흉노의 말보다 열세에 있었음을 알려주는 기록이다.

로 하여금 대완을 정벌하도록 하여 드디어 서역의 말을 손에 넣었는데, 당시 그 말을 한에서는 포초蒲梢라고 불렀다.[85] 그러나 나중에 한 무제는 하늘이 내려준 말이라는 의미에서 천마天馬[86] 또는 서극(西極, 오손의 말)으로 고쳐 불렀다.

장건을 통해 접하게 된 서역의 진귀한 정보는 동서 문화의 본격적인 교류시대를 예고한 것이었으며 그 자체가 세기적 변화의 흐름이었다. 현재까지 영남지방에서 나온 많은 양의 유리구슬은 바로 이 실크로드 교역로를 통해 들어온 서아시아의 문물이며 로마의 기술로 생산된 유리이다.

휴저왕과 관련된 농서군隴西郡은 낙양洛陽에서 서북쪽으로 2280리 거리로서, 기원후 3세기 초 그곳에는 약 5만4천 호戶의 민가와 23만6천여 명의 인구가 살았다고 한다. 당시 농서군에는 총 11개 현이 있었다.[87]

---

82. 페르가나 분지 시르다리야 강 상류에 있던 나라. 시르다리야 강은 천산산맥 서쪽에서 발원하여 아랄해로 들어간다. 『사기』에는 "대완은 흉노 서남에 있으며 한漢에서 1만 리 거리에 있다.(大宛在匈奴西南去漢可萬里). 토지가 비옥해 밭을 갈고 벼와 보리를 경작했다. 포도주가 있으며 좋은 말이 많아 한혈마의 명산지이다. 대소 70여 성城이 있는 나라이며 인구는 수십 만이다. 기병과 활, 창 등의 무기를 사용한다. 북쪽에 강거(康居, 현재의 타슈겐트)가 있다. 서남에 대하大夏, 서쪽에 대월지, 대완 동북에 오손烏孫이 있다."(『사기』)고 하였다.

83. 수도는 적곡성赤谷城이었다. 이쉬쿨 호수 남안에 위치.

84. 이사貳師는 이광리李廣利를 이른다.

85. "한나라 정부는 이사 장군을 보내어 대완을 정벌하고 포초라는 이름의 천리마를 얻었다.(漢使貳師將軍伐 宛伐大宛得千里馬馬名蒲梢-『후한서』樂書)"

86. 신마神馬라고도 했다. 한 무제는 서역에서 한혈마汗血馬를 구해오자 천마라 하여 직접 시를 읊었으며 그 시가 『사기』에 전해오고 있다. [天馬來兮從西極 經萬里兮歸有德 承靈威兮降外國 涉流沙兮四夷服(『사기』권 24 樂書)]. 한 무제는 오손에서 나는 말을 좋아해서 처음에는 오손의 말을 천마天馬, 대완의 말을 한혈마라고 했다가 나중에 오손에서 나는 말을 서극西極, 대완 말을 천마라고 불렀다. 天馬來兮從西極은 "대완의 한혈마를 따라 천마가 왔구나"라는 의미이다.

87. 상규上邽·적도狄道·안고安故·저도氐道·여도予道·대하大夏·강도羌道·양무襄武·임조臨兆·수양首陽·서西가 그것이다.

그 중에서도 西서[88]라는 곳은 본래 진현秦縣으로서 진시황의 진秦[89] 나라가 일어선 곳이기도 하다. 진秦의 도읍지였기에 서현西縣이란 이름 대신 진현으로도 불렸다. 농서의 11개현은 모두 전통적인 융적戎狄 즉, 흉노의 땅이었다. 이런 점을 감안할 때 진시황 무덤 안에 병마용으로 남아 있는 1.8m의 키 큰 병사들은 모두 융적을 모델로 한 것이었으리라 생각한다. 진나라가 숭상한 자신들의 대표색은 검은 색이었는데, 이것 또한 흉노에게 고유한 전통이었다. 진나라 말기 지록위마指鹿爲馬라는 고사로 유명한 진시황의 둘째아들 호해胡亥와 환관 조고趙高가 결탁하여 장군 몽념[90]을 죽이고 진시황의 장자이자 호해의 형인 부소扶蘇를 자결하도록 했다는 설과, 부소는 자결한 것이 아니라 미리 흉노로 도망했다는 설이 있는데 흉노로 도망쳐 들어갔을 가능성이 있다. 기록에 있는 것은 아니지만 휴저왕은 바로 이 부소의 후예라는 설도 있다.[91]

한편 『가락김씨선원세보』에 "소호김천씨 휴저왕이 한에 패해서 한 때 수양산首陽山으로 피신했었다"는 기록이 있다. 사람들은 이 내용을 믿을 수 없다고 할지 모르나 이는 매우 정확한 내용이다. 수양산이라고 하면 은나라 말기 주 무왕에 의해 정벌당한 고죽국孤竹國[92] 왕자 백이·숙제가 나라를 버리고 숨었다는 산을 생각하겠지만, 농서군 수양현首陽縣에 있는 서극산西極山[93]을 말한다. 곽거병과 한 무제의 군대가 흉

---

88. 西縣서현을 의미한다. 원래는 진현秦縣이었다. 진시황의 진秦이 처음 도읍한 곳이다.
89. 현재의 감숙성 천수시天水市 농서현隴西縣 진정秦亭에서 시작되었다.
90. 『사기』 몽념열전蒙恬列傳에 보면 사람을 보내어 몽념으로 하여금 자결할 것을 종용하는 구절이 있다. 그래서 몽념은 크게 탄식하면서 "내가 하늘에 지은 죄가 무엇이며 잘못이 없는데 죽는단 말인가"하고 묻는다. 끝까지 몽념이 죽기를 거부하였으나 임조에서 요동까지 만리나 되는 장성을 쌓느라 지맥地脈을 자른 것이 죄라고 하자 드디어 약을 삼키고 자살했다고 한다.
91. 이것은 확인되지 않은 소문으로, 그저 항간에 전해오는 이야기이지만 신뢰할만한 자료는 못 된다.
92. 노룡현盧龍縣에 있다.

노를 정벌할 당시 휴저왕이 수양산(서극산)으로 쫓겨 들어갔다가 다시 기련산으로 후퇴했으며, 거기서 휴저왕의 부인 알씨와 태자 김일제 및 둘째아들 김륜金倫이 포로로 잡히게 된 것이다. 이때의 일을『사기』흉노열전에는 "한은 장군 이사貳師를 주천으로 출정시켜 우현왕을 천산天山에서 격파했다"[94]고 하였으니 곽거병과 이광리[95]의 공동작전에 밀려 흉노 우현왕의 군대는 수양산으로 쫓겨 갔다가 마침내 기련산에서 곽거병에게 패했음을 알려준다. 기련산은 평균 해발 5천 미터 이상에 만년설이 덮인 곳으로, 기원전 121년 가을 여기서 흉노와 서역인 수만 명을 격파했다고『사기』에 기록돼 있다.

『전한서』 곽광·김일제전에는 김일제가 흉노 우현왕인 휴저왕의 태자로, 그의 가계와 일대기가 상세하게 기록돼 있다. 흉노정벌에 큰 공을 세운 곽거병은 곽광의 이복형인데, 후일 곽광의 딸이 김일제의 며느리가 됨으로써 김일제와 곽광은 사돈간이 되었다. 곽거병이 휴저왕 일가를 포로로 잡던 때의 일을『전한서』는 이렇게 기록하고 있다.

"김일제金日磾는 본래 흉노 휴저왕休屠王의 태자이다. 한 무제 원수(元狩, 기원전 122~117) 중에 곽거병에게 붙잡혔다. 곽거병이 병사를 이끌고 흉노를 공격하여 많은 사람을 목 베고 휴저왕과 흉노 포로를 사로잡았다. 표기장군 곽

---

93. 이곳에서 소위 위수渭水가 시작된다. 이 물은 낙양洛陽의 낙수洛水로 합쳐진다. 위원현渭源縣 동북에 있다. 수양현의 서극산은 '삼위삼묘三危三苗'가 있는 곳으로, 일통지一統志에 이르기를 옛 성이 위원현渭源縣 동북에 있다'고 한 것(『후한서』지리지)으로 보아 곽거병과 한 무제의 군대가 흉노를 정벌할 당시 휴저왕이 수양산, 즉 서극산으로 쫓겨 들어갔다가 다시 기련산으로 후퇴했으며, 거기서 휴저왕의 부인 알씨와 태자 김일제 및 둘째아들 김륜이 포로로 잡혀 한에 들어가게 된 것이다.
94. 漢使貳師出酒泉擊右賢王於天山(『사기』흉노열전)
95. 李廣利. 貳師이사 장군이라고도 한다.

거병은 다시 서쪽으로 군대를 몰아 기련산祁連山을 공격하여 크게 이기고 많은 물자와 사람을 노획했다. 이에 흉노 왕 선우는 훈야昆邪를 원망했다."[96]

참고로, 농서에서 서쪽으로 5백60여리 떨어진 곳에 금성군金城郡[97]이라는 곳이 있었다. 『후한서』에는 낙양 서쪽으로 금성군까지 2천8백리 거리라고 하였다. 곽거병이 고란현皐蘭縣[98]으로 쳐들어가 흉노 중부의 절란왕折蘭王[99]을 죽이고, 계속해 훈야왕을 압박했다. 그런데 고란현 서북에 있는 금성현金城縣은 원래 훈야왕[100]의 본거지

서안에 있는 곽거병의 무덤.

96. 昆은 '곤'인데 기록에 下門反으로 되어 있으니 '훈'으로 읽어야 하며, 邪는 '사'이지만 이 경우 '야'로 읽는다. 따라서 훈야는 '훈느'·'훈'의 소릿값을 한자로 표기한 것이다. 훈족의 훈은 여기서 비롯됐다.

97. 한漢의 금성군은 낙양(雒陽, =洛陽)에서 서쪽으로 2천8백리 거리에 있었다. 소제 시원始元 6년에 금성군을 두었다고 전한다. 그러나 본래 이 지역은 흉노인의 땅이었고, 흉노인들이 처음에 성을 쌓을 때 뜻하지 않게 많은 양의 금을 캔 곳이어서 금성이라고 했다고 한다. 이것은 일찍이 흉노인들이 금을 캐어 장신구나 기타 기물로 사용하였음을 알려주는 것이기도 하다. 한인漢人들은 전통적으로 옥玉을 소중히 여겼으나 흉노인들은 금을 대단히 소중하게 생각했다. 이 금성군은 본래 훈야왕의 통치구역 중심이었으며 마지막으로 후야왕이 한에 항복한 곳도 이곳이었다.

98. 쉽게 생각해서 현재의 난주시 일대로 보면 된다.

99. 蘭氏로서 흉노 귀족성의 하나. "절란은 흉노 중부의 성(中姓)이다. 지금 선비족에게 난이라는 성(蘭姓)이 있으니, 이것이 그 종류이다(後漢書 樂書)"고 하였는데, 이는 흉노 대선우의 중부中部 귀족성을 말한다. 휴저왕이 우현왕이었으므로 절란왕은 그보다 지위가 다소 낮은 왕이다.

100. 훈야왕의 '훈야'는 한자로 昆邪곤사, 渾邪혼사 등으로 쓴다. 훙노에 관해서는 『사기』 등 여러 사서에 昆邪곤사, 渾邪혼사 등으로 기록하고 있는데, 이들은 모두 흉노의 소릿값을 한자로 베낀 것이다. 훈 또는 훈느에 가까운 소릿값으로 흉노를 나타내려다 보니 '훈야'로 기록한 것이다.

곽거병 무덤 표지석.

였으며, 훈야왕이 휴저왕을 죽이고 한에 투항한 것도 이 금성군에서 저지른 일이었다. 하지만 그 뒤로도 장액 일대를 흉노인이 장악하면서 이 지역은 계속 소란했다. 그래서 한 무제 다음의 소제昭帝[101]는 기원전 82년에 요동의 진번·임둔 2군을 철수시키는 대신 서쪽 이민족 정벌에 주력했다. 그리하여 기원전 81년 서쪽으로 강羌[102]을 대대적으로 밀어내고 그곳에 금성군을 두었다.[103] 기원전 86년에는 휴저왕성休屠王城[104]에서 다시 5

---

101. 소제(昭帝, 기원전 87~74). 한 무제의 작은아들이며, 어머니는 조첩여趙婕伃이다. 기원전 87년 초, 무제가 병이 생기자 드디어 8세의 소제를 태자로 삼았다. 곽광을 대사마 대장군으로 삼아 소제를 보필하도록 부탁하여 곽광이 병권을 잡고, 김일제·상관걸 세 사람이 소제를 보필하였다. 황제로 즉위하면서 고조의 묘를 배알하고 그 해 6월에 천하 사면령을 내렸다.

102. 대완 남쪽에 있어 한漢과는 멀리 떨어져 있었다. 현재의 티베트인이 대표적인 강족이다.

103. 이것은 흉노 우현왕과 강족羌族이 서로 연계했음을 알려주는 내용이다.

104. 휴저왕이 있던 휴저왕성休屠王城은 지금 감숙성 무위시武威市에서 북쪽으로 32km 거리의 사파향四埧鄕 삼차촌三岔村이란 곳에 있다. 수경주水經注(권 40)에는 그 일대를 도야택都野澤이라고 한다고 기록하였으며 휴저왕이 있던 지역이어서 휴저택休屠澤이라고도 불렀다. 성 유적은 아직도 남아 있으며 성의 크기는 남북 길이 약 400m, 동서 약 200m이며 현재 남아 있는 성벽의 높이는 2m 정도이다. 지금 중국에서 하서주랑河西走廊이라고 부르는 감숙성, 그 중에서도 무위·장액 일대에는 흉노인들이 2100여년 이전에 쌓은 흉노성이 남아 있다. 이 일대에는 휴저왕성 이외에도 盖藏城개장성과 觻得城역득성이 더 있는데, 이들은 모두 토성으로 개장성은 흉노어 원명이다. 나중에 전한이 흉노를 몰아내고 姑藏城을 쌓았다가 현재의 무위성으로 옮기면서 후한 말 폐했다. 이것을 쇄양성釃陽城이라고도 부르는데, 현재의 무위성 서북 2km 거리인 金羊鄕 趙家磨村 남쪽에 희미하나마 그 흔적이 남아 있다. 觻得城역득성은 현재의 장액성張液城 서북 34리 거리에 있는 흑수국黑水國 북성北城인데, 남북 길이 약 254m, 동서 폭 228m로, 남향이며 남쪽에 문이 하나 있었다.

만 명의 흉노인을 산동성 하택시로 이주시켰는데, 그것이 지금의 흉노 고투성유지古秺城遺趾라고 전하고 있다. 이와 같이 중국은 부단히 서안 서북 지역의 흉노를 정벌해 그들을 흡수하고 지속적으로 사민정책을 펼쳐 흉노의 세력을 약화시켜 나갔다. 그러나 무엇보다도 흉노인들에게 큰 타격이 된 것은 장성長城이었다. 전통적인 흉노의 영역에 진秦 장성을 쌓은 뒤로는 흉노의 영역이 크게 줄어들었고, 흉노인들은 빼앗긴 땅에 들어가 살아도 침략으로 간주되었다.

기원전 121~120년은 흉노인들이 황하 중상류 주변의 땅 대부분을 빼앗긴 시기이다. 이때 곽거병은 소위 흉노 우지右地라 하는 지금의 감숙성 일대 거의 대부분을 빼앗았다. 본래 이 지역은 흉노 대선우의 오른팔에 해당하는 곳으로, 우현왕의 통치영역인 동시에 서역과의 문물교역 창구이며 흉노인이 지속적으로 유입되는 통로였다. 그런 소중한 흉노 땅[105]을 어처구니없이 한 무제에게 빼앗기자 흉노왕 대선우大單于는 훈야왕과 휴저왕을 불러들여 죽이려 했다. 이런 낌새를 알아차리고 훈야왕은 두려운 나머지 김일제의 아버지 휴저왕과 함께 한나라에 항복하기로 모의했다. 그런데 도중에 휴저왕은 후회하여 마음을 바꾸었다. 이에 훈야왕은 탄로 날까 두려워 휴저왕을 죽여 버린 뒤, 무리를 이끌고 한에 항복했고 이로 인해 훈야왕은 한의 열후列侯에 책봉됐다. 훈야왕이 한에 투항하고 김일제 일가가 포로로 잡혀들어간 해는 기원전 121년 가을이며, 이때 항복한 무리는 4만이었다. 그러나 선비족의 역사서인 『위서魏書』에는 당시 훈야왕은 5만의 무리를 이끌고 항복하였다고 하였다. 『사기』에는 4만으로 기록해 놓고도 '10만이라고도 한다'고 했다. 그러나 10만이라고 하는 숫자는 사마천의 과장만은 아닌 듯하다.[106]

---

105. 우지右地. 흉노 선우정 바깥 서쪽 지역.

훈야왕이 항복한 뒤, 훈야왕과 휴저왕의 관할 영역이었던 농서隴西~북지北地~하서河西의 땅에는 흉노의 침입이 줄어들었고, 한 무제는 흉노로부터 빼앗은 하남河南 땅에 관동關東의 빈민을 옮겨 살게 하였다. 이때의 흉노 정벌로 한에서는 소위 신진중新秦中[107]이라고 부르는 북지北地의 서쪽 땅을 지키는 병사를 절반으로 줄일 수 있었다고 하였다. 그러나 이 지역을 잃은 흉노는 이듬해인 기원전 120년 거기서 멀리 동쪽으로 떨어진 우북평右北平·정양定襄에 각기 1만기의 군사로 침입해 한인漢人 1천여 명을 죽이고 약탈한 것을 시작으로 계속해서 크고 작은 싸움을 벌였다. 이것은 모두 자신들의 소중한 본거지를 찾기 위한 흉노인들의 몸부림이었다.

하여튼 김일제의 아버지가 훈야왕에 의해 죽임을 당하고 기원전 121년 가을 김일제와 그 어머니 알씨閼氏[108] 그리고 동생 윤倫은 곽거병의 포로가 되어 한나라로 끌려왔다. 그때 그들이 숭배하던 금인(金人, =불상)도 전리품으로 곽거병의 수레에 함께 실려 왔다. 곽거병은 금인을 한 무제에게 바쳤으나 무제는 그것을 감천궁에 모셔 두도록 하였

---

106. 그해 가을 흉노 선우는 화가 나서 훈야왕과 휴저왕을 불러들여 죽이려 했다. 이에 훈야왕과 휴저왕은 두려운 나머지 한에 항복하기로 모의했다. 한은 표기장군 곽거병으로 하여금 가서 그들을 맞이하게 했다. 훈야왕은 휴저왕을 죽이고 휴저왕의 무리까지 데리고 한에 항복했다. 무릇 4만여 명이었다고도 했다. 그러나 사마천 당시에 10만 명이라고도 한다(『사기』 흉노열전)는 소문이 있었다.
107. 장안長安 이북, 삭방朔方 이남의 진秦이 새로 개척한 땅을 의미한다. 진시황이 몽념을 보내 흉노를 내쫓고 차지한 7백리 땅을 가리키며 이후 전한 정권은 이 사실을 바탕으로 신진중의 영역은 자기네 땅으로 규정하고 그 지역에 들어오는 흉노를 적으로 간주하였다. 이 지역을 쉽게 하남땅이라는 의미에서 하남지河南地라고도 불렀다.
108. 후한 시대에 나온 『설문해자』에 의하면 氏의 소릿값은 '지' 였다. 따라서 閼氏알씨는 '아지' 또는 '아씨' 의 표기였을 것으로 짐작된다. 만약 '아지' 의 소릿값을 나타낸 것이라면 우리말 아지메의 '아지' 일 수 있다. '메' 는 여자의 뜻이고 '아지' 는 귀부인을 가리키는 말로 볼 수 있기 때문이다.

다.[109] 당시 나이 14살의 김일제는 포로의 몸으로 한 황실에 끌려와 말을 기르는 부서인 황문黃門에 배속되었다.[110] 초원에서 말을 타고 살던 흉노족이 원래 말을 기르는 재주가 뛰어났으므로 이들 흉노 포로들에게는 말 사육 책임이 맡겨진 것이다. 얼마 후 김일제는 말을 기르는 부서의 총책임자인 황문랑黃門郎이 되었다. 말 기르는 책임을 김일제에게 맡긴 것은 아무래도 흉노의 태자란 신분 때문이었고, 그것을 한 무제가 배려한 조치였을 것이다. 기원전 138~115년에 두 차례나 서역을 다녀온 장건이 오손烏孫에서 귀국할 때 오손 왕으로부터 답례품으로 받아온 천마 또한 김일제의 책임 하에 사육되었다.[111]

흉노 우현왕 태자 김일제 무제의 측근이 되다

그로부터 오랜 세월이 흘러 한 무제가 연회를 열고 말을 사열하게 되었다. 무제의 측면에 후궁들이 가득한 가운데 김일제를 포함하여 수십 명의 말 사육사가 자신이 기른 말을 끌고 차례로 그들 곁을 지나가게 되어 있었다. 김일제는 키가 8척2촌[112]이나 되었으며 용모는 매우 준

---

109. 당시 곽거병이 노획한 제천금인은 감천궁에 모셔두고 흉노인들로 하여금 계속해서 불교의식을 갖도록 하였다. 이에 관해서 『위서』 권 114, 석로지釋老志 1, 석로 10에 자세한 내용이 실려있다.
110. 黃門養馬時年十四矣(황문에서 말을 기르던 때 김일제의 나이는 14세였다)-『사기』 광곽 · 김일제전.
111. 이보다 앞서 한 무제는 오손 왕에게 많은 선물을 보냈다. 그 답례품으로 역시 오손 왕이 많은 선물을 보냈는데, 그 중에 천마 1천여 마리가 있었다. 한 황실의 옹주 유세군劉細君을 오손 왕 곤막昆幕에게 시집보내려 하자 오손 왕은 일종의 폐백으로 말 1천 마리를 보낸 것이다.
112. 지금으로 환산하면 194cm 정도에 해당한다. 『사기』에는 "…日磾長八尺容貌甚嚴…"(김일제는 키가 8척이며 용모가 매우 준엄했다)고 기록하였다. 당시에는 주척을 사용했으므로 1척을 23.5cm로 계산하면 된다.

엄했다. 그가 기른 말 또한 살찌고 매우 훌륭했다. 자신의 차례가 되어 말을 끌고 지나가면서 김일제는 차마 무제와 그 측면에 늘어선 후궁들을 바라보지 못했다. 말을 기르는 자신의 처지도 그렇거니와 흉노인으로서 함께 잡혀온 후궁들이 많았고 그들 대부분은 아버지 휴저왕의 궁인이거나 일가친척이었던 까닭이다. 무제가 이상하다 여겨서 주위에 물어보고서야 김일제의 사연을 비로소 알게 되었다. 이에 바로 무제는 김일제를 따뜻한 물에 목욕을 시키게 하고 의관을 내려주며 황문랑 마감馬監[113]에서 시중부마도위광록대부[114]로 승진시켰다. 말 사육 총책임자에서 한 무제의 측근으로 불러올린 것이다. 그 이후로 김일제는 가까운 사람들에게조차 과실이 없었고 매사에 삼가고 조심을 하니 한 무제는 그를 특별히 신임하고 아껴 천금을 주어 측근에서 자신을 받들게 했다. 그러자 무제의 좌우에서는 그것을 시기하여 '오랑캐 아이를 얻은 뒤로 주변 중신들을 깔본다'며 무제에게 간하였으나 그럴 때마다 무제는 김일제를 더욱 높여 후하게 대우했다.

김일제의 어머니가 아우 김륜과 김일제를 매우 법도 있게 가르쳤음을 알게 된 뒤로, 무제는 김일제를 더욱 가상히 여겼다. 그리하여 휴저왕의 부인이자 김일제의 어머니 알씨閼氏[115]가 죽은 뒤에는 그의 초상을 그려서 김일제의 고향 땅 감천궁甘泉宮[116]에 걸어두게 했다. 이후로 김일제가 매번 감천궁에 들를 때마다 어머니의 초상에 절하고는 눈

---

113. 말 사육 책임자

114. 侍中駙馬都尉光祿大夫

115. 흉노어로서 처妻나 첩妾의 뜻이며 氏는 소릿값이 지支였다. 따라서 알지가 아니라 '아지'로 읽어야 할 것으로 보인다. 그러나 閼氏알지는 안정安定에 있던 현의 이름이라고도 한다. 『한서』에는 "안정安定에 烏支오지가 있다고 하였으며 본래 언지焉支였다고 한다. 閼氏알지와 烏支오지는 서로 음이 가깝다. 그 고성古城이 감숙 평량현 서북에 있다"고 하였다. 그렇다면 이것은 월지月支 또는 우즈베키스탄의 '우즈'를 베낀 것일 수 있다.

물을 흩뿌리며 어머니를 생각하다가 돌아가고는 했다.[117] 아마도 자신의 고국 땅이 이민족의 나라가 되었고, 아버지가 무참하게 죽임을 당하고 어머니마저 가련하게 떠나자 자신의 기구한 운명을 생각하며 흘린 눈물이었을 것이다.

김일제에게는 원래 네 아들이 있었는데, 어려서부터 모두 무제의 사랑을 받았다. 무제는 궁중에서도 그 아이들을 항상 곁에 두고 아꼈다. 그 중에서도 특히 농아弄兒는 무제의 사랑을 많이 받아 궁녀들과 희롱

---

116. 감천궁은 다른 이름으로 운양궁云陽宮이라고 하며 일명 임광궁林光宮으로 불렸다. 진시황이 감천산甘泉山 아래에 임광궁林光宮을 세웠다고 하지만, 본래 임광궁을 지은 이는 진시황의 둘째 아들 호해胡亥이다. 그 주위가 10여리나 되었다고 한다. 한 무제가 즉위하고 나서 기원전 140년에 임광궁을 확장하였으며, 원봉 2년(B.C. 109년)에 임광궁 옆에 감천궁을 추가로 만들었다. 당 괄지지括地志에 이르기를 감천궁의 둘레는 19리라고 하였다. 감천궁은 장안의 미앙궁에 버금가는 한 무제의 중요 활동장소였다. 이 감천궁의 한로대寒露臺에서 한 무제는 피서를 했다고 한다. 감천산은 순화현淳化縣에서 북쪽으로 25km 거리에 있으며 감천이 이곳에서 시작된다. 1978~1979년 여러 차례 조사하여 長生未央 · 甘林長母相忘 등의 글자가 있는 와당을 발굴했다. 장생미앙이란 명문이 있는 와당은 86개, 감림이란 명문이 있는 와당은 2개(직경 14cm)를 확인했는데, 甘林은 감천상림甘泉上林으로 해석하였다. 한 가지 재미 있는 것은 동가촌에서 나온 와당 가운데 두꺼비와 옥토끼의 문양이 있는 것이다. 달 속에 옥토끼나 두꺼비 문양이 있는 화상석畵像石은 현재의 서주徐州 지역에까지 나타나고 있으며 한대漢代 음양과 생명에 관한 일종의 부호처럼 사용되었는데, 이러한 문양은 후일 고구려의 벽화무덤에서도 나타나고 있다. 성 주변 양무제촌涼武帝村이나 동가촌董家村 부근 등에는 성의 흔적이 뚜렷하게 남아 있다. 현재 성의 높이는 1~5m 정도로 고르지는 않다. 이곳에서는 와당이 많이 나왔는데, 와당에는 장생미앙長生未央 · 장락미앙長樂未央 · 의부귀당천금宜富貴當千金 · 장생무극生無極과 같은 글자가 있는 와당과 감림甘林이라는 문자가 있는 와당 그리고 마갑천하馬甲天下 · 육축번식六畜蕃息 등의 글자가 있는 와당이 나왔다. 이 외에도 높이 1.25m의 곰 모양 석상이 나왔다. 감천궁 안에는 고광궁高光宮 · 장정궁長定宮 · 죽궁竹宮 · 통천대通天臺 · 영풍관迎風館 · 로한관露寒館 · 저서관儲胥館 등 50여 동의 건축물이 있었다. 한 무제는 5월부터 감천궁에서 피서 겸 정사를 보며 머물다가 8월이 지난 뒤에야 장안성으로 돌아가곤 했다. 그래서 전한 황실의 피서지 역할을 했으며 황제와 백관百官들이 이곳에서 국가 대사를 결정하고 각국의 사신들을 맞았다. 이후 소제 · 선제 · 원제 · 성제에 이르기까지 감천궁에 행차하였으며 당태종 이세민李世民도 정관貞觀 10년(646)에 이 감천궁에 행차한 바 있다. 전한 황실이 이곳에 피서를 핑계로 3~4개월 이상 머문 것은 흉노족을 누르기 위한 것으로, 흉노의 정치 · 경제 · 군사 · 문화적 토대에서 한흉漢匈 동화정책상 필요했기 때문이다.

117. 『한서』 광광 · 김일제전

감천궁 출토 명문 와당.

감천궁 출토 운문 와당.

하며 놀거나 때로 뒤에서 무제의 목을 껴안기도 하였다. 그럴 때면 김일제가 앞에서 노여운 눈빛으로 아이를 노려보았고, 그러면 아이는 달아나 울면서 아빠가 화났다고 무제에게 일러바치곤 했다. 이런 일이 있으면 늘상 무제는 왜 아이에게 화를 내느냐며 오히려 김일제를 나무라곤 했는데, 그 아이가 자라 궁녀를 희롱하여 음란한 짓을 하니 김일제는 그 아이를 몰래 죽여 버렸다. 바로 이 농아 弄兒가 김일제의 큰아들이었으며, 나머지 두 아들은 상賞과 건建이다.

김일제가 농아를 몰래 죽였다는 소식을 들은 무제는 크게 화를 냈다. 이에 김일제는 머리를 조아려 사과하였고, 자식을 죽인 사정을 모두 적어서 고하니 무제는 크게 슬퍼하며 눈물을 흘리고는 이후로 김일제를 더욱 우러러보게 되었다. 어머니 알씨로부터 엄하고 법도 있는 가르침을 받은 김일제는 큰아들 농아의 싹을 일찍이 알아보았던 것이다. 아예 그 싹을 없애 후일 가문의 몰락을 막기 위해 죽인 것이니 김일제의 결단력 또한 범인凡人의 것은 아니었다.

김일제 일가가 한나라에 포로로 붙잡혀온 지 30여 년이 지난 기원전 90년 논공행상에 불만을 품은 망하라莽何羅가 그 동생 중합후重合侯와 모의하여 모반을 일으켜 무제를 암살하려 했다. 무제가 일어나기 전에 죽이려고 새벽에 망하라가 칼을 품고 무제의 침실로 막 들어가는 것을 마침 소변을 보러 밖에 나온 김일제가 우연히 보고 달려들어 망하라를 껴안고 구르며 '망하라가 모반을 일으켰다'고 소리쳤다. 곧 한 무제가 놀라 깨었고, 망하라와 김일제가 엎치락뒤치락 뒹굴고 있었다. 이에 좌우에서 칼을 뽑아 찌르려 하니 무제는 김일제가 다칠까 염려하여 말렸다. 이윽고 망하라를 결박 지어 죽여 버렸다. 김일제·곽광[118]·상관걸에 의해 진압된 이 사건이 있은 뒤로 3년이 지난 기원전 87년 무제는 8세의 아들을 태자로 삼고 시중 곽광을 대사마 대장

한 무제의 무덤인 무릉武陵.

군으로 삼아 어린 태자를 보필하도록 부탁하고는 그 다음날 죽었다.

살아생전 흉노족과 이민족을 짓밟고 몰아붙이던 한 무제는 지금 섬서성陝西省에 묻혀 있다. 그가 잠든 무릉茂陵에서 1km 거리의 이웃에 그가 평소 신임했던 김일제의 무덤이 있다.[119] 이 외에 위청衛靑과 곽거병

---

118. 곽거병霍去病은 곽광의 이복형이다. 아버지 곽중유霍中孺가 지방 현리縣吏의 급사로 있을 때 위소아衛少兒와 사통하여 곽거병을 낳았으며, 후에 급시給事 일을 마치고 고향으로 돌아가 새로 부인을 얻어 곽광을 낳았다. 곽중유는 하동河東 평양平陽 사람이었다. 평양은 현재의 산동 임분현臨汾縣 서남, 평하의 북쪽(平河之陽)에 있으니 요도(堯都, 은나라 요 임금의 수도)를 이른다. 그러니 시기史記에 이르기를 평양平陽 곽읍霍邑에서 곽씨霍氏라는 성씨가 나왔다고 한다. 고대에는 성城을 중심으로 성씨가 형성되었기 때문이다. 사기에는 곽거병·곽광 일가는 황제黃帝의 후손이라고 되어 있다.

한편 곽거병의 이모, 그러니까 어머니 위소아의 여동생 위자부衛子夫는 한 무제의 비妃가 되어 위태자를 낳았다. 따라서 위태자와 곽거병은 이종사촌간이고 한 무제는 실제로는 곽거병의 이모부가 되며 무제가 중용한 장군 위청衛靑은 바로 이들 위소아·위자부의 오라비이고 위태자의 외삼촌이 된다. 동시에 위청은 무제의 누이 장신궁을 아내로 맞았으므로 위청과 한 무제는 서로 누이를 주고받은 사이이다. 사람의 운명이란 때로 가혹한 것이어서 앞날을 예측하기 어렵다. 김일제가 곽거병에게 포로로 잡혀왔고, 곽거병의 이복동생 곽광과 김일제는 후에 사돈이 된다. 그리고 곽광의 딸이 김일제의 며느리가 되었다.

곽거병묘 측면에서 발견된 좌사공左司空 제기석題記石 탑본.

霍去病 같은 충신들을 죽어서도 가까이에 두고 있는데, 모두 한 무제의 무덤 주위에 배장(=딸린무덤) 형식으로 남아 있다.

죽음에 임박하여 한 무제는 곽광에게 자신의 후사를 맡기기 전에 김일제에게 뒷일을 부탁했으나 김일제는 "신臣은 외국인이라…안 된다"고 사양하면서 곽광에게 그 일을 미루었다. 이후 곽광이 정권을 잡고 상서사尙書事이며 거기장군車騎將軍인 김일제 그리고 좌장군 상관걸上官桀・상홍양 등 네 사람이 소제昭帝[120]를 보좌했다. 소제의 측근 상관걸・상홍양은 농서 상규上邽 출신이었고, 김일제 역시 흉노인이었으므로 실제로 한 황실은 이미 흉노인들에 의해 지배되는 것이나 다름없었다. 『한서』 김일제전의 맨 끝에는 이렇게 적혀 있다.

"김일제는 이적(夷狄, 흉노)으로서 망국의 포로가 되어 한실漢室[121]에 들어와 황제를 충성으로 섬겨 그 공으로 상장上將에 이르렀다. 그 후예는 7세에 걸쳐 충효로써 이름을 전했으며 안으로 황실을 보필하면서 전성기를 맞았다. 본래 휴저는 금인을 만들어 하늘에 제사를 지내던 까닭에 그로 인해 김씨라는 성을 받았다."[122]

---

119. 섬서성陝西省 흥평현興平縣 남위향南位鄕 상도촌常道村에 있다.
120. 재위기간 기원전 87~74년.
121. 중국 한의 황실.
122. 金日磾夷狄亡國羈虜漢庭而篤敬寤主忠信自著勤功上將傳國後嗣世名七世內侍何其盛也本以休屠作金人爲祭天主故因賜姓金氏云(『漢書』 68 열전 38 霍光・金日磾傳)

이처럼 흉노 우현왕[123]인 휴저왕의 아들이 곽거병에 의해 포로로 잡혀 와 한 무제에게서 받은 성씨가 오늘의 김씨이다. 소호씨少昊氏로서 금인金人을 만들어 모셔놓고 천주天主에게 제사를 지냈기 때문에 제천금인 또는 소호김천씨의 후예라는 의미에서 김씨 성이 주어진 것이다. 우현왕자와 그 어머니가 포로로 잡혀온 기원전 121년 가을에 한 무제가 김씨 성을 주었으므로 오늘의 한국과 중국의 김씨는 모두 소호김천씨 김일제·김륜의 후손이며 흉노 휴저왕의 후예들인 제천금인이다. 그럼에도 가락국기에는 김해 가야 김수로와 김씨 형제들이 하늘에서 내려온 것으로 되어 있다. 하지만 그것은 신의 자손이란 선민사상選民思想의 표현이었을 뿐이지 하늘에서 떨어진 것도 아니며 땅에서 솟은 것도 아니다. 흉노인과 선비족은 '왕은 하늘의 아들'이라는 천자사상, 다시 말해 천손사상을 갖고 있었으니 가야 건국자들이 하늘에서 내려왔다고 한 것은 천강선우天降單于의 후예임을 드러낸 설화로 볼 수 있다.

김일제와 그 아우 김륜의 후손은 7대에 걸쳐 전한前漢에서 요직을 두루 지냈고, 투후秺侯[124]에 봉해져 왕망의 시대[125]가 끝나기까지 영예를

---

[123]. 흉노족은 최고 왕으로서 중국의 황제와 같은 지위에 있던 왕을 선우單于라고 하여 그 밑에 좌현왕과 우현왕을 두었다. 중국의 입장에서 흉노 우지匈奴右地라고 표현한 것이 우현왕인 휴저왕의 관할 영역이었다. 즉 김일제의 아버지 휴저왕은 흉노 우현왕이었다. 후일 백제도 흉노와 마찬가지로 좌현왕과 우현왕 제도를 시행한 바 있는데, 이로 보면 백제가 부여의 후예에 의해 건국된 나라이지만, 기실은 흉노족의 한 분파였음을 알 수 있다. 흉노의 대왕大王은 좌현왕과 우현왕을 거느리고 있는 흉노 왕의 최고 지위에 있는 선우인 까닭에 대선우大單于라고 불렀다. 천자天子로서 중국의 황제에 해당한다. 현재 국내의 족성 가운데 한씨韓氏, 기씨奇氏, 선우鮮于의 세 성씨는 기자의 후예로서 한국으로 남하했다고 한다. 본래 선우의 3형제였으나 각기 성씨를 따로 갖게 되었다고 전하며, 이러한 연유로 말미암아 이들 세 성씨는 지금도 서로 통혼하지 않고 있다. 이들 성씨는 흉노 대선우에서 유래했다는 설이 있다.

[124]. 오르도스의 제후라는 의미. 원래는 투후䄷侯로 썼다. 䄷를 본래는 秺로 썼다. 흉노 우현왕의 통치영역인 오르도스의 발음을 따라 제후이되 '투(䄷, 또는 秺, Ordos)의 제후'라는 의미로 주어진 봉록이다.

[125]. 기원후 8~23년의 기간에 있었던 신新 정권.

누렸다. 김일제의 후손이 한 황실의 외척으로서 큰 세력을 이루어 중국 천하의 정치를 주무르게 된 것은 김일제의 손자 김당金當의 자식들로부터였다.

흉노인 김씨들 중국 황실을 장악하다

김일제에게는 맏이 농아弄兒와 상賞 그리고 건建·달達의 네 아들이 있었다. 이 중에서 농아는 김일제의 손에 죽고, 막내 달達은 이름만 전할 뿐 그의 활동은 알 수 없다. 상賞에게는 국國이란 아들 하나가 있었으나 국國에게는 아들이 없었다. 김일제의 네 아들 중에서 건建의 후예들이 전한 황실에서 가장 크게 영달하였다. 건의 아들 당當과 당의 자녀들이 한 황실에서 크게 득세함으로써 김씨들은 최고의 전성기를 맞게 된다.

김일제의 손자인 김당은 투후秺侯로서 양평후陽平侯에 봉해졌으나 그 역시 김일제 이상으로 불우한 삶을 살았다. 그는 본래 뜻이 크고 심지가 깊었으나 둘째딸 김정군金政君이 효원황후가 되자 황실출입이 금지되었고, 정치적으로 활동할 수 있는 길이 막혀버렸다. 이렇게 되자 김당은 주색에 빠져버렸다. 김당은 기원전 42년 젊은 나이에 죽었지만, 주색으로 보낸 그의 짧은 생애에 비해 그가 남긴 12명의 자식은 대단히 많은 것이었다. 주변에 여자가 많았고 그러니 자식이 많았다. 따라서 12남매가 모두 한 배에서 나왔다고는 할 수 없다. 다만 『전한서』의 기록에서 확인할 수 있는 것은 이들이 최소 두 여자 이상의 소생들이라는 점이다. 김당은 김일제 및 김륜의 자식들이 그러했던 것처럼 투후秺侯의 작록을 이어받았다. 그러나 김당 후예의 영예는 효원황후가 된 둘째딸로부터 시작되었다고 해도 과언이 아니다. 김당은 김일제의 셋째아들 건建의 작록을 이어받았는데, 그가 승계한 투후라는 봉록은

'오르도스의 제후'라는 뜻이다. 오르도스는 본래 흉노인들이 내몽고의 서부지역과 섬서성 일대를 어얼더스라고 부른 데서 비롯된 이름이다. 그것을 중국인들은 악이다사鄂爾多斯라는 이름으로 기록했다. 본래 한 무제는 김일제를 오르도스의 투후로 봉했고, 다시 김일제의 두 아들 상賞과 건建에게도 투후의 봉록을 주었다. 그러나 큰아들 상에게는 고국군故國君이라는 봉록을 주어 흉노인 자신들의 옛 땅인 감천궁에 머물면서 불교 의식을 주재하며 흉노의 풍습을 잇도록 무제가 배려했으며, 상의 아들 국國 또한 투후를 이어받았다. 김일제의 후예 중에서 중국 황실과 궁중을 장악한 계통은 셋째 아들 건의 손자인 당當과 당의 둘째딸 효원황후 및 여덟 아들을 포함한 그 후예들이었다.

김당의 8남4녀[126] 중 딸로는 장녀 군협과 셋째 군력, 넷째 군제 그리고 원제[127]의 부인이 된 둘째딸 원후元后가 있었는데, 그 중 원후는 기원전 75년 생으로 위군魏郡 이씨에게서 난 딸이었다. 8명의 아들 중 봉鳳·숭崇은 원후와 함께 위군 이씨의 소생으로 동복형제였다. 그러나 『한서』 원후전에 의하면 왕망의 아버지 만曼은 효원황후와 이복남매 간이며 김당의 8남4녀 중에서 장남 봉鳳 바로 아래로 되어 있다.

126. 김망의 아버지 만이 일찍 죽었으므로 『한서』는 여덟 명으로 계산했다. 김망은 왕망王莽의 본명이다.
127. 원제(元帝, 기원전 48~33)의 이름은 유석劉奭이다. 어머니는 효선허황후孝宣許皇后이다. 효선허황후의 아버지는 허광한許廣漢이며 창읍인이다. 젊어서 창읍왕랑昌邑王郎이 되었다. 선제宣帝와 공애허황후共哀許皇后의 아들로, 무제의 증손자이자 여태자의 손자인 아버지 선제가 즉위하자 8세에 태자가 되었으며, 기원전 49년 12월에 선제가 죽자 이듬해인 기원전 48년에 즉위했다. 기원전 33년, 여름 5월 미앙궁에서 죽어 7월에 위릉渭陵에 묻혔다. 능은 동서 저변 162m, 남북 164m, 높이 29m이다. 함양시咸陽市 장공로張公路를 따라 북쪽 이도원二道原으로 3.5km 거리에 있다. 원제와 효원황후의 합장릉으로 1966년부터 왕릉 북쪽의 신장촌新莊村에서 일부 유물이 출토되었다. 효원황후는 성제의 어머니이자 애제의 할머니이며 왕망의 고모이다. 기록에는 원제와 효원황후의 합장릉이라고 하는데 위릉 서쪽 360m, 북쪽 180m 거리에 황후릉이라고 하는 무덤이 하나 더 있다. 기원후 21년 왕망의 처가 사망하여 효목황후孝睦皇后라 하여 위릉 근처에 묻었다고 하였으므로 이 무덤은 아마도 왕망의 처 무덤일 것으로 보고 있다.

전한 원제元帝의 무덤인 위릉渭陵에서 출토된 와당.

이들의 계보를 『전한서』 김일제·곽광·효원황후·왕망 열전 및 『후한서』의 관련기록에서 찾아 종합해 재구성한 것이 〈휴저왕과 김일제·김륜 가계도〉이다. 그러나 『전한서』의 저자 반고班固와 『후한서』를 쓴 반초班超 남매는 김일제의 손자 김당과 김당의 손자 김망의 관계를 숨기기 위해 김망을 왕망으로 기록하고 이들의 계보를 뒤섞어놓아 잘 알 수 없도록 하였다. 또한 왕망을 김당의 동생인 홍弘의 아들로 기록한 곳도 있다. 김일제전에서는 왕망과 김당이 후일 태부인이 된 남南의 자식이라고도 하였고, 이 외에도 왕망을 김당의 아들이라고 기록하거나 왕망과 김당을 이종사촌으로 만드는 등, 곳곳에 서로 맞지 않는 이야기를 늘어놓아 진실을 숨기고자 한 흔적이 역력하다. 그런데 또 효원황후전에는 효원황후가 왕망의 고모로 되어 있으니 이 기록이 실제와 맞는다.

『전한서』 99 열전 제 69 왕망전의 첫머리에는 "왕망은 자字가 거군巨君이며 효원황후의 친정조카이다. 원후의 아버지와 형제는 모두 원제·성제[128]가 제후로 봉하여 정치를 보좌하는 자리에 있었으니 무릇 9후侯 5대사마라는 말이 원후전에 있다"[129]고 하였다.[130] 여러 기록을 대

---

128. 성제(成帝, 기원전 33~7년)는 기원전 16년, 효원황후 김씨가 죽고 나서 조첩여의 아버지 조림趙臨을 성양후成陽侯에 봉하고 두 달 후에 다시 조첩여를 황후로 삼았다. 기원전 7년 3월 성제가 죽고 한 달 뒤에 애제哀帝가 즉위했다.

129. 王莽字巨君孝元皇后之弟子也元后父及兄弟皆以元成世封侯居位輔政家凡九侯五大司馬語在元后傳(『한서』 99 열전 제 69 왕망전)

130. 김씨 일족 9명이 제후諸侯였으며 5명이 대사마大司馬를 지내 김씨의 최전성기를 맞았음을 의미한다.

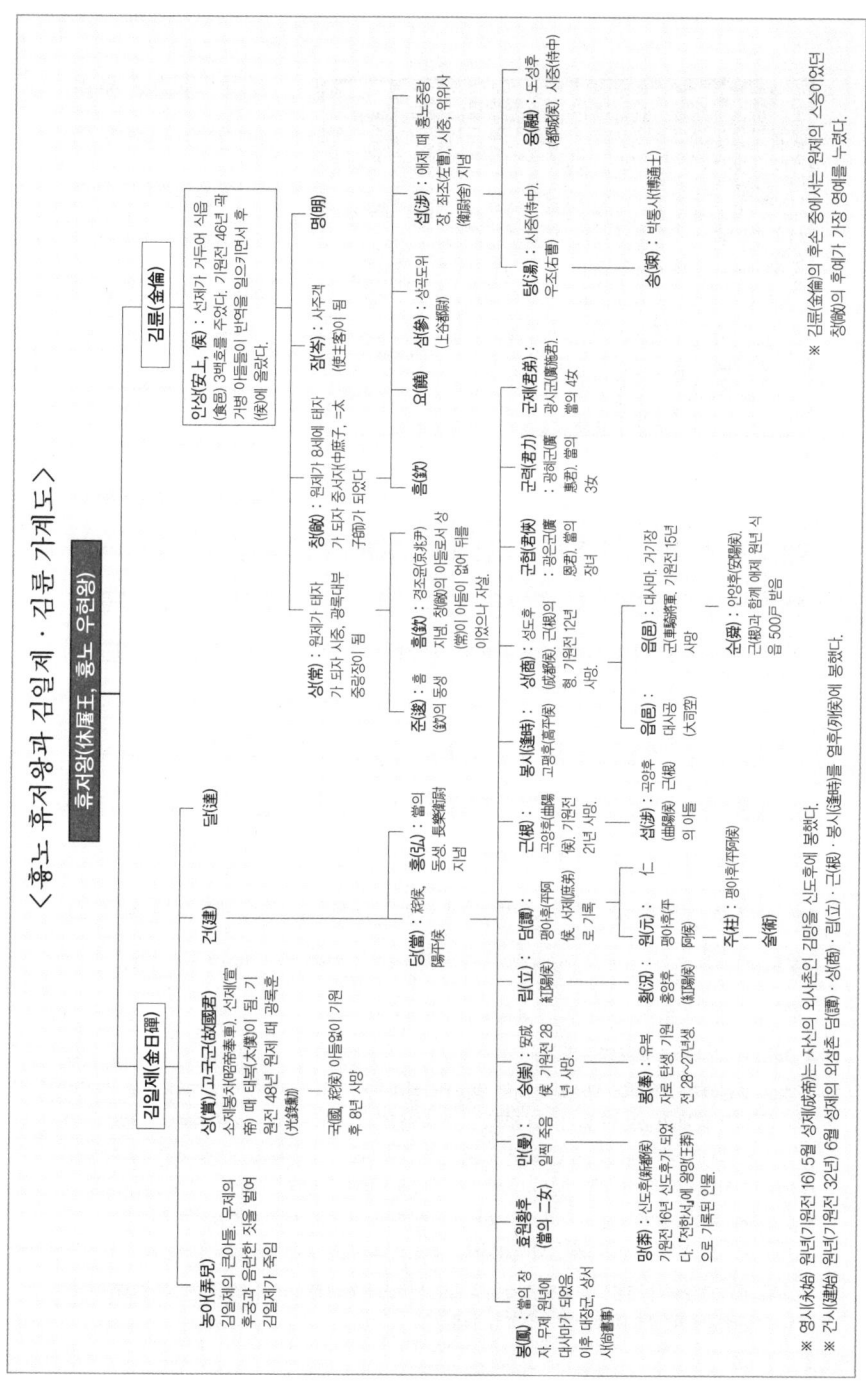

김씨는 중국 서부 감숙성이 고향인 흉노인

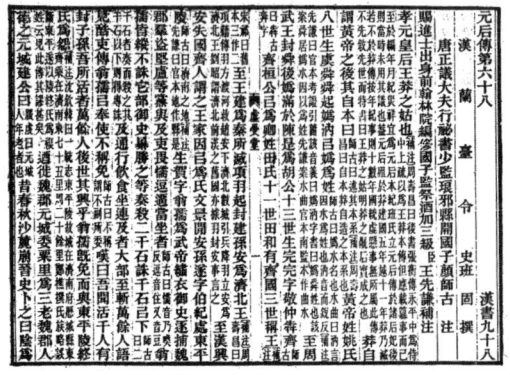

『한서』 98 원후전(제68).

조해 진실을 추려 보면 효원황후의 이복오라비인 만몇의 아들이 망莽으로 되어 있어 효원황후가 왕망의 고모라는 사실에 부합할뿐더러 다른 기록과 견주어 보더라도 이 기록이 정확하다. 그런데도『후한서』 98 원후전의 첫머리(제68)에서는 "효원황후는 왕망의 고모"[131]라고 해놓고서는 중간 부분에 내려가서는 효원황후를 엉뚱하게 왕치군[132]의 자매로 그려놓고 있다.

"왕옹유는 금禁을 낳았다. 금의 자字는 치군稚君이다. 왕옹유는 젊어서 법률을 배워 장안長安의 정위사廷尉史가 되었으며 본시本始 3년(기원전 71년)에 딸 정군政君을 낳으니 이 사람이 원후元后이다. 금禁은 큰 뜻이 있었으나 그것을 닦지 않고 주색을 좋아하였으며 곁에 많은 여자를 취하여 무릇 4녀8남을 두었다…"[133]

---

131. 孝元皇后王莽之姑也

132. 효원황후 김정군이 원제의 정비로 있을 때 왕치군은 후궁 신분이었다. 경후傾后라는 후궁이 바로 왕치군인데, 이 왕치군의 무덤도 서안에 있다. 이 무덤에서는 많은 유물이 나왔는데 그 중에서 가장 흥미로운 것은 경주 조양동유적에서 나온 것과 똑같은 동경들이다. 조양동유적에서도 많은 양의 청동거울이 나왔는데, 경후 왕치군의 무덤에서 나온 동경과 형태, 문양, 크기 그리고 명문 내용도 같아 조양동에는 기원전후의 시기에 서안 지역에서 내려온 이들이 선주 고조선이나 낙랑계와 융화하여 3세기 중반까지 살았을 것으로 추정된다.

133. 王翁孺生禁字稚君少學法律長安爲廷尉史本始三年生政君卽元后也禁有大志不修廉隅好酒色多取傍妻凡有四女八男…(『한서』 원후전)

이것은 의도적으로 사실을 숨긴 것이다. 반초는 왕망을 김당의 손자이며 김만金曼의 아들로서 이름은 김망이라고 기록했어야 옳았다. 진실을 감추고 김망을 왕망으로 숨기기 위해 얼마나 궁색을 떨었는지를 짐작할 수 있는 결정적인 구절이 바로 위에 제시한 내용이다. 그러면서 "금禁은 큰 뜻이 있었으나 그것을 닦지 않고 주색을 좋아했으며 곁에 많은 여자를 취하여 무릇 4녀8남을 두었다.…"며 왕치군의 아버지 왕옹유의 얘기로 적고 있다. 그러나 이 내용은 왕옹유의 것이 아니라 김당金當의 행적이다. 김당의 일을 마치 왕옹유의 것인 양 그대로 훔쳐다 베껴 놓았다. 이것은 착오가 아니라 사실을 가리기 위해 효원황후 아버지의 이력서를 왕치군의 아버지 왕옹유의 것으로 탈색시킨 것이다. 본명이 김정군인 효원황후를 왕정군으로 만들고, 효원황후의 기록인 『한서』 원후전에 난데없이 후궁[134] 왕치군과 그 아버지 왕옹유의 이야기를 끼워 넣었다. 이처럼 김당의 이력을 가져다가 왕치군의 아버지 왕옹유의 행적으로 섞어버린 이유가 무엇일까?

반고·반초 남매는 『전한서』 및 『후한서』에서 사실을 감추고 진실을 왜곡하였다. 왕옹유를 등장시켜 그가 왕치군王稚君[135]을 낳았고, 효원황

---

[134]. 전한 황실의 황후·궁녀 명칭은 여러 가지가 있다. 후궁은 여러 등급을 두었다. 황제의 정비는 황후, 황제의 어머니를 황태후皇太后, 황제의 할머니를 태황태후太皇太后 하며 이 외에 왕의 후궁(妾)은 모두 부인夫人이라 불렀다. 그러나 부인 아래에도 미인美人·양인良人·팔자八子·칠자七子·장사長使라고 하는 칭호가 있었나. 무제에 이르러시는 첩여倢伃, 영아娙娥·용화傛華·충의充依가를 더 두어 각기 작위爵位에 차등을 두었는데, 이후 원제는 여기에 소의昭儀라는 호칭을 하나 더 추가했다.

[135]. 원제의 후궁으로 양평陽平 경후敬侯란 호칭을 갖고 있다. 정비인 효원황후 김정군보다는 나이가 4~5살 위이지만, 왕치군은 후궁이었으며 섬서성에 있는 그의 무덤에서는 동경을 비롯하여 많은 유물이 출토되었다. 왕망을 왕씨로 기록하게 된 것은 한서 원후전에 원후(효원황후)를 왕옹유의 둘째딸로 잘못 기록한 데서 시작되었다. 왕치군을 왕옹유의 큰딸로, 그리고 효원황후를 왕치군의 여동생으로 기록했으나 그것은 사실이 아니다. 효원황후 김정군은 원제의 정비로서 친정아버지 김당金當과 위군이씨魏君李氏 사이에서 난 자식이며, 김일제의 증손녀이다.

후가 왕치군의 여동생으로서 기원전 71년에 태어난 것으로 만들었으며 4남8녀를 둔 것도 왕옹유로 꾸몄다. 다른 기록과 비교해 보면 효원황후의 출생연도도 맞지 않는다.『전한서』에 "오봉五鳳 연간에 효원황후 김정군은 18세였다"[136]고 되어 있다. 오봉이란 연호는 기원전 75년에 시작되어 이듬해까지밖에 사용하지 않았으므로 효원황후는 기원전 75~74년 경에 18세였다는 얘기다. 그리고 효원황후는 기원전 16년에 사망했다. 이것으로 추적하면 효원황후의 출생연도는 기원전 92년 경이 된다. 효원황후 김씨가 왕옹유의 딸이고 왕치군의 동생이 효원황후라고 기록되어 있는 것은 「한서」원후전이 유일하다. 그러나 효원황후가 원제의 정비(황후)이고 경후傾侯 왕치군은 원제의 후궁이었다. 왕치군의 아버지 왕옹유를 끌어들여 어처구니없게도 효원황후(=원후)를 왕옹유의 둘째 딸로 만들어 버린 일을 좋게 생각하면 이 부분에서 반고班固는 깜빡했거나 항간에 그렇게 생각하는 사람도 있다더라는 식으로 쓰려 했을지 모른다. 본명이 김정군金政君인 효원황후와 김망金莽을 왕씨로 만든 반고의 저의가 무엇인지는 너무도 뻔하다. 중국 황제의 자리를 흉노인 김씨에게 빼앗긴 사실이 부끄러워 그것을 숨기고자 했던 것이다. 왕망전의 첫머리에서도 왕망이 효원황후 김씨의 조카임을 분명히 하고 있음을 앞에서 설명한 바 있다. 그래 놓고도 효원황후·김망을 왕씨라고 설명한 내용 뒤에는 또 다시 효원황후의 친정아버지 김당金當과 그 형제 및 자식들에 관한 내용을 다음과 같이 적었다.

"큰 뜻이 있어도 펼 수 없게 되자 주색을 즐겨하여 곁에 많은 여자를 두었으니 자식이 무릇 4녀8남이다. 장녀는 군협君俠이며 차녀는 원후 정군이다.

---

136. 五鳳中獻政君十八矣

그 다음 셋째는 군력君力, 넷째는 군제君弟이고 장남 봉鳳은 효경孝卿이며 둘째가 만(曼, 왕망의 아버지) 원경元卿이고 김담金譚의 아들 원元, 숭崇의 아들 봉奉, 상商의 아들 하夏, 립立의 아들 숙叔·근(根, 稚卿)·봉시(季卿)이다. 봉·숭·원후 정군은 적처 위군이씨魏君李氏에게서 난 동복형제들이다."

『전한서』원후전 첫머리에 "효원황후는 왕망의 고모"이며, 봉·숭·원후만이 위군 이씨의 적처 소생으로서 이들 세 사람이 동복형제라고 하였으니 여러 기록을 종합하여 간추리면 만(曼, 元卿)[137]은 효원황후의 이복오라비이며 만曼의 아들이 망(莽, 김망)이라고 한 기록이 사실에 부합한다. 아무리 숨기려 했으나 계보를 추리면 김당의 아들 가운데 만의 아들이 왕망이므로, 왕망은 김당의 손자이고 효원황후의 친정 조카라는 사실이 추출되는 것이다. 결국 왕망은 성이 왕씨가 아니라 김씨이고 김망이다. 반초는 김망의 어머니를 왕씨로 설정하고, 어미의 성을 따라 왕망으로 바꾸어 기록하면서 진실을 숨기려 한 것으로도 모자랐던지 김당의 어머니 남南과 김망의 어머니 공현군功顯君은 자매라고 적어놓기도 했다. 어떻게 할머니와 어머니가 자매간일 수 있는가? 어이없게도 "…당當의 어머니 남南은 망莽의 어머니 공현군의 친여동생이다. 당은 남을 태부인으로 높였다"[138]고 하여 횡설수설 해놓았다. 이렇게 되면 할아버지와 손자 사이인 김당과 김망[139]이 이종사촌간이 되고 효원황후의 이모부가 김만이 되는데 이 얼마나 해괴한 일인가. 이것은 사실과 전혀 다른 가공의 이야기이다.

---

137. 왕망의 아버지. 신(新, 기원후 8~23년) 정권을 세운 왕망王莽은 본래 김망이었으며 그의 아버지가 김만金曼이다.
138. …當母南卽莽母功顯君同産弟也 當上南大行爲太夫人…
139. 김망은 김당의 손자이다.

효원황후의 친정 오라비이자 김망의 아버지 만曼은 젊은 나이에 일찍 죽었기 때문에 김망은 외롭게 자랐고 어려서 많은 고생을 하였다. 그러나 김망은 항상 검소하고 윗사람을 공경할 줄 알았으며 유생(儒生, 유학자)의 옷을 입고 힘써 공부하여 박학하였다. 이런 김망을 애처롭게 여긴 효원황후는 남동생 만曼을 중국 산동 남양南陽 신도新都[140]의 제후에 봉하고[141] 그 애처로움을 실어 추봉한 것이 애후哀侯라는 호칭이었다. 이런 배경이 있었기에 "왕망이 일어선 것은 고모 효원황후 때문이었으며 60여 년 동안 효원황후의 형제들이 권세와 국가의 권력을 쥐고 흔들었다"고 『전한서』 원후전에 기록되어 있다.

기록에는 "성제成帝[142]가 외삼촌 만曼의 아들 망莽을 신도후新都侯에 봉했다"[143]고 하였다. 이것으로도 성제와 김망이 내외종 간이었고, 김망은 김당의 손자이며 효원황후 김정군과는 고모·친정조카 사이임이 증명된다. 하여튼 이런 연유가 있어 김망의 시대를 신新이라 부르게 되었으며, 고모 효원황후가 뒤를 돌봐준 은덕이 있는데도 후일 김망은 음양오행설을 이용해 평제平帝[144]를 독살하고 왕위를 찬탈하였다.

애초 김망을 조정에 천거한 것은 김당의 여덟 아들 중 봉鳳과 근根[145]이었다. 후에 김망은 근의 아들 섭涉을 상곡도위上谷都尉로 삼아 흉노와

---

140. 원래는 新野之都신야지도였다.
141. 영시永始 원년인 기원전 16년 5월 신도후가 되었다.
142. 성제(成帝, 기원전 33~7). 기원전 16년, 효원황후 김씨가 죽고 나서 조첩여의 아버지 조림趙臨을 성양후成陽侯에 봉하고 두 달 후에 다시 조첩여를 황후로 삼았다. 기원전 7년 3월 성제가 죽고 한 달 뒤에 애제哀帝가 즉위했다.
143. 성제成帝가 외삼촌 만曼의 아들 시중侍中 기도위광록대부騎都尉光祿大夫 망莽을 신도후新都侯에 봉했다고 하였다.
144. 원제의 서손庶孫인 중산왕中山王의 아들이다. 왕망의요청에 의해 김순金舜이 그를 맞아들여 제위에 앉혔다.
145. 곡양후曲陽侯

이민족을 다스리게 하였는데, 그것은 섭의 아버지 근이 김망 자신을 조정에 천거한 데 대한 고마움에서 나온 배려였다. 물론 이들 외에도 많은 이들이 힘써 김망을 추천하였는데, 그것은 김망의 성실함을 인정한 때문이었다. 김망(=왕망)은 새로운 정권을 열어 중국을 차지한 이후에도 꽤 성실한 자세였던 것 같다. "수해나 가뭄이 있을 때마다 김망은 채식을 자주 했다"[146]는 내용에서도 검소한 모습을 읽을 수 있다.

"대장군 봉鳳이 병들었을 때 왕망은 그의 병수발을 들었다. 약을 지어 바치며 흩어진 머리갈, 때묻은 얼굴에 옷과 허리띠를 흩트리지 않고 몇 달이나 수발을 들었는데도 봉이 죽었다. 봉이 죽음에 임하여 태후와 왕망의 숙부 상商에게 왕망을 선처해 주기를 부탁하는 글을 전했다. 장락소부長樂少府 재숭戴崇, 시중 김섭金涉, 호기교위 기굉箕閎, 상곡도위上谷都尉 양병陽竝, 중랑 진탕陳湯 등 당대의 명사가 모두 왕망을 위해 힘써 이야기하니 왕망王莽이 영시永時 원년(기원전 16년)에 비로소 신도후新都侯가 되었으며 후국인 남양南陽 신야 지도新野之都 1500호를 봉록으로 받게 되었다."

이상은 『후한서』 왕망전의 일부이다. 이로부터 김망(=왕망)은 집안 형편이 펴졌다. 이처럼 효원황후가 있는 동안에는 그의 친정식구들은 요직을 잃지 않았고, 김망이 있는 동안에는 그의 형제와 친속이 모두 영예를 누렸다. 황제의 권위를 능가할 정도로 많은 권세를 누린 김씨들에 대해 "효원황후는 성제의 어머니이다. 그 집안이 무릇 10후 5대 사마大司馬[147]를 냈다"[148]고 기록하였다.

효원황후의 친정아버지 김당(金當, 陽平侯)과 효원황후의 형제들이

---

146. …每有水旱莽輒素食…(『전한서』 99 왕망전 제 69)

모두 원제 시대에 제후에 올랐으며, 특히 중신들의 거센 반대를 무릅쓰고 효원황후는 한 무제의 약속이라며 서제인 담(譚, 平阿侯)과 친정 남동생 숭崇·립立·근根·봉시逢時 다섯 명을 한날한시에 제후에 봉하니 이것이 이른바 김당의 자손이 중국의 조정을 장악한 최전성기의 오후五侯들이다. 5형제가 한날한시에 모두 제후의 자리에 오른 것은 중국 역사에서 이것이 유일한 사례이다. 그뿐 아니라 김씨로서 전한 황실에서 제후가 된 이는 무려 80명이었으며 왕망이 일어선 것은 고모 효원황후 때문이었고, 60여년 동안 그 형제들이 대를 이어 국권을 잡았다[149]고 하였으니 흉노인 김씨들이 누린 대단한 권세를 알 수 있다.

효원황후, 즉 원후는 원제元帝[150]의 정비로서 후에 성제成帝를 낳았다. 성제의 아버지이자 원후의 남편인 원제는 선제宣帝[151]의 아들로서 선제의 뒤를 이어 즉위해 김씨들을 중용했다. 이로부터 선제의 외척 허씨에게서 원제의 외척 김씨들로 권력의 축이 옮겨 가 김씨가 크게 득세하였다. 후에 김망은 성제를 대신해 평제[152]를 들여앉혔으나 4년이 채

---

147. 10후는 양평후陽平侯 금禁, 그리고 금의 아들 경후敬侯 봉鳳, 안성후安成侯 숭崇, 평아후平阿侯 담譚, 성도후成都侯 상商, 홍양후紅陽侯 립立, 곡양후曲陽侯 근根, 고평후高平侯 봉시逢時, 안양후安陽侯 음音, 신도후新都侯 망莽이다. 5대사마는 봉鳳, 음音, 상商, 근根, 망莽이다. 성제는 건시 2년 6월 한날한시에 자신의 외삼촌인 담譚·상商·립立·근根·봉시逢時를 열후列侯에 봉해 이들이 오후가 되었다. 왕망은 영시永始 원년(기원전 16년) 5월 신도후가 되었다.

148. 『한서漢書』 97 외척전 67(하)

149. 王莽之興由元后…六十餘載弟世權更特國柄

150. 기원전 48년 즉위. 현재 함양시咸陽市에 그의 무덤 위릉渭陵이 있다. 일찍이 한 나라 때부터 이 지역 사람들은 두 사람의 무덤을 동릉東陵과 서릉西陵으로 불러왔다.

151. 재위기간은 기원전 79~48년. 한 무제가 죽기 1년 전인 기원전 88년, 환관이었던 허광한許廣漢의 딸을 아내로 맞으니 이 사람이 후일의 공애허황후이다. 허광한의 형제와 할머니 가계인 사씨史氏의 도움을 받아 정권을 잡았다.

152. 平帝는 원제의 서손庶孫인 중산왕中山王의 아들이다. 왕망의 요청에 의해 김순金舜이 그를 맞아들여 제위에 앉혔다.

안 돼 그를 폐하고 다시 유자영孺子嬰을 세웠다가 한의 궁중을 장악하였다. 기원후 8년 드디어 김망이 중국 천하를 손에 거머쥐게 된 것은 한 무제 때(기원전 121년) 포로로 잡혀온 흉노 휴저왕의 아들 김일제로부터 129년이 지난 후의 일이다.

『후한서』에 의도적으로 '왕망은 김당의 자식'이라거나 그의 이종사촌 또는 형제 등으로 기록한 것은 진실을 감추기 위한 것이었다. 더군다나 반고는 김상金商의 아들인 읍邑을 왕읍王邑으로 기록하고 그 외에도 그의 형제와 조카의 일부까지도 왕씨로 성을 바꾸어 기록했다. 상商과 근根도 한 어머니에게서 나온 동복형제인 것처럼 만들어 모두 왕씨로 둔갑시킨 것이다. 김상은 후일 대사마大司馬가 되었는데(기원전 15년), 김당의 여덟 아들 가운데 일찍 죽은 김만을 제외한 8형제 중에서 담譚을 서제庶弟로 분명하게 기록한 것으로 보아 담은 배 다른 형제가 분명하다. 효원황후 김정군과 군협 등 세 자매는 위군魏君 이씨李氏의 소생이지만, 김망의 아버지 김만金曼도 효원황후와 배 다른 형제였던 것 같다. 이렇게 보면 김당의 자식은 최소한 세 명의 여인에게서 나왔음을 알 수 있다. 비록 8남4녀가 모두 동복형제는 아니며, 본처 소생은 아니었지만 김만金曼은 김당의 아들이고 김만의 아들이 왕망王莽이므로 왕망은 왕망이 아니라 김망金莽임은 분명하다. 그런데 유독 고평후에 봉해진 봉시만은 외자 이름이 아니다. 이는 아마도 그 어머니가 한족漢族인 때문이었을 가능성이 있다.

『한서』를 남긴 반고와 반초 남매는 "김만金曼은 김당의 아들이고, 김망은 김만의 아들이므로 김망은 김당의 손자이다. 그러므로 당연히 김망이다"라고 기록했어야 하건만 한족의 치욕스런 역사를 숨기기 위해 난데없이 왕망으로 기록하였다. 그들은 여기서 더 나아가 효원황후 김정군도 왕치군과 자매 관계로 만들어서 왕씨로 바꾸려 하였으나 완전

범죄를 이루지는 못하였다. 황제의 자리를 빼앗아 그 주인이 된 김씨들은 기원전 1세기 말, 형제와 부자 열 명이 제후의 자리에 오르고, 김망을 포함하여 다섯 명이 대사마를 차지하였을 정도로 막강한 세력을 이루었다. 그리고 김망은 신新이라고 하는 새로운 정권을 탄생시켰으니 반고 남매를 비롯하여 당시의 한족 지배층은 진실을 은폐하려 했음이 분명하다. 그것은 단순하게 보면 개인의 문제이지만 한 시대의 중심에 섰던 인물들이라는 점에서 보면 역사적 진실을 은폐하는 범죄이므로 이 부분은 이제라도 바로잡아야 할 것이다.

　이상으로 다소 장황하나마 『사기』와 『전한서』· 『후한서』의 기록에 기초하여 그 진실을 추적하였다. 그 중에서도 특히 김씨의 유래, 왕망(=김망)과 김씨의 관계를 추적한 결과에 따라 왕망을 원래의 성씨로 복권시켜 이제부터는 김망 또는 김왕망으로 설명하기로 한다.

가라국의 1세 김수로는 김시金諟

가라국의 1세 김수로는 신분을 숨긴 김시金諟였다

진 한의 낙랑인 포로 사건이 있던 때로부터 대략 20여 년이 지난 기원후 44년. 광무제의 군대가 산동에서 묘도열도[1]의 노철산수로를 따라 바다 건너 요동으로 들어간 뒤, 살수 이남을 정벌하고 낙랑군을 다시 세웠다. 이 해 9월의 원정으로 살수 이남은 모두 한에 예속된 것이나 다름없었다.

그런데 이 해에 염사 사람 소마시蘇馬諟[2]는 사절단을 이끌고 낙랑에 들어갔다. 그는 낙랑태수를 통해 한에 공물을 바치고 염사읍군이 되었다. 기록상 최초의 한관漢官[3]이 된 소마시의 행적을 『후한서』 동이 한

---
1. 廟島列島. 산동 봉래시蓬萊市에서 북동 방향으로 작은 섬들이 점점이 이어져 있다. 묘도열도를 따라 대련大連 방향으로 가는 해로 코스를 이른다.
2. 이 이름을 변한의 향찰로 보고 본명을 김시金諟로 파악하였다.

전韓傳은 이렇게 적어두었다.

"건무 20년(기원후 44년) 한인韓人 염사인廉斯人 소마시蘇馬諟 등이 낙랑에 와서 공물을 바쳤다. 염사는 읍邑의 이름이다. 광무제는 소마시를 한漢의 염사읍군廉斯邑君에 봉하고 염사읍을 낙랑에 속하게 했다. 사시四時로 찾아와 조알朝謁했다."A

소마시蘇馬諟가 '낙랑에 나아가 공물을 바쳤다'5면서 '왔다'는 말을 來래가 아닌, '나아가다'는 의미의 '詣예'로 표현하였다. 동양에서 전통적으로 아랫사람이 윗사람을 찾아뵙는 관계에서 사용하는 글자다. 낙랑에 예를 갖춰 공물을 바친 것이니 중국 정부와 낙랑의 입장에서는 꽤나 흡족했던 모양이다. 하지만 이런 관계는 거꾸로 말해서 소마시가 염사읍을 대표하는 자로서 변한에서 세력이 꽤 컸음을 의미한다.

소마시가 염사읍군이 된 것은 여러 가지로 의미가 컸다. 진한이 마한의 통제를 받고 있었고, 통상 우거수의 관할지역이던 염사읍을 대표하는 읍군이 된 것은 상징적인 의미가 있다. 이는 다른 한편으로는 염사廉斯가 진한의 통제에서 벗어난 것이므로, 마한과 진한의 입장에서는 멀쩡히 눈 뜨고 당한 꼴이라고 할 수 있는 문제이다. 만일 변진구야국의 수장이 대성동에 있었다면 숨 가쁘게 돌아가는 국제적 상황에서 그는 왕따가 된 셈이었다. 20년 전 염사착은 우거수로서 단순히 낙랑에 정치적 망명을 한 데 불과했으나 이번에는 소마시가 여러 명

3. 중국 한漢의 관리인 염사읍군廉斯邑君.
4. 建武二十年韓人廉斯人蘇馬諟等詣樂浪貢獻(廉斯邑名也諟音是)光武封蘇馬諟爲漢廉斯邑君使屬樂浪郡四時朝謁…(『後漢書』東夷 韓傳)
5. 詣樂浪貢獻

의 수하를 거느리고 낙랑에 찾아가 염사읍군이 됨으로써 염사읍은 한漢의 보호를 받게 된 것이다. 마한이나 진한의 입장에서는 소마시가 염사읍을 통째로 들어다가 중국 한나라에 바치며 한의 관리가 되기를 자청한 꼴이니 달가울 리가 없고 냉큼 받아들이기도 어려운 사건이었을 것이다. 물론 이런 방식은 정치·군사적으로 완전히 예속된 것이 아니라 동양의 전형적인 '조공과 책봉' 외교이지만, 20여 년 전 중국인 포로 문제로 진한인 1만5천여 명과 변한포를 물어야 했던 그 사건 이후 진한의 입장에서는 또 다시 기선을 빼앗긴 굴욕적 사건이었음은 분명하다. 소마시가 한관漢官이 되고 염사읍이 낙랑군 직속의 읍이 되었으니, 앞으로 누구도 소마시와 염사읍을 함부로 건드릴 수 없게 되었다.

　이 일로 염사와 낙랑 사이에는 화폐와 사람·물자가 원활하게 소통되면서 염사읍이 빠르게 발전했고, 염사廉斯는 진한을 제치고 중심지로 떠오르기 시작했다. 지금까지의 발굴 결과로 보더라도 경주권에서는 김해와 그 인근 지역보다 청동기는 많이 출토되는 반면, 철기는 상대적으로 적은데 이것 역시 염사치와 소마시가 활동하던 당시의 가야시대 사회상을 반영하는 것이다. 하여튼 기원후 44년 사절단이 낙랑을 방문한 이후로 소마시는 김해·창원 일대의 새로운 실력자가 되었다. 중국의 역사서인 『후한서』에 오를 정도의 일이라면 소마시는 그리 호락호락한 인물이 아니었던 것이 틀림없다. 같은 시기에 마한이나 진한의 대표가 중국의 기록에 한 사람도 오르지 않은 것과는 사뭇 대조적이다.

　광무제가 살수 이남을 정벌하고 낙랑군을 세워 살수 이남의 땅이 한의 통치에 들어간 바로 그 해(기원후 44년)에 염사인 소마시가 낙랑에 찾아가 공물을 바치고 낙랑과 후한의 염사읍군이 된 것은 매우 특이한 사례이다. 기록에는 공헌貢獻이라 하여 그가 공물을 바쳤다고 했는데, 이것은 낙랑군 아래의 읍군邑君 자격으로 공물을 헌상했다는 것을 의미하며, 그것은 곧 낙랑과 김해가 수직적 관계를 갖게 되었음을 가리킨다. 물론 이것은 조공외교의 한 단면이지만 이로써 소마시는 구야국 수장이나 진한으로부터 견제와 감시를 받지 않을 수 있었다.

하지만 기원후 44년 소마시가 바친 공물이 광무제 군대에 필요한 군량과 군수물자였는지, 아니면 낙랑 태수를 통해 한 황실에 정식으로 바친 상납인지는 정확히 알 수 없다. 다만 44년 이후에도 염사읍군 소마시는 중국 한의 후읍侯邑을 다스리는 관리 자격으로서 낙랑을 드나들었다고 하였고, 사철 태수를 만난 것이 기록상의 사시조알四時朝謁이며, 그때마다 태수와 한에 상당량의 공물을 바쳤음을 의미한다. 소마시와 염사읍이 바친 공물 중 일부는 낙랑군 태수太守의 축재 수단이 되었을 것이다. 당시 중국의 제후나 중신들에게 교환가치가 높은 상품은 무엇보다도 철이었으며 김해지방의 철은 낙랑에 공물이나 교역의 형태로 거래되었다. 『삼국지』 위지 동이전 변진 조에 "시장에서 모두 철로 물건을 사고파는 것이 중국에서 화폐를 쓰는 것과 같다. 또한 2군二郡에 철을 공급한다"고 되어 있는데, 여기서 변한의 철을 낙랑과 대방에 공급한다고 한 것은 낙랑이 변한의 철에 절대적으로 의존하고 있었음을 의미하는 표현이라고 볼 수 있다. 물론 김해가야가 낙랑·대방의 철 무역을 독점했다는 증거는 없다. 하지만 2군(낙랑·대방)에 철을 공급한다는 것은 낙랑 예하 한의 읍군 자격으로 김해가야가 철을 공급했다는 것이므로 그 자체가 독점이나 다름없었음을 의미한다. 한의 군현인 낙랑과 대방에 철을 공급하려면 후한과 낙랑의 허가나 특별한 보살핌(?)이 있어야 한다. 그와 같은 권한은 아무나 받을 수 없으므로 앞에 소개한 『후한서』 한전의 기록은 비록 중국인의 주관적인 서술이라 하더라도 사실여부는 믿을 만하다고 본다.

한나라는 각 군郡에 철관鐵官과 염관鹽官을 따로 두어 군과 현의 철과 소금을 관장하도록 했다. 전한前漢의 한 무제는 전국 47개소에 철관을 두고 이들로 하여금 쇠를 사사로이 주조하거나 소금을 개인이 생산할 수 없도록 감시 감독하도록 했다. 철과 소금의 유통에 관한 책임은 별도로 균수관均輸官이 갖고 있었다. 철관과 염관은 각 군의 염철을 생산하고 조달하는 책임을 맡았다. 물론 중앙정부에 대한 조달임무도 주어져 있었다. 특히 각종 철제 병기의 제작과 조달임무는 이들 철관에게 배당의 형식으로 주어졌다. 철의 전매에 따라 군의 태수나 호족·대상인 및 대토지소유자는 철로 부를 축적했으며 그들 스스로 검객이나 군사를 양성하여 철의 제한은 물론 자위수단으로 삼았다. 이처럼 엄격하게 철의 생산과 유통을 제한하다 보니 철의 대규모 유통은 일어나지 않았고, 늘상 공급보다는 수요가 많아 철의 가격이 매우 높았다. 그러나 낙랑군에 철을 공급하던 염사읍은 중국 본토보다도 철의 유통이 활발하여 철정이 화폐의 기능을 대신하고 있었으며, 자유로운 제철·야철 및 철의 교환이 보장돼 있었다. '변한이 낙랑·대방 2군郡에 철을 공급한다'고 한 중국 측의 기록으로 보아 염사읍군 소마시는 낙랑 예하의 읍군邑君 자격으로서 한의 철관 역할을 대행했을 가능성이 대단히 크다. 염사읍은 낙랑 및 대방에 철을 공급하고, 그 나머지를 왜나 마한 및 백제·옥저·동예 등지로 유통시켰다.

염사읍군이 낙랑군의 철관 역할을 하게 된 계기는 바로 소마시를 포함한 사절단의 낙랑 방문이었다. 광무제의 군대가 낙랑국을 치던 해인 기원후 44년에 소마시가 사람들을 이끌고 직접 사절로 나선 배경에는 이와 같은 이유가 있었을 것이다.

그런데 이 시기에 소마시는 어떻게 해서 낙랑에 공물을 바칠 수 있었을까? 그 자신이나 주변 인물이 중국어를 할 수 있거나 한漢 문화에 익숙한 사람이라야 가능한 일이다.

그리고 소마시가 한의 관리, 즉 한관漢官으로서 염사읍군의 관책冠幘을 받았다면[6] 기원후 42년에 가라국을 건국했다는 김수로와는 어떤 관계를 갖고 있었을까? 이것은 다시 말해 염사읍군 소마시蘇馬諟와 같은 시기에 김해 지역에 살았던 김수로 그리고 구야국 왕과의 관계를 어떻게 해석해야 할까 하는 문제로 연결된다. 창원과 김해는 후일 김해부[7]에 해당하는데, 염사는 창원과 김해 모두를 아우르는 지역일 것이다. 발굴 결과에 따르면 함안지역이 5세기 초를 지나면서 드디어 외부의 영향으로 변했다고 한다. 이것으로 보면 함안지역은 염사에서 제외되었음을 알 수 있다. 그런데 만일 염사읍에 가라국의 건국자 김수로(=1세 수로)와 염사읍군 소마시가 공존했다면 서로 충돌할 수밖에 없었을 것이다. 이들이 서로 다른 인물이라면 소마시는 김수로의 지배를 받는 사람이거나 그와 반대로 소마시가 김수로의 통제를 받았을 것이다. 그러나 소마시는 한나라가 임명한 염사읍군이었다고 했으니 소마시가 1세 수로의 명령을 듣는 위치에 있었다고 보기 어렵다. 그렇다면 이와 반대로 같은 시기 양동리 일대에 세력을 펴고 있던 1세 수로가 소마시에 예속된 사람이었을까? 여기서 한 가지 분명한 사실은 소마시와 1세 수로는 서로 다른 사람이거나 동일인이라는 것이다.

만일 소마시가 1세 수로라면 그는 애초 가라국을 개국한 것이 아니라 염사읍군으로서 한의 관리로 일한 것이 된다. 염사의 범위가 김해·창원 일대이므로 소마시가 염사읍군이 된 이상 염사읍의 최고통치자가 두 명일 수는 없다. 이 경우 염사읍군 소마시 또는 그 후예가 가

6. 『후한서』 동이전
7. 한나라 때의 변진12국 영역은 소위 경상우도라 하는 낙동강 서편 지역과 마산·창원 지역이 중심이었을 것이다. 물론 양산 이남의 낙동강 동편 지역도 변진지역에 포함될 것으로 본다.

라국을 개국하는 것이라고 이해할 수밖에 없다.

그러면 이번에는 소마시와 1세 수로가 다른 사람일 경우를 가정해 보자. 한 지역의 최고통치자가 두 명일 수 없는 데다 44년 이후 소마시는 사철 낙랑을 찾아가 공물을 바친 것으로 되어 있으니 소마시가 1세 수로에 의해 중간에 축출되지는 않았다. 만일 특별한 이유 없이 1세 수로가 소마시를 쫓아내고 그 지위를 차지했다면 후한과 낙랑이 그것을 방관했을 리가 없다. 1세 수로는 김해에서 쫓겨나지 않았으며 둘 사이의 갈등관계를 기록에서 찾을 수도 없다. 기록은 없어도 김해의 김씨 일가가 김해가야를 연 것은 분명한 일이므로 소마시가 1세 수로를 김해에서 쫓아내지는 못했음을 알 수 있다. 따라서 이런 여러 가지 측면을 감안하면 1세 수로와 소마시는 동일인일 가능성이 가장 높은 것이다.

이 문제를 풀기 위해 우선 소마시란 이름부터 살펴보기로 하자. 소마蘇馬를 그의 성씨라고 보면 어떨까? 하지만 그와 같은 성씨는 당시 중국에는 없었다. 그 시기에 한국 땅에 성씨를 가진 사람은 많지 않았으며, 진한의 우거수로서 신분이 높았던 염사착도 성이 없어 '염사 사람 착鑡'이라는 의미로 그 이름을 기록하였다. 당시 신분이 높은 사람이라야만 성을 가질 수 있는 사회였으며 『사기』나 『잠부론潛夫論』에도 그와 같은 성씨는 없다. 물론 蘇소씨는 중국에 있었다. 만일 '소마'를 성씨로 볼 경우 소마蘇馬는 낙랑이나 한나라에서 준 사성賜姓이라고 볼 수도 없다.[8] 염사인 소마시라고 기록한 것으로 보아 소마시가 제시한 이름을 중국이 그대로 기록하였을 것이다. 그렇다면 그는 염사 사람이었으니까 소마시는 향찰식 이름이 아니었을까?

---

8. 고대 사회에서 이런 복성復姓은 중국의 입장에서 주로 이민족이 갖는 성이었다. 하지만 이 성씨는 중국의 초기 역사서 어디에도 올라있지 않다.

그의 이름은 향찰식 표기를 적용했을 가능성이 높다. 일단 향찰 표기로 보고 분석해 보자. 우선 蘇는 철을 뜻하는 말인 쇠(세)의 차음으로 볼 수 있다.[9] 훨씬 후의 일이지만, 『일본서기』에 기록된 소나갈질지 蘇那曷叱智[10]라는 임나가라의 사신도 있으니 그러한 해석이 무리는 아닐 것이다. 그러나 또 다른 사례를 찾아보자. 이와 똑같은 향찰 표기 사례가 『삼국사기』 열전 제7에 있다. 말갈과 싸우다가 화살세례를 받아 고슴도치가 되어 죽은 신라의 소나素那라는 인물이다. 천안 성거읍이 안성에 속해 있던 7세기 후반, 안성군 성거읍 사람이다. 이 소나의 다른 이름을 金川김천이라고 적었으므로 金을 素소로, 지금의 내川를 那 나로 적은 예가 되겠다. 素나 蘇는 '소'라는 소릿값을 쓰기 위해 빌린 글자일 뿐이다.

다음으로, 馬마는 '마리(말)'를 표기하기 위해 빌린 글자다. 결국 소마蘇馬는 '김 마리'의 향찰식 표기이며 그 의미는 김왕金王이다. 따라서 소마시는 '김 마리 시諡'이고 그것은 '김왕金王 시諡'의 다른 표기이다. 김씨로서 수장이었으며 그 본명은 김시金諡인 것이다.[11] 변한과 진한의 말이 같았다고 한 『삼국지』 위지 동이 변진전을 감안하면 이것은 김씨들이 제 신분을 속이고 선주 한계의 소릿값을 한자로 적은 향찰 표기

---

9. 고려시대 손목孫穆이 지은 『계림유사』에 은銀을 한세라고 한다(銀曰漢歲)고 한 것이 참고가 될 것이다. 흰 쇠가 은이었던 것이다.
10. 蘇那曷叱智소나갈질지라는 이름에서 叱질은 사이시옷을 대신하는 글자다. 叱질이란 글자는 앞말과 뒷글자 사이의 소리와 뜻을 분명히 구분해서 발음하도록 지시하는 기능도 갖고 있다. 따라서 曷叱智갈질지는 '갈지'로 읽어야 한다. '갈지'는 신분을 가리키는 용어이고 蘇那소나가 이름이다. 이 사람의 이름도 金川김천일 가능성이 높다.
11. 김수로金首露의 首露도 '마리(마로)'의 표기이다. 따라서 김수로를 蘇馬로 표기할 수도 있다. 이것은 '소마리'를 담은 향찰표기로서 선주 한계韓系의 표기법이었다. 이 문제와 관련하여 이 책의 '하동 칠불사와 가야 칠왕자 전설' 편을 참고하기 바란다. 7왕자의 이름을 '金王○佛'로 표기하여 가야 왕자 이름을 '金○'으로 전하는 방식이 서로 같다.

사례가 되겠다. '염사의 마리(군장)'라는 칭호를 사용한 것으로 보아 염사읍의 수장이었음을 알 수 있다. 바로 이 김시가 기원후 42년에 김해 가야를 창업했다는 1세 김수로이며 이 사람이 김해가야와 김해김씨의 시조이다.[12] 김시가 낙랑을 찾아가 공물을 바치고 염사읍군이 되었다고 하였으니 김수로와 그의 가계는 가라국을 건국하기 전에 '김씨로서 한의 관리[漢官]'로 시작한 까닭에 후일 김해가야를 금관金官가야라고 부르게 된 것이며, 금관가야의 시작은 기원후 44년인 것이다.[13] 따라서 『삼국유사』 가락국기의 '기원후 42년에 가락국을 건국했다'[14]는 해는 '기원후 44년 금관가야 시작'으로 수정해야 할 것 같다.

그런데 왜 그는 자신의 성과 신분을 속이고 낙랑과 후한 광무제에게 소마시로 행세하며 염사읍군[15]이라는 한나라 관리의 직책을 받았을까? 김씨 세력이 중국 황실의 정치무대에서 실각하면서 김당[16]의 후손 가운데 김시를 중심으로 그 일부가 변방으로 도망친 뒤, 생존을 위한 선택이었을 것이다. 광무제는 왕망의 정권을 무너뜨리고 후한을 열었으며 왕망은 본래 김씨였으므로 김해로 내려온 김씨들은 자신의 신분을 숨겨야 했다. 나아가 낙랑에 들어가 한의 읍군이 되고, 철관鐵官으로 변

---

12. 김해 김씨의 시조라 하는 김수로金首露나 소가야가 있었던 고성의 고성 김씨 시조 김말로金末露는 모두 김씨 왕이라는 의미이다. 이것은 한계의 향찰표기로서 소마리 즉, 김씨 왕이라는 의미의 금왕金王이란 뜻을 갖고 있다.
13. 서기 313년 낙랑군 소멸, 314년 대방군 폐군으로 말미암아 금관가야가 끝났을 수도 있겠다.
14. 여러 사료에는 그간 가라국을 駕洛國가락국으로 표기해 왔다. 가라국을 표기하기 위해 차용한 글자인데 駕(수레 가)를 빌려 쓴 까닭은 가장 높은 봉우리라는 뜻의 '수리'가 사람의 신분을 지칭하는 용어이고, 首露수로에는 마리 또는 마로의 향찰표기와 함께 '수리'의 의미를 실었기 때문이다.
15. 이와 관련하여 읍에는 읍군邑君, 바로 그 아래에는 읍장邑長이 있었다. 읍군은 신지臣智에게 주어졌다. 『후한서』 지志 28 백관百官 5 사이국四夷國 조에 "…四夷國王 率衆王 歸德侯 邑君邑長皆有丞 比郡縣…"이라 한 것으로 보아 사이四夷의 왕아래에 귀덕후, 읍군, 읍장 등이 있었다.
16. 金當. 흉노 우현왕의 태자인 김일제의 손자.

신한 것은 진한이나 구야국 또는 주변 변한 소국들의 견제를 제치고 자신의 세력기반을 키우기 위한 방편이었다고 할 수 있다. 결국 이렇게 해서 김시金諟[17]는 진한이나 마한 등 주변 세력의 압력으로부터 벗어날 수 있었고, 한의 관리 자격으로서 자신의 위치를 확고히 하는 동시에 철이나 기타 생산품의 교역으로 자신의 입지를 빨리 키울 수 있었다. 그는 사용자가 폭발적으로 늘어나던 시기에 신소재로서 제철산업을 일으키고 그것으로 신생 가라국을 건국함으로써 교역의 중심에 섰던 것이다.

중국 김왕망의 나라 신新[18]을 거쳐 후한 초기로 이어진 이 시기에 중국에서는 소금과 철의 국가전매가 이루어지고 지방의 각 호족이 염철과 술의 전매를 통해 부를 축적해가면서 많은 문제가 발생했다.[19] 일부 제후와 호족들이 큰 이익이 보장된 염·철·주酒를 독점하면서 철의 생산과 교환은 엄격히 제한되었고 그 결과 고가의 철기는 보급이 늦었다. 그러나 중국과 달리 가야에서는 철의 생산과 거래가 자유로웠기에 김시金諟처럼 제철기술 집단을 거느린 세력이 빨리 성장할 수 있었다.

물론 1세 수로인 김시金諟 역시 중국의 호족들처럼 철의 전매권을 확보한 한관漢官에 불과했으나 3세기 김해가야의 철과 관련된 내용이 중국의 역사서인 『삼국지』에 비교적 자세하게 실리게 된 것은 중국과 다른 모습 때문이었을 것이다. 전국시대 이후 후한시대까지 철을 국가가 엄격히 제한하던 중국과 달리 가야에서 자유롭게 철을 생산하고 그것을 교역하는 풍토가 중국인의 눈에는 예사롭지 않게 보였을 것이다.

---

17. 김해가야의 시조. 이 사람을 1세 수로(首露, =마리, 마로)로 정의한다.
18. 중국 전한前漢과 후한後漢 사이에 있었던 정권(기원후 8~23년).
19. 한 무제의 아들 소제(昭帝, 기원전 87~74년) 때 이미 염철 전매 철폐론이 대두되었다.

'시장에서 철로 물건을 사고파는 것이 중국에서 화폐를 사용하는 것과 같다'[20]는 기록은 바로 그와 같은 가야의 독특한 사회상을 묘사한 것이다.

당시의 사회적 상황과 중국 및 한국의 정치적 관계를 감안할 때 소마시 즉, 김시金諟는 중국 전한과 신新 정권에서 영예를 누린 김일제의 7세손을 포함해 김일제·김륜의 후손임에는 틀림없다. 그 당시로서는 흉노 휴저왕의 두 아들이 한 무제의 포로로 붙들려와 왕망의 신新 정권이 무너지기까지 불과 150년이 안 된 시점이었기 때문에 김일제와 김륜의 7대 후손이라 해야 불과 몇 백 명 정도의 숫자밖에 되지 않았을 시점이었다. 하지만 이 김시라는 인물이 김일제계인지 아니면 김륜계인지는 알 수 없다. 또 김일제·김륜의 7대 후손까지가 중국 황실에서 영예를 누렸다[21]고 했지만 이 김시가 7대 후손인지 아니면 8대 후손인지는 알 수 없다. 김해가야의 가라국을 세운 세력이 김일제·김륜의 7~8대 후손임에는 분명하지만 안타깝게도 현재의 자료만으로는 김시金諟의 정확한 계보를 더 이상 추적할 수는 없다.

하동 칠불사와 가야 7왕자 전설

가야사와 관련된 모든 기록에 김수로·허 황후의 자식은 10남2녀로 되어 있다. 가야의 역사를 전하는 자료가 별로 없는 마당이므로 그것이 과연 믿을만한 이야기인가를 따지기보다는 그대로 믿어줄 수밖에 없는 것이 가야사의 한계이다. 이와 같이 믿을만한 기록이 없고, 사료

---

20. …諸市買皆用鐵 如中國用錢 又以供給二郡…(중국에서 돈을 사용하듯이 모든 시장에서 물건을 사는데 철을 사용한다. 또 낙랑·대방 2군에 철을 공급한다.)-「삼국지」위지 동이전 변진조
21. 「사기」 및 「전한서」·「후한서」의 기록.

김수로왕릉.

적 가치가 없는 이야기일 경우 역사적 탐구대상은 되지 않지만, 분명히 칠불사는 아직도 지리산에 남아 있고 그 전설도 있는 것이 틀림없다. 이런 경우 구전은 역사적 사실과 일치하는 경우가 많다. 그러나 정확한 자료가 없기에 본격적으로 역사적 측면에서 다룰 수 있는 사안은 아니지만 일반인의 재미를 위해 이 문제를 논의해 보기로 한다.

하여튼 현재 남아 있는 몇몇 기록에 의하면 큰아들과 둘째아들은 허씨 성을 따랐다고 되어 있다. 허 황후가 "후일 내가 죽은 뒤에 이 땅에 온 흔적을 무엇으로 알 수 있겠는가"라며 두 아들에게는 자신의 허씨 성을 주자고 김수로에게 말했다는 『김해김씨선원세보』[22]의 기록을 사실로 받아들여 보자.

그렇다 하더라도 문제가 없는 것은 아니다. 더욱 혼란스러운 것은 태

---

22. 『金海金氏璿源世譜』, 金宗洙, 湖西出版社 刊, 1977

자인 큰아들과 둘째아들에게 허씨 성을 주었다고 하였고, 또 왕위를 이은 거등왕도 태자라고 한 것이다. 하나일 수밖에 없는 태자가 둘이었다고 하였고, 거등왕과 이들 두 허 태자 사이의 관계가 명확하지 않으니 무엇이 옳은지 판단하기 어렵다. 아마도 큰 아들이 거등이고 그 다음의 두 아들에게 허씨 성을 주었다는 이야기일 것이다. 어떤 확실한 자료나 증거가 있는 것은 아니지만 김수로·허황후 사후에 그 자식들 사이에서는 아마도 왕위 계승문제로 큰 갈등을 겪었던 것 같다. 왕자의 난과 같은 사건이 있었던 게 아닐까 생각된다.

그러나 이 문제는 미루어 두기로 하고, 10명의 아들을 좀 더 구체적으로 알아보자. 일단 허 왕자 두 사람과 거등왕을 제외하면 7명의 왕자가 남는다. 이들 7왕자는 보옥선사[23]를 따라 하동 칠불암으로 들어가 부처가 되었다고 한다. 칠불사로 들어갔다가 나중에 섬진강을 타고 내려가 일본으로 건너갔으며, 일본으로 간 7왕자의 모습을 불상으로 만들어 칠불암에 모셔두게 되었으므로 칠불암의 주불은 김해가야 7왕자라는 칠불사 주변의 전설도 있다. 두 이야기가 공통적으로 전하는 내용은 7왕자가 칠불암에 들어가 중이 되었으며 칠불암의 주불로 남았다는 것인데, 아마 이것은 어느 정도 믿을 수 있는 사실인 듯하다. 이들 전설과 기록을 종합하면 가야 칠왕자는 칠불사로 들어갔다가 후에 일본으로 건너갔고 그들을 대신하여 칠불사의 주불을 세운 것이 아닐까 생각된다. 그런데 칠불암 현판기에서 채록했다고 하는 칠불암유사七佛庵遺事의 내용이 『김해김씨선원세보』에는 가야 칠왕자에 관하여 다음과 같이 전하는 것으로 되어 있다.

---

23. 寶玉禪師, 장유화상으로도 부른다. 허황후의 오라비이므로 7왕자의 외삼촌이다.

"김해 가락국 수로왕이 잠룡潛龍으로 계실 때 서역 월지국月氏國[24] 보옥선사가 큰 인연이 동쪽에 있음을 보고 그 매씨(妹氏, =누이)를 데리고 바다를 건너와서 수로왕과 배필을 이루니 아들 열 명을 두셨다. 한 분은 태자(居登王)로 책봉하고, 두 분은 허후許后의 성을 따르게 하고 남은 일곱 명은 보옥선사를 따라 가야산에 들어가 도를 배우다가 다시 방장산(方丈山, 현재의 지리산)으로 들어가서 운상원雲上院을 짓고 다년간 좌선坐禪하였다.

보옥선사는 일곱 왕자의 공부가 심숙(沈熟, 매우 깊다)함을 보시고 중추월야(中秋月夜, 8월 보름 달밤)에 일곱 사람을 데리고 달구경을 하게 되었다. 한 왕자가 '벽천(碧天, 푸른 하늘)에 삼경三更 달은 심담心膽을 비춰주네'라고 시를 읊으니 또 한 왕자는 '달은 중추를 맞아 제대로 차고 바람은 8월에야 더욱 시원하다'고 하였다. 또 한 왕자는 땅에 동그라미 하나(一圓像)를 그렸다가 발로 지웠고, 나머지 네 왕자는 머리만 숙이고 돌아가는지라, 선사는 지팡이로 땅을 힘껏 내리치고 흩어지니 일곱 사람은 함께 손뼉을 치고 크게 웃었다. 이후로 일곱 왕자는 현묘한 뜻(玄旨)을 크게 깨우치고 모두 성각成覺이 되었다. 첫째의 이름은 혜진慧眞이고 둘째는 각초覺初이며 셋째는 지감智鑑, 넷째는 등연等演, 다섯째는 두무杜武, 여섯째는 정홍淨洪, 일곱째는 계장戒莊이라 하니 때는 가락기원 62년[25] 계묘癸卯라. 칠불암을 창건하니 하동 쌍계사 북쪽 20리 되는 곳이다."

심오한 불교의 원리를 깨달아 원각圓覺의 경지에 오른 왕자들의 수

---

24. 현재의 키르키즈스탄 이쉬쿨 호수를 중국인들은 전통적으로 염택鹽澤이라 불렀다. 물이 몹시 짠 호수인 때문인데 바로 이 호수의 동쪽과 서남 지역이 본래 대월지국大月氏國의 본거지였다. 이곳으로부터 남쪽으로 우즈베키스탄의 페르가나 일대에까지 월지국은 세력을 떨쳤다. 이들이 돈황 너머로 와서 장액張掖에도 월지국을 세웠다. 장액 월지국 터가 현재 흑수국 유적이다.

25. 가락원년을 서기 162년에 두고 계산한 것이므로 서기 223년이 된다.

행 성적과 함께 전하는 이들 이름은, 짐작하건대 일곱 왕자의 불교식 법명法名으로 볼 수 있다. 그러나 또 다른 법명이라 하여 칠불사재건추진위원회에서는 칠불사 개황槪況에 ①金王光佛 ②金王銅佛 ③金王相佛 ④金王行佛 ⑤金王香佛 ⑥金王成佛 ⑦金王空佛으로 7왕자의 이름을 제시했다고 한다. 그러나 이것은 왕자들의 속명이라 생각된다. 속성인 김씨 성도 그렇지만 세속 신분인 王, 그리고 외자 이름이 표기되어 있기 때문이다. 칠불암유사와 칠불사 개황에 제시돼 있다던 이상의 내용은 편의상 『김수로왕비–쌍어의 비밀』[26]에서 재인용한 것이다. 이에 의하면 7왕자가 승려가 되었으며 그들의 모습이 후일 불상으로 남았는데, 각기 법명을 두 개씩 가졌다고 하였다. 그러나 일반적으로 승려가 된 사람으로서 법명을 두 개씩 가질 수는 없다. 둘 중 하나는 속명俗名이어야 한다. 그런데 7왕자를 상징하는 7불의 이름에서 우리는 몇 가지 공통점을 발견하게 된다. 우선 7불의 이름은 '金王○佛'이라는 형식으로 '金王아무개佛'이라고 하여 이들이 왕이었으며 각자 불상이 되었다는 사실을 전하고 있는 점이 특이하다. 일곱 명의 왕자를 각기 왕이라고 불러 금왕金王이라고 표기한 것은 기원후 44년 염사읍군이 된 소마시蘇馬諟가 원래 김왕시金王諟이고 향찰로 金마리諟(=소마리시)이며 실제 본명이 김시金諟였음을 나타낸 것과 그 방식이 같다.

　이와 같은 사실을 바탕으로 보면 7왕자의 이름은 각기 ①金光 ②金銅 ③金相 ④金行 ⑤金香 ⑥金成 ⑦金空임을 어렵지 않게 알 수 있다. 불상에 매우 교묘한 방법으로 7왕자의 속명을 전하고 있는 것으로, 꽤 믿을만한 자료라고 생각한다. 우선 이들 이름은 흉노 휴저왕과 김일제·김륜의 후손이 중국에서 그러했듯이 모두 외자 이름의 원

---

26. 김병모, 조선일보사, 1994

칙을 지키고 있는 점에서 믿음이 간다. 거등왕 이후의 김해가야 왕은 모두 외자 이름을 지키고 있어 김해가야의 김씨가 휴저왕의 후손이었음을 확신할 수 있는데, 이러한 원칙은 후일 신라에서도 대략 지켜졌다. 물론 후대로 내려가면 예외도 제법 있다. 하지만 신라의 마지막 왕인 경순왕은 김부金傅라는 외자 이름을 썼으며 김유신 가계의 가야계 김씨를 포함하여 이 외에도 신라 왕족은 대부분 외자 이름의 전통을 지켰다.

금관가야의 금관은 무엇을 의미하는가?

금관가야의 금관은 무엇을 의미하는가?

[김] 해가야는 금관가야·가락국·가라 등의 여러 이름으로 불리었다. 한 나라의 이름이 이처럼 많은 까닭은 무엇이며 금관가야는 어떤 의미를 갖고 있을까? 앞에서 금관가야의 금관金官이 무엇을 의미하는지를 설명했지만, 이번에는 좀 더 깊이 있게 들어가 보자. 조선시대 정약용은 『여유당전서』[1]에서 다음과 같이 논하면서 금관金官에 대한 해석을 시도하였다.

"변弁이라 하는 것은 가라[駕洛]이며, 가라는 가야駕耶라고도 한다. 우리나라 습속에 관책(冠幘, 모자)의 뾰족한 부분을 변弁이라 하며 다른 말로 가나駕那

---

1. 『여유당전서』, 「아방강역고我邦疆域考」 변진고弁辰考 가락국駕洛國 편.

라고 한다"(『여유당전서』)

　정약용은 '관책의 뾰족한 부분을 변弁 또는 가나라고 한다'고 했으나 사실은 뾰족한 모자가 弁변이다. 이 글자는 뾰족한 원뿔형 모자의 양쪽 끈을 턱 밑으로 내려뜨린 채로 모자를 쓴 모습을 상형한 것이다. 그렇지만 정약용은 '가야가 '갓[弁]'에서 유래했으며, 김가나金駕那에서 가야라는 말이 나온 것'이라고 본 것이다. 그는 '김해 가야의 마지막 왕인 구형왕이 신라에 투항한 다음 그 나라를 금관이라고 하였으니 금관金官이란 금관金冠이며 금가나金駕那이고 가라가 변한임은 의심의 여지가 없다'고 하였다. 하지만 이러한 주장은 실제와는 거리가 있다.
　정약용의 분석 중에서 잊지 말아야 할 것은 '가라가 곧 변한'이라고 한 내용이다. 변弁은 우리말로 고깔이다. 고깔은 '곳갈'의 강화형이다. '곳갈(고갈)'이 보다 오래 된 형태이다. 현재의 경북 문경을 가야시대에는 고사갈이성高思葛伊城이라고 했는데, 이것은 '곳갈이성(곳갈성)'을 한자로 표기한 것이다. 이 이름 가운데 갈이葛伊가 곳갈(고깔)의 '갈'을 나타낸 것이므로 고사갈이성은 변성弁城에 해당한다.
　기록에 보면 '갈'을 刀도나 弁변으로 표기하였다. 일연이 가락국기에서 김수로 추대세력을 아도간·여도간·피도간 등 도간刀干으로 기록하였는데, 도간의 실체는 갈칸, 즉 갈한이었다. 刀나 弁변은 고대사회에서 모두 '갈'이라는 소릿값으로 읽었던 것이다. 다시 말해 변弁이라는 것은 바로 이 '갈'에서 나왔으며 '갈·가리'라는 소리를 잡아두기 위해 차용한 글자가 弁이고 刀이다. 하지만 정약용이 금관金官을 금관(金冠, Golden Crown)이라고 한 것은 억단이다. 관리나 관직을 이르는 官이 머리에 쓰는 冠관일 수는 없다. 다만 후한 광무제의 요동정벌 이후 삼한이 중국의 영향권에 들어가면서 소마시가 공물을 바쳐 염사읍군이 되었고, 낙랑과 중국의 관책을 받은 소마시蘇馬諟가 염사읍을 통치했기 때문에 김씨로서 한의 관리, 즉 한관漢官이라는 의미에서 금관이라는 말이 나왔으며, 이로 인해 금관가야란 이름이 나온 것이지 금관金冠에서 비롯된 것은 아니다. 정약용의 주장처럼 머리에 쓰는 관의 뾰족한 부분을 가나駕那라고 하며 이것이 변해서 가야가 되었다면 金冠가야라고 했어야지 왜 金官가야라고 했단 말인가. 정약용은 '김시金諟가 낙랑에 나가서 중국 한 나라의 관책冠幘을 받아 김해가야의 염사읍을 통치하였기에 金官加耶금관가야'라고 한 사실은 몰랐던 것이다. 소마시 즉, 김시金諟가 낙랑 예하의 염사읍 읍군邑君으로서 통치했던 내력을 근거로 후일 金官加耶라고 부르게 된 것이다.

관리가 쓰는 관책이 갈[弁]인 까닭에 '갈한'이라는 의미에서 변弁이라는 한자를 빌려다가 변한弁韓으로 쓰게 된 것은 맞다. 하지만 변弁 또는 변한弁韓·갈(가리)·刀干도간과 같은 명칭이 등장한 것은 김씨들이 김해에 정착하기 이전의 일이다. 이것은 아마도 선비족이나 고조선인의 유입과 관계가 있다고 본다. 경북 성주는 加利縣가리현² 또는 伽利縣가리현³으로 표기되어 있다. 이 지명만으로 보면 지금의 성주는 엄연히 가야이고 변한의 땅이었다고 볼 수 있다. 이 가리현을 신라의 6부인 가리부加利部일 것으로 보는 견해가 있는데,⁴ 6부六部의 전신이 6촌六村인 점을 감안할 때 경주에서 너무 멀리 있다는 것이 문제이다. 아무튼 이들 사례에서 보는 '가리'는 '갈'이란 소릿값을 한자로 표기한 것에 불과하다. 고사갈이성高思葛伊城⁵의 갈이葛伊가 바로 이것이며 또 신라의 6촌 가운데 금산金山 가리촌加利村 역시 마찬가지이다. 加利가리와 같은 표기

2. 『삼국사기』 권 34
3. 『여지승람』 권 28
4. 신라의 본피부本彼部로 보는 견해가 있다.

는 '갈(=곳갈)'에서 나온 것이며 이것은 본래 변모弁帽[6]를 쓴 사람에서 유래했을 가능성이 높다. '갈'이 弁변의 뜻으로 쓰였기에 『삼국지』와 같은 중국의 사서에 弁韓변한이라 하지 않고 弁변, 변진弁辰이라 기록되어 있는 것이다. 창원 다호리나 성주 예산리 등의 유적에서 나온 유물은 그 양식이나 성향으로 보아 낙랑이나 소위 고조선에 뿌리를 둔 것으로 짐작된다.

사마천의 『사기』(권 115) 조선열전 편에는 본래 연燕에서 시작한 위만조선과 관련하여 '상투를 틀고 동이족의 복장을 갖춘 위만의 무리 1천여 명이 동쪽으로 달아나 진장성秦長城을 빠져나갔다'[7]고 하였다. 고조선의 위만과 그 무리가 상투[8]를 하고 동이복의 복장을 한 모습을 설명하고 있는데, 동이족은 본래 흰색을 숭상하였다고 하였으니(『사기』 은본기) 흰옷에 상투머리를 한 사람들이었다. 이들은 상투를 틀고 변관弁冠을 썼을 것이고 弁변은 피변皮弁이었을 것으로 보인다.[9] 피변은 중국 주나라 때 북방 기마민족이 수렵과 전투용으로 널리 쓰던 것으로 고구려에서도 이 피변에 새털을 꽂아 조우관鳥羽冠을 만들어 썼다. 가야 시대 사람들이 쓴 변관은 조선시대의 갓과 같은 것이 아니라 일종의 피변이었을 것으로 짐작되는데, 고조선 사람들이 남하하여 정착한 마을은 쉽게 말해 고깔촌이란 의미에서 加利村가리촌이라고 불렸던 게 아닌가 싶다. 마한이 있던 시기에 이들 유민은 영남지방을 근거지로

---

5. 高思葛伊城고사갈이성의 思는 '시옷'을 대신하는 글자로 사용되었다. 즉 高思葛伊城은 곳갈이성의 한자표기이다.
6. 고깔모자. 피변皮弁이었을 가능성이 있다.
7. 滿…魋結蠻夷服而東走出塞…(『사기』 조선열전).
8. 『사기』 조선열전에 상투머리를 추결魋結로 표현하였다.
9. 『사기』 조선열전에는 "역계경歷谿卿 등이 2천 호戶를 이끌고 남쪽 진국辰國으로 갔다"는 구절이 있다. 진국을 진한으로 볼 수 있겠다.

삼아 정착할 수 있도록 배려하였고, 특히 낙동강 서편 지역에 집단적으로 거주하면서 갈(가리)→弁→弁韓이란 이름을 얻게 된 것으로 본다. 이들은 소위 辰진이라 하는 지역으로도 들어갔으며, 그리하여 변진잡거弁辰雜居라는 말이 생겨났다고 볼 수 있다. 이에 따라 신라의 6촌 가운데 가리촌도 있게 된 것이고, 낙동강 서편의 성주도 가리촌이었던 것이다. 이들은 애초 목관묘·옹관묘 세력으로서 조두俎豆를 식생활 용구로 사용하였을 것이다.

『삼국지』변진조의 변진구야국이라는 기록에서 우리는 변弁·진辰과 구야국狗耶國의 성격 및 그 성립시점을 추정할 수 있다. 여기서 "변·진한 사회는 기원전 1세기 서북한의 단조철기 문화와 와질토기 문화가 등장하는 시기에 성립되었다"는 통상적인 기준을 기억해둘 필요가 있다. 그러나 시기를 조금 더 올라가 중국 동북지방을 출발지로 하는 점토대토기와 한국식동검을 감안할 때 변진의 성립시점은 기원전 2세기 초까지 더 올라갈 수 있다고 생각한다. 한 예로 삼각형점토대토기와 낙랑계토기 및 야요이계 토기가 출토된 경남 사천의 늑도유적을 들 수 있다. 이 유적의 최하층에서는 소량이지만 원형점토대토기가 나와 한韓 사회를 바탕으로 기원전 2세기 초~기원후 2세기 말 무렵에 변한이 성립되어 있었으리라 추정해본 것이다.

한편 김해 금관가야의 다른 이름으로 변진구야국弁辰狗倻國·대가락大駕洛·가야국伽耶國·금관국金官國 등이 있다. 이들 중에서 적어도 기원전 1세기 경 소국으로 형성되어 있던 것이 변한(가라한, =갈한)이다. 이 점에서 "대가락이라고 한 것은 김수로로 대변되는 세력이 다음에 지은 이름인데, 그것은 김수로가 김해 땅에 오기 전부터 가락駕洛이라는 마을이 있었기 때문이다. 이에 대해서는 『삼국사기』김유신전에 밝혀져 있다. 김수로 세력은 이미 존재하던 가락골을 강화하여 대가락국이라고 한 것이다"[10]라고 한 북한의 역사학자 조희승의 분석은 음미할 가치가 있다. 김수로의 세력이 이미 존재하던 가락골[11]을 강화하여 대가락국이라고 하였다고 본 것은 정확한 추론이라고 믿는다. 다만 그가 말한 가락골은 김해의 '가라골'이라고 보면 된다. 결국 김수로는 선주세력을 바탕으로 자신의 입지를 키웠으므로 김수로 세력이 곧 가라세력이었으며 그들이 후일 가라국을 세운 것은 너무도 분명한 일이다. 이와 관련해서 일본에서 지금도 '가라'와 별도로 '가야'라는 지명이 쓰이고 있는 점을 생각해볼 필요가 있다. 가야와 가라는 어떤 의미를 갖고 있는지에 대해서는 나중에 기회가 있으면 따로 설명하기로 한다.

[10]. 조희승, 『가야사연구』, 1991, 평양 사회과학출판사.
[11]. 가락국駕洛國・가락駕洛 등의 한자 표기는 모두 '가라'를 나타낸 것이다.

알지는 제천금인의 금인金人

신라로 진출한 알지는 제천금인의 금인金人을 의미

신라 김씨는 알지에서 시작되었다고 한다. 『삼국사기』 신라본기 미추이사금 편에는 알지로부터 미추이사금[1]까지 7대에 걸친 이름이 나와 있다. 알지의 아들을 세한으로 적고 그 계보를 세한勢漢-아도阿道-수류首留-욱보郁甫-구도仇道-미추味鄒로 기록하였다.[2] 그런데 이것이 『삼국유사』 알지 탈해왕대 편의 세계世系와 서로 일치하는 것으로 보아 김부식과 일연은 이전부터 전해오던 어떤 자료를 바탕으로 기록한 것이 분명해 보인다. 『삼국사기』의 기록대로라면 알지·세한 이후 미

---

1. 味鄒尼師今미추니사금으로 표기되어 있지만 본래 尼師今은 '닛금'으로 읽어야 맞다. 그러나 편의상 지금까지의 일반적인 표기법에 따라 이사금으로 썼다.
2. 『경주김씨선원세보』에는 구도仇道 다음에 말구末仇로 기록하였다. 즉 말구와 미추가 형제 관계이며 그 다음 세대가 내물왕으로 되어 있다.

추까지 7대의 김씨들은 대략 3세기 중반까지 산 사람들이므로 기원후 1세기 중반 이후 대략 2백여 년 동안의 김씨 세대와 인명이라고 할 수 있다. 이 기록을 통해 김부식은 신라 왕가의 김씨는 물론 모든 김씨가 알지로부터 시작되었다고 하였다.

그러면 알지閼智는 누구인가. 여기서 '알지'가 무엇인지를 해부해 보기에 앞서 지금까지 신라 김씨에 대한 연구결과를 알 필요가 있다. 신라사를 연구하는 사람들은 '알지'는 가공의 인물이며 신라 김씨의 시조는 세한勢漢이라고 보고 있다. 그러나 그것은 반은 맞고 반은 틀린 것이다. 왜 그럴까?

이 문제를 해결하기 위해서는 먼저 '알지'의 정확한 의미부터 파악해야 한다. '알'에는 여러 가지 뜻이 있다. 경주의 북천을 알천閼川이라고 하는 예에서 보듯이 이 경우 '알'은 북쪽의 의미이며 이것은 명확히 만주어(퉁구스) 계통이다. 이와 별도로 흉노·선비어로서 북쪽을 가리키는 말로 토·되[狄]가 더 있지만³ '알'과 '되'는 계통이 서로 다르다. 뿐만 아니라 알은 물을 의미한다. 광개토왕비에 보이는 한강의 옛 이름 아리수阿利水⁴의 '아리'는 '알'의 다른 표기이고 '알'은 그 자체가 물이며 강 또는 하천이라는 의미이다.⁵ 그리고 그 계통을 알 수 없지만 계란이나 기타 새알의 알과 '알다(=知)'의 어간 '알'이 더 있다. 알지와 관련하여 『삼국사기』에서는 총명하고 지략이 많아서 알지閼智라고 한

---

3. 중국 하남성河南省 안양安陽 은허에서 나온 갑골에 북방을 土方토방이라 하였으며 그것을 갑골문으로 ☒ 이라 기록하였다.
4. 욱리하郁利河라는 별도의 이름이 더 있다.
5. 경주의 알천을 『일본서기』는 아리나례하阿利奈禮河라고 기록했는데, 이것은 阿利=奈禮=河아리=나례=하의 관계를 나타낸 것이다. '나례'는 강이란 뜻의 옛말인 '나리'이다. 고려가요 동동 2월조에 '2월 나릿믈은 어저 녹져 하논대'라는 표현이 있다. 여기서 나릿믈의 나리가 '나례奈禮'이다.

다고 풀이했는데, 이것은 '알다[知]'라는 말에 기준을 둔 해석이다.[6] 반면 일연은 『삼국유사』에서 신라의 방언으로 어린아이이라는 뜻이라고 하였다. '아랫사람'을 경상도에서는 '알'이라고 하기 때문이다.

이처럼 여러 가지 동음이의어가 존재한다는 사실은 다양한 종족의 융합을 전제로 한다. 고대사회에서 어느 한 민족이나 종족이 하나의 사상事象에 대하여 두 개 이상의 동의어를 갖고 있었다고는 보기 어렵다. '알'이 지혜 · 알[卵] · 물 · 북방의 의미로 쓰였다면 그것들은 각기 흉노(선비 포함)나 · 말갈 · 몽고족 · 만주족(=여진)과 같은 여러 민족에 기원을 두고 있음을 의미한다.

그렇다면 이 외에 '알'에는 다른 의미는 없을까. 더 있다. 알타이어에서 알은 금金을 뜻한다. 말하자면 흉노[7] 및 선비[8]가 공동으로 사용한 말이다. 예전에는 달걀이나 새의 알을 모두 '알'이라고 하였는데, 이것은 아마도 새알의 노른자위가 노락 금색을 띠고 있는 데서 비롯되었을 것이다. 그리고 '알' 다음에 知나 智 등으로 표기한 고대어 '지'는 사람을 뜻하는 '치'이다. 이렇게 보면 알지라는 말 자체가 金人금인임을 알 수 있을 것이다. 그것은 곧 흉노 우현왕이 금불상을 만들어 놓고 불교를 믿은 데서 생긴 제천금인祭天金人의 금인이며, 김씨란 뜻이다. 따라서 알지라는 말은 가야 및 신라 김씨들 전체를 가리키는 보통명사이지 어느 특정인을 가리키는 고유명사가 아니다. 즉, 김씨는 다른 말로 알지이며 『삼국사기』 미추이사금편에 나오는 알지 이후의 세한勢漢 · 아도阿道 · 수류首留 · 욱보郁甫 · 구도仇道 · 미추味鄒는 모두 알지이고

---

6. 드라비다어에서도 알AL-, 아리Ari-가 한국어 '알다'의 어간 '알'과 정확히 같은 뜻으로 쓰이고 있다.
7. 흉노 및 철불흉노 포함.
8. 탁발선비 · 오환선비 포함.

흥덕왕릉.

세한 위에 '알지'가 따로 있었던 것은 아니다. 따라서 세한勢漢을 실제 신라 김씨의 시조라고 보는 견해는 정확한 것이라 하겠다.

나아가 신라 김씨의 시조를 성한왕星漢王으로 기록한 흥덕왕릉비와 문무왕비는 당시 신라 중앙의 자료를 바탕으로 만들었을 것이므로 고려시대 김부식이 쓴 『삼국사기』의 세한勢漢이라는 이름보다는 성한왕星漢王이란 표기가 정확한 것이라고 볼 수 있다. 김씨들은 중국 전한 황실과 김망(金莽, =왕망)의 신(新, 8~23) 정부 때까지 80여 명의 인물이 제후를 지냈다고 한 중국 『전한서』와 『후한서』의 기록을 감안하면 본래 성한왕星漢王은 중국에서 제후를 지냈던 사람이라고 볼 수 있다. 설령 그 자신이 제후는 아니었을지라도 제후의 후손으로서 선조의 작록을 이어받았기에 한왕漢王으로 기록했을 것이다. 제후는 일종의 분봉分封 왕에 해당하며, 그와 같은 연유가 있었기에 한왕漢王이란 호칭을 그대로 사용한 것이라고 본다.[9] 그렇다면 흥덕왕릉비에서 성한왕을 태조대왕이라 한 것은 문무왕의 15대조로서 신라 김씨의 시조를 이르는 것이므로 『삼국사기』에 세한이라고 한 기록보다는 신라 당대의 문무왕비와 흥덕왕릉비에 새겨진 이름이 맞다고 할 수 있다. 이상을 감안할 때 성한왕의 본명은 김성金星이라고 보는 게 옳겠다.

---

9. 이름은 星이고 본래 한왕(漢王 ; 한의 제후)이었다는 의미로 파악하는 것이다.

한편 우리에게 전해오는 모든 기록에는 '신라의 알지閼智는 김수로의 후예'라고 되어 있다. 물론 이러한 자료들은 고려시대 이후에 그 이전부터 전해오던 구전이나 여러 가지 전승 또는 기

홍덕왕릉비의 귀부.

록에서 채록한 것이겠지만 '알지가 김수로의 후예'라 한 것도 실제와는 다른 내용일 수 있다. 다시 말해 '김수로는 알지의 후예'라 해야 맞다는 것이다. '알지'는 바꿔 말하면 금인金人이고 김씨이므로 알지가 김수로의 후예가 될 수 없고 김수로가 알지의 후예라야 한다는 것이다. 그런데도 모든 기록에 신라 김씨의 시조 '알지가 김수로의 후예'라고 하였다. 만약 이것이 사실이라면 신라 김씨의 시조가 된 알지 김성金星은 본래 가야의 시조인 김시金諟에게서 나온 사람임을 전하고자 한 내용이 아닌가 싶다. 김씨들은 서안西安의 미앙궁에서 김망이 피살되어 신新 정권이 무너지자 요동지역으로 피신했다가 김해 지역으로 남하했으며 이들이 가야를 창업했고, 신라도 손에 넣었다. 그래서 "신라의 김씨는 가야 김씨에서 나왔으며 김해김씨는 김씨의 조종祖宗"이라고 전하고 있다고 이해하는 것이 좋겠다.

그런데『삼국사기』신라본기 미추이사금 편의 7대 이름을 보면 '알지는 김수로의 후예'가 아니며, 그와 반대로 김수로가 알지의 후손이었을 가능성이 더욱 높아 보인다. '수류首留'가 김해가야의 시조 수로首露였을 수 있기 때문이다.[10]

이 계보에서 먼저 알지 이후 7대 미추이사금 이전까지는 신라 김씨

의 인물이 아니라 사로연맹 단계의 김해가야인 명단이라고 보는 게 옳을지 모른다. 아마 가야가 삼국을 통일했다면 알지 이후 6대의 계보는 가야사에 편입되었을 것이다. 하여튼 옛 기록에 모두 신라의 '알지는 수로의 후예'[11]라고 한 것은 김수로를 기원후 42년에 김해가야(=가라국)를 건국한 인물로 설정했기 때문에 나온 이야기일 것이다. 다시 말해 신라의 알지가 김시金諟의 후손이었기 때문에 생긴 이야기라는 것이다.

그러나 김씨는 모두 알지이므로 '수로는 알지의 후예'라고 해야 옳았다. 후대의 기록자들이 허 황후의 남편 김수로가 유일한 수로(=마리)인 줄로 착각하여 그 연대를 42년으로 끌어올리고 보니 졸지에 '후손이 조상이 되고 조상이 후손이 되는' 해괴한 일이 벌어진 것이다.[12] 알지는 김수로의 후예라고만 했지 김수로의 아들 또는 손자와 같이 아주 구체적으로 명시하지 않은 것도 애초 기록자의 시점에서 알지와 수로의 관계를 명확히 몰랐던 때문이 아닐까 싶다. 그리고 아들이나 손자였으면 아들 또는 손자였다고 반드시 적게 마련이며 그 이상 여러 대가 지났다 하더라도 계보를 명확히 알면 보다 구체적으로 기록하였을 것이다. 잘 몰랐기 때문에 그저 막연히 '알지는 수로의 후예'라고만 한 것이다. 좀 더 생각해 보면 『삼국사기』에 제시된 7대의 계보에는 없지만, 1세수로 김시金諟 이후 신라의 알지 '세한勢漢(사실은 성한왕)' 사이에는 최소 한두 세대가 더 있었을 가능성이 있다.

---

10. 旨䛐수류는 마르(=마리, 말)의 향찰표기이고 김수로의 旨露수로도 마리(말) 또는 마로를 나타낸 향찰표기로 볼 수 있다. 김수로의 무덤을 수릉旨陵이라고 한 것은 마리무덤, 즉 '마리릉'의 향찰표기인 것이다.

11. 이 말은 "금인金人, 즉 김씨는 모두 김수로의 후예"라는 뜻이다.

12. 이런 잘못이 바로 단재 신채호의 표현을 빌자면 환부역조換父易祖이다. 이 말은 할아비와 아비를 뒤바꾸어 기록했다는 의미이다.

앞에서 설명한 대로 김해 양동리 일대의 땅에 정착한 가라골 김씨 1세대, 그러니까 1세수로는 김시金諟였으며 『삼국사기』 미추이사금 편에 나온 초기 김씨 계보는 1세수로 김시의 후예였다고 추리하는 것이 옳을 것이다. 우리가 흔히 말하는 허 황후의 남편 김수로는 위 계보만으로 보면 아도阿道의 아들로 되어 있는 수류首留일 수 있다. 이 점에서 김부식은 『삼국사기』에서 미추 이전의 계보를 만들기 위해 김수로 이전의 가야 계보를 가져다가 짜맞춘 것이 아닌가 하는 짐작마저 든다. 이 수류首留가 허 황후의 남편 김수로일 것으로 보는 까닭은 표기법에 있다. 首露수로[13]와 首留수류[14]가 동일한 대상을 그린 향찰표기로서 차음 방식이 같다[15]는 점 때문이다.

앞서 설명한 대로 김시를 1세수로라 하면 계림에 나타난 알지[16]는 수로의 후예가 맞다. 그리고 허 황후의 남편 김수로도 수로이다. 다 똑같은 수로이고 마리이지만, 허 황후와 그 남편 김수로를 기원후 40년대에 등장한 인물로 그려놓고 나니 허 황후 남편이 모든 수로를 대표하는 사람이 되어 버려 이제까지 많은 혼란을 일으키고 있다. 이러한 혼란은 후대에 자료가 산실되고 기억도 희미한 상태에서 벌어진 일이라고 본다.

『삼국유사』 가락국기에 허 황후·김수로의 사망연대를 2세기 말로 기록했으니 적어도 150년 가량의 연대 차이가 생겨 혼란은 더욱 커졌다. 만일 허 황후·김수로가 2세기 후반에 산 인물이 맞다면 『삼국유

---

13. 가락국기는 이것의 뜻을 '처음 나타나다'라고 풀이했다.
14. 이것은 마리(말)의 향찰표기인 동시에 '마리 머무르시다'로 해석할 수 있는 한문 문장으로 볼 수도 있다.
15. 비록 露로와 留류의 차이는 있으나 首露수로와 首留수류는 모두 '마로' 또는 '마리(마르)'를 나타낸 것이다.
16. 『삼국사기』 신라본기 석탈해편에 바로 알지가 나타나 국호를 계림으로 고쳤다고 한다.

사』 탈해왕 편에 나오는 알지[17] 이후 수류首留까지 1세수로, 2세수로 등 여러 명의 수로가 있었으니까 말하자면 김시 이후 허 황후의 남편까지는 수로시대(사실은 마리시대)였던 것이다. 이것은 현재는 전하지 않는 수로왕릉의 구비舊碑 비문을 인용하였다는 「편년가락국기」에 실려 있는 다음 내용으로도 분명히 알 수 있는 문제이다.

"후한 환제 연희 5년(162년) 수로왕을 태왕, 즉 원군元君으로 받들었다."[18]

이 기록은 허 황후의 남편 김수로가 태왕으로 즉위했다는 해를 162년으로 설명하고 있다. 여기서 120년을 거슬러 올라가면 가락국기가 제시한 가락국 건국연도인 42년이다. 그런데 김시金諟가 한의 염사읍군이 된 해는 44년이니, 김씨 일가는 왕망의 정권이 무너진 기원후 23년으로부터 44년 사이 또는 그 이전에 김해 양동리 일대라든가 기타 영남지역에 정착했으리라 짐작할 수 있다.

가락국기 역시 김수로가 가라국을 세운 해는 162년이고, 허 황후가 나타난 해는 168년이라고 적었다. 이렇게 되면 경주 계림에 나타나 석탈해의 손자사위가 된 신라의 알지는 1세수로 김시의 후손이 된다. 즉, 김시(金諟, =1세수로)…○…세한勢漢[19]-아도阿道-수류首留로 이어지는 5대의 존속 기간이 기원후 44년부터 199년이라고 할 수 있으며, 이 경우 1대를 30년으로 잡더라도 155년이란 시간은 5대가 산 기간에 대략 들어맞는다. 아마도 이들의 이름에는 흉노·선비·삼한어가 반영되었

---

17. 탈해가 알지를 거두어 궁중에서 길렀다는 내용이 미추이사금 편에 보인다. 하지만 이것은 사실과는 다른 이야기일 수 있다.
18. 東漢桓帝延熙五年尊王爲太王元君
19. 문무왕비와 흥덕왕릉비에는 성한왕星漢王으로 나와 있다.

을 것이다. 김씨 일가가 흉노인으로서 중국에서 한족과 혼혈을 이루었고, 김해에 내려와서는 선비인이나 다른 종족과도 혼인하여 피가 섞였을 것이기 때문이다. 서역으로 쫓겨 간 질지선우와 김해가야의 질지왕이 같은 이름이듯이 지금은 알 수 없지만 반드시 '질지'라는 이름에도 어떤 의미가 담겨 있을 것이다.

하여튼 『김해김씨선원세보』에도 '경주김씨의 시조 알지는 수로왕의 후예'라고 하였다.[20] 이것은 어떤 자료에서 인용한 구절로 짐작된다. 아울러 『삼국사기』에 탈해가 알지를 자식으로 거두어 길렀다거나 금궤에서 나왔으므로 성을 김씨라고 하게 되었다는 이야기 뒤에는 가려진 진실이 따로 있을 수 있다. 가야의 김씨든 신라의 김씨든 이미 김씨 성을 갖고 있던 사람들인데, 마치 석탈해가 김씨 성을 준 것처럼 표현한 것부터가 잘못된 것이다. 『삼국사기』 탈해이사금조에 탈해이사금과 가야 김수로의 싸움이 등장하는데 이 수로 또한 허 황후의 남편이 아니라 1세수로 또는 그의 아들이었을 것이다. 나이 많은 탈해가 수로와의 싸움에서 져서 계림으로 달아났다고 한 것도 그렇고, 까닭없이 알지가 탈해의 나라 경주에 나타나 남의 나라 이름을 제멋대로 계림鷄林으로 고칠 수는 없다. 그리고 후에 알지가 석탈해의 손녀와 결혼한 것은 '결혼에 의한 양측의 정략적 연합 또는 화해'를 표현한 구절로 보아야 한다.

김해가야의 창업자 김시金諟와 신라 김씨 왕가의 시조 '알지'는 같은 김씨이다. 그리고 김성(金星, =성한왕)은 세한勢漢과 동일인이거나 형제 관계일 수도 있다. 나아가 이 사람이 석탈해의 딸(또는 손녀)과 혼인으로 연합하였다고 보는 것이 합리적이다. 중국에서 제후에 해당하

---

20. 慶州金氏古書始祖閼智首露王之後裔

는 신분이었거나 그런 사람의 후손이었기에 한왕漢王이라 하여 김성金星을 성한왕星漢王이라 하였을 것이니 이 사람을 알지로 보는 것은 무리가 아니다.

여하튼 김성이 계림의 새로운 실력자로 등장하게 된 사실을 알려주는 것이 『삼국사기』 석탈해 조의 알지 설화라 하겠다. 이렇게 계림으로 진출한 김성 계열의 김씨가 미추왕 때에 비로소 신라를 독차지하게 되는 것으로 이해하면 무난할 것이다.

양동리 고분군은
김해 가야 지배자들의 무덤

5백년 가라골 지배자들의 집단묘지

김해 중심가에서 서쪽으로 약 4km 거리를 가면 김해시 주촌면酒村面 양동리와 가곡마을이 나타난다. 그 가곡마을 뒤편으로 야산(해발 90m) 능선을 따라 약 3만여 평 넓이에 밀집된 가야시대 고분군이 있다.[1] 청동기시대부터 가야시대의 무덤들이 모여 있는 곳으로, 이 양동리 고분군이 처음 알려지게 된 것은 1969년이다. 원판형의 청동거울 안에 사각형 격자가 있고, 그 주위로 사신도 문양이 있어 방격규구사신경方格規矩四神鏡이라고 불리는 중국 한나라 시대의 청동거울과 쇠투겁창·철검·토기 등이 이곳에서 나왔다고 알려지면서 그 중요성이 부각되었다. 그렇지만 정작 본격 발굴은 그로부터 15년이 지나서야 이루어

---

1. 1984년 11월 20일~12월 30일에 처음으로 발굴했다.

김해 양동리 출토 노형토기(동의대학교박물관).

졌고, 이때 비로소 양동리 유적의 실체가 드러나게 되었다.

양동리에는 기원전 2세기 말부터 기원후 5세기까지 약 5백 년 넘게 무덤이 줄곧 들어섰다. 그러나 무덤이 집중적으로 들어선 시기는 기원후 1세기 후반부터 4세기 사이이다. 맨 처음 고분을 만들기 시작한 기원전 2세기 말이라는 시기는 기원전 108년 위만조선의 멸망을 전후한 대동란의 혼란기를 말하며, 이때 남하한 세력이 처음으로 무덤을 쓰기 시작한 유적임을 암시한다. 그래서 양동리 고분군은 김해가야의 역사에서 그 중요성이 대단히 크다.

이와 달리 김해시 중심가 구지봉 인근의 대성동고분군은 주로 기원후 1세기 중·후반 이후에 조성되기 시작했다. 이후 3세기 말에는 그 이전에 있던 무덤들을 파헤치고 새로 쓴 무덤들이 대량으로 들어서서 3세기 중엽 이후 대성동 일대는 큰 변화를 겪었음을 알게 되었다. 김해 서상동이나 구지봉의 고인돌로 보아 오랜 청동기 전통을 유지해온

양동리 346호 목곽묘 출토 양이부호(높이 18.3cm, 동의대학교박물관).

양동리 371호 목곽묘 출토 양이부호(높이 17.1cm, 동의대학교박물관).

양동리 74호 목곽묘 출토 연질옹(동의대학교박물관).

사회가 기원후 3세기 중반 이후에 격심한 변혁을 거친 것은 분명하다. 따라서 대성동 일대에서는 기원전 1~2세기의 유물은 별로 출토되지 않았다. 다만 구지봉·대성동 일대에는 지석묘가 몇 군데 남아

양동리 125호 출토 원저광구호 및 기대(동의대학교박물관).

양동리 283호 출토 원저광구호 및 기대(동의대학교박물관).

있어 이전의 청동기 전통을 짐작할 수 있기는 하다. 대성동 무덤은 주로 3~4세기의 것이고, 기원후 1세기 중반 이전의 유적이 확인되지 않은 반면 양동리에서는 고분군이 있는 산비탈 맨 아래쪽에서 고인돌 한 기를 확인하였으므로 대성동이나 양동리 모두 기원전 2세기 말 이전의 문화 배경은 대략 같았다고 할 수 있다. 기원후의 무덤 양식으로 보더라도 '1~2세기 김해지역의 중심은 양동리에 있었고 3~4세기의 중심은 대성동 일대'라는 견해(김태식)는 올바른 분석이라고 본다.

현재까지의 연구 결과 평양을 중심으로 한 서북한 일대에 목곽묘가 처음 출현하는 시기는 기원전 2세기이며, 목곽묘를 대신해 귀틀무덤이 나타나는 시기는 기원전 1세기 말로 밝혀져 있다. 이 지역에서 목곽묘가 사라지는 시기는 기원 전후이며, 양동리에 목곽묘가 나타나는 시기는 기원후 1세기 후반이므로 서북한 지역의 목곽묘가 더 이상 축조되지 않는 시기로부터 양동리에 목곽묘가 출현하는 시기 사이에는 1세기 가까운 시차가 있다. 한 마디로 평양 지역에서 목곽묘가 사라진 뒤에 한참 있다가 양동리에 목곽묘가 출현하는 것이다. 하지만 평양 지역 목곽묘와 김해지역 목곽묘는 그 유형이 다르다. 기원전 1세기 초

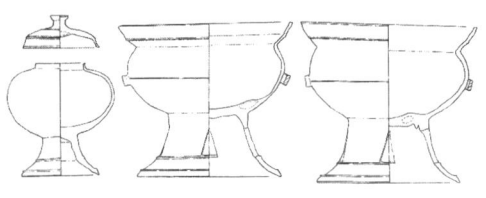
김해 양동리 107호 목곽묘 출토 토기류.

이후부터 양동리 지역에는 목관묘가 축조되었으나 그로부터 약 2세기 뒤인 기원후 1세기 중반부터는 다시 목곽묘가 목관묘를 대신하는 것으로 보아 목관묘를 쓴 세력은 위만조선 멸망기에 북쪽에서 남하한 이들이었을 것이라고 보고 있다. 그런데 만일 김해지역 가야 세력이 서북한 지역으로부터 이동해 왔다면, 그리고 이들 북방세력이 고령이나 기타 낙동강 서편 지역을 경유해 남하하는 과정으로 이해할 수 있으려면 그들의 경유지 주변에서는 기원전 2세기 초 이후 기원후 1세기 사이의 목곽묘가 나타나야 한다. 그러나 아직 영남지방 외에는 남한의 다른 곳에서는 이러한 양식의 목곽묘가 거의 확인되지 않고 있다. 그리고 영남지방의 목곽묘는 아무리 빨라도 기원후 1세기 중반~2세기 중엽에 나타나므로 목관묘와 목곽묘의 사용 주체는 달랐다고 볼 수밖에 없다. 더욱이 요령식 동검에 계보를 둔 한국식 동검 외에 전한과 후한에 계보를 둔 연호문蓮弧紋 청동거울 및 그것을 모조해 만든 청동거울 이미테이션, 즉 방제경이 출토돼 이 지역에서 기원 전후의 시기에 중국 한의 문화를 받아들여 독자적으로 발전시켜 나간 사실을 짐작할 수 있게 된 것은 큰 수확이었다. 결국 이러한 선진문물을 중국으로부터 바로 직수입했거나 서북한 또는 요동지역을 통해 수입했다고 볼 수 있는 요소들이다. 그것이 아니면 적지 않은 수의 사람들이 직접 한漢의 문화를 갖고 들어왔거나. 하지만 현재로서는 동검이나 동과銅戈로 보아 서북한 지역을 일단 경유한 것으로 보는 것이 타당할 것 같다. 최근 마산 진동리의 청동기시대 지석묘에서 나온 유물은 중국 동북지방에 계보를 둔 것이

양동리 107호분 출토 경갑(동의대학교박물관).

어서 국가지정문화재로 지정됐는데, 이로써 기원전 2~3세기 고조선 및 중국 동북지방으로부터 유이민이 있어온 사실이 보다 분명하게 확인되었다. 아마도 이들은 기원전 195년경 위만에게 쫓겨 내려온 고조선의 상층 유민이었을 것이다. 대성동 구지봉이나 양동리에 남아 있는 고인돌은 그 연원을 짐작할 수 있게 하는 자료이다.

1990~1996년까지의 연차발굴을 통해 양동리에서는 목관묘·목곽묘·수혈식석곽묘·옹관묘·유사적석목곽묘 등 가야의 다양한 무덤 548기를 발굴했고, 이들 유구에서 찾아낸 유물은 모두 5,192점[2]이나 된다. 청동기는 매우 적고 철기가 대부분을 차지하고 있는데, 다량의 철기와 장신구·토기를 수습한 것은 중요한 성과였다. 마치 가야시대의 고분 유형을 한 자리에 모아놓은 듯 시기별 묘제의 발전상과 유물의 변화상을 잘 보여주고 있

가야의 소용돌이 문양 판갑옷.

2. 토기 2천여 점과 토제품 12점·철기 3059점·청동기 44점·장신구 74점·석제품 1점 등.

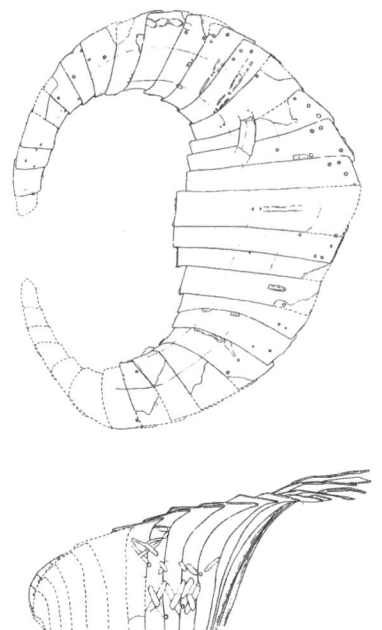

김해 양동리 107호 목곽묘 출토 경갑 상세도.

어 양동리는 가야사를 거론할 때 빠트릴 수 없는 유적이 되었다.

발굴을 통해 얻은 결론은 양동리의 무덤 양식이 목관묘(널무덤)에서 목곽묘(덧널무덤)로 변화했다는 것이었다. 목관묘는 주로 동서향으로 조성되었으며, 목곽묘는 남북 방향으로 만들어져 무덤을 만든 당시 사람들의 장례의식이 서로 다른 모습을 잘 보여주었다. 경주 조양동이나 부산 노포동의 목곽묘는 장축을 동서 방향에 두고 있지만, 등고선 방향과 목곽이 나란히 배치된 점은 양동리와 같았다. 양동리 목곽묘 중에서 가장 이른 것은 기원후 1세기 후반 이후 2세기 초에 조성된 것들이었다. 하지만 양동리에 고분이 집중적으로 가장 많이 만들어진 시기는 기원후 1세기 후반~3세기 초이며, 이 시기는 경주 조양동유적과 부산 노포동유적의 사이에 해당하므로 와질토기 연구에 중요한 기준이 되었다.

참고로 목곽묘의 장축 방향은 남북에 두고 목관묘는 장축을 동서 방향에 두었는데, 이것은 양동리나 경주 조양동, 부산 노포동 유적이 모두 같다. 또한 목관묘가 아래쪽, 목곽묘가 위쪽에 들어서는 경향도 대략 같다. 산비탈에 무덤을 쓸 때 아래부터 위로 올라가면서 무덤을 축조하는 방식이었으므로 이를 통해 당시의 구성민을 크게 두 가지로 볼 수 있게 되었다.

양동리고분에서 나온 유물은 크게 토기와 철기 및 장신구로 구분할 수 있으며, 토기는 대부분 와질토기이다. 손잡이단지·와질항아리·화로형토기³나 단지 종류는 모두 와질토기이다. 이들 외에 일부 민무늬토기도 있다. 도굴로 말미암아 토기가 없어진 무덤도 많았고, 토기가 전혀 출토되지 않은 무덤도 있었다. 하지만 민무늬토기(=무문토기)는 소수에 지나지 않는다. 다만 민무늬토기는 기존 청동기 전통에 뿌리를 둔 토기 제작기법이 가미되었다는 점에서 양동리의 초기 사회를 이해하는데 중요하다. 특히 14호분에서 나온 민무늬토기는 녹로를 사용하여 회전물손질을 한 양식이어서 주목받고 있다.

김해 양동리 200호 출토 광형동모(동의대학교박물관).

양동리에서 나온 철기는 출토량이 매우 많고, 그 종류 또한 다양하다. 대단히 많은 종류의 철기를 만들어 사용한 것으로 보아 당시의 양동리 사회가 본격적인 철기사회로 진입한 단계였음을 알 수 있는데, 종류별로는 쇠도끼(철부)와 투겁창·검·고리자루칼(환두대도)·이형철기·화살촉⁴·손칼·끌·낫·철제따비·철부 등이다. 손잡이 밑으로 둥근 고리가 달린 고리자루칼은 8호분에서 한 점이 출토되었는데, 길이는 약 30cm로 추정된다. 이 칼은 부산 노포동 33호분에서 나온 것

---

3. 노형토기라고도 한다.
4. 화살촉은 크기 미늘식(a1식, a2식)·미늘슴베식(a3식)·보트식(b식)·슴베식(c식)의 세 가지로 분류하고 있다.

과 모양이 매우 유사하다.

　전체적으로 양동리 및 대성동 일대 무덤의 축조 시기와 유물의 양상으로 보아 한 무제의 요동경략과 위만조선의 멸망 및 한사군 설치 후부터 양동리에 무덤이 조성되기 시작하였고, 5세기 초 김해가야의 멸망과 함께 대성동에서는 분묘 축조가 중단되었는데 이러한 것들은 이 기간 낙동강 하류지역에서 가야 사회의 성장과 발전 및 흥망의 과정을 전해주는 자료라고 할 수 있다. 기원전 2세기 말, 양동리에 남하한 세력은 영남지방 각 지역에 들어온 다른 세력과 마찬가지로 스스로 정치력을 형성해 갔으며, 그 과정에서 김해 일대에 세력권을 마련하여 철기사회를 열고 독자적인 고대 소국을 성장시켰다. 이후 이들은 외부로부터 지속적으로 새로운 문화를 받아들이면서 점차 사회를 발전시켜 갔고, 주변을 통합했다.

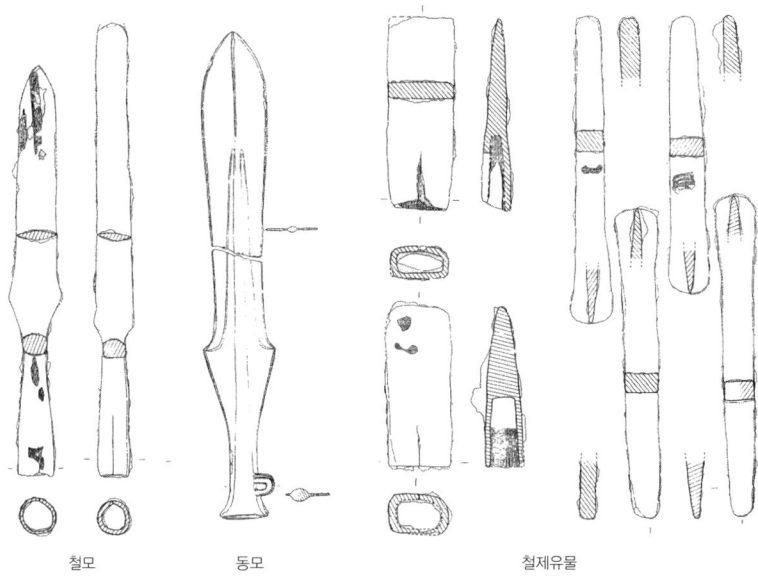

철모　　　　　　동모　　　　　　　　철제유물

김해 양동리 200호 목곽묘 출토유물.

영남지역의 오랜 청동기 전통에 따라 김해지방에는 철기시대 이전의 유적이 꽤 많다.[5] 대표적인 청동기시대 유적으로는 율하리・회현리・무계리・내동・부원동・죽림리 등을 들 수 있다. 회현리에서는 1934~1935년 일본인(榧本杜人)이 발굴하여 돌널무덤[6](5기)을 조사했으며 5호 돌널무덤에서 붉은간토기(1점)와 돌화살촉을 찾아냈고, 이후 민무늬토기도 따로 조사한 바 있다. 무계리와 내동에서는 고인돌을 조사했다. 내동에서는 동검・검은간토기(=흑도 1점)・붉은간토기[7]・민무늬토기 조각이 나왔는가 하면 죽림리에서도 민무늬토기가 나왔다. 이와 달리 부원동유적은 기원후 1~4세기의 유적인데, 이 가운데 3~4세기의 것으로 보고 있는 A지구 유적에는 가야토기와 기존 김해지방의 전통 토기가 공존한다. 일본 하지키土師器[8]와 비교하여 A지구의 토기 제작시기를 기원후 4~5세기로 보는 견해도 있다. 그러나 여기서 나온 유물과 유적을 토대로 기원후 4~5세기 이전에 중국과 교류한 사실을 알 수 있었으며 중국 동북지방의 문화요소도 엿보인다는 점에 주목하고 있다.[9] 당시 항해술이나 선박기술 등을 감안할 때 이러한 문화를 갖고 온 사람들은 발해만을 끼고 연안을 따라 배로 이동했거나 중국 동북부를 포함하여 내몽고 등지의 여러 지역에서 육로로 평양 일대의 서북한 지역을 경유하여 내려왔을 것이다.

---

5. 그러나 전체적으로 보면 김해지방의 청동기는 경주지역에 비해 드문 편이다.
6. =석관묘石棺墓
7. 단도마연토기丹塗磨研土器라고도 한다.
8. 일본 고분시대 전기의 대표적인 질그릇(토기) 양식이며, 와질토기로서 제사용 토기에 많이 나타난다. 영남 지역의 와질토기 영향을 받아 출현한 토기이지만, 고분문화 시대 중기에 스에키須惠器로 교체된다. 이런 까닭에 하지키를 우리 쪽에서는 와질토기로 인식, 일본 와질토기라는 이름으로 대신하는 사람도 있다.
9. 특히 붉은간토기(단도마연토기)나 검은간토기(흑도)는 모두 황하 하류 남북으로부터 중국 동북지방에 원류를 두고 있어 일찍부터 중국과의 교류를 배제할 수 없다.

기원전 1세기~기원후 3세기의 김해지방 문화는 바로 그 전의 청동기시대 문화양상과는 확연하게 다르다. 유물을 보면 갑자기 문화내용이 풍부해지고 이전과는 달리 한층 풍요로워진 사회상이 피부로 느껴질 듯하다. 이것은 현재의 중국 동북지방에서 내려온 이들에 의해 문화의 변혁이 이루어진 결과이다. 먼저 사람들의 저장 수단인 토기의 크기가 커지면서 연질토기와 와질토기·경질토기가 출현하는데, 이것은 사회적인 여유와 발전된 기술의 증거로 파악할 수 있다. 연질 및 와질·경질 토기의 전개는 전남 해남의 군곡리나 주암 대곡리 등 전남지방 유적과 동일한 양상을 띠고 있지만 철기를 비롯, 그 문화유형은 소위 마한지역보다 풍요롭고 선진적이다. 철기와 관련하여 김해 지방의 문화적 배경으로 중국과 흉노인을 거론하지 않을 수 없다. 다시 말해 김해지방의 초기철기 문화는 중국 한漢 또는 북중국 일대의 흉노인들로부터 전해진 철기문화에 의해 자극을 받아 전개되었다는 사실은 부정하기 어렵다.[10]

한편 김해시내 중심부에서 서남으로 직선 4km 거리에 흔히 칠산동고분군이 있다. 김수로가 허 황후를 맞기에 앞서 사람들을 내보내 알아보게 했다는 망산望山을 이 칠산으로 짐작하고 있는데, 칠산동고분군은 화목동 일대까지 해발 100m 전후의 얕은 구릉성 산봉우리를 중심으로 형성돼 있다. 가락국기의 내용이 사실이라면 9간 누군가의 세력권이었을 칠산동고분군은 김해 일대의 고분군 가운데 가장 높은 곳에 있다. 그러나 일찍부터 극심한 도굴대상이 되어 대부분 파괴되었으며 서북쪽 사면은 과수원을 만들면서 상당수의 목곽묘가 오래 전에

---

10. 이 점에서 김씨와 흉노족을 거론하지 않을 수 없다. 청동기를 중국에 전한 것은 흉노족이며 철기를 전한 것도 흉노족이다. 흉노족은 기원전 4세기 철기를 중국에 보급시켰다. 그리고 흉노 우현왕계의 김씨들 또한 이 땅에서 본격적인 철기시대를 열었다.

파괴된 상태였다. 묘역 중에서 가장 높은 곳에 는 5~6세기의 대형석 실묘가 조성되어 있었 다. 도굴꾼들이 훑고 지 나간 이 칠산고분군을 1987~1988년에서야 발

김해 양동리 388호 출토 단경호(높이 24.5cm, 동의 대학교박물관).

김해 양동리 388호 출토 양 이부단경호(높이 23.1cm, 동 의대학교박물관).

굴하여 목곽묘 34기, 목관묘로 추정되는 유구 3기, 토광묘 2기, 옹관 묘 41기, 수혈식 석실묘 20기 그리고 6세기 전반으로부터 중엽에 만든 소형수혈식 석실묘 4기, 횡구식석실묘 2기 등을 확인했다. 이로써 칠 산동고분은 김해가야의 성격을 이해하고자 할 때 거론하는 중요유적 의 하나로 추가되었다. 이들 여러 지역에 남아 있는 고분들로 미루어 보면 초기 김해가야의 중심 세력들은 양동리와 대성동·칠산동·퇴래 리 일대를 근거지로 하였음을 알 수 있다.

목관묘에서 목곽묘로, 그리고 다시 수혈식석곽묘로 변화한 양동리 고분의 양식 가운데 목곽묘가 기원후 1세기 후반에 축조되기 시작했 다는 것은 중요한 기준이 된다. 그런데 기원후 1세기 말~2세기 초의 무덤으로 파악하고 있는 양동리 제55호 목관묘에 묻힌 사람은 천군天 君 신분일 것이라고 발굴자는 판단했다. 쉽게 비교하자면 이 무덤은 봉 황동에서 나온 1세기 후반의 수장 묘와 같은 시기에 조성되었다는 것 이다. 그렇다면 이 천군은 1세 김수로인 김시金諟를 지지했던 사람일 수 있다. 김시는 이러한 선주 세력과 결합하여 양동리 일대에서 자신의 영향력을 행사했으며, 이들과 함께 낙랑에 찾아가 조공을 했을 것이 다. 아울러 162호 무덤으로 말미암아 이미 기원후 2세기 후반에 묘광 의 길이가 5m 이상이나 되는 대형 목곽묘가 등장했음을 알게 되었을

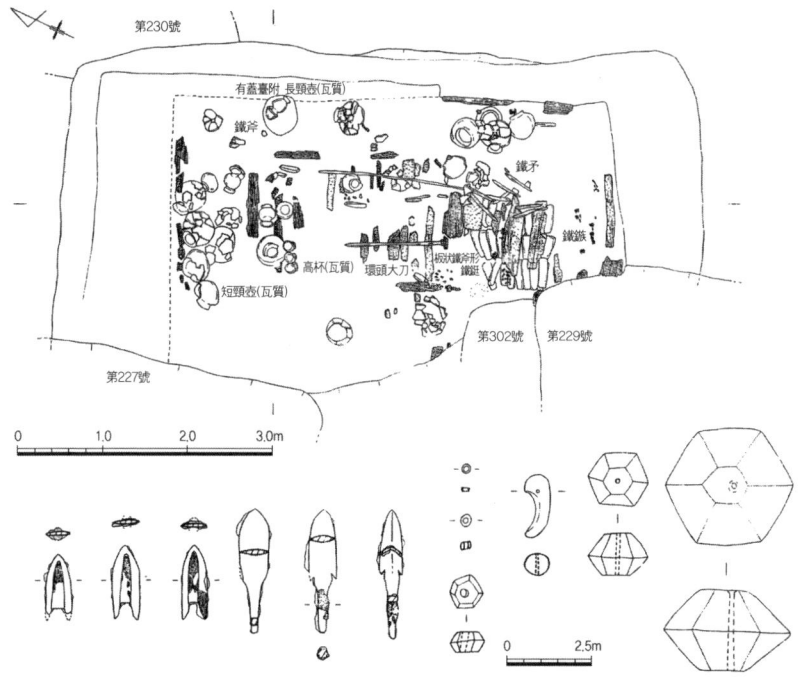

양동리 235호 목곽묘와 출토유물.

뿐 아니라 가야에서 가장 오래된 대형 목곽묘에서 동경이 10점이나 나온 것은 당시로서는 발굴사상 처음 있는 일이었다. 이 양동리 162호분은 너비 3.4m에 깊이 1.2m의 목곽묘로서 가야의 대형목곽묘로는 가장 오래 된 것이다. 내부 목관[11]의 네 모서리에는 판상철부를 깔았는데, 이것은 화폐를 대신한 것이어서 일종의 매지권으로 해석할 수 있다. 동시에 그것은 피장자의 부와 권위를 상징하는 것이며, 청동거울은 지배자의 권위와 주술적인 것으로 파악하고 있다. 구슬을 꿴 화려한 목걸이와 함께 길이가 60cm나 되는 쇠투겁창과 쇠단검 6자루·쇠

---

11. 목곽 안에 목관을 안치한 곽내유관槨內有棺의 형식이다.

화살촉·철제 아가리큰솥[12]·쇠도끼와 쇠낫 등도 함께 나왔다. 그런데 이와 달리 청동고리銅環와 청동제교구青銅製鉸具[13] 등 매우 발전된 마구가 나와 이 무덤의 주인은 기마騎馬에 익숙한 사람이었고, 이 정도면 소국의 수장급 무덤에 해당한다고 파악하게 될 것이다. 말 갑옷과 말투구로 무장한 사실은 알 수 없으나 2세기 중반, 이 지역 지배자들 사이에서 승마와 그에 필요한 기본적인 마구를 사용한 사실을 알 수 있었다.

이 외에도 2세기 후반~3세기 초의 수장급 무덤을 비롯하여 목곽묘[14]를 많이 확인했다. 대성동과 마찬가지로 목곽묘는 부장유물과 함께 시신을 안치하고 목곽 내부를 불태우는 특수한 장례를 치른 사실을 알게 되었는

와질토기인 대부장경호(양동리 162호, 동의대학교박물관).

통형기대(양동리 9호 출토, 높이 41.2cm, 동의대학교 박물관).

양동리 210호 출토 통형기대(높이 44.5cm, 동의대학교박물관).

---

12. 철복鐵鍑이라고도 한다.
13. 청동띠고정장치라고도 한다.
14. 대표적으로 107호, 200호, 235호, 304호, 349호 등의 목곽묘가 있다.

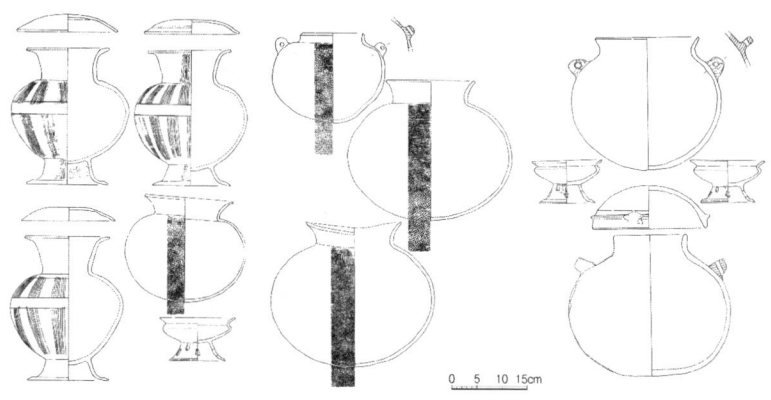

양동리 235호 목곽묘 출토 토기류.

데, 이와 같은 장례법은 압록강변과 중국 동북지방의 고구려 적석총 그리고 송화강과 눈강嫩江을 끼고 있는 송눈평원松嫩平原[15] 일대에서도 확인되어 북방지역의 묘제로 판단하고 있다. 다시 말해 목곽묘를 조성하고 시신과 유물을 넣은 뒤, 내부를 불태우는 특이한 장례의식은 중국 동북지방 사람들이 울산·포항·진주 및 김해 등지로 이동하여 정착시켰다는 것이다.

다음으로, 양동리의 수혈식 석곽묘는 기원후 4세기 중반~후반에 등장하는 것으로 파악됐다. 다만 초기에 조성된 석곽묘는 석재로 벽을 쌓고 그 안에 목곽을 넣은 이중곽인 반면, 수혈식석곽묘의 초기 형태는 목재로 천정을 마감하다가 나중에는 개석으로 판상석을 쓴 차이가 있다. 그런데 이 수혈식석곽묘는 토광목곽묘에서 발전한 형식이라는 설과 고인돌의 하부구조에서 발전한 유형이라고 보는 견해가 맞서 있다. 초기의 석곽묘는 그 내부에 목곽을 넣은 이중곽이라는 점에서는 고인돌의 하부 매장부와 목곽묘의 결합이라고 볼 수 있고, 처음에는

---

15. 송화강 동편, 유수현 남쪽 30km 거리에 있다. 이 송눈평원은 콩의 주산지이기도 하다.

수혈식 석곽묘의 뚜껑(개석)으로 목재(판재)를 사용하다가 나중에는 판상석을 사용한 것은 목관묘의 특징을 일부 채용한 것으로 볼 수도 있다. 이런 여러 요소를 감안할 때 수혈식석곽묘는 목곽묘 세력의 소멸과 기존 고인돌의 하부구조를 발전시킨 세력의 부상 또는 수혈식 석곽묘 문화를 갖고 있는 별도의 세력이 있었음을 보여주는 것이라고 할 수 있다.

각배 및 기대(양동리 304호, 길이 21cm, 동의대학교박물관).

기원전 2세기 말부터 기원후 5세기까지 양동리 일대에 살던 사람들이 묻힌 이 양동리고분군 발굴을 계기로 김해가야에 대한 논의의 폭은 많이 좁혀졌다. 또한 이 시기 김해 가야 문화의 변천상과 실제 모습을 재현하는데 양동리 유적과 유물은 절대적인 자료가 되고 있으며 철기와 토기·청동기 및 장신구를 통해 추정 연대나 인식에 대한 잘못도 바꿀 수 있었다.

대성동과 마찬가지로 양동리에서는 다양한 종류의 토기가 출토되어 가야토기의 발전상을 일목요연하게 확인할 수 있었다. 그 발전상이란 것은 한 마디로 와질토기에서 경질토기[16]로의 변화라는 말로 압축할 수 있겠다. 양동리에서는 기형도 다양하지만 와질토기·유사경질토기·경질토기와 같이 소성온도[17]에 따라 다양한 경도를 가진 토기가 출토되었다. 유사경질토기는 2세기 말~3세기 초에 만들어진 것으로 짐작되는 212호 목곽묘에서 많이 출토되었으며, 후기[18]의 수혈식석곽묘에서는 별도의 기대器臺에 올려놓도록 만든 각배[19]가 완전한 모습으로 나

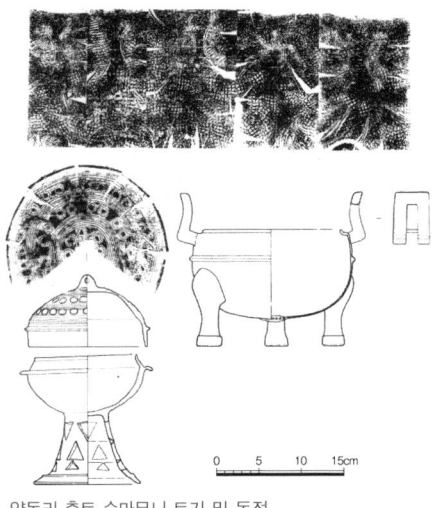
양동리 출토 승마무늬 토기 및 동정.

왔다. 소형의 호壺가 달려 있는 이 각배는 각배 중에서도 새로운 형태로서 당시 가야인들의 심미안과 솜씨를 한껏 발휘한 걸작이라는 평가를 받았다. 이러한 각배는 멀리 지중해 주변의 그리스나 중동 그리고 흉노의 본거지인 북중국과 중앙아시아 초원지대 등지의 고대 유목민들에게 특유한 유물이었으며 스키타이인들이 남긴 고분에서도 부장품으로 발견된다.[20] 아울러 195호 목곽묘에서는 경질의 항아리 한 점이 나

16. 와질토기와 경질토기는 토기를 구워낼 때의 온도와 관련된 구분으로, 일반적인 토기는 600~700℃의 온도에서 구워지는 반면, 경질토기는 1000도 이상의 고온에서 굽기 때문에 흙 속의 광물질이 녹아 기벽에 유리질의 피막을 형성하여 마치 도기처럼 단단해진 것을 말한다. 고온에서 구워 단단하지만, 다만 유약을 바른 도기와는 구별하여 경질토기로 분류하고 있다. 이와 유사한 것으로서 유사 경질토기라고 부르는 것도 있는데, 그것은 경질토기에는 못 미치지만 경질토기에 가까운 것을 말한다. 이러한 유사경질토기는 기준 설정에 따라 경질토기로 분류될 수도 있다. 이와 달리 와질토기는 연질의 토기보다는 높은 온도에서 구워졌으나 유사경질 또는 경질토기에는 경도가 못 미치는 것으로, 이들은 모두 토기의 발전단계에서 나타난 유형들이라고 이해할 수 있다. 이와 같은 토기 분류는 결국 토기를 구워내는 온도와 불을 조절하는 기술에 따른 분류이며, 이와 같은 경도별 여러 종류의 토기는 금속을 다루는 과정에서 터득한 기술이 토기에 반영되어 발전하는 것으로 이해할 수 있다.

17. 토기를 굽는 온도.
18. 4세기 중반 및 후반.
19. 角杯. 뿔잔. 그리스를 포함한 지중해 일대와 중앙아시아 초원지대·아랍·북중국 등지에서 출토되며 유목민의 대표적인 생활용기이다. 아시아 스키타이 고분의 대표적 부장품이기도 하다.
20. 고구려 벽화고분에서도 각배 그림이 보이며 부산 복천동이나 김해 등 가야지역에서도 각배가 출토된다.

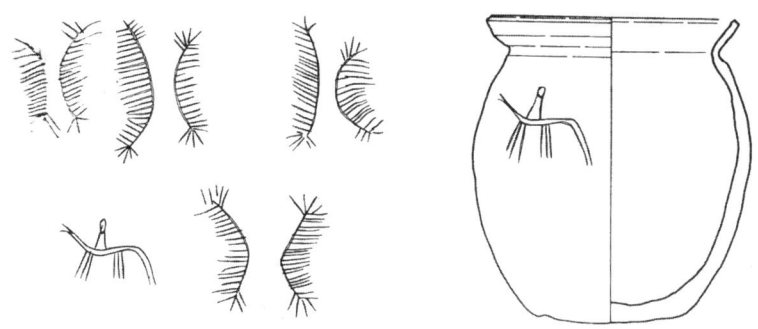
승마문이 있는 토기(양동리 고분 출토). 승마에 익숙해 있던 당시 가야인들의 생활상을 엿볼 수 있다.

왔는데, 여기에는 말을 탄 사람의 모습을 간단한 선으로 표현한 승마문乘馬紋이 있어 3~4세기 무렵 가야인들의 말과 관련된 의식을 엿볼 수 있다.[21] 발굴자는 이 승마문을 피장자가 다음 세상으로 가는 장면을 묘사한 것이라고 해석하고, 당시 가야인들은 죽음이 삶의 끝이 아니라 또 다른 세계에서 삶을 영위한다는 확신을 갖고 있었을 것이라고 판단하였다.

철기 중에서는 어쩌면 판상철부형철정板狀鐵斧形鐵鋌[22]이라고 하는 유물이 비중 있게 다뤄져야 할 것이다. 철판처럼 납작한 쇠도끼 모양의 쇳덩어리를 의미하는 이 판상철부형철정은 가야의 경제와 직결된 유물이다. '마치 중국에서 돈을 사용하듯이 철로 물건을 사고판다' 또는 '모든 무역에서 철을 돈으로 쓴다'(『후한서』)고 중국 사서에 기록한 것은 바로 이 판상철부형철정이나 철정을 이른 이야기이다. 발굴자들은 이것을 '철의 왕국 가야의 대표적 유물'로 꼽고 있다. 2세기 후반 이후 양동리에 목곽묘가 축조되면서 그 부장유물로 철정이 등장하는 것

21. "변진 사람들은 수레와 소·말을 탄다"(乘駕牛馬)고 『삼국지』 위서 변진조에 기록되어 있다.
22. 납작한 철판 모양의 도끼를 닮은 철정이라는 뜻으로, 철정의 형태 분류상 부여한 이름이다. 판상철부·판상철부형철정·철정 등의 구분이 있다.

말고삐(양동리 162호분, 동의대학교박물관).

판상철부형철정(양동리 162호분, 동의대학교박물관).

으로 보아 일단 기원후 2세기 후반 경의 부장품으로 판단하고 있다.

양동리의 목곽묘에는 의외로 많은 양의 철정이 부장되어 있었다. 부장 위치는 목곽이나 목관의 네 모서리와 피장자의 머리 쪽이다. 그런데 이러한 철정은 인근 창원 다호리에서부터 나타난다. 다시 말해 지금까지의 발굴결과로 보면 철정의 부장이 다호리에서 먼저 시작되었다는 것이다. 다호리 1호 목관묘에서는 나무자루가 박힌 철부와 함께 판상철부형 철정이 나왔는데, 이것은 지신地神으로부터 땅을 사는 데 사용한 화폐였다고 이해할 수 있다. 판 모양의 쇠도끼처럼 생겼으나 정작 쇠도끼의 기능은 갖고 있지 않은 이 판상철부형 쇳덩어리는 화폐인 동시에 철기를 만드는 재료였다. 일정한 규격으로 만든 판 모양의 쇳덩이(판상철부형철정)는 10개 묶음 단위로 사용되었다. 철정이 10의 배수로 무덤에 묻힌 것으로 그 같은 사실을 알 수 있었다. 그런데 이런 철정은 초기에는 크기가 크지만 5세기 이후에는 점차 작아진다. 6세기에 들어서면 아주 작아지는데, 그 대표적인 사례가 부산 두구동의 임석 5호 횡구식석실묘[23]에서 출토된 것이다. 길이 4.1~5.1cm에 너비 1.4~1.9cm로 명함 절반 크기의 소형 덩이쇠인데, 이것은 철의 보급과 더불어 원료로서의 철 기능을 상실하고 화폐로서의 기능이 강화된 것이라고 파악하고 있다. 원래 철정은 판상철부로 만들어지다가 판상철부형철정으로, 그리고 다시 철정으로 변화하였다. 판상철부형철정(=덩이쇠)은 김해 양동리와 대성동 외에도 동래 복천동·울산 하대유적·창원 삼동동 3호 석관묘(3~4세기)를 비

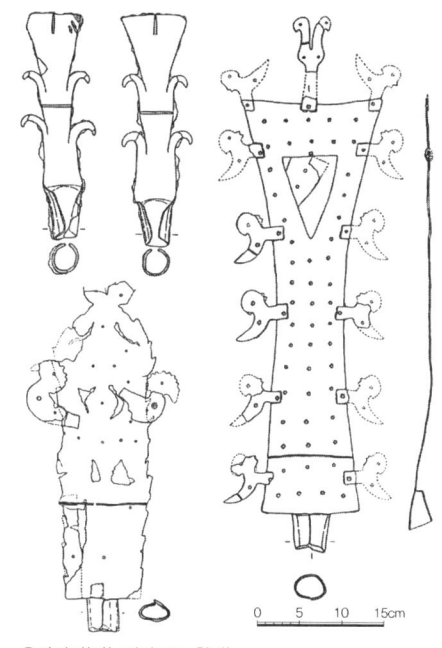

유자이기(미늘쇠라고도 한다).

롯하여 영남지방 여러 유적에서 많이 출토되었다. 이와 함께 철정의 원형이라 하는 판상철부[24]는 창원 다호리·경주 입실리와 구정동유적, 황해북도 은파군 갈현리 그리고 함경북도 무산 호곡리 유적에서도 출토되었는데, 이들은 2세기 후반~3세기 낙랑 등지와의 원거리 교역을 알려주는 증거물이라고 할 수 있다. 판상철부형철정이나 철정은 2세기 후반 이후 4세기의 낙동강 하류에 '철의 전성기'를 일군 가야의 대표적 유물로 평가받고 있다.

이 철정과 더불어 '철의 제국 가야'의 상징적 유물로서 환두대도 또

---

23. 앞트기식 돌방무덤
24. '판 모양 쇠도끼'라는 용어를 쓰기도 한다. 판상철부형철정과 구분하는 개념이다.

철제판갑(양동리 78호, 동의대학교박물관).

한 빠트릴 수 없는 물건이다. 기원후 3세기의 목곽묘에서 주로 출토되는 환두대도는 지배자의 상징물이었다. 철검이 환두대도로 바뀐 것은 지배자의 정치·군사적 위상이 한층 강화되었음을 알려주는 것으로서 한 마디로 환두대도의 출현은 가야사회가 종전의 사회단계에서 한층 발전한 사실을 말해준다. 발굴자들 또한 환두대도를 '정

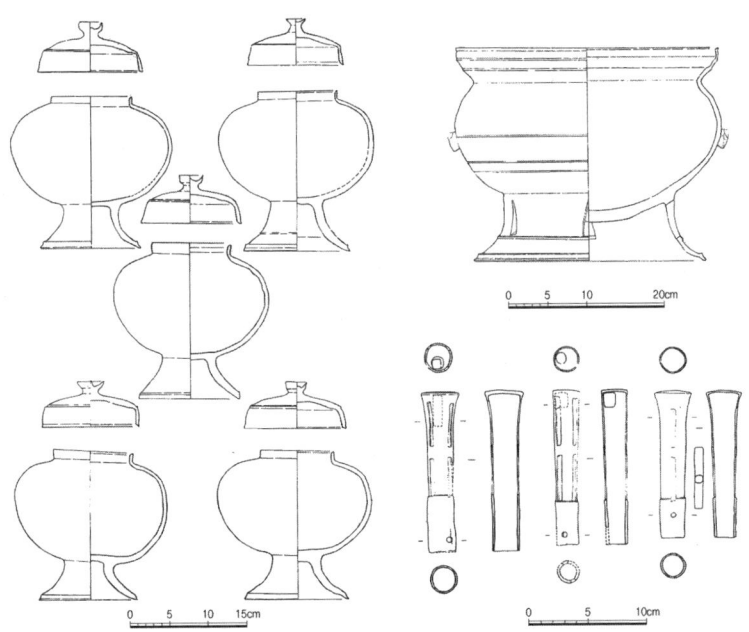

김해 양동리 304호 목곽묘 출토 토기류 및 통형동기.

복활동이 활발히 전개되던 가야시대의 사회상을 알려주는 것'이라고 보았다. 쉽게 말해 신분의 분화이고 정치·경제적으로 한층 강화된 실력자의 등장을 의미한다. 특히 235호분에서는 길이가 120cm나 되는 대형 환두대도가 나왔고, 280호 목곽묘에서도 길이 88cm 짜리 환두대도가 출토되어 그 이전 단검 형태의 철검을 지녔던 지배자들과는 위상에 큰 변화가 있음을 보다 생생하게 보여준다. 철제무기가 발달하면서 칼이 점점 대형화하고 살상력이 크게 향상된 결과라고 할 수 있다.

철제투구(양동리 78호, 동의대학교박물관).

또한 349호 목곽묘에서 나온 환두대도는 소용돌이 문양이 있어 특이한 사례로 꼽힌다. 이와 같은 소용돌이 문양은 검의 손잡이 뿐 아니라 갑옷과 말고삐 등 여러 가지 가야의 철기에 새겨졌다. 작두형 철기로 알려진 유물[25]에도 소용돌이 문양이 있으며, 78호분에서 출토된 판갑板甲·철단검(212호 출토) 등에도 소용돌이 문양이 있다. 이와 같은 소용돌이 문양은 삼한 시기의 청동 의기에 그 원류가 있다고 보고 있지만, 가야지역에서는 말기까지도 가야를 상징하는 문양으로 쓰이고 있다. 이후 삼국시대 갑옷과 유자이기有刺利器 등에도 소용돌이 문양이 쓰이고 있어, 이러한 사례들을 바탕으로 가야를 세우고 발전시킨 주체는 구야국 이후 삼국시대에 이르기까지 동일했다는 주장이 제기되었다. 그러나 철기의 소용돌이 문양 하나로 가야의 주

---

25. 대표적으로 212호·313호 출토된 것들을 예로 들 수 있다.

양동리식 동경(162호, 427호 출토, 동의대학교박물관).

체가 전부 동일한 사람들이었다고 단정하는 것은 문제가 있다. 북방의 정치적 상황에 따라 4~5세기까지는 파상적으로 유민이 내려왔기 때문이다. 다만 참고할만한 분석이라고는 할 수 있겠다. 이 문제와 관련하여 대다수의 기층민은 토착 한계로서 같았다고 볼 수 있는 만큼 기층민에 한해 동의하기로 한다.

결국 이런 배경을 바탕으로 "김해지방의 문화는 토착 청동기시대 전통에 중국 및 일본과의 빈번한 교류를 통해 들어온 문화를 보태어 생성되었다"[26]는 평가가 나왔다. 이것은 김해가야에 대한 종합평가라고 할 수 있겠다. 토착 청동기 문화에 중국의 선진 문물 그리고 일부 일본의 문화요소가 어울려서 김해 가야 특유의 문화 양식을 새로 생성시켰다는 이야기이다. 이러한 평가는 당시 동아시아에서 새로이 형성된 김해가야의 국제적인 문화상을 말한 것으로, 한 마디로 '김해가야는 해양과 대륙의 문화를 융합하여 처음으로 문화의 꽃을 피운 도시상업국가였다'고 간추려서 이해하기도 한다.

이런 까닭에 김해가야는 독립적으로 존재할 수 없다. 다시 말해 김해가야의 역사는 중국과 일본으로 시야를 넓혀서 추적해야만 보다 더 실제에 가깝게 접근할 수 있으며, 김해와 경주 및 한반도 안에만 시야를 고정시키면 가야사 자체를 더 이상 자세하게 이해할 수 없다. 이런

---

26. 「김해 양동리고분 발굴조사보고서」, 문화재연구소, 1989

시각에서 중국으로 눈을 돌려 가야의 시원始原을 추적하였으며, 가야의 원류와 김씨들의 이야기를 찾아보았다. 양동리에서 출토된 청동기 중에는 중국 한漢 나라 계통의 의기儀器가 많고, 장신구 등과 함께 나온 희귀한 유물의 원류라든가 의기의 제작 및 사용연대를 추정할 수 있게 되었다. 이런 자료를 바탕으로 비로소 중국이나 일본 등과의 대외교류 · 교역 관계를 이해할 수 있게 되었다.

철복(양동리 162호, 높이 32.8cm, 동의대학교박물관).

한편 427호 목관묘에서 출토된 청동유물로 이 무덤은 기원후 2세기 전반에 축조된 것을 알게 되었다. 또한 변형세형동검과 함께 방제경이라는 이름으로 불리는 중국 동경 모조품(방제경)으로 정확한 제작연대를 확정하는 동시에 이러한 청동기를 제작하고 배포한 최초의 출발지가 낙동강 하류 김해가야 지역이었음을 알게 되었다. 우리나라 청동기의 마지막 전통을 보여주는 청동유물 외에 희귀한 의기儀器나 장신구 중에는 외래품이 적지 않았는데, 이러한 유물의 원류와 기능 및 제작 연대를 보다 정확히 알게 된 것은 소중한 수확이었다.

양동리 무덤에서 나온 방제경이나 중국 한나라의 청동거울인 한경漢鏡을 비롯하여 변형세형동검 · 동모 · 마형대구와 같은 것들은 당시의 사회 문화 해석에 중요한 열쇠가 되고 있다. 먼저 양동리 4호분[27]은 발

---

27. 묘광의 길이 230cm(너비 90cm)에 목관은 220cm(너비 60cm, 동서 방향).

마형대구(양동리 384호 출토, 동의대학교박물관).

굴과 동시에 '초기 가야의 사회상과 국제적 위상을 보여주는 획기적인 자료의 보고'라는 찬사가 나왔다. 이 목곽묘에서는 바닥에 넣은 각종 청동기가 도굴되지 않은 채로 출토되었다. 바닥에서 남색 유리구슬 목걸이 한 벌과 방제경[28] 그리고 길이가 36cm에 두 줄의 혈구血溝가 있는 변형세형동검[29] 1점, 쇠도끼와 쇠낫・철제 따비가 각기 한 점씩 나왔다. 변형세형동검 뿐만 아니라 국내에서 발견된 청동거울 가운데 가장 이른 시기의 청동거울도 출토되었는데, 제작연대는 대략 기원후 1세기로 보고 있다. 이로써 의기화된 청동기의 변화상을 보다 자세하게 알게 되었다. 양동리 4호분과 427호분 발굴을 계기로 발굴자들은 '한국식 세형동검이나 다뉴세문경과 같은 초기철기시대 이후의 청동기 전통이 새롭게 가야식(양동리식)으로 변화한 사실을 보여준다'고 평가하였다. 그리고 변형세형동검이라는 용어 대신 앞으로는 양동리식 동검 또는 가야식동검으로 그 명칭을 바꿔야 한다는 주장도 나오게 되었다. 국내에서 가장 오래된 청동거울이 양동리에서 출토된 것을 계기로 한일 두 나라에서 출토되는 방제경이나 한경 및 왜경 등으로 혼용하고 있는 동경의 명칭을 가야식 동경 또는 양동리식 동경이라는 이름으로

---

28. 3점의 방제경 가운데 1점은 파손되었으나 2점은 내행화문內行花紋이 있는 완형(Ⅰb식) 그대로의 모습이었으며 거울의 직경은 각기 6.5cm, 7.9cm였다.
29. 검신부 너비 3.9cm

고쳐 불러야 한다는 주장이 제기된 이유는 청동기를 발전시키고 보급한 국제적 중심지로서 양동리를 주목해야 한다는 점을 강조하기 위함이었다.

한편 마형대구가 나온 401호 목곽묘도 상당한 이목을 끌었다. 말 모양의 허

통형동기(양동리 331호 출토). 창끝꾸미개라고도 한다.

리띠 버클은 북방계 유물이 등장하는 시기를 추정할 수 있는 단서가 되었다. 양동리나 대성동과 같은 김해지역에 이러한 북방계 유물이 등장하는 시기는 기원후 2세기 후반이다. 이들 외에도 기원후 3~4세기의 목관묘 가운데 5기의 대형분묘[30]와 수혈식석실묘(387호)를 더 확인했는데, 여기서 나온 총 289점의 유물을 분석해 보면 당시 가야의 사회상을 보다 상세하게 가늠할 수 있다. 출토유물 중에서 토기는 70점을 차지한다. 와질토기 19점 · 경질토기 44점 · 연질토기 7점으로, 이미 토기는 경질토기가 절대적인 비중을 차지한다. 경질토기의 급작스런 증가는 철기의 발달 및 불을 다루는 기술의 축적을 반영한다.

그러나 청동기는 마형대구(1점) · 동모(2점) · 변형세형동검(2점) · 방제경(3점) 등과 같이 의기화된 물건들에 지나지 않았다. 반면 철기 유물[31]은 풍부하게 나와 2세기 후반의 양동리는 완전히 철기로 전환한

---

30. 양동리 390호, 391호, 410호, 416호분.
31. 화살촉(100점) · 창(7) · 도끼(17) · 판상철부(20) · 낫(4) · 검(3) · 칼(12) · 환두도(1) · 꺾쇠(4) · 따비(1) · 쇠스랑(1) · 괵정(槨釘, 15) 그리고 재갈(2) · 교구(1) 등의 마구와 종장판갑옷 및 투구(2) 등이 출토되었다.

사회였음을 알 수 있었다. 무기와 갑주甲胄·농공구 및 기타 다양한 철기유물을 통해 당시 가야의 역동적인 모습을 알 수 있었을 뿐만 아니라 유리나 옥을 재료로 한 목걸이도 8벌이나 나와 그 이전과는 달리 매우 풍족한 사회였음을 알게 되었다. 중국과 한반도 북부 및 서북한 지역의 정치적 변화에 따라 새로운 문물을 흡수한 가야인들의 능동적인 면모와 다양성을 보여준 것은 4호분과 427호 고분만이 아니라 다른 무덤도 대략 마찬가지였다.

아울러 지금까지 왜에서 올라온 유물로 알았던, 통(대롱) 모양의 특이한 청동제품인 통형동기가 대성동고분군과 양동리 유적에서 8점이나 나와 그간 이러한 통형동기는 일본에서 만들어 영남으로 유입되었다고 보던 주장을 뒤집을 수 있게 되었다. 통형동기는 철창鐵槍의 나무자루 손잡이에 쓰이는 부속품이거나 창끝꾸미개 또는 그것이 아니면 어떤 상징물일 것이라고 보고 있다.

한편 양동리 가곡마을 산 능선으로부터 경사면에 펼쳐져 있는 양동리고분군 3만여 평의 무덤유적 외에도 양동리 일대에는 더 많은 유적이 있을 수 있다. 1986년 첫 발굴 이후 1990~1996년 사이에 계속된 연차발굴 역시 분묘만을 대상으로 한 조사에 그쳤으므로 당시 양동리에 살던 초기 김해가야 사람들이 남긴 생활유적은 아직 어딘가에 따로 있을 것이다. 현재까지 모든 이야기의 초점이 양동리고분군에만 맞춰져 있는 실정이지만 앞으로 남은 과제는 가곡마을 어딘가에 있을 가야인들의 생활유적을 발굴하는 일이라고 하겠다. 양동리고분군의 주체들은 과연 양동리 어느 곳에 살았으며, 그들이 남긴 생활의 흔적은 어떤 것인지, 있다면 거기서 더 많은 자료를 구하는 일이 뒤따라야 할 것이다. 주변에서 생활유적이 나타난 뒤라야 초기 가야사의 조각그림이 비로소 더욱 명료하게 맞춰질 수 있으리라 기대해 본다.

끝으로 양동리와 대성동의 고분들에서 다양한 유물을 확인한 뒤로는 '기원전 2세기 말로부터 기원후 3세기까지의 김해지역은 변한사회라고 볼 수 없다'고 보는 견해가 제시되었다. 유물의 유형으로 보아 기원후 1~2세기 이전에 이미 가야사회가 새로운 양상으로 발전했다고 이해하는 것이다. 변한 사회가 큰 변혁을 거친 것만은 분명하다. 이것은 한 마디로 변진, 변진구야국과 같은 명칭에 대한 의문을 제기한 것이라고도 할 수 있으며, 동시에 그간 사용해온 원삼국시대란 애매한 용어에 대한 일종의 고별이라고도 할 수 있겠다.

다른 지역보다 이른 시기에 중국 한漢에서 제작된 각종 유물이 출토됨으로써 기원전 1세기부터 김해 지역은 새로운 문화의 전기를 맞아 모든 분야에서 변혁이 일어났다. 그래서 기원후 1~2세기의 이 지역은 구야국으로 볼 수 없는 요소들이 많아 가야사에 대한 근본적인 재검토가 필요하다고 말한다. 이에 따라 기원전 50년에서 기원후 50년 사이에 제작된 것으로 보이는 한의 청동거울이라든가 동검을 비롯하여 수정다면구슬과 목걸이·청동정과 같은 진귀한 유물을 바탕으로 가야사에 대한 검토가 이루어졌다. 그 결과 대성동과 양동리고분에서 나온 가야토기의 편년을 보다 분명하게 설정할 수 있게 되었다. 특히 '조합형우각파수부호'라는 이름의 쇠뿔손잡이항아리가 제작된 시기는 대략 기원후 50년 전후로 잡을 수 있었다. 이 무렵에 유이민과 선주세력이 만나 새로운 토기 유형을 만들어낸 사실이 보다 분명해진 것이다. 다호리나 영천 어은동·경주 조양동에서 출토된 것들보다는 반세기 가량 늦은 것으로 판단하고 있지만, 유물로 볼 때 42년에 건국했다는 가락국기의 가락국 건국 신화가 터무니없는 것이라고 할 수만은 없게 된 것이다.

가락국기에서 김해가야의 건국년도로 제시한 기원후 42년이라는 시기는 최소한 김수로 일가가 김해 양동리 일대에 정착하여 그 세력을 한창 키워가던 때였을 것으로 볼 수 있다.

가라국의 시작은 양동리 가곡마을

김해 가라국의 시작은 양동리 가곡마을

어느 나라건 지명은 그 나라의 역사와 문화를 담고 있어 때로 중요한 키워드가 될 수 있다. 지명에 스며 있는 역사성을 실마리로 역사적 수수께끼나 비밀을 풀 수도 있다. 그런 점에서 양동리 가곡마을과 가곡산성은 특히 김해가야와 가야사의 비밀을 여는 중요한 단서가 된다.

양동리 가곡산성과 가곡마을은 모두 歌谷가곡으로 표기하고 있다. 이 지명에서 우리는 중요한 사실을 유추해 낼 수 있다. 歌谷은 가라골(가락골)의 한자명이라는 것이다. 가락(歌)+골(谷)의 번역 과정을 거쳐 歌谷이란 한자 지명으로 정착한 것이니 양동리 일대는 본래 '가라골(=가라홀)'이었음을 알 수 있다. 오랜 세월이 흘렀어도 '가라골'이란 이름을 고스란히 간직하고 있으니 이처럼 지명은 매우 고집스럽고 보수성이 강하다.

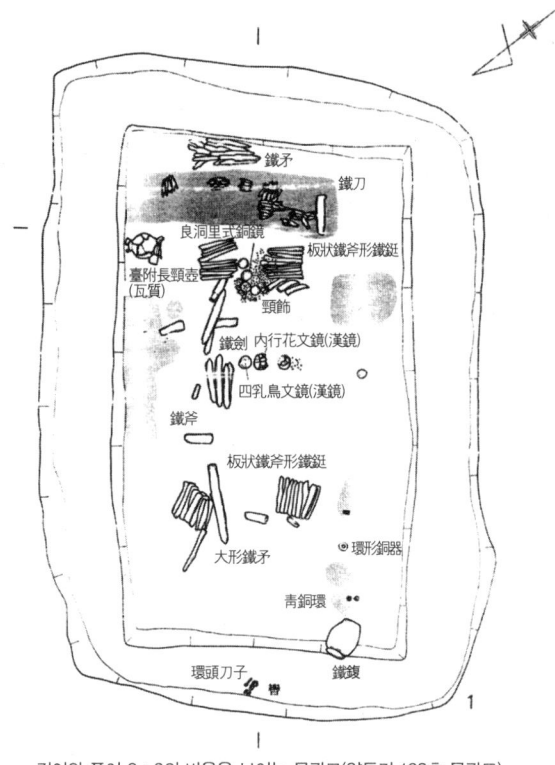

길이와 폭이 3 : 2의 비율을 보이는 목곽묘(양동리 162호 목곽묘).
이런 유형은 고조선계와 구분된다.

    현재 김해지역에서 가라골이라는 지명을 갖고 있는 곳은 이곳뿐이다. 더구나 양동리 고분으로 보아 이 일대를 중심으로 가라국[駕洛國]이 처음 태동했을 가능성이 대단히 높다. 지명이나 여러 정황으로 보아 북한의 역사학자 조희승이 제기한 가라골은 바로 이곳이었다고 하겠다. 이곳에서 가라국이 시작되었다는 전제에서 양동리고분과 출토유물로 보아 "김수로의 김해 가야는 양동리에서 시작되어 대성동으로 옮겨갔을 것"이라는 견해(김태식)가 제기되었다. 그렇지만 대성동고분 발굴자들은 단번에 그렇지 않다고 반박하여 현재 양론으로 나뉘어 있다. 대성동고분을 축조한 세력이 그 이전의 무덤을 깡그리 없애고 자신들의 무덤을 쓰기 시작한 시기는 올려 잡아도 3세기 중반이다. 반면 양동리고분군은 기원전 2세기 말에 처음 들어서기 시작했으며 기원후 1~2세기에 집중적으로 축조되었다. 같은 시기에 대성동과 그 주변에 있던 무덤들은 3세기 중반 이후에 새로 목곽묘를 쓰면서 철저하게 파괴되었다. 간단히 말해 양동리에 정착한 세력은 기원전 2세기 말에 무덤을 처음 쓰기 시작하였으며, 기원후 2~3세기에도 집중적으로 축조하였다. 여기서 말하는 기원전 2세기 말이란 위만조선의 멸망연대인 기원전 108년을 지칭하는 것이므로 쉽게 말해 위만조선의 유민들이 묻히면서 양동리고분군이 생겨났다는 뜻이다.

그러나 양동리 일대에 목관묘와 목곽묘를 집중적으로 쓴 것은 기원후 1~2세기부터이다. 이후 5세기까지 양동리에는 끊이지 않고 무덤이 들어섰다. 물론 대성동에 목관묘와 목곽묘가 나타난 시기는 양동리와 같다. 그러나 대성동 일대에서는 3세기부터 새로운 양상이 전개되었다. 정복자들이 들어와 이전의 무덤을 파헤치고 새로이 무덤을 썼다는 것이다. 이 정복자들은 3세기 말 부여의 묘제를 채택했고, 그 무렵 김해가야의 중심은 대성동에 있었다는 견해가 대성동고분 발굴자들에게서 나왔다. 요약하면, 3세기 말 부여에서 내려온 외래집단이 대성동을 정복했다는 주장이다(신경철). 이것은 양동리에서 실력을 키운 김씨 일가가 대성동으로 진출했다고 보는 주장(김태식)과 정반대의 견해이다.

그러나 양동리 세력이 대성동으로 진출하여 먼저 쓴 무덤을 파헤치고 자신들의 무덤을 썼다고 보는 데에는 이유가 있다. 양동리와 대성동의 무덤양식을 시기별로 분석해 보면 1세기 말~2세기 초의 목관묘와 2~3세기의 목곽묘 그리고 3세기 중반에 나타난 수혈식석곽묘로 요약할 수 있다. 목관묘는 양동리가 약간 빠르지만 수혈식석곽묘의 등

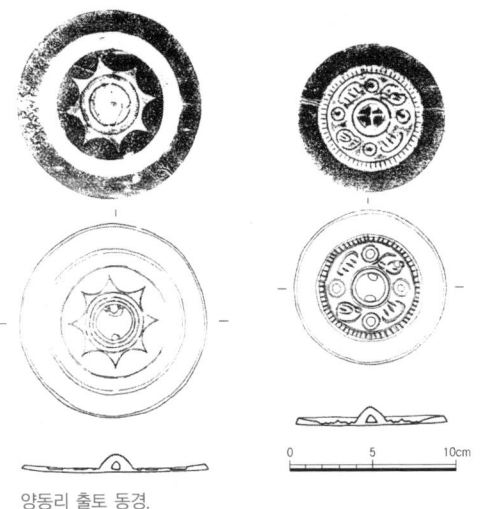

양동리 출토 동경.

장시점은 대성동이 조금 빠르다. 수혈식석곽묘가 양동리에 들어서기 시작한 것은 4세기이고, 김해 대성동에는 3세기 중엽에 나타났다. 이들 세 가지 묘제의 사용 주체는 서로 달랐다. 사용 시기에도 차이가 있다. 일부 성격을 달리하는 유물이 있으므로 이질적인 요소와 공통점이 함께 어울려 있다.

그렇다면 양동리와 대성동 두 지역에 무덤을 축조한 세력은 누구일까? 양동리에는 기존 토착 세력과 이질적인 사람들의 분묘가 함께 모여 있다. 이것은 선주세력과 북방 유민의 융화를 반영하는 것이며, 기원후 2세기에 분묘의 수가 늘어나는 것은 인구 증가와 양동리 가라골 세력의 확대를 의미한다고 볼 수 있다. 반면, 대성동에서는 3세기 후반 선주인의 무덤을 파괴한 세력이 확연히 구분된다. 대성동이나 양동리의 선주세력은 청동기 문화를 바탕으로 한 한계韓系이다. 지금도 김해시 중심가의 구지봉과 서상동 일대에 몇 기씩 남아 있는 고인돌은 이들의 삶을 반영하는 것이다. 게다가 양동리고분에서 출토되는 무덤과 유물은 대성동의 그것과 크게 다르지 않다. 두 지역의 목관묘는 목관묘대로, 목곽묘는 목곽묘대로 각기 다른 사람들이 향유한 문화였지만 이들은 대체로 잘 어울렸다. 양동리 사람들과 같은 세력이 대성동에도 기원후 1~3세기에 같이 살고 있었던 것이다. 그러나 양동리에는 5세기까지 큰 변화나 혼란 없이 무덤이 계속 늘어나는 반면 대성동에서는 3세기 초·중반까지의 무덤들을 모두 없애고 새로운 이주자들이 자기네 무덤을 다시 썼다. 이것은 이 시기에 대성동에 다른 세력들이 들어와 사회적으로 격렬한 변화가 일어났음을 의미한다. 이처럼 양동리와 대성동 두 지역에 등장한 상이한 현상을 해석하는 견해는 대략 세 가지로 요약할 수 있다. 앞서 잠시 설명한

구지봉의 고인돌. 상면에 '龜旨峰石'이란 각자가 있다. 조선시대 한석봉의 글씨라고 전한다. 이 고인돌은 발굴하지 않아 언제 만들어진 것인지 그 연대를 알 수 없다.

바 있지만, 대성동의 무덤을 파괴한 것은 외래족이 선주세력을 정복하여 축출한 결과라고 보는 견해가 있다. 이 경우 정복자를 3세기 말 부여왕족으로 보느냐 아니면 양동리 가라골 세력으로 보는가의 차이가 있지만 두 견해 모두 김수로 건국설화의 형성시점을 3~4세기로 본다. 다만 그 시기에 대해서는 3세기 초, 3세기 말 또는 4세기 초로 보는 견해가 있다.

그러나 외래족의 정복설을 부정하고 대성동·봉황동 일대의 중심세력이 자체 성장하여 가야 사회 내부에서 큰 변혁이 일어났다고 보는 시각이 있다. 이 경우 그 같은 변화가 일어난 시기를 3세기~4세기 초

사이의 어느 시점으로 볼 것인지에 대해서는 이견이 있다. 그러나 이 시기 문제를 제외하면 구지가에 의해 외부 세력에 의한 정복설은 너무나도 분명해졌다. 다시 말해 부여인의 정복이냐 아니면 양동리 세력의 정복이냐 하는 문제로 가닥이 잡힌 것이다.

그런데 『삼국유사』 가락국기에서 김수로의 구지봉 거사에 참여한 9간 중 절반이 토착 선주세력으로 그려진 점을 감안하면 양동리 세력이 3세기 말에 대성동 일대로 진출해 선주세력을 제압했다고 볼 수 있다.[1]

양동리 목관묘나 목곽묘에서 출토되는 유물이 같은 시기 대성동고분의 묘제 및 유물양상과 다르지 않다는 점 또한 그 같은 가능성을 말해 준다. 이것은 두 지역의 주체가 서로 같았음을 알려주는 것이다. 나아가 3세기부터는 수혈식석곽묘를 포함하여 세 가지 묘제가 대성동과 양동리에 공존한 것으로 보아 다른 종족과의 융화가 있었고, 그 문화는 일정한 방향성을 갖고 진전되었음을 알 수 있다. 일단 목관묘와 목곽묘는 북방에서 유입된 것이며, 이들 무덤 양식은 지배층의 것이었다는 사실도 이미 밝혀졌다. 세부적으로 미묘하고 작은 차이만 있을 뿐, 전체적인 윤곽은 같다.

가야시대 영남지방의 가장 특징적인 토기로서 대부장경호와 그것이 출토되는 수혈식석곽묘가 3세기 중엽 영남에서는 김해지역에 가장 먼저 나타난다고 알려져 있다. 하지만 이 역시 김해지방에서 자생적으로 나타난 것인지 아니면 북방에서 내려온 것인지, 그리고 수혈식석곽묘라는 것이 고인돌의 하부구조에서 발전한 것인지 또는 독자적으로 김해에서 창안하여 정착한 것인지, 그리고 그것이 정형화된 것이 3세기

---

[1] 『삼국유사』 가락국기에는 아도간我刀干 · 여도간汝刀干 · 피도간彼刀干 · 오도간五刀干 등의 소위 도간(刀干, =갈지 · 갈한) 그룹 외에 신귀간 · 유천간 · 유수간 등의 선주 토착그룹이 있다.

중엽인지를 보다 세밀하게 판단하기는 어렵다.[2] 그러나 한 가지 분명한 것은 수혈식석곽묘는 5세기에 들어서면서 영남지역에 널리 확산되어 가기 시작했다는 점이다. 아울러 이들 서로 다른 세 가지 묘제의 사용주체가 3세기 김해에서 비로소 융합했다는 사실도 알 수 있었다.

또 하나, 앞서 밝힌 대로 목관묘와 목곽묘[3]가 지배층의 무덤인 반면 수혈식석곽묘는 그 이전의 선주족(고인돌 축조세력) 또는 기원후 2~3세기의 외래계 무덤양식으로서 목관묘와 목곽묘 사용자 아래층 신분의 무덤이었다. 대략 광개토왕의 군대가 가야를 정벌하는 400년 이후 420년 무렵을 끝으로 김해지방에서는 더 이상 목곽묘를 만들지 않았고, 합천 옥전고분군에는 5세기 내내 목곽묘가 축조된다. 이웃 함안지역에는 5세기 중반에도 목곽묘를 사용했으나 그 사례는 매우 드물다.[4] 대신 고령 등지에는 5세기 초반부터 수혈식석곽묘가 집중적으로 나타나는데, 이것은 5세기 초 김해가야 지배층의 몰락과 동시에 수혈식석곽묘 세력이 차상층 세력으로 부상한 결과로 이해할 수 있겠다. 다시 말해 이것은 선주 기층민으로서 한계韓系 주민의 성장을 반영하는 것이라고 본다는 얘기다.

그렇다면 수혈식석곽묘를 사용한 사람들은 3세기 중엽 이후의 유이민이거나 기원전 1~2세기 이전에 이미 정착해 있던 사람들이었다고 판단할 수 있다. 선주족이었다면 그 이전의 토광묘나 고인돌 축조 세

2. 이에 관해서는 중국 길림吉林 지역의 대표적인 후기 청동기문화인 서단산西團山 문화와 연계하여 생각할 필요가 있다. 예맥족의 문화로 파악하고 있는 이 문화는 기원전 4세기 철기로 완전히 전환하면서 석곽묘 유형이 나타난다. 승석문 단경호라든가 동복도 특징적인 유물이다.

3. 목곽묘 또한 중국 길림吉林의 남성자성南城子城을 중심으로 하여 그 동쪽과 남쪽에 각기 수백 기의 귀족 목곽묘가 몰려 있는 모아산帽兒山 및 구개산龜盖山 고분군과 연계하여 이해하는 것이 좋다.

4. 그러나 함안 지역의 목곽묘에는 김해와 같은 순장을 하지 않았다.

양동리 340호 목곽묘 출토 토기류.

력이었을 것이고, 이 경우 고인돌의 개석 아래 하부 매장양식을 수혈식석곽묘로 발전시켰다는 얘기가 된다. 만일 수혈식석곽묘가 3세기 중엽에 들어온 사람들이 남긴 것이라면 수혈식석곽묘는 서북한이나 요동을 비롯한 중국 동북 지역에서 내려온 사람들의 무덤양식이라고 할 수 있다. 그런데 이 경우에도 여전히 남는 문제는 대부장경호와 같은 토기가 3세기 중반 이전의 김해와 영남지방 외에는 나타나는 곳이 아직 없다는 것이다. 단지 가야계의 토기 가운데 머그잔과 같은 컵형토기(=파수부배)는 그 원류가 북방에 있는 까닭에 컵형토기가 부장된 수혈식석곽묘는 중국 동북지방에서 내려온 유민들이 선주세력이 갖고 있던 무덤양식 또는 고인돌의 하부구조를 결합하여 발전시킨 양식이라고 보는 것이 타당할 듯하다.

여하튼 양동리와 대성동에서는 1~4세기 목관묘와 목곽묘 축조세력이 공존하며 융합했으므로 양동리의 상층부 또는 일부가 3세기에 대성동 일대로 진출해 기존세력을 제압했다고 보는 견해에 문제를 제기할 것이다. 물론 대성동에 새로운 고분군이 등장하는 시기가 3세기 후반~말이란 조건만을 보면 김해의 가라국은 대성동 일대에서 일어났다고 볼 수도 있다. 그러나 여기서 조금 더 나아가 최근까지 축적된 고고학적 성과를 토대로 지명과 언어학적 측면을 함께 들여다보면 얘기가 달라질 수 있다. 구지가와 구지봉·구지로와 같은 지명으로부터 김해가야(가라국)의 건국세력이 대성동 일대에서 선주계를 정복한 사실을 분명히 알 수 있으며, 양동리 가곡마을의 '가곡'에서 '가라골'이 유추되는 것이라든가 양동리 출토 청동정은 김씨들의 첫 정착지가 양동리 일대였음을 알려주는 것 또한 분명하기 때문이다.

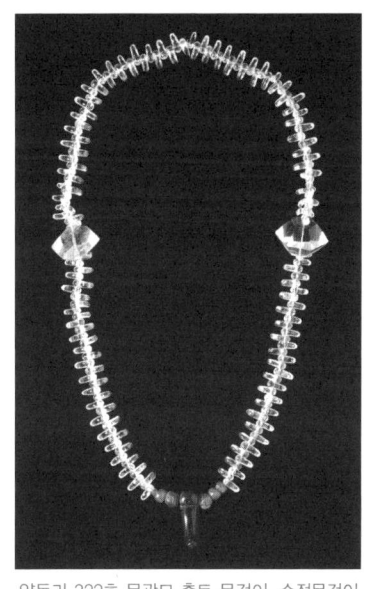

양동리 322호 목곽묘 출토 목걸이. 수정목걸이로서 낙랑에서 유입되었을 것으로 추정한다.

양동리 가곡마을은 김씨 가계가 처음 정착한 곳이었다. 김수로 일가는 여기서 중국 한漢 예하의 읍군邑君[5] 신분을 이용해 그 세력과 실력을 키웠고, 2~3세기에 대성동으로 진출한 것이다.

기원후 400년 신라 군대를 길잡이로 앞세워 고구려 광개토왕의 군대가 쳐들어간 곳이 현재의 김해시 중심가이고 이곳에 가라국의 국성國城으로서 임나가라가 있었다고 하면 임나가라의 중심을 대성동 일대로 볼 수 있다. 그러나 여기서의 임나가라는 4세기의 가라이다. 김수로 세력이 대성동에 무덤을 쓰기 시작한 시기는 3세기 말이므로 대성동 일대는 김수로 집단이 3세기에 옮겨간 거주지이다. 하지만 이들은 대성동으로 옮겨 간 후에도 얼마 동안은 양동리 가라골에 무덤을 썼을 것이다. 그 당시 대성동 일대의 선주 무덤을 없애고 자기들의 무덤

---

5. 가라골에 근거지를 둔 김씨로서 한관漢官 신분으로 출발했다고 할 수 있다.

을 쓰면서 기존 세력을 대치한 사람들은 김수로와 9간 집단일 것이며, 대성동에 남아 있는 1~2세기 목관묘·목곽묘 중 상당수는 김수로 편에 서서 가라국을 세운 가라국 창업세력의 선조들 무덤이라고 볼 수 있다. 대성동고분군 북단의 구지로고분군과 봉황동고분군에서 확인한 1~2세기의 구야국 무덤들은 김수로 이전 대성동의 주인들을 유추할 수 있는 자료다.

그러나 대성동과 달리 양동리는 기원전 2세기 말부터 5세기 초까지 줄곧 무덤을 썼다. 한 마디로 5백여 년 동안 양동리 사회는 격렬한 변화를 겪지 않았고 사람들의 삶이 단절된 적이 없다. 이처럼 양동리에 큰 변화가 없었다는 것은 3세기 대성동 일대를 장악한 세력이 양동리 세력과 적대적인 관계에 있지 않았음을 알려주는 것이다. 다시 말해 양동리는 초기에 정착한 세력과 김수로의 세력이 기존 사회를 해체하지 않고 순탄하게 융합하여 발전한 토대가 된 마을이라고 할 수 있다. 그렇기에 무덤도 고스란히 남아 있고 가곡산성 및 가곡이라는 표기명 또한 가라골[6]이나 가라골의 후기형으로 남아 있는 것이라 하겠다. 이런 점에서 가곡마을은 원래 가라골이고, 양동리良洞里 가라골 실력자들을 추대하여 가라국(가락국)을 건국했으므로 가라국의 출발지는 양동리 가곡마을 일대로 볼 수 있다. 반복하자면 김수로는 양동리에서 구지봉과 대성동 일대로 진출했으며 이런 측면에서 보면 3세기 초 포상팔국의 전쟁은 양동리 김씨 일가가 대성동 일대로 진출하여 선주세력을 아우른 데 대한 보복적 차원에서 주변 소국들이 벌인 반격으로 볼 수도 있지 않을까?

아무튼 앞에서 설명했듯이 가곡歌谷이란 지명에서 '가라골' 과 그 원

---

6. 고구려의 표기법을 따르면 가라골은 加羅忽가라홀이 될 것이다.

형으로서 가라홀(加羅忽, =가라고리)을 추리해낼 수 있으며, 양동리고분은 '가라' 인들의 무덤임이 분명하다.[7] 따라서 가곡마을이라는 지명과 양동리 고분은 김해가야의 시작을 추적하는데 중요한 단서가 된다. 무엇보다도 양동리에 무덤을 쓰기 시작한 기원전 2세기 말~1세기 초반이라는 시기는, 한사군의 설치와 한 무제의 요동경략 직후이다. 하지만 기원전 2세기 초 연燕의 장군 진개秦開가 요동을 정벌하던 때[8]로부터 고조선의 준왕이 위만에 패한 기원전 194~195년 무렵에 내려온 유민의 흔적은 양동리엔 없다. 한 무제가 기원전 108년 위만조선을 멸망시킨 이후 남한지역에 들어온 유민과 기원후 1세기 중반 후한後漢 광무제의 낙랑국 정벌 이후에 발생한 유민의 일부가 김해 대성동이나 양동리에 정

양동리고분 출토 토기류.

동모편(양동리 출토).

---

7. 가곡은 가라골이란 지명의 다른 표기이고, 이것은 현재의 황해북도 수안의 가라읍산加羅邑山에 보이는 가라읍과 같다. 가라읍加羅邑은 가라고-리의 또 다른 표기이다. 고구려의 경우 이것을 한 자로 흔히 가라홀加羅忽로 표기하였다. 邑을을 지금도 고을(골)로 새기고 있는 것이 그 증거로, 양동리 가곡은 가락골→가라골로 그 원형이 추출되며 이것은 가락국駕洛國 성립에 근간이 된 마을로 볼 수 있는 근거가 된다.

8. 기원전 198년.

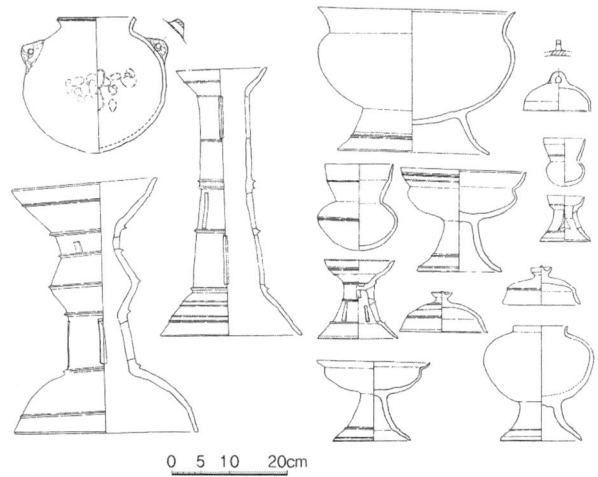
양동리 출토 통형기대와 기타 토기류.

착했다. 기원전 2~1세기 이후로 줄곧 중국이 흉노족과 선비족 및 고조선·예맥인을 압박, 정벌하면서 흉노와 선비 등 많은 종족들이 전란을 피해 한반도로 들어왔다. 즉 그 시기에 많은 유민流民이 이 양동리 일대에 옮겨 와 비로소 마을을 형성한 것이다.

또한 해발 33m의 야트막한 야산에 위치한 테뫼식 석축성인 가곡산성歌谷山城[9]도 증거가 된다. 만일 이 산성이 본래 토축성으로 시작되었다면 가곡산성은 김해지역의 초기 세력들이 서로 충돌하면서 상호 서열을 정해 나가던 시기에 축조되었을 것이므로, 가곡산성을 처음 쌓은 시기는 아마도 2세기 말~3세기 전후로 볼 수 있다. 김수로 집단과 가라국 방어의 필요성이 커진 단계에서 성이 만들어졌을 것이므로 가라국 성립시기와 가곡산성의 초축 시기 사이에는 큰 차이는 없다고 하겠다. 경우에 따라서는 어느 정도 시차를 두고 축조되었을 수는 있

---

9. 현재 가곡산성은 양동리산성·양동산성良洞山城·삼년산성三年山城·내삼리산성內三里山城과 같은 여러 가지 이름으로 불리고 있다.

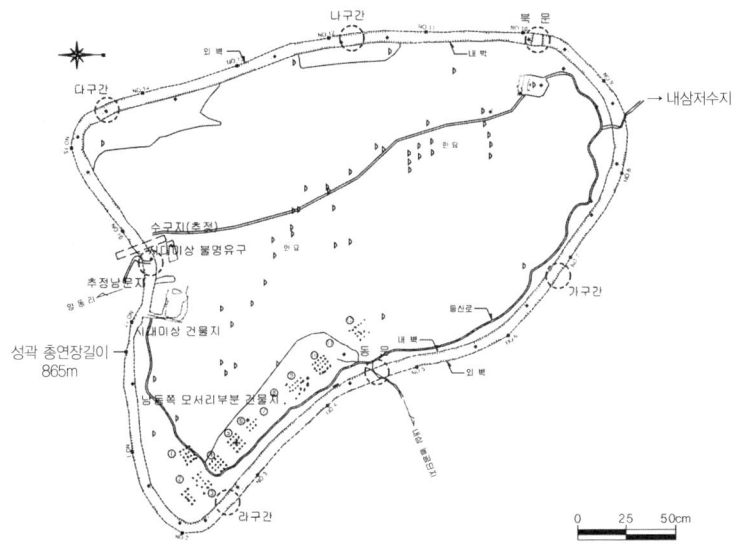

양동리산성(=가곡산성) 실측도.

겠지만 3세기 초 포상팔국전 이전에는 이미 성이 있었다고 봐야 한다. 더욱이 포상팔국이 협공한 김해가야의 갈화성竭火城은 울산이 아니라 양동리산성,[10] 다시 말해 가곡산성으로 판단된다. 갈화竭火는 '가라부루(가라불)'의 다른 표기인 점에서 그것은 더욱 분명해진다. 竭은 '갈'이라는 소릿값을 갖고 있으며, 火는 산이란 의미의 '불'[11] 또

---

10. 기초조사를 한 결과 성의 둘레는 860m. 성 내부에 폭 5m 정도의 회곽도廻郭道를 만들어 편축식片築式으로 쌓았음을 알아내있다. 문지(門址, 문지리)는 동문·남문·북문의 세 군데에 있으며 빗물은 남문지 쪽으로 흘러나가게끔 한 것으로 조사됐다. 신라산성과 백제산성의 특성을 다 갖고 있다고 하며 산성 부속건물로 건물지 11동이 있는 사실도 조사됐다. 김해지역에서는 기와가 출토되는 시기가 2세기로 올라가는데, 이곳 양동리산성에서는 기와가 나오지 않아 그보다 이른 시기의 성으로 쓰였거나 기와를 사용하지 않은 건물이 있었을 것으로 보고 있다. 물론 이것은 지표조사 결과이므로 정밀발굴이 이뤄지면 보다 구체적인 내용을 확인할 수 있을 것으로 본다. 하지만 현재의 양동리산성은 테뫼식산성으로서 6세기의 유적으로 보고 있다. 그 시기를 아무리 올려 잡아도 5세기 말이며 그렇기 때문에 가야의 성이 아니라 신라의 석성으로 보고 있다. 길목을 지키는 차단성 또는 거점성이 아니라 군대가 상시 주둔했을 것으로 보고 있다.

청동검파두식(양동리 55호분 출토). 이런 유형을 흉노의 경로도로 파악한다.

는 '부루'[12]를 표기하기 위한 것이었다. 이에 대해서는 나중에 기회가 되는 대로 따로 설명하기로 한다.

자, 그럼 가곡산성 바로 아래의 양동리고분군에 대해 간단하게 살펴보기로 하자. 먼저 가곡산성[13] 가까이에 있는 양동리고분군 중에서 양동리 52호분의 경우를 예로 든다. 이 무덤은 1세기 전반의 토광목관묘로 확인되었다. 여기서는 삼각형 구연부 점토대토기 · 두형토기[14] · 철부 · 철겸과 같은 철제 이기利

---

11. 『삼국사기』 지리지에 夫里부리 또는 卑離비리로 표기된 지명이 여기에 해당하며, 산이라는 뜻이다.

12. 부루 · 부리는 삼한三韓 시대 한국 땅에서 널리 사용한 고대어로서 '불'에 해당한다. 이것은 본래 산山이라는 의미로서 마한 · 백제시대에 전남 나주시 반남면을 반나부리半奈夫里라고 불렀는데, 이 경우의 부리夫里나 전북 익산~부여 지역을 백제 후기에 소부리(所夫里, =松山)라 한 것은 모두 '부리=산'의 의미를 알려주는 대표적인 사례이다. 봉峯 · 봉우리 또는 산山이라는 한자어로 대치되기 이전에 사용한 고대 한국어는 부리(=불)였다. 따라서 '가라부루' · '가라불'은 '가라산'의 의미이다.

13. 북쪽 황새봉(392m), 동쪽 경운산(378m), 서쪽 매봉산(338m)으로 산봉우리가 둘러싸고 있는데다, 양동리산성은 김해평야와 낙동강 하구, 김해 시가지와 분산성盆山城, 그리고 남쪽과 서남으로 칠산동고분군이라든가 장유면 등 사방을 두루 조망할 수 있는 요지에 있는 까닭에 여지도서(輿地圖書, 영조 40년, =1764)는 이 산성을 가곡산성으로 기록하고 '방어 요새를 설치할 만한 곳이다'(可作關防處)고 기록했다.

14. 豆形土器. 현재 고고학에서는 이것을 굽접시라고 부르고 있다.

器와 유리구슬 등이 출토돼 목관묘와 철기문화가 토착화하는 양상을 보여주었다. 삼각형 점토대토기는 서북한과 요동지역의 태자하太子河 및 혼하渾河 일대에 원류를 두고 있다. 또한 이웃 다호리나 성주지역에서도 출토된 바 있는 흑색 두형토기는 원래 조두俎豆라고 부르는 것으로, 북방의 음식용기이지 양동리에 전통적으로 있어온 양식이 아니다. 나아가 2세기 초의 유적으로 보고 있는 양동리 55호목곽묘에서는 청동검파두식·철단검·철겸·철도자·내행화문방제경(7점)·철제화살촉(60여 점)·원저단경호 등 다양한 유물이 나왔다. 그러나 무엇보다도 검劍과 옥·거울이 출토돼 발굴자들은 제정일치시대 지배자의 무덤으로 판단하였다. 따라서 이들 무덤의 연대에 근거하여 조사자들은 양동리 산성의 초축시기를 기원후 1~2세기로 올려보고 있다. 백제가 서

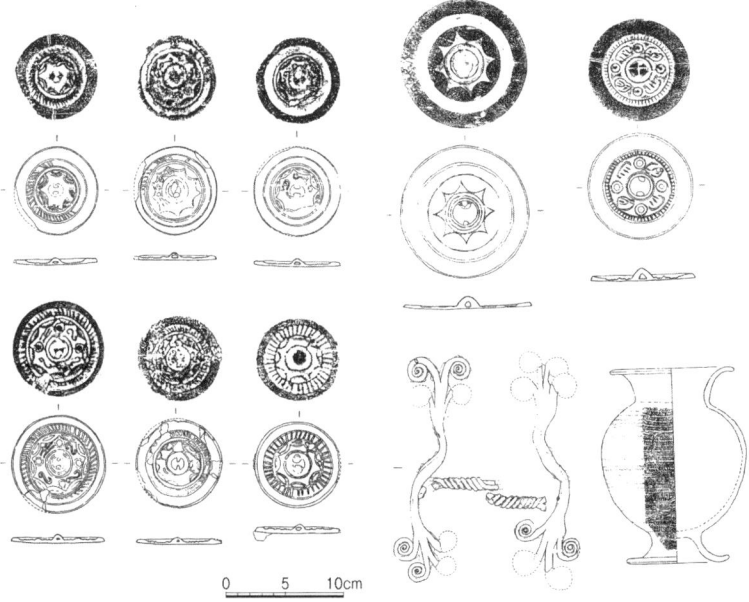

양동리 162호 목곽묘 출토유물.

울에 풍납토성[15]을 쌓은 시기에 가곡산성을 만들었다는 얘기다. 아울러 양동리 162호분은 2세기 후반에 만들어진 대형목곽묘로서 양동리의 목곽묘 중에서 가장 이른 시기의 가라골 수장급 무덤이라고 보고 있어서 다음의 견해를 주목할 필요가 있다.

"양동리고분군은 대성동고분군과 분산성盆山城[16]이 있는 김해 중심가에서 떨어져 있으므로 양동리고분군이 가락국의 중심 유적인지는 알 수 없다. 다만 김해시내 봉황동과 대성동 등에서도 같은 시기에 속하는 고분 유적이 발견된 적이 있지만, 양동리보다 그 규모가 작은 것이 분명하므로 3세기 이전의 김해지방 정치와 문화의 중심은 양동리에 있었다고 볼 수밖에 없다."(김태식,『미완의 문명 7백년 가야사』)

단순히 3세기 이전의 고분 유적 규모가 대성동보다 양동리가 크기 때문에 양동리가 김해의 중심이었다는 분석이다. 규모가 큰 고분의 피장자가 정치·경제적으로 상위신분이기 때문에 나온 판단이다. 다시 말해 가곡산성 주변에 있는 양동리고분군이 1~3세기에 주로 조성되었고, 1세기 전반에 축조된 52호분, 2세기 후반에 만들어진 162호분 등으로 보아 양동리고분은 김해가야 초기의 유적이라는 견해이다. 이것은 정확한 분석이라고 할 수 있다. 162호분에서는 동경 10매에 길이 60cm나 되는 대형 철모鐵鉾·철검 6자루·철촉 60여점·판상철부

---

15. 초기 하남 위례성. 풍납토성에서는 가야토기가 꽤 나왔다. 대부분 5세기 소가야를 비롯, 서부 경남지역 가야와 한성백제의 교류를 알 수 있는 것이지만 1~2세기 가야 지역과의 교류를 알 수 있는 유물은 발견되지 않았다.(풍납토성-잃어버린 王都를 찾아서 p.104 참고, 서울역사박물관, 2002).
16. 옛 기록에는 김해부의 북쪽 3리里 거리에 있는 김해의 진산鎭山인 분산盆山에 있다고 하였다.

60여점·철복 1점 등이 출토되었는데, 이러한 유물 역시 왕권에 버금가는 강력한 권위를 보여준다고 이해한다. 대형 목곽묘인 이 양동리 162호분은 울산 하대리 1호·44호 무덤과 같은 시기의 것으로 보고 있는데, 그렇다면 이런 문화를 가진 집단은 누구였을까? 결론부터 말하자면 양동리 일대는 고고학적 결과나 입지여건으로 보더라도 김수로와 그 가계가 처음 정착하여 세력을 키운 곳이었을 가능성이 무척 높다. 나아가 유적과 유물을 바탕으로 한 고고학적 결과는 제쳐두고 지명 하나만으로도 초기의 김해 가야와 관련해서 많은 것을 유추할 수 있었다. 황해도·평안도 지역에 있던 가라읍加羅邑이나 강원도 간성의 옛 이름인 가라홀加羅忽 그리고 양동리의 가라골은 정확히 같고, 지명이 같다는 사실은 이들 세 지역에 산 사람들은 하나의 계통이라는 증거가 된다. 굳이 양동리고분군에서 나온 중국 한나라 유물 또는 낙랑계 유물을 거론하지 않더라도 가곡 마을 일대에 처음 자리 잡은 사람

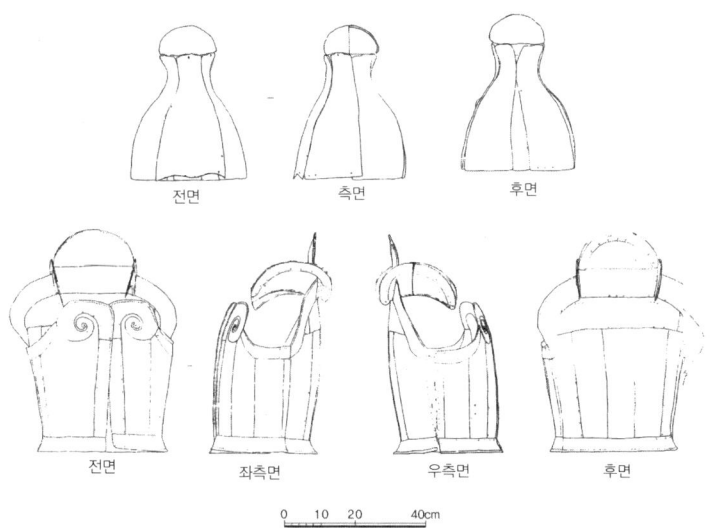

김해 양동리 78호 목곽묘 출토 소용돌이 문양 판갑板甲과 투구.

들은 낙랑 및 서북한 지역을 경유해 들어왔음을 짐작하게 한다. 일정 기간 그 지역에 머무르면서 토착화된 세력일 수도 있다. 다만 당시 한반도에서 문화의 선진지대가 바로 평양 일대였으므로, 요동이나 만주 지역에서 남하한 세력이라 할지라도 일단 서북한 지역을 경유했을 것이다.

결국 고구려 평양 일대에 살던 사람들 가운데 양동리에 먼저 내려가 있던 선주 유이민 세력이 있었기에 김수로와 같은 후속 집단의 이동이 가능했고, 또 이들을 바탕으로 김수로는 기존의 김해 일대 구야(가야) 세력과 토착인들을 정복하고 지배자로 들어설 수 있었다. 고구려가 낙랑국을 멸망시킨 해인 기원후 37년으로부터 7년 뒤인 44년 '광무제의 군대가 쳐들어와 살수 이남이 한에 속하게 됐다' 고 하였으니 이 시기에도 전란을 피해 상당수가 남으로 피난을 떠났으리라 짐작할 수 있다.

한편 양동리고분군이 펼쳐져 있는 야산 하단부에서는 고인돌 1기와 청동기시대 유물 포함층이 나왔는데, 이것을 보면 고인돌을 축조한 집단은 기원전 2세기 초에 내려온 고조선계 유민이거나 그 이전의 선주 토착세력이었다. 대성동 구지봉의 고인돌을 남긴 세력과 같은 사람들이 양동리에도 분명히 살았던 것이다. 이렇게 보면 변진구야국의 수장이나 9간 그룹은 김수로 이전에 먼저 양동리 일대로 내려가 터전을 마련한 사람들이라고 할 수 있다. 물론 그 중에는 중국 동북지방이나 서북한 지역에서 이주해간 세력도 있었을 것이다. 이와 관련해서 『삼국유사』 가락국기에 기록된 김수로 추대 세력, 즉 9간九干의 실체에 대해서도 분석해볼 필요가 있다. 결론부터 말해서 김수로 추대세력인 9명의 칸을 분석해보면 선주 토착세력과 나중에 유입된 유이민으로 양분된다. 4명의 도간끼干 그룹을 제외하면 다섯 명의 간干은 기존의 청동기 전통을 지켜온 토착세력에 해당하며 이들 5干[17]의 세력은 대성동이나 기타 김해 일대의 여러 지역에 촌락 단위로 흩어져 살았다. 이들 촌락의 촌주인 도간刀干이나 갈간(갈칸, =갈지)은 변한의 다른 표기이다. 변한弁韓의 弁이 '고깔(곳갈)'의 '갈'에서 나왔으므로 변한은 갈한의 차용자임이 분명하다. 그리고 竭·刀·弁은 모두 갈 또는 '가리'의 소릿값을 빌려 쓰기 위한 글자였다. 竭이 '갈'이라는 소릿값을 나타내기 위해 빌려 쓴 글자인 것처럼 刀 역시 '갈'을 표기하기 위해 사용한 글자다.[18] 따라서 가락국기에 등장하는 도간刀干 그룹은 김수로 세력의 주요 혁명 멤버들이다. 김수로 가계는 이들 도간과 김수로 이전의 선주 수장세력인 나머지 5명의 간干을 자신의 세력권으로 끌어들여 가라국을 창업할 수 있었다.[19]

결론적으로, 김해가라의 김수로 가계는 양동리 가라골에 뿌리를 내리고 2세기 중반 이후 대성동으로의 진출을 시도한 끝에 김수로나 그 아들 거등왕 대에 대성동 세력을 꺾어 김해 대성동 세력을 통합함으로써 드디어 대가라국을 건국할 수 있었다. 그리고 가라국 건국을 처음 선포한 곳은 대성동이었을 것이다. 양동리는 염사읍군으로서 김수로의 선조들이 맨 먼저 정착해 살던 가라골이고, 대성동으로 세력을 확장하면서 가락국이 완성되었다고 보는 것이 자연스러울 것 같다. 즉, 2세기 말~3세기 초 대성동으로 진출하여 변진구야국을 접수하였으며 양동리에서 대성동으로의 본격적인 이주 시기는 3세기 후반이었으리

---

17. 유수간留水干 · 유천간留天干 · 신천간神天干 · 오천간五天干 · 신귀간神鬼干.
18. 刀의 한국 고대음은 갈이다.
19. 이로 보아 가라골 · 금관가야 · 가락국(=가라국)의 순서로 형성되었으며 이들 창업세력은 흉노 · 선비계였다. 따라서 그 종족적 실체로 보면 구트야국狗耶國을 창업한 사람들과 다르지 않았다고 본다.

라는 것이다. 이렇게 볼 경우 『삼국유사』 가락국기와 고고학 발굴 성과 사이에 생기는 괴리가 좁혀지고 김해 가야와 김수로의 건국설화 문제도 자연스레 해결될 수 있을 것이다.

더군다나 양동리 일대는 서편의 진례進禮를 통해 창원지역과 연결된다. 마산만에서 남해서부와 서해안으로 통하는 해로가 열려 있고 동쪽 낙동강으로 나가기에도 용이한 해상 요충을 끼고 있다. 양동리는 남쪽 웅천(진해)으로 나가거나 진례를 거쳐 마산·창원을 통해 낙랑 및 중국과의 해상교류에 유리한 조건을 가진 곳인 반면, 동편 낙동강을 중심으로 한 내륙수로를 통제할 수 있는 위치에 있다. 따라서 김해지역으로 내려온 김씨들은 2세기 중반 이후 현재의 대성동 일대와 동쪽 낙동강권까지 확보할 수 있었고, 그로써 왜와의 교류를 적극적으로 펼칠 수 있었던 것이다. 마산만의 포구와 낙동강의 내륙수로를 장악함으로써 중국은 물론 일본과의 교류에 유리한 여건을 만들 수 있었다. 지금도 남해안 뱃사람들은 '섬을 제외하고 영남 남해안 지역에서 대마도로 흐르는 최단거리 해류는 마산과 진해에서 시작된다'고 말하고 있는 것을 볼 때 대성동 진출은 낙동강 하류역은 물론 왜와의 독점적 교역권을 확보하는 계기가 되었다고 할 수 있다. 이를 바탕으로 김수로가 구지봉과 대성동 일대의 지배층을 정복하고 세력을 넓히자 이에 반발하여 소국들인 포상팔국이 연합군을 편성, 김해를 집요하게 공격한 사건이 3세기 초의 포상팔국 전쟁이었으리라고 이해할 수 있을 것이다.

양동리고분에서 출토된 청동정의 비밀

322호 양동리고분 출토 청동정의 비밀

여러 유적과 유물을 볼 때마다 느끼는 감정이란 "어느 것이나 존재하는 것은 그 자체로서 가치가 있고 유물은 거짓을 말하지 않는다"는 사실이다. 유물을 앞에 두고, 또는 유적을 바라보면서 앞서 살았던 이들의 행동양식과 그 문화를 읽으려 할 때 우리는 겸허한 자세로 돌아가지 않을 수 없다. 시간 앞에 인간은 참으로 무력하다는 것과 영원한 것은 과연 무엇인가를 되묻지 않을 수 없는 것이다. 생자필멸의 자연법칙이 만들어낸 전국의 수많은 유적으로부터 사료에 부족한 내용을 찾기 위해 두더지처럼 발굴하는 고고학자들에게 '일생을 바칠만한 가치 있는 일을 하고 있다'는 말로 그들의 소중한 노력을 평가하면서 다음 이야기로 들어가자.

일제시대 일본인들이 회현리 패총 발굴을 시작한 이후 지금까지 김

김해 양동리 322호분 출토 청동정(동의대학교 박물관).

해 일원에서는 많은 유적을 조사해 다양한 유물을 찾아냈다. 특히 1990~2000년대에는 숱한 유물을 쏟아냈고, 그 유물들은 기록에는 없는 많은 것들을 알려주었다. 잃어버린 가야사를 복원하기 위한 증거자료로 충분하지는 않아도 대단히 가치 있는 것들이었다. 그러나 지금까지 김해 지역에서 확인한 여러 가지 유물 가운데 가장 의미 있는 출토품은 아마 동정銅鼎[1]일 것이다. 3세기에 만들어졌을 것으로 보는 양동리 제322호 목곽묘에서 출토된 이 청동정은 생김새(양식)와 솥에 새겨진 명문의 서체 등으로 보아 기원전 1세기로부터 기원후 1세기 중엽 이전에 제작된 것으로 보인다. 중국 한나라 시대에 유행한 전서체에 솥의 형태와 양식상 전한 말기~후한 초기의 것으로 분류할 수 있어 제작시기와 제작지를 비교적 분명하게 한정할 수 있다. 개인적인 견해이지만 기원전 1세기 중반 이후~기원후 1세기 초 사이에 제작되었다고 본다. 만약 그렇다면 이 청동정靑銅鼎은 피장자의 집안에서 약 2백여 년 이상 대대로 전해 내려오다가 3세기에 무덤에 함께 묻힌 것이 된다.

1. 청동 솥인 동정銅鼎은 중국 황제黃帝가 처음 만들었다고 전한다. 중국의 역사서에 의하면 동정을 처음 만든 이는 황제로서 이미 하 왕조 이전에 제작했다고 한다. 기원전 21세기의 인물로 황제가 동정을 만든 것은 천지인天地人과 전국 구주九州의 형태를 본뜬 것이라고 한다.(黃帝作寶鼎三尙天地人 禹收九牧之金九鼎象九州皆鬺享上帝鬼神). 이것은 하늘의 상제와 귀신에게 제사를 지내기 위한 것이었다. "황제는 수산首山에서 구리를 채취하여 하동河東 형산(荊山, 馮翊 懷德縣에 있었다) 아래서 정鼎을 주조하였다"고 한다.[黃帝采首山銅鑄鼎荊山下-『후한서』 교사지郊祀志 제5].

지금까지 청동 솥은 경주 천마총·황오동4호분·노서동 138호분에서 각 1점씩 출토되었으며 평양 정백동 8호분에서 2점, 낙랑토성에서도 1점이 나왔다. 이 외에 울산 하대리 유적 제23호 목곽묘에서도 출토되었는데, 이들은 청동 솥이라는 점에서는 같다. 그러나 양동리 동정은 다른 것들과 양식상 많은 차이가 있다. 동정의 형태와 명문으로 보아 양동리 청동정은 중국 한

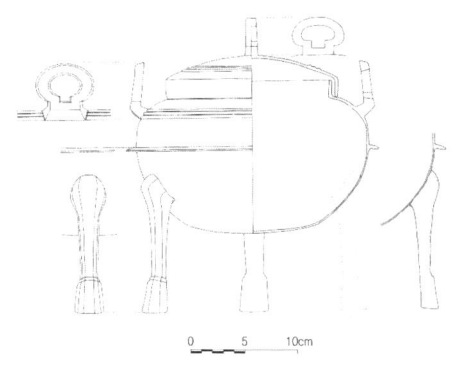

경주 천마총 출토 동정.

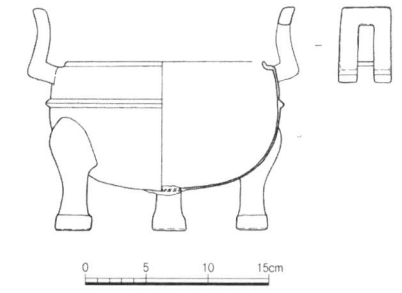

김해 양동리 322호분 출토 동정.

나라의 정통 동정 계열이다. 동정에는 제작 연대라든가 솥의 이름과 소유자·크기(무게)나 용량 등을 새기는 것이 일반적인데, 양동리 동정 외에는 이런 명문이 없다. 반드시 있어야 할 명문이 없는 동정은 중국 변방에서 만들어진 모조품이라고 할 수 있다. 양동리 동정 말고는 반드시 있어야 할 소유자와 용량·제작연도 등이 없으며, 솥의 형태 또한 전한이나 후한의 양식이 아니다. 김해 지역의 출토 유물 중 명문이 있는 금속유물은 이 동정뿐이라고 할 수 있는데, 명문이 있는 청동 솥과 없는 것에는 그 격에 큰 차이가 있다. 김해지역 출토품 가운데 명문이 있는 청동 솥의 출토는 그래서 중요한 의미가 있다.

본래 청동 솥은 황제皇帝의 권위를 드러내는 상징물로 중국 최초의

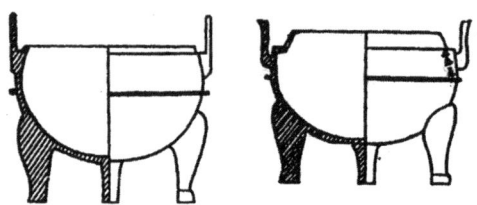
양평陽平 경후絅侯의 무덤에서 출토된 동정과 석정. 양평은 현재의 하남성 임장현臨漳縣이다.

왕조인 하夏나라 때부터 만들어지기 시작했으며, 은나라 중기 이후 주나라 때까지는 특히 화려하고 장대한 모습으로 주조되었다. 은殷[2]과 주周 왕조에서는 화려한 문양에 솥 모양이 네모난 방정方鼎을 중심으로 하여 원정圓鼎[3]도 함께 만들어졌다. 그러다가 진秦나라 때 이르러 동정은 퇴화하기 시작하여 작고 간단한 모양으로 제작되기 시작했다. 진秦 이후 동정의 가장 큰 변화는 방정이 차츰 사라지고 원정을 중심으로 주조되었으며, 복잡하고 화려한 문양도 생략된 것이다.[4] 간단히 말해 은주殷周 시대 동정의 퇴화 형태가 한정漢鼎이라고 할 수 있다. 제왕 뿐 아니라 지배층이 자신들의 무덤에 동정을 가져가는 것은 대략 은과 서주西周[5] 시대 중기 이후에 정착되었으며 전국시대를 거쳐 한의 제후 무덤에도 그대로 이어졌다.

그런데 중국 섬서성陝西省에서 출토된 진나라 때의 반두정半斗鼎이 양동리에서 출토된 청동 솥과 유사해 주목된다. 이미 이 시기의 동정의 용도는 물이나 기타 곡물 등을 계량하기 위한 용기[6]로 전환되었지만 여전히 지배자의 상징물이었다. 반두정이란 그 솥의 이름이 의미하는 바와 같이 물이나 곡물 반 말이 들어가는 용량을 가진 솥을 말하는데, 이

2. 기원전 17세기~1046년까지 존속한 중국의 두 번째 왕조.
3. 원형의 솥.
4. 진한秦漢 시대에는 흙으로 빚어서 구운 도정陶鼎도 있었다.
5. 기원전 1046년~770년.
6. 기준이 되는 양형기量衡器.

반두정은 현재 함양시박물관이 소장하고 있다.[7] 섬서성 반두정과 양동리 일두정一斗鼎이 닮았다는 것은 이들이 서로 계보가 같을 수 있음을 의미한다. 또한 전한시대 중기에 제작된 양신가정陽信家鼎[8]이 1981년 섬서성에서 출토되었는데,[9] 양동리 동정[10]은 바로 이 양신가정과

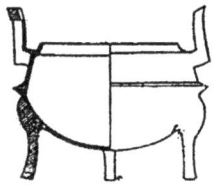

우양궁정. 출토시 뚜껑은 없었다. 높이 17.1cm, 구경 14.3cm, 용량 1두1승.

가장 비슷하다. 양신가정은 솥의 겉면에 새겨진 명문을 통해 솥의 주인이 양신가이며 솥의 무게와 용량·제작연대 등도 자세히 알 수 있었다.[11] 양신가정은 중국 황실의 중신으로서 제후급 인물이 소유하던 것이다. 이 양신가정은 전한시대 도량형제도를 엿볼 수 있는 유물로서 매우 중요한 의미를 갖고 있다.

---

7. 반두정의 높이는 19cm이다.
8. 솥의 높이는 19.5cm에 구경은 18.5cm이다.
9. 흥평현興平縣 두마촌豆馬村.
10. 양동리 동정은 높이 17.6cm에 직경 16.1cm로 크기가 양신가정과 비슷하다.
11. 1981년 5월 섬서성陝西省 흥평현興平縣에 있는 한 무제의 무릉武陵 1호 무명총1호無名塚1號에서 발굴한 청동기 16건에 양신가陽信家란 명문이 있었다. 또한 이보다 앞서 1968년 5월 하북성河北省의 만성滿城 능산陵山 2호 한대漢代 묘에서 장신궁정長信宮鼎이라는 음각 글자 위에 양신가陽信家라는 명문이 있는 청동기가 발견되었다. 이로써 양신가의 청동기 소유자가 누구냐에 관심이 집중되었는데, 처음에는 양신가는 양신이후陽信夷侯일 것이라고 보았다. 곧이어 이 청동기는 한 무제의 누이인 양신장공주가陽信長公主家라는 연구가 나왔다. 하지만 사마천의 「사기」에는 무제의 누이를 평양장공주平陽公主라고 기록한 곳이 19군데나 있어 양평장공주를 양신장공주로 고쳐 부르자는 주장이 나오게 되었다. 그런데 위청전衛靑傳에는 평양후 조수상무제매양신장공주平陽侯 曹壽尙武帝妹陽信長公主라고 한 기록이 있다. 지금은 이 기록에 따라 이 무덤을 양신장공주의 묘로 보고 있다. 다시 말해 한 무제는 위청의 처남이고, 위청 부부가 양신가의 주요 인물이란 얘기인데, 특히 위청의 무덤은 곽거병의 무덤 서쪽에 있어 그 가능성을 높여준다. 이 무덤에서 나온 동정銅鼎은 2두정二斗鼎으로, 무게는 14근 4냥이다. 여기에는 四年二月 工官得指造란 명문이 있어서 그 연대를 建元4년으로 파악, 기원전 137년이란 연대를 얻었다.(考古與文物, 中國 王輝, 1992年 1期). 위청의 아버지는 정계鄭季이며, 평양후가平陽侯家의 급사(관리)로 있을 때 위온衛媼과 사통해 위청을 낳았다. 위소아는 위온과 자매간으로 한 무제의 후궁이 되었다. 한 무제와 위청은 누이를 서로 주고받은 사이이다.

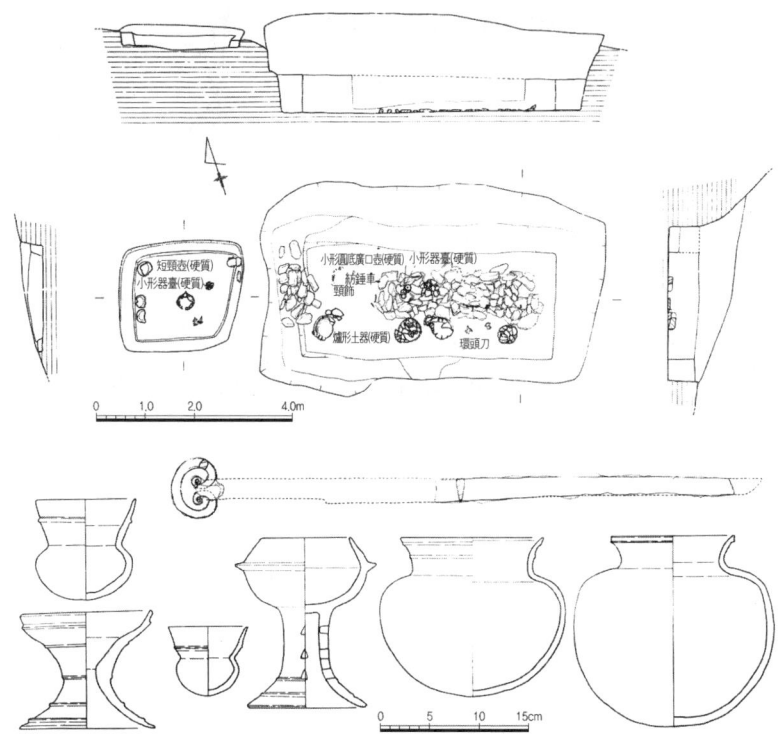

김해 양동리 349호분 및 출토 토기류.

    그러나 같은 전한 중기의 동정인데도 모양이 약간 다른 것도 있다. 섬서성 서안西安에서 출토된 태산궁정泰山宮鼎[12]은 배가 부르며 둥근 귀가 달려 있는 것이 양동리 동정과 약간 다른데, 솥의 배 부분[13]에 이 솥을 사용하던 장소와 솥의 이름·용량·무게·제작연월·제작자의 이름 등이 5행 30자로 새겨져 있다. 이 외에 섬서성 봉상현鳳翔縣[14]에서 출

---

12. 높이 35.2cm에 구경이 32cm이다.
13. 이것을 복상부腹上部라고 한다.
14. 진秦의 옛 수도로서 진시황 때엔 옹雍이라 불렀다. 22세의 성인이 되자 진시황은 이곳에서 관례식을 가졌다.

토된 우양궁정羽陽宮鼎도 크기와 모양에서 양동리 동정과 유사한 점이 있다. 이 동정은 1973년 11월 봉상현에서 출토되었는데, 명문은 세 줄로 되어 있으며 둘째 줄에 군저정郡邸鼎이란 명문이 있어 이 동정의 별도 이름으로 보고 있다. 기원전 104년[15]에 만들어진 것으로, 다리는 조금 짧지만 용량이 일두일승一斗一升이며 무게는 7근 10냥이다.

이들 네 가지 사례만 보아도 동정에는 반드시 명문이 있었음을 알 수 있다. 양동리 322호분에서 나온 동정은 다리가 짧고 귀[16]가 다소 얇은 편으로, 형태나 전체적인 분위기로 보아 전한 후기에 당시의 장안(長安, 현 서안)에서 제작된 것으로 짐작된다. 전한시대 중기에 제작된 중국 양신가의 동정이 두 말二斗의 용량을 가진 데 반해 양동리 동정은 일두정一斗鼎이다. 이러한 동정은 특정 인물에게 부여된 지배권을 의미한다. 정鼎 자체가 제왕의 상징이던 은(殷, =商) 및 주나라 시대와는 달리 한나라 때는 황실과 제후들까지도 동정을 갖게 되었고, 비록 절대적 권위는 많이 약화되었을지라도 동정이 권력과 부의 상징물임엔 변함이 없었다. 또한 솥의 크기는 정치·경제력의 차이를 설명한다. 양동리 동정은 일두정으로, 이두정二斗鼎인 양신가정의 절반 크기이다. 그것은 조정 중신 또는 제후로서 양신가의 동정이 한층 더 넓은 지배영역과 통치력을 갖고 있던 자의 소유물이었음을 알려준다. 동정은 일종의 위세품이지만 앞서 설명했듯이 액체나 곡물의 양을 계량하는 표준용기로서의 기능을 갖고 있다.

양동리 고분에서 출토된 동정은 지금까지 국내에서 출토된 것과는 기본적으로 다르다. 앞서 예로 든 양신가정이 중국 황실이 임명한 제

---

15. 한 무제 태초太初 원년.
16. 전문용어로 이것을 이두耳頭라고 한다.

후의 것이고, 태산궁정은 서안西安의 태산궁이 갖고 있던 동정이다. 양동리 동정은 우양궁정이나 태산궁정과 마찬가지로 중국 황실과 관련이 있는 사람이 갖고 있던 것이다. 西○宮이라는 명문에서 짐작할 수 있듯이 중국 궁정宮庭에서 사용되던 동정銅鼎이며, 그렇기 때문에 커다란 의미가 있다. 대략 '○○궁' 이라 하면 중국 황제의 정비正妃나 후궁을 지칭하는 것이다. 따라서 이러한 명문이 있는 동정은 아무나 가질 수 있는 것이 아니다. 권력과 부의 상징물로서 중국 궁정에서 누군가 김해 양동리로 직접 가져와 대를 물려 보관하다가 무덤에 넣은 것이어서 양동리 동정은 중국 황실에서 중요한 지위에 있던 사람이나 그 후손의 이주를 의미한다. 동정에 새긴 글씨는 전한으로부터 후한시대에 유행한 전서체로서 명문이 희미한 부분도 있지만 현재 14자가 해독되었다. 그 내용은 다음과 같다.

西○宮鼎 容一斗 幷重十七斤七兩七 (서○궁정 용량은 한 말이며 무게는 17근 7냥 7이다)

위 내용 가운데 '서○궁西○宮' 은 김해가야에 있던 궁궐이 아니다. 솥의 형태와 양식·명문과 서체 등 솥의 제작지가 중국인만큼 당시 서안西安에 있던 궁실의 이름을 알려주고 있다. 그런데 이 청동정은 솥뚜껑이 없다. 무덤에서 나오는 동정은 대개는 뚜껑과 함께 나오기 마련이다. 도굴되더라도 뚜껑은 몸체와 함께 나오는 것이 통례이다. 물론 도굴되지 않은 무덤인데도 뚜껑이 없는 동정도 있기는 있다. 그러나 양동리 동정이 출토된 322호 목곽묘는 도굴된 무덤이 아니었다. 따라서 중국에서 이동해 오는 과정에서 잃어버렸거나 양동리에서 사용하다가 파손된 것으로 볼 수 있다.

그런데 왜 이 같은 유물이 김해에 들어왔을까? 현재 우리가 이 동정으로부터 알 수 있는 것은 당시 중국 황실의 비중 있는 인물이 김해 양동리로 이주했다는 점과 그 후예가 이 지역에 대를 이어 살다가 무덤에 함께 묻혔다는 사실이다. 가보와 같이 중시한 위세품인데, 그것을 무덤에 넣은 것은 동정을 대물림으로 전하던 사람의 가계가 동정을 갖고 있을 때의 위세에 버금가는 권력을 형성한 이후에 주인과 함께 무덤에 묻혔으며 이것을 322호 무덤에 묻은 것은 피장자의 가계가 갖고 있던 위상을 말해주는 것이라 하겠다.

중국에서는 절대 권력자가 살아서 누린 권세와 영화를 죽은 뒤에도 저승에서 영원히 누린다는 의미에서 동정을 무덤에 가져갔다. 하·은·주[17] 시대에는 제왕의 표시였고 절대권자만이 가질 수 있는 특권이었다. 『예서禮書』의 기록에 의하면 서주西周 중·후기에는 무덤에 세워놓은 솥[鼎]의 숫자로 신분의 고하를 표시하였다. 그 숫자는 대략 5등급으로 나누어져 있었다. 천자天子는 9정九鼎,[18] 대부大夫는 5정, 사士는 3정에서 1정까지 사용할 수 있었으며 이와 같은 용정제도用鼎制度는 동주東周[19]에서도 동일하게 적용되었다. 이어 한나라 때에 이르러서는 제후들도 이러한 동정을 무덤에 가져갔다.

이와 아울러 중국의 무덤 양식으로서 서주西周 시대 초기의 무덤은 관도 곽도 없는 토광묘가 많다. 다만 부신장(俯身葬, 엎어묻기)과 앙신장(仰身葬, 펴묻기)을 혼용하였으며 요갱에는 주로 개를 묻었다. 개를 묻은 것은 유목민족의 특징. 이것은 주 왕조 역시 흉노의 별종인 융적

---

17. 중국의 최초 세 왕조로서 이들 세 왕조를 삼대三代라고 한다.
18. 중국의 구주九州를 본뜬 것이 동정으로서 황제의 권위를 나타내는 것이었다. 천자는 9주를 대표하는 자리에 있는 사람이었으므로 9정으로 그 권위를 표시했다.
19. 기원전 770~403년.

곽거병의 무덤에서 바라본 한 무제의 무덤 무릉武陵.

戎狄의 문화였음을 알려주는 증거이다.[20] 서주西周 시대 중기에도 이것은 대략 마찬가지였으며 사람의 순장도 병행했다. 그러나 중기 이후에 이르면 신분에 따라 관곽의 수효를 정해 장례를 치르도록 하였다. 『장자莊子』 잡편雜篇에 의하면 주나라 때의 관곽[21]은 엄격하게 등급이 정해져 있어 "천자는 관곽을 7중으로 쓰며 제후는 5중, 대부는 3중, 사士는 두 겹으로 쓴다"[22]는 원칙이 잘 지켜졌다.

한대漢代의 무덤 양식으로는 산에 묻는[23] 패릉霸陵과 지면에 봉토를 높이 쌓아 분구墳丘를 만드는 두 가지가 있었다. 전한에서는 황제가 즉위하면 2년째부터 전국에서 거둬들인 세금의 3분의 1을 가지고 왕릉을 만들기 시작하였는데, 가장 큰 규모는 한 무제의 무릉茂陵이다.[24] 그 주변에는 위청衛靑·곽거병霍去病·김일제金日磾 등 충신들의 무덤 60여 기를 종횡으로 배치하였다. 한 나라 때의 지배층 무덤은 부장품을 많이 넣어주는 후장厚葬이 특징이며 목곽묘의 형식이 유행하였다. 그렇다면 당시 사회에서 신분이 매우 높은 자만이 가질 수 있는 청동정을 무덤

---

20. 이들 융적과 함께 오환선비도 무덤에 개를 데리고 갔다.
21. 사람이 죽은 뒤에 쓰는 관棺 또는 곽槨.
22. 天子棺槨七重 諸侯五重 大夫三重 士再重
23. 因山爲藏
24. 중국 전체로 보면 진시황의 무덤이 가장 크다.

에 가져가지 않고 양동리에 가져온 사람은 누구이며 이 청동 솥의 정확한 이름은 무엇일까?

양동리 청동정은 중국 장안의 서원궁정

왕망(=김망)[25]은 전한의 평제平帝를 독살하고 중국 신新[26]을 세웠으며, 고모 효원황후[27]로부터 황제의 옥새를 빼앗아 중국 황제의 자리를 찬탈했다. 평제에게 자신의 딸을 주었다가 4년이 채 안되어 그 자리를 빼앗았으며 그 뒤에 유자영孺子嬰을 세웠다가 물리고, 대신 자신이 권좌에 올랐다. 『전한서』는 "건시建始[28] 이래 왕씨(왕망)가 국권을 잡으면서 애제[29]와 평제[30]의 시대는 짧은 기간으로 끝났으며 드디어 망莽이 황제의 자리를 찬탈하여 그 위세와 복은 점차 더해갔다"고 왕망의 득세를 전하고 있다.

왕망은 김당의 여덟 아들 가운데 젊은 나이에 죽은 둘째아들 만曼의 아들이다. 따라서 왕망은 김당의 손자이고 효원황후의 친정 조카이며 그 이름은 본래 김망이다.[31] 김망은 독실한 유교신봉자로서 매우 검소하게 살았다. 정부 주도의 강력한 통제 경제정책을 시행했으며, 상인의 도덕성을 중시했다. 화천貨泉·오수전五銖錢과 같은 대단위 화폐를 주

---

25. 『전한서』와 『후한서』는 王莽왕망으로 기록했다. 그러나 왕망은 효원황후의 친정조카로서 김씨였으므로 김망金莽이라 해야 한다.
26. 전한과 후한 사이의 기원후 8~23년에 존속했던 김망金莽의 정권.
27. 孝元皇后. 본명은 김정군金政君이다. 흉노 우현왕 김일제의 증손녀이자 김당金當의 차녀.
28. 기원전 32~29년.
29. 哀帝(재위기간 기원전 7~1년).
30. 재위기간은 기원전 1~기원후 5년.
31. 김망의 아버지 만曼은 효원황후의 친정 남동생이다. 다만 어머니가 다른 이복동생이다.

조했고 사사로이 몰래 돈을 찍어내는 도주전盜鑄錢을 엄하게 다스렸다. 주周 나라의 정전법을 모방하여 민전民田을 왕전王田으로 삼고 노비매매를 금지했으며, 부도덕하게 갖은 방법으로 재물을 거둬들이는 상인을 억압했다. 사람이 만들어낸 정치제도란 부와 권력을 가진 자에게 유리한 것이어서 가진 자로부터 빼앗으려 하거나 위로부터의 개혁을 시도하면 거꾸로 그들의 버림을 받는 법이므로 위로부터의 개혁은 늘상 실패하기가 쉬웠다. 김망 역시 그들로부터 소외된 까닭이 바로 이것이다. 한 마디로 김망은 대상인이나 부호들의 치부 수단을 엄격히 제한하는 중농억상정책을 펼쳐 상인들의 거센 반발을 불러 일으켰다. 국가전매 제도하의 염 · 철 · 주를 독점함으로써 폐단을 일으키는 제후들의 권한을 축소시키고자 한 것이 그의 기본노선이었기 때문이다. 염 · 철 · 주 · 명산名山 · 구리를 정부가 통제하여 관리하고 상인이 중간에 개입하여 폭리를 취하지 못하게 한 것이다. 후한 말 부호나 대상인 · 대토지소유자는 철을 생산하여 많은 부를 축적했고, 철이 보급되지 않은 시기여서 돈을 버는 수단으로 전매제도를 악용하자 농민들은 고가의 철제 농기구를 구하지 못해 손으로 풀을 뜯거나 목제 농기구를 써야 했다. 이로 말미암아 자연히 농작물의 소출이 늘지 않고 농민들은 고통스러워했다. 그리하여 극도로 경제가 후퇴하였으며, 가뜩이나 계속된 가뭄과 흉년 · 폭풍우로 사람들은 시달렸고 민심은 이반되었다. 이런 경우 중국에서는 풍우한해를 하늘의 뜻으로 보고 왕에게 책임을 돌리는 믿음을 갖고 있었다. 따라서 민심은 김망을 떠나고 천하의 주인은 바뀔 것이라는 소문과 함께 끝내 민심이 완전히 돌아서게 되었다. 급기야는 기원후 18년 산동 낭야琅邪에서 적미赤眉 · 번숭樊崇 등이 난을 일으켜 관군이 제압할 수 없는 지경에 이르렀으니[32] 악순환이 계속돼 경제는 피폐하고 농민은 가뭄과 자연재해로 고통을 받아 민심이 들

끊고 드디어 천하가 소란해졌다. 진한辰韓에서 1천5백 명의 낙랑포로를 사로잡아다가 벌목을 시킨 사건이 일어난 것은 바로 이 무렵이었다. 흉노가 변경으로 쳐들어가 약탈하는 일이 극심해져서 전국에서 군사를 채우기 위해 김망은 전국의 정남丁男[33]을 징발하기에 이르렀다. 김망이 즉위한 이후 가뭄이 들고 날씨가 고르지 않아 곡식이 여물지 않고 민심이 계속해 동요한 사실을 『전한서』는 이렇게 기록했다.

"즉위 이래 음양(陰陽, 날씨)이 고르지 않아 비바람이 불시에 들이닥치고 초목이 말라죽는 가뭄이 들었으며, 메뚜기와 멸구로 곡식이 여물지 않아 황폐해지니 백성이 배고프고 고달파졌다. 만이蠻夷가 활개치고 침략을 일삼으니 인민人民이 모두 손발을 묶인 듯 어찌 할 바를 몰랐다."

이상은 『전한서』 왕망전이 전하는 기원후 19년의 상황이다. 계속된 흉노의 침입과 산동山東 지역에 민란이 일고 전국에 도적이 들끓자 민심 수습 차원에서 이듬해[34] 정월, 김망은 천하에 사면령을 내렸다. 그럼에도 상황은 크게 달라지지 않았다. 추수가 끝난 그해 9월, 김망은 사촌동생 김읍金邑[35]으로 하여금 서원중궁西苑中宮을 허물어서 큰 도로[駱驛道路]를 내고 황실의 종묘[36]를 새로 짓는 대공사를 시켰다. 이 무렵 가뜩이나 힘겨운 마당에 가을 물난리가 나서 많은 이들이 떠내려가거나 물에 빠져 죽었다. 거기다가 도로를 내는 데 관리와 백성이 돈과 곡식

---

32. 적미의 난.
33. 15세 이상 60세의 남자. 중국과 한국에서 평민이 군역軍役을 담당한 나이다.
34. 기원후 20년.
35. 대사공大司空에 임명해 공사를 맡겼다.
36. 『전한서』 왕망전에는 9묘九廟로 기록하였다.

을 추렴하도록 하여 원성이 극도로 나빠졌다. 천하의 이름난 기술자[工匠]와 환쟁이[圖畵]를 불러 모아 동서남북 각 400자, 높이 170자나 되는 9묘九廟를 세우고 종묘의 절반이나 되는 부분을 얇은 구리판으로 치장하였으며 금은으로 화려한 장식의 문양을 새겨 달아 화려함이 극에 달하였다. 수백만 전錢의 돈을 공사비로 투입하였고, 공사를 하다가 죽은 자가 수만 명이나 되었다고 『전한서』는 기록하였다.

이 공사의 책임자는 김읍金邑이었다.[37] 서원궁西苑宮[38]은 김망의 고모 원후元后[39]가 머물던 곳이었으며 원래 원궁元宮[40]이라고도 불렸다. 그러므로 이 서원궁 소유의 동정을 서원궁정이라고 했을 것이다. 아들 성제가 왕위에 올랐을 때 그 어머니 효원황후 김씨는 황태후로서 장신궁長信宮에서 주로 기거했으며 말년에는 미앙궁未央宮에서 머물다가 그곳에서 삶을 마감했다. 원제도 미앙궁에서 죽었고 후일 김망도 미앙궁에서 칼에 맞아 최후를 맞았지만, 서원궁은 효원황후가 자신의 청춘을 보낸 곳 중 하나였다.

대사공 김읍이 서원궁을 헐고 새로 건물을 세우는 공사를 맡았던 만큼 양동리에서 나온 동정은 바로 이 서원궁에 있던 서원궁정西苑宮鼎으로 볼 수밖에 없다. 그리고 '서원궁정'을 김해에 가져온 이들은 김읍의 아들이나 조카 또는 손자나 당질들을 포함한 김당의 후손임이 분

---

37. 『한서』에는 김읍을 왕읍으로 기록해 놓은 곳도 있다. 김망의 시대에 김망의 주변에서 그를 도운 사촌 형제는 담譚의 자식인 원元이나 근根의 아들 섭涉 그리고 상商의 아들 음邑, 숭崇의 아들 봉奉, 립立의 아들 황況이 있었다. 이 외에도 『전한서』나 다른 기록에는 비록 나타나 있지 않아도 상당한 위치에 있던 김당의 아들과 손자 및 그 후예들이 더 있었을 것이다.

38. 더구나 효원황후의 증조부가 흉노 우현왕의 아들 김일제이고, 이들 김씨가 서쪽에서 왔기 때문에 서원궁이라 했을 것으로 본다.

39. 효원황후 김정군.

40. 원제元帝가 머무는 궁궐이라는 의미.

명하다.

한편 김읍이 대사공으로서 공사를 벌인 기원후 20년으로부터 8년을 거슬러 올라가 보자. 신新을 건국한 지 4년째를 맞던 기원후 12년, 이 해 가을(8월) 김망은 위두정을 만드는 대규모 공사를 벌였다.

"4년 8월, 망莽은 남쪽 교외에 나가 친히 위두威斗를 만들었다."[41]

『전한서』 왕망전에서 매우 비중 있게 다룬 내용이다. 이 위두정을 만드는 일은 상당히 큰 규모로 진행된 것 같다. 공사는 겨울까지 이어졌는데, '위두정을 만들던 날 몹시 추워서 관리와 사람 그리고 말이 많이 얼어 죽었다'고 하였으니 원성 또한 적지 않았을 것이다. 오색의 동광석銅鑛石을 캐어다가 구리를 제련하여 일두정一斗鼎을 만들어 공신들에게 나누어 주었는데 이 일두정은 길이가 2척 5촌이었다고 한다. 일두정이란 점에서 서원궁정은 이때 위두정과 함께 만든 것일 수도 있다.

만일 양동리 동정이 이때 만들어진 것이라면 기원후 12년이 제작연도일 것이다. 그러나 김당[42]의 딸 김정군金政君이 효원황후가 되어 김씨들이 득세한 시점이 양동리 동정의 상한연대가 될 것이다. 신라가 건국된 해인 기원전 57년에 효원황후 김씨의 나이는 18세였다고 하였으니 대략 기원전 60년을 전후한 시점으로부터 기원후 12년 사이의 70년 가까운 기간이 서원궁정이 제작된 시기라고 볼 수 있다.[43]

그렇다면 이 동정을 비롯한 중국의 기물은 어떻게, 누가 가져온 것

---

41. 是歲八月莽親之南郊鑄作威斗
42. 金當. 김일제(흉노 우현왕의 아들)의 손자.

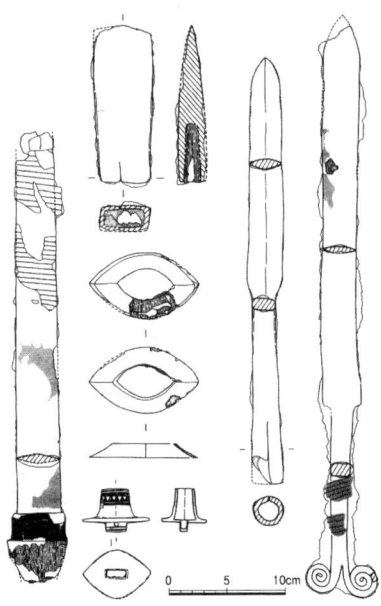

양동리 200호·212호 무덤 출토 철기류.

일까? 기원후 23년 김망金莽이 미앙궁에서 살해됨으로써 신新의 시대는 끝나고 김씨들의 영예도 종말을 맞게 되었다. 말을 타고 초원을 누비던 흉노 태자 김일제의 손자인 김당의 아들 김만金曼과 그 형제들이 중국 황실을 장악하고 드디어 김만의 아들 김망이 왕위를 찬탈하자 소위 흉노 오랑캐가 중국을 손에 넣은 것이 못마땅했기에 중국의 역사가는 김망의 성까지도 왕씨로 바꾸어 그 치욕의 역사를 숨기고자 했다. 이후 광무제[44]가 등장하여 후한을 열자 김씨들은 목숨을 보전하기 위해 사방으로 흩어져야 했다. 일부는 사태를 예견하고 일찌감치 은신하거나 유랑의 길을 떠나기도 했을 것이다. 때로는 육로로, 그리고 해로를 통해 김씨들은 기약 없는 방랑의 길을 떠나야 했다. 김씨들은 주로 산동지역이나 요서 상곡上谷·우북평右北平[45] 등지에 봉토를 받았었고, 김씨 가계에서 대대로 흉노 및 선비와 관련된 대외업무를 담당한 사주객使主客을 지냈으므로 피난에 가

43. 만약 이 청동정이 김일제에게 제후의 작위와 함께 한 무제가 내려준 것이라면 김일제가 중신重臣의 자리에 오른 이후가 될 것이므로 그 시기는 기원전 1세기 초 무렵으로 소급될 수 있다. 하지만 솥의 이름이 서원궁정이라면 그럴 가능성은 낮다.

44. 유수劉秀. 한 고조 유방의 9세손으로 후한을 열었다.

45. 황제黃帝 이후 하夏 왕조가 끝날 때까지, 그리고 주周 나라 때에도 상곡, 어양漁陽, 우북평의 요서군遼西郡은 흉노족의 본거지 가운데 중심이었다.

장 적합한 곳은 요동의 요동속국[46] 또는 삼한三韓 지역이었을 것이다. 그러나 김망의 시대에 고구려와는 관계가 좋지 않았으므로 이들이 고구려로 들어가지는 않았을 것이다.

그런데 2009년 중국 서안에서 당나라 때(9세기) 신라 귀족여인의 묘지명이 공개되어 김씨들의 피난 과정을 추리해볼 수 있다.[47] 묘지명은 '大唐故金氏夫人墓銘대당고김씨

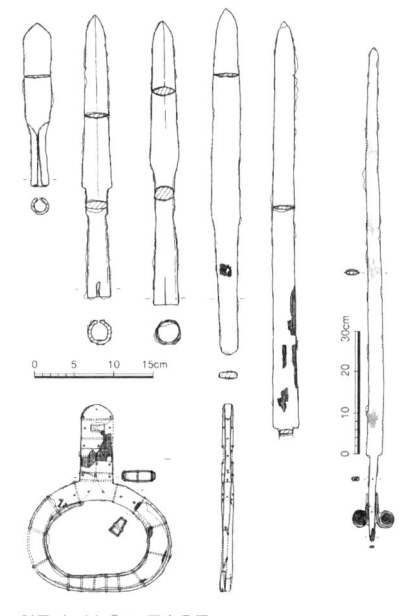
양동리고분 출토 금속유물.

부인묘명'이다. 이 묘지명에도 신라인 김씨는 소호김천씨와 흉노 김일제로부터 시작되었으며 '김일제로부터 7대째에 중국이 전란으로 시끄러워지자 그 후손들이 요동으로 피난해 거기서 번성하였다'는 내용이 있다. 여기서 요동이라 함은 기원후 1세기인 점을 감안할 때 요동속국이라고 볼 수 있다. 신라 김씨는 김해의 가야에서 나왔다고 하니 요동을 중간 거점으로 삼아 김씨들이 김해로 내려간 것이다. 일부에서는 이것이 사실이 아니라고 보고 있으나 여러 정황으로 보아 정확한 것이라 하겠다. 김망이 미앙궁에서 살해되고 신新이 무너지면서 김씨 일가는 요동으로 피난하였으며, 그 일부가 김해 지역으로 남하한 것이 분

---

46. 遼東屬國
47. 부산외국어대 권덕영 교수가 공개했다.

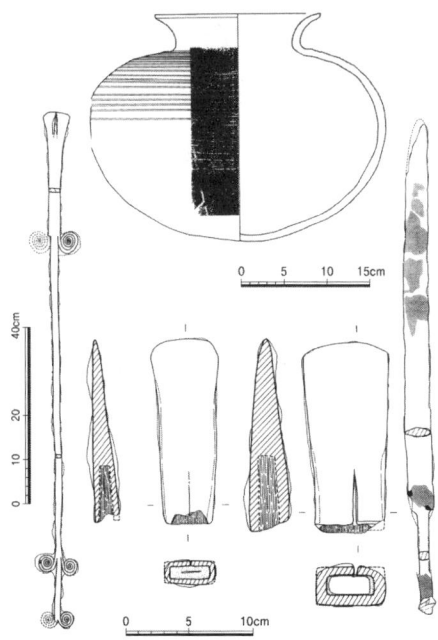

양동리 212호 고분 출토유물.

명하다. 김해에서는 사철 낙랑에 드나들었으므로 김해의 김시金諟 가계는 요동 김씨들과 서로 깊은 관계를 가졌을 것이며 오랜 세월 서로 많은 정보를 공유했을 것이다. 따라서 김씨들은 서안에서 요동과 낙랑을 거쳐 김해에 이르렀으며, 일부는 요동에 그대로 남았다가 후한 말기[48] 또는 244년과 246년 위魏의 관구검이 고구려를 침입하여 요동 일대가 전란에 휩싸였을 때 남하했을 수도 있다. 아마도 김해의 김시金諟 가계는 3세기 중반 이 요동 김씨들을 받아들여 김해에서 큰 세력을 형성하였을 가능성도 있다.

더욱이 김일제와 그 어머니를 포로로 잡은 곽거병의 이복동생 곽광이 한 무제의 휘하에서 일찍이 현도태수로 나간 적이 있었기에 당시 김일제의 후손들은 부여 지역을 포함하여 현도군이나 낙랑군에 대

---

[48]. 전한과 후한시대에는 흉노를 몰아내는 데 전력을 기울였으며, 기원후 207년 조조曹操는 마지막으로 오환선비를 요동으로 밀어내기 위해 오환선비 사냥에 나섰다. 유성(柳城, 현재의 요령성 조양)에서 오환선비를 크게 격파하고 답돈蹋頓을 참수했으며 수급과 포로 10만 명을 사로 잡았다. 이때도 요동과 한국으로 많은 유민이 쏟아져 들어왔다. "유성은 창려현昌黎縣 서남 60리에 있으며 후한 말기에 오환선비의 소굴이 되었다"고 한다. 창려현은 요동속국 도위都尉의 통제를 받았다.

해서도 소상하게 알고 있었을 것이다. 이런 점에서 김망의 정부가 전복되기 전에 김일제 일가가 먼저 김해로 피신했을 가능성도 있다. 이 무렵의 김씨 일가는 김망의 시대에 일어난 진한의 낙랑인 포로 문제도 환히 알고 있었을 것이며 김망과 관련 있는 인물들이 낙랑태수

대당고김씨부인묘지명.

나 대방태수로 나와 있었을 것으로 보이지만, 남아 있는 기록에서 낙랑·대방과 김망 및 김씨 일가와 관련 있는 인물을 확인할 수는 없다. 다만 낙랑태수 가운데 왕王씨가 적지 않지만 이들의 계보가 김망과 어떤 관계였는지는 알 수 없다. 원제[49]에게는 정비로서 효원황후와 후궁으로 경후傾侯 왕치군王稚君[50]이 있었고, 왕치군의 외척들도 한漢 황실에 들어와 있었으므로 왕씨들의 득세를 충분히 짐작할 수 있다. 마찬가지로 김망의 아들과 손자들 중에는 낙랑이나 요동지역에 미리 진출해 있던 사람도 있을 수는 있다.

김망의 신新 정권이 무너진 뒤로 김씨 세력의 일부가 김해로 들어올 때, 아마도 도망자의 대열은 김일제의 7세손이 중심이 되었을 것이다. 김망의 사촌형제인 봉奉·황況·원元·섭涉·읍邑·음音·송竦 중의 일부와 그 다음 항렬로서 김망의 당질인 주柱나 순舜과 같은 사람들이 포함되었을 것이다. 담譚과 같은 인물도 전한 말기에 꽤 활동한 것으로 보

---

49. 원제(元帝, 재위기간 기원전 48~33년).

50. 전한 원제의 후궁. 원제의 아들이 성제(成帝, 기원전 33~7년)이다.

아 기원후 20~50년을 전후한 시기에 활동한 이들은 대부분 김일제의 7세손이 중심이었을 것으로 짐작된다. 이 외에도 『전한서』나 기타 기록에는 없지만, 상당한 지위에 있던 실력자로서 김륜과 김당의 후예가 무리를 이루어 내려왔을 것이다. 다만 기록으로는 더 이상 찾아낼 수 있는 것이 별로 없다. 기원후 44년에 염사군이 된 김시金諟는 김일제·김륜의 후예이며 김해가야의 시조임이 분명하지만 안타깝게도 김해가야의 창업세력을 더 이상 상세하게 파악할 수는 없다.

허황후는 산동 제후국인 허국의 공주

허황후는 산동 제후국인 허국許國 출신

김해가야의 실세 중 한 사람인 허황후가 어디서 왔는가를 찾는 일은 단순히 김해가야 왕가의 가족사에 한정된 일이 아니라 가야사의 한 부분에 대한 탐구인 까닭에 의미가 있다. 김해가야의 지배자였던 김씨들의 원류와 함께 허황후에 관한 논의의 핵심은 크게 출신지(배경) 및 불교의 전래여부에 있다. 대체 허황후는 어디에서 온 사람일까?

허황후가 어디서 왔는가에 대해서는 지금까지 여러 가지 설이 제기돼 있다. 『삼국유사』 가락국기에 인도의 아유타국阿踰陀國에서 온 공주로 되어 있기 때문에 이를 근거로 허황후가 인도 갠지스강 상류에 있던 아요디아Ayodhya 왕국(아유타)에서 왔다고 믿는 설이 있는가 하면, 태국 아유티야Ayuthya[1]에서 왔다는 설도 제기되어 있다. 아요디아 또는 아유티야를 한자로 베낀 이름이 '아유타'라고 보는 것이다. 또한 허황

구지봉 옆에 있는 허황후릉.

후를 보주태후普州太后라고 부른 점에 착안하여 사천성 안악현²에서 왔을 것이라는 주장이 가장 그럴듯하게 여겨져 왔다.

이 외에도 낙랑 지역 상인의 딸이었다거나 일찍이 일본열도로 나가 있던 가락국의 왕녀가 되돌아온 것이라는 가설이 있다. 또한 북방에서 내려온 유민의 딸로 보는가 하면 가락국기의 기록대로 뱃길을 통해 인도 남단에서 들어왔으리라고 보는 이들도 있다. 허씨 일족이 갠지스강 중류 아요디아에서 중국 사천성 안악현 일대로 들어와 있다가 기원후 1~2세기에 김해로 들어왔다는 것이다.

이러한 여러 문제를 풀기 위해 먼저 휴저왕과 김일제 가계가 감숙성 일대에서 기원전 121년에 이미 불교를 믿고 있었고, 중국에서는 기원전 2년에 정식으로 불교를 받아들였으며 그로부터 50~60여 년이 지난 1세기 후반의 중국 후한 명제시대(기원후 57~75년)에 불교 세력이 크게 확장되었다는 배경을 감안해 들여다 보자. 2세기 중엽 중국 한나라 귀족층에서 불교를 크게 믿었다는 시기는 김일제 일가가 불교를 가져온 시점으로 따지면 270여년 후이니 허황후가 사천성이나 중국 북방에서 왔으리라는 설이 그럴법하다. 돈황 인근의 월지국月氏國³을 포함하여 감숙성에서 불교를 믿고 있던 시기에 사천성 일대에도 불교가 들

---

1. 현재의 태국 아유티아. 인도 아요디아 왕국이 기원전 1세기 이전, 태국 메남강에 건설한 식민국이자 고대 도시.
2. 중국 사천성四川省 안악현安岳縣의 옛 이름이 보주普州였다.

어와 있었을 가능성은 매우 높다. 그 한 예로 일찍부터 사천성과 인도 사이에 있어온 육로 교역을 「사기」의 다음 기록으로 알 수 있다.

"장건이 한 무제에게 말하기를 신(臣)이 대하(大夏)에 있을 때 사천(四川)의 특산품인 공죽장(邛竹杖)과 촉포(蜀布)가 있길래 대하사람[大夏人] 즘공득(怎公得)에게 물어보니 이 물건들은 대하의 상인이 인도(身毒, 신독)에 갔다가 돌아오면서 갖고 왔다고 하였습니다."(『사기』 장건열전)

이미 기원전 2세기 말 장건[4]이 대완(大宛)[5]을 거쳐 서역 대하(大夏)[6] 및 대월지에 가서 본 일을 무제에게 보고한 내용이다. 대완에서 서남쪽 2천여 리 거리에 대하가 있고, 그 동남쪽에 인도가 있어 인도 소식을 비교적 상세하게 들은 것을 바탕으로 전한 얘기다. 그때 이미 중국 한나라의 상품 가운데 촉(蜀) 지방에서 생산되는 면포인 촉포(蜀布)가 인도와 대하에 들어와 있었던 것이니 당시 인도에서는 중국 남부의 사천 지방과 교역을 하고 있었음을 알 수 있다.

중국 남부지방에 인도 승려가 공식적으로 들어오는 시기는 동진 때이고, 4~5세기에는 꽤 많은 불교도가 들어와 있었다. 그러나 기원후 2세기까지는 인도에서 곧바로 해로를 통해 불교가 들어왔다고 보기는

---

3. "처음에 월지는 돈황~기련 사이에 거주했다."(…始月氏居敦煌祁連間…). 나중에는 기련산과 티베트 강족이 있는 곳으로 내려갔다. 감숙성에 있던 월지국을 소월지국이라 하여 서역의 대월지국과 구분하여 부르기도 한다.
4. 張騫. 서역을 다녀와 한 무제에게 서방의 정보를 알린 공으로 박망후(博望侯)가 되었다.
5. 「한서」에 의하면 대완은 장안으로부터 1만2천 550리 거리였다.
6. 당시 대하에는 1백여만 명이 살았으며, 수도는 남시성(藍市城)이었다.(「사기」 대완열전). 여기서 동남쪽으로 인도가 있었다. 대완에서 서남 2천리 거리의 규수(嬀水, 현재의 아무다리야 강) 남쪽에 있었다.

어렵다. 장건이 대하에서 본 공죽장은 촉 지방의 공현邛縣[7]이라는 마을에서 나는 대나무로 만든 지팡이이다. "공邛 서쪽으로 2천 리를 가면 인도가 있다고 한다"[8]고 한 것으로 보아 당시 촉 지방과 인도의 교역은 육로를 통한 것이었음을 알 수 있으며, 장건이 사천지방을 거론한 것은 특별한 의미가 있는 것으로 이해해야 한다. 사천지방에서 인도와 교류한 세력도 흉노인이었기 때문이다.[9] 그리고 설령 그것이 아니어도 장건이 촉포나 공죽장을 거론한 배경은 활발한 육로교역을 의식한 측면이 강하다. 실제로 "운남성 서부의 전서滇西 지역 여러 유적에서 출토된 산자형山字形 검격을 가진 동경은 오르도스 동경과 관련이 있으며,[10] 운남성 덕흠현[11]의 토광묘에서는 북방 흉노지역의 것과 동일한 동도銅刀가 출토된 적이 있는데, 이와 같이 중원 동북지역과 서남지역의 생태환경 및 고고문화가 유사하다는 점에 착안하여 반월형문화전파대[12]라는 개념을 도출한 연구도 있다."[13] 한 마디로 중국 운남성과 사천 지역의 문화가 흉노와 깊은 관련을 갖고 있다는 것이다. 비록 한참 뒤의 일이기는 하나 중국 서남부를 반원형으로 따라가며 흉노인과 그

---

7. 공邛은 산 이름이고, 이 산에서 나는 대나무는 속이 꽉 차고 마디가 길어서 지팡이를 만들기에 좋았다.

8. 或聞邛西可二千里有身毒國[『사기』 서남이전西南夷傳]

9. 『전국책戰國策』에는 "촉인(蜀人, 촉 지방 사람)은 모두 융적戎狄"이라고 하였으니 이들이 흉노의 후예임은 분명하다.

10. 高浜秀, 四川・雲南の劍をめぐって9, Museum 312 p.7~9, 東京國立博物館, 1977
    烏恩・關于我國北方的青銅短劍, 考古 1978년 5월, 1978, pp 324~333
    今村啓爾, 滇西の劍, 東京大學校文學部考古學研究紀要 3, 東京大學文學部考古學研究室, 1984
    오영찬, 「낙랑군 연구」(사계절, 2006)에서 재인용.

11. 덕흠현德欽縣 영지永芝

12. 半月形文化傳播帶

13. 오영찬, 「낙랑군 연구」(사계절, 2006) p.63에서 인용. 이에 대한 연구는 童恩正의 「試論我國從東北至西南的邊地半月形文化傳播帶」[『文物與考古論集』(文物出版社, 1987)]가 있다.

문화가 전파되었다는 사실을 뒷받침해주는 사례가 하나 더 있다. 한국의 명씨明氏 가계에 관한 것이다. 명씨는 원나라 말기 사천성 일대에서 활약했으며 운남성[14]·섬서성[15]·감숙성[16] 및 호북성[17]·귀주성[18]에 이르는 지역을 무대로 명옥진明玉珍[19]이 1363년 중경重慶에서 대하[20] 정권을 세웠다. 그러나 9년만인 1371년 명옥진의 아들 명승明昇은 명에 투항하였고, 이에 명 정부는 이들을 고려에 보냈다. 고려 공민왕은 고려에 귀화한 명승에게 황해도 연안과 백천白川 두 현을 주었으니 이것이 한국 명씨의 시작이다. 이러한 사실은 『서촉연안명씨대동보』[21]에도 대략 소개돼 있다. 명씨는 원래 민旻씨였으나 미륵교[22]를 신봉하면서 명씨로 성을 바꾸었다고 한다. 전한과 후한의 교체기를 기준으로 보면 이 일은 비록 1300여년 후의 일이지만 夏라는 정권을 세운 것 자체가 이들이 본래 흉노족 즉, 하족夏族의 후손이었음을 보여주는 사례이다.[23]

앞에서 소개한 『사기』의 내용으로 보더라도 당시 중국이나 인도는 선박의 규모나 항해술을 감안할 때 장거리 해상교통은 어려웠으므로,

---

14. 雲南省
15. 陝西省
16. 甘肅省
17. 湖北省
18. 貴州省
19. 명옥진(1329~1366년). 1982년 3월 30일 중경시重慶市 강북구江北區 상황가上橫街에서 명옥진의 무덤이 발견되어 상세한 내용을 알 수 있었다. 명옥진은 원래 사천성 일대에서 활약했으며 1361년 중경重慶에서 대하(大夏, 1363~1371) 정권을 세우고 황제로 즉위했다. 그는 사천성은 물론 운남성雲南省, 호북성湖北省, 귀주성貴州省, 감숙성甘肅省 일대를 지배했다.
20. 대하(大夏, 1363~1371).
21. 西蜀延安明氏大同譜
22. 明敎, =마니교.

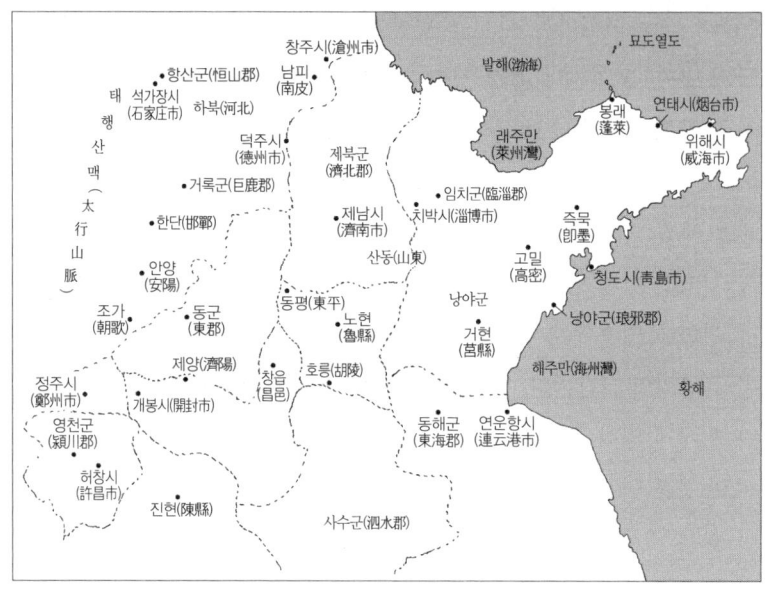

후한시대 산동지역 주요지명

그 시기에 만일 사천성 지역에 불교가 들어와 있었다면 그것은 중국인들이 소위 '남해사주지로南海絲綢之路'라고 하는 해상실크로드를 통해 유입된 것이 아니라 육로로 들어온 것이다. 그 당시에는 인도 남단에서 벵갈만을 횡단하여 싱가포르를 거쳐 중국 남부지방으로 들어올 수 있는 선박과 장거리 항해술이 없었다.

더군다나 그 시대에 중국 남부 사천지방에서 동중국해를 동북 방향

---

23. 흉노인들은 夏하라는 이름의 정권을 계속해 세웠다. 혁련발발赫連勃勃이 세운 대하(大夏, 서기 407~431) 정권이 대표적이다. 흉노인과 선비족의 혼혈부족인 철불부(鐵弗部, 흉노족의 철불부. 철불흉노라 함) 정권으로 혁련발발의 선조는 남흉노 좌현왕이었다. 이 사람은 자칭 대하천왕大夏天王이라 하였다. 이 외에 전조(前趙, 304~309)도 흉노의 정권이다. 도읍을 평양(平陽, 현재의 山西 臨汾)에 두었다가 나중에 장안長安으로 옮겼다. 후조(後趙, 319~350) 또한 흉노족의 분파인 석륵石勒이 세운 나라로 도읍을 양국(襄國, 하북 順德)에 두었다. 이 외에도 북량(北涼, 397~439)이 더 있다. 이 나라는 흉노별부인과 소월지인, 서역 잡호雜胡, 갈족羯族 등을 바탕으로 세운 다민족국가였으나 그 중심은 역시 흉노였다.

240 흉노인 김씨의 나라 '가야'

으로 횡단하여 허황후가 김해로 오기는 더욱 어렵다. 물론 백제는 4세기~5세기 초에 동진지방과 교류를 하였다. 그래서 4세기 중엽에는 남방불교가 유입되었을 것으로 보고 있지만, 1~2세기에 사천성 지역에서 김해로 불교가 곧바로 들어오기는 어렵다. 『삼국유사』 가락국기의 허황후 관련 기록은 11세기 가락국기가 쓰인 때나 일연이 『삼국유사』에 가락국기를 채록한 13세기의 시대적 배경이 반영된 내용이라고 볼 수 있다. 일연이 살았던 시기는 남송 말~원대에 걸쳐 있던 때로서 당시 고려인들은 서해 남부의 섬들을 징검다리로 삼아 개경-안면도-군산앞바다-대흑산도-소흑산도(가거도)-주산열도舟山列島-영파(英波, 당시의 慶元)를 거쳐 항주杭州로 들어가는 코스를 따라 남송과 긴밀한 관계를 갖고 있었다. 물론 이 해로 코스는 남송의 서긍徐兢이 고려를 다녀간 경로이지만, 고려시대에도 이 해로는 항해에 몹시 힘든 길이었다. 12~13세기 중국에서는 천주泉州와 광주廣州를 중심으로 인도나 아랍·유럽의 상인들이 드나들었으며 천주는 가장 잘 알려진 국제항이었다. 마르코폴로 역시 천주항으로 들어왔다가 천주항에서 되돌아갔다. 싱가포르를 거쳐 인도나 유럽으로 가는 배나 그와 반대로 인도네시아나 태국 등 동남아시아에서 오는 배들은 천주를 기점으로 하여 오고 갔다. 5~6월에는 계절풍(남풍)을 따라 남에서 북으로 들어왔다가 계절풍이 북풍으로 바뀌는 11~12월이면 되돌아갔는데(『원사元史』), 미얀마나 태국·인도네시아·스리랑카·인도 그리고 멀리 아랍과 유럽지역 등 서역의 문물에 관한 정보는 중국을 드나드는 상인들에 의해 비교적 상세하게 알려져 있었다. 당시 고려인이나 고려 상인들은 대도(大都, =북경)의 사정보다도 오히려 항주나 경원慶元[24]·천주泉州 일

---

24. 현재의 寧波영파.

대를 더 잘 알고 있었고, 항주杭州 일대의 사찰에 나가 배우고 돌아오는 승려도 많았다.[25] 이런 배경 때문에 고려시대에 허 황후가 아유타국 사람으로 둔갑했을 것으로 보는 것이 타당하다. 소위 촉蜀이라 하는 사천지방에는 기원전 1세기 이전부터 인도나 서역의 대하·대완 등지에서 온 사람들이 많았던 까닭에 특히 고려인들이 항주 이남에 많이 드나들던 13세기에 중국 남부 지방에서는 보주普州 즉, 사천지방 일대가 마치 불교의 초전지初傳地인 것처럼 인식되어 있었다. 따라서 허 황후가 불교를 전한 사람이라는 사실을 강조하기 위해 단지 가락국기의 저자는 당시의 시점에서 불교가 가장 성행하던 사천지방에서 온 황후라고 내세워 아유타국의 왕녀 또는 보주태후라고 한 것이지, 실제로 허 황후가 그곳에서 온 것은 아니다. 신화나 설화라는 것이 논리적인 근거로만 짜이는 것이 아니므로 고려시대에 "인도 아유타국의 공주인지 허 황후가 글쎄 불교를 들여왔다거든!" 또는 "아유타국에서 온 공주였다는 소문도 있지 아마?" "보주普州에서 왔다는 말도 있던데" "허 황후가 불교를 가져왔다는 건 틀림없는 개벼"라는 등의 구전이 항간에 있게 되었고, 이런 배경이 있었기에 '아유타국 공주로서 보주태후라고도 한다' 는 식의 기록으로 남은 것이라고 보아야 한다. "남천축국南天竺國 왕의 딸로서 성은 허씨이고 이름은 황옥인데 보주태후라고도 한다"는 기록도 마찬가지다. 가락국기를 쓴 고려시대의 문인은 허씨 일가의 원류를 추적하면서 자연히 『후한서』의 기록에 주목했던 것 같다. 광무제로부터 화제和帝와 환제~영제에 이르는 후한시대의 기록에서 그는 다음과 같이 구절에 주목한 게 아닌가 싶다.

---

25. 후일 고려시대 승려 의천도 이 지역으로 나가 배우고 돌아왔다.

"화제和帝 영원永元 13년(기원후 101년) 촉蜀 땅에서 또 반란이 일어났다. 허성許聖의 무리가 세금 차별에 원한을 품고 반란을 일으켰다. 이듬해 여름, 사람을 파견하여 형주荊州의 여러 군에서 1만여 명을 뽑아 반란군을 토벌하였다. 허성 일당을 크게 격파하자 허성이 항복했다. 이들을 다시 강하江夏[26]로 이주시켰다."(『후한서』 화제본기)

"다시 이들을 이주시켰다"는 내용으로 보아 허성의 무리는 이 반란 사건이 있기 전에 다른 어딘가로부터 촉蜀 땅으로 이주당했고, 아마도 그에 대한 반발이 세금문제와 함께 분출된 것으로 볼 수 있는 내용이다. 가락국기를 지은 이는 여기서 허씨의 존재를 확인하고 사천지방의 허씨가 마치 허 황후와 관계가 있는 것처럼 꾸몄을 수 있다는 것이다. 더군다나 이 지역은 돈황 지역과 마찬가지로 인도와 일찍부터 교역을 하였으므로 초기 불교가 들어와 있었고, 허 황후 또한 전한 황실에서 불교를 접했으며 또 믿고 있었기 때문에 보주에서 온 태후라는 의미에서 보주태후라는 가공의 새로운 인물을 만들어냈을 것이다. 그런데 『후한서』 화제본기에서 허씨 관련 기록을 찾아내고는 그것이 허 황후와 관계가 있는 기록이라 믿고, 가공의 보주태후를 거든 셈이 되었다. 그래서 허성의 선조가 서기 47년에 일어난 만족 반란사건으로 사천지방에 사민되었다고 보고 후한 "광무제光武帝 23년[27] 남군南郡의 만족이 반란을 일으켰다. 무위장군 유상을 보내 진압했다. 남만인南蠻人들을 강하江夏로 이주시켰다"(『후한서』)는 내용과 앞에 제시한 『후한서』 화제본기의 허성 사건이 허 황후 일가와 관련이 있다고 믿는 주장[28]이

---

26. 현재 양자강 중류에 있는 무한武漢 일대.
27. 서기 47년.

제기되었다. 하지만 허 황후가 보주 출신이라는 것은 역사적 진실과는 크게 다른 허구이다. 허성이 항복했다고 한 것을 보면 허성이 반란의 주동자였고, 이런 경우 반란자를 처형하는 것이 보통이다. 설령 그를 처형하지 않았다 할지라도 그런 사람의 후손을 한漢에서 막대한 비용을 들여가며 수만 리 떨어진 김해가야로 시집보냈을까? 앞에 소개한 명승明昇의 경우는 원나라에 대항하여 일어섰고, 명에 순순히 항복했기 때문에 명 정부는 명승을 고려가 받아줄 것을 부탁했던 것이지 만일 명옥진·명승 부자가 명에 반발하여 정권을 세웠다면 처형당했을 것이다.

더구나 서기 47년의 반란사건은 남쪽 만인蠻人들이 일으킨 단순 반란사건으로, 허황후와는 관계가 없다. 다만 김해로 내려간 김시金諟가 살았던 시대에 이 사건이 일어난 것은 맞지만 서기 101년의 허성 반란사건 기사에 갖다 붙이고 자의적으로 해석하는 것은 옳지 않다. 이 주장에 따르면 서기 47년 직후에 허황후가 사천지방에서 배로 건너와 김해 양동리에 정착한 김시와 결혼했다는 얘기가 되는데, 자료의 해석에도 문제가 있고 논리적인 추론으로도 말이 되지 않는다. 그리고 허성의 반란 사건이 일어난 해는 서기 101년이므로 만일 허 황후가 이 해에 태어났다고 가정하더라도 허 황후·김수로[29]가 결혼한 해라고 가락국기에 제시된 168년은 허 황후의 나이가 68세가 되는 해이다. 70을 바라보는 할머니가 시집을 온 것이 되므로 말이 되지 않는다.

그리고 후한시대에는 촉 지방을 보주라고 부르지도 않았으며, 인도를 신독身毒이라 불렀다. 그러므로 인도의 불교를 가져왔다는 것이 적

---

28. 김병모, 『허황옥 루트 인도에서 가야까지』, 역사의 아침, 2008
29. 이 경우 김수로는 1세수로인 김시金諟의 증손자나 고손자쯤에 해당할 것이다.

어도 고려 이전 또는 4~5세기 경 이전의 기록으로 인정받으려면 가락국기에 '신독 아유타국' 이라고 했어야 한다. 신라 말 최치원이 지은 쌍계사 비문에도 인도는 신독身毒으로 기록되어 있다.

설화나 구전이 기록으로 남을 때는 작은 사실에 빗대어 윤색하는 과정이 있게 마련이어서 때로는 합리적으로 해석할 수 없는 문제가 나타나게 된다. 마찬가지로 가락국기에서 허황후가 아유타국에서 왔다고 한 것은 "허 황후는 본래 불교도였다"는 측면을 부각시키려다 보니 아유타국의 공주라든가 여러 가지 윤색이 가미된 것이지 실제로 그랬다는 것은 아니다. 그러므로 허 황후가 인도 출신은 아니라고 보는 게 합리적이다. 갖다 댈 데가 없어 일연이나 그 이후의 여러 불교도들이 허황후·김수로에게 불교를 가져다 짜 맞추었겠는가?

더구나 허 황후가 인도에서 왔다면 지금의 허씨에게는 인도인의 인종적 특징이 엿보여야 한다. 위구르에서 귀화한 덕수 장씨가 아직도 콧날 끝이 낚싯바늘처럼 굽은 매부리코인 점은 그곳에서 왔음을 증명하는 인종적 특징이다. 그와 같은 유전적 특징은 냉큼 사라지지도 않으며 누군가에게 전달된다. 오늘날 거리에서 보는 김해 김씨나 허씨들에게 인도인의 특징이 나타나는가. 오히려

허황후릉 밑에 있는 파사석탑.

장두형에 비교적 키가 훤칠한 북방적 요소가 더 짙다.

또한 허 황후가 배를 타고 올 때 롤링이나 피칭[30]을 줄이기 위해 배에 싣고 왔다는 파사석탑도 후대에 꾸며낸 이야기일 수 있다. 파사婆娑는 바람의 여신으로 우리의 영등할미가 이에 해당한다. 서·남해 지방에 전해오는 바람의 여신 '영등할미'는 바다를 항해하는 선원들에게 심술을 부리는 고약한 여신女神으로 알려져 있다. 음력 2월을 영등철이라고 하는데, 이 시기에는 풍향을 가늠하기 어렵고 특히 바다 바람이 사나워 항해에 가장 어려우므로 영등할미의 심술이 가장 심한 달로 알려져 있다. 계절풍이 뚜렷하지 않고 계절이 바뀌면서 난기류와 이상 기상현상이 잦아지는 때문이다. 그래서 중국 남부의 광주廣州 지역으로부터 한국의 서해와 남해 지역까지 바다의 바람신, 즉 신녀神女 사상이 공통적으로 존재했으며 일찍부터 영파 주산열도의 보타락가산[31]에 있는 보타사와 서해안 일대의 관음신앙 그리고 영등신은 밀접한 관련이 있다. 마한불교가 영광 법성포로 들어왔다고 보는 4세기 중후반 무렵 서·남해에 관음신앙이 들어와 영등할미와 만나게 되었고, 이 영등할미가 해신당海神堂의 주신으로 등장하는 것은 그 이후의 일인 만큼 허 황후 시대에 바람의 여신이 관음신앙에 녹아들어 전파된 것은 아니다. 다시 말해 이런 믿음이 퍼지게 된 것은 적어도 4~5세기 이후이다. 파사석탑은 해신이나 바람신인 '파사婆娑'를 잠재우기 위한 것이라는 상징적인 의미를 갖고 있으며, 허 황후가 뱃길로 왔다는 사실을 강조한 말에 불과하다. 영등할미와 같은 바람신은 특히 남송과 고려의 교류가 해로를 통해 빈번하게 이루어지던 12~13세기에 서해

---
30. Pitching
31. 寶陀洛迦山, Potalaka

와 서해남부 지역에 널리 확산되었으며 이와 같은 해신에 대한 믿음은 중국의 대외 교역항에서도 11~13세기에 확산되어 가고 있었다. 중국 광주廣州와 함께 세계로 나가는 교역항이었던 천주泉州에서는 지방관

김수로왕릉 입구에 있는 쌍어문.

이 사철 바다의 여신에게 제사를 지내며 사람들의 무사항해를 빌었는데, 그들이 숭배했던 바람의 여신은 천주신녀泉州神女라는 해신이었다. 이 신이 바로 한국의 영등할미에 해당한다. 이와 같은 것들이 가락국기 파사석탑 이야기에 반영되었을 뿐이다. 다시 말해 파사석탑 이야기는 후대에 조작된 내용일 가능성이 높은 것이다. 기록에도 파사석탑은 4면5층 석탑[32]이었다고 하는데, 지금의 허 황후릉에 있는 돌 몇 개는 그와 어울리지 않으며, 사면오층석탑이라는 것도 후대에 지어낸 내용이라고 보는 것이 타당하다. 단지 바람의 여신 '파사'를 다독이고 배를 안전하게 운행하기 위해 파사석탑을 배에 실어왔다는 이야기인 것이다. 규모에 비해 선적량이 적으면 배가 까불기 때문에 이것을 막기 위해 파사석탑을 실어왔다는 내용으로 이해하는 것이 타당하리라 본다.

다음으로 김수로왕릉 정문에 있는 쌍어雙魚는 인도와 그 주변 지역에서 불교를 대표하는 문장紋章으로, 그 자체가 허 황후의 인도 출신설

---

32. 「삼국유사」 '금관성의 파사석탑' 조

나주 복암리 3호분 출토 금동신발(바깥면 바닥에 물고기 모양 장식 2개 부착, 국립나주문화재연구소).

을 뒷받침하는 것이라는 주장이 제기된 바 있다. 하지만 당시 유럽이나 아랍 및 중앙아시아·남러시아·북중국 일대에는 물고기 모양으로 만든 금속 행엽[33]이라든가 기타 기물 및 장식이 유행하였고 그 일부가 한국과 일본 그리고 몽고지역에까지 전해졌다.

몽고지역에 전해진 물고기 문양의 대표적인 사례는 노인울라[34] 제6호 고분에서 나온 쌍어문이다. 마직물麻織物에 아래위로 나란히 두 마리의 물고기를 배치한 쌍어문과 물고기 두 마리를 옆으로 배열한 쌍어금문雙魚錦紋이 출토되어 북몽고 지역에도 쌍어문이 유행했음을 알 수 있다. 또한 한대漢代의 청동거울 안에도 물고기 문양을 새긴 것이 있으며, 나주 복암리3호분에서 나온 금동신발[35] 바닥(바깥면)에는 마주 보는 상태로 부착한 두 마리의 물고기 장식이 달려 있다. 또한 양동리 5호분에서 나온 청동냄비[36] 안에는 두 마리의 물고기가 아래 위로 배치되어

---

33. 편원어미형행엽扁圓魚尾形杏葉

34. 1925년 몽고 북부 노인울라에서 러시아 고고학자 카즐로프(1863~1935)가 발굴한 유적.

35. 4~5세기에 제작된 것으로 보고 있다.

36. 靑銅鍋. 높이 5.5cm, 구경 14.5cm

있는데, 물고기를 소재로 한 이와 같은 문양은 그 당시 폭넓게 사용되던 길상문이었다. 이런 물고기 장식이나 쌍어문은 다산과 풍요를 빌던 당시 사람들의 문양이었으며 그 자체가 불교 유입의 증거가 될 수는 없다.

전후 사정으로 보아 쌍어라든가 물고기 모양이 불교적인 요소와 관련이 있다고 보는 것은 고려시대 이후에 짜 맞춘 이야기이다. 이런 측면에서 "허 황후가 인도 여자로서 아요디아국의 문장紋章을 가져왔다면 쌍어문은 수로왕의 무덤에 있을 게 아니라 허 황후의 무덤에 있어야 마땅하다"[37]는 분석은 정확한 지적이라 하겠다. 그런데 왜 그것이 김수로왕릉에 있는가? 조선시대 초에도 수로왕릉은 무덤만 덩그러니 남아 있었다. 관찰사 이선李宣이 세종에게 보고한 내용을 보더라도 수로왕릉은 버려져 있다시피 한 상태였다.

"신臣이 김해에 나가 읍성 서쪽 길옆을 보니 가락국 시조의 능침이 논에 잠겨 있어 길을 내어 밟고 다니고 소나 말을 놓아 기르기도 하였습니다.…"
(『세종실록』 20년 10월 기묘조)

이처럼 조선 세종 때까지도 수로왕릉은 아무런 시설도 없고 논에 잠긴 상태로 방치되어 있었다. 그러던 것이 그로부터 3백여 년이 지난 뒤에는 다른 모습으로 그려져 있다.

"가락왕릉은 김해부 서쪽 2리쯤에 있습니다.…혼유석魂遊石 1기, 향로석香爐石 1기, 진생석陳牲石 1기가 있으며, 능 앞에는 거북머리 받침돌 위에 짤막한 비

---

37. 『가야는 신비의 왕국이었나』(김경복·이희근, 청아출판사, 2001) p.98에서 인용.

석을 세워놓았는데, 비석에는 수로왕릉이란 네 글자가 쓰여 있습니다. 이것
은 지난 경자년(1780년)에 특별히 전교를 내리셔서 고쳐 세운 것입니다.…묘
역을 돌담으로 둘러 쌓았는데, 앞으로 제각祭閣까지 닿아 있습니다.(『정조실
록』, 정조 16년 4월)

양동리 5호분 출토 청동냄비. 구경 14.5cm, 높이 5.5cm
(국립중앙박물관, 유물번호 본관 5303).

앞에 소개한 정조시대의 수로왕릉 모습은 아마도 임진왜란 직후에 손질한 그대로였던 것 같다. 임진왜란 때는 허황후릉이 파헤쳐지고 분탕질을 당하였으니 적어도 임진왜란 때까지는 그저 대형 봉분만이 두드러진 무덤일 뿐이었다. 그러다가 인조 24년(1646년)에 김수로·허황후릉에 능비와 진생석을 세웠으며 숙종 때 제각과 재실齋室을 세우고 영조·정조~순조 때에 이르러 한층 정비되었다.[38] 『숭선전지崇善殿誌』[39]에 의하면 외삼문外三門은 1793년(정조 17년)에 세워졌고, 제각

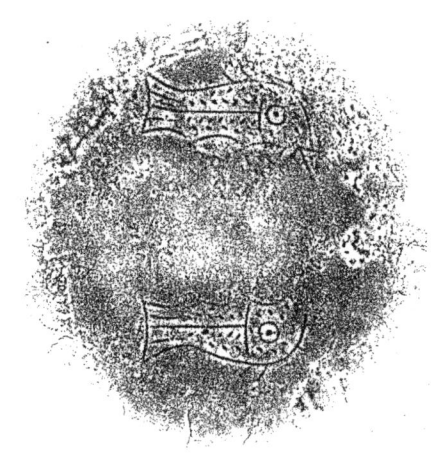

양동리 5호분 출토 청동냄비 속의 쌍어문.

동쪽에 안향각을 세운 것은 1824년(순조 24년)이었다. 그런데 어찌 고려 이전에 있던 쌍어문이 지금까지 전해진 것이라고 할 수 있는가. 물고기 모양의 행엽이라든가 금속제 유물은 기원전 3~4세기 이전부터 소아시아와 중앙아시아 일대에서 전해진 전통양식이며, 이들을 중국과 한국 그리고 일본에 전한 것은 흉노인과 선비인이었다. 아요디아국이라든가 불교국가에서 이것을 문장으로 삼은 것이 아니라 현재의 아랍권과 중앙아시아·인도 등지에서는 오래 전부터 물고기 문양을 상서로운 것으로 숭상해왔다. 후일 그것을 불가의 문장으로 채택한 것일 뿐이다. 사찰에 물고기 문양이나 목어木魚를 받아들인 것은 눈을 뜨고 잠을 자지 않는 물고기처럼 수행에 힘쓰라는 상징물이지 물고기가 불교와 직접적인 관련이 있는 것은 아니다. 쌍어문을 두고 이것이 허황후가 아유타국에서 온 증거라고 한다면 물고기 문장을 사용한 초기 기독교도들은 모두 불교도였다는 식으로 잘못된 추론을 이끌어낼 수 있는 것과 같은 일이어서 쌍어문과 불교의 관계를 억지로 추단하는 일이 된다.

다만 『삼국유사』 어산불영魚山佛影 편에 '마나사麻那斯'[40]가 물고기라는 뜻의 북천축국의 말이라는 기록이 있어 이것은 김수로와 불교의 관계를 고려해 볼 수 있는 요소가 된다. 그리고 이와 같은 말이 기록으로 남았다면 그것은 이 땅에 현재의 페샤와르나 페르가나 평원, 우즈베키스탄 등지로부터 월지인이나 흉노인이 직접 불교를 갖고 들어온

---

38. "안향각의 쌍어문은 순조 24년에 그려진 것이다.……수로왕릉의 정문과 안향각 등을 세울 때 승려들이 동원되었으므로 이들이 쌍어문을 새겼을 가능성이 높다. 쌍어문은 본래 불교와 밀접하게 관련된 문장으로, 김해 은하사 대웅전 수미단, 양산 계원사 대웅전 현판 좌우의 공포…" 는 견해도 있다.(『가야는 신비의 왕국이었나』 김경복·이희근, 청아출판사, 2001)
39. 정조16년(1792년) 왕명에 따라 수로왕릉 관련 기록을 정리한 내용.
40. 여기서 만어사萬魚寺라는 절 이름이 생겼다.

결과로 볼 수 있으며, 나아가 김수로 가계와 허 황후가 불교를 이 땅에 갖고 들어왔을 가능성을 암시한다.

한편 허 황후의 동생 '보옥선인寶玉仙人은 후에 지리산으로 들어가 선인이 되었다'고 한 내용이 있는데, 이것은 후일 최치원이 쌍계사에 들어가 선인이 되었다고 한 비유와 같다.[41] 허 황후의 오라비 장유화상(=보옥선사)은 불교도로서 하동 칠불사로 들어가 여생을 마쳤다는 얘기인데, 이러한 이야기도 단지 그가 "불교도였다"는 사실을 전하기 위해 각색한 것에 불과하다. 여기서 다시 허 황후의 출자를 정리하기 위해『김해김씨선원세보』에 기록된 내용을 살펴볼 필요가 있다.

"허 황후는 10남2녀를 낳았는데, 태자와 둘째아들에게는 후국后國의 성을 따라 허씨 성을 주었으며 나머지 일곱 아들은 세상에 염증을 느끼고 허 황후의 남동생 보옥선인과 함께 두류산 칠불암으로 들어가 신선이 되었다고 한다."[42]

이 기록에서는 엄연히 '허 황후는 자신의 출신지인 후국后國의 성을 따라 (두 아들에게) 허씨 성을 주었다'[43]고 하여 명확히 후국을 명시하고 있다. 주의 깊게 살펴보지 않아서 그렇지, 후국 또는 후국성后國姓이라고 하여 '황후 나라의 성' 즉 중국의 제후국 성씨임을 분명히 하였으며 또 그렇게 전해왔다.

후국은 허 황후의 출신지를 의미하며 후국의 성이 허씨라고 했으므

---

[41]. 이에 대해 최근에는 최치원이 지리산에 의관을 벗어놓고 도망하여 충남의 가야산(서산)으로 숨었다는 견해가 제기되었다. 다만 이것은 증명할 수 있는 문제는 아니다.
[42]. 后誕十男二女長太子二子從后國姓賜許氏七子厭世與后弟寶玉仙人入頭流山七佛菴化仙云…
[43]. 從后國姓賜許氏

로 그 후국은 곧 허국許國이고 허국은 산동지역에 있었다. 사마천의 『사기』 초세가楚世家 편에 '영천穎川 허창현이 옛 허국이다'[44]고 하였으니 이 기록에 의하더라도 허국은 현재의 중국 허창시 일대임은 감출 수 없는 사실이다. 허창許昌이라는 지명은 이곳이 본래 창읍으로 시작하였고, 허씨에게 주어진 봉토[45]였던 데서 유래되었다. 허 황후가 허국 출신이라는 사실은 김수로의 가계가 어떤 방식으로든 산동지역과 교류했음을 알려주는 것이다. 김씨들은 중국 한漢에서 7대를 살면서 흉노에 관한 대외업무를 담당하는 사주객使主客을 줄곧 맡고 있었다.[46] 맨 처음 사주객을 지낸 이는 김잠金岑이었다. 김잠은 김일제의 아우인 김륜金倫의 손자이다. 이후 김씨들이 김해에 내려와서는 낙랑과의 교류에 중추적인 역할을 하였으므로 김해에 정착한 김일제의 7~8대 후손들도 중국어 소통에는 별 문제가 없었을 것이다.

허창시는 낙양시洛陽市 동남쪽으로 다소 떨어져 있다.[47] 낙수와 황하 이남에 있기 때문에 지금은 하남河南 허창으로 말한다. 정주시鄭州市 남쪽에 접해 있다. 허창시 남쪽의 탑하시漯河市와 언성偃城[48] 그리고 그 서남의 무양舞陽, 남쪽의 여남汝南을 포함하여 언성 남쪽의 소릉召陵 일대를 아우르는 지역이 한나라 당시의 허국의 범위였다. 여남은 중국 허

---

44. 穎川許昌縣故許國也
45. 封土, Feudal
46. 김씨들이 실각하고 후한을 연 광무제(光武帝, 劉秀)는 건무6년(기원후 30년) 귀덕후歸德侯 유삽劉颯을 흉노통사匈奴通使로 파견했다. 흉노를 압박하고 홀대하던 김왕망의 정책과 반대로 흉노에 대한 완화책을 쓴 것이다.
47. 『전한서』에는 창읍이 낙양에서 동쪽 810리 거리에 있다고 하였는데, 그곳이 지금의 허창시이다.
48. 상왕조(=은왕조)는 중기 반경盤庚 때 안양安陽으로 도읍을 옮겨가기까지 모두 8번 도읍을 옮겼다. 이것을 은도팔천(殷都八遷, 은의 도읍을 여덟 번 옮기다)이라고 한다. 언성은 그 중의 하나이다.

씨들의 봉지封地인 허국에 속한 자그마한 읍이었다. 한 고조高祖 4년 유방이 이곳에 군郡을 설치하였으며[49] 3세기 초 여남군에는 46만여 호戶의 민가와 2백59만 명의 인구가 살았다고 『후한서』에 기록되어 있는 것으로 보아 허황옥이 허국을 떠나올 당시에도 비슷한 인구가 살았을 것으로 보인다.

허씨들도 전한 황실의 중심에 있었다

흉노 김일제의 후손들이 중국 황실을 장악하고 중국 천하를 주무르기 시작할 때 허씨들 또한 전한前漢 황실에 깊숙이 관여하고 있었다. 허씨가 중국 전한 황실과 피로 인연을 맺게 된 것은 선제로부터이다. 무제의 여러 아들 가운데 서자로서 려태자戾太子가 있었는데, 후일 소제가 무제의 뒤를 이었으나 소제[50]가 아들이 없어 려태자의 손자이자 무제의 증손자인 선제[51]가 황제의 자리에 올랐다. 이 선제가 환관 허광한許廣漢의 딸을 아내로 맞아들이니 그가 곧 효선허황후孝宣許皇后[52]이다. 하지만 허씨 세력이 처음으로 중국 황실에 등장한 것은 무제 때로 거슬러 올라간다. 허씨가 한 무제 때 조정에서 크게 세력을 떨친 것은 허광한으로부터였으며, 이후 허씨 일족 또한 김씨에 버금가는 영예를 누렸다. 한 무제가 허광한을 중용한 것은 무제[53]의 아들 창읍애왕[54] 때문

---

49. 漢高祖四年置汝南郡
50. 昭帝(기원전 87~74년).
51. 宣帝(기원전 74~49년).
52. 선제의 정비이자 원제의 어머니로서 아버지는 허광한이다. 창읍인으로 젊어서 창읍왕랑이 된 아버지가 무제를 따라 감천궁에 오를 즈음, 효선허황후는 나이 14~15세였으며 평군平君이란 칭호를 갖고 있었다.
53. 武帝(기원전 141~87년).

이었다. 창읍애왕은 무제가 장군 이광리李廣利의 누이 이부인李夫人을 후실로 맞아 그 사이에서 난 아들이다. 무제가 기원전 97년 산양군山陽郡을 창읍국으로 만들고[55] 그 아들을 창읍국[56] 창읍애왕에 봉한 적이 있다. 허광한은 바로 이 창읍애왕을 보필하던 창읍왕랑昌邑王郎이었으며, 곽광霍光·상관걸上官桀·김일제와 마찬가지로 허광한을 무제가 중용하여 감천궁으로 불러올리면서 허씨들도 한 황실의 실세로 등장하였다. 그 후 선제는 허광한의 딸을 정비로 맞아들이고 허광한의 형제 및 그 할머니 사씨史氏 가계의 도움을 받게 된다. 그해 9월 천하에 사면령을 내리고 허씨를 황후로 세웠으며 그 아버지 허광한을 높여 경보도위京輔都尉로 삼았다. 그로부터 5년 뒤인 기원전 83년은 흉노 우현왕의 아들 김일제가 50세로 죽은 해이기도 하다.

기원전 87년[57] 8살에 즉위한 소제를 무제의 유언에 따라 김일제와 곽광·상관걸 등이 받들었는데, 곽광은 김일제의 아들 상賞에게 딸을 출가시켜 김일제와 곽광은 사돈이 된다. 또한 김일제의 조카이자 김륜의 아들인 김안상[58]과 허광한이 이 무렵에 가까워지게 되는데, 그것은 곽씨 일파가 허 황후를 독살한 사건을 정치적으로 표면화시켜 곽씨들의 세력을 누르기 위한 데 있었다. 그로부터 20여 년 후인 기원전 66년, 곽씨들은 반란을 일으키고 선제를 제거하려다가 모두 죽임을 당했다. 다행스럽게도 곽광은 이 일이 있기 한 해 전에 죽었으므로, 가문의 몰락을 보는 비극을 면할 수 있었다.

---

54. 昌邑哀王. 무제의 다섯째 아들. 창읍애왕의 아들은 賀하이다.
55. 武帝天漢四年山陽爲昌邑國(무제 천한 4년 산양군을 창읍국으로 만들었다.)
56. 낙양에서 동쪽 810리 거리(『후한서』).
57. 후원後元 2년.
58. 자는 子侯.

기원전 63년[59] 선제는 자신이 황제의 자리에 오르는데 결정적인 도움이 됐던 허광한의 형제 허순許舜과 허연수許延壽를 열후의 자리에 올려놓았다. 또한 허황후(=공애허황후)와의 사이에서 난 유석劉奭을 태자에 봉했으니 이 사람이 바로 효원황후 김씨의 남편인 원제[60]이다. 이것이 바로 허씨와 김씨가 피로 맺어지게 된 시작이었다. 이런 배경을 기준으로 추리해 보면 효원황후 김씨가 김일제의 증손녀인 점을 감안할 때, 허광한은 대략 김해 허 황후의 10대조 쯤에 해당한다고 어림해 볼 수 있다.

선제의 아들로서 8세에 태자가 된 원제는 기원전 49년 선제가 죽자 이듬해 왕위에 올랐고, 즉위하자마자 먼저 어머니 허 황후를 공애허황후共哀許皇后로 높였다. 황제의 자리에 오른 그해 정월에 원제는 외조부 허광한[61]의 조카 허가許嘉[62]로 하여금 허광한의 뒤를 잇게 하였다. 이로써 환관으로 시작한 허씨 일가 또한 선제 및 원제의 외척 세력으로 성장한 것이다.

그런데 공애허황후를 어머니로 둔 원제가 김당의 딸 효원황후, 즉 원후元后를 왕비로 맞아들이면서 김씨들의 전성기가 원제와 그 다음 성제[63] 때에 찾아오게 된다. 성제가 영시永始 원년[64] 여름 4월에 조첩여趙婕仔를 황후에 봉하고 그 아버지 조림趙臨을 성양후成陽侯에 봉하면서 허씨·김씨에 이어 조씨 또한 황실의 외척으로 등장하게 된다. 효원황후

---

59. 元帝. 이름은 유석劉奭 재위기간 기원전 49~33년.
60. 원강元康 3년.
61. 평은대후平恩戴侯
62. 원제에게는 외당숙으로서 외삼촌이 된 셈이다.
63. 성제(成帝, 기원전 33~7년).
64. 기원전 16년.

김씨가 미앙궁未央宮[65]에서 기원전 16년에 죽고 그 아들 성제가 기원전 7년 3월에 사망하기까지 중국 전한 황실에서 허씨와 김씨들의 영예는 계속되었으며 그해 4월 애제가 등장했다가 기원전 1년에 물러나고 평제가 즉위했다. 그 이후 유자영孺子嬰이 들어섰다가 퇴장하면서 김망(=왕망)의 세상이 다시 이어졌다. 한 무제에 의해 포로로 잡혀온 흉노족 김씨들이 한의 황실을 장악하여 전한시대가 끝나기까지 중국 천하를 쥐락펴락했으며, 김망의 시대에는 드디어 김씨들이 천하의 주인이 되었지만, 허씨 가문 또한 선제-원제-성제로 이어지는 시대에 김씨 못지않은 세력을 떨쳤다.

그런데 기원전 32년 효원황후의 아들 성제가 다시 허가許嘉의 딸 허씨를 황후[66]로 맞아들였다. 그리고 그 이듬해인 기원전 31년, 그러니까 이집트에서 옥타비아누스와 안토니우스의 악티움해전이 있은 바로 그해 6월에 성제의 외삼촌이자 효원황후의 친정 오라비들인 김담과 김상·김립·김근·김봉시가 5후五侯의 자리에 오르게 된다. 효원황후는 생전의 무제가 한 약속이라는 명분을 내세워 한꺼번에 친정오라비 등 다섯 명의 친족을 제후의 자리에 올려놓은 것이다.

그런데 그로부터 13년 후인 기원전 16년 황후 허씨를 황후의 자리에

---

65. 1980년부터 1989년까지 10년간 미앙궁과 그 주변을 장안성 공작대가 발굴해 미앙궁의 전체 모습을 어느 정도 파악했다. 미앙궁은 한 고조 8년(기원전 199년), 승상 소하蕭何가 착공하였다. 이에 고조 유방은 '천하가 흉흉匈匈하여 고전하고 있는 것이 몇 해째이며 그 성패를 알 수 없는 때에 이처럼 궁실을 화려하게 지으면 되겠느냐'며 화를 내고 소하를 나무랐건만 그로부터 1년 후 미앙궁을 다 짓자 유방은 미앙궁 앞에서 여러 제후와 대신을 모아놓고 술판을 벌였으니 그 복심腹心과 겉마음이 다른, 유방의 이중적 심리를 알 수 있다. 참고로, 한 고조 유방이 천하흉흉天下匈匈이라고 말한 것은 '온 세상에 흉노가 들끓는 마당'이라는 표현이었다.

66. =효성허황후孝成許皇后, 평은후平恩侯 허가許嘉의 딸이다. 허황후는 역시 원년(기원전 16년) 정월 계축일에 황후에서 폐위되었다. 이해 무오일에 대관大官과 능실㘴室에 화재가 났다고 한서에 기록되어 있는데, 아마도 이것은 허씨들의 반발에서 빚어진 것으로 짐작된다.

서 폐하니 허광한의 아들 허정許靜·허궁許躬 등 60여 명의 허씨 일족이 관사官寺를 공격하여 죄수들을 풀어 다른 곳으로 옮기고 창고를 열어 재물을 약탈하며 병졸들을 빼앗아 스스로 산도적이라는 의미의 산군山君[67]을 자처하는 사건이 일어났다. 그것은 허 황후를 폐하여 평민으로 만든 데 대한 반발이었다. 이로써 중국 황실에서의 허씨들의 전성기도 끝나게 되었지만, 원제의 어머니 공애허황후에 이어 허가의 딸이 효원황후의 아들인 성제의 비妃로 들어섰다가 폐위되기까지 중국 황실을 매개로 허씨와 김씨 일족 사이에는 불가분의 관계가 있었다. 김씨들이 외척으로 세력을 떨치고 있는 동안에 환관으로 시작하여 외척이 된 허씨들은 비록 김씨들의 세력에는 미치지 못했으나 그들 또한 엄연히 중국 전한 황실의 중심에 선 세력이었다. 허씨들은 김씨와 함께 중국 황실에서 매우 깊은 관계를 맺고 있었고, 전한이 끝나면서 허씨들의 전성시대도 막을 내렸지만 허씨 일가 역시 전한 황실에서 대단한 지위를 누린 가계임은 분명하다.

한 고조 유방의 9세손인 유수劉秀가 김망의 신新 정권을 무너뜨리고 후한을 열면서는 황실의 외척과 환관의 권세를 제한하기 위한 조치를 취했다. 중국은 진시황의 진秦 이래로 황실의 외척과 환관이 황제의 곁에서 권력을 쥐고 흔들어 폐단이 많았다. 그리하여 외척을 누르면 환관이 권력을 휘두르고 환관을 누르면 외척이 날뛰는 현상이 나타났으며, 전한 말기로부터 왕망 시대까지도 외척의 손에 권력이 쥐어져 있었다. 그리하여 후한 광무제 유수劉秀가 다시 권력을 장악하고 후한을 연 후로는 외척이나 환관들이 떼거지로 득세하여 권력을 휘두르는 일을 막기 위해 당고黨錮를 시행하였다.

---

67. 산군山君이라는 말은 이 외에도 산신령 또는 호랑이 등을 의미한다.

김망(=왕망)의 시대로 김씨들의 중국 천하가 끝을 맺으면서 허씨들의 영예도 끝났으나[68] 일찍이 이러한 인연이 있었기에 후한이 시작되고 1백여 년이 지나서 허황후가 김해로 내려와 김수로와 결혼하게 되는 것으로 볼 수 있다. 당시 중국 황실과 낙랑은 허씨와 김씨 두 가계의 전력을 소상하게 알고 있었을 것이며, 후한 시대 이민족의 흥기와 어지러워지는 중국 정치질서 속에서 이민족과의 평화무드를 조성하기 위해 김씨와 허씨 가계의 결혼을 추진한 것으로 볼 수도 있다.

기원후 42~44년을 전후한 무렵에는 이미 김씨들이 김해 일대에 내려와 살고 있었고, 김수로·허 황후의 결혼은 2세기 중반에 있었던 사건이다. 그런데 시간과 인물을 혼동하여 가락국기에 42년 김해가야를 개국한 김수로가 199년에 죽었다고 잘못 기록했을 것이다. 김수로·허황후의 결혼은 155년 단석괴의 등장으로 선비연합이 형성되면서 흉노에 이어 선비가 흥성하자 '자라 보고 놀란 가슴 솥뚜껑 보고 놀란다'고 흉노의 망령이 되살아난 중국의 입장에서 그 배후인 낙랑과 한반도 지역을 결속시키기 위해 후한 정부에 의해 추진된 결혼이었다고 볼 수 있을 것 같다.

한편 허 황후가 출발했을 허국은 낙양의 동남쪽 요로에 해당하는 곳일뿐더러, 허씨 일가가 남쪽에서 정주시鄭州市와 황하로 통하는 길목을 아우르는 이 지역을 봉토로 받았다는 것은 한 황실에서 그만큼 높은 지위를 가진 세력이었음을 의미한다. 만일 허 황후가 후국인 허창에서 출발했다면 사리 물때의 썰물에 맞춰 황하를 내려가 하구河口

---

[68] 영시永始 4년(기원전 13년), 4월 계미癸未에 한 무제가 지은 장락궁 임화전臨華殿과 미앙궁 동사마문東司馬門에 화재가 있었다. 장락궁은 성제의 어머니 효원황후(태후)가 살던 곳이다. 그 다음해 성도후 김상金商이 죽고 그 아우 곡양후 근根이 대신하여 대사마가 되어 병권을 잡았는데, 그 후 4년 근根은 형의 해골을 이장하였고 그 형의 아들 망莽이 신도후를 대신하도록 하였으나 망은 드디어 나라를 망쳤다.(『후한서』)

를 벗어난 뒤 서풍을 타면 순조롭게 요동반도에 이를 수 있었을 것이다. 황하 하구에서 요동반도遼東半島까지는 직선거리로 약 100km 정도밖에 안된다. 이 코스 중간중간에는 작은 섬들이 이어져 있어서 항해의 안내 표지판 역할을 하는 데다, 남서풍 순풍을 타면 하루 정도면 닿을 수 있는 거리다. 한여름을 지나 아침저녁으로 찬바람이 불기 시작하는 음력 7월에 허황옥과 그 일행이 황하 하구를 벗어나 출발했다면 남서풍을 받아가며 북동으로 거슬러 오르기는 무척 쉬웠을 것이며, 요동의 바닷가 어느 항구까지는 대략 2~3일이 걸리는 여정이었을 것이다.

허황후가 출발한 허국은 중국에서도 요지에 해당하는 곳이다. 일반적으로 제후국이라 하면 전한 이전의 은·주 시대에는 사방 1백여 리에 불과한 규모가 대부분이었으나 그에 비하면 허국許國의 규모는 대단히 큰 것이었다고 할 수 있다. 허국의 제후였던 허황옥의 아버지는 이제 갓 처녀꼴이 배기 시작한 딸을 해동의 염사읍簾斯邑으로 시집보내면서 몸종으로 시녀 부부 신씨와 진귀한 한의 물품들을 함께 실어 보냈고, 기타 여러 하인들을 딸려 보낸 것이다. 김해로 허 황후와 함께 온 조·신의 두 성씨 또한 당시로서는 평범한 사람들이 아니다. 이들은 모두 중국의 산동山東·하동河東·하남河南·관중關中을 무대로 한 성씨들이었다.

그리고 또, 가락국기에는 허 황후와 함께 동행한 사람들이 사농경司農卿을 비롯하여 중국식 직책을 가졌던 것으로 기록되어 있는데, 이것 역시 허 황후가 인도나 기타 남방에서 온 사람이 아니었음을 증명하는 사실이다.『후한서』에 의하면 사농경은 대사농경을 이른다. 한 해에 2천 석石의 봉록을 받은 최고 관직인데, 이 대사농이란 직책은 한 무제가 처음으로 둔 것이다. 소위 태수太守와 동급으로 은도장을 사용할 수 있는 고위직이었다.[69] 대사농은 화폐와 곡물·금과 비단 같은 물자를 관장하는 직책이었다.[70] 가락국기에 등장하는 신씨 또한 본래는 강태공姜太公 여상의 출신지인 제齊 지역을 봉토로 받은 가문이었으므로 이들 역시 황하 주변 출신이었을 가능성을 말해준다. 본래 신씨는 허국의 동편 제나라 지역의 신申 지역을 무대로 살던 사람들이었다. "신申은 남양南陽 완현宛縣 신백국申伯之國에 있었는데[71] 지금의 하남 남양현 북쪽 30리 거리가 그곳이다."고 하였다. 가락국기에 신씨 부부가 잉신이라 하여 시종 부부로 함께 따라왔음을 밝히고 있으나 이 경우의 시종은 천민이나 평민이 아니라 그들보다는 대단히 높은 상위의 신분이다. 사농경을 비롯한 경卿은 대부大夫나 사士보다도 높은 지위이므로 이들이 만약 허국에서 뽑혀 왔다면, 허국에서도 상당한 지위에 있던 사람들이었다.[72] 이러한 사람들과 함께 많은 양의 결혼 예물을 주어 허황옥을 떠나보낸 그 아버지 허후許侯는 살아서는 다시 딸을 보지 못하리란 것을 잘 알고 있었을 것이다. 그 길을 오라비(아들)와 함께 가게 한 것은 딸의 행로가 못미더웠던 까닭이었다.

그 당시 허씨들이 양자강 이남의 사천성을 비롯해 많은 지역에 흩어져 있었지만 주로 허창시 일대의 허국을 중심으로 몰려 살았다.[73] 제후국의 제후와 같은 성씨를 가진 사람은 제후와 불가분의 관계를 갖

---

69. 김망은 이 대사농을 의화義和란 이름으로 고쳤으며 후한 때 다시 대사농으로 복원되었다.
70. 掌諸錢穀錦貨幣郡國四時上月以見錢穀簿其通未畢各具別之邊郡諸官請調度者報給損多益寡取相給足
71. 『사기』 제세가齊世家
72. 물론 여기에는 김씨나 허씨의 위상을 높이기 위해 과장한 측면이 있었을 것이다.
73. 산동반도의 허씨 성은 대단히 오래 된 족성이다. 『사기』 오제본기에 "요堯 임금이 왕위를 허유許由에게 주려 하자 허유는 그것을 부끄럽게 여겨 숨어버렸다"고 전하고 있어 이 사람이 역사가 전하는 최초의 허씨 인물이라고 할 수 있다.

고 있었다. 성 밖에는 채읍采邑과 농토를 부칠 농민·외국인·제후와 같은 성씨를 가진 사람들이 집단을 이루어 살았다. 당시 제후는 자신의 족성族姓을 먹여 살려야 했으며, 관직을 잃으면 장사라도 나서야만 하는 것이 중국 관료들의 생존방식이었다. 후한[74]이 들어서면서 허씨들 또한 중앙 정계에서 밀려나 상인으로 변신하였을 가능성도 있고, 요직에서 밀려나 다른 곳으로 분산 배치당했을 수도 있다.

물론 3~4세기 이후 동진東晋의 강남개발과 더불어 산동·안휘성[75] 일대의 많은 사람들이 장강(長江, 양자강) 이남으로 이주하였으므로 허 황후 일가의 허씨들 또한 후한의 등장과 더불어 다른 곳으로 사민당하거나 이주했을 가능성은 있다.

이런 사정을 감안해서 보면 허씨들이 황실에서 밀려나 지방의 한직으로 떠돌던 때라든가 허 황후의 친정아버지가 사천성 일대의 태수였을 때 김수로·허황후의 결혼이 성사되었으리라고 가정해볼 수는 있겠다. 그러나 그럴 가능성은 희박하다. 기원후 101년에 반란을 일으킨 허성과 그 일족이 쫓겨나고 다시 허씨 일가가 태수太守를 지냈다고 보기도 어려울뿐더러 만일 허 황후가 이들 몰락한 허씨의 후손이었다면 가락국기의 '한사잡물漢肆雜物'[76]이란 표현은 가능하지 않기 때문이다. 그리고 그곳에서 몰락한 성씨이며 반란을 일으킨 사람의 자식을 김해에 시집보낼 수도 없고, 김해에서 그것을 모르고 받아들였다고 볼 수도 없다. 더구나 당시 허씨들은 사천성 안악현에만 있는 것은 아니었다. 아마도 가락국기의 저자는 선제·원제·성제로 이어지는 시기에 전한前漢 황실에서 활동한 '중앙귀족 허씨들'에 관련된 기록은 보지 못

---

74. 기원후 23~220년. 중국에서는 주로 동한東漢이라고 부른다.
75. 安徽省
76. 한에서 내려준 다양한 물품.

했던 모양이다.

　김수로 · 허 황후의 혼인은 소주蘇州나 절강浙江 등 중국 남부지역이 본격적으로 개발되기 전의 일이므로 허황옥이 장강 이남지역이나 그 주변 어딘가에서 왔다는 주장은 현재를 기준으로 2천 년 전의 일을 가정한 추정이어서 사실과는 다르다. 가락국기에 의하면 허 황후와 김수로의 사망시점은 각기 189년과 199년이다. 물론 이것을 액면 그대로 믿기는 어렵지만 일단 믿어보기로 전제하고, 다음과 같은 추정을 해보기로 하자. 통상 이른 나이에 결혼하고 결혼 후 30~40년을 산다고 가정하면 이를 역산하여 대략 기원후 150~160년대를 추출해낼 수 있다. 이 시기는 후한 환제와 영제의 혼란기로서 북방에 선비족 단석괴가 나타나 선비연합을 구축하고 있던 때였으므로 후한 정부는 흉노족에 대한 공포만큼이나 선비족의 단결을 불안하게 생각했을 것이며, 이런 측면에서 낙랑지역을 안정시키는 방책은 낙랑태수나 그 이하 수뇌부를 통해 하나의 유화책으로서 김해와의 정략혼이었을 것이다. 이 무렵쯤에는 후한이나 낙랑 측에서도 김수로 가계의 과거를 파악하고 있었고, 그랬기에 전한 무제로부터 성제 때까지 한 황실의 외척으로서 친밀하게 지냈던 허씨 일가와의 결혼이 추진되었으리라고 볼 수 있다. 만일 이와 같은 배경에서 추진된 혼사였다면 그것은 김해가야를 배후에서 적극 지원한 정치적 제스처에서 나온 정략혼이었음이 분명하며, 이러한 유화책으로써 후한 정부는 고구려나 백제 그리고 마한과 같은 주변국들의 반발심을 줄이는 효과를 거둘 수 있으니 낙랑의 존속을 위해서도 적절한 대처였다고 할 수 있다. 이 점에서 보면 김수로 · 허황후의 사망 시점은 별 문제가 없어 보인다.

　이상의 여러 측면을 고려할 때 허 황후는 허국에서 태어난 허씨였으며, 허씨 중 누군가가 낙랑 태수라든가 그 이하의 관리로 나가 있을 때

양가의 결혼이 추진되었을 가능성은 있다.

한 마디로 허광한으로부터 시작된 중앙 황실 주변의 허씨들은 본래 인도인은 아니다. 현재 운남雲南 지역을 비롯해서 중국 남방에 사는 허씨 집단은 그들의 먼 선조가 진秦·한 이후 계속 남진을 한 허씨 후손들이지만, 그렇더라도 허 황후는 중국 남방의 허씨라고 보는 설은 무리다.

허씨는 전한 무제 시대에 이미 한 황실에 진출했으며, 제후국의 국성國姓을 가진 중국의 실력자들이었다. 신분제가 엄격했던 당시 사회에서 평민이나 천민은 성을 가질 수도 없었다. 설령 성이 있다 하더라도 작은 지방의 촌성村姓과 도회지의 성씨[77]에는 큰 차이가 있었다. 더구나 제후국인 허국의 성씨라면 대단한 것이다. 김씨와 마찬가지로 허씨 가문도 중국 전한 황실에서 세력을 펴던 사람들이었다.

이런 배경 때문에 후일 중국에서 실각한 김수로의 가계와 허황옥 가문의 만남은 얼마든지 가능한 일이었다. 허 황후가 인도에서 왔다면 허씨 성을 곧바로 갖고 들어왔을 리도 없고, 사천성에서 인도의 성씨를 버리고 허씨로 성씨를 바꾸었다면 "후국后國의 성을 아들들에게 주었다"는 표현도 있을 수 없다. 사천성에는 허씨의 후국이 없었기 때문이다. 더군다나 중국 남부의 평범한 사람이었다면 김수로와의 결혼이 성립되지도 않았을 것이며 김수로와 김해가야의 반발도 컸을 것이다.

또한 김수로가 황제가 아닌데 허황옥許黃玉에게 황후라는 칭호를 부여하지도 않았을 것이다. 노예나 천민과 평민·귀족의 신분질서가 명확한 고대사회에서 이름 없는 평민이나 상인 또는 천민의 딸이 김수로의 부인이 되었을 수도 없다. 그런 사람을 김해가야의 왕실에 주었

---

77. 이를 전문용어로 도성都姓이라 한다.

다면 그 결과는 후한의 입장에서는 오히려 화를 부르는 것이었을 수 있다. 유화책으로 선택한 정략혼이 강력한 반발심을 불러 일으켰을 것이기 때문이다.

전한이 무너지면서 허씨 일족도 중앙 무대에서 밀려났고, 그로부터 100여 년이 지나 2세기 중반이 되자 허씨들의 세력은 크게 줄어들어 명색만 겨우 귀족신분을 유지했을 뿐 대상大商으로 나서서 대외 교역을 생업으로 선택했으리라 짐작해 볼 수는 있다. 통상 중국인들은 봉지를 잃거나 관리에서 해직되면 장사에 나섰으므로, 이 무렵 허씨의 아버지는 선단을 구성하여 장사를 했을 수도 있다. 물론 낙랑에 관리로 나가 있었을 수도 있다. 하지만 원래 제후국인 허국許國 제후의 딸이었고 그 역시 불교를 전해온 사람이었기에 허국의 공주가 아유타국의 공주로 탈바꿈된 것이고, 그런 배경이 있었기에 허국의 공주가 김수로의 부인이 되면서 황후라고 불리게 된 것이다. 김수로 자신이 말한 대로 '여뀌 잎 만한' 김해 땅[78]이 산동 제후국인 허국만 하였을까. 당시 김수로의 입장에서는 허국의 격이 한참 높았기에 허황옥에게 황후라는 칭호를 부여한 것이었다고 볼 수 있다. 이것은 김수로의 집단이 어떤 경로를 통했든 낙랑 및 산동지역과 거래를 하였으며, 후한 중앙정부와 닿는 끈을 갖고 있었다는 것을 의미한다. 이런 점에서 허황옥과 김수로의 결혼은 결코 우연이 아니었음을 말해준다. 가락국기에 허황옥의 아버지가 김수로를 찾아가 보라고 했다는 것도 그렇지만, 16세의 어린 소녀를 허황옥의 아버지가 아랫사람 몇 명만을 딸려 수천 리 밖 이역異域에 보냈을까? 누군가의 주선으로 두 가계의 결혼은 사전에 약속되어 있었던 것이다.

---

78. 『삼국유사』 가락국기에 나오는 내용.

실제로 김수로는 신하들의 딸 중에서 배필을 선택하라는 권유에 "짐이 이곳에 내려온 것은 하늘의 명이었다. 왕후를 맞는 것 역시 하늘의 명이 있을 것이니 그대들은 염려하지 말라"고 말한 사실에서도 하늘의 의미와 사전 약속을 짐작할 수 있게 된다. 이것은 낙랑이 중개자가 되어 산동 제후국인 허국의 딸 허황옥과 김수로의 혼인을 추진하고 중국이 지원했음을 의미한다. 낙랑의 지배하에 있던 염사읍의 읍군 자식으로서 김수로의 아버지나 할아버지는 낙랑에 철을 비롯한 공물을 바치면서 세력을 키운 시점이었으며, 김수로 가계의 선조와 그 출신 배경에 대해서도 낙랑은 소상하게 파악하고 있을 때였다. 중국 황실의 통제를 받는 낙랑군의 태수는 중국 황실로 하여금 김수로를 정략혼으로 엮어서 충성스런 지방관으로 잡아두려 했을 것이다. 이에 한 황실은 허국의 딸을 주어 혼인을 추진한 것이었으며, 허황옥과 김수로 양쪽에서는 서로 혼인 날짜를 사전에 맞추었다는 얘기가 된다. 특히 허황옥이 가져온 '각종 진귀한 물건(漢肆雜物)'이라고 표현한 사실에 주목할 필요가 있다. 肆사는 본래의 뜻이 '베풀다'는 의미인 만큼 '한사잡물漢肆雜物'은 '한漢나라에서 베푼 잡다한 물건'이라는 말이다. 허황옥과 김수로의 혼인예물로 왜 한나라 정부가 잡다한 혼수를 실어 보냈을까? 낙랑이 매개자가 되어 중국 황실의 주선으로 결혼이 추진되었고, 허황옥의 친정인 허국에서 내려준 다양한 혼수였음을 의미한다. 이 한 마디로도 허황옥은 인도나 태국의 여자일 수가 없으며, 일본에 진출해 있던 가라국 여자일 수도 없다는 사실을 알게 된다.

허 황후가 금수능라 · 의상필단衣裳疋段 · 금은주옥 · 경구복완기瓊玖服玩器 등과 같은 중국 물건을 가져왔다고 한 것도 그렇지만 천부경 또는 사농경 · 종정감과 같은 중국 관직명을 가진 사람이 허황후를 따라온 것도 허황후 남매가 인도에서 올 수 없는 이유가 된다. 이들 중국 관직명은 제후국인 허국의 관직명이다. 지방 태수와 같은 직급의 관직을 가진 이들을 데리고 내려온 허씨가 황후로 묘사된 것은 그 자신이 허국이란 제후국의 딸이었음을 시사한다. 설령 이러한 고위관료를 데려오지 않았다 하더라도 그것은 허황후가 허국에서 왔음을 알리기 위한 하나의 의도적 설정이었다고 볼 수 있는 것이다.

한편 허황후는 지금의 진해와 김해의 경계에 있던 별포진別浦津 부인당夫人塘으로 들어왔다고 한다.[79] 허 황후가 도착하여 김수로와 합혼合婚하던 날, 비단바지를 벗어서 걸어놓은 곳을 능현綾峴이라고 한다는 것이나 여자가 바지를 벗어 걸어놓는 것은 초경初經을 치른 소녀가 갖는 의식으로서 사천성을 비롯한 중국 남부에 보편적인 습속이었다는 주장도 있다.

그러나 12~13세기는 항주杭州와 경원慶元 등 중국 남부지역과 고려는 대단히 빈번하게 교류를 하고 있었고, 많은 수의 외국 상인들이 고려를 찾던 때였다. 경덕진을 비롯하여 도자기 생산지에 나간 고려인이나 고려 정부가 고려로의 귀화를 권장하여 선진 도자기 기술자를 데려오려는 조치들이 『송사宋史』나 『원사元史』에 꽤 등장하는 것으로 보아 당시 고려와 중국 남부 사이에는 인적·물적 교류가 대단히 많았음을 알 수 있다.[80] 따라서 일연의 시대에는 중국 남부의 민속이나 여러 가지 사정을 충분히 알고 있었고, 초경을 치른 여자아이가 바지를 벗어서 걸어놓는 송·원 시대의 중국 남부 풍습쯤이야 잘 알고 있었기에 가락국기에 그 같은 사실을 넣은 것이며, 고려 중앙 정부의 요직에 있던 사람으로서 그 정도의 견문은 있었기에 고려의 문인은 가락국기를

---

79. 別浦津夫人塘-在金海府南五十里今熊川地界世傳許后駕石舟來泊于此 至今有石半沈水中以爲石舟之覆寶者云(『金官志』)
80. 실제로 전남북 서남해안에 많은 중국인들이 정착했다.

지을 수 있었던 것이다.

  다시 말해 초경을 치른 여자아이가 바지를 벗어 걸어놓는 풍습은 고려시대 사천성을 포함한 중국 남부지방에서 있었던 것이지 전한이나 후한 시대의 일이 아니다. 2천여 년이 지난 오늘에 와서 그와 같은 사실 하나만으로 허 황후가 기원후 1~2세기에 사천성에서 왔다고 하는 것은 억단에 가까운 일이다.

우리말 속의 흉노어 및 알타이어와 가야어

우리말에 남아 있는 다민족적 편린들

비록 흉노족은 다른 민족에 동화 흡수되어 사라지고 없지만 그들의 흔적이 우리에게 일부 남아 있다. 흉노의 씨름이 고스란히 한국인에게 전승된 것과 마찬가지로 한국은 흉노의 문화 전통과 언어를 가장 많이 간직하고 있는 나라다. 흉노인의 말과 습속·의복·풍습 등을 거론하기에 앞서 우리말에 남아 있는 다민족적 색채에 대해 잠깐 살펴보고 넘어가기로 하자.

기원전 10~11세기를 전후한 무렵부터 한반도에는 고인돌로 대표되는 청동기문화가 본격적으로 유입되었다. 벼농사를 비롯하여 농경시대로의 진입을 알리는 이 시기는 중국의 두 번째 왕조인 은殷[1]을 혁명으로 전복시키고 주周 왕조가 들어선 정권 교체기이다.[2] 이로부터 1200여 년이 흐른 후한시대, 중국 황하 이북으로부터 북경 동쪽과 발해만을 끼고 있는 하북성·요령성 및 요동 남부와 한국에 이르는 넓은 지역에는 동이족이 흩어져 살았다.[3] 기후는 온난하였다. 천진天津과 발해만 주변은 전한시대 중기에 해수면이 약 4m 가량 높아지고 발해만 서쪽 저지대가 크게 줄어드는 해침海浸 현상이 있었지만 벼농사에 적합하였다. 오래 전부터 중국 북부의 하북성·요령성과 요동 및 한반도에는 사람들이 고루 흩어져 있었다.

이 시기 동이족의 이동과 정착을 보여주는 흔적이 중국에서 석붕石棚이라고 부르는 고인돌이다. 기원후 3~4세기까지도 많은 유민이 한반도로 내려왔다. 그 증거가 한국 땅에 흩어져 있는 많은 수의 고인돌이다. 이후 흉노·선비·예맥·말갈 등 다양한 종족이 유입되는 과정에서 여러 가지 언어가 섞였으며, 서로 다른 문화가 어우러졌다. 다른 민족, 여느 국가와 마찬가지로 오늘의 한국어는 다양한 계통의 사람들이 만나서 이루어졌으며, 고대 언어의 형성과정이 크게 다른 것은 없다. 여러 종족, 많은 민족이 섞이면 어휘가 늘어나고 동음이의어나 합성어와 같은 신조어가 많이 생성되기 마련이다. 우리말 속의 다양한 이음동의어나 복합어는 이와 같이 여러 종족이 서로 섞이고 어울린 흔적이다. 우리말은 고조선과 부여어·고구려어·만주어·몽고어·거란어 등 여러 가지 말이 함께 어우러져서 이루어졌다. 그래서 지금도 남한의 서해지역에는 백제어와 고구려 계통의 말이 많이 남아 있다. 신라가 삼국을 통일함으로써 백제와 고구려가 역사무대에서 퇴장했어도 우리말 속에는 고구려·백제어와 함께 서로 계통이 다른 신라

1. 중국에서는 商상이라는 명칭을 더 많이 쓰고 있다. 하지만 상商은 기원전 1300년 경 반경盤庚이 지금의 하남성 안양현安陽縣으로 도읍을 옮기기 전의 나라 이름이며, 그 이후는 은殷이다.
2. 기원전 1046년 주周 무왕은 은의 마지막 왕 주(紂, =帝辛)를 토벌하고 주를 건국했다.
3. 「후한서」와 「삼국지」.

말이 공존한다. 분명히 현재의 우리말은 신라어 계통이지만 여기에 흉노어·선비어·선주 한계의 말이 섞여서 고대 한국어가 만들어졌다. 그리고 다시 돌궐어·몽고어·만주어가 유입되어 그 흔적이 많이 남아 있다. 하지만 우리말의 계통을 따질 수 있

충남 예산·당진·서산 지역에서 '워라 감'으로 불리는 토종 감. 이때의 '워라'는 '어라'의 변형꼴로 왕이라는 의미이다.

는 자료는 많지 않다. 특히 그 중에서도 가야나 백제어는 관련 자료가 적어 연구에 한계가 있다. 그렇지만 몇 안 되는 말 가운데 대가야 및 백제와 관련하여 관심을 끄는 어휘가 있다. 몇 가지 예를 들어 보자.

"백제에서는 왕을 어라하於羅瑕라고 하였다. 백성은 (왕을) 건길지腱吉支라고 부른다. 중국말로 둘 다 모두 王왕을 의미한다. 왕의 아내를 어륙於陸이라고 부르는데, 중국말의 비妃이다."[4]

왕을 '어라하'[5]라고 불렀다. 그렇다면 혹시 이 말이 우리말에 지금도 남아있지 않을까? 충남 서부 지역[6]에 가면 이 말을 지금도 들을 수 있다. 이 지역 사람들이 감柿 중에서 특별히 큰 감을 '워라감'이라고 한다. 요즘은 개량종이 많이 있으나 우리 전통의 대접만큼 크고 탐스러운 고유종 감을 워라감이라고 부르는 것이다. 하지만 그곳 사람들은 그 말이 무슨 의미인지는 전혀 모른 채 그냥 사용하고 있다. 잊혀

---

4. 王姓餘氏號於羅瑕百姓乎爲腱吉支夏言竝王也王妻號於陸夏言妃也(『北史』百濟傳)
5. 그러나 이것은 중국인의 표기이고, 실제로는 '어라'였을 것으로 본다.
6. 예산·홍성·당진·서산 지역

가는 말이지만 50~60대 이후의 사람들은 기억하고 있다.

워라감이란 크기가 제일 크며 달고 맛이 있는 종류의 '왕감'을 이른다. 여기서 '워라'라는 말은 '왕'이라는 의미이다. 무척 크고 맛이 가장 뛰어난 감이니까 감 중에서는 왕 격인 '왕감'이다. 다만 이 '워라'를 읽을 때 그 지방 사람들은 '워~라'라고 하여 '워'를 길고 강하게 발음한다. 이 말이 곧 어라하於羅瑕의 원형이라고 할 수 있다. '워라'를 중국인의 발음으로 기록하다 보니까 於羅瑕어라하였을 뿐이지 이것은 '어라'를 한자로 베껴낸 것에 불과하다.

백제에서 왕을 이르는 칭호인 '어라'는 고령 대가야에서도 똑같이 사용되었던 것 같다. 대가야의 성을 어라성禦羅城[7]이라고 한 것을 보면 알 수 있다. 여기서의 '어라禦羅'는 백제왕 '어라하'에 해당하는 말로 '어라' 또는 '워라'를 나타내기 위한 표기였다. 이것 하나만 보더라도 백제 상층부와 대가야 지배층이 사용한 말은 선비어였을 가능성이 아주 높다. 이러한 것들은 3~4세기까지 중국 동북 지역의 선비 및 오환선비[8]가 한반도로 많은 유입된 결과일 것이다. '어라'가 에라 · 어라 · 워라의 변형된 형태로 전해지고 있는 또 다른 사례를 성주풀이에서도 볼 수 있다.

"낙양성 십리허에 높고 낮은 저 무덤은 /영웅호걸이 몇몇이며 절세가인이 그 누구냐 /우리네 인생 한 번 가면 저기 저 모양 될 터이니 /에라 만수, 에라 대신이야"

7. 백제어 於羅瑕어라하 및 '어라'와 똑같은 소릿값을 가진 한자 禦羅를 택해 그 뜻을 교묘하게 겹쳐놓았다.

8. 오환선비족은 본래 흉노와 대대로 원수처럼 지냈으나 그 힘이 약해서 부득이 흉노에 복속하였다. 한 무제 때 표기장군 곽거병이 흉노좌지를 격파하고 오환선비를 상곡, 어양, 우북평으로 옮겨서 한의 정찰대로 삼아 요서오군(안문, 대, 상곡, 어양, 우북평)의 흉노 움직임을 살피도록 하였다.

여기서는 '에라'의 형태이지만, 이것도 '어라'의 잔재형으로 볼 수 있다. 따라서 '에라 만수, 에라 대신이야'는 '임금님 만수, 임금님·대신이야'로 해석되며 '에라'는 단순한 감탄사가 아니다. 이 말은 백제 지배층의 말이었다.

신라 사다함이 대가야를 멸망시킬 때 넘었다는 성문 전단량梅檀梁의 梁을 '도'라 한 것도 마찬가지다. 가야어로 문을 梁량이라고 한다는 기록[9]으로부터 도と나 도비とび는 가야와 고구려에서도 사용되었음을 알 수 있다. 이해를 돕기 위해 황해도 개성開城을 예로 더 든다. 개성은 원래 고구려 이름으로는 冬比忽동비홀이었다. 이것은 고구려어로 '도비고-리'의 표기였다. 현재의 일본어 '도비'는 문이라는 뜻이다. 그러므로 冬比忽은 문성門城의 뜻이며 이는 고구려인들의 의식을 읽을 수 있는 단서가 된다. 문의 기능은 열고 닫는 데 있는 만큼 신라가 차지한 뒤로는 문의 본래 기능에 착안하여 '열 開개'자로 바꾸어 개성이라 하였다. '도비고리' 즉, 지금의 말로 '문골'이라고 생각했다는 것은 개성을 바다로 드나드는 관문으로 이해했다는 의미가 된다. 개성은 일찍부터 한국의 서남부를 장악하기 위한 고구려의 관문 역할을 하던 곳이었다.

다음에는 만주어나 몽고어의 사례를 보자. 우리말의 보라색, 보랏빛이라고 할 때의 '보라'는 만주어이다. 자주색이란 의미의 바오라[寶拉] 또는 바오리[包里][10]에 기원을 두고 있다. 바오라의 또 다른 변형으로서 보로[波羅]라는 말이 있는데, 이 역시 자주색을 의미한다. 그리고 아침이라는 말은 고조선에서는 아사라고 하였으며 그 흔적이 아사달阿斯達에 남아 있다. 아사달은 조산朝山 또는 조양朝陽의 뜻이다. 이런 전통은

9. 『삼국사기』 사다함전
10. 바오라의 변음.

일본에 그대로 전해졌다. 그래서 지금의 일본어에서도 아침을 아사(あさ, 朝)라고 하며, 일본 여인 아사꼬는 朝子조자라 쓴다.

우두머리는 머리라는 의미의 '우두' 와 '머리'를 겹쳐놓은 복합어이다. 머리는 원래 마리[首]이고 '우두'는 몽고어로 '머리' 이다. 만주어로는 호쥬[11]이고, 몽고어는 우주鳥珠이다.

이 외에도 우리말 속에 남아 있는 만주어와 몽고어 등 북방 언어는 대단히 많다. 젖먹이가 있는 집에서는 으레 이런 노래를 불러주며 아이와 논다. 아이가 젖을 떼고 이제 막 말을 배우기 시작할 때 엄마가 마주 앉아 불러주는 노래.

"아침바람 찬 바람에/ 울고가는 저 기러기/ 엽서 한 장 써 주세요/ 구리 구리 구리 구리……"

그런데 여기서 '구리' 는 무슨 말일까? 이것이 무슨 말인지 모르면서 아이 엄마는 그냥 사용한다. 이 말은 몽고어이다. 구리(古哩, 沽里)는 '이사 간다' '옮겨 간다' 는 의미이다.[12] 기러기가 찬바람에 남쪽으로 내려가는 것을 보고 하는 얘기이니 이사 간다는 말이 맞다. 즉 찬바람이 불어 남쪽으로 옮겨가는 것이니 그 편에 소식을 전하게 몇 자 적어 주면 갖고 가리라는 의미다.[13] 그래서 이 노래를 다 부르면 우루루 도망가는 시늉을 한다. 그렇다면 이것은 몽고와 접촉이 잦았던 고

---

11. 古珠로 표기한다. 胡數로도 썼다.
12. 이것은 아낙네들이 아이들에게 흉노어를 가리키려던 노력의 흔적이 아닐까 하는 생각을 갖게 한다.
13. 멀리서 전해오는 소식을 '기러기가 전하는 소식' 이라는 의미에서 안백雁帛 또는 안신雁信이라고 한다.

려시대 이후에 생긴 말일까? 하지만 언제부터 이처럼 사용했는지는 알 수 없다. 다만 우리가 몽고어에 연원을 두고 있는 말이라고 생각하는 것들 중 상당수가 오히려 흉노어에 연원이 있을 것이며 이 말 역시 흉노어일 것이라는 생각을 해본다.

한편 哈達합달은 몽고어 및 만주어로 '하다'이며 산봉우리를 뜻한다. 몽고어 아루, 아르[阿爾]는 금金이라는 의미이다. 그렇지만 이말이 원래 흉노어라는 사실은 따로 설명하였다. 동시에 동음이의어인 아르[14]는 모두 북쪽지방을 뜻하는 말 '아리'이고 이것이 아리수阿利水, 경주 알천(=북천)에 남아 있음을 알 수 있다.

몽고어 비루[必爾]는 강이다. 백제 온조왕의 형 비류沸流라는 이름은 여기서 나온 것으로 짐작된다. 북한의 비류강이 대표적인 예이며, 온조·비류는 선비족이었으므로 아마 이 말도 원래는 몽고어가 아니라 흉노어였으리라 짐작된다. 기록에 의하면 길림성 집안輯安 서쪽에 남북방향으로 흐르는 강이 비류하였다.[15]

들[平野]은 몽고어 다라[塔拉]에서 왔다. '다라'는 관대하다는 뜻도 갖고 있다. 만주어에서 '다라'는 평원,[16] 즉 들판을 의미하므로 합천 다라국多羅國[17]이나 우리말 '들'은 이와 관련이 있으리라 생각한다.[18] 아울러 온돌溫突은 만주어 온도루에서 나왔다. 이 말은 본래 높은 곳이란 뜻을 갖고 있다.

---

14. 또는 阿魯아로로도 표기한다. 또는 아레(阿勒, 阿力), 아린阿林로도 쓰는데, 모두 같은 말이다.
15. "…환도성丸都城은 비류수沸流水의 동쪽에 있다…"(『방여기요方輿紀要』 권 38)
16. 광야廣野 또는 경지耕地를 의미한다.
17. 경남 합천군 쌍책면에 있는 옥전고분군을 다라국의 유적으로 보고 있다.
18. 경남 합천군 쌍책면 성산리의 옥전고분군과 그 옆 다라리를 중심으로 황강을 건너 남쪽으로 적중·초계 지역에 있었던 가야 소국. 『일본서기』에는 임나가라 10국 중 한 나라로 되어 있다.

태양이라는 의미의 '해'는 그 원류가 부여어에 있다. 하지만 이 말도 흉노어였을 수 있다. 해를 여진족(=만주족)의 말로는 손이라 하였으며 한국과 중국의 孫손이라는 성씨는 여진과 관련이 있다. 또 '여남은 개'라고 할 때 '여남은'이라는 말은 본래 6~8개를 의미하는 말이었다. 만주어로 '나이믄'은 여덟을 뜻하며 여섯의 '여'와 '나이믄'을 붙여서 '여나이믄〉여나믄'으로 변화했을 것으로 본다.

소나무는 몽고어에서 蘇소로 쓰고 '수' 또는 '스'로 발음했다. 부여의 부소산扶蘇山은 송산松山이라는 의미의 향찰 표기이다. 부소扶蘇는 '소'의 반절 표기를 적용한 것으로 파악한다는 것이다. 이 점에서 진시황의 큰아들 부소扶蘇 또한 원래 소나무라는 뜻의 '소'로 파악해도 될 것으로 본다. 그리고 부소의 동생(진시황의 둘째아들) 호해胡亥란 이름 胡에서 흉노 또는 융적임을 감지할 수 있고, 역시 반절을 적용하면 호해는 해이다. 본래 胡는 흉노나 융적을 나타낸다. 진시황 가문은 원래 융적戎狄이었을 것으로 짐작된다. 이것으로 보더라도 진나라와 우리말 사이에는 많은 유사점이 있다고 생각된다. 『삼국지』 위서 진한전에 "그 언어가 마한과 다르며…진나라 사람과 유사하다"[19]고 한 내용은 이런 배경을 설명하는 것으로 볼 수 있다. 『삼국지』 진한편에서 진한인을 설명하면서 "옛날 진역秦役을 피해 도망온 사람들"이라고 한 점으로도 충분히 알 수 있는 일이다.

또한 베라[別拉]는 몽고어로 강이란 뜻이다. 이를 바탕으로 생각하면 파주 적성의 고구려시대 지명인 '難隱別난은별은 칠중성七重城'[20]이란 의미라고 했는데, 오히려 그보다는 칠중하七重河가 본뜻이었음을 알 수 있

19. …其言語不與馬韓同…有似秦人…
20. 『삼국사기』 지리지

다. 아마 원래는 나나에베라なкаえべら였을 것이다. 이 '베라' 라는 말은 본래 중국 동북지방의 눈강嫩江에서 흑룡강에 이르는 지역, 그 중에서도 대소 흥안령 일대에 살던 원주족인 오로춘족의 말이었다고 한다. 산간 오지에서 짐승을 사냥하면서 이동하며 살던 이 鄂倫春族오로춘족의 말로 우루[遊路]는 '도랑(구, 溝)'의 뜻이었다. 이 점에서 보면 백제의 위례성은 자연해자를 두른 성이라는 의미였을 가능성이 대단히 높다. 그리고 만주어로 '도랑' 을 溝구로 쓰고 '고' 라고 읽었다. 우리말 '물꼬' 는 수구水溝의 의미로서 만주어의 흔적이 남아 있는 말이라 하겠다. 몽고어에서 사라[薩拉]는 산 또는 강이나 하천의 분기점을 뜻한다. 이것이 신라의 옛이름 사라斯羅와 어떤 관계를 갖고 있다고 생각한다. 몽고어인 사마는 무당의 뜻이며 영어 샤만의 원류가 여기에 있다. 백제 무령왕을 '사마' 라 한 것은 이와 관련이 있다고 본다. 대흥안령 일대에서 수렵으로 살아가던 索倫族소롱족[21] 역시 '사마' 라는 말을 사용했다고 한다.

버드나무를 몽고어로 '우나' 라고 하였다. 강원도 양구楊口의 고구려 이름은 요은홀차要隱忽次였다. 이것은 요나구치를 한자음을 빌어 표기한 것으로 보인다. 이 지명에서 보듯이 고구려에서 버드나무는 '요나' (또는 야나)로 불렸으며 버드나무를 이르는 지금의 일본어 '야나' 는 '우나·요나〉야나'의 변화를 거쳤을 가능성이 있다. 이로써 현재 일본어 야나기やなぎ[22]의 원류가 어디에 있는지를 어렵지 않게 짐작할 수 있다. 또한 밧줄은 바와 줄의 합성어이다. '바' 와 '줄' 은 똑같은 의미를 갖고 있으나 계통이 다르다. '줄' 은 일본으로 가서 つるᄍ루가 되었고, '바' 는 현재 터키어에서 그대로 쓰고 있으므로 이 말도 본래 투르크어 및

---

21. 러시아인들은 이들을 무코니[木喀尼]라고 불렀다고 한다.
22. 버드나무(柳木)

흉노어로 판단된다.

이상에서 살펴본 바와 같이 우리가 그간 만주어(숙신·여진)·거란어·몽고어 나아가 투르크어라고 생각했던 말 중에는 그 원류가 흉노어에 있는 것들이 많을 것이다.

우리말 속의 흉노어·선비어·알타이어

앞에서 간단히 살펴본 것처럼 우리말에는 흉노 및 선비어가 의외로 많다. 언어학자들은 고대 한국어가 고아시아족 언어를 바탕으로 하되 알타이어 중심으로 형성되었고,[23] 여기에 다시 퉁구스어의 영향을 강력히 받았다고 보고 있다. 알타이설과 퉁구스설이 대립되어 있으나 한국어는 알타이계라고 보는 것이 여러 모로 맞다고 생각한다. 우리가 현재 곰돌이·스모토리(씨름꾼)라고 쓰는 돌이(도리)도 본래 흉노어였다. 흉노 대선우[24] 모돈冒頓의 다른 이름 묵돌墨突 역시 '가라토리'의 표기이며 '突돌'은 '도리'의 한자 표기이다.[25] 이 '도리'와 '님'의 합성어가 도련님일 것으로 본다.

내몽고 오르도스 등지에 남긴 흉노인들의 암각화.

23. 대략 5~6세기까지를 고대한국어 형성기로 본다.
24. 漢書音義曰單于者廣大之貌言其象天單于然 案漢書 "單于姓攣鞮氏其國稱之曰撐黎孤塗單于而匈奴謂撐黎謂子爲孤塗單于者廣大之貌也
25. "冒의 소릿값은 묵이며 頓의 소릿값은 독이다. 별다른 뜻은 없다."(冒音墨頓音毒無別訓-『후한서』)

그리고 가라(카라)는 '검다'는 의미의 흉노·선비어이다. 법흥왕 때 신라로 간 승려 묵호자墨胡子 역시 墨을 '가라'의 뜻으로 새길 수 있으며 호胡라는 글자를 쓴 것으로 보아 그는 흉노인이었다고 생각된다.

한편 흉노의 대왕은 선우單于이고, 선우를 이르는 본래의 명칭은 텡그리고도이다.[26] 텡그리고도는 天子천자란 뜻이다. 그의 처妻는 하툰Hatun인데, 거란족들이 이것을 받아들여 왕비를 하돈賀敦이라 하였다. 이것은 투르크어 하툰을 한자로 베껴놓은 것이다. 그러나 백제에서는 어륙於陸으로 불렀다. 어륙은 돌궐어 '외륵'의 음차로 보는 견해가 있다.

러시아 예니세이강을 끼고 있는 알타이지역에는 기원전 1세기의 고분군으로서 시베Sibe·카라콜Karakol·오이로틴Oirotin 등 3대 알타이고분이 있는데, 그 가운데 카라콜은 가라홀加羅忽의 원형으로 짐작된다. 또한 황하를 흉노인들이 카라무렌이라고 부른 것으로 보아 카라골이란 말의 원류는 흉노와 알타이어에 있다고 본다. 중국의 학자들은 선비鮮卑라는 말도 그 원류가 시베리아의 시베Sibe에 있다고 본다. 다시 말해 '시베'를 한자 소릿값 鮮卑선비로 옮겨놓은 것이라는 이야기인데, 아주 그럴듯한 주장이다. 물이나 무렌은 흉노족·몽고족·말갈족·거란족 등이 함께 사용한 말이다. 물의 원형이 무렌인

흉노인들이 남긴 중국 동북지역의 청동기시대 암각화.

---

26. 우스갯소리 같지만 우리말 '멍텅구리'는 본래 멍청한 임금님이라는 의미의 '멍텡그리(고도)'에서 온 말이 아닐까? 물론 이것은 정확한 근거가 있는 얘기는 아니다. 단지 텡그리와 닮은 우리말을 생각하다 보니 생각이 여기에 미치게 되었다.

점으로 보아 '물' 이나 물의 고어형 '몰' 의 원류도 흉노어에 있으리란 짐작이 든다.[27] 카슈가르 지역에서는 지금도 새까만 모래바람을 '카라브란' 이라고 하는 것으로 보아 '바람' 도 애초 흉노어였을 것이다.

흉노어는 동부 시베리아나 현재의 카자흐스탄과 카스피해 동쪽 지역 및 아랄해 주변 지역으로부터 동쪽으로 전파되었다. 흑해 일대에서 러시아-만주·북중국(오르도스)의 초원에 이르는 지역은 유목민의 문화와 알타이계의 영향이 컸다.

투르크어에서 산은 닥Dag이라 했으므로 언덕, 어덕의 '덕' 은 '닥' 을 원형으로 하며 일본어의 다케たけ를 낳았을 것으로 보인다. 고대 투르크[28]에서는 제사장을 캄Kam이라고 하였다. 따라서 한국 고대어의 감·가미라든가 닥(=다케)은 투르크어이고 이 말들의 원형은 흉노어에 원류를 두고 있다고 할 수 있다. 오른편이라는 뜻의 '바른' 또한 투르크어 '바론' 에서 나왔다. 이처럼 우리말에 투르크어도 상당수 있으며, 투르크어는 흉노어의 영향을 강력하게 받았으므로 투르크어라고 알고 있는 말들도 사실은 그 원류를 흉노어에 두고 있을 수 있다.

모돈선우[29]의 아버지 두만頭曼은 본래 투르크 군대의 대장 투멘Tumen을 이르는 말이었다고 한다. 1만 명 단위의 군대조직을 이끄는 사람을 투르크어로 투멘이라 하였으며 투멘은 그 아래로 천장(千長, 1000명),

---

27. 『계림유사』에는 沒몰로 기록되어 있다.

28. 고대 투르크족은 기원전후로부터 기원후 6세기까지 원시투르크어와 원시불가르어를 사용하는 두 계통의 민족 그룹으로 나뉘어 있었다. 기원후 6세기에 처음으로 투르크라는 이름이 나타나며, 이들은 흉노의 후손이다. 훈족의 초대 지도자인 아틸라Attila를 자신들의 선조로 생각하고 있다. 흉노족은 6세기에 게르만족의 공격을 받아 일부가 카프카스 남부지역에서 불가르Bulgar 국가를 건설했다. 그러나 곧 아바르Avar 족의 공격을 받아 발칸 지역으로 이동했다. 불가르인들은 슬라브계 원주민을 지배하여 거대한 제국을 건설했다. 이것이 바로 9세기에 전성기를 맞은 불가리아 제국이다.

29. 冒頓單于(기원전 209~176).

백장(百長, 100명), 십장(十長, 10명) 단위의 10진 편제로 이루어져 있었다. 그리고 흉노의 군대는 흉노족과 선비족 병사로 유지되었다. 두만선우가 10만 군사로 쿠데타를 일으켜 아버지를 죽이고 정권을 빼앗았는데, 이처럼 모든 투멘 위에 있는 사령관은 투멘바쉬Tumen Bashi라고 하였다. 투르크는 흉노의 영향을 받았으므로 이 말들은 흉노와 돌궐이 함께 쓴 것으로 볼 수도 있지 않을까?

언어학에서 흉노인의 언어는 알타이어족에 속하며 돌궐어족으로 보고 있다. 하지만 그와 반대로 투르크어가 흉노어에 속한다고 봐야 할 것 같다.『후한서』흉노전에 "흉노인은 문서가 없고 말로써 약속했다"고 되어 있듯이 흉노는 말은 있어도 자신들의 문자가 없었으므로 기록에 남아 있는 흉노어는 몇 개 없다. 다만 흉노의 언어와 습속은 선비에게 전승되었고, 한국에는 선비족의 문화가 많이 유입되었으므로 한국어에는 상당히 많은 수의 흉노어가 남아있을 것으로 보인다. 더구나 가야와 신라의 왕계는 모두 흉노계였고 특히 신라에는 흉노인이 많이 들어왔으므로 신라어에는 흉노의 언어가 많았을 것이다. 따라서 신라어에 바탕을 둔 현재의 한국어에는 흉노 및 선비어의 흔적이 많이 남아 있다고 보아야 한다. 하지만 그것을 추적할 수 있는 단서가 많지 않다. 다만 전한과 후한시대에는 한자 소릿값을 사용해 그들의 말을 표기하였으므로 문헌에 남아 있는 사료로써 추정할 수 있는 흉노어는 20여 개 정도에 불과하다.

문헌에 의하면 흉노匈奴란 말은 자기 자신들을 스스로 부르던 호칭이었다고 한다. 그러나 흉노는 한나라에서 사용한 말이라고 보아야 할 것 같다. 奴라는 글자에서 한나라 사람들이 갖고 있던 적대적인 의식을 볼 수 있다. 현재 중국인들이 흉노를 '훈느'로 발음하는 것으로 보아 Hun훈은 흉노에서 비롯되었음이 확실하다.

『한서』흉노전에 의하면 대선우의 성씨는 연제씨攣鞮氏였다.[30] 여기서 '연제'라는 말은 넓고 큰 모양을 이르며 동시에 최고 수령을 의미한다. 신라 지증왕의 부인은 박씨 연제延帝 부인이라 하였는데, 이 경우 차용한 한자는 다르지만 소릿값 '연제'를 표기하기 위한 것은 같았다. 간단히 말해서 '연제'는 흉노 대선우 가계의 성씨였다.

지증왕은 음경이 1자 5치로 너무 커서 좋은 짝을 얻기 어려웠다. 그런데 어느 날 개 두 마리가 큰 똥 덩어리를 물고 다투는 것을 보고 그 주인(?)을 찾으니 모량부의 딸이 빨래를 하다가 숲속에 눈 것이라고 하여 그를 부인으로 삼았다고 한다. 그 부인을 연제부인이라고 하였는데,[31] 키가 7척 5촌으로 크고 장대하므로 지증왕비로 삼게 된 것이다. 이것은 재미를 붙여 이야기를 전하다 보니 그리 된 것이고 실제로는 몸집이 크고 성스러운 분이라는 것을 강조하기 위한 것이었다고 생각한다. 동시에 흉노 대선우의 성씨가 연제씨였고 연제부인은 성이 박씨였으니 신라의 박씨는 애초 흉노족이었음을 알 수 있다.

한편 흉노어로 屠耆도기는 '지혜롭다(賢)' '현명하다'는 뜻이라고 하였다.[32] 좌측을 숭상하던 흉노·선비족의 좌도기왕左屠耆王은 선우의 태자인 좌현왕을 이른다. 우리말의 '똑똑하다'는 말은 흉노어 '도기'가 축약되어 '(독〉똑'으로 강화된 형태라고 생각된다. 거꾸로 똑→또기→도기(독→도기)로 소급할 수 있으므로 그 원형을 어렵지 않게 추적할 수 있다.

흉노인은 처첩을 알씨閼氏라고 하며 어머니를 모알씨母閼氏라고 하였

---

30. 單于姓攣鞮氏(『후한서』). 그러나 선비족의 선우는 호연씨呼衍氏였다.(鮮卑單于呼衍氏-『후한서』)
31. 『삼국유사』
32. 『사기』흉노열전

다. 그러나 알씨는 아씨 또는 아지의 표기일 것으로 짐작된다. 氏의 한나라 때 음가는 '지'였으며 '閼氏'를 당시에는 '아지'로 읽었을 수 있다. 따라서 이것은 귀부인을 이르는 말인 '아씨'의 원형이었거나 아지메의 '아지'였다고 볼 수 있다. 흉노어로 공주를 거차居次, 소녀小女를 우거차于居次라고 불렀다고 하는데, 이 말은 어떤 형태로 우리말에 남았는지 확인할 길이 없다.

흉노인들은 어린아이를 '아'라 하였다. 이런 전통을 지금의 경상도 사람들이 고스란히 물려받았다. "흉노 오유선우는 10살에 선우가 되었다가 죽었다. 그 뒤 오유선우의 아들 오사려가 선우가 되었는데 이 역시 나이가 어렸다. 그래서 그를 아선우兒單于라고 하였다."[33]

아울러 흉노인들은 무덤을 두락逗落, 보도寶刀를 경로도徑路刀라고 했다.[34] 이 말 역시 아직은 우리말 가운데 어떤 형태로 남아 있는지를 추적하기는 어렵지 않다. 전북 남원시 아영면 두락리斗落里에는 가야시대(5세기 대가야) 수장급 대형고분이 밀집되어 있다.[35] 그곳 사람들의 말로 두락리라는 동네 이름은 두락·두래기라는 말에서 유래한 지명이라 하므로 비록 한자 표기는 다를지언정 무덤이라는 뜻의 흉노어 및 선비어라고 본다. 경로도는 현재 고고학에서 나비형 청동검파두식이라는 이름의 칼을 의미했다. 1958년 내몽고 화림격이현和林格爾縣의 기원전 3세기 전국시대 무덤에서 나비형으로 날개를 펼친 모양의 청동단검이 출토되었는데, 중국의 학자들은 이것을 흉노의 경로도로 보고 있다.

흉노 우현왕의 아내 알씨가 사용하였고, 우리 여인네가 시집갈 때 얼굴에 곱게 바르던 연지는 몽고어가 아니라 흉노어였다. 흉노의 언지

---

33. 烏維單于立十歲而死子烏師廬立爲單于 年少 號爲兒單于 是歲元封六年也(『사기』)
34. 『사기』 흉노열전
35. 5세기~6세기 전반의 대가야계 고총고분이 몰려 있어 두락리는 '무덤동네'라는 뜻일 것으로 본다.

산馬支山[36]은 연지산을 의미하며 언지·연지는 모두 얼굴에 바르는 연지를 의미한다고 한다. 그렇다면, 연지를 찍을 때 곤지도 함께 찍으므로 곤지 또한 흉노어라고 볼 수 있겠다. 그러나 변방 또는 변경邊境이라는 의미의 흉노어 구탈甌脫은 우리말에 어떤 형태로 남아 있는지 알기 어렵다. 아마도 경상도 지방에 이 말이 남아 있지 않을까?

흉노 선우는 24장長의 조직을 갖고 있었으며 그 아래로 좌각左角·우각右角이라는 이름의 직위를 두고 있었다. 그 아래로는 다시 천장天長·백장百長·십장什長·비소왕裨小王[37]·상相[38]·봉封·도위都尉·당호當戶·저거沮渠 등을 두었다. 角각이라는 칭호를 사용한 것으로 보아 가야나 신라의 각가角加 또는 각간角干[39]에서 보는 '뿔(불, 角)'의 원류가 바로 이 흉노어에 있음을 알 수 있다. 角각은 불·부루[40]의 소릿값을 담아두기 위해 빌린 글자이고 그것은 최고권자나 지위가 높은 사람을 일컫는 말이었다. 이런 전통이 있었기에 신라의 각간은 왕 아래의 신분에게 주어진 칭호였다.

흉노인들은 개를 구트야라고 하였다. 지금도 중국의 장족은 그렇게 부르고 있다.[41] 이것을 기준으로 보면 구야국狗耶國은 흉노어로 구트야국이며 구야국의 건국세력은 흉노인이나 선비인이었음이 분명하다. 그렇지만 이 구트야라는 이름은 우리말에는 뿌리를 내리지 못했다. 그것은 아마도 선주 한계韓系의 가희(개)라는 말이 세력권을 형성했기 때

---

36. 臙脂연지의 다른 표기이며 언지산은 연지산 및 산단산刪丹山이라는 별도의 이름을 더 갖고 있다.
37. 고조선에서도 이와 비슷한 직위 명칭이 사용되었다.
38. 고조선에서도 사용한 고위 관직명.
39. 신라에서 뿔칸(뿔한) 또는 서불한이라고도 불렸다. 서불한은 '뿔한'의 한자 표기에 불과하다.
40. 본래 산이라는 의미지만 고대에는 성(城)의 뜻으로도 쓰였다. 『요사遼史』에는 夫里는 富理로도 표기하며 城이란 뜻이라고 풀이하였다.
41. 불가리아에서는 '구체'라고 한다. 이 말 역시 구트야와 어떤 관련이 있을 것이라고 추정된다.

문에 자연스럽게 도태되었을 것이다.

또한 기원전 121년 가을 곽거병에게 포로로 잡혀온 김일제의 日磾일제와 휴저왕의 휴저[42]는 본래 '히지(ひじ, 光)의 표기였던 것 같다. 이것이 히지→비지→비치→빛으로 음운변화를 거쳤던 게 아닌가 싶다. 그리고 신라 소지왕의 이름을 비처毗處라고 한다는 설명에서 현재의 빛[光]이나 '비치다'는 말은 삼한계의 말이 아니라 본래 흉노어였을 가능성이 있다. 일본어 히까리ひかり가 우리말 빛깔의 고어형인 점을 생각해 보면 이 문제는 쉽게 이해할 수 있을 것이다.

'알지'는 흉노어이다. '알'은 알타이·흉노어에서 금金이고 '지'[43]는 사람을 의미하므로 알지는 금인金人으로 복원된다. 즉 모든 김씨는 알지이며, 흉노의 제천금인祭天金人에서 금인, 즉 김씨가 나왔으니 신라 김씨가 알지에서 나왔다는 것은 틀린 말이 아니다. 2천 년 전의 기록과 일치하는 명확한 사실로서 알지는 고유명사가 아니라 보통명사이다.

흉노의 질지선우郅支單于와 가야의 질지왕銍知王은 같은 의미이다. '질지'는 흉노어이며 다만 '질'이 길다는 뜻인지 '짊어진다'는 뜻인지 또는 그 외의 다른 뜻을 갖고 있는지는 알 수 없다.

중앙아시아 카자흐스탄, 그 중에서도 알마티는 실크로드의 중간거점 중 하나로서 역사가 깊은 도시이다. 이 알마티 시내에서는 어디서나 천산天山을 볼 수 있다. 천산의 두 번째 봉우리를 지금도 한 텡그리 Han tengri라고 부른다.[44] 사마천의 『사기』에도 기록된 텡그리라는 말은

---

42. 休儲, =休屠
43. '치'의 고어형.
44. 흉노인들은 하늘의 아들을 탱리고도撐犁孤塗라 했으며, 탱리는 탱그리로서 하늘, 고도는 아들을 의미하는 말이었음을 따로 설명하였다. 지금도 카자흐어에서는 텡으르, 고대 투르크어와 몽골어에서는 텡그리라 하였다. 텡으르·텡그리는 천신天神을 의미한다.

이처럼 명확하게 하늘을 뜻하는 흉노어에 기원을 두고 있다. 원래 Han 한은 '크다' 는 뜻이므로 한텡그리는 대천산大天山을 뜻한다. 다시 말해 '한' 도 흉노어다.⁴⁵ 넓은 초원에서 말 달리며 흉노인들이 숭배한 하늘, 그 하늘에 가까운 산이 텡그리였다. 그런데『사기史記』에는 기련 또한 하늘을 의미한다고 되어 있다. 추측하건대 '기련' 은 아마도 융적의 언어였을 것이다. 그리고 '고도' 는 아들이란 뜻의 흉노어이다.

아울러 장건이 서역에 갈 때 데리고 갔던 사람으로 감보甘炎⁴⁶가 있었다. 장건이 처음 서역으로 출발할 때는 100여 명이 함께 갔으나 도중에 다 죽고 장건과 이 감보만이 살아서 돌아왔다. 감보는 흉노인으로서 활도 잘 쏘고 말도 잘 탔으며 먹을 것이 떨어지면 짐승을 쏘아 먹을 것을 장만하는 생존력이 뛰어났기 때문에 장건과 함께 끝까지 살아서 돌아올 수 있었다. 그런데 그는 얼굴이 가무잡잡해서 깜보였던 모양이다. 깜보의 한자 음역이 甘炎라고 볼 수 있다는 얘기다. 이것의 다른 표기가 가라토리(=가라도리)이다. 그런데 이 사람의 본래 성씨는 당읍씨堂邑氏라고 하였다. 만일 당읍씨를 향찰 표기로 보면 당고리씨로 읽을 수 있으며 당고리는 '당골' 의 원형으로 짐작할 수도 있다.

참고로, 이와 같은 표기 사례를 보면 향찰은 이미 기원전 4~2세기에 흉노인들에 의해 개발된 것이지 신라인들이 창안한 것이 아니다. 하지만, 정말 향찰이 신라인들이 창안한 표기법이라면 신라의 중심세력은 흉노인이었고, 흉노인이었기에 자신들의 전통을 주체적 입장에서 서술했다는 얘기가 된다.

앞에서 이미 설명했지만, 흉노인들은 말·소·양과 같은 가축의 젖

---

45. 따라서 고대 간(干, =칸)은 '한' 의 다른 표기였으며 '지' 가 이미 신라 때 '치' 로 강화되었고, '차+한' 의 과정을 거쳐 찬粲이 되었음을 알 수 있다.

46. 사람의 이름이나 남자에게 붙일 때는 미칭美稱으로 쓰여 '부' 로 읽지 않고 '보' 라 읽는다.

으로 치즈를 만들어 먹었으며 그것을 동락湩酪이라고 했다.[47] 동락은 현재의 몽고어 토구락을 한자 소릿값으로 표기한 것이라고 추정된다. 따라서 토구락은 본래 몽고어가 아니라 흉노어였음을 알 수 있다.

현재 중국 장족과 헝가리인들이 도카지Tokaji라고 부르는 성씨가 독고씨의 원류라고 한다. 장족藏族은 본래 티베트인인 강족羌族과 같은 갈래로, 흉노인의 피를 이어받았다. 그리고 헝가리에는 4~5세기에 흉노족이 유입되었으므로 오늘의 헝가리인은 흉노인에 뿌리를 두고 있다. 헝가리에 흉노족이 들어갔다면 헝가리어와 오늘의 한국어 어휘 가운데 공통된 것들이 있을 것이고, 만약 그런 말들이 있다면 그 단어들은 본래 흉노어였다고 할 수 있다. 헝가리인들은 아빠를 아빠, 엄마를 언녀라 한다.[48] 아빠, 언녀와 같은 말은 본래 흉노어였을 것이다. 아울러 헝가리에서는 강아지를 구뎌[49]라 하고, 못 생긴 여자를 추녀라 한다. 그런데 헝가리에서는 못 생긴 여자뿐만 아니라 못 생긴 물건이나 상태가 별로 좋지 않은 것까지도 추녀라고 한다.[50] 이것은 기원후 5세기 이후에 흉노족과 함께 들어간 한자 어휘가 오랜 세월 전의轉義가 이루어진 결과라 하겠다. 헝가리와 비슷한 시기에 흉노족이 들어가 원시 불가르족이 형성되었다. 당시의 원시 불가르족은 10~12세기 이후의 불가리아인들과는 전혀 다른 종족으로서 흉노인이었다. 따라서 고대 헝가리와 불가리아에도 흉노인의 언어와 습속이 유입되었다. 이런 배경

---

47. 牧畜乳制醬和干酪. 동湩은 유즙乳汁을 이른다.
48. 스리랑카에서도 아빠를 아빠, 아버지를 아바지라 하는데, 이것도 같은 범주에서 이해할 수 있다.
49. 구트야의 압축형으로 볼 수 있다. 불가리아에서는 '구체' 하므로 구개음화를 거친 결과로 판단된다.
50. 이들 헝가리어에 대해서는 한국외국어대학교 헝가리어학과 출신 정경운 씨의 조언을 들었다.

에서 보더라도 아마 도카지는 도깨비라는 말의 원류일 것으로 보는데, 이것은 그들의 용모가 특이한 데서 온 것이 아닐까?『삼국유사』에 물고기라는 의미의 '마나사'는 북천축국[51] 말이라고 하였다. 아마도 가축의 고기와 물고기를 모두 고기라고 하기 전의 가야시대에는 물고기를 마나사라고 했을 가능성이 있다.

한편 된장을 지금도 토장 또는 된장이라고 한다. 이때의 토·되는 모두 북北이라는 뜻이다. 된장은 원래 고구려 및 발해의 특허 음식이었으며 그 말 자체가 북쪽의 장, 북인北人들의 장임을 의미한다. 현재 천자문에서 戎을 '되 융'이라고 새기는 것으로 보아 '된'은 '되'에서 비롯된 말이며 '되'에 발음편의상 'ㄴ' 음이 추가된 것일 뿐이다. 이들은 고구려에서도 사용된 말이지만, 본래는 흉노어·선비어였다고 볼 수 있다. 땅을 '타'라 하는 전통 역시 흉노 및 선비에게서 비롯된 것 같다. "북인들은 땅(흙)을 托탁이라 한다. 뒤를 跋발이라 한다"[52]고 한 기록에서 땅을 '타'라 한 것은 선비족과 흉노족이었으며 선비족 탁발씨 托跋氏는 흉노와 몽고족의 혼혈이었음을 알 수 있다.

선비족에게 대물림한 대다수의 흉노어는 오늘의 한국어에 계승되었으므로 흉노어를 추적하기 용이한 것도 한국어라고 하겠다. 선비족은 흉노족의 전성기에 흉노의 군대에서 3년 동안 의무적으로 복무해야 했으므로[53] 자연스럽게 흉노어를 물려받았다.

흉노족의 역사는 비극적이었으나 그에 못지않게 오환선비도 비극적인 최후를 맞은 종족이다. 전한과 후한 정권은 흉노족을 정벌하기 위

---

51. 월지국, 즉 우즈베키스탄으로 추정한다.
52. "북인들은 땅을 탁이라 하고 뒤를 발이라 한다"[北俗謂土爲托謂後爲跋(『魏書』권1, 帝紀 제1)]고 한 기록에서 托탁은 실제로는 '타'라는 소릿값을 빌린 것으로 짐작된다.
53. 『삼국지』오환선비전

해 오환선비를 활용했고, 흉노족을 밀어낸 뒤 조조의 정권 위魏는 철저하게 오환선비를 몰아냈다. 특히 조조는 요서 지방의 오환선비를 거의 학살하다시피 했으며 지금의 요령 조양에서는 한 번에 10여만 명 가량을 참수하기도 했다. 애초 한漢 정권은 요서5군의 오환선비를 흉노와 기타 소수족의 동정을 살피고 통제하는데 이용하였다. 그리고서 대량 살육하였으니 오환선비의 입장에서는 토사구팽이나 다름없는 일이었다. 그러나 여기서 그치지 않고 조조의 위魏 정권은 오환선비를 지금의 요하 밖으로 축출하였으며 낙랑군을 비롯하여 한사군의 정탐으로 삼아 고대 한국인들을 감시하였다.

흉노인과 선비족은 좌측을 숭상했으며 그들의 좌측 숭배 습속은 한국인의 복식에도 남아 있다. 한국 여인네의 옷에 그 전통이 남아 있는 것이다. 소위 상의에 좌임左衽이라 하여 좌측 옷깃이 우측 옷섶을 덮어서 여미게 돼 있는 방식이 바로 호복胡服의 대표적인 특징이다.[54] 북방계 호복의 예로 고구려 유고제襦袴制를 들 수 있는데, 북몽고의 노인울라에서 발굴한 스키타이계 복식과 고구려 복식은 같은 계열에 속한다. 이와 반대로 중국 한족들은 상의로 우임을 택했다. 우임은 좌측 옷섶이 우측편 옷섶을 덮는 방식으로 현재도 남성복은 우임을 따르고 있다. 그리고 소위 호복이라 하여 흉노족의 가장 두드러진 복식의 하나로 꼽히는 바지는 그 끝단을 여미고 묶어서 말을 탈 때 걸리지 않도록 하는 것이었다. 흉노인들이 입던 승마용 바지와 댓님 그리고 좌임 상의를 중국인들이 호복이라 불렀다. 이런 유형의 복식에서 흉노인과 선비인들은 댓님이라고 하는 것을 사용하였으니 단임襢衽은 댓님의 한자 표기에 불과하며, 이 역시 흉노인들의 말에서 유래했다고 보는 것이

---

54. 이 방식은 현재 여성의 옷에 남아 있으며 남성복은 중국 한문화의 영향을 받아 우임이다.

타당할 듯싶다. 그리고 기원전 174년[55] 전한 정부는 각종 비단 80필(9600자)과 비단옷·황금장식 허리띠·황금 서비胥紕 1개와 비여比余 1개 등을 흉노선우에게 예물로 보냈는데, 이 중에서 비여는 아마도 '비녀'가 아니었나 생각된다.

현재 카자흐스탄에는 원뿔처럼 뾰족한 고깔모자가 남아 있다. 전통적으로 그들이 썼던 모자인데, 그것을 '깔빡'[56]이라고 한다. '깔'은 고깔의 '갈'과 통한다. 어떤 식으로든 이 말은 우리말 '대갈빡'과 관련이 있다고 하겠다. 고깔은 '고+갈'의 합성어로서 '고'는 뾰족하게 튀어나온 것을 이르고 '갈'은 모자이다. 깔은 '갈'의 강화형이다. 따라서 고깔(곳갈)은 뿔모자이며 결국 弁韓변한은 갈한의 표기라는 점은 따로 설명했다. 이렇게 보면 뾰죽 튀어나온 것을 이르는 말인 곳부리나 코 역시 흉노어였음을 유추할 수 있다.

그리고 합천의 미오야마국을 설명하는 과정에서 알아보았듯이 가야에서는 산을 야마ゃま라 하였고, 거북이를 가메ヵㅆ라고 하였다. 이것은 당시 많은 왜인들이 가야지방에 정착하여 그들의 영향을 받은 것이 아니라 이 땅에서 사용한 말이 일본으로 넘어간 것으로 봐야 할 것 같다. 그리고 황해도로부터 기호지방에 이르는 넓은 지역의 고대지명 중에서 많은 수가 일본어 지명이다. 이것은 단순히 백제와 왜의 친밀한 관계에서 비롯된 것이 아니라[57] 이 땅에서 사용하던 고대 일본어의 존재를 암시하는 것이라고 생각된다. 이들 일본식 고대지명에 대해서는 자세한 설명을 생략한다.

---

55. 전한 문제文帝 6년.
56. 경음화현상으로 '갈박'이 '깔빡'이 되었다고 본다.
57. 이것을 백제와 왜가 가까웠던 시기에 왜의 영향을 받은 결과로 보는 견해(도수희)가 있다.

대성동고분군, 김해가야 역사를 토해내다

김해가야가 되살아난 역사의 현장, 대성동고분군

어느 나라, 어떤 도시를 가든 그 역사가 깊은 곳은 아름답다. 역사 깊은 고장에 사는 사람들은 표정이 밝다. 그들의 말에는 자신감이 있고 표정은 자부심으로 넘쳐난다. 마음도 한결 여유롭고 넉넉하다. 그곳에 사는 이들이 대를 물려 가꿔온 것이기에 그 역사는 가치 있는 것이며, 또한 우리의 정신을 풍요롭게 가꾸어 주는 것이므로 우리 모두의 것이기도 하다. 역사는 없으면서 깔끔하게 다듬은 도시는, 아무리 아름답게 가꾸었을지라도 뒷맛은 별로 없다. 되돌아와서 생각해도 곱씹는 맛이 있는 동네는 역시 역사의 향기가 있는 곳이다. 그것을 사향 史香이라 불러도 좋으리라! 사향이 배인 곳은 아름답다. 그리고 누구에게든 사랑받을 수 있다.

2천 년 전, 이 땅이 문화의 여명기로 들어섰을 때 가장 먼저 역사의

김해 대성동 39호분 발굴 당시의 모습.

꽃을 피운 김해는, 오늘을 살아가는 많은 이들에게 위안과 자극이 될 수 있다. 언제부터인가 나는, 함안과 김해~고성에 이르는 지역을 하나로 묶어서 남국南國이라고 생각하는 버릇이 생겼다. 복잡한 서울을 떠나 혼자가 되었을 때 불현듯 자신을 발견하듯이 마음이 고단할 때 사향麝香이 그윽한 남국의 여러 도시를 찾으면 행복하다.

김해를 이해하기에 앞서 꽤 복잡하고 용어가 까다롭지만 1천 7백여 년 전 김해의 지배자들을 흔들어 깨운 대성동 고분 발굴 이야기를 더듬어 보자.

김해 대성동고분군은 구지봉 남쪽의 야트막한 구릉에 있다. 3~4세기 김해 가야를 다스리던 사람들이 묻혀있는 이 대성동고분군을 발굴하면서 가야사 연구는 새로운 전기를 맞게 되었고, 한결 풍요로워진 얘깃거리로 가야사 전공자들은 환호성을 질렀다. 그 전에는 가락국기 외에는 신통하게 남아 있는 기록이 별로 없어 문헌에만 의존해오던 가야사는 공허한 이야기로 들렸다. 김해에 가면 김수로와 허 황후의 무덤도 있고 여기저기 가야의 잔흔들은 남아 있건만, 기록이나 유물이 변변치 않아 생생하게 와닿는 것이 없었다. 그러던 것이 양동리에 이어 대성동과 봉황동에서 많은 유물이 쏟아져 나오자 상황은 크게 달라졌다. 부실한 김해가야의 역사 일부를 기울 수 있게 되었으니 대성동 유적은 가야사에서 그만큼 중요한 곳으로 떠오를 수밖에 없었다.

1990~1992년까지 총 426일 동안 세 차례의 연차발굴에서 모두 136기의 무덤과 많은 유물을 대성동에서 찾아냈다.[1] 이 발굴을 통해서 비로소 가야에서 쓰인 무덤의 형식을 모두 파악할 수 있었으니[2] 그야말로 고고학이 써낸 가야사는 우리를 새로운 세계로 불러들였다.

영남지역에 목곽묘가 처음 출현하는 시기는 기원후 2세기 중반 무렵이다. 물론 중국에서

김해 대성동 18호분 발굴 당시의 모습.

는 세 번째 왕조인 주나라 때부터 목곽묘가 나타났으며 흉노 지역에서도 목곽묘는 목관묘·토광묘와 함께 쓰였다. 토광묘의 전통은 우리나라에서도 줄곧 있어 왔다. 하지만 변한과 진한지역에서 함께 쓰인 이 무렵의 목곽묘는 와질토기 또는 도질토기를 부장품으로 갖고 등장한다. 그리고 기원후 1~2세기 와질토기와 목관묘의 궁합은 많은 의문점을 해결해 주었다. 그러나 다른 한편으로 이것들은 더 많은 숙제와 의문을 남겼다. 영남지역에 처음 등장하는 목곽묘는 길이와 폭이 3 :

---

1. 첫 발굴은 1990년(6. 12~8. 1, 51일간)에 이루어졌으며, 1990년 9월 3일부터 1991년 4월 14일까지 224일 동안 진행된 2차발굴에서는 목관묘(8기)와 목곽묘(19기)·수혈식석실묘(6기)·수혈계횡구식석실묘(2기)·옹관묘(2기) 등 총 37기의 무덤을 발굴했다. 3차발굴(1991. 10. 8~1992. 3. 8)은 151일간 진행되었으며 이 발굴에서 목관묘(26기)·목곽묘(25기)·수혈식석실묘(22기)·횡구·횡혈식석실묘(4기)·옹관묘(12기)·토광묘(4기)·지석묘(1기) 그리고 정확한 구조를 잘 알 수 없는 분묘 3기 등 모두 97기의 분묘유적과 도랑(溝) 형태의 환호를 확인했다.
2. 대성동에는 목관묘와 옹관묘·목곽묘·소형 목곽묘·수혈식석실묘·횡혈식석실묘 등이 중복해서 축조되었음을 알아냈다.

2의 비율로 안정된 모습이지만 토기는 적고 철기를 많이 부장하는 점에서는 경주 건천의 사라리舍羅里에서 발굴한 목곽묘와 같다. 유물을 부장하는 요갱腰坑은 목곽의 옆구리에 凸 형태로 붙어 있다.

그런데 이러한 묘제는 오래지 않아 변화하기 시작한다. 그 변화의 시작을 알리는 무덤이 대성동 29호분이다. 이 무덤부터는 많은 양의 토기를 함께 묻는 현상이 나타난다. 그 전에는 이처럼 많은 양의 토기를 부장한 사례가 없었다. 곧이어 3~4세기에는 변한과 진한의 공동묘제인 목곽묘에도 변화가 와서 낙동강 하류지역과 경주·울산 중심의 목곽묘가 완전히 달라지기 시작한다. 이렇게 달라진 변형 묘제를 소위 김해형 목곽묘라고 한다.[3] 김해만의 독자적인 무덤형식으로 발전했기 때문에 붙여진 명칭이다. 바로 이 김해형 목곽묘의 첫 사례는 북방문화를 모두 간직하고 있는 대성동 29호분인 까닭에 대성동 29호분을 김해형 목곽묘의 표준적인 모델로 생각하게 되었다.[4] 한 마디로 김해 스타일의 대성동 목곽묘로서 가장 오래된 형식은 3세기 후반에 비로소 나타나며, 4세기에는 주곽의 발치에 네모난 부곽을 따로 갖는 대형목곽묘로 발전한다. 길다란 주곽과 부곽이 구분된 형태로서 이것을

양이부단경호(대성동 2호분, 경성대학교박물관).

양이부단경호(대성동 29호분, 경성대학교박물관).

3. 대성동 a형이라는 용어가 더 있다.
4. 이것을 대성동고분을 발굴한 고고학자 신경철은 285년 이후 북방 부여계 왕의 무덤으로 파악했다. 그러나 이와 달리 김해 자체에서 발전한 김해형 목곽묘의 시작이 바로 대성동 29호분이라고 보는 견해가 맞서 있다.

대성동 1호목관묘.

편의상 日자형 목곽이라고도 정의한다. 묘광의 네 구석에 둥근 통나무 기둥을 세운 것으로 구별하지만, 같은 대형목곽묘인데도 4세기 전반의 것과 4세기 후반의 목

대성동 47호목곽묘 출토 토기류.

곽묘 사이에도 차이가 있다. 5세기 전반이 되면 묘광은 깊어지고 시신을 안치할 자리에 자갈을 깔고, 네 귀에 둥근 통나무 기둥을 세워 목곽을 만드는 변화가 나타난다. 이러한 묘제는 남시베리아나 파지리크 고분군,[5] 북몽골의 노인울라 고분군에서 확인하였듯이 북방지역 흉노

---

[5] 1993년 여름, 러시아 남부 알타이산맥 남단의 우코크 평원에서 발굴한 2400여년 전의 무덤이다. 중국과 몽고, 카자흐스탄의 접경지역으로, 우코크 평원은 해발 2500m의 고원지대이므로 여름은 짧고 겨울이 매우 길고 춥다. 발굴 당시 파지리크 고분은 지표로부터 6m 깊이에 있었는데, 무덤은 얼음으로 뒤덮여 있었다. 문신을 한 여인은 매장 당시의 모습 그대로 남아 있었으며 무당(사만)의 무덤으로 짐작하고 있다. 이 무덤은 목곽 안에 목관을 안치하고, 목곽 바깥을 돌로 쌓은 적석목곽묘로서 신라의 대형봉분을 갖춘 적석목곽묘와 동일하다. 파지리크 고분을 축조한 세력과 신라인 사이의 공통점은 역시 흉노인이며, 1995년 4월 국립중앙박물관이 '알타이문명전-우리 문화의 뿌리를 찾아서'란 주제로 전시회를 가진 바 있다.

직구단경호(대성동 29호분, 경성대학교박물관).

의 묘제와 관련이 있다. 이런 무덤 양식은 기원전 3~2세기부터 기원후 1세기 전후까지 유행한 양식이었다. 간단히 말하면 김해 지역의 목곽묘 양식은 흉노인이나 선비인의 그것을 따랐다는 것이다. 대성동엔 동북아시아 고대 유목민족의 특징적인 묘제인 목곽묘가 많이 있어 선주 한인韓人의 전통적인 토축 또는 석축 위주의 매장문화와는 근본적으로 차이가 있는 것이다. 이 부분에서 대성동 유적 발굴자의 견해를 주목할 필요가 있다.

"김해 대성동과 동래 복천동 등 금관가야 지역의 고분군에는 크게 두 가지 유형이 존재하니, 하나는 고조선·낙랑의 문화전통을 잇는 목곽분이고 또 하나는 완전히 그 계보를 달리해서 남시베리아 파지리크 고분이나 몽골 북부의 노인울라 고분과 같은 북방 유목민족의 목곽묘 유형이다."[6]

시루(대성동 29호분, 경성대학교박물관).

부산 복천동과 김해를 하나로 묶어 금관가야로 보는 견해에 대해서는 논외로 하더라도 이것은 대단히 중요한 구분 기준을 제시한 것으로, 이에 따르면 북방 유목민족의 목곽묘 유형은 목곽의 폭이 좁으며 깊다. 주곽과 부곽을 갖고 있고 묘광 네 모서리에 통나무 기둥을 세웠으며 목곽은 통나무로 조립했다. 대

[6] 「최근 가야 지역의 고고학적 성과―3~4세기의 제문제」, 『가야사론』, p.104, 신경철

성동 1호분과 11호분에서는 순장한 말의 이빨이 나왔는데 이것 역시 흉노의 전통을 따른 것으로, 흉노인의 김해 유입을 인정할 수 있는 요소다. 이와 달리 낙랑·고조선 유형은 묘광의 깊이가 얕고 폭이 넓으며 목곽은 판재로 조립했다. 중국 동경도 출토되지만 순장은 없다. 이러한 것은 김해가야가 3세기까지 낙랑과 교역을 하며 그 영향을 깊이 받은 결과라고 이해하고 있다.

그리고 현재까지 국내에서 출토된 토기 가운데 가장 오래된 도질토기陶質土器로서 양이부단경호兩耳附短頸壺[7]라는 것이 김해에서 출토되었다. 쉽게 말해 토기의 어깨 양쪽에 두 개의 귀가 달려 있는 목 짧은 항아리이다. 그러나 이것은 본래 한국형 토기가 아니다. 황하 하류 산동지방 및 현재의 하북·요령지방과 관계가 있는 토기인데, 중국 북방에서 서진西晉[8] 시대 남방의 영향을 받아 나타나는 형식이라고 한다. 즉 중국 북방과 남방의 자기 기술이 만나 새롭게 형성된 도기라는 얘기다. 그렇다면 남방과 북방의 자기 문화가 만난 곳은 어디란 말인가? 황하 중상류로부터 하류 언저리를 포함하여 그 남북지역이라는 전제가 숨어 있는 말이다.

그런데 이런 도기 제작기술이 한반도에서 유일하게 낙동강 하류지역에만 먼저 나타나는 까닭이 무엇인지, 그에 대해

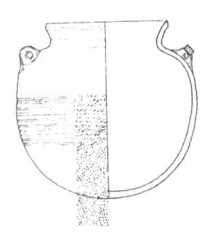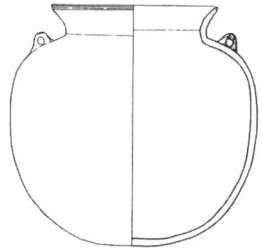

양이부호 실측도(대성동 출토).

---

7. 단경호의 양 어깨에 귀가 두 개 달린 토기. 호족(胡族, 흉노·선비) 계통의 말고삐 등과 함께 양이부호가 유입되어 3~5세기에 가야화되었다고 보고 있다.

8. 기원후 265~316년.

대성동 1호분 부곽 출토 토기류.

서는 아직 밝혀진 게 없다. 영남을 제외하고 다른 지역에서 출토된 사례가 없으니 누구도 자신 있게 판단할 수 없고, 그러니 다른 증거가 나오기 전까지는 속 시원히 말할 수도 없다. 그저 이런 토기가 한반도 남단의 가야로 가장 먼저 들어와 이 지역 특유의 토기 문화를 만들어냈다는 점에 주목하고 있을 뿐이다. 이러한 도질토기의 유입경로와 그것을 가져온 세력이 누구인지도 미스터리다.

다음으로 주목되는 것은 몽고발형투구蒙古鉢形冑[9]이다. 이것은 좁고 긴

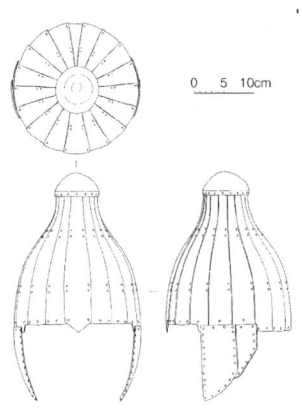

몽고발형투구(대성동 18호분).

철판을 세워서 머리 모양에 맞게 이어붙인 투구이다. 참고로, 중국 황제黃帝와 탁록涿鹿의 들판에서 싸운 치우蚩尤가 구리 투구를 썼다고 하였으니 투구는 이미 4천여 년 전부터 있었던 것으로 짐작된다.[10] 그 후로 전국시대의 갑옷과 투구는 실전에 적합하게 튼튼한 모습으로 발전했지만, 이때까지만 해도 가죽갑옷인 피갑皮甲[11]을 주로 사용하였다. 철제 갑옷

---

9. 몽고식 바리 모양의 투구를 의미한다. 다른 말로 '종장판만곡주縱長板彎曲冑'라고도 한다.
10. 중국의 두 번째 왕조인 은殷에서도 구리투구를 사용했다. 그리고 공자의 국어國語에 극지郤之라는 사람이 싸움터에서 투구와 갑옷을 입은 채 손님을 맞았다는 고사故事로서 갑주견객甲冑見客이라는 말이 있다. 기원전 6~5세기에도 구리투구를 사용했다. 이 외에 몽고지역에서도 흉노인들의 구리투구가 여러 점 출토되었다.

甲冑에는 찰갑札甲[12]과 종장판판갑옷縱長板板甲[13] 그리고 삼각판혁철판갑주[14] · 삼각판정결판갑[15]과 같은 종류가 있다. 종장판판갑옷은 영남지역에서만 나타나므로 영남의 독자적인 갑옷 형태로 파악하고 있다. 따라서 대성동고분군 발굴자[16]는 종장판판갑옷을 김해형으로 구분한다. 이들은 몽고발형투구와 찰갑 등 북방계 갑옷과 투구의 영향을 받아 그 이전부터 영남지역에 있어온 피갑과 목갑木

대성동 1호분 주곽(발굴 당시).

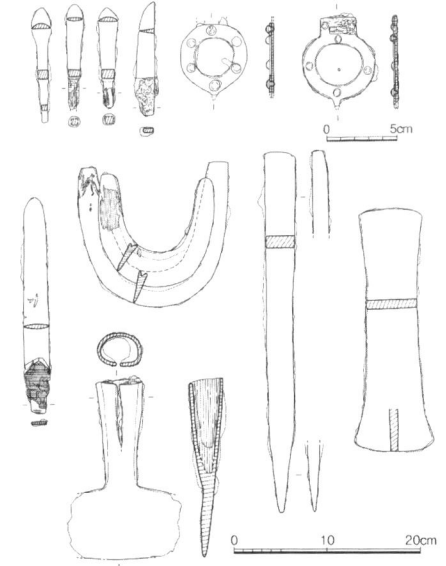

대성동 1호분 주곽 출토유물.

11. 가죽갑옷이라고도 한다.
12. 미늘갑옷
13. 세로로 넓적한 철판을 이어 붙여서 만든 철갑옷. 종장판정결판갑縱長板釘結甲이라는 것도 있다.
14. 三角板革綴板甲冑. 여러 개의 철판을 가죽끈으로 엮어서 만든 갑옷.
15. 三角板釘結板甲
16. 신경철 · 김재우, 『김해 대성동고분군』, 경성대학교 박물관

조합우각형파수부호(대성동 13호분, 경성대학교박물관).

甲을 철제화함으로써 김해식 갑옷과 투구를 만들어냈다고 보는 것이다.

기원후 420~430년경의 무덤인 대성동 10호분과 18호분에서도 몽고발형투구가 출토되었다. 낙동강 하류지역의 투구는 몽고발형투구로, 판갑은 종장판판갑으로 비로소 통일되는 시기는 4세기 전반이며 이후 6세기 전반까지 몽고발형투구는 가야지역 투구의 주류를 이룬다. 이것은 낙동강을 사이에 두고 김해와 마주한 부산 복천동고분군의 경우도 대략 같다. 이처럼 갑옷과 투구의 형식이 통일되는 것은 가야가 이미 갑옷과 투구를 대량생산하면서 철제갑주로 중무장한 전사집단을 보유했다는 것을 의미한다. 7차에 걸친 발굴

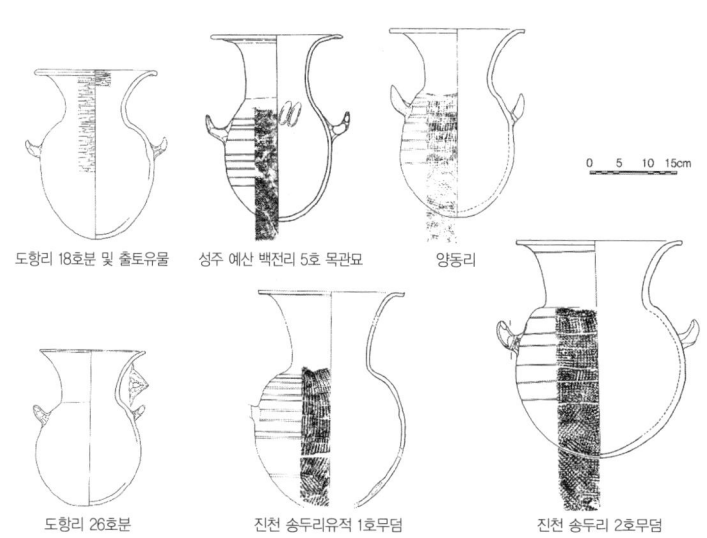

출토지별 조합우각형파수부호.

을 통해 동래 복천동고분군은 기원후 2세기에 처음 조성된 것으로 밝혀졌다. 김해 양동리나 대성동보다 약간 늦거나 같은 시기이다. 6차발굴에서는 최초 목곽묘와 말기의 목관묘가

호형대구(대성동 11호분 출토, 경성대학교박물관).

함께 확인되었다. 이 6차 발굴에서 2세기 중반 및 후반의 목곽묘[17]를 조사했는데, 154호 무덤에서는 조합우각형파수부호[18]와 2단병식 철모

---

17. 145호, 147호, 149호, 151호, 152호 무덤 등.
18. 쇠뿔손잡이가 달린 항아리라는 용어가 더 있다. 이것은 쇠뿔처럼 생긴 두 개의 손잡이가 항아리 양쪽에 달린 특이한 모습의 토기를 말한다. 와질토기로 분류되는 이 토기는 기원후 3세기까지의 초기철기시대 유적에서 출토된다. 다만 지금까지 그 주요 출토지는 영남지역에 집중돼 있다. 조합우각형파수부호組合牛角形把手附壺 또는 조합우각형파수부원저호組合牛角形把手附圓底壺라는 이름으로도 불리는 이 유형의 토기는 낙랑 및 한漢의 영향을 받아 남부지방에서 출현했다고 보고 있다. 기존 무문토기 형식을 토대로 적갈색 연질토기와 결합하여 새롭게 출현한 양식이라고 본다. 다시 말해서 재래의무문토기에 한계의 토기양식을 가미한 토기라는 얘기다. 기원후 1세기 초반 처음 출현하여 3세기 중반에 경질토기로 교체되기까지 1~3세기에 토광목관묘나 토광목곽묘가 대표적인 묘제로 자리잡으면서 유행하게 된 토기가 바로 이 형식의 와질토기이다. 그런데 이 쇠뿔손잡이가 달린 항아리가 중부지방에서는 처음으로 지난 1990년에 충북 진천군 송두리 유적에서 출토되었다. 진천읍 북쪽에 있는 진천여중에서 동쪽으로 5백m 거리의 할미산성(大母山城)이 있는데, 이 산성 바로 바깥쪽에서 나온 것이다. 송두리 1호 토광묘에서 회청색 승문 경질 및 양이부원저단경호외 청동기 3점, 단조철부 1점이 함께 출투되었는데 이 무덤은 청동기에서 철기사회로 이행하는 시기에 축조된 것으로 보인다. 송두리 2호 토광묘에서는 조합우각형파수부원저장경호와 6~7점의 철기가 함께 나왔다. 이들 두 유적은 토광묘이지만 목곽이 있었던 것으로 추정하고 있다. 즉 와질토기 단계의 목곽묘 성격을 갖추고 있었을 것으로 보아 김해 양동리나 부산 노포동의 전기 단계인 2~3세기 중엽의 무덤으로서 경주 조양동 60호분과 비슷한 시기에 만들어진 것으로 보고 있다. 특히 낙랑에서 서북산–진천–청주–보은–영남으로 이어지는 문화전파의 루트 가운데 최북단 유적을 확인했다는 데 진천 송두리 유적과 유물의 의의가 있다. 여기서 나온 쇠뿔손잡이가 달린 항아리 토기 양식은 무문토기인 미송리형이 남하하면서 발전된 형태이며, 성주나 김해지역에서 먼저 지역화(=가야화)해 나중에 신라 지역으로 퍼졌고, 영남 지역에 거의 비슷한 시기에 전파된 것으로 이해하고 있다.

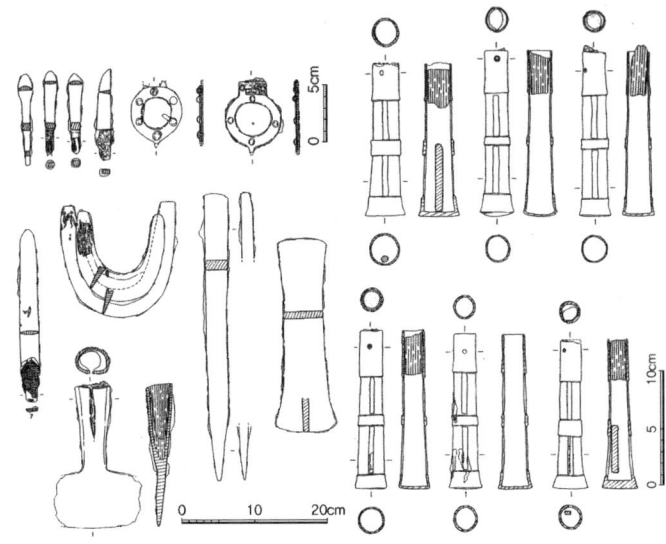

대성동 1호목곽묘 출토 철기 및 청동기류.

그리고 철검 등이 함께 나왔다. 또한 말을 타고 초원을 달리던 북방 유목민족에 원류를 두고 있는 찰갑札甲이나 경갑이 1호분·2호분·3호분·23호분·39호분과 같은 여러 무덤에서 나왔다. 그러나 찰갑과 경갑은 몽고발형투구·종장판판갑보다 출토량이 현저히 적고 4세기의 찰갑은 수장급 대형묘에서만 출토된다. 4세기에 축조된 대성동과 동래 복천동의 무덤 중에서 찰갑이 없는 소형의 비수장묘라든가 김해 양동리 및 김해 주변의 비수장묘[19]와는 대조적이다. 이것은 찰갑으로 무장한 지배층의 기마단이 몽고발형 투구나 종장판 판갑으로 무장한 다수의 보병 전사단을 지휘했음을 알려주는 증거라 하겠다. 다시 말해 날카로운 철제 칼과 창 그리고 예리한 화살로 전투를 벌이던 보병 및 기병전사단이 존재했으며, 몽고발형 투구와 세로로 넓적한 철판을 댄 종

---

19. 非首長墓. 수장이 아닌 일반인들의 무덤.

장판 판갑옷으로 무장한 보병부대를 찰갑과 경갑을 갖춰 입고 말을 탄 철갑기병이 전투를 지휘한 사실을 알려주는 것이다.

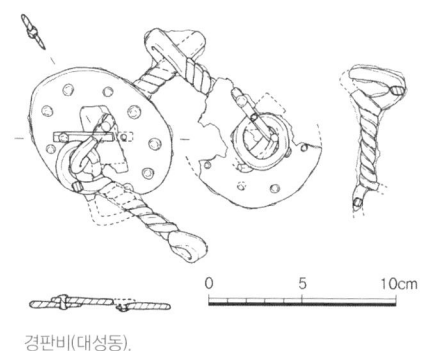

경판비(대성동).

당시 찰갑은 매우 값비싼 첨단 전투복이었다. 그래서 찰갑은 수장의 무덤인 대형묘에서만 출토되었다. 그것은 당시 가야의 사회구성을 우리에게 귀띔해 주는 것이라고 할 수 있다. 명함처럼 작은 철판을 가죽으로 이어서 만든 찰갑은 두터운 철판을 댄 갑옷보다 활동이 자유롭고 무게 또한 가벼워 전투력을 높일 수 있다. 이 철제 찰갑은 가죽갑옷인 피갑皮甲을 응용하여 만든 것으로서 당시로서는 많은 노동력과 기술을 요구하였으므로 지배계층만이 사용할 수 있었다. 4세기의 대성동 고분군 중에서 대형 무덤에 묻힌 사람은 바로 이런 찰갑과 경갑 및 기마 전용 마구를 사용한 김해가야의 지배자들이다.

이와는 대조적으로 김해 예안리나 칠산동·양동리의 4세기 무덤에는 마구가 전혀 없다. 따라서 이곳에 묻힌 사람들은 기마 전사戰士 계급이 아니었다. 이것은 4세기의 대성동 일대가 김해지방 중심세력의 근거지였으며, 그 외의 지역은 그보다 하층 신분의 세력권

가야의 갑옷과 갑옷을 만들 때 사용한 갑옷틀.

경판비(대성동 2호분, 경성대학교박물관).

이었음을 말해주는 것이다. 결국 4세기 철제 갑옷과 투구로 무장한 기마전사단은 대성동과 낙동강 건너 동래 복천동 등의 지배층에만 있었다. '복천동고분군 가운데 4세기 고분에서 출토된 마구馬具는 중국 동북지방 마구의 계보에 속한다'고 보는 연구[20]는 말고삐의 경판비를 염두에 둔 견해로서 복천동과 대성동의 지배층이 중국 동북지방과 교류한 사실을 밝히고 있다. 경판은 둥글거나 네모진 모양의 납작한 철판을 말하며, 이와 같이 생긴 철판 한 벌을 재갈의 양쪽에 끼워 넣은 것이 경판비이다. 말하자면 말에 재갈을 물렸을 때 양 볼 밖을 감쌀 수 있게 한 재갈이 경판비인데, 4세기 후반(370년 전후)의 무덤으로 추정되는 대성동 2호분에서 나온 경판鏡板은 낙동강 하류 이외의 지역에서는 아직까지 출토된 사례가 없어서 이런 모양의 경판비는 선비계판비鮮卑系板轡[21]를 받아들여 김해에서 개량한 것으로 보고 있다.

4세기 말의 가야고분에서 출토되는 재갈은 중국 동북지방 선비계의 재갈[轡]을 발전시켜 가야화한 것으로서 중국 동북지방의 마구문화가 가야지역에 유입된 시기는 3세기라고 보고 있다. 도질토기를 포함하여 북방 문화와 습속이 갑자기 풍부해지는 기원후 200년대 말에 들어왔다고 보는 것이다. 그래서 도질토기와 함께 나타나는 철제갑옷과 투구 및 마구류는 이 시기 김해가야 사회가 숭무적인 방향으로 성장하

---

20. 김두철, 「삼국시대 비의 연구」, 『영남고고학』 13, 1993
21. 중국 동북 지역 요령성遼寧省, 길림성吉林省 일대의 선비인들에게서 유입되었을 것으로 본다.

였음을 증명해주는 것이라고 말하기도 한다.

그러나 이러한 마구나 갑옷과 투구를 고구려의 영향으로 보는 견해도 있다. 물론 대성동고분을 발굴한 사람들은 그 같은 견해를 단박에 반박한다. 토기와 묘제에 고구려적 요소가 없어 인정할 수 없다는 것이다.

또 하나 주목할 것은 대성동 11호분에서 나온 청동제 호형대구虎形帶鉤이다. 이 호형대구는 허리띠에 사용하

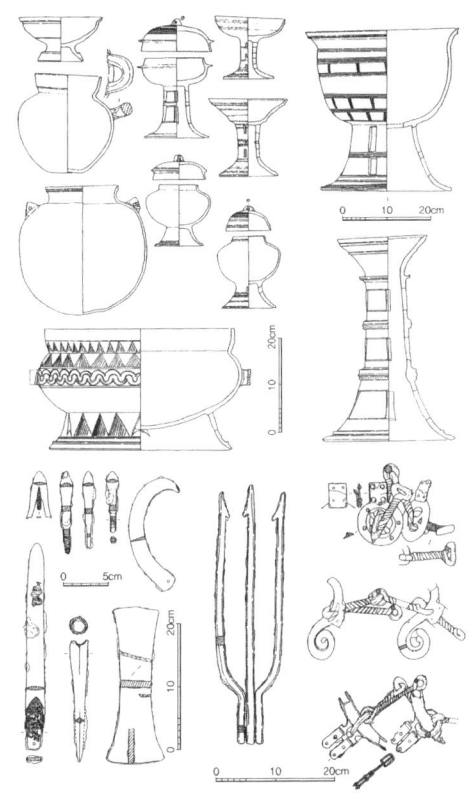

김해 대성동고분군 2호목곽묘 출토유물.

는 호랑이 모양의 버클(허리띠고리)이다. 이런 물건은 유라시아 대륙 초원지대를 무대로 살아간 고대 기마민족이 사용한 혁대금구革帶金具로서 북방문화에 특징적인 유물이다. 이 경우 초원 북방민족이란 흉노족과 선비족을 이른다. 경북 어은동유적에서도 마형대구[22]와 호형대구가 함께 출토되었고 경주 사라리 130호분에서도 나왔다. 성주 예산리에서도 마형대구가 출토되었는데, 이러한 동물형 대구[23]는 기원전 3세

22. 馬形帶鉤. 길이 13.3cm

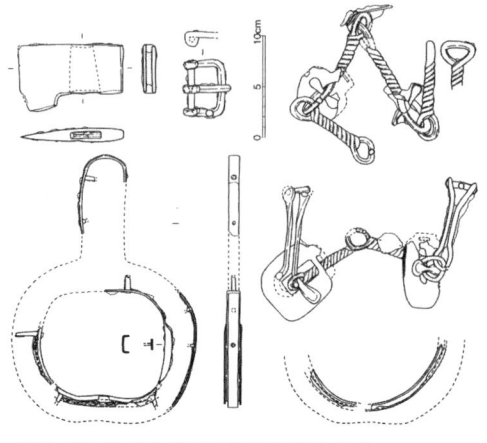

등자·재갈 및 기타 마구류(대성동 37호분 출토).

기부터 나타나기 시작해 고대 기마민족 사이에서 자취를 감추는 것은 기원후 3세기 전후이다.[24]

그러면 대성동11호분의 호형대구는 어느 시기의 유물인가? 발굴자도 명확한 판단을 내리지 못하고 있고, 가야사 연구자 누구도 명쾌한 답을 제시하지 못하고 있다. 왜냐하면 이 호랑이형 청동제 버클이 11호분 목곽 바깥의 봉토에서 출토되었기 때문이다. 목곽 바깥에서 나왔으니 11호 고분 목곽 안에 들어 있던 유물일 수가 없다. 특히 이 대성동고분군은 3~4세기에 축조되었으므로 3세기 이전의 주변 무덤에서 나온 것이 11호분 봉토 속으로 휩쓸려 들어가 파묻혔을 가능성이 높다. 즉 먼저 있던 무덤을 파헤치고 새로 무덤을 쓰면서 봉토에 휩쓸려 들어

철정(부산·경남지역, 경성대학교박물관).

| **23.** 帶鉤. 띠고리 또는 허리띠고리라고도 한다. 허리띠 버클이다.
| **24.** 흉노의 한 분파로서 돈황~감숙성 일대로부터 대릉하大凌河 서쪽에 거주한 이들로서 흔히 서융이나 산융山戎, 적狄이라 불리는 북방민족은 동물 문양의 장식품을 패용했다. 특히 흉노인으로서 신분이 높은 이들은 호랑이 문양의 장식을 사용했다. 말이나 기타 동물 모양은 호랑이 모양 장식보다 하위 신분이 사용하던 것이며, 선우 또는 그 아래 소왕小王은 값이 있는 금이나 은으로 만든 것을 사용했다.

갔을 것이므로 호형대구의 제작 시기를 판정하기가 애매하다. 대성동 11호분은 5세기 전반에 축조된 목관묘로

통형동기(대성동 1호분). 양동리와 대성동에서 많이 출토되었다.

서 주변에서 흙을 끌어와 봉분을 만들 때 휩쓸려 들어왔을 가능성은 충분히 있다. 만약 이 호형대구가 대성동 11호분의 부장품이라면 적어도 1~2세기 동안은 대를 물려 사용하던 전세품일 것이고, 먼저 있던 무덤에서 나온 것이라면 3세기 이전의 유물이 된다. 대성동고분군은 분명히 3세기 이전, 이 지역 선주 수장층의 무덤을 파괴하고 새로운 지배자들이 자신들의 무덤을 다시 쓴 것이다.

따라서 이와 관련하여 성주읍 예산리에서 출토된 마형대구가 좋은 예가 될 것으로 생각한다. 예산리 고분군 자체가 기원전 1세기 중반으로부터 기원후 2세기에 집중적으로 조성되었으므로 예산리 3지구 32호 목관묘에서 나온 마형대구는 대성동고분에서 나온 호형대구의 연대를 추정하는데 도움이 될 것 같다. 대성동 11호분 호형대구의 연대도 예산리 목관묘의 축조시기와 견주어 보면 대략 그 시기를 가늠할 수 있다.

다음으로 대성동 29호분은 여러 가지로 특이한 유물을 많이 토해냈다. 3세기 후반에 축조된 이 무덤에서는 금동관 조각과 함께 긴 통 모양의 청동제품인

파형동기(대성동 13호분 주곽 출토, 경성대학교박물관).

파형동기(대성동 13호분 출토 당시 모습).

통형동기簡形銅器라는 것이 나왔다. 창끝꾸미개라고도 부르는 이 통형동기는 지금까지 함안 사도리에서 출토된 3점을 제외하고는 김해와 동래 지역에서만 모두 67점이 나온 것으로 보고돼 있다. 같은 4세기의 무덤인데도 함안의 도항리고분군이나 말산리고분군에서는 통형동기가 한 점도 나오지 않은 반면 대성동고분군에서는 총 17점이나 출토된 것으로 집계되었다. 지금까지 일본 전역에서는 70여 점의 통형동기가 출토된 반면 우리나라에서는 김해·동래에서만 그와 맞먹는 숫자가 나왔다. 김해·부산지역에서 이처럼 많은 양의 통형동기가 나오기 전까지는 통형동기는 일본에서 만들어서 김해지역으로 유통되었다고 생각했다. 그러나 대성동고분을 발굴함으로써 전후 사정을 정확히 파악할 수 있었다. 김해지역에서 만들어 일본으로 유입되었으며 그 원류가 김해에 있는 것으로 밝혀졌고, 또 그렇게 해석할 수밖에 없다. 동시에 이것은 가야인들이 일찍이 일본으로 진출했음을 의미하는 것이기도 하다.

한편 대성동고분에서는 파형동기巴形銅器라는 유물이 많이 나왔다. 이것은 바람개비 모양의 청동제품이다. 방패의 여러 곳에 보기 좋게 붙여 그 모양과 기능을 높이기 위해 사용했으리라 보고 있다. 그런데 김해에서 파형동기가 많이 나오기 전까지는 이 파형동기의 원류를 일본으로 보았다. 그것은 많은 양의 통형동기가 김해지역에서 나오기 전까지는

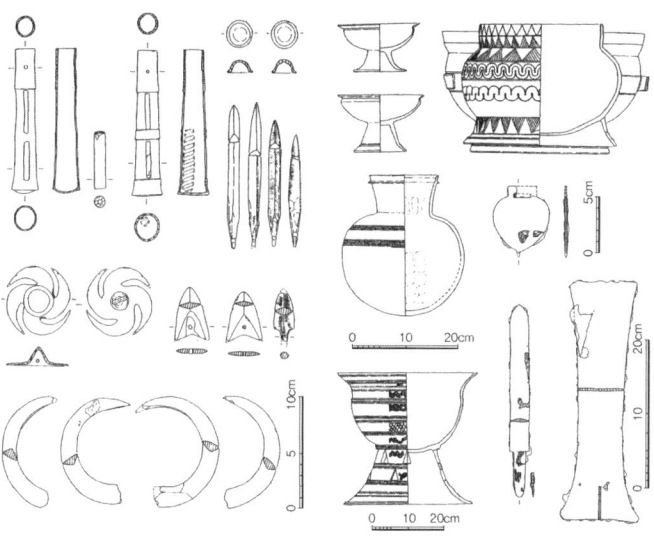

대성동 3호목곽묘 출토유물.

통형동기가 일본에서 들어왔다고 보았던 것과 같은 이치다. 하지만 이제는 통형동기나 파형동기 모두 가야에서 넘어간 것이 분명해졌다.

파형동기 외에 5세기 전반 일본의 고분시대[25] 전기 무덤에서 주로 출토되는 촉형鏃形 동기도 대성동고분에서 나와 당시 김해가야와 왜 사이의 활발한 교류를 엿볼 수 있다. 일본 전역의 고분에서 발견되는 많은 수의 동탁銅鐸도 그 원료인 구리나 제작지가 한국이고, 대부분의 청동기가 한국에서 내려간 것들인데, 유독 파형동기와 화살촉 모양의 청동 제품만이 일본 것이라고 보기는 어려울 것이다. 물건이라는 것은 문화의 산물이고, 본디 귀한 물건일수록 주는 쪽보다는 받는 쪽이 더 소중하게 생각해서 오래도록 보관하게 되어 있다. 말하자면 이것이 우

---

25. 가야의 말과 기마문화가 5세기 일본에 전해졌고, 일본의 고분시대는 가야인들에 의해 전개되었으며 철기도 가야인들에 의해 보급되다시피 했다.

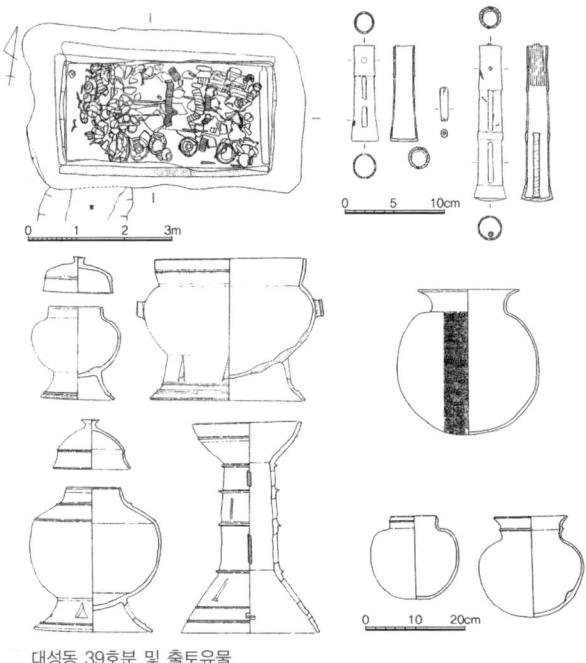

대성동 39호분 및 출토유물.

위의 문화가 갖는 속성이다.

지금처럼 국가마다 수평적인 관계가 아니라 수직적 관계를 가졌던 옛날 사회에서 문화라는 것은 마치 물과 같은 성질을 지니고 있었다. 높은 데서 낮은 데로 흐르는 것이 당연한 일이었다. 구리의 제련과 청동제품은 그 원료를 가져다 소재를 만들어내고, 그 소재로 다시 제품을 만드는 핵심기술 뿐만 아니라 패션도 함께 따라가게 되어 있다. 선진제품에는 디자인도 함께 따라가게 되어 있는 것이다. 그것은 마치 거울의 뒷면이 있기에 거울에 사물을 비춰볼 수 있는 것과 같다. 구리의 제련과 제작기술이 이쪽에서 넘어간 것인데, 일본의 패션으로 일본에서 제작하여 한국 남부에 유통시켰을 수는 없다. 색다른 디자인이 돋보이는 통형동기나 파형동기의 용도 또한 넓게 보면 그들의 관습이나 종교와 관련된 것일 수 있다. 당시의 조건에서는 일본 패션이 김해에 상륙했다기보다는 오히려 중국에서 흐름을 찾아야 한다. 김해의 파형동기도 시야를 넓혀 중국이나 멀리 중앙아시아 등지에서 그 원류를 찾아야 할 것으로 보인다.[26]

대성동고분군에서 확인한 또 하나의 중요한 사실은 많은 사람의 순장殉葬이다. 지금까지 확인한 바에 의하면 순장은 낙동강 하류지역에서 도질토기와 함께 출현하여 영남지역으로 퍼져나갔다. 쉽게 말해서 김해에서 시작되어 경주나 고령으로 퍼져나간 것이다. 신라 지증왕이 즉위한 지 3년째인 502년 순장을 금지하기까지 가야에서 시작된 순장은 신라에서도 행해졌는데, 고구려나 백제에는 없는 이 순장은 북방 유목민족에게 특유한 습속이었다. 물론 폭넓은 시각으로 보면 고대사회에서 순장은 세계사적으로 보편적인 것이지만 일찍부터 고구려와 백제에서는 순장이 없었던 반면, 가야와 신라에 있었고 유목민족과 중국의 경우 은殷[27]·주周의 시대까지만 순장이 있었다. 순장의 원류를 거슬러 올라가면 흉노와 상대商代[28]의 은민족에게 특이한 것이었다. 은의 왕과 귀족의 무덤에는 수십 명은 기본이고, 1~2백 명의 많은 사람을 순장하였다. 사람만이 아니라 말과 개도 순장의 대상이었다. 순장 위치는 피장자의 허리께에 장방형으로 파고서 만든 요갱이다. 대성동에

26. 디자인은 비록 다르지만 1973년 영하寧夏 고원현固原縣 유수구楡樹溝에서노 바람개비 모양의 동기가 출토된 바 있으며, 은천銀川 랑와자갱浪窊子坑 M1 묘에서도 바람개비형 장식이 나왔다. 또한 내몽고 중부 토묵특기土黙特旗 토묵특土黙特 평원에 있는 청북하淸北河의 탁극탁현托克托縣 일대 수간구문水澗溝門과 포두시 서원西園 춘추시대 묘지에서도 바람개비 모양의 청동기 장식이 나왔다. 물론 크기가 작고 조잡하다. 김해에서 나온 것처럼 세련되고, 바람개비 형태가 분명한 것과는 차이가 있지만 비슷한 유형으로 볼 수 있다.
27. 중국에서는 상商이라고 한다.
28. 대략 기원전 16세기 중반 이후~기원전 1046년까지 존속했던 중국의 두 번째 왕조. 은殷이라고도 한다.

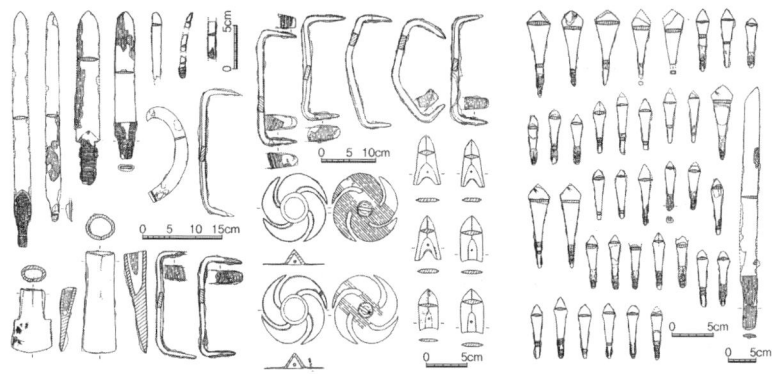

대성동 13호분 출토 금속유물.

서도 1호분·7호분·8호분에는 각 5명씩, 23호분은 4명, 3호분과 13호분은 각기 3명, 11호분·24호분·39호분에는 각 2명씩 주곽에 사람을 순장한 사실을 인골로써 확인했다. 그런데 왜 북중국과 중국 동북지역에서 널리 이루어진 순장이 고구려·백제 지역을 건너뛰어 영남에만 있었던 것일까?[29]

대성동 1호분은 목곽을 덮고 그 위에 말과 소의 머리를 베어 올려놓았던 것을 알 수 있었다. 이와 같은 장례의식은 흉노와 같은 북방 유목민족에게 전형적인 동물순장 및 동물희생 행위였으므로 김해가야를 지배한 세력이 북방 유목민족과 관련이 있음은 분명하다. 대성동 발굴자들이 말하는 북방 유목민족이란 순장 풍속을 갖고 있던 부여이지만 오히려 선비계를 포함한 흉노로 봐야 타당할 것이다.

이러한 순장을 통해 고대인들이 죽음에 대해 갖고 있던 의식세계를 엿볼 수 있다. 희생으로 바쳐진 동물은 죽은 자의 양식이다. 사람의 순

---

[29] 대표적으로 중국 요령성 여대시旅大市에 있는 누상樓上 무덤에서는 100여 명을 순장한 사실을 알 수 있었다. 여기서 서북 4백여m 거리엔 강상崗上 무덤이 있다. 이들은 적석묘라는 공통점을 갖고 있다.

장은 저 세상에서의 삶을 위한 친구들이고 길동무였다. 때로 후처일 수 있으며, 아끼던 신하[30]이거나 정치적 라이벌일 수도 있다. 이러한 순장과 동물희생은 고대인들이 죽음을 생명의 끝으로 본 것이 아니라 새로운 삶으로 인식한 데서 나온 것이다. 그리고 과거 은민족이나 흉노 및 오환선비(선비)와 같은 북방민족 사회에서 무덤에 개를 순장한 경우가 흔

대성동 1호분 출토 금속유물(보습, 등자, 은제행엽, 철정).

방격구규사신경(대성동 23호분, 경성대학교박물관).

한데, 개는 저 세상으로의 안내자로 인식되었다. 직경 20m의 대형 봉분을 가진 고령 지산동의 왕릉급 무덤 주인은 가야에서의 생활에 필요한 물건과 그것들을 생산하던 사람들을 자기 주위의 순장곽에 함께 데리고 잠들어 있었는데, 이처럼 평소 사용하던 물건이나 생활에 필요한 일상용기 또는 각종 무기를 후하게 넣어주는 것은 새로운 세상에서의 삶에 불편함이 없이 살 수 있기를 염원하던, 남아있는 자들의 의식세계의 한 표현이었던 것이다. 대성동고분을 축조한 이들 역시 그

---

30. "가까이서 선우를 모시며 총애를 받던 신하와 첩이 죽은 자를 따랐다"(近幸臣妾從死者-「사기」 흉노열전)고 한 것으로 보아 흉노 대선우의 부인과 자식들은 제외되었음을 알 수 있다.

노형토기(대성동 22호분, 경성 대학교박물관).

노형토기(대성동 2호분, 경성대학 교박물관).

와 같은 생각을 갖고 있었다.

한편 가야와 신라 장제葬制의 가장 큰 특징은 후장厚葬이다. 이것은 같은 시기 고구려의 후장이나 백제의 박장薄葬과는 크게 대비되는 점이다. 한 예로 경주 사라리 1호 목관묘의 부장품으로 많은 양의 철기가 있었는데, 이처럼 철기와 함께 다량의 토기를 넣는 후장은 도질토기의 등장과 동시에 영남지방에 나타난다. 철기만을 넣어주던 목곽묘에 많은 양의 도질토기를 넣는 것은 당시 사람들이 장례물품으로서 토기를 매우 가치 있는 예기禮器로 생각했음을 알려준다. 후장과 더불어 사회 발전과 신분의 분화, 생산력의 증대에 따라 종전보다 토기의 규모가 더 커지고 기종 또한 더욱 다양해지는 현상이 나타나는데 이러한 것들은 물질문화의 발전과 사회변화를 반영한다.

서북한 지방이나 요동을 포함한 고구려 지역에서는 후장을 했으나 영남지방과 달랐고,[31] 부여·백제에서는 부장품을 별로 넣지 않는 박장이 유행하였다. 이와 달리 가야지방 무덤에 유독 많은 양의 토기나 철기와 같은 부장품을 넣어주는 후장이 유행했는데 이것은 중국 전한과 후한의 영향이라고 볼 수 있다. 주周 왕실의 경우에도 무덤에 사람과 개·말을 순장했으며 목곽묘에 토기를 많이 부장하는 전통이 있었다. 순장을 하지 않은 한나라 때와 달리 김해가야와 그 인근에서 행해 온 순장과 후장은 은殷 및 흉노나 선비의 전통으로 이해할 수 있다. 중

---

[31]. 고구려에서는 "상복과 수의를 만들었으며, 죽은 이를 위해 금은과 재화를 모두 써서 후장을 했다. 돌을 쌓아 봉분을 만들고 소나무와 잣나무를 줄지어 심었다."(…稍作送終之衣 厚葬金銀 財幣盡於送死 積石爲封 列種松柏…「삼국지」 위서 동이전 고구려조)

국 전한과 후한의 영향도 적지 않았다. 전한前漢의 무덤은 그 종류가 많고 또 복잡하다. 묘주인의 신분 차이가 대단히 복잡하기 때문에 묘제와 구조가 지역과 시기에 따라 차이가 있으며 지배층의 무덤은 대단히 많은 양의 부장품을 넣는 후장이 보편적인 반면 평민이나 빈민·노예·죄수의 무덤은 초라하기 그지없다.

발형기대(대성동 2호분).

많은 양의 철기와 토기를 무덤에 넣어주는 현상은 도질토기의 등장과 함께 시작되면서 유물을 넣는 위치에도 변화가 온다. 그것은 당시 가야 사회가 급격하게 변하고 있었음을 반영하는 것으로 이해할 수 있다. 목곽묘 중에서 피장자의 허리쪽에 凸 모양으로 튀어나온 공간을 만들고 거기에 토기를 부장하는 형식을 Ⅰ류목곽묘라는 이름으로 구분한다.[32] 이에 비해 Ⅱ류목곽묘는 도질토기가 등장한 이후에 나타나는 묘제로서 토기의 부장 위치가

발형기대(대성동 3호분).

노형기대(대성동 3호분).

피장자의 발치쪽으로 이동하여 별도의 부곽에 다량의 토기를 넣는 무덤 양식이다. 주곽과 부곽을 일자형日字形으로 쓰는 목곽묘로서 바로 이 Ⅱ류 목곽묘를 낙동강 하류지역에서 창안한 것이라 해서 '김해형목곽묘'라고도 부른다.[33] 그런데 이 Ⅱ류목곽묘는 Ⅰ류목곽묘의 형식을 계

---

32. 이처럼 시신의 허리 부분에 조성한 부장 공간을 요갱腰坑이라고 한다.
33. 합천 옥전고분군에서는 5세기 수혈식석곽을 日자형으로 나누어 주곽과 부곽으로 구분하고, 각기 그 안에 목곽을 설치한 고총고분高塚古墳과 세장형의 목곽묘로서 곽내유관槨内有棺의 형식도 있어 지역적 특성이 강하다.

고배(대성동 1호분, 경성대학교박물관).

승한 것이라는 주장과 별개의 양식이라는 주장이 대립돼 있다. Ⅱ류목곽묘와 Ⅰ류목곽묘 사이에는 연결고리가 없다는 견해를 가진 측에서는 Ⅱ류목곽묘의 출현과 동시에 경주·울산 중심으로 경주형목곽묘가 나타나는 사실을 들어 이것은 당시 영남지방에 어떤 종류가 됐든 사회적으로 큰 충격이 있었던 증거라고 주장한다. 다시 말해 사회적 변동이 있지 않고서는 무덤 양식이 그와 같이 갑작스럽게 변할 수 없으므로 어딘가 외부로부터 유이민과 함께 따라 들어온 묘제라고 보는 것이다. 그 증거가 3세기 말, 북방문화의 대량 유입으로 말미암아 모든 무덤이 중복되는 현상이며 이러한 현상은 앞선 세력이 대성동 일대에 구축한 무덤들을 의도적으로 파괴한 결과라고 해석하고 있는 것이다. 쉽게 말해 피정복민인 선주민의 무덤을 후에 들어온 정복민이 없애버리고 자기들의 무덤을 새로 쓴 결과라는 얘기다. 하지만 대성동고분 중에서도 4세기 후반 또는 5세기 전반의 분묘가 4세기 전반의 무덤을 파괴하고 만든 경우도 많아 그와 같은 해석은 크게 신뢰를 얻지 못하고 있다. 선행무덤의 파괴를 반드시 새로운 집단의 대규모 이주에 따른 결과로만 볼 수 없다는 반론에 대하여 납득할만한 설명을 제시할 수 없으니 결코 쉽지 않은 문제이다.

유개고배(대성동 11호분).

대부파수부배(대성동 11호분).

소형기대(대성동 11호분).

대성동고분군에 북방계 문화의 유입에 따라 새로운 무덤양식이 출현한 사실은 도질토기·오르도스형 동복[34]·철제갑주와 기마용 마구·후장·순장과 같은 점들로써 알 수 있다. 다량의 도질토기를 부장하고 후장을 하는 현상은 낙동강 하류지역에 동시에 출현하며 이러한 양상은 6세기 초까지 영남지역 특유의 묘제로 존속한다. 철제갑옷과 투구·기마용 마구와 같은 것들은 도질토기가 출현하기 전에는 없었던 것들이다. 다시 말해 이런 것들은 북방문화에 고유한 특징들이다. 그런데 북방적 색채의 문화유형 가운데 하나로서 백제지역에서는 한 점도 나오지 않는 양이부호가 김해 지역에서는 많이 나왔는데, 대체 이런 차이는 어디서 비롯된 것이며 어떻게 해석해야 할까? 이런 문제들에 대하여 명쾌하게 설명해야 하는 일이 남은 과제이다.

한편 신라고분에 보이는 북방적 색채는 3세기 말 김해지역에서 먼저 받아들인 것으로, 후에 신라에 파급되어 정착되었다고 보고 있다. 그러나 북방문화의

통형기대(대성동 2호분, 경성대학교 박물관).

통형기대(대성동 11호분, 경성대학교 박물관).

---

34. 대성동 29호, 47호분에서 한 개씩 출토.

유입이 아니라 마한·진한이 서진西晉과의 교섭과정에서 들어온 것이라고 이해하는 쪽도 있다. 하지만 이 견해에도 적지 않은 문제가 있다. 그래서 서진 유입설을 부정하는 쪽에서는 '그렇다면 마한과 진한 지역에 북방문화가 먼저 반영되어야 하는데, 왜 마한에는 없고 변한과 김해지역에만 나타나는가'를 묻는다. 그렇게 따지면 명확하게 내놓을 만한 증거가 없고, 그런 점 때문에 3세기 말에 나타나는 묘제의 변화 현상을 단순히 문화 전파론이나 교역론 만으로는 설명하기는 어렵다.

결국 그와 같은 급격한 변화는 특정 주민의 이주 없이는 불가능하다는 전제에서 『통전通典』이나 『진서晉書』의 부여전夫餘傳에 나오는 태강太康 6년조 기사에 주목하는 견해가 나왔다. 즉 '태강 6년에 이르러 모용외에게 습격을 당해 부여가 격파당하고 부여왕 의려依廬가 자살했으며 그 자손은 옥저로 달아나 목숨을 지켰다'는 내용에 초점을 맞추고 부여인과 부여문화 유입설을 내세운다. 태강 6년은 서기 285년으로, 이 때 내려온 부여 의려왕계가 가야에 정착하면서 Ⅱ류목곽묘를 만들었다는 주장을 펴는 것이다. 이것은 대성동 고분군 발굴자를 중심으로 한 일부의 주장이긴 하지만 굳이 3세기 말로 연대를 확정하고 나서 그 근거를 찾으려니까 '부여 의려왕 자살' 사건을 감안하게 되었고, 이를 계기로 동해안 일대를 경유하여 김해지역에 부여 왕족이 유입되었다고 믿게 된 것이다. 고구려인의 유입은 배제하고 부여인이 많이 들어왔다고 보는 것인데, 이런 주장을 부정하는 쪽에서는 Ⅰ류 목곽묘의 자연스런 변화와 김해 가야인의

고배(대성동 2호분, 경성대학교박물관).

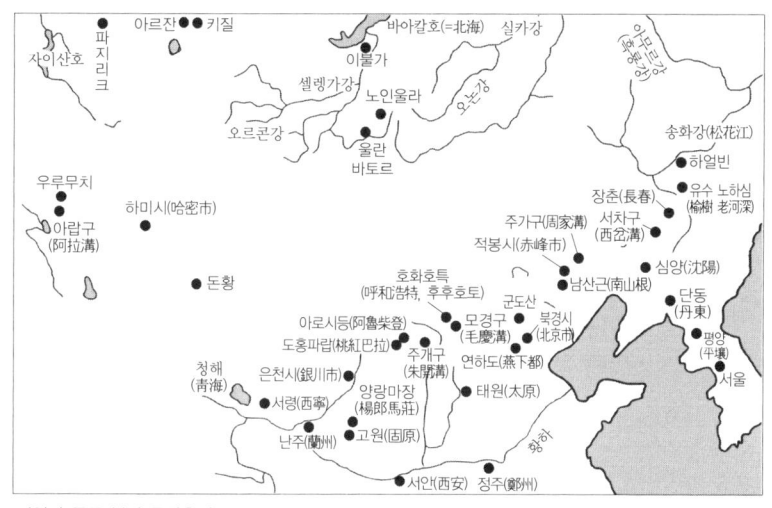

서역과 중국 북방 문화유적

창의력이 Ⅱ류목곽묘 양식을 만들어 냈다고 반박한다. 물론 3세기 부여인의 유입설에 일단 귀를 기울일 필요는 있다. 하지만 이 외에 고구려 동천왕 때인 244년과 246년 위의 관구검이 환도성을 함락하고 고구려 심장부를 초토화하면서 왕이 남옥저로 도망한 사건에서 실마리를 찾을 수도 있을 것이다. 많은 수의 선비족과 부여 및 고구려인이 이때 신라와 가야 지역에 유입되었을 가능성이 있다. 3세기는 부여와 오환선비 등이 몰락한 동란의 시기였고, 4세기 내내 화북의 5호16국이 숨가쁘게 각축을 벌인 끝

유개장경호 및 발형기대(대성동 1호분 부곽 출토, 경성대학교박물관).

대성동 2호목곽묘.

에 439년 북위 정권이 들어서며 일단 안정을 찾게 된다. 3~4세기 화북지방은 소용돌이 시대였고, 특히 3세기에는 부여인이나 선비·오환선비 등의 북방민족이 한반도로 유입되었다.

바꿔 말해서 김해와 영남 지역에 부여 난민만이 들어온 것이 아니라 고구려와 요서·요동 지역의 선비족이 대거 남하하였고, 그로 말미암아 김해지역도 격심한 변화를 겪었다고 보는 것이다. 그러나 여기서 부여 왕족의 김해 유입설과 관련하여 참고해야 할 요소가 두 가지 더 있다. 먼저 기원후 280~300년경 세계적으로 진행된 소빙하기 이론이다. 이 시기 갑작스럽게 찾아온 기후변화와 혹한으로 대규모 난민이 발생했고, 그에 따라 백제나 신라·김해 지역에 유민이 유입되었으리라는 점이다. 3세기 말의 소빙하기론을 뒷받침하는 사례가 공주 장선리 유적[35]에서 나왔다. 장선리에서 처음으로 확인한 많은 수의 토실土室이 그것인데, 이러한 토실은 혹한을 피하기 위한 주거공간이었을 것으로 보고 있다. 즉 소빙하기가 지속되면서 이런 형태의 주거공간이 나타났을 것으로 보고 있는 것이다. 이런 점에서 모용외가 부여를 공격한 것도 소빙하기와 관련이 있는 것으로 파악하는

---

35. 충남 공주시 탄천면 장선리에서 발견된 마한시대 주거지 유적. 지하로 2m 이상을 파고 내려가서 좌우로 여러 개의 방을 만들고 내부 천정은 돔형으로 구성한 다음, 한가운데에 통풍구를 내었으며 지상은 무덤의 봉분처럼 만든 마한지역의 독특한 주거 공간. 중국의 사서 『삼국지』에도 마한의 토실이 상세하게 기록되어 있다.

판갑 및 유물 출토상태(대성동 2호분).

게 좋을 것 같다.

유개대부호(대성동 2호분, 경성대학교박물관).

다음으로는 부여 왕족의 백제 피난 문제이다. 사실 부여 왕족은 김해보다는 백제를 선택했을 가능성이 더 많다. 당시 한성백제의 왕가는 부여 왕족과 상층 유민을 흡수하여 지배력을 강화하고 마한에 대응했을 수 있다. 다시 말해 부여의 왕족과 유민을 받아들여 매우 취약하던 왕권을 강화하고 정통성을 높이는 동시에 이를 통해 백제는 신라와 마한 및 가야에 대한 우월적 입장을 가질 수 있었던 것이다. 『삼국사기』에 백제 비류왕대인 4세기 초 해씨가 나타나는 것을 보더라도 이 시기 부여 왕족의 백제 피난이 거의 확실하다고 본다. 부여 왕가의 성씨인 해 씨解氏가 백제의 팔성대족八姓大族 가운데 하나로 등장하는 시기가 바로 부여의 멸망 직후인 것이다.

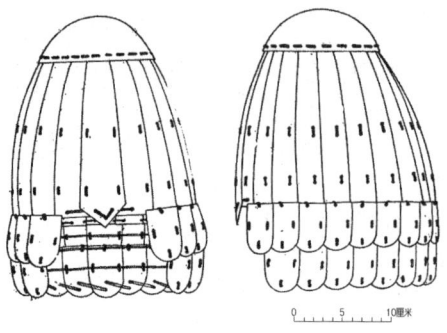
길림 유수 노하심 M67호분 출토 몽고발형주 복원도.

그러나 이와 다른 경우를 가정해 보자. 만약 부여 왕족이 신라로 도망했다면 어떻게 되었을까? 그렇다 하더라도 김해가 야보다 약세에 있던 신라 왕가 역시 부여 왕족을 받아들이지 않고 김해로 내쳤을 가능성은 적다. 여러 가지 경우를 고려해 보면 부여 왕가는 김해나 신라보다는 백제를 망명지로 선택하였을 가능성이 가장 높다. 특히 기원후 280년대로 고정해서 생각할 경우 앞의 몇 가지 측면을 고려하면 대성동에 새로운 무덤이 많이 등장하는 것은 부여 왕족에 의한 것이라기보다는 영남 지역 내부에서의 인구 이동과 지배력에 변동이 생긴 결과라고 보는 게 합리적이다.

그런데 285년 왕족을 포함한 부여 상층부의 대규모 김해 망명론을 주장하는 쪽에서는 변진弁辰 지역의 철을 강원도 동해안의 동예東濊에서 가져갔다는 문헌기록을 감안할 때, 가야의 철에 대해 옥저·부여도 일찍부터 알고[36] 있었고, 신석기시대부터 함경북도에서 부산과 김해에 이르는 동해안 해로 및 육로가 개척되어 있었다는 고고학적 증거를 들어 동해안 유입설을 주장한다. 이 외에도 부여나 북방문화가 동해안 루트를 통해 유입된 증거로써 시신을 안치하고 목곽을 불태우는 행위라든가 무기를 구부리거나 부러뜨려서 무덤에 넣는 행위를 부여계의

---

36. "나라에 철이 난다. 한韓·예濊·왜倭가 모두 그것을 취한다."(…國出鐵韓濊倭皆從取之…―『삼국지』 위서 동이전 변진조)

김해 유입설을 뒷받침하는 주요 근거로 꼽고 있다.

목곽을 불로 태우거나 무기를 구부려서 함께 매장하는 장례 행위는 모두 중국 동북지방에서 유행한 습속이라고 알려져 있다.[37] 1987년 길림성吉林省 유수楡樹[38]라는 곳에서는 목곽에 시신을 넣고 유물을 부장한 상태에서 불을 질러 태운 특이한 장례법을 확인한 바 있기 때문이다. 바로 노하심촌老河深村 유적 중층[39]에서 확인한 이러한 장례방식은 이후 포항 옥성리·울산 하대下垈·김해 양동리 등지에서도 확인되었다. 하대리 43호 목곽묘의 출토유물은 2세기 말~3세기 초에 해당하는 것들이다. 그러므로 이 시기의 목곽묘가 동해안의 포항-김해에 이르는 지역에서 다수 확인되고 있는 것은 이 코스를 따라 북방문화가 유입되었다고 보는 근

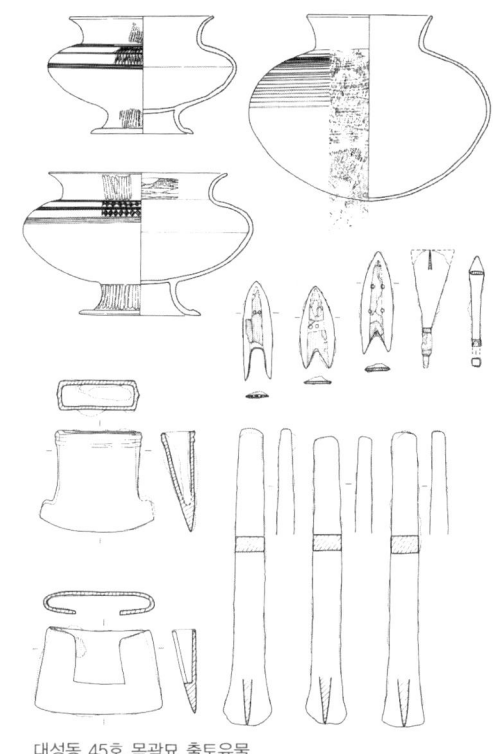

대성동 45호 목곽묘 출토유물

---

37. 요령성 대릉하大凌河 주변으로부터 그 동쪽의 길림성 일대.
38. 송화강 아래 눈강嫩江 주변에 있는 지역으로 부여의 영역이었다.
39. 하층·중층·상층의 세 가지 문화층을 조사했으며 선비계문화층인 중층에서 동복과 인골 등 많은 유물을 확인했다.(상층은 말갈문화층)

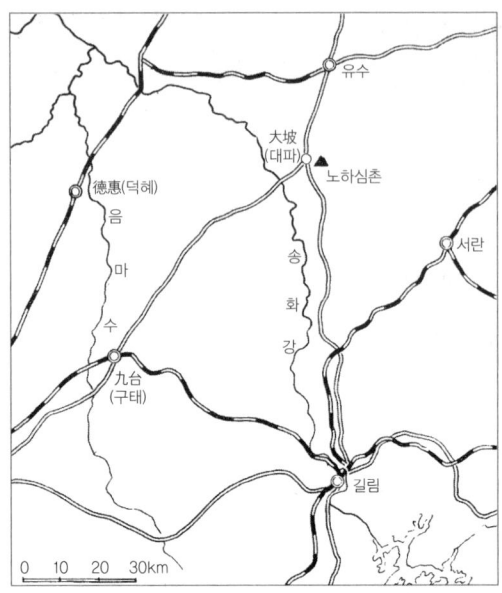

길림성 유수현 노하심촌 위치도.

거가 될 수 있다. 또한 울산 하대 43호 목곽묘와 동일한 시기에 만든 대성동 45호 목곽묘에서도 큰칼[大刀]을 훼손해서 부장한 것을 확인했는데, 목곽을 불로 태우는 행위는 3세기 말 이전의 영남 동해안 지역 여러 유적에서 확인되고 있으므로 늦어도 2세기 말~3세기 초 영남지역에는 이러한 장례 습속이 들어와 있었다고 보는 것이다. "Ⅰ류 목곽묘에서 Ⅱ류 목곽묘로의 변화는 김해지역 지배자 집단의 교체이며 3세기 말의 대변혁"이라고 말하고 있는 것은 바로 이와 같은 양상들 때문에 나온 견해이다.

하지만 이러한 주장에는 고려해야 할 점들이 몇 가지가 있다. 앞에서 설명했듯이 먼저 대구(띠고리)는 유목민족 사이에서 기원전 3세기부터 나타나며 기원후 2~3세기에 자취를 감춘다. 그러나 그것이 곧 기마민족이 이 땅에 들어온 증거라고 확언하기는 어렵다고 보는 반론이 있다. 또한 순장은 세계적으로 보편적인 것이었으며, 청동솥은 기마민족의 증거가 될 수 있지만 그것을 기마민족이 곧바로 갖고 들어온 증거로 삼기에는 충분치 않다고 보는 견해도 있다. 하지만 동복은 그 원류가 흉노 및 오르도스에 있고, 그들이 바로 기마 유목민족이었다. 당시 선비족과 부여·고구려의 북방 유민이 많이 내려온 것은 분명하다. 다만 그렇다면 왜 동복이나 대구와 같은 것들이 마한과 백제 영역에서는 발견되지 않는가 하는 문제가 남아 있다. 이것을 백제로 들어온 유민이 영남 지방에 격리조치된 결과라고 해도 될 것인가? 그렇게 단정하기에는 석연치 않은 점들이 많다.

그리고 울산지역에서 발견된 북방 묘제가 동해안을 통해 울산지역에 먼저 유입되었다고 보는 견해에도 문제가 없는 것은 아니다. 반드시 그렇게 단정하기에는 미흡한 점이 있기 때문이다. 동해안을 경유했다고 볼 수 있는 충분한 증거나 사례들이 더 나와야 한다.[40]

이런 몇 가지 문제가 남아 있지만, 김해를 비롯한 가야지역의 유물과 유적이 보여주는 분명한 사실이 하나 있다. 4세기까지는 김해 가야의 문화가 신라보다 우위에 있었다는 것이다. 기록상으로 가야는 신라보다 약 1세기 늦게 성립되었는데도 가야가 2~3세기에 이미 신라보다 앞설 수 있었던 것은 대성동고분을 축조한 집단이 문화의 선진지대로부터 김해에 유입되었음을 의미한다. 3세기 현재의 중국 동북지방은 혼란과 격동의 시기였다. 다양한 종족, 여러 계층의 난민들이 한국 땅으로 내려왔으며 이들은 다양한 문화를 갖고 있었다. 김해가야가 일찍이 볼 수 없던 문화의 꽃을 피울 수 있었던 것은 이런 다양한 선진문화를 갖고 내려간 사람들을 기반으로 하였기 때문이다. 즉, 보

---

40. 동해안로보다는 내륙로를 통해 영남과 울산으로 전파되었을 가능성도 얼마든지 있기 때문이다.

다 자유로운 환경을 배경으로 선진 문화를 갖고 내려온 사람들이 새로운 문화를 일구었던 것이다. 당시 영남지역에는 서로 비슷한 규모의 집단이 모여 각기 세력을 유지하였으므로 초기 가야 사회는 강력한 중앙집권적 통치권을 형성한 사회와는 근본적으로 달랐다. 더구나 그 무렵의 가야는 일본과 빈번하게 교류하였다. 그래서 당시 영남 남부 지역은 '한 · 중 · 일의 문화가 만나 융합한 문화의 용광로와 같은 곳이었다'는 평가가 나와 있다. 김해가야가 일찍 성장할 수 있었던 것은 비슷한 시기에 울산 하대 · 부산 복천동고분군 · 김해 양동리 · 대성동 고분과 같은 유적을 남긴 여러 세력들 사이의 상호 교류도 상당한 역할을 하였다.

그러면 3세기 말 김해지역의 급격한 사회 변화상은 영남 지역의 정치 세력간 변동에 따른 결과는 아니었을까? 문헌사학에서는 3세기 말에도 '구야국'이란 나라 이름에 변화가 없었으므로 급격한 사회변동, 즉 정치세력간 변화가 없었다고 주장한다. 하지만 가야 유적을 본격적으로 발굴하면서 "3세기 말의 변혁기에 구야국이 가야국으로 바뀌고 사회전반에 모든 변화가 나타났다"는 반론이 고고학에 의해 제기되었다. 그들의 주장처럼 영남 지역에 급격한 사회변화, 북방 지역으로부터의 대규모 인구 유입, 문화 및 생산력 증대 등으로 큰 변화가 있었던 시기임은 분명하다. 그러나 정말 3세기 말에 구야국이 가야국으로 바뀐 것일까? 그 점에는 많은 의문이 있다. 구야狗耶[41]는 가야와 같은 이름이므로 구야국이 곧 가야국이다. 이것이 다른 것임을 증명해야만 구야국에서 가야국으로 바뀌었다고 할 수 있다. 그렇다면 과연 이런 변화의 원인은 무엇이었을까? 여러 가지 조건을 감안할 때 영남

---

41. 흉노어 구트야의 표기인 동시에 '가야'의 향찰표기.

내부의 변화로 파악하는 것이 좋겠다. 즉 구야국(=가야국)은 가라국에 의해 대치된 것이다. 이로써 구체제가 청산되고 가라국은 그 영역과 세력을 넓혀 영남 지역의 강력한 실력자가 되었다.

이와 관련하여 또 한 가지 임나가라任那加羅·임나任那의 문제가 있다. 이 또한 가야사 연구자들이 반드시 풀어야 할 과제인데, 이에 관해서는 개인적으로 다음과 같은 견해를 갖고 있다.

"구야국은 김수로에 의해 정복되었으며 그 과정이 구지가에 반영되어 있다. 구야국 수장은 김수로에게 구야국의 통치권을 양여하였으며 그로 말미암아 임나가라가 탄생하였다. 임나任那에는 양여의 뜻이 있다고 본다. 다시 말해 임나任那를 정복자가 접수한 땅이라는 의미로 파악한다는 것이다. 고대 한국 사회에서 향찰로 땅을 나타낼 때는 那나·奈나·奴노와 같은 글자를 빌려 썼다. 任은 '맡는다'·'맡긴다'는 뜻이므로 결국 任那임나는 맡긴 땅이란 뜻이 된다. 정복자 김수로의 입장에서는 '새로 맡은 땅'이라는 뜻이겠다. 즉, 임나가라는 김수로 세력이 변진구야국을 정복하고 그 통치권을 위임받은 뒤의 이름인 것이다. 그러므로 임나가라의 시작은 김수로의 구야국 정복 이후라고 할 수 있으며, 구야국 정복과 가라국 건국 과정을 담은 내용이 바로 구지가이다. 그리고 기원후 400년 고구려·신라 연합군이 임나가라를 공격하여 국성國城이 초토화되다시피 한 이후, 고령으로 옮겨간 세력 역시 가라加羅 또는 임나가라任那加羅라는 이름을 함께 사용했을 것으로 본다. 아마도 김해와 고령의 지배층은 비록 가야 부흥을 위한 방식에는 차이가 있었을지라도 '임나가라 재건'이라는 공통의 목표를 갖고 있었던 듯하다. 따라서 5세기 초 이후 김해와 고령을 각기 남가라, 북가라로 불러도 좋지 않을까? 이런 관점에서 보면 『일본서기』에 기록된 임나가라 또는 임나10국은 본래 변진구야국의 영역이었던 것이다."

3~5세기 가야 사회의 전반적인 상황을 감안할 때 이런 생각을 떨치기 어렵다. 이 변진구야국과 관련하여 근래 김해 대성동과 봉황동 옆으로 흐르는 해반천변에서 기원전후에 축조된 고인돌과 함께 왜계倭系의 토기가 같은 층위에서 확인된 바 있어 김수로의 정치적 기반이 되어준 변진구야국의 실체를 보다 구체적으로 이해하는 데 참고가 될 것같다.[42]

　하여튼 김수로 세력은 금관가야와 가라국 창업세력으로서 3세기에 구야국을 정복했으며 그 후 적극적으로 유민을 받아들여 이를 바탕으로 생산력을 높이고 사회를 발전시켰다고 볼 수 있다. 따라서 김해가야가 영남지역의 주도권을 갖게 되는 것이 바로 3세기라고 하겠다. 다만 3세기 중반 이후에는 김수로 세력이 양동리에서 대성동으로 그 중심을 옮겨 가 대성동 세력을 본격적으로 아울러서 김해가야의 발전에 가속적 요소로 활용하였다.

---

[42]. 김해 대성동 일대에서는 기원전후의 시기까지 고인돌이 축조되었다.

고령 지산리고분군은 대가야 지배층의 무덤

고령 대가야는 5세기에 등장한 새로운 집단

자줏빛 끈에 드리운 6개의 둥근 알이 내려와 다섯은 각기 읍으로 돌아가고 하나만 남아 김해의 주인이 되었다는 가야의 개국설화는 역사적 사실과는 거리가 있는 얘기이다. 가야 당대가 아니라 후대에 만들어낸 이야기로서 신뢰도에 문제가 있는 설화라고 보는 것이다. 다만 『삼국지』 동이전 변진 조에 변진 12국에 관한 기록은 큰 틀에서 볼 때 12개 가야 소국의 존재를 전하는 내용이므로 믿을 수 있다. 이들 가야12국 이름을 두고 전기가야연맹이라고 보는 이론이 등장하였으나 아직 가야연맹에 대해 명쾌하게 밝혀진 것은 없다. 사실 가야연맹 문제는 가야의 역사를 이야기할 때 가장 중요한 부분이면서도 맨 나중에 거론해야 할 문제인 것 같다. 변진 12국에 대한 보다 상세한 연구가 집적되고 더욱 많은 유물과 유적에 대한 종합적인 정보가 갖춰진 뒤에

연맹체 유무 여부를 거론해야 마땅할 것이기 때문이다. 현재로서는 '연맹'을 논하기에는 기본사료가 워낙 적다. 그러므로 더욱 많은 고고학적 성과를 바탕으로 해야 논의 자체가 보다 풍요로워질 터이지만, 연맹의 존재를 알려주는 기록이 없으니 그것마저 한계가 있다.

고고학 자료로 역사를 보충한다는 측면에서 보면 지금까지의 가야 연구는 그래도 많이 진척돼 있다고 할 수 있다. 그 중에서 "4세기까지의 문화 중심은 김해지방이며 5세기부터는 정치·문화의 중심이 고령에 있었다"는 연구자들의 정리가 가야사를 이해하는 중요한 기준이 된다. 전기가야연맹과 후기가야연맹의 구분선을 4세기 말~5세기 초에 두면서 2~3세기 변진12국의 가야 소국들은 느슨한 연맹을 형성하고 있었거나 5세기 이후의 가야연맹이 있었다고 보는 것이 현재의 일반론이다.[1]

그런데 고령 지산리고분군을 발굴한 바로는 4세기 말~5세기 초 고령 일대에는 수혈식석곽묘를 가진 새로운 주민이 들어와 살았다는 결론에 이르게 되었다. 고령 이주인들은 초기에 집단지도체제를 구성하여 주민을 통치했을 것으로 보고 있다. 지산리고분을 축조한 세력은 대가야를 표방하며 연맹체를 재건하기 위해 노력했고, 이들은 4세기까지의 목곽묘 문화와는 달리 수혈식 석곽묘를 사용한 세력이었다. 물론 이것은 사료에는 없고 고고학적 결과를 바탕으로 한 이야기이다.

고령 남쪽에 인접한 합천 쌍책면의 옥전고분군 일대에도 고령과 비슷한 시기에 부산·김해지역 사람들이 들어가 살았다. 5세기 초 김해·부산 등지에서 이곳으로 사람들이 옮겨가기 이전, 옥전에는 소규모이지만 목곽묘 사용자들이 살고 있었다. 4세기 중반 이후 5세기 초까

---

1. 물론 이에 대한 몇몇 다른 견해도 있다.

지 그들은 소형 목곽묘를 남겼다. 이런 목곽묘는 5세기 초부터 대형화하기 시작한다. 대형화를 주도한 세력은 외부로부터 들어온 유민이라는 판단이다. 하지만 무덤양식은 이웃 고령과 다르다. 합천 쌍책의 옥전고분군에서 나온 다투창식 고배는 함안에 계보를 둔 것이고, 5세기 중반 이후 옥전은 고령의 영향을 깊이 받으므로 이 두 지역은 400년 광개토왕 군대의 가야 정벌 이후 외부로부터 들어온 가야인들의 이주지라는 것이다. 같은 시기 묘제는 다르지만 고령과 합천 쌍책은 어딘가로부터 이주해온 가야인들의 문화였다는 것이다.

그러면 수혈식석곽묘를 지산리 일대에 남긴 고령 대가야의 주인들은 어떤 사람이었을까? 4세기 초·중반 고령의 반운리盤雲里·양전리 일대에 세력 기반을 두고 있던 반로국半路國[2] 세력이었다는 연구가 있다. 그곳에서 현재의 고령읍내로 옮겨와 나라 이름도 가라국이라고 고치고, 김해가야를 대신하여 함안 아라가야와 경쟁하였다는 것이다. "대가야는 원래 삼한 시기의 반로국"[3]이라는 주장이 발표된 이후 이것은 꽤 많은 지지자를 확보했다. 반로국은 고령읍 중심의 국읍과 몇 개의 읍락邑落으로 이루어져 있었으며 그 도읍은 반운리에 있었다고 추정한 이론이다. 또한 반파국伴跛國[4]은 반로국의 다른 이름으로서 이 반파국이 4세기 말 고령읍 지산리·연조리 일대로 움직였다가 5세기 후반 연맹장으로 등장하였다고 보기도 한다. 그러나 이 이론은 적지 않은 문제점을 안고 있다. 반로국과 반파국이 왜 같은 나라이며, 같은 나라라면 왜 이름이 두 가지인가가 명확하지 않다.

2. 『삼국지』 위서 동이 변진 조에는 변진반로국弁辰半路國으로 기록되어 있다.
3. 김태식, 『가야연맹사』 p.101~104, 일조각, 1993
4. 6세기 백제가 중국 양梁에 보낸 양직공도梁職貢圖 백제국사전百濟國使傳에 오른 이름. 경북 고령의 대가야국으로 보고 있다. 이 외에 산청군 단성면丹城面이나 성주의 세력으로 보기도 한다.

고령읍내나 반운리를 반로국으로 보기보다는 차라리 야로면이나 남원지역으로 보는 것이 낫다고 생각한다. 야로 지역은 조선시대에도 영남의 최대 철광석 산지로 이름이 있었고, 현재 야로면 월광리와 금평리 일대에는 가야시대 고분이 많으므로 이곳이 반로국의 중심이었을 가능성이 있다.[5] 남원을 己汶기문[6]으로 보는 견해가 많으나 기문은 장수로 보는 게 맞을 것 같다. 따라서 야로나 남원지역이 반로국의 중심이었을 수도 있다. 서부 영남지역에서 남해나 서해로 갈 때 '질러가는 거점도시'였기 때문에 반로국半路國은 대가야의 지리적 기준이 반영된 이름일 것으로 보자는 것이다.

고령읍내에서 가까운 개진면 반운리 유적은 와질토기를 가진 목곽묘 문화이다.[7] 유적은 구릉 정상부터 아래로 형성되어 있으며, 대가야 고분이 들어서기 전인 2~4세기 초·중반까지의 무덤이 중심이다. 목곽묘 출토 유물로 볼 때 그 유형이 양동리와 다르지 않다. 부산 노포동·포항 옥성리·김해 대성동·울산 하대와 비슷한 단계의 유적이다. 대부 장경호·조합우각형파수부호·노형토기와 같은 와질토기·철겸(=쇠낫) 등을 특징으로 하는 2~4세기의 목곽묘로서 5세기 이후에 조성된 고령읍내 지산리고분군의 수혈식묘제 및 토기유형과는 차이가 있다.

그리고 고령읍내 동북쪽 쾌빈리에서도 4세기의 목곽묘에 대가야 양식의 토기가 출토되어 이 지역에도 2세기 이후 목곽묘 문화가 유입되

---

5. 5세기의 대가야는 남원·장수·진안 등 금강 및 섬진강 상류지역과 영산강 상류의 담양·장성 지역으로 영역을 확대해 해상교통로를 확보하기 위한 노력을 기울였던 것으로 보인다.
6. 『일본서기』의 기록을 바탕으로 상기문上己汶, 하기문下己汶을 각각 장수와 남원으로 보고 있다. 하지만 장수 천천과 장계, 장수읍을 각기 상·중·하의 기문으로 보아도 될 듯하다.
7. 고령 반운리에서는 와질토기가 많이 확인되었다.

었음을 확인하였다.[8] 쾌빈리나 반운리 목곽묘 세력은 모두 같은 시대, 같은 사람들의 문화를 보여준다. 이들이 대가야 성립에 기반이 되어 준 것이다.

그러나 이와 같은 문화 이전에는 지석묘와 무문토기를 기본으로 하는 선주 세력이 고령지역의 기반을 이루고 있었다. 저전리(고령읍), 박곡리(성산면), 봉평리(운수면), 양전리(개진면)의 각 지석묘군은 선주 토착세력이 남긴 대표적인 유적이다. 특히 양전리와 반운리·신안리 일대에 두루 분포하는 고령 지역 최대의 지석묘군 역시 목관묘나 목곽묘 세력과 마찬가지로 고령 대가야 정치집단의 발판이 되어 준 세력으로 이해할 수 있다. 양전리 알터 암각화라든가 내곡리·쾌빈리 무문토기 산포지 또한 이들과 같은 선상에서 이해할 수 있는 것들이다. 이들은 대가야의 피지배층으로서 선주 한계韓系였다.

결국 합천 북부 묘산면·가야면·야로면 지역을 포함하여 고령 일

반운리 출토 토기류

8. 한 예로 쾌빈동 1호목곽묘는 대형급으로서 발형기대가 11점이나 출토되었다. 이로 보아 쾌빈동 1호목곽묘는 고령지역 지배자의 무덤일 것으로 보고 있다.

대에서 반로국을 찾는다 하더라도 그 후보지는 반운리 말고도 많다. 반운리가 반로국의 중심이었고 그 세력이 고령으로 옮겨 간 것이라고 보는 견해는 다음 몇 가지 이론적 토대에서 출발하였다. 우선 반운리 유적은 와질토기와 목관묘 및 목곽묘 문화라는 점을 감안하였다. 반운리와 반로국半路國의 반로가 비슷한 이름이라는 점도 고려되었다. 이들이 고령읍내로 이동하여 반로국을 탄생시켰다는 것이다. 하지만 쾌빈리에서는 그보다 큰 대형 목곽묘와 함께 많은 양의 토기가 출토되어 반운리 세력의 반로국설은 설득력이 크게 약해졌다고 하겠다.

고령 반로국설은 다른 현편으로 반파국半跛國에서 나온 이론이다. 성주를 본피부로 보고 성주와 고령을 하나로 묶어 모두 본피부로 파악하는 동시에 본피부의 다른 표기가 반파국이고, 반파국이 곧 반로국이라는 이해에서 출발한 것이다. 하지만 반파국이 반로국이라고 보는 이론은 근거가 약하다.

그런데 지산리 고분은 무덤 한가운데에 수혈식석실묘를 만들고 거기에 고분의 주인을 묻었다. 그리고 그 주변에는 여러 개의 수혈식 석곽묘를 배치하고 각기 사람을 순장하였다. 물론 부장품도 함께 넣어 주었는데, 순장의 규모가 크다. 이들 수혈식석실묘와 석곽묘를 어떻게 볼 것인가에 대해서도 여러 가지 견해가 있다. 지석묘의 개석(덮개돌) 아래에 있는 석곽이 발전한 것이며, 거기에 순장 문화가 결합하여 절대권자의 무덤으로 석실(석곽)이 대형화하고, 높이가 5~6m 이상이나 되는 대형 봉분을 갖춘 형태로 발전하였다고 보는 견해가 있는가 하면 영남 이외의 다른 지역 어딘가로부터 3세기에 유입된 무덤형식일 거라고 보는 의견도 있다. 이 문제를 보다 쉽게 이해하기 위해 남강변의 진주 압사리고분군과 마성리·창원 도계동 고분군이 갖고 있는 특징에 주목해 보자. 목곽묘는 산 정상부에 있고, 아래쪽 말단부에는 수혈식 석곽묘가 들어서 있었다. 목곽묘를 사용한 집단이 상층신분이었던 것이다. 곧이어 수혈식석곽묘는 목곽묘 세력을 대치했다. 또 진주 마성리馬城里 유적에서는 4세기 중반~후반의 목곽묘 1기를 발굴했는데, 이 역시 상층 신분의 무덤이었다. 2~5세기에 만들어졌으리라 보는 창원시 도계동의 고분군에서는 목곽묘 55기, 수혈식석곽묘 17기가 확인되었다.[9] 이곳의 목곽묘와 수혈식석곽묘는 진주 압사리의 그것과 같은 기준으로 이해할 수 있다.[10] 이들은 모두 목곽묘에서 수혈식석곽묘로 바뀌는 과도기를 보여주는 유적으로서 목곽묘와 수혈식석곽묘의 사용자가 달랐음을 말해주는 사례이다. 한 예로 함안지역의 대형 봉분을 갖고 있는 왕릉급 무덤들도 수혈식석실분으로 시작되었다. 하지만 이들이 모두 지석묘의 하부구조를 발전시킨 형태라고 보는 데는 석연치 않은 점이 있는 것도 사실이다. 애초 목곽묘를 사용하기 전부터 가야의 전통묘제로서 석관묘가 있었고, 수혈식석곽묘를 쓰던 세력이 있었다. 김해지역에서는 3세기 중엽에 등장한 수혈식석곽묘가 확인되었으므로 고령 지산리에 수혈식석곽묘를 남긴 이들을 5세기에 외부에서 새로 들어온 세력이라고 단정하는 데도 문제가 있을 수 있다. 그리고 5세기 초라는 시기에는 북방에서 대규모로 유민이 들어올 만한 상황도 없었다. 그렇다고 수혈식석곽묘가 단순하게 고인돌의 하부 매장부에서 발전한 형태로 단정하기도 그렇다.[11] 이런 여러 측면을 감안할 때 고인돌의 하부 석관 및 목관묘와 목곽묘를 축조해온 경험을 바탕으로 3세기 중엽 북방에서 들어온 적석묘나 석곽묘가 가미되어 비용과 노동력·시간이 덜 드는 수혈식석실묘나 수혈식석곽묘로 바뀌었다고 생

---

9. 목곽묘 길이 240~375cm, 너비 120~170cm

10. 진주 무촌리武村里에서는 목곽묘 36기, 수혈식석곽묘 25기를 발굴했는데, 그 중에 47호분은 대성동고분과마찬가지로 목곽 내부를 불로 태운 것을 확인했다.

각한다. 그 대표적인 예가 합천 옥전고분군이 될 것 같다. 옥전의 수혈식석실묘는 고령의 수혈식석실이나 석곽보다 돌을 정연하게 쌓지도 않았으며, 개석도 사용하지 않았다. 그리고 개석 대신 나무판자로 뚜껑을 덮었다. 옥전 고총고분의 경우 日자형 수혈식석곽 안에 다시 목곽을 만들고, 그 안데 목관을 둔 형태인데 이런 형식은 5세기 서로 다른 무덤 양식을 합성하여 새로운 형식을 만들어낸 사례로 파악할 수 있겠다.

영남지방의 주민이 어떤 이들이었는지, 그 단서를 쥐고 있는 것은 남아있는 무덤의 양식과 유물 및 기록이다. 이런 측면에서 고령 지역과 성주나 합천 쌍책(옥전)·김해에서 확인되는 목관묘와 목곽묘가 이 지역에는 과연 얼마나 되는가는 고령 대가야의 구성민을 아는데 중요한 기준이 될 수 있다. 목곽묘에 선행하여 영남지방에서 기원후 1세기에 나타나는 목관묘가 없다면 그것은 복천동이나 김해와는 환경이 다르다고 이해할 수 있다. 양전리 등의 청동기 전통을 가진 선주민과 2세기 등장한 목곽묘 사용자의 융합이란 측면에 관한 이야기이다. 그리고 5세기부터 달라진 함안과 고령을 비교해볼 필요도 있다. 함안의 경우 자체 성장하여 기층민과 상층 모두 한계韓系였으나 고령의 기층민은 한계이고 상층은 선비계로서 김해나 부산 복천동 등지로부터 피난해온 사람들이었다고 본다. 물론 광개토왕 군대와 신라의 연합군이 김해의 가야를 정벌한 것이 계기였다. 고령 바로 남쪽의 합천 쌍책면 일

11. 참고로, 3세기 초부터 중반에는 중국 동북지방에서 오환선비나 고구려인의 대거 유입이 있었다. 한 예로 서기 207년 조조曺操는 직접 오환선비를 크게 격파하여 유성(柳城, 현재의 요령성 조양)에서 답돈踏頓을 참수하고 수급과 포로 10여 만을 잡았다.(『삼국지』오환선비 열전 제 80). 이 무렵부터 서기 244년과 246년 위魏 관구검이 고구려를 침공했을 때 많은 유민이 발생했고, 이때 한국으로 내려온 이들도 많았다. 따라서 이 시기 새로운 문화유형이 유입되었을 가능성이 높다.

대로도 5세기 초 대동란을 피해 복천동·김해 등지로부터 사람들이 들어왔다. 고령 반운리나 쾌빈리, 합천 옥전 등지에는 선주인으로서 일부지만 목곽묘 세력이 있었다. 쌍책 옥전고분의 경우 4세기 초중반 먼저 자리 잡은 세력의 목곽묘는 길이가 길고 폭이 좁은 세장형으로서 규모도 작다. 그러나 5세기 초 새로운 이주민이 들어오면서 목곽묘의 폭이 넓어지고 목곽의 면적이 커지는 것으로 보아 동란기의 피난민은 주로 같은 종족이 사는 마을로 옮겨 갔으며 이들에 의해 5세기의 문화는 역동적으로 발전하였다고 추리할 수 있다.

이런 여러 가지 배경을 고려하면 자연히 4세기까지의 가야 사회는 김해가야가 주도권을 쥐고 있었으나 5세기에는 이미 고령가야가 서부 경남북 지역의 신흥세력으로 성장했다고 판단할 수 있다. 그리하여 "고령의 대가야는 배타적으로 가라국이라는 국명을 갖게 되었으며 세력이 약화된 김해가야를 남가라로 불렀다"(주보돈)는 주장이 나왔는데 이 견해에도 일단 귀를 기울일 필요가 있다. 말하자면 5세기에는 고령과 김해의 남·북 가라로 전환했다는 이야기다. 이것은 바꾸어 말하면 '가라 남북조설'이라고 요약할 수 있을 터이다.

그러면 과연 우

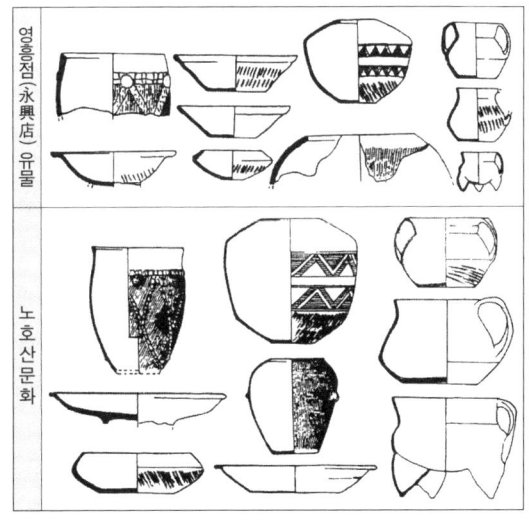

중국 동북지역 노호산老虎山 문화 토기양식

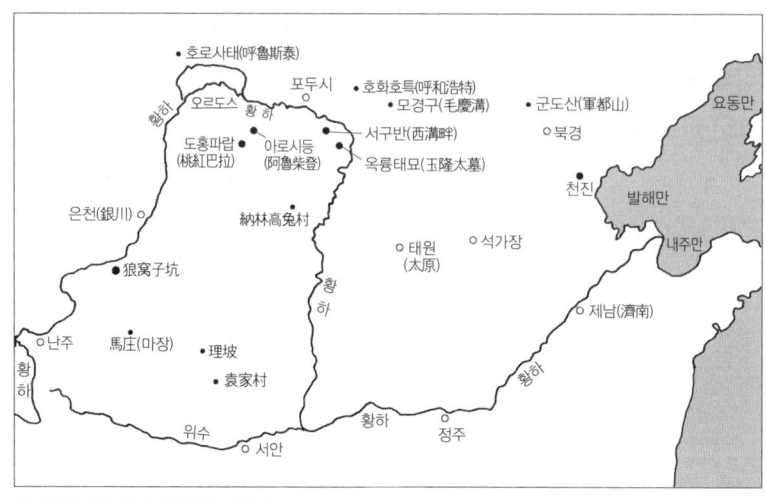
춘추전국시대 북방청동기 문화유적.

리는 이것을 어떻게 이해해야 할까? 고령 대가야가 배타적으로 '가라' 라는 이름을 사용했다는 증거는 없다. 400년 광개토왕 군대와 신라의 연합군이 김해(임나가라)를 공격하여 김해의 정치체가 와해되자 지배층이 김해를 떠나 고령으로 이주함으로써 일종의 분조分朝가 이뤄졌다고 볼 수 있다. 합천 등지로도 들어갔을 것이다. 그러나 고령으로 옮겨간 이들은 김해의 잔여세력과 똑같이 가라라는 이름을 사용했을 것이며 임나가라 재건과 가야권 통합을 위해 오히려 '가라'를 공동으로 사용했을 가능성이 더 크다. 아울러 이들은 우선 고령권에 산재한 목곽묘 세력을 규합하여 이들을 지배층으로 삼아 대가야 통합을 시도했을 것으로 본다. 즉, 반운리[12]가 반로국이었다고 보는 이들이 대가야의 중심세력을 반로국(반운리)에서 고령읍내로 진출한 사람들이라고 믿고 있지만 그보다는 반운리·쾌빈리 등의 소위 목곽묘 세력은 5세

12. 고령군 개진면 반운리

기 대가야의 지배층으로 편입되었을 것으로 보는 게 합리적일 것 같다. 고령군의 각 면마다 봉토분이 밀집해 있는 것은 이런 배경을 설명한다고 볼 수 있다. 목곽묘와 수혈식석실묘 또한 이와 연계하여 이해할 필요가 있겠다. 이 문제에 대한 실마리를 찾기 위해 중국 북부 및 동북 지방으로 올라가 보자.

고령 지산동 32호분 출토 금동관 (국립중앙박물관).

고령 지산동 32호분 출토 투구 및 갑옷 (국립중앙박물관).

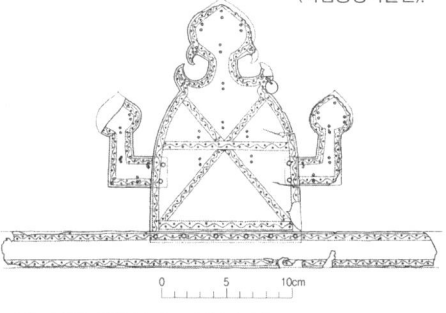
고령 지산동 32호분 출토 금동관 실측도.

먼저 가야 지역 무덤의 방향과 관련해서는 내몽고 지역의 무덤 양식에 주목하지 않을 수 없다. 내몽고 중에서도 양성凉城 모경구毛慶溝와 같은 흉노인들의 분묘유적이 한국의 고대 묘제와 깊은 관계를 갖고 있기 때문이다.[13] 한국의 고대문화에 영향을 준 것은 황하 북안의 포두시包頭市 대청산[14] 남록의 여러 유적이나 호로사태呼魯斯太 및 도홍파랍桃紅巴拉 유적과 함께 오르도스식 청동기의 3대 문화유형으로 분류되는 모경구 유형을 비롯하

---

13. 이와 관련하여 양성凉城 노호산老虎山 석성은 기원전 2800~2300년에 축조된 것으로, 신석기시대 말기의 취락지로서 중국 북방민족의 문화와 기원을 밝히는데 중요한 유적이다. 바로 이 노호산 문화유형이 한국의 고대문화와 관련되어 있다. 내몽고 동남부 및 중남부의 여러 석성 유적은 기원전 3~2천년 경에 축조된 것들로서 닭과 개소리가 들리는 거리에 성을 쌓아 성곽을 중심으로 유지되던 고대 성곽국가 시대의 유적이라 할 수 있다.

14. 大靑山. 음산陰山으로도 부른다.

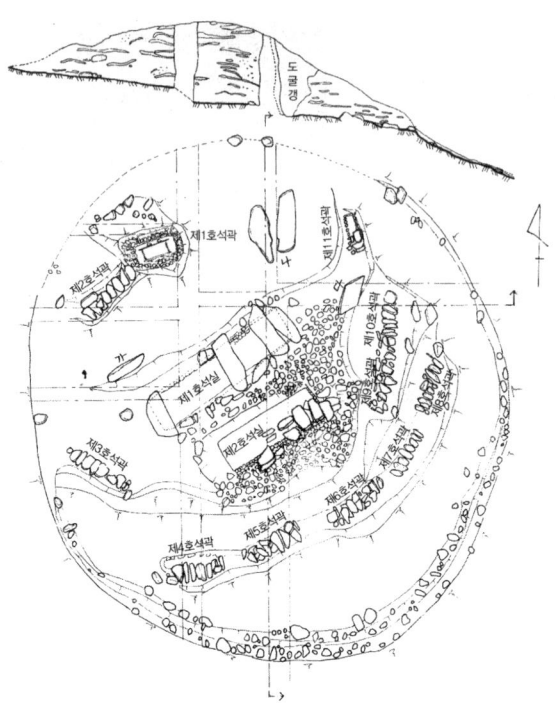

고령 지산동 45호분 평면도 및 봉토 단면도.

여 노호산문화老虎山文化가 있다. 이들 중에서 모경구 문화는 오르도스와 소위 연북燕北[15] 문화의 과도지대에 해당한다. 이 문화유형은 회도계灰陶系[16]의 토기가 절대적인 숫자를 차지하며, 현재의 북경 동북지역 산융문화에서 유행한 홍갈도계의 토기를 포함한다. 이들은 농업문화와 매우 밀접한 관계를 갖고 있는 것으로 밝혀져 있다. 기원전 4세기 전국시대 말기까지 모경구 무덤은 묘의 방향으로 구분할 때 동서향과 남북향의 두 가지가 공존했다. 연구 결과 남북향으로 묘광을 배치한

15. 소위 연燕이라 하는 나라는 지금의 북경시 일대를 중심으로 하였다. 따라서 연북이라 하면 북경시 북쪽 지방, 쉽게 말해 하북성 승덕지구가 대표적인 예가 되겠다.
16. 소위 영남지역의 와질토기 단계로 이해하면 쉽다.

무덤은 농업민족의 무덤이며, 동서향의 무덤은 유목민족의 문화유형으로 밝혀졌다. 더구나 모경구에서는 남북향의 농업문화 무덤이 고분군의 중심에 있으며, 동서향의 무덤은 그 가장자리에 있어 이 지역에서 유목민족과 농업민족의 융합이 이루어졌음을 알게 되었다. 농업문화를 중심으로 주변의 유목문화를 수용했다는 얘기다. 그런데 남북향 무덤인 모경구 M25 무덤에서 나온 목관의 연대를 측정한 결과 2295±135년이 나왔다. 이것은 기원전 345년으로 소위 전국시대 말기 농업민과 유목민이 융합한 단계를 반영한다. 여기서 지시하는 유목민이란 소위 산융山戎이라 하는 흉노 및 그 전통의 상당부분을 이어받은 오환선비・선비족 등이다. 이들의 문화유형은 한반도 남부지역의 고대 문화와도 밀접한 관계가 있다. 기원전 2세기 말 이후 영남 지역 목관묘와 목곽묘 문화는 물론, 포두시 대청산 일대의 장방형 수혈묘 역시 가야지역 수혈식석실묘와 연계하여 생각할 필요가 있는 것이다. 3세기 초・중반 조조의 동호東胡, 즉 오환선비 토벌정책에 따라 요령과 요동지역에서는 많은 수의 오환선비족이 죽임을 당하거나 축출되었다.[17] 이 때 많은 수의 오환선비인들이 고령과 김해 및 영남지역에 유입되면서 수혈식석곽묘가 보급되었으며 5세기로 들어서면서 영남지역에 널리 확산되었다고 볼 수도 있다. 특히 4세기를 지나면서 소위 변진 지역에서 수혈식석곽묘가 급격히 증가하고 5세기 고령 대가야에는 새로운 이주자들에 의해 수혈식석곽을 기본으로 하는 고총고분이 들어선 것은 시야를 넓혀 생각해 봐야 할 점이다.

---

[17] 후한시대까지 흉노를 축출 또는 동화하는데 중국은 오환선비를 이용했다. 그리고 3세기엔 마지막으로 오환선비를 토벌하였다.

고령 지산리란 이름엔 대가야 지배층 의미 담겨 있어

 북쪽 주산의 왼쪽 한 줄기가 고령읍내 서편으로 흘러내려 가고, 그 산등성이를 따라가며 올망졸망 낙타등을 닮은 대형고분이 줄지어 서 있는 지산리고분군(사적 제79호). 대가야의 지배자들이 잠든 무덤이 모여 있는 곳이다. 지산리와 그 맞은편 월계리까지 늘어서 있는 무덤군 중에서 봉분의 직경이 20m 이상인 대형고분은 20여기 남짓하다. 이들 중형 또는 대형의 고분은 대가야의 왕이나 왕족의 무덤으로 보고 있는데 앞에서 설명했듯이 대형고분의 중앙에는 무덤의 주인을 위한 수

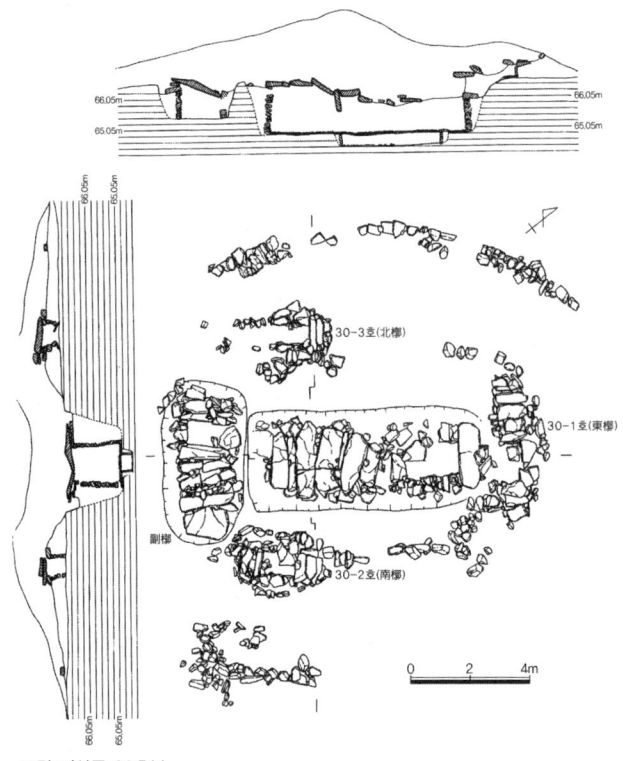

고령 지산동 30호분.

혈식석실을 두었고, 그 주변에는 수혈식석곽묘를 배치하였다. 석곽묘에는 토기나 철기 등과 함께 1~2명 이상의 사람을 순장하였다.

고령 지산리에는 32호·35호·44호·45호와 같은 대형고분이 있는데, 그 중에서 지산리 44호분은 동서 25m, 남북 23m에 분구의 높이가 6m 정도인 대형 고총고분高塚古墳이다. 대가야의 왕릉으로서 고분 안에서는 순장자의 인골이 많이 나왔으며, 말을 산 채로 순장하여 "장례를 지내는데 곽은 없고 단지 관만을 쓰며 소와 말은 탈 줄 모르고 모두 장례에 쓴다"[18]는 기록이 사실임을 확인시켜 주었다. 주실인 수혈식석실과 부장품을 넣은 부실을 따로 배치했고, 그 주위로 32기의 석곽을 만들었으며 석곽묘에는 한두 명씩 총 36명을 순장한 사실도 알아냈다. 주인공의 머리맡이나 발치에 순장한 사람은 금제 귀고리나 유리구슬 등과 같은 장신구를 착용하였다. 순장 곽에는 화살촉을 가진 사람, 농기구(낫, 도끼)를 가진 사람, 실을 뽑는 방추차를 가진 사람, 등자나 재갈과 같은 마구를 가진 사람을 따로따로 묻었는데, 20대 젊은 남녀로부터 30대 여성, 40대 남성, 50대 남자 그리고 유아에 이르기까지 다양하다. 살아있을 때와 마찬가지로 생활에 필요한 생산물과 그 생산에 종사한 사람들을 거느리고 간 44호분 주인의 화려한 죽음을 알 수 있었다. 이와 같이 가야의 순장에 관한 기록은 없으나 무덤에서는 많은 사례가 조사되었고 대가야에서는 순장의 규모가 한층 확대된 것을 알 수 있었다. 이것은 김해의 경우와는 뚜렷하게 대비되는 것으로, 김해 대성동 1호 목곽묘는 부곽에 3~5명을 순장했으며 대성동 3호 목곽묘는 주곽에 2~3명을 순장하는 정도였다. 그런데 고령 대가야의 수장급 무덤들에서는 대규모로 순장이 이루어진 것이다. 아마도 이러한 순

---

18. 其葬有棺無槨不知乘牛馬 牛馬盡於送死(『삼국지』 위지 동이전 한조).

장의 확대는 대가야가 낙동강 서편의 서부 영남지역에 대한 강력한 지배력을 확대하면서 나타난 결과라고 보아도 될 것 같다. 지산리 44호 고분에서는 기장과 함께 오키나와에서 생산되는 야광조개로 만든 국자가 나와 멀리 오키나와 또는 왜와 교역한 사실까지도 알 수 있었다.

참고로, 고령 지산리 44호분은 이웃 합천 쌍책의 옥전 M3호 고분과 비슷한 시기에 만들어졌다. 주곽 주변에 많은 사람을 순장한 것을 제

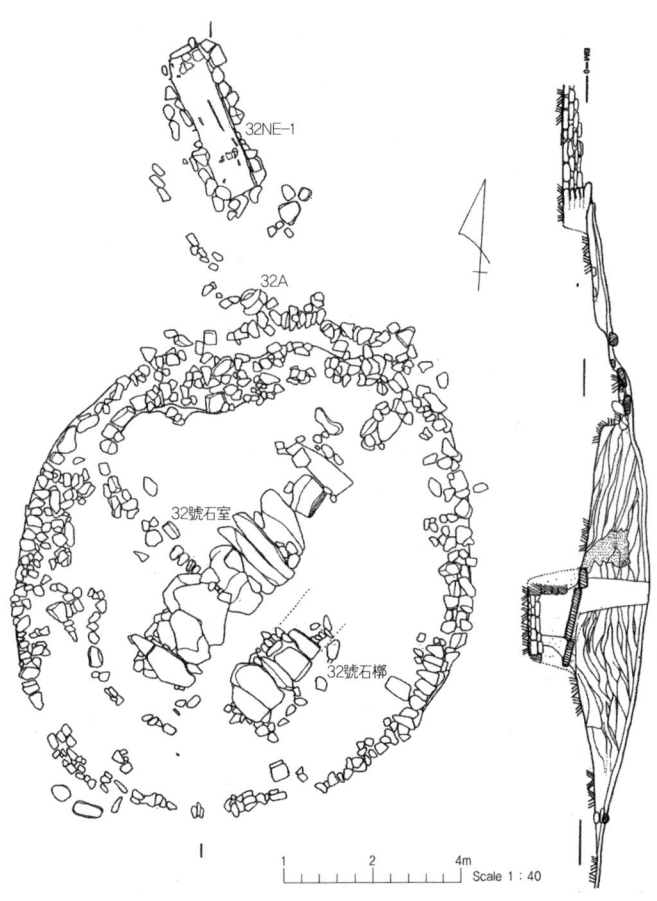

고령 지산동 32호분 평면도 및 봉토 단면도.

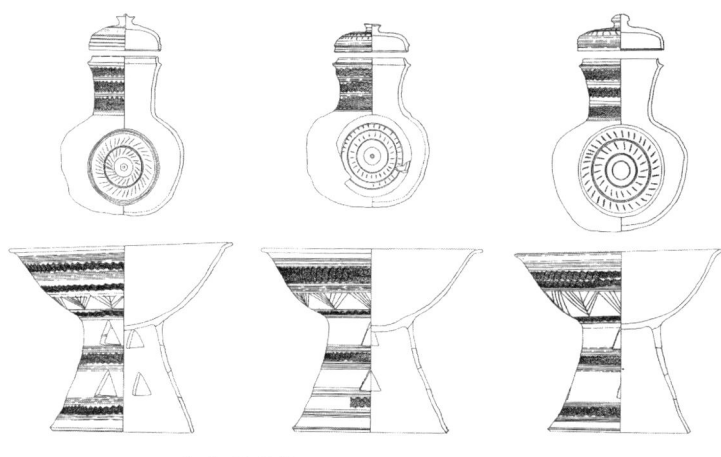

고령 지산동 32호분 석실 출토 토기류(장경호와 기대).

외하면 부장품으로 볼 때 옥전 M3호분은 지산동 44호분에 못지않다. 직경 20m의 대형봉분을 가진 고총高塚으로서 고령과 옥전[19]은 모두 신라·고구려 연합군의 가야 공격 직후인 5세기 초 어딘가로부터 들어온 사람들에 의해 새롭게 성장한 가야 소국이었다.

한편 지산리 45호분[20]에서는 당시 장례용으로 넣은 민물고기 누치의 뼈라든가 닭뼈가 확인되었으며, 경산시 임당동과 김해 대성동고분에서 출토된 낚싯바늘을 감안할 때 지배층에서 유희로서의 어렵漁獵이 이 시대에도 유행했을 가능성이 있다. 아울러, 중앙에 대형의 수혈식석실

---

19. 초계와 적중을 아우른 지역이 옥전 다라국의 영역이었을 것으로 판단한다. 합천군 쌍책면 성산리 옥전마을. 4세기 중반~6세기 중반까지 형성된 다라국왕 및 지배층의 무덤 유적으로 이 중에서 M3호분은 직경 21m가 넘는 다라국 최대의 고총고분이다. 다라국 최전성기인 5세기 말 만들어졌으며 토기를 비롯, 대가야의 영향을 크게 받았다. 대가야의 성장과 대가야와의 관계를 엿볼 수 있는 고분이다.

20. 직경 22~23.5m, 봉토높이 2.85m. 수혈식 석실의 길이가 715cm에 폭이 157~164cm, 깊이 167~185cm. 개석은 길이 220~255cm, 폭 85~90cm, 두께 20~30cm였다.

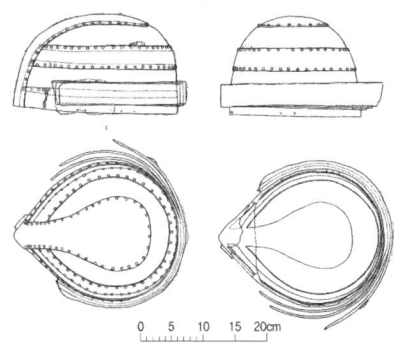

고령 지산동 32호분 석실 출토 충각부 투구(가야, 잊혀진 이름 빛나는유산-가야사정책연구위원회, 2004)

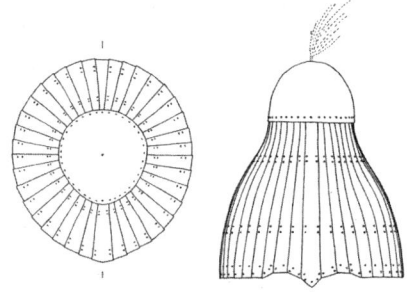

지산리 출토 몽고발형 투구 복원도(가야, 잊혀진 이름 빛나는유산-가야사정책연구위원회, 2004)

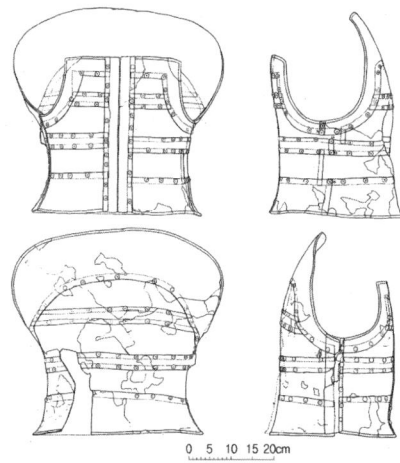

고령 지산동 32호분 석실 출토 판갑.

을 만들고 그 안에 무덤의 주인을 묻었으며, 수혈식 석실 주변으로 빙 돌아가며 석곽을 만들고 1~2명씩 사람을 순장한 것은 44호분과 다르지 않았다.

뒤이어 1994~1995년에는 30호분(대형고분)을 포함하여 수혈식석곽묘, 횡혈식석실분 등 350여기의 무덤을 조사한 바 있다. 지산리 30호분은 5기의 순장곽을 주변에 거느린 중형급의 수혈식석실분으로, 석실분을 덮었던 개석에는 고령 양전리에서 보는 것과 같은 사다리꼴 모양의 암각화에 희미한 인물상이 그려져 있었다. 그런데 그 인물의 성기를 크게 그린 것이 이색적이다. 아마도 그것은 풍요와 재생의 의미였을 것이다. 이런 돌은 고령 인근의 암각화를 떼어내 무덤에 쓴 것이다. 그러나 석실 개석

(덮개돌)으로 쓰기 위해 돌을 떼어온 곳이 양전리인지 아니면 다른 어느 곳인지는 확인되지 않았다. 이것으로 알 수 있는 한 가지 분명한 사실은 선주 한계, 즉 청동기 전통을 이어온 수장층을 새로운 세력이 예

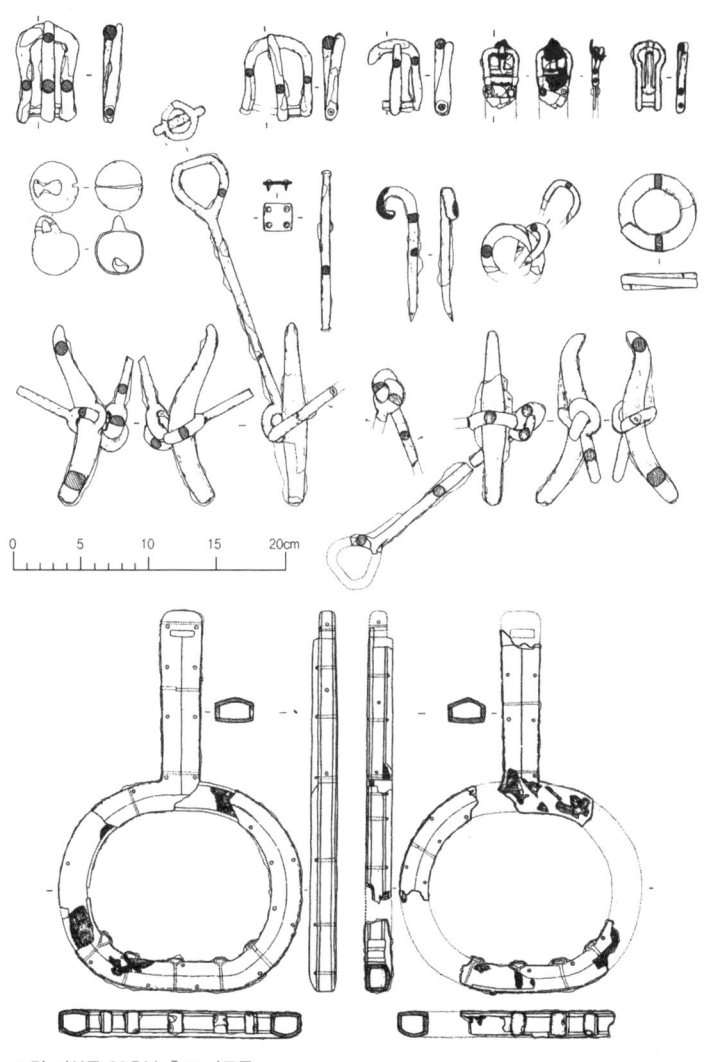

고령 지산동 32호분 출토 마구류.

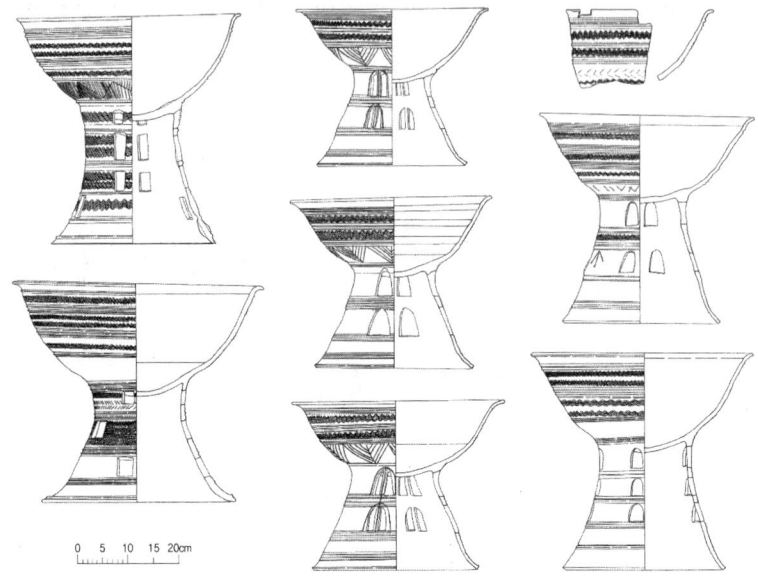

고령 지산동 35호분 석실 출토 토기류.

속시켰다는 점이다. 다시 말해 이것은 기존 제정일치시대[21] 제사장을 30호 묘 주인이 지배한 사례로 볼 수 있다.

고령 지산리 30호분의 수혈식 석실은 입구나 연도가 있는 반면, 그 주변에 순장자를 넣기 위해 만든 석곽에는 그것이 없는 차이가 있다. 이것이 고령 대가야의 수혈식석실분과 수혈식석곽분을 구분하는 중요한 기준이다. 이 30호분은 5세기 초, 그러니까 왕이나 왕족을 묻은 무덤이라는 점에서 주목되고 있다. 아울러 대가야식 금동관과 철판갑옷·투구 등이 나온 32호분의 피장자는 머리를 동북 방향에 두었고, 머리를 북쪽에 둔 33호분의 주인은 여성으로 밝혀졌다.

한편 고령읍내 연조리에는 대가야의 궁성터라고 전해오는 곳이 있

21. 선주인의 청동기 문화를 지칭한다.

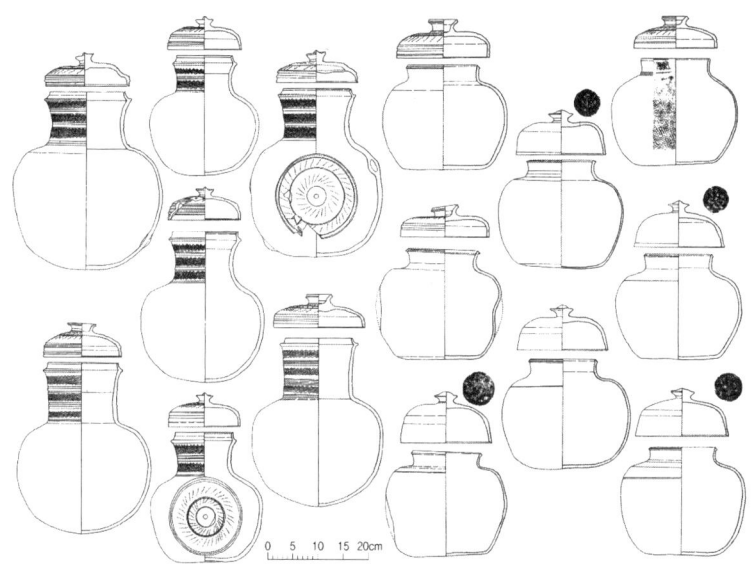

고령 지산동 35호분 석실 출토 토기류.

고, 그 동북 모서리에는 9신정지九臣亭址라는 건물지가 있었다고 하며, 동북 끝머리에는 밖으로 통하는 연조문延詔門이 있었다고 전해온다. 연조문이라는 이름이 갖는 의미로 보건대 대가야 왕의 명령이라든가 모든 정치적 의사는 이 문을 통해 전달되었으리라 추정할 수 있겠다. 뿐만 아니라 연구자들은 아마도 이 성문이 진흥왕 23년 사다함과 신라군이 넘었다는 전단량栴檀梁이 아니었을까 추정한다. 그리고 고령초등학교 주변에는 대가야의 왕이 물을 마셨다는 어정 또는 왕정王井이라는 이름의 우물이 있다. 『신증동국여지승람』고령현 기록에는 어정御井을 설명하면서 '현 남쪽 1리 거리에 대가야 궁궐터가 남아 있다'고 하였으며, 고령읍내의 망산성望山城은 신라군의 침입에 대비하여 쌓았다고 전해오는 대가야 최후의 방어성으로 알려져 있다. 그런데 이 성을 예전에는 어라성禦羅城[22]이라는 이름으로 불렀다고 한다. 지금은 비록 일부만 남아 있으나 구신정이라든가 어정·어라성 그리고 궁성지와 같은 여러 흔적으로 보아 대가야는 어느 정도 체계가 잘 짜인 관료조직을 갖춘 왕권국가였던 것 같다. 사실 중앙집권적 왕권과 관료체계, 그리고 무자비한 순장은 서로 잘 어울리는 궁합이라 할 수 있다.

그러면 대가야의 왕이나 왕족과 같은 최상층 그룹의 무덤들이 몰려 있는 고령읍 지산리池山里는 어떤 의미를 갖고 있을까? 아무리 생각해도 좀체 그 이름에서 의미를 발견하기란 쉽지 않을 것이다. 상식적으로 생각하면 분화구를 가진 화산이 아니고서야 저수지나 못[池]은 산에 있을 수 없으니 池지라는 한자와 산은 어울리지 않는다. 어떤 지명, 어느 글자도 의미 없이 사용된 것은 없지만, 너무 엉뚱하다고 생각할 것이다. 그러나 이것은 한자 본래의 뜻과는 관계가 없다. 이 경우 '지'라는 소릿값만을 빌려 쓰기 위한 차용에 불과하므로, '지'가 갖고 있는 의미는 우리말에서 찾아야 한다. 한국과 일본의 고대어에서 사용한 '지'에는 몇 가지가 있다. 한국과 일본어에서 함께 사용한 '지'에는 우선 '길'이라는 의미의 지ぢ가 있다. 우리말에는 여기에 리을이 붙어서 질이 되었고, 지금은 표준어랍시고 '길'로 정해놓았다. 함안 도항리[23]를 '질목'이라고 부르는 예를 보면 된다. 하지만 일본에서는 고어형 그대로 지금도 지(じ, 路)[24]로 쓰고 있다.

한편 한자음 시時의 고음에서 유래한 '지'가 있다. 이것은 시간을 나타내는 말로 쓰인다. '밥 먹은 지 오래 됐다'고 할 때의 '지'가 여기에 해당한다. 그래서 이때의 '지'는 앞말과 띄어 쓴다.

22. 한자 본래의 의미는 '방어성'이지만 일차적으로 왕성이라는 뜻을 갖고 있는 말이다. 아마도 '어라기'라 불렀을 것이다.
23. 道項里. 질목마을의 한자 지명이다.
24. 한 예로, 일본어에서 이에지(いえじ, 家路)라 하면 '귀가길'을 의미한다.

그렇다면 지산리의 '지'는 무슨 의미를 담고 있는 것일까? 고령과 함안의 수장층 무덤이 모여 있는 지명을 가지고 쉽게 비교해 보자.

① 말산리(함안) : '말산'은 '마리(말)'의 산
② 지산리(고령) : '지산'은 '지(치)'의 산

여기서 '말'과 '지'를 대비시켜 보면 자연스레 답이 나온다. '말'과 '지'는 모두 고대의 왕 또는 지배자이다. '지'는 사람을 의미하는 말로서 '치'의 고어형이다. 마르치(=마리치)는 말(마리)과 '치'를 결합한 조어로서 고대의 왕을 의미하는 순우리말이다. 거창의 마리면馬利面에 쓰인 마리나 함안의 말산리·말이산에서 보는 말·마리와 '치(지)'는 동급이다. 이를테면 박제상의 다른 이름인 모마리질지毛麻利叱智[25]의 '마리'[26]와 '지'[27]는 같은 신분이다. '지(치)'는 고대 사회에서 마리와 마찬가지로 존귀한 자를 이르는 명칭이었다. 대신 '마리'는 선주 한계韓系의 말이었다. 특히 함안이 5세기 초까지 외부세력에 의해 내부사회가 해체되지 않았다는 고고학적 발굴견해를 감안할 때 함안은 외부세력에 의해 급격하게 사회가 재편된 적이 없었다고 보는 견해가 맞다고 생각한다. 기존 전통사회가 완전히 와해되거나 큰 변혁을 겪지 않고 능동적으로 외부 문화를 수용해가며 사회를 발전시켰다는 얘기다. 그러나 김해 및 고령 지역은 이와 달리 극심한 변화를 겪었다. 그런

---

25. 『일본서기』에 전하는 이름으로 '毛麻利叱智'의 叱은 사이시옷의 기능을 한다. '毛麻利'는 '터마르'의 한자 표기. '터마르(=터마리 또는 터말)'의 '터'는 땅이며 터마르치는 땅의 수장(지배자)이라는 의미이다.
26. 선주 한계韓系의 용어로서 지배자 마리(=말)가 묻혀 있는 산을 의미.
27. 흉노 및 선비계의 신분 용어. 고대사회의 지배자 '지'가 묻힌 산이라는 의미.

변혁을 단적으로 알려주는 것이 말산리·지산리의 '말'과 '지'이다. '말(마리)'은 삼한 사회에서 공통적으로 사용하였으나 '지(치)'는 흉노어에 뿌리를 두고 있다. 선비족도 함께 사용한 말이다. 흉노의 질지선우[28] 또는 김해가야의 질지왕·겸지왕에서 보는 지(支, 知)는 분명히 왕을 뜻하는 말로 사용되었다. 이 '지(치)'는 본래 흉노(오환선비나 선비 포함)의 말이었다. 이 점은 대단히 중요한 점을 시사한다. 고령 대가야인의 상층부가 흉노 또는 선비족이었기에 백제의 지배층과 고령의 가야는 가까웠을 것이라고 추정해볼 수 있다. 이런 점에서 '백제어와 가라어 사이에 동질적 특성이 많다'고 본 고대어 연구자 도수희의 견해는 정확한 이론이라 하겠다.[29] 다만 그는 백제 상층과 고령의 가야 상층이 흉노 또는 선비족으로서 서로 가까웠다는 사실을 이해하지 못했기에 두 나라 사이의 언어적 유사성은 적극적인 문화 교류를 통해 생성된 것이라고 파악하는 데 그쳤다.

다시 요약하자면 고령 대가야의 통치기반이 되어 준 백성은 선주 토착 한계였고, 이들의 문화는 고인돌로 대표되는 청동기문화였다. 그들은 고령 양전리의 암각화를 남긴 세력으로서 5세기 초에 밀려들어온 세력에 의해 지배되었다. 고령 지산리 30호분의 무덤돌로 암각화를 떼어다가 사용한 점이 시사하듯이 선주 한계는 대가야의 왕권과 지배층에게 제압당한 기층세력이었다. 삼한의 5거수처럼 아마도 상층의 '○지' 계층은 대가야 왕권을 탱하는 관인官人 그룹이었을 것이다. 대가야의 왕이나 왕족과 같은 '지(치)' 신분이 지산리에 묻히면서 함안의

---

28. 郅支單于. 전한 원제元帝 때, 한漢의 사신을 죽이고 달아나다가 기원전 36년 서역도호 감연수 甘延壽에게 살해되었다. 탈라스 강가에서 살해되었다고 보고 있다. 똑같은 이름이 가야 질지왕은 銍知王으로 표기했으나 이들은 모두 '질지'라는 소릿값을 빌려 쓴 것이다.

29. 도수희, 「가라어와 백제 전기어의 비교」

말산·마리산과 똑같은 의미로 '지산'이라는 이름이 생겨난 것이다.

아울러 대가야 왕에 버금가는 차상급 실력자인 거창의 수장은 마리 신분이었으며 고령 대가야에 통합되었기에 지금도 거창에 마리면이라는 지명이 남아 있는 것이라고 할 수 있다. 거창의 '마리' 수장은 살아서 고령의 궁성을 자주 드나들었을 것이다. 그리고 죽어서는 자기의 세력 근거지인 거창에 묻히게 되었다고 할 수 있다. 나아가 함안의 말산리고분에 묻힌 마리들은 외부세력에 의해 해체되지 않고 자체 성장하여 함안을 통치한 사람들이었다. 따라서 함안은 지배층과 기층민이 다르지 않았다. 그러므로 지배층이 선비(또는 흉노) 계통이고 피지배층은 선주 한계인 고령가야와 선주 한계 중심의 함안(아라가야) 사이에는 정치적 유대나 연합보다는 갈등이 더 컸을 수 있다.

변진의 각 읍에는 신지臣智·검측儉側·번지樊祇·살해殺奚·읍차邑借[30]의 5개 관명이 있었으며 그 중에서 가장 큰 세력을 가진 신지가 아마도 고령 대가야 왕과 같은 '지' 신분이었을 것이다. 이 신지가 『삼국지』 동이전에 주수主帥라고 기록된 상층 통치자였다고 볼 수 있다. "기강이 잘 서지 않아 비록 각 소국의 국읍에 주수가 있어도 그 예하 읍락의 장을 제대로 통제하지를 못한다"[31]고 한 것은 각 국읍의 수장들이 잘 다스려지지 않던 상황을 전하는 얘기로 이해할 수 있다. 하지만 5세기 이후의 대가야는 보다 강력한 왕권을 행사하면서 전보다는 질서 있게 이러한 세력들을 중앙의 관료로 편입해 갔을 것으로 짐작된다. 지산리 30호분의 개석으로 암각화가 새겨진 돌을 떼어다가 쓴 것

---

30. 신지를 엄지, 검측을 검지, 번지를 반지(가운뎃손가락), 살해를 사래, 읍차를 골지(=꼴찌)의 항 찰표기로 보고 싶다. 사래는 '손사래를 치다'는 말에 그 흔적이 남아 있지만, 본래 네 번째 손가락을 가리키는 이름이었던 것 같다. 臣智신지의 臣을 일본어에서는 오미ぁぇ라 하므로 우리말 '엄'과 통한다.

31. 其俗少綱紀 國邑雖有主帥 邑落雜居 不能善相制御(『삼국지』 권 제30, 위서 동이전 한조)

을 하나의 사례로 볼 수 있다. 고령 일대에서 암각화를 새기고 하늘에 천제天祭를 지내며 제정祭政을 주관하던 기존의 지도층 세력(청동기 세력)을 대가야 왕권이 강제로 예속시키는 과정에서 각 지역의 '수장' 마리는 대가야에 편입되었다. 대신 종전처럼 그들의 지방 통치권을 그대로 인정하고, 대가야의 관료체계 속에 끌어들임으로써 안정된 왕권체제를 구축하려했을 것이다.

가야 지역 선주 한계韓系와 선비 계통의 관계를 마한과 백제 사이에서도 찾을 수 있으므로, 이러한 사회구조는 호남·경기·충청지방도 대략 마찬가지였을 것으로 본다. 이 점에서 우선 6세기 초까지 영산강 유역에 남아 있던 마한의 잔여세력을 보여주는 사례로서 현재 호남지역에 남아 있는 馬山마산이란 지명에도 주목할 필요가 있다. 이것 역시 '마리산'의 잔재형인데 그 대표적인 사례가 나주 화정리의 마산고분군이다. 경기도 화성의 마하리고분군이 있는 마하리[32]도 '마리'의 흔적이다.

이렇게 보면 신라나 고령 대가야의 경우 '지(치)' 신분이 마리보다 상층에 있었음을 쉽게 이해할 수

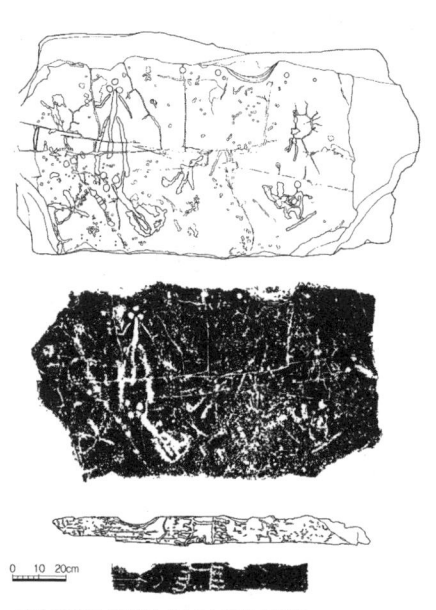

고령 지산동 30호분 주석실 개석 암각화.

| 32. 馬霞里. '말무덤이'라는 동네에 3~5세기의 고분군이 있다. 전통적인 마한 세력의 하나로서 시기별로 백제화되어 가는 과정을 보여주는 유적이다.

있을 것이다. 신라의 관등체계에서 나마·대나마와 같은 '마리' 신분층보다 찬湌[33] 신분이 한층 높은 것도 이 같은 사실의 잔재이다. 그러므로 지산리고분군은 거창 마리면의 마리무덤과 달리, 왕과 왕족은 물론 최상층 지배 계층이 묻힌 무덤군이라고 할 수 있다. 직경이 20m 이상으로 봉분이 매우 큰 최상층 지도자의 무덤 뿐 아니라 10m 이상 20m 미만의 중소형 무덤은 대가야 궁실이나 대가야 상층의 지도급 인물들이 묻힌 무덤인 것이다.

그러면 '지'라는 말이 수장을 뜻하는 용어로 사용된 사례가 이웃나라 일본에는 없을까? 있다. 그 대표적인 사례로 4세기 중엽~5세기 전반에 축조된 후쿠오카福岡의 이케노우에池の上 고분군[34]을 들 수 있으리라 생각한다. 池の上를 일본어로 이케노우에라고 읽고 있으나 이 경우의 の는 단순히 앞말과 뒷말을 동격으로 이어주는 기능을 맡고 있다.[35] 즉 '池지=上(かみ, 가미)'의 관계로 파악할 수 있으므로 池를 최상층 수장을 뜻하는 지('치'의 고어형)로 읽어야 하며 그 의미는 가미[神]였다고 해석하는 것이 좋을 것 같다. 후대 사람들이 上을 '위'라는 뜻의 우에うえ로 잘못 읽어서 이케노우에라고 하지만 본래의 의미는 '지노가미'(지=가미)라고 이해해야 마땅할 것이라는 얘기다. 이 고분은 아마기시甘木市의 츠쿠시筑紫 평야 동북쪽 해발 70~75m의 산 능선을 따라가며 있다. 능선에 축조된 무덤이란 점도 가야 무덤의 입지 조건과 같다. 그리고 池の上란 이름 또한 '지(치)=가미上'의 뜻으로서 이 무덤을 남

---

33. '찬'은 '치(지)+한'의 합성어이다.
34. 일본 후쿠오카 아마기시의 츠쿠시 평야 동북부에 있다. 4세기 중엽부터 5세기 중반까지 형성된 무덤군으로 무덤의 양식, 유물과 유물의 부장양식 등으로 보아 가야계 또는 가야와 밀접한 관련이 있는 것으로 파악하고 있다. 6호분에서 출토된 재갈은 동래 복천동 93호분에서 나온 것과 같은 형태이다.
35. 일본어에서 の는 동격을 나타내는 말로 쓰인다.

긴 사람들은 흉노족 또는 가야계라고 본다.

하여간 지산리 산등성이에 대형 봉분을 갖춘 고분은 가야의 특징적인 무덤양식이라고 할 수 있다. 이와 같은 무덤을 만든 까닭은 아마도 대내외적으로 그 세력과 권위를 과시하기 위한 것이었거나 왕은 하늘의 대리자라는 의식에서 나온 것이었다고 볼 수 있다. 크고 높은 봉분과 산릉山陵은 기본적으로는 한나라의 영향이라고 볼 수 있지만, 진秦·한漢 시대 천자가 하늘의 대리인으로서 가졌던 봉선封禪 의식을 무덤에 결합한 것으로 이해할 수도 있을 것이다.

앞에서 설명했듯이 고령 지산리池山里에는 5세기 초 35호분을 시작으로 하여 6세기 중반 대가야 멸망기까지 계속해서 무덤이 들어섰다. 이곳이 가야지역 최대의 고분군이라는 점에서 평지에 높다랗게 쌓은 봉분은 그 양식상 김수로·허황후 부부의 중국 한나라 계통 무덤 양식을 계승한 것으로 볼 수 있고, 내부 장례 방식이 목곽묘에서 수혈식 석실(곽)묘로 전환한 것은 기존 한계의 성장과 목곽묘 세력의 몰락을 반영하는 것이기도 하다. 또 다른 측면에서 이것은 김해가야의 지도층 세력 일부가 고령으로 옮겨간 것으로 볼 수 있는 점이다. 그렇지 않다면 김해가야가 고구려·신라군에 의해 거의 초토화되다시피 한 직후에 고령에서는 왜 35호분이나 44호·45호분·30호분처럼 대형봉분을 갖춘 무덤이 갑자기 들어서기 시작하는가를 명쾌하게 설명하기 어렵다.

동복은 본래 흉노에 특유한 유물

동복은 본래 초원 유목민족인 흉노의 유물

김해 대성동을 비롯하여 평양과 영남지역 그리고 중국 길림성 유수榆樹[1]라는 곳에서 나온 청동기 유물로서 두레박 모양의 동복銅鍑이라는 것이 있다. 이 동복은 과연 누구의 유물이며 어디에 사용하던 것일까? 앞서 설명했지만 대성동고분군이 집중적으로 축조된 시점이 기원후 3세기 말이라고 한다. 이 점에 주목하여 대성동고분군은 기원후 285년 부여의 멸망과 함께 남하한 부여의 왕족들이 남긴 무덤이라고 보는 견해가 제기되었다. 이것은 대성동고분군을 발굴한 고고학자 신경철의 견해이다. 하지만 그 외의 대부분 학자들은 이에 대해 부정적이다. 그런데 여기서 먼저 짚고 넘어가야 할 사실 하나가 있다. 동복이

[1] 중국 길림성 북부 유수현榆樹縣 노하심촌으로서 유수현 정남쪽 30km 거리의 송화강 북안, 송눈평원松嫩平原에 있는 유적.

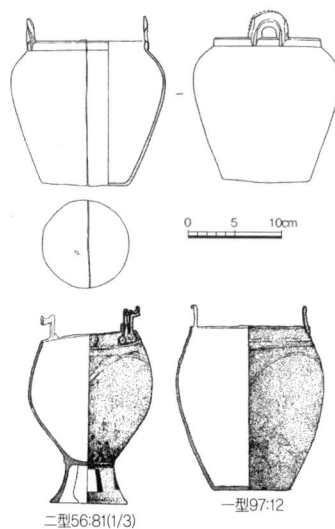

길림성 유수 노하심에서 출토된 동복.

부여인에게만 고유한 유물은 아니라는 점이다. 동복의 원류가 본래 흉노에게 있으므로 범위를 넓혀 흉노와 선비족의 유물로 보아야 한다.

흉노의 문화는 오르도스형 청동기로 대표된다. 은殷[2]으로부터 전국시대[3] 말기인 기원전 4~3세기까지의 북방 청동기문화이자 유목문화인 이 오르도스 청동기는 그 분포지역이 매우 광범하다. 적봉시赤峰市를 중심으로 한 내몽고 전 지역과 내몽고 동부 영성寧城 등지에는 전국시대부터 한대漢代까지의 청동기가 집중적으로 분포한다. 물론 이 외에도 현재의 하북성河北省[4]·감숙성甘肅省·신강장족유오이자치구[5] 등지 그리고 중앙아시아와 동부유럽 일부까지 걸쳐 있다. 중국에서는 오르도스형 청동기를 북방계 청동기라고 하는데,[6] 이 청동문화의 연원과 발전 및 분포 그리고 그 기형器形 등에 관해서는 아직 밝히지 못한 것들이 너무나 많다. 산서山西 여량呂梁 지구 및 섬서성 북부를 제외하고는 오르도스 청동기는 거의 대부분 북위 40도 이북에 분포하는 것으로 조사돼 있다. 그리고 중국에서는 은의 청동기가 일찍 시작되었다고 주

---

2. 기원전 1600년~기원전 1046년까지 존속했던 중국의 두 번째 왕조. 상商이라고도 한다.
3. 戰國時代전국시대는 기원전 403~207년까지.
4. 창평昌平·평천平泉 등을 포함한 지역.
5. 新疆藏族維吾爾自治區, 현재 카쉬가르·위구르·투르판 등지가 이 자치구에 속해 있다.
6. 북방계 청동기 또는 오르도스顎爾多斯 청동기라고 한다.

장하고 있지만 지금까지의 발굴 결과로는 현재의 요하遼河 주변에서 더 일찍 시작되었다. 요서 지방을 포함하여 하북·오르도스에서는 기원전 2000~1800년 무렵에 청동기가 시작되었다.

이 오르도스 계통의 청동기로서 영남지방에서 나온 유물과 관련해 주목해야 하는 것이 바로 동복이다. 이것은 청동으로 만든 바케츠형 용기이다. 얼마

길림성 유수현 노하심촌에서 출토된 동경.

전까지 사용하던 작은 쇠절구를 닮았다고 생각해도 된다. 그러나 크기는 매우 작다. 동복銅鍑은 현재 길림성 외에 감숙성과 내몽고 지역에서 많이 출토되고 있다. 황하 중류 이남의 산서성 유림榆林[7] 지구에서는 높이가 21.8cm, 구경이 15.3cm인 동복이 나왔는데 이것은 크기와

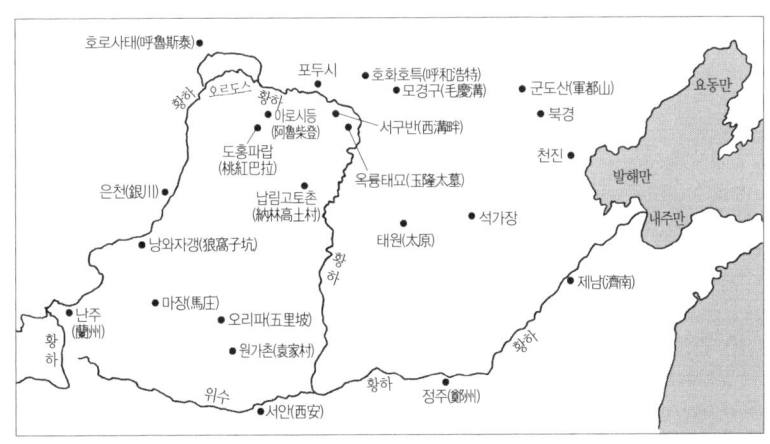

춘추전국시대 북방청동기 문화유적

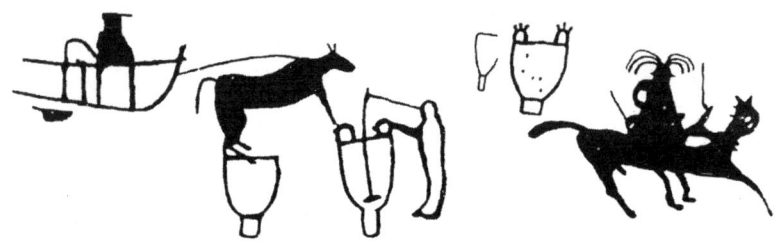

러시아 예니세이강 우안右岸의 미누신스크 지역에서 발견된 암각화 속의 동복. 동복은 제례祭禮 용기로 사용되었다.

모양이 길림성 유수와 평양 그리고 김해에서 나온 것과 가장 유사하다. 또한 오르도스 고원 남쪽에 해당하는 섬서 신목현神木縣[8]에서 출토된 동복도 유림에서 나온 동복과 형태 및 크기가 유사하다.[9] 이 동복은 정확히 신목현 북쪽 30km 거리에 있는 흉노무덤에서 나왔는데[10] 그 크기와 모양 모두 평양과 김해 대성동에서 나온 것과 거의 유사하다. 이들 신목·유림榆林 등지는 오르도스 이남에 해당한다. 오르도스 청동기의 중심은 몽고 화림격이현和林格爾縣·양성현凉城縣 등 오르도스 이북 지역이었다. 신목현은 유림에서 동쪽으로 70km 거리에 있고, 신목 남쪽 40km 거리에 만리장성이 있다. 신목현[11]에서는 김해 대성동에서 나온 파형동기[12]와 비슷한 모양의 투조透彫 장식도 나왔다. 과두문蝌蚪文[13] 장

---

7. 607년에 돌궐의 차지가 되었던 곳이다. 현재의 산서성山西省 영하寧夏이다.
8. 섬서성陝西省 신목현 손차향孫岔鄉 마가구馬家溝.
9. 이 외에도 1974년 내몽고자치구 오르도스 징집徵集에서 출토된 한대의 동복은 높이 24cm에다 김해 대성동 29호분에서 나온 동복과 모양이 똑같아 유림·신목·오르도스·유수·평양·김해가 하나의 계통성을 갖고 있음을 알 수 있다.
10. 구연에 ∩형의 귀가 두 개 달려 있으며 동복의 높이는 23cm, 구경 15.5cm, 저경(바닥지름) 10.5cm, 두께 0.3cm였다.
11. 신목현神木縣 납림고토納林高兔.
12. 바람개비 모양의 청동제품. 디자인과 기능을 고려하여 방패에 붙였을 것으로 추정하고 있다.

내몽고 대청산大青山 암각화.

식편이란 이름으로 명명한 이 장식품은 원형이며 한쪽이 볼록면이다. 가장자리 좌우에는 두 개의 작은 원형구멍이 있는데, 다만 직경이 2.4cm로서 대성동에서 나온 것보다 크기가 작은 점이 다르다.

또한 농현隴縣에서도 신목·길림성 유수현에서 나온 것과 거의 똑같은 동복이 2점[14] 나왔는데, 그 중 농현에서 출토된 동복은 전한 말기에서 후한으로 넘어가는 시기에 만들어진 것으로 보고 있다. 또 하나의 동복은 1985년 12월 월농현 변가장[15]이란 곳에서 출토되었다.[16] 뿐만 아니라 몽골 지역에서도 최근 동복이 여러 점 출토되었다. 2002년 국립중앙박물관의 몽골지역 조사에서도 동복 2점이 나왔다.[17] 이것들은 김해 대성동에서 출토된 것과 거의 같은데, 2003년 조사 때도 높이 47cm,

---

13. 한자 이전에 이족彝族들이 사용한 문자. 현재 중국 남부 곤명昆明을 중심으로 한 지역에는 이족들이 사용하던 2400여 자 전후의 과두문자를 해독할 수 있는 이들이 있다. 서안西安에서는 이족의 과두문이 있는 기원전 4천년 무렵의 도기가 출토된 바 있다.
14. 1973년 농현두양공사자류대大隴縣社陽公社子留大隊에서 출토된 것으로, 2점 가운데 한 점의 동복은 높이 20.5cm, 구경 15.3cm, 무게 1.25kg이었다.
15. 月隴縣월롱현 邊家庄변가장.
16. 1985년 12월 월농현月隴縣 변가장邊家庄에서 출토된 것으로 높이 13.8cm, 구경 17.8cm, 복경腹俓 31.8cm, 배둘레 102cm, 무게 6.1kg이나 된다.
17. 높이 36cm, 구경 26cm, 바닥구경 12cm, 대각높이 9cm 짜리와 높이 35.2cm, 구경 25.6cm, 바닥구경 13.8cm짜리(『몽골학술조사성과』 p.31, 2002~2004, 국립중앙박물관).

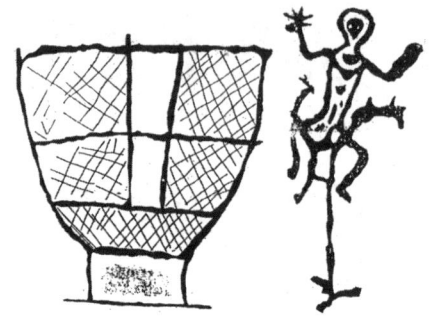

내몽고 오르도스 대청산 암각화에 보이는 동복.

구경 34.4cm짜리 동복이 또 나왔다. 출토 당시 동복 안에는 말의 다리 뼈와 갈비뼈가 들어 있었다고 한다.

 지금까지 동복이 출토된 지역은 선비족의 영역뿐만 아니라 전통적으로 흉노 지역이 모두 포함된다.[18] 비록 청동기시대의 종말과 함께 사라졌지만 동복은 원래 흉노를 중심으로 한 북방민족 고유의 유물이다. 출토되는 지역과 유형·제작시기·사용자들의 분포 영역 등 여러 측면에서 동복의 사용 주체는 흉노인이며 그 중에서도 하서주랑을 중심으로 한 감숙·섬서 일부·내몽고 하투河套, 중국 동북지역(길림성 유수)·외몽고·평양과 영남으로 압축된다. 흉노와의 혼혈인 철불흉노[19]·탁발선비[20]·오환선비[21]와 같은 선비족이 생겨나면서 이러한 흉노의 문화 유형은 자연스레 선비에게도 전승되었으므로 동복과 같은 청동유물은 흉노족과 선비족의 거주 영역에서 함께 발견되며 흉노 및 선비

---

18. 1986년 알타이산맥 남쪽 히르기스트 홀로이 유적(5호무덤)에서도 높이 24.4cm 짜리 동복이 나왔다.

19. "북인(흉노·선비를 이름)들은 흉노인 아버지와 선비인 어머니 사이에서 나온 자식을 철불이라 한다."(北人謂胡父鮮卑母爲鐵弗-『위서』 권 95 열전 鐵弗劉虎)

20. 托跋鮮卑. 흉노 어머니와 선비인 아버지 사이에서 난 종족.

족의 분포범위와 이동경로 상에 나타나는 것이다.

이 외에도 몽고 낙안오랍諾顏烏拉의 전한시대 대형 흉노무덤에서 나온 말재갈과 환두대도·철도·철제 재갈 그리고 평양과 중국 섬서 신목·유림 등에서

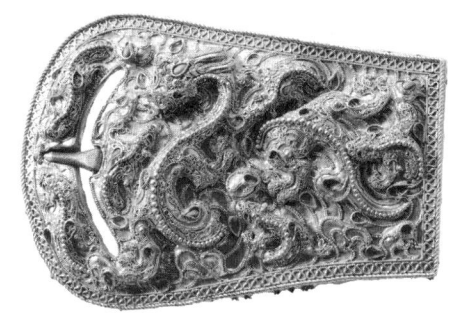
석암리 9호분 출토 금제교구
(국립중앙박물관, 유물번호 본관 4740).

나온 것과 똑같은 모양의 동복이라든가 동정銅鼎으로 보면 김해 대성동에서 나온 동복은 전한 말(기원전 1세기)~후한 초(기원후 1세기)의 것이 분명하다. 당시 이러한 동복이나 흉노의 청동유물은 감숙성·섬서성·내몽고의 중국 서부 및 북부지역으로부터 만리장성 북편을 따라 유입되었으며, 동복도 오르도스 지역에서 요동으로 전해졌다가 다시 남쪽 평양과 김해로 전파되었다. 흉노의 문화가 한국에 유입된 사정을 알려주는 대표적인 유적으로는 평양 석암리 219호분과 토성동 486호분이 있다.

중국 북방의 광대한 초원지대에서 활동한 흉노족과 선비족은 고대 북방아시아의 역사에서 대단히 중요한 위치를 갖는다. 흉노족은 전국

---

21. 오환선비烏桓鮮卑는 본래 동호東胡라 불렸다. 모돈선우가 멸망시키자 그 무리를 이끌고 오환산(=白山) 일대로 옮겨가 살았다. 이로 인해 오환선비라 불리게 되었다. 흉노와 마찬가지로 아버지나 형을 죽이기도 하였으나 어머니만은 끝까지 공경하였다. 어머니를 중심으로 가족이 형성되었으며 나무에 새겨 의사를 전달하였다. 여자를 취할 때는 먼저 납치하고 통정을 했으며 반년이나 100일 후에 소, 말, 양 등을 보내 폐백으로 삼았다. 이때 처를 따라 처가로 가서 처가의 노복에 이르기까지 존비를 따지지 않고 절을 하였다. 절을 하지 않으면 남자의 부모는 처가의 노복이 되어 1~2년 일을 해야 했다. 사내와 통정을 하면 여자는 머리를 삭발했으며, 시집으로 돌아갈 때 머리를 가르고 쪽을 지어 비녀를 꽂았다. 남자는 활과 화살, 안장 등을 만들었으며 쇠를 두드려 병기를 만들 줄 알았다.

신라 기마인물상 토우 속의 동복(국립경주박물관).

시대 말기에 이미 철기시대로 진입했지만,[22] 전국시대 초기에는 청동단검·청동화살촉·청동솥 등 주로 청동을 사용하던 단계였으므로 당시 흉노 무덤에서 나온 유물은 청동요대·짐승 머리 모양의 동물장식·패물을 비롯한 요대장식(버클) 등이 있다. 말 재갈·고삐와 같은 마구도 청동제품이 중심이었다. 원래 흉노인들의 청동기는 중앙아시아의 알타이 사얀 산맥 동남부 지역, 다시 말해 미누신스크Minusinsuk 일대를 중심으로 하여 아시아 대륙 초원지대를 무대로 기원전 2천 년 무렵에 시작되었다. 이 청동기가 북중국 오르도스·내몽고 일대로 들어와 중국 전역에 보급되어 갔다.[23] 이러한 청동기와 초원 문화를 몽고와 북중국(오르도스)에 전한 것은 흉노족으로, 기원전 19~18세기에 청동기가 본격적으로 보급되기 시작하여 이후 상商과 주周에서 전성시대를 맞게 된다. 그런데 예니세이강 상류 미누신스크 지역의 청동 제조술은 기원전 5세기를 전후한 시기부터는 동물을 모티브로 하여 다양한 기물을 만들어냈다. 여기서 전해진 청동기는 몽골 전역으로 넘어와 사슴 문양을 비롯해 각종 동물문양을 넣은 칼이나 여러 기물에 흉노 특유의 양식을 남겼다.

---

22. 중국의 철기시대는 기원전 4세기에 시작되었다. 그래서 이제는 한국의 철기시대도 4세기를 그 시작기로 보는 사람들이 있다.

23. 사얀 산맥의 북사면에는 미누신스크가 있고, 그 반대의 남서쪽 오브강 발원지 부근에는 파지리크 유적이 있어 동복이라든가 기타 초기의 청동유물은 이들 지역으로부터 내몽고와 북중국 그리고 중국 전역으로 전파되었다.

요동지역과 평양 일대에도 흉노 및 선비인의 유입이 있었다. 평양 석암리 219호분에서 나온 은제 행엽(12점)은 흉노의 영향을 보여주는 대표적인 사례이다. 방패 모양으로 만든 손바닥만한 은판에 용을 닮은 머리, 네 다리가 달린 짐승의 모습을 새긴 이 행엽은 흉노(또는 선비·오환선비)의 수장이 소유하던 것으로 볼 수 있다. 용을 닮은 머리에 날개와 네 다리,

평양 석암리 219호분 출토 은제 행엽. 길이 13.3cm(국립중앙박물관, 유물번호 K52).

꼬리가 있으며 붉은 색의 마노 다섯 개를 박았는데, 이것은 아마도 천마天馬를 표현한 것이 아닌가 생각된다. 이러한 문양은 그 기원을 알타이 지역에 두고 있는 것으로, 몽고 노인울라Noin-ula에서도 이와 유사한 유물이 출토된 바 있다. 이것뿐만 아니라 석암리 9호분에서는 금제 교구가 출토되었는데, 쉽게 말해서 이것은 순금으로 만든 허리띠 버클이다. 타출한 금판 위에 작은 금 알갱이와 금사金絲를 누금기법으로 섬세하게 붙인 다음, 푸른 옥을 박아 지극히 고급스럽다. 가운데에 큰 용 한 마리를 두고 그 주위로 6마리의 용을 배치하였으며 주변에 41개의 청록색 터키석을 박아 화려함을 더했다. 현재는 터키석이 7개만 남아 있다. 길이는 9.4cm 밖에 안 되는 작은 공간에 금과 보석으로 장식한 이런 도구는 흉노인에게 전형적인 것으로서 이와 거의 똑같은 금제교구가 중국 신강新疆 언기焉耆 박격달고성博格達古城[24]에서 출토된 것이 있다. 타림분지의 신강 지역에서 나온 금제교구와 똑같은 평양 석암리 9호분의 금제교구는 그것을 사용한 주체가 흉노인이라는 것을 알

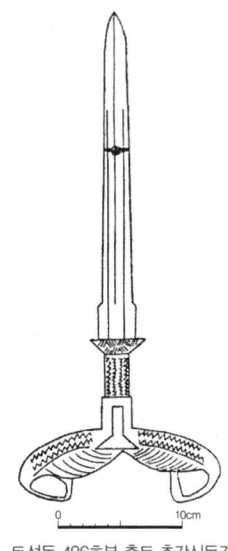
토성동 486호분 출토 촉각식동검.

려준다. 사마천은 흉노인에게는 "관과 허리띠 장식이 없다"[25]고 하였으나 흉노인들에게 이러한 장식이 있었음을 유물이 증명한다. 물론 금이나 은으로 된 장신구를 비롯하여 관이나 요대버클, 마구 등을 사용한 사람은 흉노의 수장층이었으며 평민은 그처럼 호사스런 물건을 가질 수 없었을 것이다. 이런 점에서 평양 석암리 219호분이나 9호분은 수장급 흉노인의 무덤이거나 흉노인과 밀접한 관계를 가졌던 고조선의 상층부 또는 오환선비족 수장의 무덤으로 볼 수 있겠다.

흉노의 청동문화는 동물 문양과 함께 청동단검이나 비수·동복 등으로 대표되는데, 평양지역에서도 이러한 오르도스 계통의 청동유물이 꽤 나왔다. 동복이나 대구·금제교구 등 흉노의 유물은 기원후 2~3세기까지도 사용되었다. 그러나 국내의 경우 기원후 1세기 말 이후에는 이러한 흉노적 색채의 유물이 무덤에 부장되는 사례가 많지 않아 연구에 한계가 있다.

한편 촉각식 동검이라고 부르는 흉노의 전통적인 양식이 있다. 이 촉각식동검은 평양 토성동 486호분과 대구 비산동 그리고 충남지역에서 출토되었다고 전하는 것이 있다. 토성동 출토품과 비산동 유적에서 나

---

24. 투르판에서 서쪽으로 멀리 떨어진 언기焉耆 박격달고성博格達古城에서 출토된 금제교구와 석암리 9호분의 금제교구는 동서로 멀리 떨어져 있으나 하나의 계통성을 갖고 있음을 알 수 있다. 언기焉耆는 고대 서역 26국 중의 한 나라로 실크로드상에 있었다. 언기국 왕은 원거성尉犁城을 다스렸다(『한서』서역전). 원거성은 후한 때의 하남성河南城이었다. 『구당서』서역전에는 '언기는 사면에 물이 있어 험고함을 믿고 교만하다'고 되어 있다.

25. 無冠帶之飾(『사기』흉노열전)

온 것은 동일한 형식으로서 "서북한을 비롯하여 한반도에 전해진 촉각식동검의 경우, 북방의 흉노와 관련된 유물로 보는 것이 타당하다."[26]는 분석은 기억해둘 필요가 있다.

촉각식동검의 검병(劍柄, 검자루)[27]은 스키타이 지역으로 건너가서 단검자루에 반영되었고 그것이 다시 오르도스에 전해졌다고 보고 있다.[28] 토성동 486호분은 기원전 1세기 중·후반의 목곽묘로서 흉노의 유입을 보여주는 사례로 파악하고 있는 것이다. 석암리 219호분의 경우 은제행엽과 금제교구를 감안할 때 동물문양의 금은제 기물은 흉노선우로부터 상층 귀족만이 사용할 수 있는 것이어서 흉노인 중에서도 실력자나 요서지역에 있던 오환선비의 선우 또는 그 상층 수뇌부 유민의 무덤으로 볼 수 있겠다.

이들과 함께 동복은 본래 흉노인의 문화이지만, 동복 Cup cauldrons은 그 분포영역이 무척 넓다. 서쪽으로 헝가리 그리고 동으로는 오르도스 · 몽고 · 중국 요령성과 길림성 및 흑룡강성 등을 포함하여 한국에 이르기까지 광범위한 지역에서 동복이 출

흉노인이 남긴 암각화 속의 인간과 동물.

---

26. 오영찬, 「낙랑군 연구」 p.61, 사계절, 2006
27. 이 용어 대신 조형병鳥形柄이라는 용어를 쓰는 사람도 있다. '새 모양의 자루'라는 뜻이다. 이것은 북방 초원문화의 대표적인 것으로서 중국에서는 촉각식觸角式이라는 용어로 부른다. 동병철도단검銅柄鐵刀短劍이라고도 한다.
28. 이건무, 「傳 忠南出土觸角式銅劍에 대하여」, 『碩晤尹容鎭敎授停年退任記念論叢』, p.162, 1996

동복(김해 대성동 47호분, 경성대학교박물관).   동복(김해 대성동 29호분, 경성대학교박물관).   대성동 29호분 동복 출토상태 (경성대학교박물관).

토되고 있는 것이 증거이다. 동복은 제의祭儀에 쓰이는 의례용 용기이며 희생 동물을 하늘에 바치는 천신薦新 행위에 사용하던 용기였다. 그 한 예가 흉노인이 미누신스크 지역에 남긴 암각화이다. 이 암각화에는 말을 타고 짐승을 잡는 흉노인의 제사의식이 반영돼 있다. 세 개의 긴 가지(뿔)가 달린 삼각형의 뿔모자[29]를 쓰고 소나 기타 짐승을 잡는 모습이 그려져 있다. 그리고 동복 안에 희생물로 쓸 짐승을 넣는 장면이 함께 새겨져 있어 동복은 희생동물을 하늘에 바치며 제사지내는 의례용구였음을 알게 되었다. 앞에서 설명했듯이 몽고지역에서 나온 동복 안에는 말의 다리뼈와 갈비뼈가 있었는데, 이것 역시 암각화의 내용과 일치한다. 물론 야외에서 여럿이 음식을 조리해 먹기 위한 휴대용 솥으로도 이용되었을 것이다.

이러한 동복은 투르크나 흉노 또는 몽골계 제사장의 소유물이었을 것으로 보고 있다. 다시 말해 고대 전통 제사장이 희생물을 넣어 제를 올리던 도구가 동복이었으며 동복이 출토된 무덤은 제정일치시대 제사장이자 수장의 무덤이었다고 판단할 수 있다.

---

29. 이것을 '불갈'이라 했으리라 짐작한다. 이것은 고구려에서 사용한 조우관鳥羽冠처럼 새털을 꽂은 것이었다고 본다.

무용총 천정의 장사는 스모相撲선수다!

각저총 그림은 씨름, 무용총 그림은 스모를 표현한 것

기 원후 400년, 광개토왕의 고구려 군대가 가야 원정을 위해 출정식을 치렀을 중국 길림성 집안시輯安市[1]로 돌아가 보자. 집안시 통구[2]에 가면 광개토왕릉 북서쪽 약 1km 거리에 무용총과 각저총이 있다. 각저총과 무용총이 서로 나란히 있으면서 동남 방향의 광개토왕비를 바라보고 있다. 1935년 일본인 이케우치 히로시池內宏와 우메하라梅原末治가 조사할 당시 동남쪽 벽화 속의 화려한 의상을 입은 무용수들의 춤추는 모습에 착안하여 무용총舞踊塚[3]이란 이름이 주어졌고, 우리의 전통

---

1. 현재 중국에서는 集安市로 표기하고 있다. 그러나 輯安市로 써야 한다. 중국에서는 輯 대신 集을 선택해서 쓰기 때문에 이런 현상이 생긴 것이다. 처음부터 우리의 기록은 輯安으로 표기해 왔다.
2. 吉林省 輯安市 通溝.

적인 씨름꾼을 표현한 벽화가 있는 무덤이어서 각저총脚抵塚[4]이란 이름을 갖게 되었다. 그런데 중국이 1966년에 집안분지 주변 통구고분군을 일제히 재조사하면서 여산如山 남쪽 끝자락에 있는 두 고분의 명칭을 우산묘구禹山墓區 또는 우산하고분군[5]으로 바꾸었으며 이에 따라 각저총은 우산묘구 457호로, 무용총은 458호로 지정되었다.

무용총과 각저총 두 무덤은 몇 가지 재미있는 특징을 갖고 있다. 먼저 5세기 초에 조성된 고분으로서 봉분의 형태는 물론 내부 구조도 같다. 두 무덤의 벽화 내용과 화법畵法이 매우 유사하여 아마도 한 화공의 작품이거나 한 계통의 화공이 뽐낸 솜씨일 것으로 추정된다.

무용총과 각저총 두 고분벽화의 씨름 그림만을 보면 오늘의 한국 천하장사 씨름과 일본 스모 장면을 떠올리게 된다. 각저총의 벽화 내용은 두 장사와 심판 보는 노인네로 보아 우리의 전통적인 씨름이 분명하다. 각저총은 한국의 씨름꾼 모습을 사실적으로 그린 것이어서 북한에서는 이 무덤을 씨름무덤이라고 부르고 있다. 반면 무용총 천정의 두 장사는 수박희를 하는 씨름꾼이라고 얘기해 오고 있다. 하지만 머리 모양새나 복장 및 두 사람이 취한 동작과 몸짓으로 볼 때 무용총의 두 장사는 스모 선수이고, 벽화의 내용은 스모의 한 장면이다. 두 장사를 보면 여러 가지로 스모선수의 스모相撲 장면이라고 볼 수밖에 없다. 남자임에도 여성 못지않은 크기의 유방을 가진 좌측의 장사는 한 눈에 보아도 건장하고 힘이 넘친다. 허벅지와 정강이에 듬성듬성 굵게 그려 넣은 털로 보아 남성의 굵직한 선을 고스란히 느낄 수 있다.

3. 400년 무렵에 축조된 무덤으로 보고 있다.
4. 5세기 전반의 이른 시기, 즉 410~420년대의 무덤으로 본다.
5. 禹山下古墳群

하지만 두 선수의 코가 매부리코이고 얼굴 윤곽선이 고구려 사람과 다르다. 그래서 연구자들은 이들을 트루판이나 위구르 등 서역西域으로부터 온 사람이라고 생각해 왔다. 떡 벌어진 가슴, 부리부리한 눈, 높은 코, 우람한 체구, 듬성듬성 두꺼비 침처럼 박힌 다리 털 등으로 보아 고구려인과는 거리가 멀다. 이런 특징을 가진 사람은 흉노의 일종인 갈족羯族[6]일 가능성이 높다. 중국 산서성山西省과 섬서성陝西省 일부 지역 및 오르도스 남부 일대가 흉노의 일종인 갈족의 중심 거주지인데[7] 이 지역에 살던 갈족의 종족적 특징은 고비다수高鼻多鬚[8]이다. 즉, 코가 높고 수염이 덥수룩한 모습이다. 이것은 서안西安의 흉노마답상[9] 말발굽에 밟힌 인물과 똑같은 특징을 설명한 것으로 보아도 될 듯하다. 그러나 여기서의 다수多鬚는 '수염이 많은 것' 뿐만 아니라 몸에 털이 수북한 특징을 포함하는 표현이라고 보면 어떨까? 이와 비슷한 부류로서 인근 장천리1호분의 벽화에 있는 사람을 들 수 있다. 이 벽화 속의 독특한 사람에 대해 "고비다수의 특징을 가진 인물은 코가 높고 수염이 많아 북중국 후조後趙[10] 정권이 무너지고 고구려로 들어온 갈호羯胡의 잔여세력"으로 보는 견해가 있다.[11] 장천1호분은 경남 함안에 마갑총이 들어선 시기에 집안輯安에 축조된 고구려의 전형적인 석실벽화고

---

6. 갈羯 또는 갈호羯胡라고 한다.
7. 낙양洛陽 북쪽~횡하 이남의 지역에 사는 흉노인들을 따로 적인狄人이라 하였는데, 이들과 서역인 사이의 혼혈이 갈족이었다.
8. 코가 높고 수염이 덥수룩한 모습. 대체로 이들의 수염은 검은 색이 아니라 약간 붉은 색을 띠었다.
9. 匈奴馬踏像. 곽거병의 묘 앞에 있는 석상.
10. 석륵石勒이 하북河北 순덕順德에 세웠던 정권(기원후 319~350). 전조(前趙, 기원후 304~329)에 이어 일어났기 때문에 후조라 하였다. 전조는 도읍을 평양(平陽, 山西 臨汾)에 두었었다. 전조는 나중에 장안長安으로 도읍을 옮겼다.
11. 전호태, 「고구려 장천1호분 벽화의 서역계 인물」, 『蔚山史學』 제6집, 울산대학교 사학과, 1993년 12월

분이다. 이 장천1호분의 벽화 속 인물 가운데 코가 높고 수염이 덥수룩한 인물을 북중국 일대에 살던 갈족으로 보는 까닭은 기원후 352년 후조의 멸망으로 갈족이 사방으로 흩어졌고, 일부는 전연前燕으로 들어갔으며 그들 중 일부가 요동 및 고구려로 망명한 사건 때문이다. 그러나 기원후 349년 후조 멸망기로부터 북연의 멸망(436년) 전후에 고구려로 흘러든 이들로 보는 것이 합리적이다. 고비다수라는 인종적 특징을 가진 갈족으로 파악한 것은 정확하다고 본다. 하지만 반드시 후조의 갈호 유민만으로 특정할 수는 없으며 4~5세기 5호16국의 명멸에 따라 북중국 일대에서 고구려로 흘러들어온 갈호로 파악하는 것이 바람직하다.[12]

한편 두 선수의 머리묶음을 보면 아주 독특하다. 일본의 스모선수들이 하는 마게まげ라고 하는 머리묶음새와 똑같다. 마게라는 머리묶음은 뒤통수에 머리카락을 하나로 모아서 꽉 조이는 방법으로, 이것은 온몸에 긴장감을 주고 씨름판에서 넘어지더라도 다치지 않게 머리를 보호하기 위한 것이다. 현재 일본의 스모선수는 스모에 출전하기 전에 이와 같은 형태의 '마게'를 한다. 마개는 '막(다)'에 명사화접미사 '애'를 붙여서 '막+애〉마개'가 된 것이며, 스모에서 말하는 마게まげ도 이와 같은 것이라고 본다.

그리고 두 선수가 팬티 모양으로 걸친 복장은 스모의 샅바에 해당하

---

[12] 이에 대해서는 "오손 사람과 흉노인은 풍속이 같다. 지금의 흉노인은 푸른 눈에 붉은 수염을 갖고 있다."(烏孫人與匈奴同俗今之胡人靑眼赤鬚)는 내용이 참고가 될 것이다. 여기서 청안靑眼은 남색 계열의 눈동자를 말하는 것이 아니라 초록색으로 봐야 한다. 중국인들은 전통적으로 청색과 녹색을 구분하지 않고 녹색을 의미하면서도 靑으로 표현해왔으니 두보杜甫의 시에서 "강이 푸르니 새 더욱 희고, 산이 푸르니 꽃이 불타오른다(江碧鳥逾白 山靑花欲燃 今春看又過 何日是歸年)고 한 구절이 그 대표적인 사례가 되겠다. 이 경우 靑청은 초록색을 가리킨다. 현재의 아프가니스탄, 카자흐스탄, 우즈베키스탄, 키르키즈스탄 등지에 우리와 똑같은 모습에 초록 눈을 가진 사람을 흉노족의 특징으로 파악하면 된다.

는 것으로, 마와시まわし라고 부르는 것과 아주 흡사하다. 흡사하기보다는 너무나 똑같다. 마치 허리에 끈을 묶은 것처럼 묶음새를 알 수 있는 마와시도 그렇지만, 스모라고 확실히 말할 수 있는 또 하나의 특징은 이들 선수가 취하고 있는 자세에 잘 나타나 있다. 왼팔을 어깨 높이에서 좌우로 벌린 자세에서 손바닥을 위로 향한 채 서서히 아래로 내리는 동시에 오른발은 옆으로 곧바로 들어 올렸다가 서서히 내리고 있는 모습이다. 이것은 스모선수 리키시力士가 네 팔다리를 서서히 들어 올렸다가 내리는 시코四股 동작일 것으로 생각된다. 그리고 몸의 무게중심을 아래로 낮추기 위해 다리를 굽힌 기마자세라든가 상대의 허점을 엿보는 날카로운 시선의 교차, 긴장감 넘치는 찰나를 간략하면서도 박진감 있게 표현했다. 우측의 선수 역시 서로 맞붙기 직전, 몸을 푸는 모습을 그린 것으로 이해할 수 있을 것 같다.

무용총과 각저총 벽화는 고구려에 씨름과 스모가 존재한 증거

기원후 4~5세기, 압록강 북편 드넓은 마을에 살던 사람들은 자신들이 평소 즐기고 살던 씨름과 스모 두 가지 놀이를 고분 벽화에 따로따로 남겼다. 그리하여 단옷날이나 추석과 같은 명절에 이런 씨름을 했다는 사실을 벽화 제 스스로 전하고 있는 것이다. 이 벽화를 통해서 우리는 현재 일본 스모의 원류가 고구려와 만주벌에 있음을 알 수 있으며, 현재 일본의 우람한 스모토리すもうとり, 즉 리키시力士는 이미 1천7백여 년 전 고구려에 있었던 씨름꾼이었음을 알 수 있는 것이다. 그래서 연구가 거의 없는 국내와는 달리, 일본에서는 자기네 스모가 고구려에서 왔으며, 그 물증이 무용총 천정벽화 가운데 두 역사力士가 마주하고 있는 장면일 것이라고 생각하는 이들이 있다.

그런데 스모는 백제에서도 많이 즐겼던 것 같다. 『일본서기』 고교쿠 천황(皇極天皇, 황극천황) 원년(642년)[13] 조에 백제의 대좌평 지적智積[14] 등이 일본에 건너갔을 때 일본에서 연회를 베풀어 주고 일본에 먼저 가 있던 백제왕자 교기가 건장한 사내들에게 스모[15]를 시켰다는 내용이 있는 것으로 보아 백제인들도 스모를 일본에 전한 것 같다.

참고로, 일본 스모가 현재와 같이 매우 화려하고 세련된 격식을 차리게 된 것은 1920~1930년대를 지나면서부터였다. 우리의 고려시대 초에 해당하는 가마쿠라鎌倉[16] 시대에는 무사들에게 적극 장려했고, 에도江戸 시대에는 일반 서민들의 환호 속에 스모가 널리 보급되었다. 그런데 일본 군국주의 시대에 다시 스모를 장려하면서 오늘과 같은 스모 체계가 다져지게 되었다. 무용총 벽화 내용으로 보거나 19세기까지의 일본 스모를 보면 지금과 같은 일본 스모 경기장은 없었다. 단지 1931년에야 도효土俵[17]의 크기를 13척(약 3.94m)에서 15척(4.55m)으로 늘려서 정했으니 스모판의 크기 규정도 이때에 비로소 확정된 것이라 하겠다. 이것은 한 사람이 중앙에 서서 다른 한 사람의 팔을 잡고, 그 사람이 양팔을 죽 뻗은 상태에서 한 바퀴 빙글 돌아가며 그린 원의 크기인데, 이런 방식으로 고구려인들은 땅바닥에 원을 그려 씨름판이나 스모판을 만들었다. 그러던 것이 일본에 가서는 진흙과 새끼 등을 이용해서 한 변이 6.7m인 정사각형 도효どひょう를 35~60cm 높이로 다져서 만들고 그 안에 원을 그려 스모판의 경계를 정한 것이다. 이 도효의 모습에는

---

13. 백제 의자왕 2년에 해당한다.
14. 사택지적沙宅智積을 가리킨다.
15. 통상 相撲상박이라는 한자를 쓴다. 그러나 脚力각력이라고도 한다.
16. 일본의 무사시대(1192~1333).
17. 스모를 할 수 있도록 설치한 경기장.

동양의 전통적인 사상인 천원지방天圓地方[18]의 의미가 들어 있다.

하여튼 일본의 스모는 지금부터 약 1천5백 년 전 나라奈良 지방에서 천황가의 황실 의식儀式으로 시작되었으며, 12세기 말 가마쿠라 막부가 전투력 향상을 위해 장려하면서 사무라이 사이에서 발전하게 되었다는 것이 정설이다.

물론 지금처럼 스모를 진행하는 데 따른 여러 가지 행사의식이 마련되기 전에는 무용총의 두 장사의 대결처럼 특별한 무대를 만들고 스모를 했던 것은 아니다. 지금의 한국씨름이 하나의 제도적 틀 속으로 들어오기 전에는 스모나 씨름용 무대나 경기장에 관한 규정이 없었다. 동네마다 벌이던 씨름의 모습처럼 스모 또한 그렇게 전해왔으며, 우리네 생활 모습의 하나로 스모가 무용총에 그려진 것이다.

현재의 국내 씨름이 북쪽에서 왔음을 알려주는 명확한 단서가 각저총이나 장천1호분이다. 지금의 씨름대회와 같은 전국적인 경기가 있기 전에는 의성이나 진주·삼천포·밀양 등 소위 경상도 씨름꾼들 덕에 경상도 씨름이 최고인 줄 안 적이 있다. 그러나 이 씨름의 원류가 남쪽에 있지 않고 북쪽에 있었음을 알려주는 증거자료가 바로 이 각저총과 장천1호분의 고구려 씨름 벽화이다. 하지만 씨름은 거기서도 더 멀리 북쪽 또는 서북쪽으로 올라가 흉노족에 그 연원이 있다. 현재 우리와 유사한 씨름이 행해지고 있는 나라는 몽고와 카자흐스탄이 있다.[19] 흉노인의 씨름을 한국의 최남단에서도 끊이지 않고 이어왔다는 것은 가야 및 신라에도 일찍이 흉노 또는 선비족이 들어왔고, 그들의 문화가 유입되었으며 고구려·부여 등 선비족이 중심이었던 나라와 가

---

18. 하늘은 둥글고 땅은 모나다는 뜻.
19. 카자흐스탄에서는 씨름을 쿠레스Kures라고 한다. 그러나 이 씨름은 우리의 샅바씨름과는 다르다.

객성장 M140호 흉노묘에서 출토된 씨름 그림 투조장식.

야의 종족적 동질성을 알려주는 것이다.

씨름은 흉노족의 상징이었으며 그 기원 또한 흉노족에 있다. 기원전 흉노무덤에서 나온 흉노인들의 씨름 모습이 그 증거이다.[20] 흉노인들은 씨름을 통해 전쟁을 준비했다. 원래 씨름은 기마민족인 흉노인들이 마상에서의 싸움이나 하체를 단련하기 위해 고안한 체력 단련용 경기였다. 이러한 전통을 중국 한족에게도 보급시키기 위해 한 무제는 꽤 노력을 기울였던 모양이다. 한 무제가 기원전 108년 음력 8월 고조선 정벌을 앞두고 그해 5월에 서안에서 씨름대회를 크게 열었는데, 이것이 씨름을 체력단련과 전투준비에 활용한 대표적인 사례가 되겠다.[21] 고구려 사람 뿐 아니라 고조선과 흉노

---

20. 섬서성陝西省의 전국시대 흉노 무덤인 객성장客省庄 M140호에서 출토된 청동 투조장식 안에는 두 마리의 말을 배경으로 두 명의 씨름꾼이 있는 것이 이를 증명한다. 묘 주인의 허리 양편에서 똑같은 것이 하나씩 나왔는데, 그림은 판에 박은 듯 똑같았다. 씨름꾼 뒤로는 나무가 한 그루씩 서있고, 나뭇가지와 잎은 무성하다. 나무 아래로는 각기 말이 한 마리씩 있으며 말에는 안장과 고삐가 채워져 있다. 씨름꾼은 코가 높고 머리는 장발이다. 두 사람의 머리 위로는 새가 한 마리 있는데, 두 씨름꾼이 허리를 마주 쥐고 씨름을 막 시작하는 찰나를 표현했다. 이 유물은 길이 13.8cm에 폭 7.1cm의 투조透彫 장식이다.

21. 기원전 108년 8월, 한 무제는 고조선 우거왕右渠王의 목을 베고 고조선을 멸망시킨 뒤, 그 땅에 한사군을 설치하였다. 그런데 그에 앞서 봄철에 감천궁에서 씨름대회를 열었다.(元封三年春作角抵戱). 흉노의 씨름대회를 그대로 따라 처음으로 각저희를 만들었다고 한다. 이것은 출정을 앞두고 병사들의 체력과 사기를 높이기 위한 시도였던 것 같다.『사기』이사전李斯傳에 '장군 이사는 감천궁에 있을 때 아들을 씨름선수로 만들었다' (…二世在甘泉方作角抵俳)고 한 것으로 보아 각 장수나 장수의 아들과 같은 전투지휘관을 씨름선수로 내세워 씨름을 장려한 것이 틀림없다. 마상에서의 전투효과를 높이고, 병사의 체력을 다지기 위한 조치로 볼 수 있다. 한나라 때의 중국인들은 씨름을 각력角力 또는 각저角抵・연반連反 등과 같은 이름으로 불렀으며, 씨름을 일종의 군사훈련이자 싸움용 격투기술로 인식하고 있었다.

인들은 평소 전투에 대비해 씨름을 했으며 그 씨름은 지금의 우리 씨름과 정확히 같다. 흉노의 씨름을 고스란히 물려받은 유일한 민족이 오늘의 한국인이다. 현재 카자흐스탄에도 씨름이 남아 있는 것을 보면 흉노인 김씨는 물론 한국인 대부분의 원류는 카자흐스탄ㆍ우즈베키스탄ㆍ키르기즈스탄 등 중앙아시아에 있음을 알 수 있다. 그러니까 하족夏族이나 하인夏人이란 이름의 흉노인과 한국인은 같은 혈통임을 씨름으로 알 수 있는 것이다.[22] 하지만 카자흐스탄이나 몽고의 씨름은 우리와 다르다. 그저 비슷할 뿐이다. 객성장 M140호 흉노묘에서 나온 씨름 투조장식에서 보듯이 흉노에 가장 특징적인 씨름은 한국에 남아 있는 샅바씨름이다.

다시 말해 이러한 흉노의 샅바씨름은 선비족과 과거 한국인에게 고스란히 전해져 한국인의 가장 독특한 민속으로 남아 있다. 길림성 각저총과 무용총ㆍ장천1호분[23] 전실북벽 및 황해도의 안악安岳 3호분 등 고구려 고분의 각저도角抵圖에서 보는 씨름은 본래 흉노 고유의 전통 민속이었다. 이 씨름의 원형이 한국에만 완벽하게 남아 있는 것은 무엇을 의미하는가? 그 씨름은 물론 씨름 관련 용어 또한 흉노어이므로, 지금의 한국어는 흉노어가 많이 반영되었다는 결론에 다다를 수 있는 것이다.

가야나 신라 지역에서 씨름 벽화가 발견된 사례는 없지만, 기원전 시기부터 선비족이나 흉노족 및 고구려인이 남하하였고, 그들이 남긴 씨름이 한국에 있다는 것은 고구려인과 가야ㆍ신라 등 한국 남부의 고대인들의 종족적 바탕이 같았음을 증명하는 것이다.

---

22. 하족夏族 또는 하인夏人이라는 종족은 현재 중국 서부지역과 중앙아시아 일대에 폭넓게 살고 있었다.
23. 長川1號墳

무용총 묘실 천정의 스모 선수와 스모 장면.

고조선이나 예맥·초기 고구려의 구성원 가운데는 많은 수의 흉노인이 있었다. 특히 고구려의 경우 흉노족과 깊은 관계를 갖고 있었고, 선비족이 절대 다수를 차지했던 만큼 흉노와 선비족의 씨름은 당연히 고구려 사회에 전승되어 유행했을 수밖에 없다. 뿐만 아니라 이 씨름은 백제와 가야·신라 그리고 여러 왕조를 거쳐 현재의 한국 씨름으로 전승되었으며 일부가 일본으로 건너갔다.

지금도 씨름은 대개 단오절로부터 추석 명절 사이에 즐기는 민속놀이로 남아 있으니 그것은 고구려와 흉노인들로부터 전승된 것이다. 고구려 고분의 씨름벽화로 보아 씨름을 고구려 사람들은 꽤나 즐겼다.[24] 고구려 각저총과 무용총의 벽화가 우리에게 전해주는 사실은, 2천년이 되도록 씨름의 모습이 변하지 않았다는 것이다.

아울러 일본의 스모는 그 시작점이 무용총과 고구려에 있다. 두 벽화고분을 통해 알 수 있듯이 고구려인들은 생활 속에서 이들 두 가지 방식의 씨름을 즐겼고, 또 그것을 대물림하며 살았다.

그런데 왜 한국인의 이 두 가지 씨름 가운데 각저총의 씨름은 이 땅에 남았으며 스모는 한국에서 사라지고 일본에 건너가 살아남게 되었는가? 거꾸로 왜 일본에는 씨름이 전해지지 않고 스모만 건너갔을까?

24. 중국 길림성에 있는 각저총角抵塚과 무용총舞踊塚·장천1호長川1號 전실북벽 및 평양의 안악安岳 3호분에는 모두 우리의 전통 씨름 벽화인 각저도角抵圖가 있는 것으로 유명하다.

이 점이 가장 큰 역사적 미스터리라고 할 수 있겠는데, 아마도 그것은 당시 고구려인들이 씨름과 스모에 부여한 의미가 나중에 새로운 환경이나 시대적 배경에 의해 탈색되었기 때문일 것이다. 만일 고구려가 삼국을 통일

무용총 옆에 나란히 붙어 있는 각저총의 씨름 모습.

했다면 씨름 외에도 지금의 우리는 전통 민속으로 스모를 즐기고 있을지 모른다.

그러면 스모를 어떻게 이해해야 할까? 스모는 죽은 이를 위해 바쳐진 예식의 하나였으리라고 본다. 다시 말해 죽은 자의 혼령을 달래는 진혼제鎭魂祭의 한 형식이었을 것이다. 실제 일본에서도 스모가 위령제에서 시작되었다고 보는 설이 있는데 그것은 어느 정도 설득력이 있어 보인다. 오늘의 일본 스모는 무사들의 영혼을 달래던 고구려 무사들의 진혼의식에서 창안되었다고 할 수 있다. 고구려가 많은 정복전쟁을 치르는 과정에서 죽어간 혼령들을 달래고 형제와 이웃, 서로 다른 씨족과 씨족, 마을과 마을, 서로 다른 집단을 규합해 나갔을 것이며 사람들의 생각을 하나로 엮는 연결고리로 이용한 것이 스모였다 하겠다.

그러나 스모는 싸움을 전담하는 무사 집단에 의해서만 이루어지던 의식이었을 가능성이 가장 높다. 즉 전사한 사람들, 전쟁 통에 애꿎게 죽은 이들 또는 사랑하는 가족의 혼령을 달래는 일도 이들의 임무 가운데 하나였을 것이며, 그러한 의미를 갖는 의식을 무덤의 벽화에까

지 받아간 이는 무사집단의 최고실력자였을 것이다. 지금의 헌법에서도 대통령이 국군통수권자가 되는 것은 싸움꾼의 총사령탑이 최고의 우두머리란 과거의 유제를 반영하는 것이며 이것은 동서양 모두 마찬가지였다. 하지만 단오 때나 추석 때에 씨름을 즐기는 것으로 보아 씨름은 살아 있는 이들의 축제인 동시에 전투를 준비하기 위한 것이었던 게 아닌가 싶다. 그런데 고구려가 멸망하자 전사戰士가 소멸되었고, 그에 따라 스모의 전통이 끊겼을 것이다.

현재의 일본 스모는 국민적 스포츠이자 스모 전문가들이 연출해 내는 하나의 공연이라고 할 수 있다. 투지와 승부욕으로 뭉친 소위 일본인들의 '곤조(こんじょう, 根性)'가 스모토리의 기본정신이라고도 한다. 일본 스모계에서는 '옛날 영토분쟁이 있을 때 신들은 스모를 통해 최종 결정을 내렸다'거나 '스모는 인간과 신의 싸움'이라고도 한다. 도효는 신들이 모이는 곳이고, 이들 신에게 풍요와 생명을 달라고 기원하는 의식이 바로 스모라는 것이다.

그런데 신들이 모이는 곳이자 스모가 펼쳐지는 무대인 도효는 요비다시만(よびたし, 呼出し)이 만들 수 있다. 일본에서는 현재 요비다시를 8등급으로 분류하고 있는데, 이들은 15~16세의 어린 나이에 수레를 끄는 법부터 배우기 시작해서 20~30년이 지나야 최고의 자리에 오를 수 있다. 이 요비다시는 스모토리의 안내인 격이다. 요비다시만이 스모 선수를 씨름판인 도효에 불러낼 수 있다. 물론 이런 형식들은 오랜 세월을 거치면서 많은 변화를 겪었을 테지만, 영토분쟁이 있을 때 스모로 해결했다거나 본래 스모는 신과 인간의 싸움이었다는 등의 구전은 상당한 의미가 있다고 본다. 신과 인간의 싸움에서 인간이 치르는 가장 큰 대가가 죽음밖에 더 있는가? 따라서 스모는 신들을 진정시키고 영토를 다투며 싸우다 죽은 전사戰士와 살아남은 그들의 가족을

어루만지기 위한 진혼제의 한 형식이었다고 보는 게 타당할 것이다.

스모 용어는 고구려어, 머리묶음새 '마게'도 벽화와 같아

무용총 벽화에서 왼쪽의 장사는 오늘의 일본 스모토리 모습 그대로이다. 뒤로 끈을 묶은 마와시(まわし, 回し)의 주름선으로 보아 그 주름선은 얇은 솜을 넣어 누빈 일종의 누비팬티가 아닐까 하는 생각을 갖게 한다. 고구려와 여진 등에 관련된 기록에는 '고구려인은 물론 여진족들은 토성을 쌓고 땅을 깊이 파고 들어가 지하계단이 있는 수혈식 집을 짓고 살았으며 한 자 남짓한 좁고 긴 천으로 음부만 가리고 살았다'고 하였다. 지하계단이 많을수록 부자로 알았고, 겨울에는 돼지 기름을 몸에 바르고 살았다고 한다.[25] 또한 "한 자 남짓 되는 삼베로 앞뒤 음부만을 가리는데 사람들이 냄새 나고 더럽다"[26]고 한 것으로 보아 스모 때 입는 마와시나 현재 일본인들의 훈도시ふんどし는 그 원류가 일본이 아닌 만주벌판의 북방지역에 있었음을 알 수 있다.

스모가 고구려에서 시작된 스포츠라는 사실은 언어학적 측면에서도 증명된다. 우선 스모선수를 가리키는 말로 리키시(りきし, 力士)와 스모토리의 두 가지가 있다. 리키시란 글자 뜻 그대로 장사壯士라는 의미의 한자어이다. 반면 스모토리란 말은 매우 의미심장하다. 날쌘돌이·곰돌이·떠돌이·공돌이란 말들이 좋은 예가 되는데, 1천5백여 년 전에도 '돌이'의 쓰임새는 같았다. 다만 귀한 남자에게 붙이는 일종의 존칭이었던 점이 지금과 다르다. 그래서 스모토리(=스모돌이)였고, 이것

---

25. 常爲穴居以深爲貴 大家至接九梯 好養豕 食其肉 衣其皮 冬以豕膏塗身 厚數分 以禦風寒 夏則裸袒 以尺布蔽其前後其人臭穢不潔…『후한서』동이 읍루전)
26. 以尺布蔽其前後其人臭穢不潔…(『후한서』동이 읍루전)

이 일본에 건너가서 그대로 정착하였다. '돌이(도리)'란 말은 본래 흉노인의 말이다.[27] 흉노 모돈선우의 다른 이름인 묵돌墨突에서 그 흔적을 찾을 수 있다. 이것은 '가라토리'를 나타낸 것이다. 突돌은 '돌' 또는 '도리'를 표기하기 위해 빌린 글자이므로 스모토리(스모돌이)의 '도리(토리)'가 흉노어에 연원을 두고 있음을 알 수 있다.[28] 이와 또 다른 사례를 신라 6촌 가운데 소벌공蘇伐公에서 볼 수 있다. 소벌공은 본래 소벌도리蘇伐都利였다. 이것도 스모토리의 '도리'와 같은 것이다.

이러한 사례를 몇몇 스모 용어로 살펴보자. 스모 테크닉 가운데 사바오리(さばおり, 鯖おり)라는 게 있다. 이 기술은 상대의 샅바, 즉 마와시를 두 손으로 힘껏 거머쥐고 선수를 위로 들어 올리는 척하다가 한 순간에 반대편(아래)으로 힘을 이동시켜 상대의 무릎을 꿇리는 고난도 기술이다. 결국 '사바오리'란 지금의 일본어는 '사바'와 '오리'의 합성어이다. 사바는 씨름이나 스모에서 쓰는 샅바를 뜻하며 '오리'는 '올리다'의 어간이다. 그런데 일본 가나로는 さばおり사바오리라고 표기했으면서 그 뜻을 가져다 댈 데가 없으니까 애꿎게도 청어鯖魚라는 바닷고기의 한자명 청鯖으로 기록하였다. 청어를 일본에서는 사바라고 부르고 있기 때문에 그 소릿값을 정확히 붙들어 두기 위해 어쩔 수 없이 鯖이라는 한자를 빌려 쓴 것이다. 오리おり 또한 마찬가지이다. 들어 올렸다가 순식간에 내림으로써 힘의 균형을 깨는 기술이기에 '오리'라고 하였지만, 정작 빌린 글자는 '종이를 오리다'라고 할 때의 折절 자를 차용하여 折り오리로 표기한 것이다.

스모가 시작되면 요비다시가 스모선수를 불러낸다. 그에 따라 스모

---

27. 우리말 도련님은 이 '도리'에서 나온 것일 수 있다.

28. 거란족의 역사서인 「요사遼史」에도 吒里토리, 禿里독리로 '도리'를 기록했다.

토리가 도효에 오르는데, 이것을 '도효이리'라고 한다. 도효에 들어가는 것을 이른다. 두 선수가 도효土俵 안에 들어오면 양쪽 팔다리를 들었다 올리는 동작을 반복하는 시코四股를 하면서 준비운동을 하거나 간단하게 몸을 풀어 본게임에 대비한다. 준비운동인 동시에 '내게는 다른 무기가 없다'는 것을 상대에게 확인시키는 과정이다. 무용총의 두 장사는 바로 이 시코를 하는 장면이라고 볼 수 있다. 이때 눈빛으로 상대의 기를 죽이고 나서 소금을 뿌리거나 냉수로 입을 씻어내는 동작을 취하는데, 이러한 행위는 모두 부정한 것을 씻어내고 승리의 신에게 필승을 염원하는 의식이다.

곧이어 스모를 진행하는 심판인 교지(ぎょうじ, 行司)가 '하기요'라는 말로 스모의 시작을 알린다. 스모가 고구려와 한반도에서 내려간 한국인들의 씨름이었다는 사실은 이 말 하나로도 충분히 증명되는 셈이다. 스모를 시작하면서 '시작하기요'라는 의미로 쓰는 말이니까 스모 자체가 고구려의 스포츠임을 알려주는 것이다. 씨름은 일본 씨름인데 용어만 고구려의 것을 받아들였을 리가 없기 때문이다.

스모가 시작되고 두 선수가 숨 가쁘게 돌아가면 교지는 '하케요이 노곳타'라는 말을 외쳐댄다. '하케요이'와 '노곳타'를 따로 쓰기도 한다. 여기서 '하케요이'는 '할 거죠?' 또는 '계속 할 거죠'의 의미이다. 계속하라는 말이며 노곳타殘った라는 말은 당신 뒤편에 여유 공간이 남아 있고 시간적으로도 충분하므로 '많은 여유가 남아 있다'는 의미. 그런데 정작 일본인들은 이런 뜻을 모르고 그냥 쓴다. 스모 관계자들도 그저 흥을 돋우기 위해 사용하는 용어로만 알고 쓸 뿐이다. 그 의미가 한국어로 풀리는 것 자체가 '스모는 한국인이 시작한 스포츠'라는 사실을 전하는 것이라고 할 수 있다.

현재 일본 스모 선수의 머리묶음새인 마게まげ에는 크게 두 가지가

황해도 안악3호분의 수박도. 이 역시 스모로 추정된다.

있다. 쥬료十兩 이상의 탑 클래스 선수의 머리 모양인 오이쵸おいちょう와 그 이하의 선수가 하는 좀마게ぞんまげ가 그것인데, 여기서 '좀'은 '좀 작다'고 할 때의 바로 그 '좀'과 쓰임새가 같다. 조금 작은 마게, 그것이 좀마게이다.

일본 스모에는 현재 약 2백여 가지가 넘는 테크닉과 용어가 있다고 한다. 2백30여 가지가 된다고도 하지만, 공식적으로는 80여 개 남짓한 기술이 있다고 한다. 말하자면 선수들마다 각자의 테크닉을 전수받고 있으나 공개하지 않는 테크닉이 많다는 것이다. 그 가운데 하나만 더 들어본다. 도리나오시とりなおし란 테크닉이다. 일본인들은 이것을 取り直し로 쓴다. 이 스모 테크닉은 웬만해선 구경하기 어렵다. 스모라는 것이 원래 밀어내거나 당기거나 제치기 또는 비틀기 등, 힘과 기술을 동원해서 원 밖으로 상대를 밀어내거나 발바닥 이외의 신체 어느 부위가 땅에 먼저 닿도록 하는 스포츠이다. 즉 발바닥 이외의 신체 어느 곳이 바닥에 먼저 닿는 사람이 지는 것인데, 동시에 두 사람이 넘어지는 수가 있다. 따라서 승부 판정이 어려운 때, 두 사람이 다시 나와서 맞붙는 것, 그것이 '도리나오시'이다. 이때의 의미는 '스모토리 나오시すもうとりなおし게'의 의미가 아니라 다시 나오라는 의미의 '도로 나오시(게)'이다. 도로 나와서 다시 한 판 붙어야 하니까.

스모에 한 번 빠지게 되면 현재의 천하장사와 같은 한국 씨름은 재미가 없다. 스모야말로 흥미진진한 스포츠이다. 씨름은 삼판양승 또는 오판삼승으로, 승부에 '확률'의 개념까지를 가미한 스포츠이지만 스모는 단판승부를 내는 스포츠이며 긴장감과 박진감이 최고다. 어느 한 찰나에 승부가 나는 것도 묘미이다. 체급끼리 맞춰서 경기를 하는 것이 아니니까 체급에 제한도 없다.

다시 본론으로 돌아가자. 각저총의 씨름꾼 모습에서 몇 가지 재미있는 사실을 발견하게 된다. 씨름꾼의 머리 모양이 독특하다. 좌측의 씨름꾼은 매부리코에 굵고 뻣뻣한 수염이 나 있어 남성적으로 표현돼 있다. 하여튼 이 씨름꾼 샅바의 모습이 재미있다. 그리고 요즘 흔히 말하는 사각팬티의 주름선 또한 흥미롭다. 지금의 팬티도 이 패션에서 크게 벗어나지 못했으니 말이다. 옷의 재봉선이 사실적으로 그려져 있으며 수염 긴 노인네가 지팡이를 짚고 구경하고 있는 모습에서 고구려인들의 화려한 의상과 당시 생활상을 훔쳐볼 수 있다. 씨름판 옆의 고목나무엔 까마귀인지 삼족오三足烏인지 새가 몇 마리 앉아있고, 나무 밑에는 당시 사람들이 어렵지 않게 보았을 짐승들이 있다. 그러나 중요한 것은 씨름꾼의 팬티와 스모토리의 팬티가 다르다는 사실이다. 스모토리의 팬티는 영락없이 지금의 마와시이다. 샅바를 마주 쥐고 어깨와 머리를 붙이는 씨름과는 달리 서로 떨어져서 겨루는 스모의 옛 모습을 이 무용총과 각저총의 벽화로 확연하게 구분할 수가 있는 것이다.

그런데 무용총의 스모 벽화를 어찌 해서 '수박手搏' 또는 수박희手搏戱라고 하게 되었을까? 수박이라면 소위 일본의 가라데空手와 비슷한 것 또는 택견과 비슷한 스포츠일 것으로 짐작한다. 맨손으로 하는 무예니까 空手라고 쓰고 '가라데'라고 하지만 이것도 따지고 보면 원류는 한반도에 있는지 모를 일이다. 가라데를 唐手당수라고도 쓴다. 이 경우 唐당은 중국의 당나라를 의미하기도 하지만, 사실은 가라를 의미한다. 즉, 가라데 역시 가야에 뿌리를 둔 스포츠일 수 있다는 것이다. 고려시대 무인들의 기본적인 수련 종목이 바로 수박이었고, 이러한 무예는 고대 한반도에 일찍부터 있었으니 수박도手搏圖라고 하는 안악3호분의 두 장사를 수박도 장면으로 볼 수 있을까? 이것이 수박도라면 고구려 시대에는 팬티만 입고 수박을 했다는 얘기가 된다. 하지만 곰곰이 살펴보면 안악3호분의 두 장사도 스모선수 같다는 생각이 든다. 두 선수가 양 팔로 도리깨질하듯 상대를 후려갈기며 공격하는 찰나를 그린 것으로 볼 수 있기 때문이다. 하지만 안악3호분의 대련 장면은 수박도라 하자. 그렇다면 무용총의 두 장사가 벌려 선 장면은 안악3호분의 그림과는 다르며, 각저총의 씨름도와도 다르지 않은가. 이런 것들을 어떻게 설명할 것인가.

'미추왕과 죽엽군' 설화에 담긴 의미

신라 유리왕을 도운 죽엽군은 가야 군대

그간 신라나 가야의 역사를 말하면서 사람들은 왜 '미추왕과 죽엽군'에 대한 이야기를 거론하지 않는 것일까에 대해 여러 차례 생각한 적이 있다. 아마도 단순한 이야기라고 생각했거나 이 설화가 갖고 있는 본래의 의미가 무엇인지를 별로 생각하지 않았기 때문이었을 것이다. 그것이 아니면 향찰에 아예 관심이 없었거나.

신라 제13대왕인 미추왕에 관련된 설화로서 '미추왕과 죽엽군'이란 『삼국유사』의 내용 중에서 중심이 되는 부분만을 옮겨 본다.

"제14대 유리왕[1] 때 이서국伊西國 사람들이 금성(金城, 경주)에 쳐들어오자 우리도 군사를 크게 일으켜 막았는데, 오래 버틸 수가 없었다. 그때 홀연히 신병(神兵, 신의 군대)이 나타나 도왔는데, 모두 귀에 댓잎을 꽂고 우리 군사와 힘을 합해 무찔렀다. 그런데 적이 물러간 뒤, 신병이 어디로 갔는지 보이지 않고, 다만 미추왕릉 앞에 댓잎이 쌓여있을 뿐이었다. 그제서야 선왕의 음덕이 도운 것임을 알고 미추왕릉을 죽현릉竹現陵이라 불렀다.

제36대 혜공왕 때인 대력 14년(기원후 779년) 4월 어느 날, 갑자기 유신 공庾信公의 무덤에서 회오리바람이 일더니 그 속에서 장군 차림에 준마를 탄 사람이 갑옷을 입고 무기를 지닌 군사 40여 명을 데리고 죽현릉으로 들어갔다. 잠시 뒤, 죽현릉 안에서 우는 듯하기도 하고 호소하는 듯한 소리가 들려 왔는데, 그 말은 대략 이러한 내용이었다.

'신이 평생 나라의 어려움을 극복하고 삼국을 통일한 공로가 있습니다. 이제 혼백이 되었으나 나라를 지키고 재앙을 물리치며 환란을 구하려는 마음은 변함없습니다. 그런데 지난 경술년(770년)에 신의 자손이 죄 없이 죽임을 당했으니 이는 임금이나 신하 모두 신의 공적을 생각하지 않은 때문입니다. 신은 다른 곳으로 멀리 옮겨가 편히 쉬고자 하니 원컨대 대왕께서는 허락해 주소서.'

그러자 왕이 답했다.

'나와 공이 이 나라를 지키지 않는다면 저 백성들을 어찌하겠소? 공은 지난날과 다름없이 노력해 주시오.'

세 차례나 간청했으나 미추왕이 세 번 다 윤허하지 않자 회오리바람은 다시 유신 공의 무덤으로 되돌아갔다. 혜공왕이 이 소식을 듣고 두려워하여 김경신金敬信[2]을 김유신공의 능에 보내어 사과했다."

---

1. 석씨昔氏 왕으로서 『삼국사기』에는 유례이사금儒禮尼師今이라고 되어 있다. 미추니사금味鄒尼師今의 뒤를 이었다.
2. 내물왕의 12세손으로 후일 원성왕이 되었다.

이것은 혜공왕 6년(기원후 770년), 혜공왕과 정적들에게 죽임을 당한 김유신계 후손들의 분노를 전하는 내용이라고 볼 수 있다. 이 해에 사람이나 동물을 죽인 기록으로는 '① 6월 29일에 호랑이가 집사성執事省에 들어왔으므로 잡아 죽였다. ② 가을 8월에 대아찬 김융金融이 반역하다가 처형당하였다'는 두 가지 일밖에 없다.『삼국사기』에 전하는 이 기록으로 보건대, 김유신의 후손 김융이 억울한 죽임을 당한 것이다. 아마 이 사건이 있고 나서 10년만인 779년에 김유신 가계를 복권시키고 혜공왕이 사과하는 형식으로 일단락된 것을 '죽엽군과 미추왕'의 이야기 형식으로 꾸민 것이라 짐작된다. 그런데 이 일이 있기 2년 전인 768년, 96각간角干이 들고 일어난 대공大恭의 난이 있었고, 기원후 770년 김융이 죽임을 당한 이 사건 이후로 김유신계는 아무도 신라 정권에서 고위직에 오른 이가 없다. 다만 김유신의 서손 가운데 김암金巖이란 인물만이 병법에 정통한 전략가로 그려져 있을 뿐이다.

미추왕과 죽엽군의 이야기는 김춘추(무열왕)와 함께 삼국을 통일한 김유신의 후손이 삼국통일 후 1백여 년 만에 정치적으로 거세된 사건을 다루고 있는 내용이 틀림없다. 따라서 김유신의 혼령이 신라를 떠나겠다고 한 말에는 살아남은 그의 후손들이 신라를 떠나야겠다고 했던 생각이 투영돼 있다. 그런데 왜 김유신의 영혼이 미추왕을 찾아가 김융이 죽임을 당한 데 대한 원한을 이야기하며 향후 자신의 행동을 허락해 달라고 한 것일까? 그것은 바꿔서 말해 김유신과 그의 후손들이 절박한 시점에 선택한 카운슬러가 왜 하필 미추왕이었느냐 하는 문제이다. 우선 혜공왕은 김춘추[3] 및 문무왕[4] 계열이다. 가야계인 김유

---

3. 金春秋, =태종무열왕太宗武烈王
4. 文武王, =김법민金法敏

신이 이들을 도와 신라를 통일한 공로가 있는데도 후손을 죽였으니 그 원통함을 따로 풀지 못하겠으므로 신라를 떠나게 해달라며 미추왕에게 부탁한 것이다. 그런데 이때 김유신의 후손들은 그 처지가 이러지도 저러지도 못할 형편이었고, 신라를 떠날 수도 없었다. 그런 입장을 미추왕이 허락하지 않아서 떠나지 못했노라고 하였지만, 그것은 어디까지나 미화이고 핑계이다. 그런데도 김유신의 혼백이 미추왕을 찾아가 대화하는 형식으로 되어 있는 까닭은 김유신과 미추왕의 입장이 같았던 데 있다. 이 설화는 그 구성에 있어서 미추왕의 세력인 죽엽군이 석씨계인 14대 유례이사금을 도와 이서국을 쳐부순 것과 김춘추의 통일 대업을 도운 김유신의 입장은 같은 것이며, 미추계와 김유신계가 정치적으로 억울하게 거세당한 것 역시 '같은 처지'였음을 바탕에 두고 있는 내용이라고 추리할 수 있다. 따라서 '미추왕과 죽엽군'에서 전하고자 한 것은 김유신의 후손이 억울하게 죽었고, 이를 혜공왕이 김유신가에게 사과했다는 사실이었다.

미추왕은 어머니가 박씨였고 왕비는 석씨 광명光明 부인으로, 박씨와 석씨 중심이던 신라 초기, 드디어 어머니 박씨계와 부인 석씨계의 지지를 받아 김씨로서는 처음으로 신라를 차지한 왕이 되었으며, 그 후 유례이사금-기림이사금-흘해이사금으로 이어지는 세 명의 석씨계 왕을 지나 내물왕부터는 김씨가 왕을 차지하는 초석을 놓았다. 그런데 미추왕의 7대조가 김알지이다. 김알지는 세한勢漢을 낳았으며 세한으로부터 아도阿道-수류首留-욱보郁甫-구도仇道-미추味鄒로 이어졌다.[5] '알지는 김수로의 후예'라 하였고, 김유신은 아버지 서현舒玄-세종-구형왕으로 이어지는 가야계이다. 다시 말해 김알지의 7세손 미추왕은

5. 『삼국사기』 신라본기 미추왕편

무열왕의 직계조이고, 무열왕의 8대 후손이 혜공왕이다. 즉 미추왕은 김알지의 후손으로서 원래 가야계지만 무열·혜공왕의 직계선조이다. 이런 관계로 보면 김유신의 혼령이 굳이 미추왕을 찾아가야 할 이유가 없다. 오히려 미추왕은 김유신가보다는 자기의 직계 후손인 혜공왕 편일 테니까.

그렇다면 미추왕과 김유신 계열을 하나로 이어주는 심정적 일체감은 무엇이었을까? 같은 가야계로서 자신의 후손이 겪은 원통함을 알아 달라는 주문이었고, 동병상련同病相憐의 입장이었을 것이다. 미추왕은 김씨로서 사로연맹의 임금이 되었으나 그 자신 또는 후손이 석씨나 박씨계에게 억울하게 살해되었을 가능성을 '미추왕과 죽엽군'의 내용에서 짐작할 수 있다. 이 사건은 『삼국사기』 유례이사금 14년[6] 조에도 대략 비슷한 내용으로 기록돼 있는 것으로 보아 정치적으로 매우 중요한 사건이었던 것 같다.

"14년 봄 정월에…이서고국伊西古國이 와서 금성을 공격하자 우리가 크게 군사를 일으켜 막았으나 물리치지 못하였다. 이때 문득 이상한 군사들이 나타났는데, 그 수를 이루 다 헤아릴 수가 없었다. 모두 대나무 잎을 귀에 꽂았는데, 우리 군사와 함께 적군을 쳐서 깨트린 다음, 온데간데없이 사라졌다. 대나무 잎 수만 장이 죽장릉(竹長陵, 미추왕의 묘)에 쌓여있는 것을 본 이들이 있었다. 이 때문에 나라 사람들은 '선왕의 음병陰兵이 싸움을 도우셨다'고 생각하였다."(『삼국사기』 유례이사금 14년)

---

6. 기원후 297년.

『삼국유사』와 『삼국사기』에 똑같이 기록되어 있는 것으로 보아 분명히 그 이전에 남아 있던 자료에서 인용했을 것이다. 비록 『삼국사기』에는 죽엽군竹葉軍이라는 말은 없지만 『삼국유사』와 마찬가지로 '댓잎을 귀에 꽂은 군사'라고 기록하였으니 댓잎을 꽂은 군사는 죽엽군이 틀림없고 그 군대는 미추왕과 관련이 있음을 알 수 있다. 그렇다면 죽엽군이라는 말로부터 어떤 의미를 찾아낼 수는 없을까? 일연이 죽엽군이라고 명시한 데는 반드시 이유가 있을 것이므로 우선 향찰의 표기방식을 이용해 거꾸로 거슬러 올라가며 추적해 보기로 하자.

① 죽竹의 현재 우리말은 '대'이다. 그러나 여기서는 '이모음동화'가 있기 전의 고대 신라어이므로 '다'라고 했을 가능성이 높다. 만일 이것을 한자로 옮긴다면 大대 또는 多다가 될 것이다. 『삼국사기』에 "미추이사금 23년 10월에 왕이 죽었다. 대릉(大陵, 竹長陵이라고도 한다)에 장사지냈다"고 한 데서도 '대大를 竹(죽, 대)'의 대응어로 사용했음을 알 수 있다.

② 엽葉의 신라어는 '사'이다. 사는 풀이나 풀잎을 의미하는 말. '잎새'는 동의어인 '잎과 새(사)'를 결합한 조어이다. 고대 신라에서 원래는 '잎'이 곧 '사'였다. 이것을 '잎사귀'에서 다시 확인할 수 있다. 사실 '귀'는 '싸래기' '나부래기' 등에서 보듯이 '조각' 또는 '낱개'의 의미를 갖고 있다. 그런데 댓잎(=다사)을 귀에 꽂으면 어떻게 될까? '댓잎귀'가 아니라 '댓잎사귀'란 의미의 '다사귀(=다사기)'가 된다. 댓잎은 다른 말로 '다사'이니까.

이상의 내용은 언어적 유희가 아니라 엽葉을 '사'로 읽으라는 주문이며 '다사 군대'의 표시로서 '다사(댓잎)'를 귀에 꽂았다는 의미가 된다. 댓잎 수만 장이 미추왕의 무덤 주변에 흩어져 있다고 한 것은 수만 명의 미추왕계 군대가 다녀간 것을 말한다. 이 같은 표현은 아마도 고려 전기 이전까지 전해오던 자료를 다시 정리하고 향찰을 풀어내면서 재미를 붙이기 위해 윤색한 데서 나온 것이었으리라 짐작된다. 옛 사람들이 우리말을 향찰로 표기할 때, 대개의 경우 '사'는 보통 沙나 師·斯와 같은 한자로 표기하는 것이 일반적이었다.

이렇게 향찰 표기의 역순으로 더듬어 올라가 竹葉죽엽에서 추출한 신라어는 '다사(또는 대사)'이다. 우리말로 '대사' 또는 '다사'라는 소릿값을 실은 것은 분명한데, 이로부터 얻은 결과를 다시 한자로 표기하면 어떻게 될까? 향찰로 재구성해 보면 大沙, 多沙, 大士, 多斯…와 같은 여러 가지 결과를 추리할 수 있다.

그런데 참으로 놀라운 일이지만, 『삼국사기』 신라 유례이사금 11년(기원후 294) 조에서 기막힌 사실을 발견할 수 있다. "가을 7월에 다사군多沙郡에서 상서로운 벼이삭을 진상하였다"는 내용이다. 죽엽군竹葉軍은 다사국의 다사군多沙軍이었던 것이다.

다사국은 현재의 대구시 서북단에 있는 다사읍多斯邑에 있었으며 그 군대가 다사군이었다고 본다.[7] 고대의 영남지방에서는 지명에 斯(사·시)라는 글자를 많이 사용하였으므로, 그와 같은 배경을 감안하면 『삼국사기』의 다사多沙라는 기록보다는 오히려 현재의 多斯다사라는 표기가 원형에 가깝다고 할 수 있다. 그런데 이 다사多斯라는 지명은 멀리 흉노족에게 연원이 있어 매우 흥미롭다. 흉노 우현왕의 태자 김일제와 그 후손이 투후秺侯라는 봉록을 받게 된 것은 황하 일대, 즉 오르도스顎爾多斯의 주인이었기 때문이었는데, 바로 그 지명에서도 多斯를 발

---

7. 참고로, 『삼국사기』에 의하면 경남 하동군을 한다사韓多沙, 악양을 소다사小多沙라고 하였다.

견할 수 있다. 본래 이 말은 흉노어로서 어떤 의미를 갖고 있었으나 일연의 시대에는 이미 그 뜻을 모르는 단계에 와 있었으므로 그저 신라 및 한계韓系 언어로 '다사'는 댓잎이라고 새겨놓았을 것이다.

하여튼 유례이사금이 신라 군대를 도와 이서국을 치기 3년 전(기원후 294년)에 다사군은 유례이사금에게 올벼를 진상하였다. 이것은 신라 유례이사금이 다사국을 수중에 넣고 수조권收租權을 갖게 되었음을 의미하며 미추왕의 사후 미추왕의 아들이나 후손이 거세당했을 가능성을 말해준다. 그 다사국에서 파견한 군대가 바로 죽엽군이었으며 297년, 신라 석씨계 유례이사금을 죽엽군이 도와 이서국[8]을 멸망시킨 내용을 이렇게 우회적으로 표현한 것이다. 미추왕의 사후 유례이사금을 도운 것은 미추의 아들들이었을 것이니 죽엽군은 음덕에 의한 신병神兵이 아니라 선왕 미추왕의 다사국 군대였던 것이다. 이것은 미추왕이 박씨 및 석씨와의 연립정권(사로연맹)을 이룩한 배경을 알려주는 내용인 동시에 가야계 김알지의 7세손인 김미추가 박씨·석씨의 연합정권인 사로연맹에 가담하여 세력을 확장하고 기반을 다지는 데 중심적인 역할을 했음을 알려주는 자료이다.

하지만 이런 배경이 있으면서도 김유신가보다도 더 억울하게, 그리고 원한에 사무친 죽임을 당한 배경이 있었기에 김유신의 혼백이 미추왕을 찾아가는 형식으로 이야기를 설정한 것이라고 보아야 한다. 모름지기 큰 그릇이라야 그 안에 작은 그릇을 담을 수 있고, 큰 사람이라야 작은 사람을 담을 수 있듯이 큰 고통을 겪어본 자만이 고통에 몸부림치는 자를 껴안을 수 있는 법이다. 마찬가지로 김유신가의 카운슬러로 미추왕이 선택된 것은 정치적 실각과 고통이 김유신가가 겪은

---

[8] 경북 청도군 이서면에 있던 소국.

것 이상으로 컸던 데 있었다. 더 이상 구체적인 내용이 없어 알 수 없지만, 아마도 미추왕이 겪은 원한과 고통은 박씨나 석씨들로부터 받은 것이었으리라 생각된다.

당시 미추왕은 엄연히 김수로의 후예로서 김해가야에서 사로연맹으로 진출한 사람이니 그의 출신은 가야이다. 그가 사로국을 돕다가 제거된 것이나 김유신과 그 후손이 신라의 삼국통일을 돕고는 100년이 채 안된 시점에서 거세당한 상황은 같았던 것이다. 그렇다면 김알지 계는 7대손인 미추왕에 이르기까지 대구의 서북부에도 그 세력을 펴고 있었으며, 바로 이웃의 소국인 이서국을 친 미추왕은 일찍이 박씨와 석씨의 연합정권인 사로연맹에 들어가 임금이 되었고, 그 후손들은 이서국을 친 이후에 제거되었을 것이라고 추리할 수 있다.

그러면 현재의 대구광역시 다사읍을 본거지로 하던 미추왕계의 다사국多斯國 군대는 어떻게 이서국으로 갔을까? 다사군의 이동로는 대략 두 가지였을 것으로 추정할 수 있다. 먼저 동남쪽으로 진군하여 경산시로 들어간 다음, 경산시 남쪽의 남천면南川面 일대로 우회하여 청도·화양 방향의 솔정고개를 넘어 화양을 거쳐서 이서국으로 들어갔거나 대구시 수성구 남쪽의 팔조령을 넘어 이서국(현재의 이서면)으로 바로 진군했을 것이다. 경주에서는 서쪽으로의 진군이고, 다사국에서는 동남 방향으로의 행군이었으니까 이서국의 입장에서는 동서 두 방향으로부터 동시에 협공을 받은 셈이 된다. 이서국의 군대가 경주 사로국을 치러 간 사이, 다사국의 군대는 손쉽게 이서국을 접수했을지도 모른다. 주력군이 경주로 떠나고, 이서국은 주인 없는 텅 빈 무주공산이나 다름없었을 것이다.

미추왕의 뒤를 이은 석씨 유례이사금 때의 일이니까 당시 다사국은 미추왕의 아들들이 다사군을 지휘했을 것이다.[9] 이것은 또 다른 측면에서 중요한 실마리를 제공한다. 3세기 사로국과 다사국의 연맹을 알려주는 것이고, 초기 신라는 사로연맹체로 유지되었다는 사실을 분명하게 제시하는 매우 구체적인 자료이기 때문이다.

이 설화를 통해 영천 골벌국과 고타국(안동)을 조분왕 때[10] 정복한 데 이어 3세기 말, 다사국의 최고권자가 사로연맹에 중요한 축을 형성하고 이서국을 멸망시킨 사실을 알 수 있는 것이다. 또한 『가락김씨선원세보』 거등왕 기록에 '감문국甘文國이 김해가야를 배신하므로 기원후 231년에 감문국을 평정했으며 241년에는 사량벌국沙梁伐國을 쳐서 영토를 확장하였다'고 하였는데, 그렇다면 소위 신라(사로)가 북쪽 영천과 의성을 거쳐 안동으로 진출한 시기에 경북 서북지방을 김해가야 세력이 장악한 것이 된다. 김해가야와 대립하며 그 세력을 확장해 가는 시기나 방향 등, 여러 정황으로 보면 가능성이 매우 높다.

만약 이것이 믿을만한 사실이라면 사로국과 미추계의 김해가야 세력은 낙동강 동편지역을 동서로 나누어 북쪽으로 올라가며 경쟁적으로 분할하고 있었던 셈이 되므로 초기 김해가야와 신라사의 해석에 새로운 자료가 될 것으로 보인다. 더구나 기원후 102년에는 안강(음즙벌국)을 놓고 분쟁을 일으킨 바 있고, 다사읍 바로 옆의 하빈면에는 아직도 감문리甘文里가 있어 김해가야가 평정했다는 감문국이 이곳이었을 것으로 짐작되는 바, 아마도 지금까지의 해석과는 달리 이들 기록을 믿어야 하지 않을까 생각된다. 물론 현재 김천시 개령면소재지 뒤에 감문산성이 있어 이곳을 감문국의 중심으로 보고 있기는 하지만, 『가락김씨선원세보』에서 거론한 감문국은 아마도 다사읍의 감문리에

---

9. 『삼국사기』에 의하면 미추왕에게는 내물왕과 실성왕의 처가 된 두 딸밖에 없었다. 그러나 미추왕의 아들들은 살해당했을 가능성도 있다고 본 것이다.
10. 기원후 230~246년.

있던 소국이었을 것으로 생각된다.

현재의 칠곡 하빈면은 신라 다사지현多斯只縣이었다. 이 하빈에서 낙동강 건너, 지금의 고령 다산면茶山面도 원래 가야시대에는 다사지현에 속해 있었다. 이 지역을 원래 답지현沓只縣이라고도 했는데, 경덕왕 때 하빈현河濱縣으로 개칭하였다가 고려시대에 수창군壽昌郡의 속현으로 삼았으며 1018년에는 경산부京山府[11]에 속하게 되었다. '다사'나 '다사지'란 지명은 모두 다사多斯란 소릿값의 잔재가 남아 있는 지명인데, 이러한 전통은 그 이전 가야의 행정구역을 답습한 것으로 보이므로, 미추왕과 그 선조 알지계는 일찍이 고령 다산·칠곡 하빈·달성 다사읍 지역을 장악했을 것으로 보인다. 그것을 유추할 수 있는 지명이 답지沓只이다. 원래 다사지현多斯只縣은 다사와 다지현을 합친 것으로 보인다. 多斯只縣을 인수분해하면 多斯와 多只가 되며, 多只의 다른 표기가 답지沓只이다. 그리고 미추왕릉을 竹長陵죽장릉이라고 한 예에서 보듯이 '다지'의 또 다른 표기가 竹長이다. 다시 말해 '다지'를 죽장으로 옮긴 것은 의역이다. 이상으로 보아 답지현은 고령 다산면의 옛 이름이고 다사지는 하빈과 현재의 다사 및 고령 다산 일대로 볼 수 있으니 낙동강을 끼고 그 동편의 대구와 서편의 고령 일대에 미추계는 일찍이 진출한 셈이 된다.

참고로, 낙동강을 앞에 두고 그 건너에 성주를 마주보는 왜관읍 금남리나 바로 이웃의 칠곡 지천면 낙산리樂山里에는 각기 가라골이란 지명이 지금도 남아 있는 만큼 이것들은 일찍이 김해의 가야계 김씨들이 진출한 흔적이 아니었을까 하는 생각을 해본다.

미추왕이나 내물왕 이전의 사로국은 사로연맹의 단계로서 소국의 연

---

11. 대략 현재의 대구광역시 범위로 보면 될 것 같다.

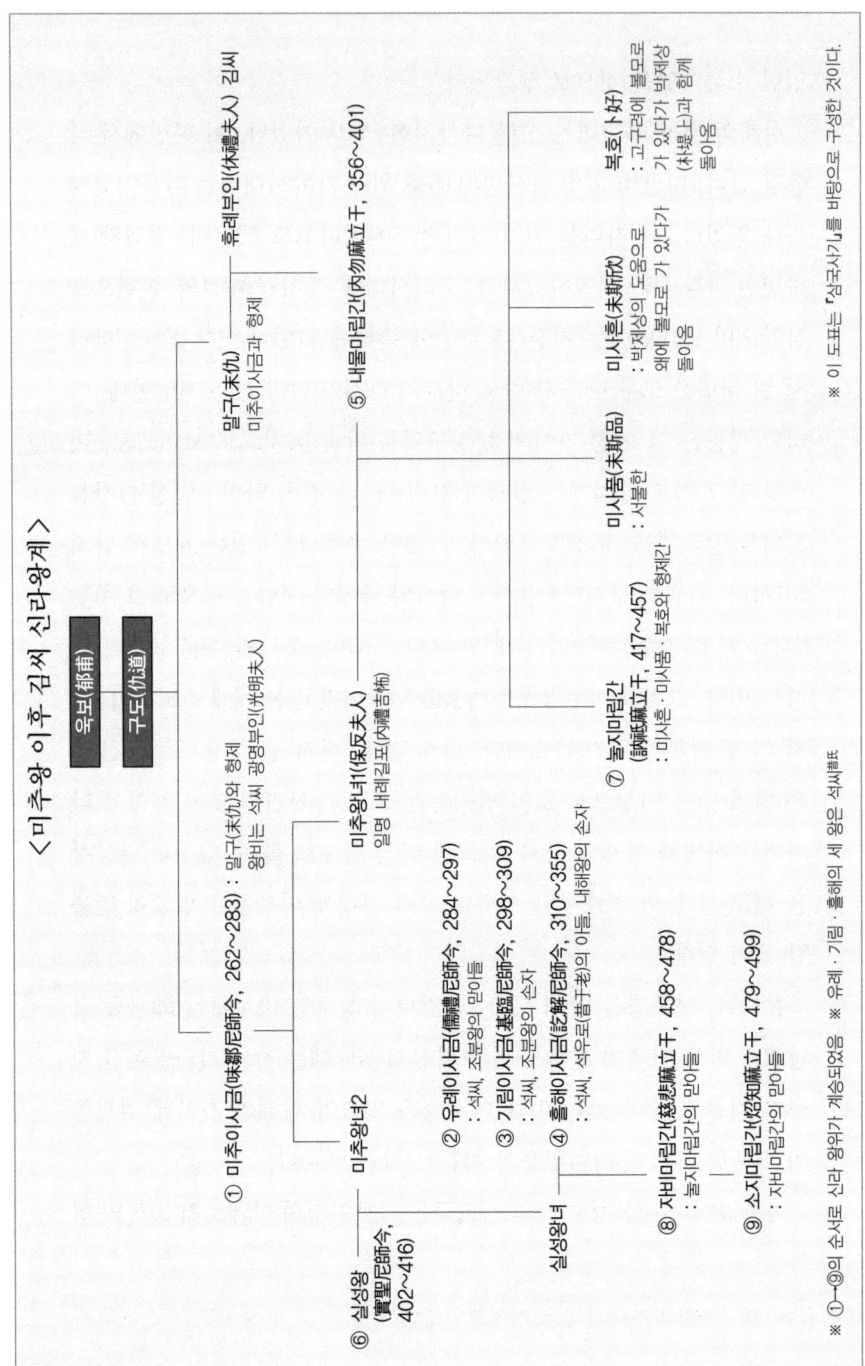

398 흉노인 김씨의 나라 '가야'

합이었다. 이와 같은 사로연맹은 말하자면 주식회사의 형태이다. 대주주로서 미추왕(김씨)이 대표이사가 되었다가 뒤이어 유례-기림-흘해의 석씨계 세 명의 왕이 대표이사(사로국왕)가 되었고, 그 이후 내물왕부터는 김씨가 대표이사 체제를 완전히 구축하게 되는 것으로 이해하면 될 것이다.

4세기 중반 내물왕(356~401)이 들어서면서 신라 정권은 김씨 세습 체제를 완전히 굳히게 되는데, 김씨 왕인 미추왕(262~283)과 내물왕 사이에는 유례-기림-흘해의 석씨계 왕 세 명이 있다. 『삼국사기』에는 내물왕의 큰아버지가 미추왕이고, 미추왕의 딸이 내물왕의 부인으로 되어 있다.[12] 그렇지만 미추왕의 즉위년도(262)와 내물왕의 즉위년도(356) 사이에는 94년의 시차가 있다. 물론 신라에서는 사촌끼리 결혼하는 것은 일반적인 습속이었으므로 문제가 없으나 내물왕이 미추왕의 조카이고 내물왕의 처가 미추왕의 딸이라고 되어 있으므로 연대가 큰 문제이다. 이런 까닭에 『삼국사기』의 4세기 이전 신라 역사를 믿을 수 없다고 보게 되었다. 하지만 미추-유례-기림-흘해-내물왕으로 이어지는 약 140년간의 기간을 통상 4대가 존속하는 기간으로 보고 '미추왕의 증손자가 내물왕'이라고 했어야 할 것을 김부식이 잘못 적었다고 보면 어떨까? 그렇게 되면 미추왕의 남동생이 내물왕의 증조부이고 내물왕의 처는 미추왕의 증손녀가 되니까 내물왕과 그의 처는 8촌간이 되어 문제가 자연스레 해결된다.

미추왕이 다사국의 주인으로서 사로연맹의 대표가 되었고, 미추왕의 동생이나 그 외의 후손들은 김알지로부터 내물왕에 이르기까지 주변의 자잘한 소국을 손아귀에 넣어가며 다수의 세력을 이루었을 것이

---

12. 내물왕의 아버지 말구末仇는 미추왕의 동생이다.(『삼국사기』 및 『양산김씨세보』)

다. 그리고 이들은 사로국의 박씨 및 석씨와 혼인으로 맺어지면서 사로국의 중심으로 진출했다. 그리하여 3세기 전반 김씨로서는 처음으로 미추왕이 사로연맹의 왕이 되었고, 그로부터 4대 후인 내물왕 때에는 김씨가 신라를 완전히 손에 넣는 단계로 발전하는 것이다.

때로 적과의 동침도 마다하지 않는 이와 같은 연립정권 구성방식은 고구려의 제가諸加 연맹과 기본적으로 같다는 공통점이 있는데, 3세기 말 낙동강 동편의 경북 지방에서 이처럼 부단히 소국을 정복해 가는 모습은 사회구조와 경제체제를 강제적으로 재편하는 수단으로 전쟁을 활용한 과정을 보여주는 하나의 사례라고 하겠다. 이것은 앞으로 가야사 뿐 아니라 신라사에 대한 새로운 시야를 열어줄 것으로 생각한다.

양동리와 동시대 무덤인 경주 조양동고분군

김해 양동리와 같은 시대 만들어진 경주 조양동고분군

김해가야의 성립시점을 이야기하면서 김해 양동리와 대성동 그리고 예안리 고분 등과 관련하여 반드시 거론하게 되는 것이 울산 하대·동래 복천동 그리고 경주 조양동유적[1]이다. 이 중에서 기원후 1~3세기의 표지적인 유적으로 반드시 생각해야 할 곳이 경주 조양동이다. 1980년대 초의 첫 발굴 당시 조양동유적은 경주지역 최초의 청동기시대 주거지라 하여 크게 주목을 받았다.[2] 이후 목관묘와 옹관묘·석곽묘 등 초기 철기시대 목관묘로부터 신라 적석목곽묘까지 다양한 무덤을 발굴하면서 조양동유적은 영남지역의 무덤 양식과 그 연대를 설정

---

1. 1979년부터 1984년까지 국립경주박물관이 다섯 차례 발굴하였다. 이 유적은 신라 효소왕릉 북동쪽 동해남부선 철로 좌우측, 쉽게 말해서 내동초등학교 동쪽편 철로변에서 확인되었다.

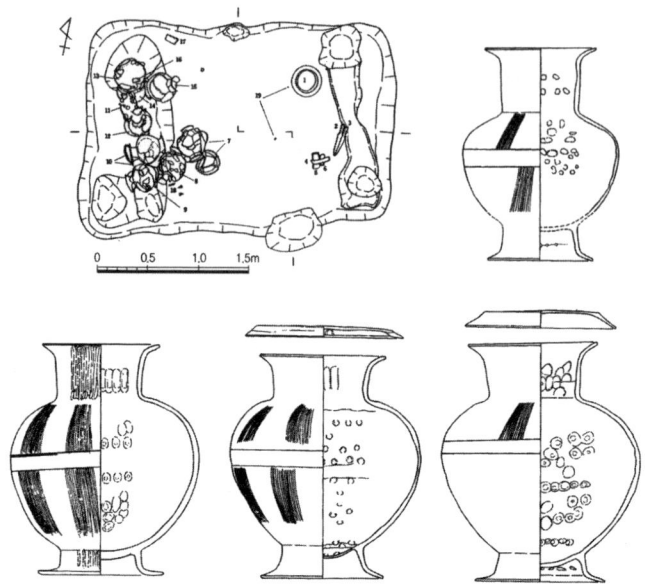

조양동 2호 목곽묘와 출토 토기(목곽묘의 목곽 길이 215cm, 폭 135cm), 국립경주박물관 소장.

하는데 중요한 자료가 되었다.

　청동기시대 수혈주거지는 그 안에 불을 피운 원형의 노지를 갖춘 장방형이었으며, 목관묘는 모두 장축을 동서 방향에 배치하고 시신의 머

> 2. 1979년 11월 김문환씨가 자신의 집자리(조양동 627-2번지)에서 유개대부직구호有蓋臺附直口壺를 포함하여 22점의 유물을 신고한 것이 발굴의 계기가 되었다. 그리고 나서 1979년 봄 또 다시 조양동 밭 627번지, 537번지에서 고분이 발견되었다는 주민의 신고에 따라 발굴하게 되었는데, 이것이 조양동 유적 1차발굴이었다. 1차발굴에서는 목곽묘(4기)와 석곽묘(7기)·옹관묘(2기)·적석목곽묘(1기) 등 무덤 14기를 조사하였으며 대부장경호를 비롯, 180여점의 유물이 출토되었다. 1차발굴지역에서 4백여m 거리의 조양동 641-4번지 자리 182평을 대상으로 진행한 2차발굴(1979년 7월 20일~8월 25일)에서는 목곽묘 10기를 조사했으며 1980년 10월 15일~12월 31일까지 641-1번지 182평을 대상으로 한 3차발굴에서도 목관묘를 비롯하여 20여기의 무덤과 1기의 청동기시대 주거지를 발굴했다. 4차발굴(1981년 11월 4일~12월 29일)과 5차발굴(1982년 12월 10일~1983년 1월 13일)까지 진행했는데, 효소왕릉 주변(조양동 밭 634번지) 821평을 대상으로 조사한 5차발굴에서는 16기의 무덤을 찾아냈다. 5차에 걸쳐 조사한 무덤은 모두 77기이며 주거지는 2기이다.

리는 동쪽에 둔 동침東枕이었다. 토광 안에 목관을 안치한 목관묘는 크게 세 가지 유형으로 분류할 수 있었다.

먼저 Ⅰ유형의 목관묘는 부장품으로 무문토기를 갖고 있는 것으로 보아 목관묘 중에서

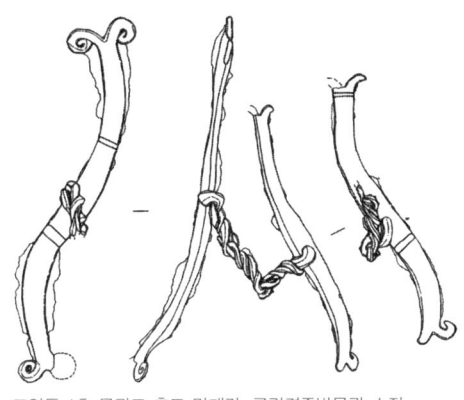

조양동 1호 목곽묘 출토 말재갈, 국립경주박물관 소장.

는 가장 이른 시기의 것이었으며 목관 깊이는 대략 150cm에 폭은 80cm 내외로서 소형이었다. 무문토기가 부장되었으며 이른 시기의 목관묘이다. 조양동 유적에서 가장 이른 시기의 목관묘는 5호분이다. 이 외의 Ⅰ유형 목관묘에서는 회백색 와질토기와 철기류가 출토되었다.

Ⅱ유형 목관묘는 폭 110~120cm, 깊이 100cm 내외의 토광 안에 목관을 쓴 무덤인데 평면은 장방형이다. 후기의 목관묘로서 여기서는 주로 고형식의 와질토기가 나왔다.

Ⅲ유형은 토광의 폭이 2m 이상이며 깊이가 50~60cm다. 길이에 비해 폭이 넓어 정방형에 가까운 장방형 목관으로, 여기서는 아亞 자형이라고도 하는, 소위 노형토기(유개호)와 같은 신식 와질토기가 나왔다. 이들 세 가지 유형의 목관묘는 맨 처음 북쪽 편에서부터 남쪽으로 조성되어 있었다. 그리하여 북쪽 편에 Ⅰ유형 목관묘군이 있고, 맨 남쪽 편에 Ⅲ유형 목관묘가 있었다. 그 사이에 Ⅱ유형 목관묘가 축조되어 있었는데, 이것으로 보아 조양동고분은 북쪽으로부터 차례차례 무덤을 쓰기 시작하여 남쪽으로 확장해간 사실을 알 수 있었다.

목관묘 중에서 가장 이른 시기의 것으로 보고 있는 5호 목관묘(Ⅰ유

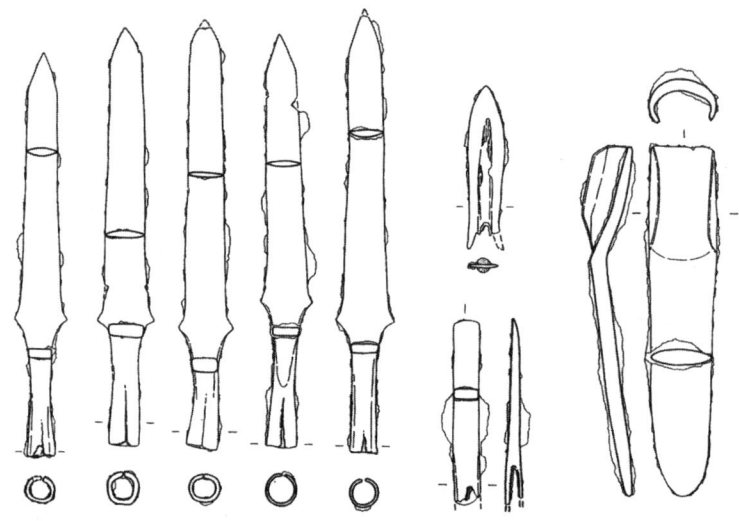

조양동 3호목곽묘 출토 철모鐵鉾, 국립경주박물관 소장.

형)에서는 청동기 전통이 남아 있는 무문토기[3]와 청동말방울[4] 및 철과 鐵戈[5] 1점 · 철모鐵鉾 · 동경銅鏡[6] · 철겸과 철검 각 1점, 환두도 그리고 판상철부[7]와 유리구슬이 출토되었다. 이 외의 목관묘에서는 회백색 와질토기라든가 쪼자형토기 그리고 다양한 종류의 철기가 출토되었다. 다음으로 Ⅱ유형 목관묘 중 가장 이른 시기의 무덤인 38호분에서는 기원전 1세기 후반 중국 전한에서 만들어진 일광경日光鏡 · 소명경昭明鏡 · 사

---

3. 흑색마연장경호 3점이 나왔는데, 높이는 대략 31~32cm 전후, 구경은 14~15.9cm, 몸통최대경은 23~24cm, 저경은 8.8~9.2cm이다. 이 외에 복원한 높이가 60.2cm에 이르고 구경은 29.6cm, 저경 7.5cm의 파수부장경옹 1점과 소형옹(기고 16.6cm, 구경 13.2cm), 두형토기의 대각편(잔존높이 37.5cm, 각부저경 19.6cm)과 같은 토기가 나왔다.
4. 높이 5.3cm, 4.85cm짜리 2개가 출토되었다.
5. 쇠꺽창이라고도 한다. 이것은 동과銅戈에서 소재가 철로 바뀐 것으로 이해할 수 있다.
6. 직경 5.3cm, 두께 0.1cm
7. 주조철부 2점을 포함하여 4점이 출토되었다.

유경四乳鏡과 같은 청동거울이 출토되어 기원전후의 시기에 만든 무덤으로 파악하고 있다. 이 무덤에서는 동경과 함께 무문토기 말기의 양식을 띤 경주지역 최고의 와질토기가 나왔다. 대표적으로 겉면이 회흑색인 와질토기로서 조합우각형파수부호 2점[8]이 있으며, 이 외에 기원후 목관묘의 표지적 유물이기도 한 주머니호를 비롯하여 단경호 2점도 있다. 주머니호는 회백색 와질이지만 소성상태는 좋지 않은 편이다.[9] 관 내부에는 시신에 목걸이나 장신구 등을 부장하였으며, 토기나 철기는 관과 토광 사이의 봉토에 넣어주었다. 철기로는 철사와 철도자 그리고 판상철부(8점)[10]·철겸·단조철부(4점)[11]·철검·이형철기 등도 나왔다.[12] 이 무덤을 통해 낙랑지역으로부터 유민이 남하하여 정착한 사실을 알게 되었다.

제Ⅲ유형의 목관묘는 조양동 목관묘 중에서 가장 늦은 3세기 중반의 것으로 보고, 김해 예안리 하층의 토광목곽묘와 같은 시기의 무덤이라고 판단하게 되었다. 결국 조양동에는 기원후 1세기부터 3세기 중반 사이에 목곽묘가 조성된 사실을 확인했는데, 이 시기는 김해 양동리에 무덤이 집중적으로 들어서던 때이다. 조양동유적의 목관묘는 북쪽에서 남쪽으로 Ⅰ유형→Ⅱ유형→Ⅲ유형으로 변화해갔다.

8. 기고 28cm, 구경 20.0cm, 동최대경 25cm 그리고 기고 30.4cm, 구경 23.1cm, 동최대경 25.7cm
9. 주머니호는 높이 13.1cm, 구경 12.7cm, 몸통최대경 16.7cm이며 바닥은 평저이다.
10. 길이 27.6~30.3cm, 폭 6.6~7.5cm
11. 길이는 10~14cm이다.
12. 이 외에 토제방추차(직경 2.9cm)와 용도를 알 수 없는 청동고리, 즉 동환(銅環, 내경 1.8cm, 외경 3.0cm) 그리고 청동검파두식(길이 6.2cm, 폭 1.9cm) 등이 출토되었다. 동경과 검·구슬 등이 출토된 것으로 보아 기원전후 이 지역 최고지배자급의 무덤이라 할 수 있다. 묘광은 장방형으로 파고 요갱을 따로 간춘 목관묘인데 요갱의 길이는 80cm, 폭 40~50cm, 깊이 30cm 가량이다. 목관은 길이 190cm, 폭 65cm, 깊이는 30~40cm이며 묘광은 길이 258cm, 폭 128cm, 깊이 150cm 내외이다.

목관묘의 시기구분

구분	시기	Ⅰa 100	Ⅰb 50	Ⅱ B.C 30	Ⅲ A.D 100 150
조합우각형 파수부호	Ⅰ				
	Ⅱ				
	Ⅲ				
주머니호	Ⅰ				
	Ⅱ				
	Ⅲ				
옹	Ⅰ				
	Ⅱ				
파수부호	Ⅰ				
	Ⅱ				
두형토기	무문토기				
	와질				
완					
흑도장경호					
타날문단경호					
목관묘	적석목관묘				
	목관묘				
유적		팔달동 45, 57, 100	다호리 1 조양동 5	조양동 38호, 임당E-138	도항리21, 24, 25, 밀양내이동, 사라리 130, 김해 내덕리 19호
청동기		銅劍, 銅鉾	前漢鏡, 長身銅鉾	劍鞘金具, 有文銅戈	後漢鏡(博局鏡)

한편 조양동 목곽묘는 목곽의 폭이 좁고 긴 세장형과 폭이 넓은 장방형이 있다. 이들은 다시 목곽 안에 관을 넣은 것과 관을 넣지 않은 유형으로 구분된다. 대략 길이 4m, 폭 2m에 깊이는 60cm 이내의 장방형으로 토광을 파고 그 안에 목곽을 설치하였다. 목곽 안에 다시 목관을 넣은 목곽묘는 주로 2세기 중엽에서 3세기 초에 만들어졌다. 목곽 안에 관을 넣은 것을 소위 곽내유관槨內有棺 형식이라 정의하자. 목관 안에서는 주판알처럼 깎은 수정구슬과 목걸이용 구슬이 나왔다. 시신은 간단한 장신구를 착용한 상태였으며 목관과 목곽 사이에는 철검·철촉·철모와 같은 철기류 및 토기를 부장하였다. 목곽묘 중에서 대표적인 것이 60호분으로, 여기에는 청동기는 없고 수정구슬 등 목걸이와 많은 양의 철기 그리고 와질토기가 들어 있었다. 이 60호 목곽묘는 길이 285cm, 폭 80cm에 50cm 깊이로 묻혀 있었다. 목곽이 좁고 긴 세장형으로 목곽의 장축은 동서 방향에 두었으며 목곽의 네 모서리에 판

상철부를 각기 1점씩 놓아두었다. 목곽 안에 목관을 넣었는지의 여부는 확인할 수 없었다.

이와 비슷한 유형으로 63호분을 더 들 수 있다. 목곽은 길이 240cm, 폭 180cm로 장방형이었는데, 목곽 안에는 목관을 안치했던 것으로 보고 있다(묘광 길이 402cm, 폭 261cm, 깊이 20cm). 3호 목곽묘도 이와 마찬가지로 곽내유관 형식이었다. 목곽은 세장형(길이 400cm, 폭 180cm)이며 그 안에 목관(길이 175cm, 폭 70cm)을 안치했던 것으로 보고 있다.

경주 조양동 출토 동탁(오른쪽 아래 2점). 높이 4.1~7.0cm(국립중앙박물관, 유물번호 본관 5303).

반면 2호 목곽묘는 장방형으로서 63호분과 비슷하지만 목곽의 길이는 215cm, 폭 135cm로 조사하였다. 그러나 내부에 목관이 따로 있었는지의 여부는 밝혀지지 않았다. 이처럼 조양동 유적의 목곽묘는 목곽 안에 관을 따로 쓴 것과 목관이 없는 것이 있으나 크게 장방형 목곽과 세장형 목곽묘로 나눌 수 있으니 여기에 대성동 목곽묘의 구분 기준을 그대로 대입하면 이 유적을 남긴 이들을 어떻게 해석할 수 있을까?

조양동에 이들 목관묘와 목곽묘가 축조되던 시대에 어린이용의 옹관묘가 함께 만들어졌다. 목관묘 사용자들의 무덤양식인 옹관묘는 모두 15기가 확인되었다. 옹관은 목관묘와 마찬가지로 동서 방향으로 안치했는데, 대부분 시신을 동쪽 항아리에 넣고 서쪽 항아리로 막은 합

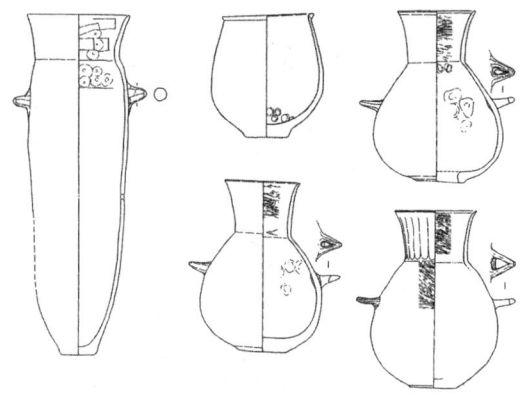

조양동 5호목관묘 출토 토기류, 국립경주박물관 소장.

구식 옹관[13]이었다. 아마도 머리를 동쪽에 두었을 것으로 짐작된다.

앞에서 밝혔듯이 조양동 고분에서 나온 와질토기는 목관묘의 상징적인 부장품이다. 이 와질토기는 지붕이 있는 등요登窯에서 생산된 것이지만 낮은 온도에서 구웠으므로 경도가 약한 연질이다. 적갈색과 회청색 두 가지 계통이 있으며 형태는 조합우각형파수부호·주머니호·대부호 등이 중심이다. 대부장경호와 주머니호 중에는 일부 흑색마연토기도 있다. 이 조양동과 같은 시기의 유적으로 창원 다호리·부산 노포동·울산 하대·경주 사라리·포항 옥성리 및 김해 양동리 등을 들 수 있는데, 결국 이들 유적을 남긴 사람들은 지금의 평양과 대동강 유역에서 남하했거나 그곳을 경유한 사람들로 볼 수 있다. 발굴자들은 "와질토기는 신라·가야 토기에 선행하는 토기로서 기원을 전후한 시기부터 기원후 3세기까지 사용된 이 시기의 표지적인 토기였다"[14]면서 경주시내의 적석목곽묘에 선행하는 묘제와 신라 토기의 기원은 조양동 목관묘와 목곽묘 그리고 와질토기에 있다고 결론지었다.

하지만 조양동유적 발굴결과를 종합적으로 검토해 보면 조양동 목

---

13. 合口式 甕棺합구식 옹관. 이것은 두 개의 옹관 주둥이를 서로 맞춰놓는 방식으로 사용한 토기관을 말한다.
14. 국립경주박물관, 「경주 조양동유적Ⅱ」(2003) p.322에서 인용.

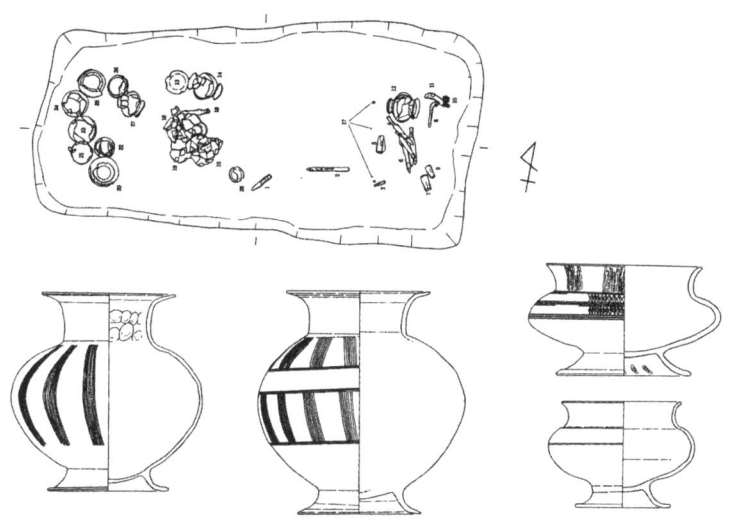

조양동 3호 목곽묘와 출토 토기(묘광 길이 453cm, 폭 182~225cm. 목관 길이 175cm, 목관 폭 70cm), 국립경주박물관 소장.

관묘의 조성연대는 기원전 1세기 말경까지 더 소급될 수도 있으리라 생각한다. 기원전 1세기 후반에 만들어진 동경도 그렇고, 청동기 말기의 무문토기 양식과 전통이 남아 있는 토기로 보더라도 약간 더 소급될 여지는 있다는 것이다. 물론 흑색마연장경호(5호분)·동탁(5호분)·파수부장경호(5호분)·11호분의 파수부장경옹과 주머니호·13호의 점토대토기(5점)·19호 주거지에서 나온 반달형석도·20호 출토 첨저형 양이부장경옹·38호분에서 나온 나비형검파두식·첨저형 옹관과 장동옹(43호)·첨저형 옹관(57호) 등은 기원후 1세기의 유물로 볼 수 있다. 뿐만 아니라 13호목관묘에서 나온 무문 바탕에 적갈색(일부 흑색)의 점토대토기 5점 중에는 삼각형점토대토기도 있었는데, 이러한 토기 역시 기원후 1세기 전반의 시기에 만들어진 것으로 볼 수 있다. 이 가운데 나비형검파두식과 같은 양식은 흉노나 선비적 요소로서 요동과 요령遼寧 지방에 그 계보를 두고 있는 유물이다. 대구 팔달동에서 나온 나비형청동검파두식 역시 마찬가지다.

조양동 출토 유물 중에서 특히 주목되는 것은 유리구슬과 육각형의 주판알처럼 생긴 수정옥이다. 맑고 투명한 수정옥은 2호목곽묘(2점)·3호목곽묘·4호묘(1점)·25호묘(4점)[15]·29호묘(3점, 옥 28점·마노환옥 2점)[16]·31호목관묘(2점)[17]·42호묘(4점)[18] 등에서 나왔는데, 이들 수

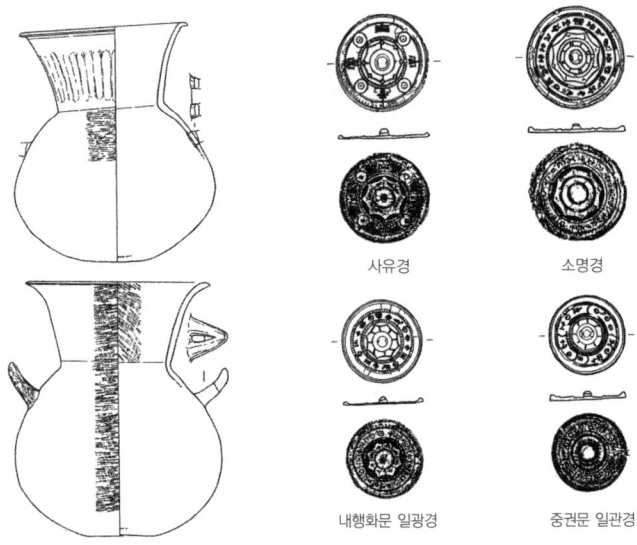

사유경 　　소명경

내행화문 일광경 　　중권문 일관경

조양동 38호 목관묘 출토 토기와 동경, 국립경주박물관 소장.

15. 목곽묘로 추정하고 있다. 목곽은 길이 256cm, 폭 120cm, 잔존깊이 36cm였으며 묘광의 길이는 332cm, 폭 178cm였다. 피장자는 머리를 동쪽에 두었던 것으로 보이며 곽내유관槨內有棺의 형식으로서 목관 내부 바닥에서 육각형의 수정(4점)과 유리구슬이 출토되었다. 노형토기 2점(기고 15.3cm, 구경 15.8cm, 동최대경 20.7cm짜리와 기고 17.7cm, 구경 19.2cm, 동최대경 26.5cm), 철검 1점, 철부 3점, 철모 3점, 철겸 1점, 철촉 18점, 철사 1점이 나왔는데 유물은 목관 상부나 목관과 목곽 사이의 공간에 넣었던 것으로 보인다.

16. 장축을 동서 방향에 둔 목곽묘로서 회백색 이질점토가 길이 125cm, 폭 65cm 범위에 장방형으로 깔려 있어 목관 바닥이 판재가 부식된 것으로 보았다. 목관 바닥에서 수정(1련) 등이 나왔으며 목관 위에 올려놓았던 것으로 보이는 단경호 1점이 함께 나왔다. 양이부호(기고 14.8cm, 구경 11.7cm, 동최대경 13.5cm)와 함께 수정옥 28점, 마노제 환옥 2점, 유리구슬 23점이 나왔다.

정구슬이 나온 무덤에는 청동기가 없었다. 대신 유리구슬은 대부분 많은 양의 철기 부장품과 함께 출토되지만, 간혹 청동기가 함께 나오는 경우도 있는 것으로 보아 수정은 대략 기원

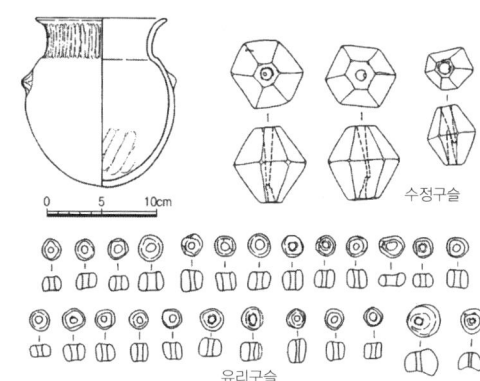

조양동 29호 목곽묘 출토유물, 국립경주박물관 소장.

후 1세기 초반~2세기 중반의 무덤에서 출토되는 것으로 볼 수 있다. 2호목곽묘[19]는 장축을 동서 방향에 두었으며 묘광의 네 모서리와 장벽 長壁 중앙의 서로 마주보는 자리에 직경 25~48cm, 깊이 20cm 정도 되는 목곽 기둥구멍이 있었다.[20] 2점의 수정옥이 있었던 자리로 보아 피장자는 머리를 동쪽에 두었던 것으로 판단하였다. 서쪽 단벽 부근에서는 유개대부장경호(6점)와 대부장경호(2점)가 출토되었고, 동북 모서리에서는 노형토기(1점)가 나왔다.[21] 3호분 역시 목곽묘[22]인 반면 4

---

17. 목관묘로서 목관의 길이는 182cm, 폭 50~55cm, 깊이 50cm이며 묘광은 295cm에 폭은 115cm이고 깊이는 101cm로 약간 깊게 판 다음 그 안에 목곽을 안치한 무덤이었다. 내부에서 전형적인 조합우각형파수부호가 나왔는데, 청흑색 배탕의 와질토기로서 기고는 26.6cm, 복원구경 17.4cm이며 이와 함께 나온 주머니호는 기고 17.1cm, 구경 15.3cm이다. 단경호(기고 27.8cm, 복원구경 20.6cm, 동최대경 33.7cm)와 조합우각형파수부호, 주머니호가 각기 1점씩 출토되었다. 이 외에 철겸(길이 14.8cm)과 단조철부(길이 9.8cm, 인부폭 4.5cm), 철도자 등이 나왔다.
18. 42호분은 목관묘로 추정하고 있으며 육각형으로 주판알처럼 생긴 수정옥 4점이 나왔다.
19. 목곽은 길이 215cm, 폭 135cm 정도로 추정하고 있으며 묘광은 길이 305cm, 폭 208cm였다.
20. 기둥구멍 사이에는 폭 30~40cm, 깊이 15~20cm의 단면이 U자형인 구溝가 있었다.
21. 철기로는 철촉 5점, 철모 2점, 철부 2점, 철겸 1점이 나왔으며 숫돌(1점)도 나왔다.

호묘는 동서 방향에 장축을 둔 합구식옹관묘이다.[23] 동쪽 옹관은 손잡이가 달린 옹형 시루이고 서쪽 옹관으로는 발형토기를 사용했는데, 그 안에서는 수정 곡옥 1점이 출토되었다.

　유리구슬은 와질토기와 철기만이 출토된 3호목곽묘에서 수정과 함께 나왔고, 18호 목관묘 그리고 특히 22호 목관묘에서는 밝은 남색[24] 또는 연한 청색의 유리가 1084점(지름 0.3~0.4cm)이나 나왔다. 23호 목관묘에서도 4백점(남색·군청색 및 청색 10여 점), 29호묘(유리 23점)에서도 수정 및 마노와 함께 유리구슬이 나왔다. 31호 묘에서는 2점의 수정옥과 함께 465점(남색, 군청색)의 유리구슬이 나왔다. 수정구슬은 주판알 모양이며 유리 중 23점은 옅은 청색이고 나머지는 군청색 또는 남색이다. 32호묘(2점)[25]·38호 무덤에서는 청동검파두식 등 청동기와 함께 12점의 유리가 나왔다. 그러나 45호묘(유리 904점)[26]·47호묘(유리 499점)[27]·48호묘(청색 유리 40점)[28]·49호묘(유리 1024점)[29]·54호묘(유리 122점)[30]·55호묘(3146점, 남색·군청색·명청색

---

22. 유물은 서단벽쪽에 토기군(유개대부장경호 1조, 단경호 2점, 장란형토기 1점, 노형토기 3점 등)이 있었고, 여기서 조금 떨어져서 토기류(유개대부장경호 2조, 대부장경호)와 부형철기 1점이 있었다. 그리고 동쪽 단벽 쪽에는 주조철부(2점), 단조철부 2점, 철겸 1점, 곡도자 1점, 철촉 20점, 철모 5점, 대부장경호 1점 등 주로 철기류가 놓여 있었다. 이 외에 수정단면옥 3점과 유리구슬 및 철제 따비(1점), 철검(1점) 등이 있었으며 묘광은 길이 453cm, 폭 182~225cm에 잔존깊이는 25cm 정도였다.
23. 옹관은 길이 65cm, 최대폭 40cm이다.
24. 동서 방향으로 옹관을 안치한 57호묘에서도 유리구슬이 출토되었다. 유리구슬은 청색으로 모두 25점이며, 관옥을 잘라 가공한 것이다. 옹관은 단경호(기고 27cm, 동최대경 29cm)와 대호(大壺, 기고 60.7cm, 동최대경 42.6cm, 구경 23cm)를 사용했다.
25. 목곽묘로 추정한다. 길이는 160cm, 폭 70~93cm
26. 45호묘는 목관묘로서 피장자는 동침을 했던 것으로 추정한다. 길이 232cm, 폭 57cm 정도의 목관 바닥 점토질 층으로 보아 바닥은 목관이 부식된 흔적으로 판단하고 있다. 철촉 2점, 단조철부 1점, 철검 1점, 철모 1점이 유리와 함께 나왔다. 유리는 대부분 남색 또는 군청색이며 904점 중에서 51점만이 담청색이다.

·쑥색)[31]·56호묘(170점)[32]·57호묘(청색유리 25점)[33]·60호묘(1454점),[34] 63호묘(유리구슬 125점)[35] 등에서는 더욱 많은 양의 유리구슬이 나왔다.

출토유물로 보면 낙동강을 사이에 두고 경주 조양동과 김해 양동리

27. 47호묘는 목관길이 210cm, 폭 62cm인 목관묘로서 목관과 묘광 사이는 회청색 점질토로 충전했는데, 목관 우에 올려놓았던 장동옹이 목관이 부식되면서 내려앉았고, 수정옥 4점과 유리구슬 499점이 동단벽 부근에서 나왔다. 이것으로 47호묘의 주인은 머리를 동쪽에 두었던 것으로 보인다. 유리는 남색이나 군청색인데 100여 점은 투명한 청색이다.
28. 48호묘는 동서 방향에 장축을 둔 목관묘로서 피장자는 머리를 동쪽에 두었다. 유리구슬은 40점이 나왔는데 모두 청색이다.
29. 목관묘로서 목관의 길이는 130cm, 폭 40cm로 추정하며 동단벽에서 많은 양의 유리가 출토되었다. 따라서 피장자의 두향은 동쪽이었을 것으로 추정한다.
30. 54호묘 역시 목관묘로서 동쪽 단벽 근처에서 122점의 유리구슬이 나왔다. 이 중에서 12점은 연한 청색이며 나머지는 남색 및 청색이다.
31. 목관길이 210cm, 폭 60cm인 55호분에서는 유리구슬과 함께 철제유물이 주로 나왔다. 이 외에 목관 위에 올려놓았던 소옹 1점이 더 있는데, 철기류로는 철부(1점), 철겸(1점), 철촉(5점), 철모(1점)이 나왔다. 토기는 별로 나온 게 없다.
32. 이것은 옹관묘이다. 옹관으로 사용된 대호(大壺, 기고 60.4cm)와 함께 적색마연토기(복원잔존 높이 19.2cm) 1점이 함께 나왔다. 유리구슬 170점(남색 및 군청색)이 나왔다.
33. 역시 동서 방향으로 옹관을 안치한 57호분에서도 유리구슬이 출토되었다. 유리구슬은 청색으로 모두 25점이며 관옥을 잘라 가공한 것이다. 옹관은 단경호(기고 27cm, 동최대경 29cm)와 대호(大壺, 기고 60.7cm, 동최대경 42.6cm, 구경 23cm)를 사용했다.
34. 동서 방향에 장축을 둔 목곽묘로서 목곽의 길이는 285cm, 폭 80cm, 깊이는 50cm이다. 안에서 단경호(와질토기, 기고 28.7cm, 구경 25.8cm, 동최대경 35cm)와 주머니호(암청회색, 기고 19.6cm, 구경 15.3cm, 동최대경 17.7cm) 및 양이부원저호(기고 32cm, 구경 16.8cm, 동최대경 22.3cm)이 각 1점씩 출토되었다. 청동제품으로 청동검파두식과 동환 등이 나왔다. 철기류로는 철모(5점), 판상철부(8점), 철검·단조철부·재갈·철촉(5점)·청동제 마형대구·청동검파편·청동제교구편·유리구슬(1454점)이 출토되었다. 이 유리구슬 중에서 9백여 점은 직경이 0.2cm 미만으로 작다.
35. 목곽묘로서 목곽의 길이는 240cm, 폭 178cm이며 다량의 철기가 출토되었다. 철모(6점), 철촉(16점), 철겸(1점), 단조철부(2점), 재갈(1쌍) 등이 나왔으며 이 외에 철도(남은 길이 22cm), 철착 등이 더 있다. 유리 120여 점 중에서 30여 점은 옅은 청색이고 나머지는 남청색이다.

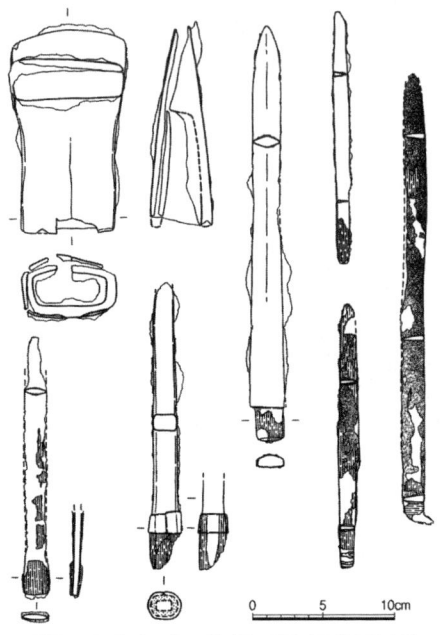
조양동 38호 목관묘 출토 철기류, 국립경주박물관 소장.

에는 너무도 비슷한 부류의 사람들이 살았다. 특히 조양동 55호분에서는 3천 개가 넘는 유리구슬이 나와 경주 일대를 지배했던 상층 귀족들의 호사스런 삶을 알게 되었다. 이러한 유리구슬은 대부분 기원 후 1~3세기의 것으로, 김해 양동리에서 나온 것과 유사하지만 출토량은 조양동이 훨씬 많다. 1~4세기 유리구슬은 영남지방은 물론 중부권과 호남지역 등 한국 전역에서 자체 생산되었다.[36] 수정옥은 낙랑지역을 제외하고는 유입경로를 딱히 지정할만한 곳이 없으므로 서북한이나 낙랑·요동지역으로 볼 수밖에 없다.

조양동 무덤에서 가장 눈길을 끄는 것은 조양동 Ⅱ유형의 목관묘로서 기원 전후의 시기에 축조된 것으로 추정하고 있는 38호분이다. 여기서는 앞에 소개한 유물 외에도 황토색 마노 5점을 포함하여 69점의 옥과 유리 12점[37]이 함께 나왔다. 그런데 38호분 출토품 중에서 주목되

---

36. 서울 풍납토성과 해남 군곡리패총 등지에서는 유리구슬을 생산하던 유리용범이 출토되었다.
37. 유리는 연한 청색(12점), 나머지는 옅은 남색 및 군청색이다. 직경은 0.2~0.6cm에 두께는 0.1~0.5cm이다.

는 것은 나비형 청동검파두식과 동환銅環, 그리고 사유경·소명경·내행화문일광경과 같은 한대漢代 양식의 동경이다. 60호분에서도 청동검파두식과 마형대구·동환편·유리구슬(1454점) 등이 나와 이 무덤 또한 38호분과 비슷한 시기에 만들어진 것으로 보인다. 38호분에서 나온 동경은 기원전 1세기 후반경 전한에서 만들어진 것들이다. 중권문重圈文이 조각된 일광경日光鏡[38]에는 '햇볕을 보고 오래도록 서로 잊지 말라'는 명문[39]이 있다. 이 외에 '서로 보지 못하더라도 오래도록 잊지 말라'는 의미의 명문[40]이 있는 일광경도 나왔다. 사유경[41]에는 '집에는 항상 부귀가 깃들라'는 염원을 家常富貴가상부귀라는 네 글자로 표현하였다. 소명경昭明鏡은 시신의 머리 쪽에서 출토되었는데, 38호분에서 나온 거울 중에서는 가장 크다.[42] 가장자리를 따라가며 모두 24자의 글자가 배치되어 있는데,[43] 38호분 출토 소명경의 명문은 소명경에 주로 사용되는 일반적인 문구[44]와는 차이가 있다.

아울러 내행화문일광경內行花文日光鏡[45]에는 '햇볕을 보니 천하가 크게 밝다'[46]는 내용이 새겨져 있었다. 이런 글귀는 일광경에 쓰이는 전형

---

38. 중권문일광경이라 한다. 직경 6.4cm에 두께 0.25cm이다.

39. 見日之光 長不相忘

40. 久不相見 長毋相忘

41. 직경 7.5cm, 두께 0.2cm에 8엽의 내행화문대를 돌린 것으로 4개의 꼭지가 달려 있다.

42. 직경 8.0cm, 두께 0.3cm

43. 그 내용은 內而淸而以昭而明 光而象夫日月 心而不슝이다.

44. 일반적으로 중국에서 만들어진 소명경에는 內淸質以昭明 光輝象夫日月 心忽揚而願忠然壅而不泄과 같은 구절로 표현한다. 진한시대 소위 북지北地라 불렸던 중국 감숙성 경양慶陽 지구에서도 이와 똑같은 소명연호문경·소명경·일광중권문경 등이 출토되어 비교가 된다.(「甘肅慶陽地區出土의漢代銅鏡」,『考古與文物』,何翔, 1994년 2기)

45. 직경 6.5cm, 두께 0.2cm이다.

46. 見日之光 天下大明

적인 구절인데 청동방울과 동검·동경의 삼보三寶가 나온 것으로 보아 지배자급의 무덤이었음을 알 수 있다.

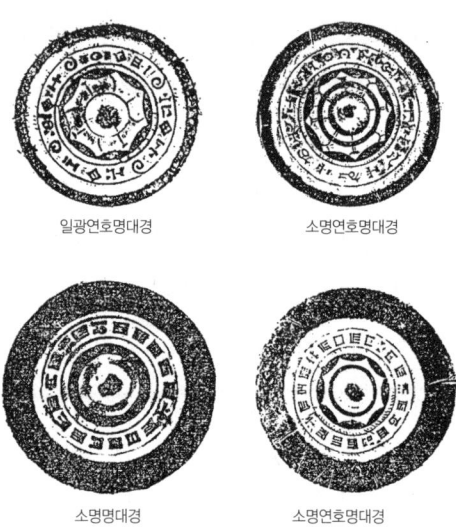

일광연호명대경   소명연호명대경

소명명대경   소명연호명대경

섬서陝西 봉상鳳翔 출토 한대 동경(조양동 출토 동경과 같다.)

양식과 명문 등으로 보아 조양동고분에서 나온 동경은 전한前漢 시대에 제작된 것으로 추정된다. 조양동에서 출토된 동경과 비슷한 동경이 중국에서 나온 사례가 적지 않다. 1970년대 중국 섬서성 봉상현[47]에서는 기원전 1세기 후반 전한시대의 동경 100여 개가 나왔는데, 이들 중에도 조양동의 동경과 같은 것이 많았다. 우리가 일광경이라고 부르는 청동거울을 중국에서는 일광연호명대경[48]과 소명명대경[49]으로 나누어 부르는데, 연호란 연잎무늬 문양이 있기 때문에 그것을 구분하기 위해 붙여진 명칭이다. 소명연호문대경에는 '햇볕을 보니 천하가 크게 밝다'는 의미의 한자 8자가 전서 및 예서 변체자로 음각돼 있었다. 그런데 사유용문일광명경[50]에는 소명연호문대경과 마찬가지로 '햇볕을 보니 천하가 크게 밝다'[51]는 8글자의 명문 뒤로 長无相忘장무상망이라는 네 글자가 더

47. 陝西省 鳳翔縣
48. 日光連弧銘帶鏡
49. 昭明銘帶鏡
50. 四乳龍文日光銘鏡, 1974년 由縣 출토.

있었다.

한편 1986년 4월 섬서성[52] 미현에서 출토된 일광연호문경의 명문은 조양동에서 출토된 중권문 일광경의 그것과 같았다. 많은 수의 청동거울 중 일광연호문경에는 見日之光 長毋相忘[53]이란 글귀가 있었다. 그리고 소명연호문경에는 內而淸而以昭明光而象夫而日出이란 구절이 있었는데, 이것은 소명연호문경에는 전형적인 명문이다.

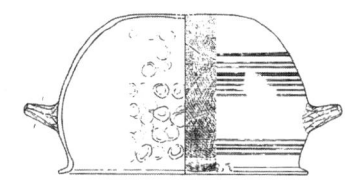
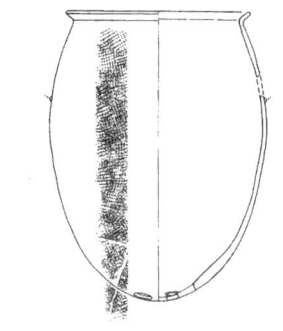

조양동 9호 옹관묘, 국립경주박물관 소장.

그런데 조양동에서 나온 청동거울은 중국 전한 말기 왕치군[54]의 묘에서 나온 동경과 그 형태와 양식 및 명문 내용이 똑같다. 조양동 무덤의 주인들 역시 전한과 관련을 갖고 있던 사람들이었음을 알 수 있게 하는 것들이다. 기원전 1세기 중엽에 제작된 전한경前漢鏡은 중국과의 교류에 의해 유입된 것이라기보다는 직접 동경을 갖고 들어와 조양동에 정착했으며, 그들이 선주세력과 어울린 증거로서 이런 동경과 목관묘·목곽묘 등이 남아 있는 것이라고 보는 게 합리적이다.

이러한 동경과 많은 양의 유리구슬·다면수정옥 등으로 볼 때 조양

---

51. 見日之光 天下大明
52. 섬서성 미현眉縣 상흥진常興鎭.
53. 햇볕을 보고 오래도록 서로 잊지 말라는 의미.
54. 중국 전한 원제에게는 정비正妃인 효원황후 김정군金政君 외에 왕치군王稚君이라는 후궁이 있었다. 이 사람에게는 양평 경후陽平 傾后라는 별도의 호칭이 더 있었다.

동에 정착한 사람은 당시 중국 서안西安 지역에서 내려온 사람이거나 그 지역과 밀접한 관련을 갖고 있는 집단이다. 목관묘를 사용한 사람들은 낙랑이나 고조선에서 내려온 사람들이었으며 이들 선주세력과 기원 전후에 들어온 유이민이 조양동 일대에서 융화한 것으로 볼 수 있는 요소들이 많다. 조양동의 무덤 양식이 초기엔 목관묘 그리고 기원후 2세기 중엽 이후에는 목곽묘인 까닭에 조양동 세력은 김해 양동리 일대에 정착한 이들과 대략 같다고 볼 수 있다. 조양동으로 흘러들어 간 사람은 아마도 서북한 지역을 경유했을 것이며, 기원전 2세기 초~2세기 말의 유민[55]과 기원후 37년, 44년 무렵에 남하한 세력들이 경주

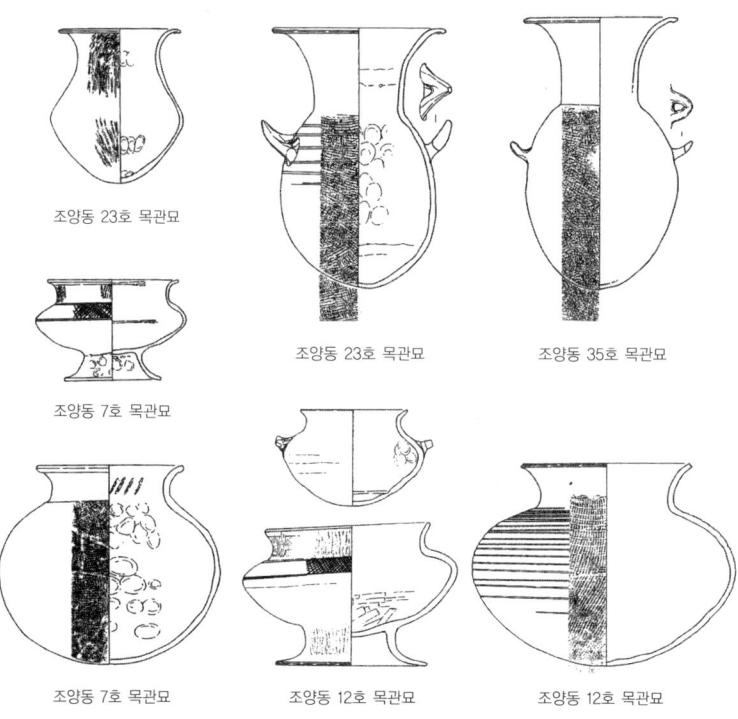

조양동 고분 출토 조합우각형파수부호와 기타 토기류, 국립경주박물관 소장.

조양동에 정착하여 무덤을 남겼을 것이다. 그러나 조양동에 터를 잡은 두 세력은 잘 어울렸고, 그 결과가 목곽묘와 목곽묘로 남아 있는 것이라 하겠다.

처음으로 조양동에 무덤이 조성되기 시작한 것은 기원전후 시기이다. 이때부터 목관묘와 목곽묘가 계속 들어서게 되는데, 더 이상 무덤이 들어서지 않는 것은 3세기 중반이다. 약 250여 년간 무덤이 축조되다가 중단되는 것으로 보아 조양동 세력은 3세기 중반에 조양동을 떠난 것으로 볼 수 있다. 개인적인 견해이지만 김씨 가계가 이곳에 정착하였다가 어느 정도 세력을 키운 다음, 미추왕이 들어서는 시기에 경주로 진입했으리라고 추정한다. 양동리 청동정과 조양동에서 발견된 동경 그리고 많은 수의 유리구슬 등을 보면 양동리 세력과 조양동 세력은 중국 서안에서 내려온 김씨들일 가능성이 높다고 보는 것이다.

선진 한문화 및 권력과 부를 가진 집단이 바로 조양동 고분의 주인들이었다는 점에서 진한 세력과 조양동에 정착한 초기 세력 사이에는 불가분의 관계가 있었을 것이다. 『한서』 서역전 및 흉노열전에는 "한나라 시대에 흉노인들은 흉노지방에 거주하는 한인漢人들을 진인秦人[56]이라고 했다"고 하였다. 그런데 『삼국유사』 진한편에 다음과 같은 내용이 있어 진한과 신라인들이 어디서 왔는지를 알 수 있다.

"최치원은 말했다. 진한은 본래 연燕 나라에서 피신해온 사람들이다. 그래서 탁수涿水의 이름을 취해 자신들이 살고 있는 읍과 마을(邑里)의 이름을 지

---

55. 고조선 및 위만조선 유민.
56. 진秦 나라 사람이라는 의미.

어 붙여 沙涿사탁·漸涿점탁 등으로 불렀다. 신라 사람들의 방언 涿탁은 道도로 읽기 때문에 지금도 간혹 沙梁사랑이라고 쓰고 梁을 道도로 읽는다."(『삼국유사』 1, 진한조)

여기서 말한 탁수涿水는 현재의 북경 서북편에 있다. 탁록涿鹿[57]을 거쳐 동남으로 흐르다가 북경 서남을 끼고 내려가 발해만으로 들어가는 강이다. 북경 서북의 탁록을 포함한 지역은 한나라 때 상곡군上谷郡이다.[58] 상곡군 탁록 일대를 탁수라고 불렀다. 『사기』에는 탁록현 반산진盤山鎭 남쪽 6km 거리에 치우성蚩尤城이 있으며, 반산진 근처에는 치우의 구려족九黎族이 물을 마셨다는 치우천蚩尤泉이 있었다고 기록되어 있으므로 이 일대는 고대 한국인과 관련이 깊은 곳이라고 할 수 있다.

만일 최치원의 이 이야기가 정확한 사실이라면 진한 사람들은 상곡군 탁록현 일대에서 내려온 사람들로서 흉노인이거나 오환선비인이다. 상곡·어양·우북평 등, 북경을 감싸고 있는 소위 요서삼군遼西三郡은 흉노의 전통적인 영역이었고, 흉노 이후에는 오환선비와 선비족의 터전이었다. 그러므로 목곽묘 사용자로서 조양동에 묻힌 사람들이 기원전 1세기 중반 이전에 내려왔다면 흉노인일 가능성이 높고, 기원후 1세기경에 내려왔다면 이들은 오환선비족으로 볼 수도 있겠다. 진秦에서 왔으므로 진나라 사람들과 말이 비슷해 진한秦韓이라고도 했다는 기록에 따르면 이들의 종족적 실체가 흉노인이나 융적 또는 오환선비인 것은 분명하다. 진이 신진중新秦中을 확보하면서 흉노·선비의 영역을

---

57. 북경 서북 120여 km 거리에 있다.
58. 북경 북쪽에서 동남에 이르는 지역에 어양漁陽 그리고 그 동편에 우북평군이 있었다.

밀어부쳤으므로 진역秦役을 피해 왔다고 한 것은 진에 의해 추진된 전쟁과 부역을 피해 왔다는 이야기가 된다. 특히 탁수涿水라고 못 박았으니 마성馬城·대군代郡으로부터 상곡에 이르는 지역으로 볼 수 있다.『한서』지리지에 의하면 "탁수涿水는 탁록산涿鹿山에서 나온다"[59]고 하였으므로 진한인들의 출발지가 소위 상곡을 포함한 탁록 그리고 탁수 일대인 것이다.

이것으로 보아『삼국사기』신라본기 박혁거세 편에 "옛날 진역秦役을 피해 들어온 사람들"이라는 구절에서 조양동 세력이 흉노인 또는 탁수涿水 일대의 오환선비인으로서 한인과 관계를 맺은 집단의 후예였을 가능성도 있다. 이들은 먼저 경주지역에 내려와 있던 고조선 세력과 잘 융합하였고, 그 후손들이 기원 전후의 시기에 조양동에 정착하여 Ⅰ·Ⅱ·Ⅲ 유형의 목관묘 및 목곽묘를 가지런히 남긴 것이라고 볼 수 있다. 발굴자들은 '조양동 유적은 원삼국기의 문화 전형을 보여주는 표지적 사례'라고 하였다. 그러나 조양동 선주세력의 문화유형은 오히려 고조선계로 파악하는 것이 옳을 것 같다. 참고로, 진천 송두리에서 나온 조합우각형파수부호는 영남과 서북한 사이의 이동경로 상에 있는 유적에서 나온 목관묘 출토유물로서 청동기 말기 무문토기가 변형되어 가는 과정을 보여주는 양식이다.

한 마디로 김해지역이든 경주 지역이든 1~3세기 영남에는 서북한 지역을 경유하여 내려온 이와 같은 실력자들이 대를 물려 부와 권력을 형성하였고, 필요할 때 서로 결합하는 방식으로 이합집산하면서 세력을 형성하였다. 그와 같은 과정을 거쳐 많은 세력 사이에 서열이 정해졌으며, 이들 중에서 적지 않은 수가 가야나 사로국 이전의 영남지방

---

59. 黃帝與蚩尤戰于涿鹿之野涿水出涿鹿山

소국을 세웠다. 이와 같이 자잘한 고대 영남소국들을 병합하여 가야나 신라와 같은 고대국가가 태동한 것으로 이해하면 될 것이다.

흉노 김씨와 허황후는 최초의 불교 전래자

기원전 2세기, 실크로드의 실질적 지배자로 등장한 흉노

흉노족은 서역의 문물을 수입하고 또 중국의 재화를 서역에 전하는 교역으로 막대한 이익을 얻었다. 그들은 오랜 세월 중국과 서역의 문화 전달자였다. 기원전 2세기까지의 흉노인들은 중앙아시아에서 중국으로 이어지는 실크로드의 실질적인 지배자였다. 모돈선우는 우현왕에게 서역 26국을 정벌할 것을 명령했고, 한 문제 6년(기원전 174) 우현왕은 월지·대하·대완·오손 등을 병합하고 실크로드를 완전히 장악했다. 이로써 흉노인들은 서역의 진귀한 물건을 들여오고 값나가는 중국의 산물을 서역에 가져가 팔았다. 한·흉 교역은 호시胡市[1]를 통

---

1. 중국 한족漢族을 대상으로 흉노인들이 교역을 하던 장소를 포함하여 한흉漢匈 교역을 호시라 하였다.

해 이루어졌으며 흉노인과 우현왕계는 이 교역에서 많은 이익을 챙겼다. 이들 흉노인의 대외교역권을 포함해서 한 무제[2]는 서역西域[3]의 말과 진귀한 문물에 지대한 관심을 갖고 있었다. 그것이 한漢의 경제와 문화에 큰 이익이라는 것을 잘 알고 있었기 때문이다. 그러나 서역으로 가는 길은 월지月氐[4]와 감숙성 일대의 흉노에 막혀 있었다. 당시 서역과의 교역로인 돈황~감숙성 지역을 비롯하여 서안西安에서 주천酒泉과 장액張掖으로 가는 길은 흉노 우현왕계가 장악하고 있었다. 장건이 흉노인 감보甘父[5]와 함께 서역으로 가다가 감숙성에서 흉노 우현왕에게 잡힌 것도 흉노가 서역으로 가는 이 길목을 장악하고 있었기 때문이다.[6] 흉노에 잡혀 있던 장건은 얼마 후 도망쳐서 수십 일만에 월지국을 거쳐 서역으로 가게 되었는데, 후에 한 무제는 서로 사이가 좋지 않은 월지국과 흉노 사이의 역학관계를 이용해 흉노의 세력을 꺾는 전략을 구사했다. 그리하여 자신의 치세에 흉노와 조선을 비롯한 사이四夷 정벌을 최대의 목표로 삼은 한 무제는 맨 먼저 서쪽 감숙성 일대의 흉노 토벌에 착수했다. 이 지역은 흉노 우현왕의 직할령이었다. 여기서 동쪽으로 멀리 떨어진 용성龍城[7] 지역은 흉노 좌현왕의 통치영역이

2. 재위기간은 기원전 141~87년.
3. 현재의 카자흐스탄·우즈베키스탄·투르크메니스탄·타지키스탄·키르키즈스탄 등 중앙아시아의 광범위한 지역을 이른다.
4. 장액 흑수국黑水國 성터가 월지국의 수도였다. 월지국 사람들은 후에 서역으로 넘어가 대월지국을 계승했다. 당시의 대월지국은 현재의 키르키즈스탄 서남부에서 우즈베키스탄에 이르는 지역에 있었으며 월지국은 우즈백의 음가를 베낀 것으로 보고 있다.
5. 이 경우 父는 '보'로 읽는다. 고대 중국에서 父는 남자를 높여 부르는 미칭美稱으로 쓰일 경우 '보'라 읽었다. 그러나 감보는 얼굴빛이 검은 사람을 이르는 우리말 깜보의 표기가 아닌가 생각된다.
6. 돌아올 때도 감보와 장건은 1년 가량 다시 붙잡혀 있었다. 흉노 선우가 죽자 풀려나 돌아왔다. 처음에 흉노 선우가 장건 일행을 잡았을 때 "흉노인이 남월南越에 사신을 보내면 너희 한나라 정부가 보내도록 하겠는가" 하고 물으며 장건을 붙잡아두고 서역으로 가지 못하게 했다.

었고 흉노 천자天子 즉, 선우單 于는 현재의 내몽고 포두시包頭 市 일대를 근거지로 하고 있었 다.[8]

한漢 정부는 고조 유방[9] 이후 그 세력이 강대한 흉노와 대적 할 수 없었으므로 어쩔 수 없 이 흉노를 달래가며 살아야 했다. 그리하여 유화책으로 흉노에게 금은과 비단이며 미

선우화친單于和親 와당. 내몽고자치구 포두시包頭市 소 만召灣 지구에서 발굴한 전한시대의 와당이다.(『내몽 고사회과학』 1986년 5기에서 인용).

녀·쌀 등 진귀한 물건을 주어 화친을 유지해오고 있었다. 그러나 유방으로부터 70년 가량 지나 무제에 이르러서는 기존의 정책에서 벗어나 비로소 적극적인 정벌과 통합을 추진했다. 무제의 '정벌과 통합' 정책은 그의 재위기간에 사용한 정화征和란 연호로도 쉽게 이해할 수 있다. 그가 맨 먼저 무위·장액·돈황에 이르는 하서河西 지역의 흉노를 정리하기 시작한 것은 실크로드의 확보라는 경제적·군사적 목적에서였다. 그러나 전한 초기로부터 무제 초기까지는 흉노의 세력이 만만치가 않아 무제는 여러 차례 곤욕을 치러야 했다. 그럼에도 기원전 122년 한 무제는 본격적인 흉노 정벌에 착수하였다.

기원전 122년(원수 3년) 봄 무제는 곽거병[10]에게 1만여 명의 기병과 군사를 주어 현재의 장액·주천 등 감숙성 일대의 흉노 토벌을 명했다. 군사를 거느린 표기장군 곽거병은 농서隴西로 출정해 엿새 동안의

---

7. 현재의 요령성遼寧省 조양朝陽.

8. 이 포두시包頭市 일대를 흉노의 시대에는 선우정單于庭이라 했다.

9. 劉邦(기원전 206~195).

싸움에서 고란臯蘭을 함락하고 흉노 선우 아래의 절란왕折蘭王을 죽였다.[11] 이 싸움에서 곽거병은 훈야渾邪의 왕자와 포로 8천9백여 명을 데리고 개선하였다. 이듬해인 기원전 121년 가을에도 곽거병이 출정하여 '휴저왕의 금불상(제천금인)을 빼앗아'[12] 수레에 싣고 돌아왔다. 곽거병은 이 제천금인을 한 무제에게 바쳤고, 무제는 운양현雲陽縣의 감천궁甘泉宮에 모셔두도록 하였다. 이때의 일을『사기』흉노전에는 "신사神祠는 옹주 운양현 서북 90리의 감천산甘泉山 아래에 있다. 본래 흉노가 하늘에 제사를 지내던 곳인데, 진秦이 그 땅을 빼앗았으며 후에 휴저의 우지右地[13]를 이곳으로 옮겼다"고 하였다. 한 무제는 비록 감숙성 장액張掖과 주천酒泉 지역에 있던 훈야왕渾邪王과 휴저왕休儲王의 두 흉노를 정벌하기는 했으나 흉노의 반발을 잠재우고 통합하기 위해 그들의 풍습과 불교의식을 그대로 인정한 것이었다.

『사기史記』에 '흉노인들은 금인金人을 만들어 하늘에 제사지냈다'고 하였는데, 금인은 사람 모양을 한 금불상을 이른다. 쇠나 금으로 사람을 만들고 섬기는 것으로는 동서고금에 불상밖에 없고 제천금인祭天金

---

10. 곽거병霍去病의 묘는 현재 섬서성陝西省 흥평현興平縣에 있다. 한 무제의 거대한 묘에 배장 형식으로 배치되어 있으며, 묘 주변에서 16개의 대형 입체 석조상이 발견되었다. 물고기·개구리·거북이·양·누워 있는 소·호랑이·사람이 곰을 안고 있는 석상·아기돼지·늙은쥐·말 등의 모습이다. 1955년에 곽거병의 묘 앞에 서 있는 9건의 석조상과 묘 정상 등에서 7건의 대형 석조상이 발견되었는데, 곽거병의 묘 주변에서 발견된 석조상은 현재 총 16건으로 집계되었다. 1957년 11월에는 左司空좌사공이라는 글자가 새겨진 돌편이 곽거병의 무덤 남쪽에서 나왔다. 1987년에도 똑같은 돌편이 발견되었다. 현재 곽거병의 묘 앞에는 말발굽에 짓밟힌 흉노인의 모습을 새긴 석상이 세워져 있다. 턱수염이 텁수룩한 흉노인이 곽거병의 말발굽에 유린당하는 모습의 흉노마답상匈奴馬踏像으로, 이것은 흉노인을 무참하게 짓밟고 살육한 곽거병의 공적을 기린 것이다. 흉노의 얼굴과 신체적 특징을 알아볼 수 있는 유물이라고 할 수 있다.
11. 절란왕은 란씨蘭氏 성을 가진 흉노 중부의 수장이었다.
12. 收休屠祭天金人
13. 흉노 우현왕의 통치영역을 이름.

人은 하늘에 제를 지내기 위해 모셔둔 불상이다. 당시 불교를 모르던 한족漢族의 눈에는 하늘에 제사를 지내는 제천의 모습으로 비쳐진 것이다. 곽거병이 휴저왕의 아들 김일제와 김륜 그리고 김일제의 어머니 알씨 및 흉노인들을 한에 포로로 잡아올 때 제천금인(불상)도 함께 수레에 실어왔으나 그 당시의 중국인들은 그것이 무엇인지를 알지 못하고, 다만 흉노인의 전통적인 고유 신앙으로 생각하였을 뿐이다. 흉노 우현왕계는 간다라 지방[14]으로부터 불교를 받아들였다. 그들이 직접 불교를 갖고 들어왔는지, 아니면 전해 받았는지는 알 수 없으나 돈황과 그 인근의 흑수국黑水國[15] 일대를 중심으로 한 월지국[16]에서 불교를 먼저 받아들였다는 설이 있다. 그러나 월지국 사람들도 원래 고향

한대 서역과 중국 북방 주요지역

14. 현재의 페샤와르 일대.
15. 현재 그 성터가 남아 있다. 월지국의 도성으로 흑수黑水를 흉노어로는 카라무렌이라 하였다.
16. 이것을 대월지국과 구분하여 소월지국小月氏國이라고 부르기도 한다. 현재의 우즈베키스탄과 키르기스탄 일대에 있던 대월지국大月氏國과는 다르다. 대월지국 사람 일부가 돈황 일대로 넘어와 세운 별도의 나라였다.

은 현재의 키르키즈스탄~우즈베키스탄 일대였고 흑수국의 월지인들이나 우현왕계 모두 비슷한 시기에 불교를 믿었다고 볼 수 있다.

기원전 121년 가을, 곽거병이 흉노 우현왕으로부터 빼앗아 한 무제에게 바친 제천금인祭天金人에 관해『사기』흉노열전에는 각주의 형식으로 다음과 같이 소개되어 있다.

"…흉노가 하늘에 제사 지내던 곳은 본래 운양 감천산甘泉山 아래에 있다. 진秦이 그 땅을 빼앗았으며 후에 휴저왕 우지右地를 그곳으로 옮겼으므로 휴저의 제천금인 또한 그곳에 있었다. 하늘에 제사지내는 사람(祭天人)을 본뜬 것이 제천금인이다."

훨씬 후의 중국 지배층조차도 금인이 불상임을 모르고 제천의식에 사용하는 것으로만 알았던 것이다. 그것이 불상임을 중국인들이 비로소 알게 된 것은 그로부터 한참이 지나 장건이 서역에서 돌아온 뒤의 일이다.

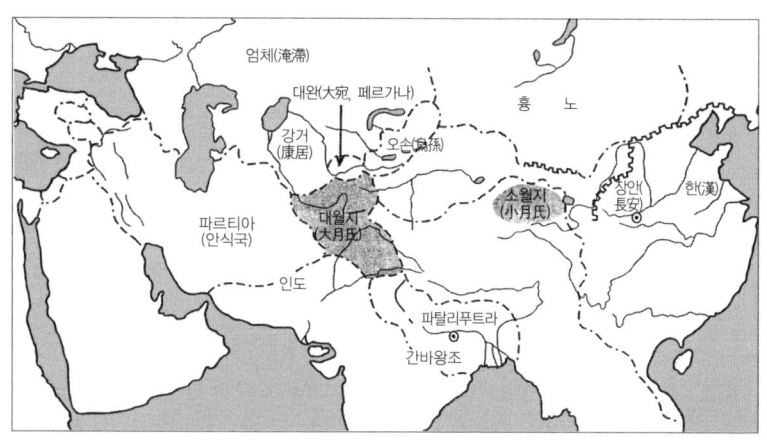

중국 한대漢代 서역과 월지국

서안 서북의 주천酒泉에서 돈황 사이에는 월지국이 있었는데 이 월지국과 흉노선우는 사이가 좋지 않았다. 그래서 흉노 노상선우는 월지국의 왕을 죽이고 그 머리로 술잔을 만들었다. 그 사실을 『사기』에는 이두위음기以頭爲飮器[17]로 기록하였는데, 이 일로 월지국 왕자와 나머지 세력은 서역 대월지국으로 되돌아갔다. 장건이 찾아갔을 때 월지국 마지막 왕의 아들은 지금의 키르키즈스탄 일대로 넘어가 대월지국 왕이 되어 있었다. 월지국왕의 아들과 그 무리가 쉽게 대월지국으로 넘어간 것을 보면 아마도 당시에는 돈황으로부터 서역으로 가는 도중의 사막지대가 지금처럼 광대하지는 않았던 것 같다.[18]

하여튼 흉노 대선우와 월지국 사이의 이 같은 갈등관계를 이용하여 장건은 대월지국왕을 찾아간 것이다.[19] 장건은 대월지국왕을 만나 흉노에 대한 공동대책을 모색했다. 대월지국왕은 아버지가 흉노 선우에게 죽임을 당했으므로 원한이 많았다. 그래서 그는 장건을 후대했고, 장건에게 천마天馬와 많은 예물을 주어 돌려보냈다.

17. 이것은 월지국왕을 죽여 눈썹 부근에서 수평으로 머리를 잘라 술잔을 만들어서 승리를 자축하며 술을 따라 마셨다는 것을 말한다. 이러한 전통은 멀리 은나라 유적에서도 이미 확인된 바 있다. 멀리 스키타이인들에게서 유래된 것으로 보는 이러한 습속은 고대 정복사회에서 유행하였다. 『사기』에 "모돈선우가 서고 월지국을 무너뜨렸으며 노상선우에 이르러 월지국왕을 죽이고 그 머리로 술잔을 만들었다. 처음에 월지는 돈황~기련 사이에 살았다. 그리고 흉노에 패하였다. 마침내 규수에 도읍을 하고 그 북쪽에 왕정을 두었다.(…冒頓單于立攻破月氏 至老上單于 殺月氏王 以其頭爲飮器 始月氏居敦煌祁連間 及爲匈奴所敗…遂都嬀水北爲王廷)"고 하였다. 여기서 말한 규수嬀水는 아무다리야 강으로 보고 있다.

18. 지금으로부터 2300여년 전인 기원전 322년 알렉산더 대왕의 군대가 카자흐스탄 지역과 우즈베키스탄, 키르키즈스탄 일부를 휩쓸고 지나갔으므로 아마도 이 무렵 대월지국 왕과 그 무리가 돈황 너머로 피신하여 월지국을 세웠던 것 같다.

19. 원한에 사무친 대월지국왕은 아버지를 죽인 노상선우老上單于에게 복수하기 위해 마땅한 파트너가 없는 것을 한탄한다는 소식을 듣고 중국 한 정부가 장건을 파견하게 되었다(『사기』 대완열전).

흉노 우현왕 가계는 중국 최초의 불교도

흉노인의 불교신앙에 관해 『괄지지括地志』에는 "신사神祠[20]는 옹주雍州 운양현雲陽縣 서북 90리 거리의 감천산 아래에 있다. 본래 흉노가 제천을 하던 곳이다. 진秦[21]이 그 땅을 빼앗았으며 후에 휴저 우지右地를 이곳으로 옮겼다. 살펴보면…금인金人은 곧 지금의 불상이다"[22]고 하였다. 금인이 불상이라고 한 이 내용은 장건이 서역에서 되돌아온 후의 기록이다. 여러 기록을 바탕으로 추적해 보면 장건이 서역에서 돌아온 기원전 115년 이후, 그러니까 휴저왕의 부인과 그 아들이 포로로 잡혀온 해로부터 5~6년 후에야 비로소 한 무제와 중국인들은 금인이 불상임을 알았다는 얘기다.

휴저왕의 아들 김일제와 김륜 및 그 어머니 알씨가 곽거병에게 잡혀온 뒤로도 무제는 흉노의 제천금인(불교) 의식을 감천궁에서 그대로 계속하도록 해 주었을 뿐만 아니라 김일제의 큰아들 상賞을 고국군故國君으로 삼아 그 의식을 주재하도록 하였다. 고국군이라는 작위에서 알 수 있듯이 그것은 휴저왕자의 고국을 배려한 조치였다. 그리고 한 무제는 김일제의 어머니 알씨가 죽은 뒤로도 감천궁에 그의 초상을 걸어놓고 김일제가 언제든 들러서 어머니 알씨에게 예를 올릴 수 있도록 해주었다. 이것은 일종의 천도재와 같은 불교의식을 배려한 것으로 김일제의 큰아들 상에게 직접 그 일을 맡긴 것은 어머니를 불교식으로 추도하도록 한 것이었다.

『위서魏書』에 "키가 1장丈[23]이나 되는 금인을 빼앗아 감천궁에 모셔두

---

20. 신을 모시는 사당이란 뜻이지만, 이 경우 불상을 모셔둔 사찰을 이른다.
21. 진시황의 나라를 이름.
22. 金人卽今佛像

난주~서안~삼문협 일대

게 하였으며 휴저왕가의 사람들이 불교를 중국에 처음 전했다"고 한 기록은 흉노의 휴저왕과 그 왕자 김일제·김륜이 최초의 불교도였음을 구체적으로 전하는 이야기이다.

김일제·김륜 형제 그리고 그 어머니를 포로로 잡아올 때 불상도 함께 가져왔으며 이것을 감천궁에 모셔두게 한 이후로도 김일제의 가계는 불교를 계속 믿고 있었고, 이후 전한 말기 성제成帝 시대까지 음력 5~8월의 여름철에는 피서를 겸해 감천궁에서 정사를 보던 전통이 이어졌으므로 전한 황실과 상층은 모두 불교를 잘 알고 있었다. 장안의 미앙궁未央宮에 버금가는 감천궁은 황실의 주천酒泉 별궁에 해당하는 곳이었으므로 황실 사람들 중에는 감천궁 내의 불상을 숭배하고 불교를 믿기 시작한 이들도 꽤 많이 있었을 것이다.

이런 배경이 있었으므로 오늘의 중국과 한국의 김씨들은 태생적으

---

23. 이것은 10자[尺]에 해당한다.

로 불교와 깊은 관련이 있다. 따라서 후일 왕망(김망)의 실각과 함께 피난길에 오른 김씨들은 적어도 감천궁에 모셔둔 불상과 불교에 대해 알고 있었고, 설령 김씨로서 그 불상을 보지는 못했더라도 감천궁의 불상과 불교를 잘 알고 있었다고 보아야 한다.

한편 감숙성 일대에서는 기원전 121년 이전부터 불교를 접하고 있었기 때문에 이러한 전통으로 말미암아 돈황이 불교의 성지로 자리 잡게 된 것이라고 할 수 있다. 흉노 우현왕계는 물론, 돈황敦煌 인근의 장액 흑수국성을 중심으로 살던 월지인月氏人[24]들 중에도 초기 불교도가 있었겠지만 기록으로 남은 것은 없다. 다만 『위서魏書』(권 114) 석로지釋老志[25]는 기원전 121년 휴저왕 일가가 불교를 믿고 있었음을 다음과 같이 아주 분명하게 알려주고 있다.

"한 무제는 원수(元狩, 기원전 122~117) 때에 곽거병霍去病을 보내 흉노를 치게 하였다. 곽거병은 거연居延을 지나 고란皐蘭에 이르러 싸움에 이겨서 목을 베고 노획한 것이 아주 많았다. 훈야왕昆邪王은 휴저왕休屠王을 죽이고 무리 5만 명을 이끌고 한에 투항하였으며, 곽거병은 금인金人을 노획하여 한 무제에게 바쳤다. 이에 한 무제는 금인을 대신大神으로 삼아 감천궁에 모셔놓게 하였다. 금인의 키는 1장(10척) 남짓 되었다. 제사는 지내지 않고 단지 향을 살라 예배禮拜를 할 뿐이었는데 이것이 바로 중국 불도佛道의 시작이다. 급기야 한 무제는 서역을 개척하여 장건을 대하大夏에 보냈는데, 장건은 대하에 갔다가 돌아오면서 그 옆에 신독국(身毒國, =인도)이 있으며, 일명 천축天竺이라 하는 그 나라에는 부도지교(浮屠之敎, =불교)가 있다는 얘기를 들었다

---

24. 월지인들은 원래 지금의 키르키즈스탄, 우즈베키스탄 일대에 있던 대월지국에 고향을 둔 사람들이었다. 후에 노상선우에게 대월지국왕이 죽임을 당한 뒤 대월지국으로 돌아갔다.

25. 釋은 불교, 老는 도가를 의미.

고 전하였다. 그 후 애제哀帝 원수元壽 원년(기원전 2년)에 박사 제자 진경헌秦慶憲은 대월지국大月之國의 왕사王使 이존으로부터 부도경浮屠經을 구두로 전수 받았으나 중국 땅에서는 그 사실을 들어서 알고 있으면서도 믿지 않다가 후에 명제(明帝, 기원후 57~75)가 금인金人의 정수리에서 흰 빛이 나와 궁궐 마당으로 비치는 꿈을 꾸고는 여러 신하를 불러 물었다. 명제는 낭중郎中 채음蔡愔과 박사 제자 진경헌 등을 인도에 보내어 부도경을 베껴오게 하였다. 진경헌은 인도 승려 섭마등攝摩騰과 함께 불경을 가지고 낙양洛陽으로 돌아왔다. 중국의 사문沙門과 무릎을 꿇고 절하는 궤배跪拜의 법도가 여기서 시작되었다. 채음은 또한 불경 42장과 석가입상釋迦立像을 얻어왔으므로 명제는 화공畵工으로 하여금 불상을 그려서 청량대淸凉臺에 걸어두도록 하였다."[26]

흉노 우현왕과 그 아들 김일제·김륜 형제를 불교도란 의미에서 제천금인이라 부르지만, 이것 말고도 소호김천씨라는 호칭이 더 있다. 소호씨少昊氏의 후예로서 금인을 모셔놓고 제천을 한 데서 비롯된 이름인데, 어쨌든 흉노 우현왕계가 불교를 처음 중국에 전한 사실을 선비족의 나라로서 탁발선비가 창업한 북위[27]의 역사서인 『위서』 석로지釋老志에는 초전 불교도 열 명을 열거하면서 그 첫머리에 휴저왕의 일가가

---

26. 漢武帝元狩中遣霍去病討匈奴至皐蘭過居延斬首大獲昆邪王殺休屠王將其衆五萬來降獲其金人帝以爲大神列甘泉宮金人率長餘不祭祀但燒香禮拜而已此則佛道流通之漸也及開西域遣張騫使大夏還傳其旁身毒國一名天竺始聞浮屠之敎哀帝元壽元年博士弟子秦慶憲受大月之王使伊存口授浮屠經中土聞之未信了也後孝明帝夜夢金人頂有白光飛行殿庭乃訪群臣傳毅始以佛對帝遣明帝郎中蔡愔博士弟子秦慶憲等使於天竺寫浮屠遺範愔仍與沙門攝摩騰竺法蘭東還洛陽中國有沙門及跪拜之法自此始也愔又得佛經四十二章及釋迦立像明帝令畵工圖佛像置淸凉臺…(『魏書』 권 114, 釋老志 1, 釋老 10)

27. 기원후 3세기 중엽 선비족은 탁발부拓拔部의 한 지파로서 대흥안령大興安嶺의 내몽고 화림격이和林格爾 북쪽 일대로 옮겨갔다. 기원후 315년에 서진西晉은 대왕代王을 칭하게 되었고, 현재의 산서 대동시大同市에서 탁발규拓拔珪가 위魏를 개국하니 이것을 역사는 북위北魏라 부른다.

불교를 처음 전했다고 명확하게 적고 있다. 그럼에도 중국인들은 『후한서』에 흉노 우현왕자 김일제와 그 아들 김상金賞의 금인지사金人之祠[28] 및 곽거병이 노획한 흉노 우현왕의 금인金人은 제쳐두고 기원후 1세기 후반에 불교를 받아들였다고 적었다. 흉노인들이 초전 불교도인 사실을 알면서도 그들이 불교를 수입한 것을 인정하지 않은 것이다. 하지만 이것은 어찌 보면 사마천이 정확하게 기록한 것이라고 할 수 있다. 그때까지 중국인들은 불교를 믿지 않았고, 자신들이 직접 들여와 믿기 시작한 시점을 그 시작으로 인정한 것이니까.

한족의 입장에서 공식적으로 불교가 중국에 전해졌다고 인정하는 해는 전한 말기인 기원전 2년[29]이다. 이때 처음으로 진경헌秦景憲이 대월지국大月氏國의 이존伊存으로부터 구두로 부도경浮屠經[30]을 전수받았다고 한다. 그리고 『후한서』 초영왕전楚英王傳에는 "영평 8년(기원후 15년) 초왕 영英이 황제와 노자老子[31]·부도(=불교)를 함께 모시고 참배했다"고 한 기록이 있다. 하지만 중국에서는 부도경을 받아온 사실을 알면서도 불교를 믿지 않다가 그로부터 50~60여 년이 지난 뒤, 후한 명제[32]가 밤에 금인金人의 머리에서 흰 광채가 일어 궁중으로 비치는 꿈을 꾸고 나서 드디어 명제 자신이 앞장서서 불교를 믿게 되었고, 인도에 사람을 보내 불경을 베껴오게 하였다. 섭마등攝摩騰을 비롯하여 인도승 여럿이 낙양(洛陽, 후한의 수도)에 들어와 처음으로 무릎을 꿇고 불교식 예배를 시작함으로써 이때부터 불교예불을 정식으로 행했으며, 당시

---

28. 불상에 재를 올리는 일.
29. 전한前漢 애제哀帝 원수元壽 원년.
30. 불경.
31. 도교를 이른다.
32. 明帝(기원후 57~75년).

불경 42장과 불상을 만들어 청량대淸凉臺에 두었고 이들 인도승려가 죽은 뒤에는 부도라는 말 대신 불타佛陀라는 말을 정식으로 사용하게 되었다고 『위서』에는 기록되어 있다. 당시 백마가 불경을 싣고 오자 수도 낙양에 백마사白馬寺를 지은 것이 불사佛舍의 시작이었다고 『위서魏書』에 전하는 만큼, 이러한 사실들은 믿을 만하다. 그 후 2세기 중반 무렵인 후한 환제와 영제 시대(147~189)에 이르면 불교는 통치계급과 상류사회로 확대되어 불교를 믿는 이가 크게 늘어났다. 그리하여 환제 영흥永興 2년(154년)에는 중국에서도 드디어 불상을 주조하기 시작했으며 영제 때 단양丹陽 사람 책융笮融은 금불상을 만들고 불상에 비단옷까지 입혔다고 전한다. 이처럼 기원후 1세기 말~2세기 중반 중국의 황실과 그 주변에서는 불교가 크게 확산되었다.

그렇다면 이와 같은 시대적 상황에서 한국 땅에 불교가 전해진 시점은 언제쯤일까? 불교가 백제에서 공인된 것은 침류왕 원년(383년). 마라난타가 동진에서 영광 법성포로 들어와 불교를 전한 것이 처음이다. 고구려는 소수림왕 2년(372년), 신라는 법흥왕 15년인 528년에 불교를 공인했다. 지금까지는 이것이 일반적인 상식이었다. 그러나 이러한 것들은 순서 알아맞히기 또는 선택형 문제를 위해서나 존재하는 역사적 사실들이다. 기독교가 로마에서 공인을 받기까지 3백 년 이상의 세월이 걸렸듯이 이미 오래 전에 불교가 들어와 있었으나 4세기 후반에야 삼국에서 불교가 공인된 것은 마찬가지 이치이다.

물론 불교를 공인하기 이전에 삼국에 사찰이 있었는지에 대해서는 정확하게 전하는 내용이 없지만, 조선 영조 9년(1733년)에 신유한이 창녕의 오월루梧月樓를 가보고 쓴 '영남 창녕현 화왕산 관룡사적嶺南昌寧縣觀龍寺蹟'에 나오는 내용만 보더라도 한국 불교는 지금까지 생각하고 있는 것보다 더 이른 시기에 들어와 있었음을 알 수 있다.

"…중생들이 기꺼이 옛 모습 그대로 수리하였다. 대들보에는 '영화 5년(349년) 을유(永和五年乙酉)'라는 제자題字가 있었으니 고색창연하고 먹 글씨가 선명하며 나무 표면이 마멸되지 않았다.…약사전은 처음 진晉나라 목제穆帝 때인 영화 기유년에 생겼다고 하는데, 대들보의 먹 글씨가 그 증거이다."

이것은 관룡사[33] 약사전 대들보에 쓰여 있던 내용을 신유한이 직접 보고 18세기에 기록한 것이다. 신유한이 관룡사에 갔을 당시, 절을 수리하면서 드러난 대들보에 있는 글을 보고 그것을 바탕으로 기록한 것이니 일단 믿을만한 내용이다. 삼국의 불교가 공인되기 20~30년 전에 이미 절이 있었던 사실을 분명히 알려주고 있는 기록이다. 서기 349년에 절을 지으면서 대들보에 쓴 불사 창건기를 보고 기록한 것이므로 관룡사 창건시점에 이미 불교신자가 많이 있었던 것이다. 이때는 허황후의 사망시점에서 계산하면 불과 150년 뒤이다.

이것으로 한국의 불교가 4세기 중반 이전에 있었음을 알 수 있다. 그런데 『삼국지』 위지 동이전은 "(마한) 여러 나라에는 별읍別邑이 있어 그것을 소도라 하는데, 큰 나무를 세우고 방울과 북을 매달아 귀신을 섬겼다"고 마한의 소도를 설명하면서 "소도를 세운 뜻이 부도와 유사하다"[34]고 하였다. 이것은 3세기 초·중엽의 마한불교를 표현한 내용으로 볼 수 있다. 소도가 부도와 유사하다고 하였지만 사실은 고대 한국의 소도와 불교가 같다는 것을 강조한 내용에 불과하다.

---

33. 觀龍寺. 창녕읍 옥천리 292번지에 있다.
34. 其立蘇塗之義有似浮屠

마한의 '소도'는 불상이다

최치원이 왕명을 받고서 쓴 봉암사지증대사적조탑비[35]의 내용 가운데에는 "옛날에 동국東國의 여러 나라가 정립하던 때 백제에 소도蘇塗[36]라는 의식이 있었는데, 그것은 중국 전한 무제 때 감천궁에서 금인金人을 모셔두고 예를 올린 것과 같다"[37]고 한 구절이 있다. 마한의 소도蘇塗[38]가 감천궁의 금인이라는 것이다. 또한 조선시대 한치윤은 『해동역사』에서 "이곳 동방에 석가의 가르침이 시작되었으니 최치원이 지증비에 이르기를 '삼국이 정립했을 때 백제에 소도 의식이 있었는데, 그것은 감천궁에서 금인을 제사지내는 것과 같았다'[39]고 하였다"는 내용을 소개하고 있어 소도가 초기 불교였음을 분명히 말하고 있다.

이들 기록을 보면 진수가 『삼국지』를 쓴 시점이 3세기 말이고, 3세기 초·중반에 낙랑이나 대방을 통해 조사한 자료를 바탕으로 『삼국지』 위지 동이전이 작성되었을 것이므로 3세기에 이미 마한에는 불교가 들어와 있었던 것이다. 중국의 부도와 소도는 같다고 하였고, 최치원 역시 동일한 내용을 기술한 것으로 보아 소도와 금인金人에 대한 의식은 불교이며 마한은 3세기에 불교를 믿고 있었음이 명확한 것이다. 『삼국지』의 기록을 근거로 하면 마한에 불교가 전해진 것은 최소한 3세기 중엽이라고 볼 수 있다.

---

35. 鳳岩寺智證大師寂照塔碑
36. 실제로는 마한의 소도이다.
37. 昔當東表鼎之秋 有百濟蘇塗之儀
38. '소'는 '쇠'의 고대어이며 본래 金금을 뜻한다. 뒤의 塗도가 칠한다, 바른다는 뜻이므로 소도는 '금칠을 한 불상'을 가리키는 것으로 볼 수 있다.
39. 甘泉金人之祀

이런 점에서 보면 신채호의 수두론이나 손진태의 솟대론과 같은 이론은 모두 허구일 수밖에 없다. 한국과 일본의 민족주의가 지나치게 한쪽으로 경도되었을 때, 민족주의 공방 과정에서 야기된 부산물이 솟대론과 수두론이라고 할 수 있다. 고대 한민족 고유의 종교로서 수두라는 것은 존재하지 않았다. 손진태 또한 솟대의 '솟'이 솟아나다 또는 '용솟음치다'는 뜻의 '솟(湧, 용)'과 관련이 있다고 한 것은 무리한 가설이었다. '솟대는 마한의 소도에서 비롯된 것'이라고 하는 주장은 일제시대에 빚어진 허구적 이론이다. 솟대를 소도의 원형으로 본 것이나 신채호의 수두론은 광기 어린 제국주의에 맞서기 위한 방편으로 제시된 이론이기는 하지만 모두 허구인 까닭에 이제는 떨쳐버려야 한다.

'소도蘇塗'는 전형적인 향찰식 표기 방식으로 여겨진다. 蘇는 '소'이지만 고대어에서 쇠鐵의 의미로 사용되었다. 우리말 '쇠'의 고어형 '소'를 蘇라는 글자를 빌려다가 표시한 것이다. 그러나 고대의 '소'는 본래 철이 아니라 금(金, Gold)을 가리키는 말이었다. 뒷글자 塗도는 한자 본래의 뜻을 그대로 사용하였다. 塗는 바른다·칠한다·입힌다는 의미이다. 즉 '금칠' 또는 '금을 입힌 것'이라는 뜻이다. 따라서 불상을 이르는 말이 소도이며 그것이 바로 金人금인이다. 금칠을 했거나 금을 입힌 사람이 불상 말고 다른 것이 있는가?

최근의 새로운 연구에 의하면, 마한에서는 이미 3세기 중반을 전후하여 남조로부터 불교를 받아들인 것으로 보고 있다. 하지만 여러 가지 정황으로 보면 김해가야에서는 적어도 허 황후 시대에 불교가 들어왔다고 봐야 할 것같다.『삼국지』위지 동이전 한전韓傳에는 마한 및 변진의 여러 나라의 이름이 등장하는데, 여기에는 마한 신소도국臣蘇塗國[40]과 변진접도국弁辰接塗國이 보인다. 학계에서는 접도국을 지금의 경남 칠원으로 보고 있으나 접도국의 접도接塗를 향찰식 표기라고 보면 접도 역시 '소도' 또는 부도일 가능성이 있다. 소도와 접도가 나라 이름으로 쓰였을 정도라면 이미 3세기 초에는 불교가 마한과 변진 지역에 들어와 있었다는 얘기가 된다. 마한에 불교가 전해진 것은 최소한 3세기 중엽 이전이며 김해가야에 불교가 들어온 것도 최소한 2세기로 올라간다고 볼 수 있다. 이 점에 대해서는 뒤에 다시 설명할 것이다.

한편 소도에 '큰 나무를 세우고 방울과 북을 매달았다'[41]고 한 기록 또한 이제까지는 마한의 전통 제사장이나 천군天君이 제천을 주도한 것이라고 보았으나 그보다는 초기 불교의식에 사용한 기구들에 대한 설명으로 보는 게 타당할 것 같다. 『삼국지』에 "마한의 각 국읍國邑에는 한 사람을 세워 천신天神에 제사를 지냈는데, 그 이름을 천군天君이라 한다. 그리고 마한 여러 나라에는 각기 별읍이 있어 그것을 소도라 하는데, 큰 나무를 세우고 방울과 북을 매달아 귀신을 섬겼다.…소도를 세운 뜻이 부도浮屠와 같다"[42]고 설명하고 있는데, 그 내용을 잘 살펴보면 천군과 소도를 주재하는 사람은 달랐음을 알 수 있다. 이것은 전통 제사장과 별도로 새로운 종교인 불교를 받아들여 금인金人 즉, 소도를 숭배하는 의식을 치른 데 대한 설명으로 볼 수 있으리라 생각된다. 이와 비슷한 시기에 변한 지역에도 불교가 들어와 있었을 것이다. 마한 지역보다 월등한 철기문화를 발전시키면서 낙랑 등지와 적극적으로 교류하였고, 풍요로운 사회를 가꾸었던 변한지역에도 그간 우리가 생각했던 것보다 훨씬 이른 시기에 불교가 들어와 있었을 가능성은 얼마

---

40. 이것을 서산·태안 지방에 있었던 소국으로 보는 설이 있는데, 합당하다고 생각한다.
41. 立大木懸鈴鼓
42. …信鬼神國邑各立一人主祭天神名之天君又諸國各有別邑名之謂蘇塗立大木縣鈴鼓事鬼神諸亡逃至其中皆不還之好作賊其蘇塗之義有似浮屠…

든지 있다.

더군다나 휴저왕의 아들 김일제와 김륜으로부터 7~8대 후손들이 김해가야를 세운 중심세력이었다면 자신들의 선조가 중국에서 가장 먼저 불교를 믿은 불교도였다는 사실을 몰랐을 리 없다. 어떤 방법으로든 그 같은 이야기를 전해서 알고 있었을 것이고, 김씨들 중에는 상당수의 불교도가 있었을 것이다. 따라서 김씨들이 김해가야로 들어오면서 한국의 불교는 시작되었다고 해도 크게 무리는 없을 것 같다.

더욱이 가락국기에 의하면 허 황후의 남동생 보옥선사(=장유화상)가 불교를 전했다고 하니, 후한 때인 2세기 중반에 중국의 후한 황실과 상류층에 불교가 갑자기 보급되기 시작한 것을 볼 때 허 황후가 중국에서 왔다면 불교를 가져왔을 것이고 2세기 중엽 김해가야 상층부에서는 이미 불교를 믿었다고 볼 수 있다. 이러한 배경이 있었기에 가락국기에서 김수로와 허 황후를 불교와 관련하여 등장시킨 것이지 불교도들이 터무니없는 이야기를 지어낸 것이 아니다. 한국에서 4세기 후반에 불교를 공인했다는 기록에만 사로잡혀 그 이전의 불교를 인정하지 않으려는 것은 기원전 2년 처음으로 중국에 전해진 불교와 기원후 2~3세기의 마한 불교, 그리고 기원전 121년에 이미 불교를 믿은 흉노 우현왕과 그의 두 아들 김씨 및 김해가야 건국세력들을 감안하지 않았기 때문이다.

지금까지는 고구려·백제·신라의 불교 공인이 4세기 후반이므로 2세기 불교를 인정하지 않고 있다. 그러나 앞에서 설명했듯이 소도만 보더라도 이미 3세기 중엽 마한에 불교가 전해졌으며 마한의 소도는 금인金人이고, 이들은 모두 불교를 말하는 것으로 봐야 한다.

그리고 만일 허 황후가 중국에서 불교를 가져왔다면 후한 명제(明帝, 57~75년) 시대 이후에 허 황후가 가야에 왔다고 보는 것이 여러 가지로 타당하다. 그러나 「가락국기」에 의하면 허 황후가 가야에 온 시점은 2세기 중반 이후이며, 그 당시 김해나 경주를 포함한 경상도 지역은 '중국 유이민 특별거류지'와 같은 곳이었으므로 그를 따라온 불교도가 더 있었을 것이다.[43] 더구나 흉노 왕자인 김일제와 그 자손들은 중국에 있을 때 감천궁에서 계속 불교를 믿고 있었거나 불교에 대한 이해가 있었다. 그런데도 김수로가 부처에게 불법을 부탁하여 독룡毒龍[44]을 교화했다는 『삼국유사』 '어산불영' 편의 내용은 김수로가 토속신앙을 믿다가 나중에 불교를 받아들인 것을 알려주는 이야기라고 보는 견해가 있다. 주술로 막으려 했다는 구절 때문에 주술이 무당이나 기타 토착신앙이었다고 보는 주장이다. 하지만 이것은 김수로가 애초 불교도였고, 불교가 토착신앙보다 우월하다는 점을 표현하기 위해 끌어들인 이야기이지 김수로가 본래 토속신앙 외에 불교를 몰랐다는 사실을 전하기 위해 설정한 이야기가 아니다.

허 황후도 불교도였다

아울러 『가락김씨선원세보』에는 허황후의 남동생 보옥선인寶玉仙人[45]이 허 황후를 따라온 것으로 되어 있다. 이 역시 믿을 수 있는 내용이라고 생각된다. 장유화상長遊和尙이라는 이름으로도 불리는 이 보옥선사는 후에 두류산[46] 칠불암七佛菴으로 들어가 신선이 되었다고 하였다.

---

43. 이 시기 중국으로부터 쏟아져 들어오는 유민들을 처리하기 위해 낙동강 동편의 땅을 마한이 떼어주었기 때문이다.
44. 독룡이란 표현으로 보아 토착신앙을 가진 세력을 불교로써 교화했음을 암시하고 있다.
45. 보옥선사 또는 장유화상이라고도 한다.
46. 지리산을 이른다.

보옥선사라는 이름으로 보아 그는 애초 중국에서 도가道家 사상에 접했고, 나중에 불교도가 된 인물이었던 것 같다. 불교가 중국에 처음 전해진 시기에는 도가들이 불교에 심취했거나 불교를 전파하는데 기여했다. 초기에는 도가道家들이 불교를 크게 반대하였으나 결국 그들이 불경의 한역漢譯과 보급에 큰 역할을 했다. 현재 불경 가운데 도가적 성향이 짙은 구절들이 여기저기에 많이 보이는 것도 초기 불교를 수용하는데 도가들이 많이 기여했음을 확인할 수 있는 점이다.

장유화상기적비長遊和尙紀蹟碑에서 "화상의 성은 허씨이며 이름은 보옥이니 아유타국 임금의 아들이라. 만년에 가락駕洛의 왕자 7명과 방장산方丈山[47]으로 들어가 부처가 되었으니 지금 하동군 칠불암이 그 터이다"라고 한 내용 역시 허황후 남매가 불교도였음을 강조한 이야기이다. 더욱이 『가락김씨선원세보』에 '우리나라에 최초로 불교를 포교하시고 일생을 마치셨다'고 한 것이나 조선시대 승려 증원證元이 쓴 『김해읍지』 숭선전 신도비문의 "장유화상이 서역으로부터 불법을 받들어 와서 왕이 숭불崇佛한 것은…초연한 정토淨土의 세계가 세상과 멀리 나누어졌다. 높은 중이 교화를 베푸니…"라고 한 내용도 마찬가지다. 또한 장유화상기적비에 "…빈도가 있는 곳이 장유암[48]인데, 장유화상이 길이 놀던 곳이라…질지왕에 이르러 장유암을 창건하고 화상의 진영眞影을 칠성각에 간수했다고 한다.…" 그리고 "돌배가 총령蔥嶺[49]의 말보다 빠르니 형과 아우가 동토東土의 객이 되었다. 형은 억만 년 생민의 시조요, 아우는 대천세계大千世界 불문의 시조다"(許斌)라는 내용도 장유

---

47. =지리산

48. 김해읍지에는 "장유암長遊菴은 김해부 서남쪽 30리 거리의 추월산秋月山에 있다"고 하였다. 불우佛宇라 하여 불사佛舍 즉, 사찰이었다고 전한다.

49. 파미르고원

화상과 허황후가 불교를 이 땅에 처음 전한 사실을 기린 내용이다. 이러한 유형의 이야기는 고려시대에 불교도들이 윤색한 것이어서 사실이 아니라고 보는 견해가 있다. 하지만 중국과 우리의 기록을 보다 자세히 살펴보면 기원후 1~2세기에 중국으로부터 이 땅에 불교가 전해졌을 가능성은 충분하다.

『삼국유사』 가락국기의 기록을 믿는다면 김해가야 허황옥과 김수로가 살았던 시기는 2세기 말 후한의 영제·헌제[50] 시대에 해당한다. 일연[51]이 가락국기를 남긴 배경에는 일차적으로 그가 가야계 김씨인 까닭도 있겠지만, 그보다는 김부식이 『삼국사기』에서 빠트린 부분이라든가 '가야사'를 남기기 위한 의도가 있었던 것 같다. 더욱이 불교도로서 김씨 가계와 허 황후에 관련된 이야기를 그대로 버릴 수 없었을 것이다. 또한 초전初傳 불교가 김해가야를 건국한 김수로와 허 황후로부터 시작되었고, 그와 관련된 자료가 사찰에 남아 있었기에 그것을 충실히 반영하되 고려시대까지 구전으로 전해오던 내용을 남기려 했을 것이다. 승려로서 사찰에 전해온 기록에 관심을 갖고 고려의 문인이 지은 가락국기를 수정하여 『삼국유사』에 실었을 것이라 짐작된다.

한편 『삼국유사』 금관성파사석탑 조에 "수로왕이 아내를 맞이해 150년 간 나라를 다스렸으나 그 당시 해동에는 아직 절을 지어 불법을 받드는 사례가 없었다. 아마도 상교(像敎, =불교)가 전해지지 않았고 이 땅 사람들이 받들지 않았기 때문에 가락국 본기에는 절을 지었다는 기록이 없다. 8대 질지왕 2년(임진년, 452)에 그 땅에 절을 짓고 또 왕후사王后寺를 지어 지금까지 여기서 복을 빌고 남쪽 왜를 진압했다"고 하

---

50. 靈帝(기원후 167~189년), 獻帝(기원후 190~220).
51. 一然. 속명은 김견명金見明이다.

여 파사석탑과 불교의 전래는 상관이 없음을 일연은 밝히고 있지만 이것은 일연이 오해한 것이다. 일연은 '사찰이 있어야 불교의 전래를 인정할 수 있다'는 입장이었던 것 같다. 그러나 초기 불교는 사찰이 별도로 있었던 것이 아니라 재가在家 불교의 형식이었다.[52] 그리고 뒤에 자세히 설명하겠지만 2세기에 김해가야 일대엔 이미 불사가 있었던 증거가 있다. 더구나 김수로 가계는 중국에 있을 때부터 불교를 알고 있었고, 뒤에 다시 허 황후가 건너올 때 불교를 가져왔을 가능성이 아주 많다. 그런데 이와 같은 초기 불교를 인정하지 않고 '가야 김수로의 후예인 신라 문무왕은 성한왕星漢王 김알지의 15세손으로서 성한왕의 제사를 받들었다'고 한 사실에 근거하여 "왜에 대한 적대의식이 한창 높았던 문무왕대에 김수로왕 개국신화가 만들어지고 불교적 요소가 추가되었다"고 보는 견해가 제기되었다. 하지만 이 주장에도 문제가 있다. 허황후 남매가 불교를 가져온 것은 사실일 수 있다. 다만 현재 허황후릉 곁에 남아 있는 파사석탑婆娑石塔[53]은 허황후가 불교를 전해온 사실을 강조하기 위해 불가에서 후일 조작한 것일 수는 있다. 그래서 『삼국유사』의 파사석탑 이야기는 토착 신앙을 불교가 대체하는 과정에서 각색된 것이며, 이와 같은 불교적 요소는 김수로 시대의 이야기가 아니라 7세기 이후 또는 고려시대의 윤색이고, 아래에 제시한 『삼국유사』 어산불영魚山佛影 조의 기록도 불교가 전통신앙을 압도한 사실을 반영하는 것이라고 보는 견해가 있다.

---

52. 한 예로 『삼국사기』 신라본기 법흥왕 15년(528년) 기사에 "…눌지왕 때 묵호자墨胡子가 고구려에서 일선군一善郡에 왔는데, 일선군 사람 모례毛禮가 자기 집 가운데에 굴을 파서 방을 만들어 편안하게 머물 수 있도록 하였다"고 하였으며 묵호자는 모례의 집에서 예불을 하였다고 한다. 이것이 바로 재가불교의 한 사례이다.

53. 일연의 『삼국유사』에 '금관성金官城의 파사석탑' 이야기가 있다.

"그 곁에 가라국呵囉國이 있었다. 옛날 하늘에서 해변으로 알이 내려와 사람이 되어 나라를 다스렸으니 그가 수로왕이다. 가라국의 땅 안에 옥지玉池가 있었는데, 그 못에는 독룡毒龍이 살았다. 이 독룡이 만어산(萬魚山, 삼랑진)에 있는 다섯 나찰녀羅刹女와 서로 왕래하며 교통하므로 때로 번개가 치고 비가 내려 4년이 지나도록 오곡이 영글지 않았다. 왕은 주술로 막으려 했으나 막지 못해 부처님께 머리를 조아려 설법을 부탁한 뒤, 나찰녀가 오계五戒를 받은 이후로는 해가 없었다. 동해의 어룡魚龍이 드디어 바위로 변하여 골짜기에 가득 찼는데, 각기 북과 경쇠 소리가 났다(이상은 고기의 기록이다.)"

앞에서 잠깐 설명했듯이 이것은 토속신앙을 주재하는 제사장으로서 김수로가 주술을 행한 것을 그린 내용이고, 여기에 등장하는 독룡은 김수로가 받들던 토착종교이므로 위 기록은 토착종교와 불교의 갈등을 그린 내용이라고 보는 주장이 있지만, 그렇지 않다. 김수로는 천군이나 제사장이 아니었고 토착종교를 믿지도 않았다. 그리고 어산불영편(『삼국유사』)에서 김수로와 불교를 연관 지은 것은 애초 김수로·허황후가 불교와 관련이 있었기 때문이라고 보아야 한다. 불교적 윤색이라면 왜 그것이 굳이 김수로와 관계를 갖게되었으며, 김수로가 머리를 조아려 부처에게 불법을 설법해줄 것을 부탁했다는 것일까? 이런 것들은 비록 그 당시에 불교가 널리 퍼진 것은 아니었으나 김수로와 허 황후의 시기에 가야 왕실의 주인들은 불교를 믿고 있었다는 것을 전하기 위한 내용이라고 보는 것이 합리적이다. 김수로가 부처에게 설법을 부탁하여 나찰녀가 오계를 받았다는 것은 김수로가 불교를 믿었다는 얘기의 다른 표현일 뿐이다. 비록 불사佛舍는 없었을지라도 어떤 형태로든 불교의식은 있었으며, 김수로와 허 황후가 불교를 믿었기에 후일 왕후사도 생기게 된 것이지, 불교와 아무런 관련이 없는

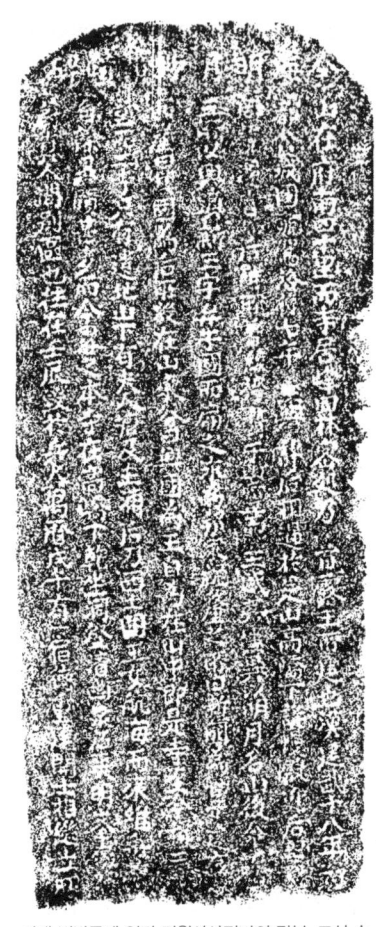

김해 범방동에 있던 명월사사적비의 탑본. 조선 숙종 33년(1707년) 현재의 부산 강서구 범방동에 세워진 것으로 높이 101cm, 폭 42cm이다.

김수로·허 황후를 불가의 승도僧徒가 터무니없이 꾸며낸 일이라고는 볼 수 없다.

 문무왕이 삼국 통일전쟁 이후 많은 이들의 영혼을 위로하려고 사찰과 불법을 일으키면서 김해가야의 김수로와 허 황후로 소급하여 불교적 윤색을 가했다거나 또 문무왕의 선조가 가야의 수로왕이니 이때 다소 과장하거나 윤색하여 김수로의 건국설화가 생겼다고 보는 설은 불교가 2~3세기 이전에 들어왔을 리가 없다는 전제에서 나온 이야기이다. 김수로·허 황후의 불교 관련 설화는 2~3세기에 있었던 일을 기록한 것이지 허 황후에 대한 불교적 설명이 후대의 윤색이나 터무니없이 생겨난 것이라고는 볼 수 없다. 그가 이 땅에 불교를 가져온 초기 전래자의 한 사람인 까닭에 김수로 및 허 황후와 불교가 기존 토착신앙을 압도해 나가는 것으로 이해할 수 있는 것이다. 당시 초전불교의 전래를 반드시 지금과 같은 사찰이 있어야 인정할 수 있다는 입장에 치우쳐 있다 보니『삼국유사』금관성 파사석탑조의 '가락국기에 절을 지었다는 기록이 없다' 거나 불교가 전해진 기록이 없다고 보는 이해가 지금까지 이어지고 있는 것이다. 비록 후대의 기록이기는 하지만 『가락김씨선원세보』의 장유화상기적비 내용은 같은 승려의 입장인데도 일연과는 전혀 다르지 않은가!

그런데 김수로·허 황후 시대의 불교를 알려주는 기록이 있다. 김수로와 허 황후가 합혼合婚한 곳에 세운 절이라고 전하는 명월사明月寺[54]를 중수할 때 허물어진 담장 밑에서 나왔다는 기왓장의 명문[55]이 그것이다. 이 기와에는 후한 순제 말인 기원후 144년에 해당하는 명문이 있었다고 한다. 1708년 승려 증원證元이 썼다고 하는 명월사중수비에는 "명월사를 헐고 다시 지을 때 담장 밑에서 기와를 꺼냈는데, 그 뒷면에 건강 원년(기원후 144년)이라는 연대가 있었고, 장유화상이 서역에서 불법을 받들어오자 왕(수로왕)은 그 도를 중히 여기고 불교를 받들었다.…"[56]는 내용이 있다. 이것은 2세기 중반에 이미 기와 건물 사찰에서 불교를 믿고 있었음을 알려주는 내용이다.

이처럼 명월사 구비舊碑에 명월사가 144년에 창건되었다고 한 기와의 내용을 통해 허황후 이전에 불교가 들어와 있었다는 사실을 명확히 확인할 수 있다. 아마도 김수로와 허 황후의 합혼이 이루어진 이 명월사 자리는 김시金諟 이후 김수로 시대에 낙랑이나 왜 등 외지를 드나들면서 사용한 거점이었을 수도 있다. 이렇게 보면 김해 대성동고분에서 출토된 청동제 바람개비 모양의 파형동기나 유자이기·용도불명의 동기銅器들은 초전初傳 불교의식에 사용된 것이었을 수도 있다는 생

---

54. 김해읍지에는 "김해부 남쪽 40리 거리에 있다. 명월산 아래에 구랑촌仇郞村 견조암見助岩 수참水站이 있어 왜의 사신倭使를 접견하던 곳이다"라고 기록되어 있다.
55. 健康元年甲申三月. 건강健康이란 연호는 후한에서 기원후 144년에만 사용하였다.
56. …重修時得瓦於更垣下背有健康元年○○○○○○字…且長遊和尚自西域奉佛法而來王之重道崇佛…

각이 든다.

아울러 그간 金이라는 성씨는 김해를 중심으로 한 가야의 제철 및 철무역과 관련하여 생겼다는 속설이 제기된 바 있는데, 이것은 사료 확인도 없이 마구잡이로 지어낸 이야기이므로 수정해야 마땅하다. 즉 모든 김씨는 금불상, 제천 금인金人을 만들어 세우고 불교를 믿던 초전 불교도였던 데서 비롯된 성씨므로 김씨들의 한국 이주는 곧 불교의 유입을 의미하며, 허황후 역시 불교도였다고 볼 수 있는 것이다. 김씨들은 자신들의 선조가 불교를 믿은 흉노 우현왕이라는 사실을 너무도 잘 알고 있었고, 당시 서안西安 감천궁에는 불상이 있어서 중국 황실과 많은 사람들이 불교를 믿고 있었다. 더구나 낙양洛陽에는 백마사白馬寺가 창건되어 중국 후한의 상류층에서 불교가 빠르게 퍼져나가던 때였다. 낙랑을 수시로 드나들던 김씨들 역시 당시의 중국 사정을 잘 알고 있었고, 불교에 대한 이해가 누구보다도 높았던 사람들이었다고 할 수 있다. 『삼국유사』 어산불영 편에서 김수로가 독룡을 교화했다는 것은 불교가 토착종교를 압도해가는 사정을 우회적으로 그린 것이라고 보는 게 타당할 것이다.

합천에는 모산가야가 있었다

가야소국의 위치, 재고해야 할 곳 여럿 있다

중국의 역사서 가운데 하나인 『삼국지』에 의하면 변진지역에는 모두 12개의 소국이 있었다고 한다.[1] 이들 12개 소국이 전기가야를 구성한 나라일 것으로 보는 견해도 있고, 이 외에 벽진국(성주)이나 비사벌국(창녕)도 한 때는 전기가야에 가담한 세력이었으리라고 추정하기도 한다. 일부에선 후기가야 소국 13국[2]을 따로 제시하기도 한다.[3] 후기가야 13국이 바로 고령 대가야와 함안의 안라가야가 남북 이원체제로 분열한 시기의 후기가야 연맹국들이라는 주장도 있다. 후기의 가

---

1. 그 명단을 들어보면 미리미동국(밀양)·미오야마국(창원)·접도국(칠원)·고자미동국(고성)·고순시국(산청)·반로국(고령)·낙노국(미상, 하동 악양으로 보는 견해가 있다.)·감로국(개령)·변진구야국(김해)·주조마국(함양)·안야국(함안)·독로국(부산)이다. 괄호 안의 지명은 지금까지 가야사를 전공으로 하는 학자들이 변진12국의 중심지로 추정하여 제시한 곳들이다.

야는 낙동강 서편으로 위축된 모습을 보이며, 이들 각 소국이 후기가
야 연맹을 결성한 시기는 540년대 이후일 것으로 관련학자들은 보고
있다. 그러면서도 걸손국을 단성丹城, 자타子他를 거창, 이열비爾烈比를 의
령, 산반해散半奚를 합천 초계草溪로 파악하고 합천 다라국[4]과 고성 소가
야를 대가야 연맹에 참여했다고 보기도 한다.

전기든 후기든 가야 사회가 맹주국을 중심으로 연맹을 맺고 있었다
는 자료로 제시한 이들 13국이 연맹에 참여했다는 확실한 증거는 없
다. 그러나 가야가 연맹체인지 아닌지의 문제는 접어두자. 무엇보다도
위에 제시한 가야 소국들 중에서 현재의 지명으로 추정한 것이 과연
믿을 만한가 하는 점에서는 적지 않은 의문이 있는 까닭에 그보다는
지명 비정 사례 중 몇 개를 지적한다.

먼저 독로국瀆盧國[5]의 문제이다. 현재 독로국을 부산 동래 복천동福泉
洞 일대에 있었던 가야 소국으로 보고 있는데, 그 이유는 동래東萊와 독
로국의 '독로'가 비슷한 소릿값을 갖고 있다는 점을 내세운 이론이다.
물론 이 외에도 왜와 가까운 지역이라는 점이 고려되었다. 그러나 동

2. 대가야(加羅國, 고령), 다라국(多羅國, 합천), 안라국(安羅國, 함안), 사이기국(斯二岐國, 의령 부
림), 졸마국(卒麻國, 함양), 고차국(古嵯國, 고성), 걸손국(乞飡國, 산청), 임례국(稔禮國, 의령),
탁순국(卓淳國, 창원), 탁기탄국(啄己吞國, 창녕 영산), 금관국(南加羅國, 김해), 자타국(子他國,
거창), 산반하국散半下國.

3. 이 외에 벽진국(성주)이나 비사벌국(창녕)도 한 때는 전기가야에 가담한 세력이었으리라고 추정
하기도 한다. 그러면서 후기가야 소국 13국을 제시하기도 한다. 이들 외에 상기문(上己汶, 장수
·임실)·하기문(下己汶, 남원)·사타(娑陀, 순천)·모루(牟婁, 광양)·상치리(上哆唎, 여수)·하
치리(下哆唎, 돌산) 등을 가야 소국에 추가하기도 한다. 물론 상기문·하기문·모루·상치리·
하치리는 『일본서기』에 전하는 이름이다.

4. 경남 합천군 쌍책면 성산리 옥전마을의 옥전고분군을 다라국왕과 지배층의 무덤으로 보고, 다
라리·초계·적중 일대까지를 다라국의 범위로 이해하는 것이 바람직하다고 본다.

5. 독로국의 한자 표기방식과 독로국의 존속시기가 2~5세기라는 점을 감안할 때 독로국의 '독
로'를 개음절開音節로 읽어서 '도구리'라고 봐야 하므로 포항시 도구리가 이 조건에 맞다고 생
각한다.

래라는 지명은 신라 경덕왕 때인 8세기 중반 이후에 고쳐 부른 명칭이다. 그 이전에는 거칠국 또는 거칠산국이었다. 그러나 신라가 이곳을 빼앗아 거칠산군居漆山郡을 두었다고 하였으니 거칠국이란 명칭도 가야시대의 제이름은 아니다. 『신증동국여지승람』에는 동래현을 "옛날 장산국萇山國이며 혹은 내산국萊山國이라고도 한다. 신라가 이곳을 취하여 거칠산군을 두었다"고 하였다. 다시 말해 복천동 일대의 가야시대 나라 이름은 전해지지 않는다. 하지만 동래가 독로국이라고 한 기록은 없다. 다만 가야 연구자들이 근거 없이 독로국이 동래의 거칠국이며, 두 지명은 같은 것이라고 추정하는 것이다. 그런데 이 독로국의 위치를 거제도로 보는 설이 있다. 왜와의 경계에 있다는 점에 비중을 둔 추론이다. 정약용으로부터 비롯된 것이지만, 거제도에 가라산加羅山이 있고, 왜와 인접해 있다는 점을 들어서 거제라고 본 것이다.

하지만 독로국은 동래 복천동이 아니라 경북 포항시 도구리로 봐야 한다고 생각한다. 瀆盧독로라는 한자를 빌려 썼으나 그것은 '도구로'의 차음표기였다. 그리고 "왜와 경계가 닿아 있다"[6]고 한 『삼국지』의 기록에 따르더라도 동래보다는 포항 도구리가 더 합당하리라고 본다.

다음은 탁순국 문제이다. 일부에서 대구 또는 창원 다호리로 보려는 시도도 있다. 그러나 다호리는 2세기를 끝으로 이미 그 중심세력이 흩어졌고, 김해나 다른 지역으로 흡수되었을 것이기에 대상에서 제외된다. 단순한 추정이지만 이 탁순국이라는 가야 소국은 후에 덕산德山이라는 이름으로 바뀌었을 것으로 짐작된다. 그러나 여기엔 문제가 있다. 영남 지역에는 '덕산'이란 지명이 여러 곳에 있다.

이 외에 탁국卓國을 경산시로 보는 견해도 있는데, 대구일 것으로 본

---

6. 其瀆盧國與倭接界(『삼국지』 위서 동이전 변진조)

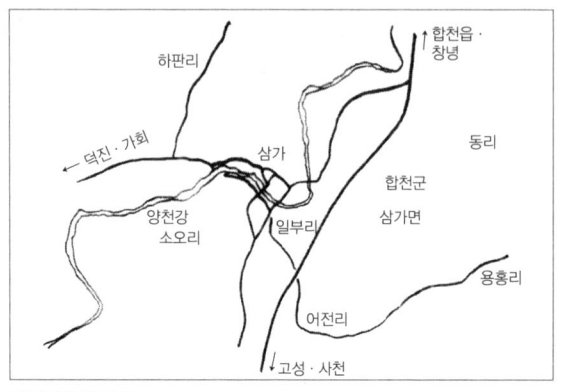

삼가지역 위치도.

다. 탁국은 달구불達句火 이후의 표기였다고 생각된다.

한편 임례국을 의령으로, 사이기국을 의령 부림이라고 보는 설에 대해서도 아직까지 어떤 반론이 없다. 그러나 사이기국을 부림이라고 보기보다는 합천 삼가三嘉로 보는 것이 좋을 것 같다. 이곳은 원래 삼기현三岐縣이었으나 신라가 차지하고는 경덕왕 때 삼기三岐로 바꾸었는데[7] 三支삼지의 다른 표기가 사이기斯二岐일 것으로 생각한다. '서이'[8]가 셋을 이르는 한계 토착어인 점을 감안하면 사이기국은 길이 셋인 마을, 즉 三路삼로의 의미였을 것이기에 삼가에 있던 가야 소국이 틀림없다고 본다. 삼가는 조선시대에도 매우 중시한 곳이었다. 단순히 향찰로 기록된 이름만을 살펴보더라도 외부에서 삼가로 진입하는 주요도로는 크게 세 가지가 있었음을 알 수 있다. 그것은 주변이 산으로 에워싸여 있으면서도 합천·산청·진주 등 어딘가로 이어지는 길목으로서 중요한 곳이라는 얘기가 된다. 신라가 사이기리는 이름을 삼

---

7. 『신증동국여지승람』
8. =스이, '셋'의 방언

기로 바꾼 배경에는 그와 같은 뜻이 있었을 것이고, 斯二岐國사이기국은 한계韓系의 소릿값을 담은 표기로 볼 수 있다. 향찰로 표기한 사이기국과 삼기 사이에 존재하는 의미나 소릿값 등 그 표기방식은 서로 일치한다.

변진 12국 중에서 구야국(김해)·안야국(함안)·고자미동국(고성)·미리미동국(밀양)·감로국(개령)은 지명 비정에 문제가 없을 것으로 본다. 그리고 접도국을 칠원으로 보는 데는 대부분 공감하고 있는 것 같다. 현재의 함안 칠원漆原은 신라가 빼앗아 칠토漆吐라 하였다가 나중에 칠제漆堤로 바꾸었으며, 접도와 칠토가 비슷한 소릿값을 갖고 있다는 데서 칠원이라고 추리한 견해이다. 하지만 이에 대한 반론으로서 거제 칠천량이나 고성 지역으로 보는 견해가 있다. 포상팔국의 하나였던 칠포국과 칠토·칠원을 동일한 이름으로 파악하려는 것인데, 어느 정도 설득력이 있어 보인다.

변진미오야마국은 합천의 묘산가야妙山伽倻!

그런데 변진12국 중에서 변진미오야마국은 어디에 있던 가야 소국일까? 이에 대해서는 아직까지 역사학계에서 전혀 파악하지 못하고 있다. 다만 위당 정인보[9]는 일찍이 미오야마국이 합천군 가야면 일대일 거라고 추론한 바 있지만[10] 정설로 받아들여지지는 않았다. 현재는 변진미오야마국[11]을 창원으로 보는 견해도 있지만, 그것은 인정하기 어렵다. 그런데도 이에 대해 강력한 거부감을 갖는 이는 별로 없는 것 같

---

9. 鄭寅普
10. 『담원전집』 정인보
11. 弁辰彌烏邪馬國

다. 미오야마국을 창원으로 보는 것은 당시의 표기법을 전혀 고려하지 않은 추정이며 옳지 않다. 경북 고령으로 보는 시각도 있다. 고령 반운리 일대에 있었다는 반로국으로 보는 견해도 있다. 모두 다 인정하기 어렵다. 그렇다면 미오야마국은 어디에 있던 소국일까?

이 문제에 관해 꽤 고민하였다. 그것은 彌烏邪馬미오야마라는 말 자체가 일본식 지명이라는 난처한 문제 때문이기도 했다. 가야시대에는 산을 야마ゃま라고 하였다는 점이 적이 당혹스러웠던 것이다. 물론 '구지가'에서 가미와 가메ヵㄨ를 거론한 바 있지만, 이런 것들을 과연 가야 사회가 왜와 밀접한 관계를 갖고 있었던 데서 생겨난 '교류'의 결과라고 이해할 수 있을까?『일본서기』등에 의하면 그 당시 이미 김해·부산·창원 등지의 경남 일대에는 한인과 왜인 사이에서 태어난 가라꼬韓子가 많았고 왜인과 한인(=변한인) 사이에 소송사건도 많았다고 한다. 하지만 그 당시에 영남 서부 지방에는 우리가 현재 일본어라 하는 말 체계를 갖고 있는 그룹이 별도로 있었다고 인정할 수밖에 없다는 생각을 갖게 되었다. 비록 가야의 소국이지만 한 나라의 이름이 일본어라면 그것은 왜인들이 한국 남부지방에 대거 이주하면서 생긴 것이 아니라 고대 일본어가 본래 한반도에서 발생한 것이라고 볼 수 있는 근거가 될 것이기 때문이다.

물론 이 외에도 한국의 고대 사회에서 황해도와 강원도 일부 그리고 호남과 충남·경상도 일부에 일본식 지명을 갖고 있는 곳들이 의외로 많다. 이것을 단지 왜의 영향으로 보기는 어렵다. 일본어가 이 땅에서 사용되었고, 그것이 일본으로 전해진 증거로 볼 수 있는 점이다. 서북 황해도로부터 낙동강 서편의 영남 일부 지역과 호남에 이르기까지 많은 곳이 일본어 지명을 갖고 있었다면 이를 어찌해야 하는가? 이들이 현재의 일본어와 동일한 왜 계통의 지명이라면 왜倭는 고대 한국인이 일본에 내려가 일본을 정복하고 세운 식민왕국이었다는 주장까지도 가능한 것이다. 이에 대해 고대 백제어 연구자인 도수희 선생은 '가라어와 백제어 사이에 동질성이 있으며 이는 가야-백제 사이의 친밀한 교류에 의한 것이었다'고 주장하였으며 그와 마찬가지로 백제와 일본의 잦은 교류에 의해 한반도에 일본식 지명이 다수 존재함을 인정하였다.[12] 하지만 나라 이름이나 지명은 그 땅의 주인에 의해 명명되기 마련이다. 외부로부터 들어온 외국인이 아무리 많다 하더라도 외국인이 남의 나라 이름을 지어 붙이는 일은 없다. 지명이나 나라 이름은 그만큼 주체성이 강한 동시에 보수성이 강하고 고집스럽다.

그러면 변진지역에 있던 미오야마국은 어디일까? 변진이 본래 영남에 있었으니 가야소국의 이름일 것이다. 답은 '미오'와 '야마山'에 있으니 간단히 풀어가기로 하자.

이 문제를 골똘히 생각하게 된 것은 변진미오야마국이란 이름이 기원후 3세기에 쓰인 중국의 『삼국지』에 보이고는 그 이후에는 나타나지 않기 때문이었다. 다시 말해 3세기에는 존재했던 가야의 한 나라였다는 것이다. 이 이름을 해석하기 위해 먼저 의미를 알 수 있는 야마邪馬는 분리해서 생각하자. 물론 『삼국지』가 나온 시점이 3세기 말이니까 한자의 소릿값을 후한대의 한자음으로 읽어야 한다는 기준에서 彌烏미오를 추리하자. 그리고 미오야마彌烏邪馬를 후대의 사람들이 어떻게 표기하여 전했을지를 알아내면 현재의 지명에서도 미오야마국의 위치를 쉽게 찾을 수 있을 것이다. 미오야마국은 다음과 같은 과정에 의해 전혀 다른 이름으로 탈색되었다.

---

12. 『백제어연구 Ⅰ·Ⅱ』, (재)백제문화개발연구원, 1987

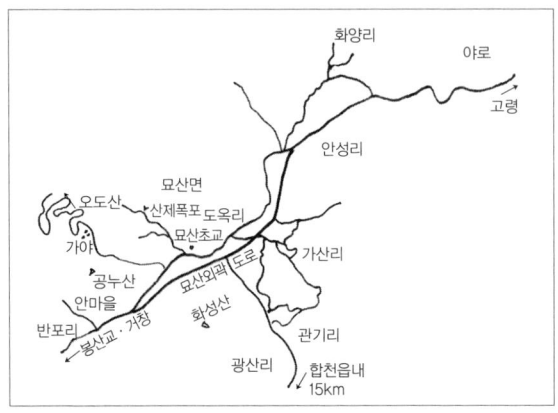

합천 묘산면 지역 개괄도.

㉠ 미오→묘(음운축약)→ '妙묘' 라는 한자를 차용.
㉡ 야마やま : 山산

위에 제시한 것처럼 '미오'를 짧게 축약하면 '묘'가 되며 이것을 妙라는 한자로 변환했다. 그리고 야마やま는 산이므로 둘을 합치면 묘산妙山이 된다. '미오야마'라고 하는 소릿값을 한자로 이처럼 교묘하게 치환한 것이다. 미오야마국彌烏邪馬國은 달리 표기하면 묘산국妙山國이었다.

'미오彌烏'란 말은 애초에는 분명히 좋은 의미를 갖고 있었을 테지만, 그 본뜻이 무엇이었는지를 지금에 와서는 알기 어렵다. '미오'의 소릿값을 묘妙라는 한자로 베껴낸 사람들도 그 뜻은 몰랐던 것 같다. 그것이 원래 어떤 의미였는지를 몰랐다는 것은 '미오야마彌烏邪馬'라는 지명을 짓고 사용한 주체와 묘산이란 지명으로 바꾸어 전한 사람들이 서로 달랐음을 말해준다. 그렇다면 묘산이라는 곳은 어디일까? 현재의 합천군 묘산면妙山面이다. 변진12국의 한 소국으로서 묘산에 있었으므로 말하자면 묘산가야이다. 묘산면소재지 인근에는 지금도 가야라고 불리는 곳이 있는데, 이곳이 과거 미오야마국의 중심이었을 것으로 짐작한다.

가야산의 정남쪽 분지. 그곳에서 보면 가야산은 참으로 묘한 산이라는 생각이 저절로 든다. 주변에는 야트막한 야산들이 있어서 겨울철 북풍을 막아주고, 따사로운 햇볕을 많이 받는 남향받이 마을이다. 거창의 남동쪽 황강 상류변에 있으며 황강변을 따라 봉산이나 대병 그리고 합천읍내로 나갈 수 있는 위치에 있는 산간마을. 현재는 합천호 상류 우측편으로서 합천군의 북단 마을이며, 이웃에 합천군 가야면이 인접해 있다. 북쪽으로는 가야면, 동북쪽으로는 고령 야로면이 있으며 그 남쪽으로 합천군 중심지가 있다. 묘산면의 서남쪽, 황강 상류를 사이에 두고 그 건너편에는 봉산면이 있으며 하류에는 대병면이 있다. 가야면이나 야로는 그 동쪽으로 30~40리 거리에 고령을 끼고 있고, 서쪽으로는 거창·산청 및 덕유산이 있는 데다 남쪽으로는 황강과 높은 산이 있어 외침을 피해 안정된 상태에서 성장할 수 있는 조건을 갖춘 곳이다.

말하자면 묘산국, 즉 묘산가야는 잊혀진 가야 중 하나이다. 3세기에 나온 『삼국지』에 변진12국의 하나로 기록되어 있는 나라였으니까 함안의 안야국이나 김해의 변진구야국에 버금가는 소국이었을 것이다. 그러나 이 세력은 아마도 일찍이 소멸되지 않았나 생각된다. 묘산면에 있는 가야라는 지명으로 미루어 짐작하건대 이곳에 있던 변진미오야마국은 가야면이나 야로 지역으로 이동했을 가능성도 있다. 5세기로 접어들어 고령 대가야에 병합되었을 수도 있다.

변진미오야마국이 전기가야의 명단에는 등장하지만 후기에는 보이지 않으므로 고령 대가야에 통합되었다고 볼 수도 있겠다. 합천읍내 북쪽에 있는 야로는 본래 신라 적화현赤火縣이었으나 경덕왕이 고령현에 편입시켰다고 하니 그 이전에는 고령과 별개였다고 판단할 수 있다. 묘산가야(미오야마국)가 전기가야연맹의 해체와 함께 멸망했으리라고 보는 견해가 있지만, 지금에 와서 진실에 다가갈 수 있는 효과적인 수단은 없다. 다만 묘산면 소재지에 남아 있는 '가야'란 지명과 미오야마국이 묘산가야妙山伽倻였다는 언어학적 추론 외에, 우리는 지금 변진 열두 나라의 하나였던 가야 소국 '미오야마국'에 대한 어떤 정보도 갖고 있지 않다. 다행히도 주변 지역에서 고령 대가야 양식의 토기와 유물 및 묘제가 확인되고 있으므로, 변진미오야마국(묘산가야)은 5세기 초를 전후하여 가야면으로 이동하여 야로 지역을 확보하고 곧이어 대가야를 차지하였거나 그와 반대로 고령 세력에 흡수되었을 가능성이 높다.

지금의 가야면과 야로면은 가야시대 미오야마국의 영역이었으나 뒤에 행정구역이 세분되었을 가능성도 있는 만큼 가야면까지를 변진미오야마국으로 보고자 한다. 참고로, 대병면 저포리에서 나온 가야 시대 단지 속의 下部思利之하부사리지[13]라는 명문 가운데 보이는 하부下部는 미오야마국이 고령 대가야에 편입된 뒤의 상황을 전하는 것으로 볼 수 있지 않을까. 황강을 사이에 두고 강 건너 봉산·대병면이 하부, 묘산과 현재의 가야면을 포함하여 고령지역이 상부였으리라는 생각이 든다.

현재로서는 묘산면 북쪽의 가야면에 자리 잡았던 가야 소국의 실체가 무엇이었는지는 모르지만 가야면 소재지의 매안리梅岸里 창마 부락에서 나온 매안리가야비[14]가 단서가 될 수 있다고 생각한다. 이 비에서는 '𣪘欫村四十人干支[15]라는 글자가 확인되었는데, 그 내용은 '신해

---

13. 之는 利일 수도 있다고 한다.

년 ○월 5일에 불함촌의 40인 간지'[16]라는 것이다. 40명이나 되는 촌주들이 모여 어떤 행사를 갖고 그를 기념하여 이 비석을 세운 것이다. 무엇을 어떻게 했는지는 구체적으로 알 수 없지만 이는 어떤 계기로 가야 소국 사이의 내적 단결을 유도하기 위한 것이었으리라 추정한다. 매안리 가야비가 세워진 신해년辛亥年은 531년, 471년, 411년 가운데 어느 하나일 것이다. 전각가 및 서예가들이 감정한 결과 서체는 북위의 해서체라고 하니 대략 5세기 이후 6세기 초 이전에 만들어진 것이라고 추정할 수 있으므로 411년과 471년 및 531년 세 가지 해가 모두 해당된다. 다시 말해 이들 연도는 시대적 상황을 감안할 때 모두 다 의미가 있는 해이다. 411년은 김해 가야가 멸망하다시피 한 직후이며, 471년은 백제의 입장에서 가야·왜와의 연합이 필요한 시기였고, 531년은 김해가야가 망하기 직전으로서 신라가 합천 옥전[17] 지역으로 진출하여 위기감이 높아가던 때이다.[18] 그러므로 전후 상황만으로 이 비의 제작년도를 확정할 수는 없다.

---

14. 1989년 5월, 김상현이 발견해 처음으로 알려졌다. 비의 높이는 265cm, 폭 56cm, 두께 35cm 정도이며 전면 1행 14글자 중에서 한 글자를 제외하고는 모두 해독했다. 맨 끝의 간지干支는 족장인 귀족 등을 일컫는 말로, 이것은 『일본서기』에 가야 여러 소국의 귀족층(君이나 왕자)를 가리키는 旱岐한기와 동일한 용어로 보고 가야 여러 나라의 왕자나 귀족이 모여 무엇인가 연합적 성격의 모임을 갖고 세운 비석으로 추정하고 있다.

15. =旱岐. 간지干支는 간干과 지支의 합성어이나. 이를 뒤집어서 지간支干으로 결합하면 신라의 관등 찬飡이다. 간지干支는 영일 냉수리비(지증왕 4년, 503년)와 울진 봉평비(법흥왕 11년, 524년)에도 나온다. 특히 냉수리비에는 일곱 명의 간지干支를 나열하고 나서 이들을 "此七王等共論"(이 일곱 왕이 함께 논의했다)이라 하여 7왕이라고 표현한 사례로 보아 '간지'는 본래 왕의 뜻이었음을 알 수 있다.

16. 辛亥年○月五日戱廿欠村四十人干支

17. 현재의 합천군 쌍책면 성산리.

18. 이 비석이 신라비인지, 가야비인지 애매하다는 견해도 있으나 고령을 포함하여 가야면 지역은 대가야 멸망 이전에 신라에 속한 적이 없으므로 가야비임은 분명하다.

그러나 묘산가야(=변진미오야마국)가 현재의 합천 가야면과 황강 건너 서편의 봉산면·대병면[19]까지를 그 세력범위로 하였는지 아니면 그와 별개였는지를 알 수는 없다. 황강을 끼고 있는 묘산면과 가야면은 고령에서 거창·함양으로 진출할 때 거쳐야 하는 길목으로 중요한 요충인 동시에 백제가 서쪽에서 고령 또는 합천을 거쳐 낙동강으로 진출하려면 반드시 거쳐야 하는 요지이다. 가야면 동쪽 4km 거리에는 대가야 말기 월광태자가 머물러 살았다는 월광리가 있고, 그곳에서 다시 동남쪽으로 4km 거리에는 야로면冶爐面이 있다. 합천 가야면과 고령읍의 중간이 월광리이며 합천 가야면과 고령읍은 동서 40여리 거리이므로 대가야 이전에는 가야면·야로면 일대에 별개의 소국이 있었을 만하다. 하지만 변진미오야마국이 고령 대가야에 속하는 소국이었는지 아니면 일찍이 김해가야에 병합되었는지는 알 수 없다. 아마도 그 문제는 앞으로도 풀릴 것 같지 않다.

다만 1천7백여 년 전의 묘산가야 상황을 보다 쉽게 이해하기 위해 주변 지역의 문화양상에 대해 잠깐 살펴보기로 하자. 먼저 합천 삼가 三嘉[20]에서는 수혈식 석실에 대가야 양식을 기본으로 하면서도 신라화된 토기가 출토되었으며(1981), 현재 합천호의 동쪽 상류 묘산면 송림리에서 발굴한 반계제磻溪堤 고분군은 대가야 수장급의 고분으로서 지산리 32호분처럼 단곽 순장묘였는데 그 안에서는 많은 양의 가야토기가 나왔다. 축소 모형의 농기구와 대가야권 제사용 토기인 원통형 기대가 출토되었으며 중반계·봉계리고분군을 비롯하여 저포리고분군[21]

---

19. 대평大坪·고현古縣·병목幷木을 합쳐서 대병면大幷面으로 하였다(『신증동국여지승람』)고 하였으며, 고현이 따로 있다고 한 것으로 보아 고현은 예전에 별도의 가야 소국이 있었던 곳이 아니었을까 생각된다.
20. 가야 소국의 하나인 斯二岐國사이기국이 있었던 곳으로 파악한다.

에서도 대가야 양식의 토기가 나왔는가 하면, 대병면 창리고분군에서는 대가야에서 신라로 넘어가는 과도기의 토기가 나와 역시 이들은 대가야의 영향권에 있던 지역이었음을 알게 되었다.

이 외에도 거창 말흘리, 진주 가좌동, 하동 고이리, 고성 율대리(2호분), 함양 상백리·손곡리, 산청 묵곡리 등에서 대가야 고분과 대가야 양식의 유물이 출토되어 고령 서부 및 서남부 지역이 모두 대가야의 영향 하에 있었음을 알 수 있었다. 뿐만 아니라 전북 남원 일대의 고분군에서도 대가야식 묘제에 대가야의 토기가 나왔고 전북 장수읍과 천천면 삼고리, 진안 월계리·황산리고분군[22]이 있는 지역도 대가야권이었다. 이것은 물론 5세기의 일이지만, 이런 배경에서 생각하면 거창과 고령 사이의 합천 가야면과 묘산면만 대가야권에서 제외되었다고 볼 수는 없을 것이며, 묘산가야는 5세기 초 가야면으로 진출했거나 야로 지역을 거쳐 고령으로 진출한 것이 아니면 고령의 영역에 편입되었으리라고 생각한다. 이런 측면에서 생각해 보면 가야 매안리비는 김해가야가 광개토왕의 고구려군대에 의해 초토화된 서기 400~407년경을 전후하여 김해가야의 실세들이 고령·합천(쌍책) 등지로 옮겨간 직후에 세워진 것으로 볼 수도 있겠다. 고령 대가야 세력을 중심으로 지금의 묘산면이나 가야면소재지 등지에 있던 가야소국의 지배자들이 단합된 힘을 보이기 위해 모임을 가졌던 것이라면 매안리비는 411년에 세워진 것이라고 볼 수 있으며, 그와 반대로 고령 세력에 저항하기 위해 모인 것일 수도 있겠다. 만일 531년 신라가 합천 옥전지역으로 진출하던 시기에 세워졌다면 대가야를 중심으로 각 지역 세력이 위기의

---

21. 경남 합천 저포리 E지구 제4호분에서 출토된 토기에 下部思利之하부사리지라는 글자가 새겨진 토기가 출토되었다. 6세기 중엽 이후의 유물로서 토기 양식은 대가야 계통이다.
22. 진안 용담면

식을 갖고 그에 대항하기 위해 연합한 것으로 이해할 수도 있겠다.

  그러나 지금으로서는 변진12국의 하나인 미오야마국이 전기가야에서 어떤 위치에 있었는지, 인접마을인 야로면·가야면 및 고령 세력과는 어떤 관계를 갖고 있었는지는 정확히 알 수 없지만 앞으로는 묘산면과 가야면 일대 유적 발굴은 물론 묘산가야妙山伽倻에 대한 연구가 새롭게 이루어져야 할 것이라 생각한다. 그리고 영남지방에서 가야 또는 가라 지명을 가진 곳이라면 그 마을의 규모와 관계없이 변진12국 또는 가야의 범위를 추출하기 위한 수단으로 활용해야 할 것이라 믿는다.

흉노인, 실크로드 장악하고 중국에 철기 전해

서역 26국 평정, 실크로드 장악하고 중국에 철기 전해

흉노족[1]의 발상지는 중앙아시아 일대로부터 중국 북방지역이다.[2] 흉노인들은 서쪽 카자흐스탄[3]에서 동쪽 키르키즈스탄[4] 그리고 중국 북방과 요하[5]에 이르는 넓은 지역에 흩어져 살았다. 그들은 일찍이 중국

---

1. 흔히 흉노에는 선비鮮卑·저氐·갈羯·강羌이 포함된다고 하지만 순수 흉노는 이들과 구분해서 불러야 한다. 이들은 실제로는 흉노와의 혼혈이기 때문이다. 강羌은 쉽게 말해 현재의 티베트인의 조상들이며 중국의 장족藏族은 이들 강족羌族과 연원이 같으며 그 뿌리를 흉노에 두고 있다. 갈羯은 고비다수高鼻多鬚라는 신체적 특징을 갖고 있다. 대략 지금의 영하회족자치구寧夏回族自治區 일대에 살던 종족으로서 이 역시 흉노의 별종이며 갈호羯胡라고도 부른다. 이들은 산서성山西省 일대를 중심으로 많이 살았으며 후일 이 지역을 돌궐이 차지하여 갈족의 피와 섞이게 된다. 아울러 흉노는 흉노 본래의 순수 혈통을 이르며 선비는 흉노 이외의 다른 종족과의 혼혈족을 이른다.
2. 그러나 중국에서는 지금의 내몽고 음산(陰山, =烏丸山, =大靑山) 일대를 흉노족의 발상지로 보고 있다. 틀린 것은 아니지만, 카자흐스탄~요서遼西 지역의 광대한 영역이 흉노의 본거지였으며 중앙아시아가 원래 흉노의 고향이라고 하겠다.

한대(漢代)의 서역도호부

대륙과 한국에 청동기를 전했으며, 기원전 4세기에는 알타이~중앙아시아에서 스키타이Scythai[6]인들로부터 받아들인 철기를 중국으로 갖고 들어왔다. 스키타이는 북방 유라시아의 대표적인 기마민족. 이들은 고

3. 수도는 아스타나. 원래는 악크몰라(하얀 무덤이라는 의미)였다. 알마티는 남부의 옛 수도이다. 1991년 초 고르바쵸프 승인 하에 발트3국과 우크라이나, 벨로루시, 아르메니아, 그루지아 등 백인계 공화국이 독립하였다. 그해 12월 공산 보수파의 쿠데타로 카자흐스탄, 우즈베키스탄, 키르키즈스탄, 투르크메니스탄, 타지키스탄 등 소위 '-스탄' 계 공화국 중에서 이란계인 타지키스탄을 제외한 나머지는 모두 투르크계(돌궐계) 나라로서 그 원류가 흉노와 관련되어 있다.

4. 수도는 비슈케크. 남서쪽 오쉬 가는 길로 나린강(시르다리야 강의 상류)이 우즈베키스탄까지 이어진다. 오쉬는 키르키즈스탄 남부 실크로드의 오아시스 도시이며 페르가나 평원 서쪽 끝에 있다.

5. 遼河. 遼는 멀다는 뜻이다.

6. 북방 유라시아의 대표적인 유목민족이다. 스키타이는 고대 페르시아계 민족으로 기원전 8~1세기까지 흑해 북방 초원지대에 거주하였으며 기원전 6~4세기에 전성기를 맞았다. 이들은 오리엔트 문화와 페르시아 문화, 고대 그리스 문화를 흡수하여 고유의 문화를 창출했으며, 이것을 동부 알타이 지역까지 전해주었다. 스키타이인들과 함께 그 뒤를 이은 흉노는 스키타이인들의 문화를 다시 중국과 한국에 전했다. 기원전 4세기의 파지리크 고분에서 출토된 스키타이계 공예품과 중국의 직물이 다량으로 출토된 것은 이 같은 배경을 설명해 준다.

대 페르시아 계통의 민족으로 기원전 8~1세기까지 흑해 북편의 초원지대를 무대로 살았으며, 기원전 6~4세기에 그 전성기를 맞았다. 스키타이인들은 페르시아 문화와 오리엔트 문화 및 고대 그리스 문화를 받아들여 자신들의 고유한 문화를 만들어냈으며, 이것을 동부 알타이까지 전했다. 페르시아와 그리스에서 들여온 장신구나 공예품을 중국이나 동방에 수출하고, 알타이 지방에서 나는 금이나 중국의 비단과 직물을 서방에 수출하는 중계무역을 했다. 이들은 흑해와 도나우(=다뉴브)강 및 볼가강 중류와 우랄산맥 남로를 경유하는 초원길을 장악하고 자신들의 무역권을 형성했다. 그런데 이들 스키타이로부터 서방의 문물을 받아들여 중국에 전하고, 또 중국의 문물을 서역에 전한 것은 흉노족이다. 흉노는 그 전성기에 대완大宛[7]·대하大夏[8]·월지月氏[9]·오손烏孫[10]·누란樓蘭[11] 등 중앙아시아(=서역)에 이르기까지 26개국을 평정하고 북쪽으로는 바이칼호·이르티쉬강, 서쪽으로는 아랄해, 남쪽으로는

---

7. 천산산맥 서쪽에서 시작하여 나린강을 지나 시르다리야 강은 아랄해로 흘러들어간다. 시르다리야강 상류, 페르가나 분지에 있었다.
8. 원래 박트리아를 대하로 보는 설이 있다. 그러나 카자흐스탄 일대까지로 본다.
9. "처음에 월지는 돈황~기련 사이에 거주했다. 돈황은 한나라 때의 사주沙州이다."(始月氏居敦煌祁連間 敦煌郡今沙州). 『괄지지括地志』에 이르기를 "양주凉州, 감주甘州, 숙주肅州, 연주延州, 사주(沙州, 현재의 돈황) 등지가 본래 월지국"이라고 하였다.
10. "대완에서 동북 2천리 거리에 있으며 흉노와 풍속이 같다. 궁수병이 수만 명이나 되었으나 흉노에 패해 그 속국이 되었디(『사기』)."고 하였으며 이와 함께 "강거康居는 대완 서북 2천리에 있으며 월지국과 풍속이 같다. 8~9만 명의 궁수병이 있는 나라"로서 대완의 인접국이었으나 나라가 작아 월지국의 속국이었다. 동으로는 흉노에 억눌려 있었다. 전한시대 오손에는 민가가 2만 채, 63만 명의 인구가 살았다고 한다. "장안에서 오손까지는 8900여 리나 되었고 수도는 적곡성赤谷城이었다. 원래 오손은 대월지와 돈황 사이에 있었으나 서역으로 옮겨갔다. 동쪽으로 흉노, 서북에 강거康居, 서쪽에 대완大宛이 있었다. 그 땅은 평지에 풀이 우거져 있으며 산에는 소나무가 울창했다. 비가 많고 추우며 물과 풀을 따라 목축하는 풍속은 흉노와 같다. 나라에 말이 많으며 부자는 4~5천 마리의 말을 갖고 있었다. 그러나 이리처럼 탐욕스럽고 신망이 없다"고 한 나라 사람들은 인식하였다. 소제9기원전 86~75) 때 유건劉建의 딸 유세군劉細君을 오손에 시집보내 이들과의 친교를 쌓았다.

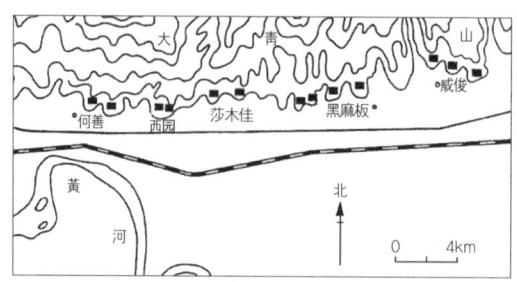

포두시 대청산(=음산) 석성 취락지 분포도.

중국 위수渭水·황하와 티베트 고원 그리고 동으로는 요하遼河에 이르는 광대한 제국을 건설했다.[12] 전성기의 흉노는 남러시아 초원 일대를 넘어 동유럽까지 그 문화를 직접 전파했다.[13] 기원전 4세기의 무덤인 파지리크[14] 고분에서 스키타이 계통의 공예품과 중국제 직물이 출토된 것은 이 같은 배경을 잘 설명해 준다. 이들은 전국시대 말기 청동기를 대신하여 철기를 사용함으로써 새로운 시대의 흐름을 주도했다.

중국의 역사는 바로 이들 흉노인으로부터 시작되었다. 『사기』와 기타 많은 사료를 추적해 보면 중국 역사상 첫 번째 왕조인 하夏[15] 왕조는 너무나 명백하게도 흉노인의 역사이다. 황하와 그 북방지역을 최초로 지배한 것도 흉노족이었으며,[16] 그 다음의 은殷[17] 왕조 또한 중국의 역사가 아니라 동이족의 역사이다.

11. 현재의 신강 약강현新疆 若羌縣. "선선鄯善의 나라 이름이 누란이며 장안에서 1600리(鄯善國名 樓蘭去長安一千六百里)"라고 하였다.(『후한서』)
12. 기원전 174년인 전한 문제文帝 6년에 중국 북방과 서역까지 통일했다.
13. 도나우강(=다뉴브강) 유역에 들어간 흉노족은 그곳에서 40~50여 년간 살다가 372년 동고트족East Gote을 쳐서 항복을 받아냈으며 곧이어 서고트족West Gote을 몰아내 드디어 민족 대이동을 일으켰다. 이렇게 해서 5세기 중엽 서북으로 발트해, 남쪽으로 도나우강, 동쪽으로 볼가Volga 강에 이르는 넓은 영역을 차지했으며, 이후 아틸라는 대제국을 건설했다. 기원후 4~5세기에는 흉노인의 일부가 헝가리 및 불가리아로도 들어갔다.
14. Pazyryk. 서아시아 및 유럽 스키타이 계통의 공예품과 직물을 비롯하여 중국의 유물이 함께 출토되었다. 이것은 모두 흉노족의 교역에 의해 이곳에 남게 된 것들이다.
15. 하 왕조는 禹우로부터 시작하여 마지막 왕 계癸에 이르기까지 17대(대략 기원전 2070~1700)로 보고 있다.

중국 북부지방

소위 삭방朔方이라 하는 황하 중류 이북, 그러니까 지금의 포두시[18]를 중심으로 한 음산산맥[19] 일대에서 확인된 기원전 2800~2300년 무렵의 신석기시대 석성들은 소위 삼황오제三皇五帝 시대의 흉노인들이 남긴 삶

16. 낙양洛陽의 낙수洛水와 이수伊水 사이에 있는 이리두二里頭 유적은 하 왕조의 궁성유적으로서 흉노족이 남긴 문화이다. 이리두 최하층 바로 위의 토층에서는 용산문화로 대표되는 은민족의 문화가 섞여 있어서 이 시기에 은과 하의 교류가 있었음을 알게 되었다. 서하동이西夏東夷, 서쪽의 흉노족인 하족과 동쪽의 이가 갈등과 융화 속에 만났음을 알려주는 증거이다. 1956년 서욱생徐旭生이 발굴을 시작해 유명해졌으며 1996~2000년 중국의 과학자와 역사학자 2백여 명이 하상주단대공정夏商周斷代工程, 1996~2000을 진행하면서 탄소연대측정법으로 이 유적의 연대를 계산했다. 그 결과 삼황오제시대 이후 하왕조의 시작을 기원전 2070년으로 결론지었다.

17. 상商이라고도 한다. 湯왕으로부터 시작하여 마지막 왕 제신(帝辛, =紂)까지 550여년(기원전 1600~1046) 동안 존속한 중국의 두 번째 왕조.

18. 包頭市. 한나라 때의 지명은 九原구원.

19. 陰山山脈. 음산을 대청산大靑山이라고도 부른다. 여기서 멀지 않은 곳에 오환산(烏丸山, =烏桓山)이 있다. 오환산은 탄한산彈汗山이라고도 부른다. 이곳에 근거를 두고 시작한 종족을 오환선비라고 부른다. 이 일대는 흉노 대선우의 본거지였으나 기원후 2세기 중엽 이후에 드디어 오환선비에게 넘어갔다.

의 흔적이며, 그 이후 내몽고와 하투(河套, 오르도스) 일대에서 출토되는 청동기도 모두 흉노인의 문화였다.[20] 하인夏人이라는 이름의 흉노인들은 기원전 20세기를 전후하여 청동기를 받아들여 매우 세련된 청동 기물을 만들어 썼으며 기원전 18~19세기에는 상당한 수준의 청동기 제작술을 확보했다. 하 시대의 청동기는 크게 예기禮器와 병기 두 가지로 시작되었다.

 기록상 하夏 왕조를 연 이는 우禹이고, 하의 마지막 왕은 걸桀이다. 하 이전은 소위 전설시대라 하는 삼황오제시대. 하 왕조의 창업자 우禹 임금은 황제黃帝의 현손玄孫이라고 하며 하 왕조의 마지막 왕 걸의 아들이 흉노 순유淳維이고, 순유로부터 기원전 3세기 말의 두만頭曼에 이르기까지 1천여 년이라고 사마천은 『사기』에 기록하였다.[21] 사마천은 하의 마지막 왕 걸桀로부터 1200여 년이 지난 뒤인 기원전 4~3세기에 흉노가 처음 등장한 것처럼 묘사하였다. 하지만 걸의 아들 순유가 흉노이니 걸 또한 흉노인이고 그 시조인 우임금도 흉노인이다. 하의 중심세력인 하족夏族은 모두 흉노족인 것이다. 걸의 아들 순유는 아버지의 후처, 즉 자신의 후모後母를 처로 삼았다고 하였으니, 이것 역시 흉노의 전통적인 보수혼을 말한 것이다. 그리고 『사기』 흉노열전 첫머리에 "흉노는 하후씨夏后氏의 후예"[22]라고 했으므로 하 왕조가 흉노인의 나라였음은 더욱 분명하다.[23] 또한 『괄지지括地志』에는 "하夏[24]가 무도하여 탕湯[25]

---

20. 흉노족이 이 지역에 남긴 많은 석성과 기타 유적 및 유물은 그 상한연대가 기원전 2900~2800년까지 올라가는 것으로 조사되었다.
21. 실제로는 1천4백여 년이 된다.
22. 이것은 하夏 왕조의 왕통 후손을 의미하는 것이다.
23. 匈奴 其先祖夏后氏之苗裔也(흉노는 그 선조가 하후씨이며, 하후씨의 후예이다).
24. 하夏의 마지막 왕 걸桀을 의미.

은주殷周 시기 중국 북방 황하 주변지명

이 명조鳴條에서 걸을 정벌하였고 그로부터 3년 뒤에 걸은 죽었다. 걸의 아들을 훈육[26]이라 하며 순유는 아버지 걸의 첩과 후처를 마누라로 삼았다. 북야北野로 피해가서 살았다…중국은 이들을 흉노라 일렀다"고 하였다. 또한 장안張晏은 "순유가 은나라 때 북변으로 달아났다"[27]고 하였으니 흉노가 북쪽 산서山西[28] 지구로 도망한 것은 확실하다. 기원전 16~17세기의 하는 은 왕조에 쫓겨 북으로 밀려난 정권이었다. 은

25. 하夏를 정복하고 중국의 두 번째 왕조인 은殷을 세운 임금. 탕왕이라고도 한다.
26. 葷粥. 이는 은나라 때의 흉노를 이르던 이름이다. 주周 왕조에서는 험윤獫狁, 진秦 나라에서는 흉노라 했다. "위소韋昭가 이르기를 한漢에서는 흉노라 하였으며 훈육은 그 별명이다. 순유淳維는 그 시조이다"(『사기』 권 110 흉노열전)라고 하였다.
27. …淳維以殷時奔北邊…(『사기』 흉노열전)
28. 산서 하현夏縣. 이곳은 오랜 세월 흉노의 중심이었다. 토방은 지금의 산서성山西省과 하북성河北省을 중심으로 한 북부지방으로, 이 일대는 원래 흉노족의 본거지였다. 은殷 왕조는 서북방의 견융犬戎과 북방의 흉노를 지속적으로 정벌하였으며 반경盤庚 때 현재의 하남성河南省 안양安陽으로 도읍을 옮긴 것도 북벌을 통해 정권을 안정시키기 위함이었다. 섬서성陝西省의 강족羌族을 비롯한 융적戎狄 또한 계속 정벌하여 노예화하였다. 포로로 잡은 강족을 제사의 인간희생물로 사용하는 사례가 갑골문에 많이 보이는 것은 이런 배경을 전해준다. 현재의 낙양 서쪽 섬서성 기산岐山 일대를 중심으로 성장한 주周는 강족과 연합하여 기원전 1046년 은殷 왕조를 멸망시켰다.

중국 하남성 은허유적 전시관.

의 복사ト辭에는 토土는 夏하이며 土方토방은 하인夏人이 살던 북쪽 지방이라고 설명하였다.[29]

하 왕조의 몰락과 함께 걸桀이 도망한 명조鳴條는 현재의 안읍安邑[30] 서쪽에 있었다. 황하의 서편에 안읍이 있는 까닭에 이 지역을 서하西河라 부르게 되었는데, 현재의 산서山西 하현夏縣[31] 일대가 서하에 해당하며[32] 하 왕조의 말기에는 이 지역으로부터 낙양 일대까지가 모두 흉노의 중심이었다.[33] 서안과 더불어 중국의 대표적인 고도古都인 낙양에는 하 왕조의 수도 이리두二里頭 유적이 있다.[34]

흉노인의 구분 기준은 국적이 아니라 혈통이다. 국적이야 맘대로 바꿀 수 있지만 혈통은 맘대로 바꿀 수 없다. 한국인이 미국인으로 국적을 바꿀 순 있어도 황인종의 특성을 버리고 백인이 될 수는 없는 것과

---

29. 토방은 지금의 산서성과 섬서성, 하북성 지역이다. 土토라는 한자를 사용하였으나 '토'라는 소릿값이 흉노어로 북쪽을 의미하는 것이었음을 나타낸 것이다. 이와 관련하여 된장국을 '토장국'이라고 하는 것이나 된장국의 '되'나 '토'는 모두 북쪽을 의미한다. 이 말은 은민족인 동이족과 선비족이 함께 사용했을 가능성이 있다.
30. 전국시대, 전국칠웅戰國七雄의 하나인 위국魏國의 도성이 이 안읍에 있었다.
31. 夏縣하현의 夏 역시 흉노인을 이른다. 순유가 도망한 곳이 이 일대로서 낙양에서 북쪽, 황하 남쪽에 있다.
32. 보다 정확히 말하면 지금의 산서성과 섬서성 사이에 있다.
33. 이 지역엔 주로 흉노와 적인狄人들이 살았다.
34. 현재의 낙양 낙수洛水와 이수伊水 사이에 있었던 하 왕조의 왕성. 기원전 21세기에 형성된 고대도시 유적이다. 20세기 중반 중국의 역사학자 서욱생徐旭生이 처음 찾아내 발굴을 시작했다.

같다. 흉노인과 흉노인이 아닌 사람 사이에 태어난 자식은 이미 순수 혈통의 흉노인이 아니다. 혈통과 신분을 매우 중시한 고대사회, 특히 흉노 및 선비 사회에서는 흉노인 아버지와 선

중국 하남성 은허유적 일대.

비 어머니 사이에서 난 사람을 철불흉노,[35] 선비족 아버지와 흉노 어머니 사이에서 난 사람을 탁발선비로 구분했을 정도로 매우 엄격한 혈통 분류기준을 갖고 있었다. 은殷·주周 시대에는 이런 기준은 더욱 엄격할 수밖에 없었고 흉노 위주의 하 왕조에서는 말할 것도 없다. 이런 점에서 보더라도 하 왕조의 마지막 임금인 순유가 흉노였다면 그 시조인 우禹까지도 모두 흉노인이며, 마지막 왕 걸桀과 그 아들 순유만이 흉노일 수는 없는 것이다.[36]

그렇다면 순유 외에 그 전부터 있어온 흉노인들은 다 어디에 있었다는 얘기일까?[37] 사마천은 걸왕과 순유 이전의 하 왕조 역사가 흉노인의 것이었음을 숨기고 싶었던 것이다. 실제 요서遼西나 내몽고 등지에

---

35. 北人曰胡父鮮卑母爲鐵弗匈奴(북인들은 흉노 아버지와 선비 어머니 사이에서 난 자식을 철불흉노라 했다.)

36. 서양에서는 흉노를 제국의 개념으로 설명하는 이들이 있다. 중국 내의 흉노 연구자들 사이에서도 흉노인을 돌궐계·아랍계 등으로 보는 여러 가지 견해가 엇갈려 있다. 흉노인의 형질적 특징은 우리와 똑같은 모습에 눈동자가 초록색이며 우리보다 체격이 크다고 생각하면 된다. 지금의 카자흐스탄, 우즈베키스탄, 키르키즈스탄, 아프가니스탄, 투르크메니스탄 등지에서 보는 초록눈을 가진 사람들. 그들이 바로 흉노인 원종에 가까운 사람들이며 몽고 반점을 갖고 있고 우리와 비슷한 정서를 갖고 있다. 또한 우리와 똑같은 씨름이 카자흐스탄을 중심으로 남아있다.

서 출토되는 하나라 시대의 청동기에는 유목민족인 흉노족의 색채가 짙다. 같은 청동기라 하더라도 하 왕조 시대의 청동기는 훨씬 유목민의 냄새가 짙다.

『사기』 흉노열전에는 흉노인이 두각을 드러내기 시작한 것은 기원전 4세기였다고 하였지만 앞에서 이미 설명했듯이 흉노가 역사의 무대에 등장한 것은 그보다 훨씬 이른 시기였다. 『사기』에서 황제黃帝 이전에 산융山戎[38]의 존재를 인정하였고, 음산산맥陰山山脈을 따라 오르도스 지역에서 기원전 29~23세기의 흉노 석성들이 발굴되었다.[39]

『사기史記』에 의하면 5제시대[40]의 마지막 당唐[41]·우虞[42] 이전에는 흉노족을 산융山戎[43]이라고 불렀다. 산융의 근거지는 황하 주변이었다. 낙

---

37. "음산陰山 동서 1천여 리는 초목이 무성해서 새와 짐승이 많다. 본래 모돈선우冒頓單于가 이곳에 의거했다"고 한 전한 원제 때의 기록은 선우정의 범위를 명확히 제시해 준다. 또한 "흉노의 한 종류로서 그것을 북적이라고 한다. 흉노를 하夏 왕조에서는 훈육(薰粥, 殯育으로 읽어야 함), 은殷에서는 귀방鬼方이라 불렀고, 한漢에서는 흉노라고 했다"고 한 진서晉書 북적흉노전北狄匈奴傳의 기록 등에서 흉노의 역사와 그 영역을 짐작할 수 있다.

38. 흉노는 시대에 따라 몇 가지 다른 이름으로 불렸다. 산융은 황제黃帝 이전 시대에 흉노를 가리키던 이름이다. 전국시대에는 주로 북경 동북 지역의 선비나 융적戎狄을 이르는 이름으로도 쓰였다.

39. 대표적으로 대청산 석성과 양성凉城 노호산석성老虎山石城을 들 수 있다. 남향받이 구릉 사면에 있으며 북쪽 성벽만 길이 600m 가량이며 면적은 약 30만㎡나 된다. 방형의 석성으로서 기원전 2800~2300년에 쌓은 것으로 밝혀졌는데 이 석성 외에도 양성 일대에서는 1백여 곳의 신석기시대 석성을 발굴했다. 소위 격(鬲, 또는 력)이라 하는 삼족토기三足器는 중국 북방에서 하족夏族들이 처음으로 창안한 토기로 보고 있다. 내몽고 동남부와 중남부에는 기원전 3,000~400년 무렵의 석성들이 많아서 이들은 소위 『노자老子』에 나오는 소국과민小國寡民의 시대에 만들어진 유적들이며 쉽게 말해 성곽국가 시대의 석성들이라고 할 수 있다.

40. 五帝時代. 중국 최초의 왕조인 하夏 이전에 있던 전설시대. 삼황三皇·오제五帝 시대라고도 한다. 그러나 이 시대는 전설시대가 아니라 실재한 시대이지만 그에 대한 정확한 기록이 없다. 근래 고고학적 결과로 이들 전설시대의 실체가 차츰 밝혀지고 있다.

41. 요堯라고도 한다. 도당陶唐, 도당씨陶唐氏라고도 한다.

42. =순舜. 흔히 순임금이라고 한다.

43. 북융北戎이라고도 한다. 주로 유주幽州 어양현漁陽縣 일대의 흉노를 가리킨다.

양~정주·하남성 및 현재의 북경을 포함하여 그 동북 하북성河北省 일대도 포함된다. "(황제가) 신농씨와 판천阪泉의 들판에서 세 번 싸워 세 번 이기자 치우蚩尤가 난을 일으키고 황제黃帝[44]의 명을 듣지 않았다. 황제가 여러 제후를 모아 탁록涿鹿의 들에서 치우를 잡아 죽였다"고 하였는데[45] 이는 치우가 신농씨를 지지했거나 신농씨와 같은 세력이었음을 알려주는 기록이다. 요堯임금 이전에는 흉노를 훈육葷粥, 주周 왕조에서는 험윤獫狁이라 하였으며, 진한秦漢 시대부터 흉노匈奴란 이름으로 불렀다[46]고 한다. 이들은 모두 훈·훈느의 표기이며 여기서 영어의 Hun이 생겼다. 다만 匈奴흉노라는 이름은 진한秦漢 이후

은의 옥기.

은의 옥기에 새겨진 귀면 문양.

---

44. 유웅有熊이라고도 한다.(黃帝號有熊-『사기』三代世家). 염제라는 이름으로도 불리는 신농씨와 탁록涿鹿에서 싸워 이긴 황제黃帝의 무덤은 북경에서 북쪽으로 멀리 떨어진 곳에 있었다. 원봉元封 원년(기원전 110년), 한 무제는 현재의 대동시大同市 운중현雲中縣 서북 1백여 리에 있는 오원五原·상군上郡 등 장성 북쪽의 선우대單于臺로 출정하여 흉노를 뒤쫓다 돌아오는 길에 교산橋山에서 황제에게 제사를 지냈는데, 황제총(黃帝塚, 황제의 무덤)이 있는 곳은 바로 상군 주양현周陽縣의 교산橋山이다. 이때 무제는 황제에게 어떤 염원을 빌었을까? 바로 이 상군은 진시황 이전까지는 중국 한족이 발도 들여놓지 못하던 흉노족의 땅이었다. 흉노인들에게는 안방이나 다름없는 노른자위 땅이었으며 상군上郡은 요서遼西 지역의 중심으로서 일종의 내지內地라 할 수 있는 곳이었다.

45. "치우를 제압한 뒤, 황제는 판천의 언덕(阪泉之阿)에 도읍을 정했다"(『사기』).

46. 『사기』 권 110 흉노열전 제50

한족의 입장에서 '무리가 많고 천한 노예'와 같은 이미지로 비하해 적대적인 감정을 표현한 용어로 볼 수 있다.

중국의 두 번째 왕조인 은殷[47] 나라 사람들은 기원전 1600년경부터 기존의 예기 외에 토기[48] 양식을 청동제 기물로 만들어냈다. 은殷 왕조에서는 은민족인 동이족과 흉노인인 하족夏族이 함께 문화를 일구었다. 은민족과 흉노족은 친하게 교류했으며 때로 갈등을 겪었다.[49] 그러나 이 시대에 흉노족이 어떻게 활동했는지를 자세히 전하는 기록은 없다. 흉노족의 일부는 은민족에 동화되었고 나머지는 북방과 멀리 고비사막 남북지역에서 활동했다. 이들은 러시아 남부 시베리아 미누신스크 지역을 수시로 오갔으며 기원전 11~12세기 이전에는 황하 및 대릉하大凌河 일대로부터 몽고·외바이칼·예니세이강 중류로 이어지는 문화의 교역로를 따라 오가며 교역을 하였다. 그것을 알려주는 대표적인 사례가 미누신스크 카라수크karasuk[50] 유적에서 나온 청동유물이다. 청동 단검이나 꺽창[銅戈]·투겁식 도끼·자귀 등은 몽고·바이칼 지역 및 중국 북방과 안양 은허殷墟에서 출토되는 것들과 똑같다. 그래서 중국에서는 이것을 은 왕조 시대 중국 북방 지역의 청동기가 흉노인들에 의해 전달된 것으로 파악하고 있다. 그 근거가 은나라 말기 무정武丁 시대의 복사卜辭[51]에 남아 있어 유물과 기록이 일치하는 것으로 파악한다. 이 복사

---

47. 하남성河南城 안양安陽으로 수도를 옮기기 전까지는 상, 그 이후를 은으로 불러야 옳다. 『죽서기년竹書紀年』에 반경盤庚이 안양으로 천도한 해로부터 무왕이 은을 정벌한(武王克商) 해까지 253년이라고 했으므로 이에 따르면 기원전 1299~1046년이 은殷이다.
48. 鬲(격 또는 력으로 읽는다. =삼족기)·정鼎·고觚와 같은 용기들.
49. 기록에 의하면 은왕殷王 무정武丁 때 흉노를 정벌하는데 3년이 걸렸다고 한다. 당시에는 흉노를 귀방鬼方 또는 토방土方이라 했다. 귀방은 북쪽을 가리키며 동시에 북방민족인 흉노족을 이른다.
50. 기원전 17세기~기원전 7세기 사이에 남시베리아~알타이 산악지역에 있었던 고대문화.

의 내용 중에서 "귀방(=흉노)이 멀리 날아갔다"는 구절이 있는데, 이것은 흉노 일부가 고비사막 너머로 옮겨간 사실을 전하는 기록으로 파악한 견해[52]가 있다.

이어 세 번째 왕조인 주周 역시 흉노인의 별종인 융적의 나라였음을 중국의 학계에서는 공식적으로 인정하고 있다.[53] 춘추전국시대 황하를 중심으로 한 중원中原과 북방 지역에는 막강한 유목민의 사회가 형성되어 있었으며 전국 말기에 시작된 진秦 장성의 축조는 이 같은 북방의 흉노인에 대한 대응책에서 추진된 것이었다. 흉노인들은 현재의 북경 주변과 그 서남지역인 정주鄭州, 낙양洛陽 그리고 남쪽으로 황하를 건너 제齊·노魯 지역에까지 내려가 살며 혼혈을 만들었다. 춘추전국시대 말 "산융이 연을 치니 연은 그 급한 사정을 제齊에 알렸다. 이에 제 환공桓公이 북으로 산융을 정벌하자 산융은 달아났다"[54]고 하였는데, 여기서 말한 산융 역시 흉노족을 이른다.[55]

전국시대 말 철기문화를 갖고 흥기한 흉노족은 강성한 힘으로 중국의 왕조를 압박했다. 그들은 기원전 3세기 이후 몽고 오르콘강을 중심으로 외몽고와 내몽고 일대까지 무대를 넓혀가며 북방의 강력한 실력자로 다시 부상하였다. 내몽고를 비롯한 여러 지역의 흉노 무덤에서 출토된 철제 화살촉과 칼·검·낫(철겸)과 같은 다량의 철기는 이런 세

---

51. "己酉卜 賓貞 鬼方易 亡囚 五月(기유일에 점을 치고 빈賓이 묻습니다. 귀방이 멀리 갈까요? 도망가고 없었다. 때는 5월이다.-저자 번역)"라는 복사를 근거로 든다. 鬼方易의 易 역은 '날아갔다'는 뜻이므로 흉노가 달아나 멀리 이동한 것으로 본다는 견해.
52. 烏恩, 「中國 北方靑銅器文化와 카라수크文化와의 관계」에서 인용.
53. 이것이 바로 희주융적설姬周戎狄說이다. 주 왕실의 성은 희씨姬氏이고, 혈통이 융적임을 밝힌 이론.
54. …山戎伐燕燕告急于齊齊桓公北伐山戎山戎走…, 「좌전左傳」선공8년宣公八年
55. 전한前漢은 한 무제 때인 기원전 1세기에 현재의 북경 서남지역에 있던 대군(代郡, 현재의 河北 蔚縣), 안문雁門 그리고 북경 서북편의 상곡上谷에 있던 흉노족을 밀어내고 드디어 이 일대를 차지했다.

력 판도를 반영하는 유물이다. 『사기』 흉노열전에 "흉노인들은 철제 병기를 사용하며 긴 화살弓矢·짧은 칼短刀·창과 유사한 정鋌을 비롯하여 경로도徑路刀란 칼이 있다"고 기록한 것은 일찍이 철기사회로 진입한 흉노사회의 실상을 전하는 내용이다. 흉노인들은 스키타이인들로부터 철기를 받아들여 동양 최초로 철기를 사용한 북방민족으로, 유럽의 청동기 또한 이들에 의해 요하와 황하지역으로 도입되었다. 그런데 청동기의 마지막 단계인 중국 전국시대[56] 또 다시 흉노족이 철기시대를 열고 강력한 실력자로 등장한 것이다. 흉노족은 제련과 야철기술을 발전시켜 각종 병기와 다양한 도구들을 만들어냈으며, 이 기술은 곧 중국 한족들에게 전해졌다. 진시황의 진秦이 망하고 전한前漢이 들어서자 유방(=한 고조)을 쩔쩔매게 했던 두만선우와 그 아들 모돈선우[57]가 있던 3세기 말~2세기 초는 흉노인의 철기가 본궤도에 오른 시기였다. 이후 기원전 1세기 중반에도 흉노인의 철기문화는 매우 발전되어 있었다. 이런 배경을 감안할 때 김해로 내려온 김씨들은 망명길에 오르면서 많은 수의 흉노인 제철기술자를 데려왔으리라 추정할 수 있다. 김씨들은 본래 중국에서 대단한 세력을 떨치고 있었으므로 제철·야철기술자는 물론 여러 분야의 공인工人들을 데리고 내려왔을 가능성이 많다.

한편 흉노의 명칭과 관련하여 각 시대별로 흉노를 이르는 말에는 여러 가지가 있었음을 앞에서 설명하였다. 중국의 고대 기록에 의하면 흉노의 뇬흉은 匈과 같은 글자이며 이것은 흉노의 말과 말안장 및 여

---

56. 중국의 경우 철기시대의 시작기는 기원전 4세기이다. 한국의 경우 초기철기시대를 기원전 3세기 이후 3백여 년으로 정했으나 최근에는 중국과 마찬가지로 기원전 4세기로 올려 보는 추세다.
57. 冒頓單于(기원전 209~174).

러 가지 마구 등을 이용해 주변을 정복해가는 흉노인의 정복적 특징을 상형한 글자라는 설이 있다. 그러나 한자의 생성원리와 내력, 그 의미를 중국 후한시대에 풀이해놓은 『설문해자說文解字』에 의하면 兇은 '어지럽다·두렵다' 는 뜻을 갖고 있는 말이라고 한다.

물론 이 외에도 "정서쪽 곤륜산과 구국狗國[58]이 바로 흉노"[59]라는 풀이가 더 있다. 이것은 흉노의 본거지인 구국狗國이 곤륜산 정서쪽에 있다는 말이다. 말하자면 흉노의 고향을 제시한 구절이라 할 수 있다. 그리고 갑골문을 바탕으로 두 명의 건장한 사내가 씨름하는 모습을 본뜬 글자로부터 兇흉이라는 글자가 생겼으며 兇이 곧 匈이라는 설이 있다. 또 흉노인들이 양떼를 기르면서 늑대의 피해를 입지 않기 위해 기르던 맹견에서 유래되었다는 설도 있다. 개를 숭상하였으므로 견융犬戎이 흉노의 다른 이름이라는 견해도 있다. 이 점에서 동이東夷의 하나인 견이犬夷[60]는 흉노와의 혼혈로 본다. 또한 개가 짖는 소리를 '匈匈흉흉'으로 나타냈다든가[61] 흉노인들이 새떼처럼 몰려오는 어수선한 모습

---

58. 狗구 즉, 개는 흉노 말로 구트야이므로 구국은 구트야국이라고 본다.
59. 『일주서逸周書』 왕회해王會解에 있는 기록으로, 구국狗國이라고 한 사실에서 견융은 본래 흉노임을 자연스럽게 알 수 있다.
60. 또는 獃夷로도 쓴다. 獃 자에 붙어 있는 犬(견, =개)이 흉노족을 나타낸다고 본다. 『삼국지』에도 견이는 견융犬戎을 이른다고 하였기 때문에 원래 9이九夷가 있던 산동반도에서는 일찍부터 용산문화의 주인공들과 흉노 사이에 혼혈이 발생하였음을 알 수 있다.
61. 흉노인들은 수렵을 하고 양떼를 기르는데 개를 사용하였고, 개를 매우 소중하게 여겼다. 흉노인들이 기르던 개는 붉은 색을 띠며 크고 사나운 맹견이었다. 당시 중국인들은 이 개를 흉견匈犬이라 불렀다. 흉노족의 표지적인 동물임을 의미한다. 한 마디로 匈흉은 곧 兇이었으며 凶이나 匈은 본래 개가 짖는 것을 의미하였다고 보는 설이 있다. 참고로, 흉노인들이 기르던 개는 사자개獅子犬였던 것 같다. 사자개는 진시황의 군대에서 싸움개로 썼다고 전해오고 있고, 진秦은 현재의 감숙성 천수시 진정秦亭에서 시작하여 서현西縣을 근거지로 한 융적戎狄이 중심인 나라로서 진시황의 나라 병사들은 흉노인의 전통 개를 싸움에 활용한 것이라는 얘기다. 더욱이 북위의 불교 이후 불화에 부처의 수호신으로 사자 외에 사자개가 등장하는 것으로 보아 불교를 처음으로 받아들인 흉노족에 의해 사자개가 불화나 탑 속에 자리 잡게 되었으리라고 본다.

흉노상방인匈奴相邦印에 보이는 흉노.

에서 흉흉이라는 말이 생겼고, 그것이 흉노란 말의 원류가 되었다고 보는 설도 있다. 실제로 도처에 흉노가 많아서 흉흉 또는 천하흉흉天下匈匈이란 말을 사용한 사례가 있다. "한 고조 8년[62] 승상 소하蕭何가 미앙궁未央宮을 지었다. 그러자 고조 유방은 짐짓 크게 노하여 천하가 匈匈흉흉하여 고전하기를 몇 해냐? 흉노와의 싸움에 승패를 알 수 없는 마당인데 어찌하여 궁실을 지나치게 화려하고 크게 짓는 것이냐"고 물었다. 한 고조는 세상에 흉노가 많다는 의미에서 흉흉이라는 표현을 쓴 것이다. 그러자 소하는 "천하가 아직 정해지지 않은 까닭에 궁실을 지어 무릇 천자의 위엄을 사해四海[63]에 보여야 한다"고 대답했다. 이듬해 미앙궁이 완성되자 고조는 크게 기뻐한 나머지 미앙궁 앞에 제후와 군신들을 모아놓고 술판을 벌여 크게 취했다는 기록이 있는데[64] 이것이 흉노가 많다는 의미에서 흉흉이라고 쓴 대표적인 사례이다.

그런데 『설문해자』와 은殷 왕조 시대의 복사卜辭에는 흉노를 가리키는 兇은 ㈜과 ㉓으로 등장한다. 이것은 본래 흉노가 씨름을 잘 하는 데서 유래한 것이라는 풀이가 나와 있다. 앞에서 설명했듯이 건장한 남자가 허리춤을 마주 잡고 씨름하는 데서 兇이란 글자가 나왔고, 그래서 兇은 곧 匈이며 지금의 한국씨름의 원류가 흉노에 있다는 것이다.[65]

62. 기원전 199년.
63. 사방. 세계라는 뜻으로 쓰였다.
64. 『사기』 한 고조본기

여러 가지 설 중에서 이것이 가장 정확한 해석이라고 할 수 있다. 실제로 객성장客省庄 M140호 흉노무덤[66]에서 출토된 동판銅版 속의 두 마리 말과 씨름꾼 두 명은 이를 증명하는 결정적 증거라고 할 수 있다. 그리고 현재 세계에서 우리와 비슷한 씨름이 있는 나라가 카자흐스탄과 몽고이다. 그들의 정서 또한 정감적이며 우리와 매우 흡사한 것도 참고가 된다. 그런데 엄격히 말하면 카자스흐탄 씨름과 몽고씨름은 우리와 다르다. M140호 객성장 씨름 그림과 갑골문에 등장하는 흉노의 씨름 글자는 샅바씨름을 의미하며 흉노의 샅바씨름을 이어받은 나라는 한국밖에 없다. 몽고인들에게도 흉노의 피가 전해졌지만 흉노인의 언어, 문화를 더 많이 물려받은 쪽은 오늘의 한국인이라 할 수 있다. 씨름 역시 흉노와 선비 두 종족이 우리 고대사회를 형성하는 과정에서 크게 영향을 미친 사실을 알려주는 유산이라 할 수 있다.

현재 길림성에 있는 고구려 고분으로서 각저총角抵塚과 무용총舞踊塚·장천1호長川1號 전실북벽 및 평양의 안악3호분에는 모두 각저도角抵圖가 있는 것으로 유명하다. 한 마디로 이들 무덤의 씨름벽화는 고구려의 그림으로 남아 있지만 씨름의 원류는 흉노에 연원을 두고 있다. 본래 황하 일대와 중국 대륙 북방에 널리 퍼져있던 흉노 고유의 씨름에

---

65. 갑골문 학자들의 연구에 따르면 지금까지 하남성 안양 은허殷墟 유적에서 나온 갑골문의 글자는 대략 16만여 자 남짓한데, 이 중에서 흉노인을 가리키는 흉이란 글자는 두 자가 확인되었다. 은대殷代 사람들은 흉노를 로 표기했다. 갑골문이라는 것이 원래 왕실의 기록문서에 해당하므로 이것은 은 왕실에서 흉노를 구분하던 글자이다. 흉노의 兇은 본래 '떠들썩하다(시끄럽다)' '흉하다'는 뜻. 匈과 같은 글자로서 두 사람이 서로 마주 잡고 하는 씨름을 상형한 글자라고 한다. 갑골문의 은 좌측에서 우측으로 여미는 흉노의 좌임左衽 복장과 씨름을 동시에 나타낸 합성자가 아닐까 하는 생각을 갖게 된다. 갑골문에서는 이처럼 서로 다른 글자를 하나로 합해서 만든 합문合文을 많이 사용하였다.
66. 정식명칭은 섬서 객성장陝西 客省庄 전국묘戰國墓 제 140호이며 얇은 구리판에 투조로 새긴 씨름 그림인데 이들의 눈동자는 초록색으로 표현되어 있다.

서 玁과 匈이란 글자가 유래했다는 설은 매우 정확한 해석이다.

　비록 문자가 없어 말로 약속을 하는 사회였으나 흉노인들은 하 왕조와 함께 기원전 21~19세기에 청동솥과 술잔 등 매우 창의적인 청동기물을 만들었으며 목축과 농업을 겸하면서 서서히 정착생활로 접어들었다. 드디어 문화라는 이름의 청동기를 바탕으로 낙양洛陽 이리두伊里頭에서 중국 최초의 강력한 고대 왕권국가를 탄생시켰으며 광대한 북중국과 중원中原을 지배했다.

　이후 기원전 3세기 드넓은 영역을 효과적으로 다스리기 위해 흉노의 최고 통치자 대선우大單于의 정권은 셋으로 나누어져 있었다. 흉노 대선우가 직접 다스리는 중부中部 선우정과 그 좌우의 좌지左地·우지右地가 그것이다. 대선우의 직할지로서 흉노 수뇌부인 선우정單于庭[67]은 지금의 내몽고 포두시와 탁극탁현托克托縣 일대였다. 그 남쪽 땅이 한의 대군代郡[68] 일대에 닿아 있었으며, 당시 고조선은 요하 서쪽 험독[69](왕검성)에 그 중심을 두고 있었다.

　흉노 중부의 좌측, 다시 말해 그 동쪽 땅인 좌지左地는 좌현왕의 통치영역이다. 좌현왕은 대선우의 태자가 맡았으며, 좌현왕의 중심지는 상곡군上谷郡[70] 동쪽 일대였다. 그 동쪽에는 예맥이 있었으며 예맥의 동쪽에 고조선이 접해 있었다. 흉노 선우정의 서부 지역은 우현왕의 통

---

67. 한나라 때의 오원군五原郡 고양현稿陽縣 일대. 지금의 포두시包頭市 일대로 보면 된다. 북쪽 고양현 서북편에 두만성(頭曼城, 두만선우가 있던 곳)이 있으며 이곳이 흉노의 수뇌부인 선우정의 중심이었다.
68. 지금의 하북河北 울현蔚縣 일대. 『한서』에는 대군을 차지했던 원래의 종족을 적견翟犬이라고 하였다.(翟犬者代之先). 이는 견이犬夷의 일종이며 흉노의 한 분파이자 흉노 및 흉노와의 혼혈을 포함한다고 볼 수 있다.
69. 險瀆으로 표기한다. 물살이 거칠고 험한 나루였던 모양이다.
70. 좌현왕은 상곡 동쪽에 살았다. 나중에 그 영역을 넓히면서 현재의 요령성 조양으로 이동했다.

치구역으로서 우지右地의 남쪽은 현재의 섬서陝西 유림시楡林市[71] 일대인 상군上郡에 닿아 있었으며 우현왕 통치영역의 서쪽에는 월지月氏·강羌[72]이 있었다. 쉽게 말해 돈황으로부터 장액·주천을 포함하는 광대한 지역[73]으로, 우현왕계의 통치권은 서역의 관문에 해당하는 곳이었다.

흉노의 최고권자 대선우를 흉노인들은 '탱그리고도'라고 불렀다. 하늘이란 의미의 흉노어 텡그리를 탱리撐犁[74]로 표기했으며 아들은 고도 孤涂라고 했다. 그러므로 탱리고도선우撐犁孤涂單于[75]는 하늘의 아들, 즉 천자天子란 의미이다. 중국이 황제를 천자라 일컬은 것은 이와 같은 흉노의 전통을 훔친 것이었다.

한편 흉노 사회에는 일찍부터 귀족과 평민·노예가 존재했다. 귀족 사이에서도 차츰 서열이 정해지고 성씨가 분화하였으므로 흉노 귀족 사회에는 성씨가 많았다.[76] 흉노의 대선우 자리는 연제씨[77]에게 세습되었다. 연제씨는 군사권과 정치적 실권 및 외교권 등 모든 대권을 행사했다. 대선우 아래에는 좌현왕과 우현왕이 있었으며 그 밑으로는 곡려왕谷蠡王이 있었다. 다시 그 밑으로 좌·우대장, 좌·우 대당호大當戶, 그 아래로 좌·우에 각기 골도후骨都侯를 한 사람씩 두어 정치를 보좌

---

71. 산서성山西省 영하寧夏. 이곳은 기원후 607년에 돌궐에게로 넘어간다.
72. 현재의 티베트인이 대표적인 강족羌族이다.
73. 감숙성 및 섬서성 일부 포함.
74. 흉노어 '텡그리'의 한자 표기. 최남선은 『육당전집六堂全集』「단군소고」에서 이 텡그리로부터 당굴Tangul·단군이 나왔다고 보았다.
75. 실제로 표기한 소릿값은 '탱그리고도선우'이다. 이는 하늘의 아들이라는 뜻의 흉노어이다. 천자天子라는 중국의 용어는 흉노인으로부터 생긴 개념이다. 다른 말로는 천강선우라고도 한다. 1955년 내몽고자치구 포두시包頭市 소만김灣의 한 흉노 주거지 유적에서는 천강선우 와당天降單于瓦當이 출토되었다. 직경 17.1cm의 이 와당에는 天降單于란 명문이 있었다. 천강선우天降單于는 '하늘에서 내려온 선우'란 의미로 하늘의 아들, 즉 천자였음을 보여준다. 포두시 일대는 소위 선우정이라 하여 흉노 천자의 중심이었다. 따라서 이 와당이 발견된 곳은 흉노선우가 있던 곳이었음을 알 수 있다.

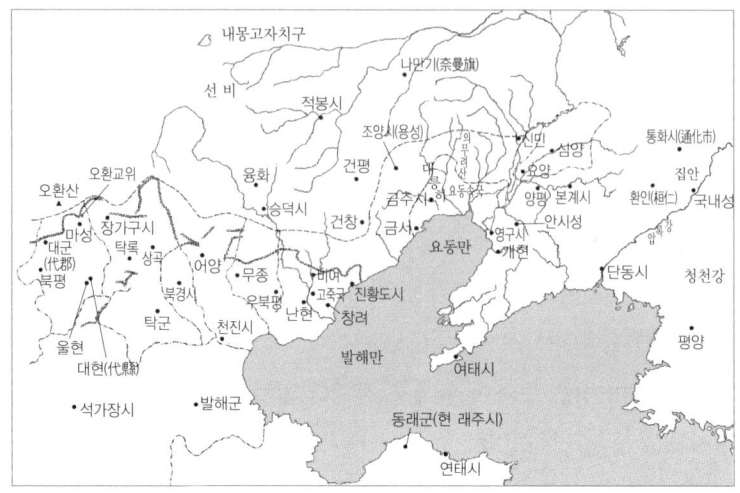

중국 동북지역

하도록 했다. 골도후는 씨족 귀족인 호연씨呼衍氏에서 비롯되었으며 호연씨가 좌측에, 수복씨須卜氏가 우측 자리에 앉아서 옥사·소송을 주관하며 구두로 선우에게 보고하고 안건의 결재나 기록하는 일을 맡았다. 이들 두 성씨는 흉노 사회에서 선우 다음으로 큰 권력을 형성한 씨족이었다. 호연씨가 중심이 된 좌골도후가 대성大姓으로서 정치를 보좌

76. 흉노의 피를 이어받은 선비족에게는 제법 많은 성씨가 있었다. 이를테면 탁발선비가 세운 위魏의 역사서인 『위서魏書』 권 113 관씨지官氏志에는 선비족의 주요 성씨가 올라 있다. 위의 황제를 포함한 황실에는 당시 10개의 성이 있어 이들은 100세대를 내려가도 서로 통혼하지 않는대(帝室爲十姓百世不通婚)고 하여 胡호·周주·長孫장손·奚해·亥해·伊이·丘구 씨를 북위 제실의 성씨로 내세웠다. 차혼씨車焜氏는 후에 차씨車氏로 성을 바꾸었고 보륙고씨步六孤氏는 후에 육씨陸氏로 성을 바꾸었다. 가지연씨可地延氏는 나중에 延氏언씨로 바꾸었고 질려씨叱呂氏는 呂氏려씨가 되었으며 出大汗氏출대한씨는 한씨韓氏가 되었다. 호씨屋氏는 호지우씨屋地于氏에서 바꾼 성이며, 반씨潘氏 또한 破多羅氏파다라씨에서 성을 바꾼 것이고 욱도견씨郁都甄氏는 나중에 견씨甄氏로 성을 바꾸었으니 후백제의 견훤이 선비족임은 의심의 여지가 없다. 이 외에 오환씨烏丸氏는 환씨桓氏로, 시루씨是樓氏는 고씨高氏가 되었으며 乙弗氏을불씨는 후에 乙氏을씨로 고쳐불렀는데, 우문宇文 모용씨慕容氏는 선제宣帝 때의 동부 성씨로 본래 을씨였다.

77. "선우의 성씨는 연제씨攣鞮氏이다."(『후한서』). 연제란 흉노어로 넓고 큰 모양(廣大之貌)을 이른다.

하였으며, 수복씨가 판결한 결과를 사안의 경중에 따라 구두로 보고하는 구백선우口白單于가 따로 있었다. 연제씨는 후일 선비 선우의 성씨인 呼延氏호연씨[78]로 이어졌다. 이들 중에서 대선우 아래의 좌·우현왕과 좌·우 곡려왕의 정치력이 가장 컸다.

이 외에도 란蘭씨와 같은 지배부족도 있었다. 호연씨·란씨·수복씨는 흉노의 대표적인 3대 귀족성이었는데, 여기에 오락란씨烏洛蘭氏를 추가하여 흉노 4대 귀족성으로 말하기도 한다. 수복須卜씨는 본래 흉노 후부인後部人으로, 나중에 복卜씨로 개명하였다. 한국의 복씨는 바로 이 흉노 3대 귀족성 및 선비족에 연원을 두고 있다. 복卜이란 글자로 짐작할 수 있듯이 수복씨는 원래 점복을 담당했던 부족이며 수복씨와 호연씨는 계속해서 흉노 선우와 혼인한 귀족성이다.

한편 발렬란씨拔列蘭氏라는 성씨는 나중에 양씨梁氏로 개명하였으며 흉노 추장인 곡슬라씨斛瑟羅氏는 나씨羅氏로 성을 고쳤다. 흉노와의 혼혈인 선비족에게는 질라씨叱羅氏가 있었는데, 이들도 나중에 나씨로 개명하였다[79]고 한 것으로 보아 현재의 제주 양씨라든가 나씨도 흉노 및 선비에 그 연원을 두고 있음을 알 수 있다. 마찬가지로 도씨都氏는 흉노의 추장 출신으로 현재 성주 도씨星州都氏는 본래 그 연원이 바로 이 흉노와 선비에 있다고 할 수 있으며, 어디까지나 막연한 추정이지만 혹시 성주의 가야시대 고분들은 이들과 관계가 있는 게 아닌가 생각해 보게 된다.[80] 진씨陳氏 역시 본래 흉노 후부인後部人으로서 원래는 고씨高氏였던 것으로 전하며 398년[81] 흉노 도기왕 동강董羌이 그 부락과 백성을 이끌고 중국에 투항하였는데, 이 동씨董氏도 흉노의 도기왕[82]가

---

78. 호연씨는 수복씨와 계속 혼인하였다.
79. 『위서』 관씨지

계이다. 1970년대 초반 경주 천마총[83]에서 나온 많은 부장품 가운데 목제 칠기 잔이 있었다. 이 잔盞의 바깥 면에는 董동이란 글자가 먹으로 쓰여 있는데, 지금까지 이것이 무엇을 뜻하는지를 해석하지 못하고 있다. 흉노인 동씨董氏가 신라로 들어와 경주에서 상당한 세력을 형성하였으며, 이들이 천마총의 주인을 위해 장례품을 바친 것이라고 볼 수 있으므로 동씨는 신라의 귀족성이 아니었을까 생각된다.[84]

흉노의 지배층은 정월에는 24장長을 중심으로 흉노 대선우의 선우정에 모여 소회小會[85]를 가졌다. 좌현왕과 우현왕[86]의 통치에 대한 보고를 받는 동시에 전반적인 지침이나 명령을 주고받는 일종의 수뇌부 회합

---

80. 이 외에도 기근씨奇斤氏는 기씨奇氏, 구림씨丘林氏는 임씨林氏, 온분씨溫盆氏는 온씨溫氏로 바뀌었으며 걸부씨乞扶氏는 부씨扶氏로 성을 바꾸었다. 이 가운데 상당수가 한국의 성씨로 남아 있다. 한국의 성씨 가운데 희성인 호씨屬氏도 사실은 선비 호지우씨屬地于氏에서 나왔으며, 고씨는 시루씨是婁氏에서 나왔다. 경북 경산에 있었던 압독국의 실세를 설씨薛氏로 보는 설이 있는데, 이 또한 선비족의 질우씨叱于氏에서 나왔다(叱于氏後改爲薛氏). 또한 경남 사천을 관향으로 하는 반씨潘氏도 선비족 파다라씨破多羅氏에서 나왔고, 육씨陸氏는 보륙고씨步六孤氏에서 개명한 성이다.(『위서』권113 官氏志).

81. 원삭元朔 4년 5월.

82. =좌현왕

83. 자작나무 껍질, 즉 백화수피白樺樹皮로 만든 장니障泥에 천마天馬의 그림이 그려져 있는 무덤이어서 천마총이며, 청동정·청동초두·청동 말방울·금과 구슬 및 옥으로 만든 화려한 목걸이, 코발트색 유리잔과 같은 유물이 나온 곳으로 유명하다. 물론 금제 나비형 관장식(金製蝶形冠飾), 새날개형관장식인 조익형관식鳥翼形冠飾, 금팔찌, 금가락지, 금귀고리, 금제과대, 요패腰佩와 같은 지배자급의 유물이 나왔다. 이 외에 새 모양 칠기 잔이라든가 칠기찬합, 董동 자 먹글씨가 있는 칠기그릇, 알껍질, 장군형 토기 등도 나왔다. 이 천마총은 기원후 5세기 말~6세기 초의 무덤일 것으로 추정하고 있다. 이 시기의 신라왕으로는 20대 자비왕(458~478), 21대 소지마립간(478~499), 22대 지증마립간(499~513), 23대 법흥왕(513~539)이 있다. 소지왕은 아들 없이 500년에 사망했으며 지증왕은 514년에 사망했으나 재위 중에 순장을 금지했다. 현재는 소지왕 또는 지증왕의 무덤일 것으로 보고 있다.

84. 신라의 지배층이 대부분 흉노인이었으므로 동씨 또한 흉노인이었을 것으로 추정된다.

85. 흉노인 지배층은 5월과 9월에 대회大會를 가졌으며 정월에는 소회를 가졌다.

86. 상군上郡으로부터 서쪽으로 월지와 저氐·강羌에 접해 있는 지역을 통치구역으로 갖고 있었다.

이었다. 흉노의 대선우가 있던 현재의 내몽고 포두시에서 동쪽으로 멀리 떨어져 있는 용성龍城은 좌현왕의 본거지였다. 용성은 현재의 요령성 조양朝陽이며 조양·금주錦州 일대와 서쪽으로 상곡上谷[87]까지를 아우르는 넓은 지역이 바로 흉노 좌현왕의 통치 구역이었다. 흉노 좌현왕은 상곡 동편에 거주하였다. 이 지역은 나중에 그대로 선비족에게로 넘어가게 되지만[88] 선비족에게 땅을 내어주기까지 이 지역은 선우정과 함께 흉노인들의 중요한 근거지였다.

흉노인들은 5월에는 용성에 모여 조상과 천지 귀신에게 제사를 지냈다. 『사기』 흉노열전에 "흉노인은 매년 세 차례의 집회를 가졌으며,[89] 이때 각 부족장은 함께 제사를 지내고 국사를 논의했다. 정월에는 여러 수장首長이 선우정에 모여 행사를 가졌으며, 5월에는 용성龍城[90]에서 대회를 갖고 조상과 천지 귀신에게 제사를 지냈다"고 하였다. 추정하건대 음력 정월의 대집회는 설날 또는 대보름 행사 같은 것이었고 음력 5월의 대회는 수릿날(단오)과 같은 것이었다고 볼 수 있는데, 바로 이 봄철 대회에서 흉노인들은 용신龍神을 섬겼다. 현재 중국의 상징물처럼 되어 있는 용은 본래 중국 한족漢族의 것이 아니었다. 선비를 포함하여 전통적으로 호胡라고 불리는 흉노족이 숭상한 대상이었다. 좌현왕의 통치 중심을 용성龍城이라고 부르게 된 것도 용을 섬기는 흉노의 5월 대회에서 비롯되었다.[91] 용 신앙이 중앙아시아에서 온 흉노족의 습속이었다는 사실은 "서방의 흉노는 모두 용신을 받들기 때문에

---

87. 원래 좌현왕의 중심은 여기에 있었다. 현재의 북경 북쪽 지역으로 탁록涿鹿과 탁수涿水가 여기서 시작된다.
88. 기원후 155년 선비족의 대선우 단석괴가 등장하여 선비연합을 구축하고 흉노가 차지했던 영역의 상당부분을 아울렀다.
89. 1월과 5월, 그리고 대림이라고 부르는 9월의 대회.
90. 전연前燕의 수도로서 지금의 금주錦州 조양朝陽.

5월의 대회가 열리는 곳을 용성이라 하게 되었다"[92]는 기록으로 명확히 알 수 있다. 이 기록에서 말하는 胡호는 흉노를 말하며 서방西方이란 중앙아시아의 대하大夏[93]·대완 등의 모든 흉노인을 이른다. 5월의 대회에 이어 가을에는 대림蹛林[94]이라 하여 호구의 증감사항과 가축의 번식상황 등을 헤아리는 집회를 갖고 겨울에 대비하였다. 이 시기는 말이 살지는 계절로서 천고마비天高馬肥라는 말이 여기서 생겼다.[95] 흉노 선우 태자의 통치영역에서 가진 이러한 집회를 통해서 흉노 왕권의 상속과 통치방식을 엿볼 수 있다.

흉노선우 바로 아래 좌현왕과 우현왕은 지방의 최고장관에 해당했다. 흉노 대선우大單于 아래 좌현왕은 권력과 지위가 가장 높아 통상 태자가 좌현왕을 맡았다. 선우의 뒤를 이을 후계자인 좌현왕을 우현왕보다 우위에 둔 것은 흉노인의 좌측 숭상과 관계가 있다. 흉노인들은 남쪽을 앞으로 생각하고 북쪽을 뒤로 인식하였으며, 서쪽은 우측이고 동쪽이 좌측이었다. 좌측 동쪽이 태자 동궁의 방향인 점은 조선시대에도 그대로 이어졌다. 조선시대 우의정·좌의정 체제 또한 바로 이 흉노의 전통에 뿌리를 두고 있으며 지배층이 부여·선비족이었던 백제

91. 『후한서』 남흉노전에는 "흉노의 풍속에 해마다 세 차례 용을 섬기는데 정월, 오월, 구월 술일戌日에 천신에게 제사지낸다."(匈奴俗 歲有三龍祠常以正月五月九月戌日祭天神)고 하였다.
92. …西方胡皆事龍神故名大會處爲龍城(『삼국지』 오환선비전). 이 기록에서 '서방의 흉노'라고 한 것은 대단히 중요한 기준이 된다. 중국 황하 이남지역까지도 흉노인들이 많이 흩어져 있던 시대의 기록이지만 서방 즉, 지금의 중앙아시아 지역에 있는 흉노인들이 용신을 믿었으며 그들에 의해 용 신앙이 중국에 유입되었다는 것이다. 이 용 신앙은 나중에 선비 및 오환선비에게도 그대로 전승되었다.
93. 원래 흉노족의 고향이자 발상지인 중앙아시아 카자흐스탄과 현재의 우즈베키스탄 북부 일대로서 주로 아랄해 동편 지역을 이른다.
94. '숲을 밟는다'는 의미를 갖고 있는 말이므로 아마도 낙엽이 지는 이 시기부터 사냥을 시작한다는 상징적인 의미에서 치러진 일종의 사냥대회가 아니었을까 짐작된다.
95. 『사기』 흉노열전에 말이 살찌는 가을에 대림이라는 대회를 가졌다고 한다.

에서도 좌현왕과 우현왕 제도는 그대로 시행되었다.[96]

흉노인들은 아침에 일어나면 동쪽에 뜨는 해를 바라보며 경배하였고, 해가 질 때도 서쪽을 바라보고 태양을 섬겼다. 전쟁을 하더라도 달이 찰 때를 기다려 진격하고 달이 기울면 퇴각하였다. 기병의 배치도 말의 색깔에 따라 서쪽에는 백마白馬를 배치하였고, 동쪽에는 청마靑馬, 남쪽에는 적마赤馬 그리고 북쪽에는 흑마를 배치하였다. 그래서 때로는 그것으로 말미암아 작전이 노출되는 경우도 많았다. 흉노인은 전쟁 중에 사로잡은 포로는 전사 자신의 노비로 삼는 규율을 갖고 있었다.[97] 사람을 포로로 잡으면 잡은 사람의 노비로 삼았으므로[98] 흉노인들은 전쟁 때면 다른 사람에게 뒤처질까 두려워 서로 전리품을 챙기기 위해 앞을 다투었다.[99] 따라서 흉노의 평민이 노예를 갖는 것은 일반적인 현상이었다. 다만 흉노 귀족은 평민보다 많은 노예를 소유했다. 흉노 귀족이 죽으면 가까이서 모시던 신하와 첩妾을 순장했다.[100] 한 번에 순장하는 사람 수가 수백 명에 이르는 경우도 있었다.[101] 1924년 외몽고 낙안산에서 출토된 흉노 귀족의 무덤 가운데 한 개의 묘실에서 17명의 순장자를 발굴한 바 있는데, 이것은 흉노족의 전통적인 노예 순장의 증거이다.[102]

---

96. 『송서宋書』 백제국 편에 "대명大明 2년(서기 458년) 백제 개로왕은 송宋에 사신을 파견, 자신을 비롯하여 장군이란 직책을 가진 우현왕 여기餘紀와 여곤餘昆 등을 책봉해줄 것을 요구하였다."는 기록이 있다.
97. 전쟁터에서 죽은 전사의 시신을 메고 오면 죽은 자의 재산을 모두 가질 수 있었다.
98. 得人以爲奴婢(『사기』 흉노열전)
99. 이와 같이 이익을 다투다 보니 이익이 있으면 새떼처럼 몰렸고, 불리하면 구름처럼 흩어졌다. 전쟁중에 잡은 포로는 누구나 노예로 가질 수 있었다.
100. 近幸臣妾從死者(『사기』 흉노열전)
101. 그러나 장례의식에 대한 상세한 설명은 없다. 다만 오환선비의 경우 망자를 '춤과 노래로써 보냈다(歌舞相送)'고 하였으므로 흉노의 장례 풍속도 이와 비슷했으리라고 추정해 본다.

흉노인들은 항상 검을 사용하였지만 평소에는 누구든 칼을 1자 이상 뽑으면 죽였으며[103] 도둑질한 자는 그 가족을 노비로 삼았다. 옥에 사람을 가두는 것은 길어야 10일이었으므로 한 나라의 죄수가 불과 몇 명에 지나지 않았다. 젖을 떼면서부터 말을 타기 시작해 어린 아이들도 능히 말을 타고 새를 쏘아 잡았으며, 다 자란 아이는 새와 짐승을 잡는 것을 생업으로 삼았다. 젊은 사람이 기름지고 맛있는 것을 먼저 먹고 나면 노인이 그 다음에 먹는 것이 흉노의 습속이었다.[104]

흉노인들은 기원전 4세기 전국시대 말기에 이미 철기를 사용함으로써 새로운 문화 단계에 접어들었고 목축을 주요 수단으로 하여 대단히 번성했다. 목축은 말[105]·소·양을 중심으로 이루어졌으며 이들로부터 얻는 가죽은 의복에 주로 사용되었다. 크고 사나운 개를 길러 목축과 전쟁에 이용하였으며, 이 외에 낙타도 있었다. 낙타는 흉노인들이 서역과 긴밀한 관계를 갖고 있었음을 보여주는 것으로, 평소에는 짐을 나르는 운송수단으로 이용되었다.

흉노인들은 물과 풀을 찾아 유목생활을 했으며[106] 가축의 고기를 먹고 그 가죽으로 옷을 해 입었다.[107] 하지만 그들은 목축만을 한 것이 아니다. 상당한 수준의 농업을 하고 있었다. 흉노인의 농업관계 자료도 꽤 남아 있는 것으로 보아 농업의존도가 적지 않은 사회였음을 알 수 있다. 기원전 2~1세기의 무덤인 낙안산諾顔山 제23호 흉노 묘에서는 농

---

102. "흉노는 관곽棺槨을 갖추고 금과 은으로 장례를 지냈다."(『사기』 흉노열전)
103. 拔刃尺者死(『사기』 흉노열전)
104. (『사기』 흉노열전). 노인을 천시한 흉노인의 습속을 한족漢族들은 몹시 싫어했다.
105. 말은 종류가 많았으며 말 이외에도 당나귀, 노새, 버세 등이 많이 있었다.
106. 逐水草牧畜無定居(『사기』 흉노열전)
107. 食畜肉 衣皮革 皮氊裘(『사기』 흉노열전)

내몽고 오르도스 음산(陰山, =大靑山) 암각화.

작물 종자가 나왔으며 농구 및 농업과 관련이 있는 대형 도기도 나왔다. 그 당시 흉노인들은 속미(粟米 : 조)를 주로 재배했으며 『한서』 서역전(권 96)에는 소제昭帝[108] 때 오손공주烏孫公主가 한漢 정부에 글을 올려 "흉노가 기병을 보내어 차귀車歸[109]에 이르러 밭에 씨를 뿌렸다"고 보고한 기록이 있다. 이것을 보면 당시 흉노인들의 농업 수준이 상당했음을 알 수 있는데, 실제로 사마천은 『사기』 흉노열전에서 "흉노인들은 말·소·양을 많이 길렀으며 밭을 갈아 경작을 했다"고 기록하였다. 이것은 목축만이 아니라 농업도 흉노 사회에서 적지 않은 비중을 차지했음을 알려주는 내용이다. 흉노 사회의 농업을 뒷받침해 준

108. 전한 무제의 아들로, 그의 재위기간은 기원전 87~74년이다.
109. 현재의 중국 신강新疆 트루판 일대.

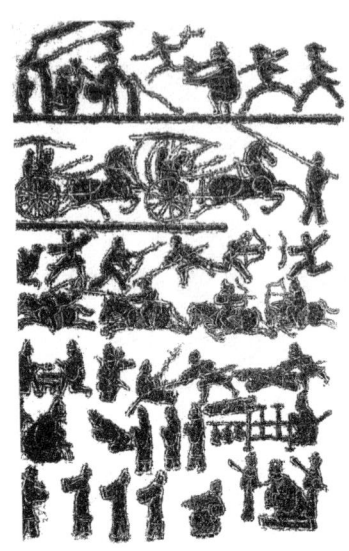
흉노와 한漢의 교전상황을 돌에 새긴 그림 (胡漢交戰畫像).

흉노와 한인漢人의 교전 및 노예를 바치는 그림(화상석).

것은 철제 농기구였다. 쇠낫과 같은 철제 농구를 사용하여 농업이 부단히 발전했으며 기원전 2세기 이후 농업은 흉노의 사회와 경제에서 상당한 비중을 차지했다. 흉노의 앞선 철기문화는 농업생산력을 높였으며 수공업을 발전시켰다. 수공업 중에서 야철업은 가장 중요했다. 이미 흉노인들은 기원전 3세기에 생산과 생활・군사 분야에서 철기를 주로 사용했다. 그들이 철기를 보급시키던 기원전 4세기 초에는 청동 제조기술을 야철업에 적용하여 철기를 제작했으므로 흉노 사회가 급격히 발전했다. 따라서 검과 같은 주요 병기 또는 칼이나 기타 용구는 철기로 대체되고 청동은 동령銅鈴[110]이나 동마銅馬・동경銅鏡・동작銅勺[111] 등

110. 청동방울
111. 청동술잔

과 같은 의기나 일부 생활용구에만 사용되었다.

흉노 사회에서는 도기 제조업도 꽤 발전되어 있었다. 낙안산 등지의 흉노무덤에서 출토된 도기陶器는 다양한 모양에 수량도 많았다. 또한 목제품으로서 궁시(弓矢, 활과 화살)는 흉노인들에게 주요 무기였다. 흉노는 대외 전쟁을 빈번히 치렀으므로 활과 화살의 소모량이 무척 많았다. 활과 화살은 모두 나무로 만들었다. 흉노는 활을 인궁引弓이라고 했는데, 말을 타고 달리며 활을 쏘아 짐승을 잡거나 적을 공격하는 솜씨가 뛰어나 중국인들에게 흉노인들은 대단히 두려운 존재였다. 그래서 중국인들은 활로 무장한 흉노의 병사를 공현지사控弦之士라고 불렀다. 공현지사란 마치 현악기의 활을 다루듯 능란하게 활을 다루는 궁수弓手라는 뜻으로 격을 높여 표현한 말이다. 士사는 본래 전사를 가리키며 공현控弦은 '활을 당긴다'는 뜻이므로 흉노인은 모두 궁수병이라는 얘기다.[112] 활과 화살은 군수용품으로서 그것을 제작하는 데는 매우 숙련된 기술과 경험을 요구하며 일정 규격에 맞아야 하므로 전문 장인이 만들었다. 지금의 내몽고 음산陰山[113] 및 감숙성甘肅省[114] 하서회랑河西回廊 일대는 모두 흉노인들이 목기木器나 활을 만들던 군수 기지나 다름없는 곳이었으며, 감숙성 장액시張掖市 일대는 흉노인들이 화살대 및 활과 같은 전쟁무기를 만들던 중심지였다.[115] 이 외에도 흉노인들은 전차를 만들어 군사용과 수송 및 일상 교통의 도구로 사용했다.

---

112. 화살촉은 기원전 4세기에 철제로 만들었으며 신호용 화살인 명적鳴鏑을 사용했다. 신호용 화살로서 명적을 사용한 것은 원래 흉노에게서 비롯된 것 같다. 모돈선우가 아버지 두만선우를 죽일 때 명적으로 신호를 내렸다.

113. 현재의 포두시包頭市에 있는 대청산大靑山.

114. 감주甘州와 숙주肅州를 합쳐서 감숙성이라 부르게 되었으며 감주의 중심은 장액張掖이고 숙주의 중심은 주천酒泉이다. 현재 총 12개 민족 1950만 명이 감숙성에 살고 있다.

115. 『한서』 권 94

이들 군사용 전차는 중국인들을 무자비하게 살육하는 수단이 되었는데, 전차를 타고 벌이던 흉노인들의 정복전쟁 모습은 한나라 때의 화상석畵像石에도 잘 남아 있다.

그러나 한편으로 흉노족은 한족과의 무역 및 교류 또한 대단히 중시하였다. 실크로드를 통한 서역과의 교역은 흉노인이 독점하였다. 이들이 중국인과 교역을 하는 것을 호시胡市라고 하였다. 흉노족이 실크로드를 장악하고 중국과 서역의 교역에서 얻는 이익은 막대했다. 한 무제가 주목한 것도 이와 같은 무역 이득을 흉노인이 독차지하는 것이었다. 한 경제景帝[116]로부터 무제 초에 이르기까지 흉노인들은 부단히 한족과 교류하며 교역을 했는데, "흉노는 선우로부터 모두 한과 접촉하며 장성長城 아래에서 왕래하였으며 장기간에 걸쳐 대규모 교역이 빈번했다"는 『전한서』의 기록은 흉노인들이 서역과의 교역을 독점하던 당시의 한흉漢匈 교류상을 잘 보여주는 자료이다. 이때의 교역은 실크로드를 쥐고 서역의 물자를 들여다가 한족에게 공급하던 흉노사회에 대한 설명이다. 이러한 교역의 중심에 김일제 아버지 흉노 우현왕계와 훈야왕계가 있었다.

형사취수 · 대처혼 · 사유재산으로 흉노사회 분화

대선우의 명령에 따라 흉노인은 기원전 174년에 서역을 정벌했다. 이로써 월지 · 누란 · 오손을 포함하여 서역 26국이 우현왕의 통치에 들어갔으며 이후 실크로드의 지배권은 월지국에서 흉노의 손으로 완전히 넘어갔다. 흉노인들이 서역과의 교역을 독점하여 얻는 이익은 막

---

[116]. 재위기간 기원전 157~141년.

대했다. 서역을 정벌하고 실크로드 지배권을 장악한 것은 중국 북방의 서쪽을 책임지고 있는 우현왕이었다. 이 우현왕계가 서역 여러 나라의 세금을 거둬들이고 한나라의 사신이 서역으로 가지 못하게 통제할 수 있었다. 장건이 1차 서역으로 갈 때 흉노에게 잡혀 10여 년을 보낸 것도 이런 배경 때문이었다.

그러나 장건이 다시 서역을 다녀온 뒤로 전한 정부는 서역의 여러 나라와 빈번하게 사신을 교환했다. 서역 여러 나라와 흉노 사이를 벌려놓으면서 흉노와 치열한 싸움을 벌였다. 실크로드를 누가 장악하느냐의 싸움이었다. 그러나 무제 원수元狩[117] 연간만 하더라도 전한 정부는 흉노에 대적하기가 어려웠다. 말의 숫자도 적고 서역의 한혈마나 천마가 아니어서 흉노에 제대로 대적할 수 없었던 것이다. 무제 원수 때 "한漢의 말이 적어서 마침내 흉노를 다시 공격할 수 없었다"[118]는 기록은 한의 기마騎馬가 열세에 있었음을 잘 설명해준다.

그런데 장건이 대완과 오손에서 받아온 말을 적극적으로 길러 군마를 늘리는 정책을 펴는 동시에 흉노 우현왕을 죽이고 훈야왕의 항복을 받아 중국 북서부 서역과의 교역 거점을 차지하자 흉노와 전한 정부의 위치는 뒤바뀌기 시작했다. 사실 흉노 대선우가 우현왕(휴저왕)과 훈야왕을 불러들여 죽이려 했던 것은 서역과의 교역에서 막대한 이익을 얻는 무역창구이자 서역의 흉노인이 지속적으로 오고갈 수 있는 통로인 실크로드를 잃은 데 대한 분노 때문이었다.

흉노인들은 전한 말기까지 3천여 년간 중국을 지배했다. 역사적으로 중국의 혼란과 분열은 거꾸로 흉노 사회에 도움을 주었다. 중국의

---

117. 기원전 122~117년.

118. 竟不復擊匈奴者以漢馬少

분열기인 기원전 4세기 이후 차츰 사유재산이 늘어나면서 흉노의 씨족사회는 점차 해체되었으며 귀족 및 그 세습권력이 나타나면서 사회 내부에는 분화가 일어났다. 빈번한 약탈전쟁 과정에서 씨족의 수장 및 군사의 수장은 많은 양의 재물과 노예를 소유하게 되었고, 넓은 땅과 월등한 권력을 형성해 높은 지위를 얻게 되었다. 이렇게 해서 부와 권력에 차등이 생기고, 지배층 내부에 더 많은 신분의 분화가 이루어졌다. 노예와 순장·다첩제·형사취수제는 흉노의 독특한 전통으로서 이 모든 것을 차지한 자는 흉노 사회의 최상층 그룹에 속해 있었다. 하지만 지배층의 서열은 더욱 복잡해지고 흉노 대선우와 좌현왕·우현왕 아래 신분에도 많은 분화가 일어났다. 그리하여 기원전 1세기부터는 선우 사회 내부에 분열과 다툼이 잦았다. 이것은 사유재산의 증가와 함께 흉노사회의 독특한 혼인제와 밀접한 관계가 있다. 흉노 사회는 일부일처제를 기본으로 하되 다첩제多妾制를 병용하였으므로 실제로는 일부다처제 사회였다.

흉노인들이 한흉漢匈 화친의 대가로 받은 많은 물자는 흉노 사회를 풍요롭게 했으나 한편으로 지배층의 긴장과 경계심을 이완시키고 기존 질서를 빠르게 해체시키는 요인으로 작용했다. 여기에다 흉노 귀족 사회는 본처와 후처 자식들 사이의 갈등과 다툼으로 통합이 어려웠다. 전한 정부가 강력한 중앙 집권국가를 추구한 것과는 달리 흉노 대선우는 그 좌우에 분권적 소왕小王을 거느림으로써 광대한 영역을 다스리기는 쉬웠으나 일사불란한 통제는 어려웠다. 농업생산에 치중한 사회가 아니라 약탈과 정복에 의존한 사회로서 목축 외에는 경제적 기반이 취약했고, 복잡한 혼인제는 귀족 사회의 효율적인 지배체제와 사회구조에 장애가 되었다.

"아버지가 죽으면 그 후취後娶를 처로 삼고 형이 죽으면 형수를 처로 삼는다"는 흉노의 독특한 습속은 한족들에게는 매우 혐오스런 것으로 간주되었다. 그것만이 아니었다. 흉노 사회에서는 대처혼도 유행했다. 자기 집에 손님이 오면 제 아내를 내어주는 습속으로, 이 같은 대처혼은 13세기까지도 성행했다. 원元 나라의 쿠빌라이는 흉노족의 이 같은 풍속을 매우 좋지 않게 여겨 법으로 금지시켰으나 자기네 전통습속을 금지한다 하여 크게 반발하는 바람에 그냥 다시 허용하게 되었다고 한다. 이런 사실은 감숙성 일대의 흉노인 후예들을 돌아보고 남긴 마르코폴로의 『동방견문록』[119]에도 자세히 그려져 있다. 그러나 흉노 사회의 가장 일반적인 혼인양식은 씨족외혼이었다. 동일씨족의 남녀 간에는 통혼하지 않았으며 씨족 대 씨족의 결혼을 기본으로 하였다. 이것은 선비 사회도 마찬가지였다. 선비족은 개구리나 곰·호랑이·말 등 동물 모양의 패식[120] 펜던트로 씨족을 나타내었고, 같은 문양의 패식을 단 이들은 결혼 대상에서 제외되었다. 흉노의 한 지파인 산융山戎은 개구리를 숭배하여 개구리 펜던트를 착용했다.[121] 부여의 금와金蛙설화는 이런 풍습을 반영하는 것이라고 볼 수 있다.[122]

---

119. 『마르코폴로의 동방견문록』(p.127~132, 로빈브라운, 도서출판 이른아침, 2006)에는 중국 신강성新疆省의 오아시스 도시 하미[哈密] 지역의 풍습에 대해 "여행자가 한 가정을 방문하면 그 집의 아내와 딸, 여자 형제, 친척 등 모든 여자들이 그 여행자의 어떤 요구에도 복종한다. 이곳의 여자들은 돈을 받고 여행자들에게 필요한 것들을 제공한다. 내 말은 남편이 자기 아내에게만 기대할 수 있는 부부로서의 권리와 특권을 말하는 것이다. 그러나 이곳에서는 이런 행동을 전혀 수치스럽게 생각하지 않는다. 오히려 지친 여행자들에게 이런 환대를 베풀면 신이 가족에게 영광을 내려준다고 믿는다…"고 하였다. 그러나 이곳 뿐 아니라 현재의 돈황·위구르·감숙성 지역에도 이와 같은 풍습이 있었다. 남송시대 홍호의 『송막기문』에도 위구르인에 관한 이런 습속이 기록되어 있다.

120. 牌飾. 팔찌나 요대, 목걸이와 같은 장신구.

121. 이런 사실은 중국 하북성 승덕承德 지구의 군도산軍都山 산융 유적에서 확인된 바 있다. 부부 합장묘에서 남녀는 반드시 서로 다른 동물문양 패식을 착용했으며 이런 패식은 가문을 대표하는 일종의 문장으로서 씨족 및 부족 중심의 고대 사회에서 족내혼을 금하고 족외혼을 유지하기 위한 수단으로 활용되었다.

아버지의 후처 및 형제의 처를 부인으로 삼는 혼인제도는 흉노 사회의 가장 큰 특징이었다. 그 하나의 사례를 보자. 기원전 31년[123] 호한야선우가 죽자 그 아들 복주루선우[124]가 대권을 쥐었다. 그는 아버지의 후처인 왕소군王昭君을 자신의 처로 삼았다.[125] 또한 기원전 18년 호연구제선우[126]가 죽고 그 아우 허려권거선우[127]가 뒤를 이었는데, 그는 호연구제선우의 처인 전거알씨[128]를 후처로 받아들이지 않고 그냥 과부로 내쳐 버렸다. 이 일로 전거알씨의 친정아버지 좌대차거左大且渠는 허려권거선우에게 원한을 품게 되었다. "아버지와 형의 처를 후처로 취하지 않으면 친속이 더욱 멀어지고 서로 죽였다"[129]고 한 기록[130]은 흉노사회의 독특한 혼인제를 잘 그린 것으로 볼 수 있다.

이처럼 아버지의 후처와 형제의 처를 아내로 삼는 것을 학술적인 용어로는 수계혼收繼婚 또는 보수혼[131]·수혼嫂婚이라고 한다. 하지만 아버지의 본처, 실제 어머니는 대상에서 제외되었으며 아버지가 아들을 죽이거나 아들이 아버지를 죽이는 일은 흔했어도 어머니만은 끝까지 공경하였다. 흉노인의 이 같은 보수혼은 여자에 대한 일종의 노후보장

---

122. 이에 대해서는 개구리 숭배를 우신雨神 숭배로 본 『談山戎族蛙崇拜』(沈軍山)와 『河北欒平縣后台子遺址發掘簡報』(欒平縣博物館) 등의 연구 및 보고서가 있다.
123. 전한前漢 성제成帝 건시 2년.
124. 腹株累單于
125. 현재 왕소군의 무덤은 과거 운중雲中이었던 내몽고 호화호특시呼和浩特市의 교외에 있다. 청총靑塚이라 부른다.
126. 壺衍月句鞮單于
127. 虛閭權渠單于
128. 顓渠閼氏
129. 不取其父兄之妻 親屬盆疎則相殺
130. 『사기』 흉노열전
131. 報嫂婚. Levirate

제라고 할 수 있으며, 다른 한편으로 후처는 증여·상속이 가능한 예속적 신분인 동시에 재물로 취급되었다는 것을 의미한다. 이러한 혼인 제도는 끊임없는 약탈과 정복전으로 전사戰士가 소비됨으로써 잉여분의 여자가 유녀遊女로 전락하여 사회문제를 일으키는 것을 막기 위한 방편이었으며, 여자와 그 자식까지 거두어 기르는 것은 하나의 사회 안전책이었다. 이는 마치 중세 서양의 길드사회에서 길드 한 사람이 죽으면 그 미망인과 자식들의 양육을 책임지는 것과 비슷한 시스템이라고 할 수 있다. 하여간 흉노 외에도 북방민족인 오손烏孫[132]·오환선비烏桓鮮卑[133]·돌궐·선비족 등에게도 이 같은 수계혼은 일반적인 풍속이었으며, 부여[134]나 고구려에서도 보편적인 혼인제였다.

유방과 한신, 미인계로 모돈선우의 포위를 풀다

중국의 전한前漢 정부가 흉노에 비해 얼마나 약한 정권이었는지를 알려면 한 고조 유방과 한신韓信이 치욕을 겪은 평성平城[135] 백등산 전투[136]를 살펴보면 된다.

---

132. 원래 오손은 대월지국과 돈황 사이에 있었다. 수도는 적곡성赤谷城, 중국 장안에서 8900리이며 호戶는 2만, 인구는 63만이었다고 한다. 비가 많고 추우며 산에는 소나무가 울창했다. 물과 풀을 따라 목축하는 풍속은 흉노와 같고 말이 많아 부자는 4~5천 마리나 갖고 있었다.(『후한서』)
133. 상곡上谷 새외의 백산白山 일대에 살던 선비인(『삼국지』 오환선비전). "오환선비인들은 모두 머리를 짧게 깎고, 사람이 죽으면 관을 사용했으며 슬퍼하여 곡을 했다. 노래와 춤으로 죽은 이를 보냈다(歌舞相送)"고 하였다.
134. "형이 죽으면 형수를 아내로 맞으며 흉노와 풍속이 같았다.(…兄死妻嫂 與匈奴同俗…, 『삼국지』 위서 동이전 부여조)
135. 현재의 산서성山西省 대동시大同市에 있다.
136. "삭주 정양현은 본래 한의 평서현이었다. 현 동북 30리 거리에 백등산이 있다. 산 위에 백등대가 있다."(朔州定襄縣本漢平城縣東北三十里有臺名白登臺-『사기』 고조본기)

전한 초기 흉노는 진시황의 진秦 나라에 빼앗긴 땅[137]을 수복하고 한족을 압박하면서 전성기를 맞고 있었다. 모돈선우 휘하의 40여만 명이나 되는 기병과 궁수병은 초나라의 항우와 한의 유방이 싸우는 틈을 타서 남쪽으로 장성을 넘어 지금의 기북冀北 · 산서山西 · 섬서陝西 · 하투河套[138] 일대의 옛땅을 수복하였다. 흉노인들의 땅은 대부분 그들의 전통적인 유목지였다. 모돈선우 시대에 이미 흉노는 서쪽으로 아랄해, 북쪽으로 바이칼호와 이르티쉬강 유역 그리고 동쪽으로는 만주지방, 남쪽으로는 중국의 심장부인 위수渭水와 황하 그리고 서남으로 티벳 고원에 이르는 넓은 영역을 확보하고 광대한 제국을 형성했다.[139] 진말한초秦末漢初에는 농민이 크게 일어나고 초한楚漢 전쟁으로 전한 정부와 중국 중원지구의 경제는 피폐해지고 노동력이 부족해져서 국고가 비었으며 중앙 정부는 힘이 없어 흉노에 저항할 수 없었다.[140] 한 고조[141] 6년(기원전 201년) 가을엔 흉노가 마읍馬邑[142]을 점령했으며 산서 태원시太原市 서남의 진양晉陽까지 밀고 내려갔다. 초나라와 한나라 사이의 초한전楚漢戰을 틈타 진시황이 차지한 하남 땅은 다시 흉노에게 되돌아가 현재의 영하寧夏, 고원[143] 그리고 부시膚施[144] 이북이 전한의 수중에서 벗어났다. 이에 한 고조의 오른팔 한신韓信이 마읍으로 출정하여 흉노

---

137. 신진중新秦中, 즉 하남 땅. 북지北地 및 상군上郡 일부를 포함한 지역.
138. 오르도스 지역
139. 『사기』 흉노열전에는 "이에 흉노 귀인貴人과 대신은 모두 모돈선우가 현명하다 해서 복종했다."(於是匈奴貴人大臣皆服以冒頓單于爲賢)고 기록되어 있다.
140. 이 당시 흉노의 공현지사(控弦之士, 궁수병)는 30만이었다.(『사기』 흉노열전)
141. 본명은 유방劉邦. 고조(高祖, 기원전 206~195).
142. 현재의 산서성山西省 삭현朔縣. 옛 태원太原 땅.
143. 固原. 당시의 朝那조나.
144. 현재의 섬서 유림楡林 동남쪽 미지米脂.

를 밀어붙였지만, 한신은 마침내 흉노에게 포위되어 항복하고 말았다. 그를 구하기 위해 유방은 친히 병졸을 이끌고 흉노를 공격했다. 고조 7년 겨울[145] 몹시 추운데다 진눈깨비가 내리는 가운데 유방은 흉노를 추격하였다. 이때 동원한 한의 군사는 모두 32만. 양쪽 군대의 숫자로 단순 비교해도 8만 기나 모자라는 열세였다. 유방과 그 군대는 북쪽으로 흉노를 쫓아 평성에 이르렀다. 하지만 한의 후속 지원군인 보병이 채 이르기 전에 모돈선우[146]는 정병 40만 기騎를 매복시켰다가 유방과 평성平城을 일시에 포위했다. 모돈선우의 군대 40만이 평성 백등산白登山을 7일이나 포위하니 유방과 그의 군대가 추위와 굶주림으로 공포에 떨며 전멸할 위기를 맞았다. 한신을 구출하기 위해 유방이 흉노를 급히 추격할 것을 미리 예측하고, 모돈선우는 정예병을 숨겨놓고 기다리고 있다가 유방을 유인하여 평성에서 삽시간에 포위한 것이다.

일이 이렇게 되자 사람을 시켜 모돈의 알씨閼氏에게 후한 예물을 바치고 한 고조는 겨우 포위를 풀어 도망할 수 있었다. 다급해진 유방 측에서는 모돈의 처 알씨에게 사람을 보내 '한 고조가 미인을 뽑아 모돈선우에게 보내려 하고 있다' 고 거짓으로 간계를 썼다. 『전한서』에 따르면 유방의 최측근 중 한 사람인 진평陳平의 계교에 따라 '목녀木女를 만들어서 멀리서 모돈의 처 알씨가 보도록 했다' 고 했으니 아름다운 미인의 모양을 깎아 만든 나무 인형에 옷을 입혀 모돈의 처가 볼 수 있도록 한 것이다.[147] 높지 않은 구릉 형태의 야산인 백등산은 주변에서

---

145. 기원전 200년. 흉노에게 사로잡힌 한신을 구하기 위해 한 고조 유방은 32만 병력으로 평성 백등산에 들어갔다가 모돈선우의 40만 기병에 포위되어 7일만에 풀려났다.
146. 冒頓單于(기원전 209~174). 흉노의 대선우로서, 말하자면 선우의 총왕이다. 기원전 3세기 말(기원전 206년) 모돈선우는 30만의 보기군步騎軍으로 동호東胡를 쳤다. 동호가 10만으로 요하遼河에서 대치했으나 대패했으며, 고조선 역시 이 흉노에 크게 패했다. 기원전 178년 흉노 우현왕이 하남河南을 침입한 바 있다.

잘 보이는 위치에 있었으며 그 꼭대기에는 백등대라는 봉화대가 있었다.

예물까지 후하게 받은 알씨는 남편 모돈선우가 미녀를 받지 못하게끔 포위를 풀도록 종용했고, 이 계략에 의해 유방은 기적적으로 살아나게 되었다. 바로 이 평성전의 포위를 풀던 날에 흉노와 한의 역사는 뒤바뀌었으며 중국의 모든 기록에 흉노는 '포악한 약탈자' 이자 야만인으로 기록되게 되었다. 남자가 여자의 말을 잘 들어야 하는 것은 고금이 다르지 않지만 '잘 들어야 한다' 는 말에는 무조건 수긍하라는 게 아니라 잘 가려서 새겨들으라는 의미가 있는 것이다.

평성전平城戰[148]으로 혼쭐이 난 유방은 이후 흉노와 화친책을 맺었다. '적일수록 친해지라' 는 속담도 있듯이 감당할 수 없을 때는 머리를 숙이는 것이 현명한 일이며, 자고로 뻔히 질 싸움은 하지 않는 것이 원칙인 까닭이다. 유방 이후 효제 · 혜제 · 문제 · 경제에 이르기까지 60~70년 동안 전한의 대흉노 전략은 화친책이었다. 그러나 말이 좋아 화친책이지 실제는 흉노에 대한 굴욕적인 조공외교나 다름없었으며, 미녀와 재물 · 식량과 생필품을 해마다 흉노에 제공해야 했다. 당시 흉노는 화친책으로 3개항의 조건을 한에 제시했는데, 기원전 198년 유방이 보낸 유경劉敬의 제안으로 이루어진 화친의 조건 가운데 그 첫 번째가 한 황실의 옹주[149]를 선우알씨[150]로 시집보낸다는 것이었다. 그리고 흉노에게 황금 1천근과 매년 일정량의 솜絮이며 비단 · 술 · 쌀 및 기타

---

147. 雕木之工狀佳人之美(나무를 깎아 아름다운 여인의 형상을 만들었다).
148. 현재의 산서성 대동시大同市 동북쪽에 있는 백등산에서 있었던 한흉대전.
149. 翁主. 후궁의 딸. "宗室女翁主爲單于關氏"(『후한서』)라고 하였다. 그러나 이런 것은 모두 중국측의 기록이고, 흉노인이 남긴 기록이 없으니 이런 기록의 진실성 여부를 논하기는 어렵다.
150. 單于關氏

식량을 보내기로 약속했다. 한과 흉노 사이의 교역 및 경제·문화 교류를 늘리기로 했으며 한과 흉노는 형제관계를 맺는다[151]는 조항도 빠트리지 않았다. 한흉 교역을 늘린다는 것은 실크로드를 통해 들여온 서방의 무역품을 한 정부가 사들여야 한다는 조항도 들어 있는 것이라고 이해할 수 있다. 이 조건 뒤에는 흉노인의 식량문제가 있었다. 하지만 형의 입장은 어디까지나 흉노였고 흉노선우가 많은 물자를 받았으므로 명분만 형제관계였지 실제로는 주군과 신하 사이의 관계나 다름없었다. 이런 조건을 전제로 하여 만리장성 북쪽은 흉노의 땅이며[152] 그 남쪽은 한의 통치영역인 만큼 서로 침범하지 않는다는 약속도 조항에 포함되었다. 한 고조 때의 흉노 세력은 실로 막강했으므로 아무리 굴욕적인 조약이라 하더라도 한 정부의 입장에서는 어쩔 도리가 없었다. 그것을 잘 보여주는 사례가 노관盧綰이 흉노로 집단 망명한 사건이다. 유방이 개국 공신을 모두 잡아 죽이자 유일하게 남아 있던 이성제후異姓諸侯로서 유방의 고향 친구이며 유방과 한날한시에 태어난 노관은 자신을 따르는 무리 1만 명을 거느리고 흉노로 투항하였다. 노관이 망명지로서 흉노를 택한 것은 천하에 난다 하는 유방이라 하더라도 흉노에겐 꼼짝 못하고 절대로 공격할 수 없을 정도로 흉노의 세력이 막강했기 때문에 그 같은 역학관계를 이용한 것이었다. 유방이 죽은 뒤인 기원전 192년(혜제 3년)에는 흉노 모돈선우가 글을 보내어 유방의 처 여후呂后를 모욕하는 일이 있었으나 흉노를 공격할 수 없었다. 여태후가 흉노를 치려 했으나 여러 장수들이 "고조가 군대를 일으켜 평성에서 겪은 일을 생각하라"고 충고하자 여태후가 얼른 그만두었다고 한다.

---

151. 劉敬結和親之約 結爲兄弟(유경이 화친 조약을 하고 형제관계를 맺었다).

152 선우의 관할령으로서 흉노인의 유목지대.

그로부터 20여년이 지난 문제 6년(기원전 174) 흉노 모돈선우(기원전 209~174)는 서역 누란樓蘭[153]과 오손烏孫 및 서역 26국과 감숙 기련~돈황 지역을 통일했다. 이같은 사실을 모돈선우는 문제에게 서신으로 알렸는데, 그것은 실크로드의 지배권이 흉노인에게 넘어갔음을 정식으로 알린 것이었다. "흉노선우가 우현왕으로 하여금 서쪽 월지를 정복하도록 했으며 서역 26국을 모두 평정했다"는 내용을 보고 문제는 깜짝 놀랐다. 그러나 이때도 한 고조와 맺은 형제의 화친은 유효했고 흉노 선우는 한 정부에 전쟁을 하지 않고 평화롭게 지내고 싶다는 의사를 빈번히 표시하였다. 그렇지만 흉노는 한을 포위하거나 고립시키기 위해 노력했다. 문제 14년(기원전 166년) 흉노 노상선우老上單于는 14만 기병을 거느리고 현재의 영하寧夏·고원固原 서남으로 쳐들어갔다. 이어 섬서 봉상陝西 鳳翔[154]과 감천산[155]으로 쳐들어가 장안長安에서 2백리까지 거리를 좁혀갔다. 그러자 다급해진 문제는 전차 1천승과 기졸騎卒 10만을 보내어 흉노를 막느라 급급했다. 기원전 158년에도 운중云中·상군上郡·농서 지역이 6만 명의 흉노 군대로 뒤덮여 봉화불이 감천을 거쳐 장안으로 끊이지 않았을 정도로 흉노의 기세는 등등했다. 이런 상황은 무제 즉위 초까지 이어졌으며 한 정부는 흉노 문제로 골머리를 앓았다.

그러나 전한 왕조가 70년 가까이 되면서 경제·군사력 등 국력이 어느 정도 충실해지자 흉노의 침입에 대한 방어적 차원에서 벗어나 이제는 보다 적극적인 방법으로 전쟁과 정벌을 고려하게 되었다. 기원전 133년에 이르러 한 무제는 "짐은 자녀를 선우에게 시집보내고 금을

---

153. 현재의 신강新疆 약강현若羌縣.
154. 당시의 지옹至雍.
155. 현재의 순화현淳化縣 서북.

보낸 것이 적지 않은데 선우의 오만한 태도가 이를 데 없으며 침략하고 도적질하는 일이 끊이지 않아 변경의 피해가 크므로 심히 애석하다"고 조서를 내려 본격적인 흉노 정벌 의지를 표명했다. 급한 불을 끄고 나니 본전 생각이 난다고 그간의 화친책 대신 강경책을 생각하게 된 것이다. 한이 흉노에게 보낸 많은 양의 재화는 화친의 조건이었고 어디까지나 공납貢納이었지만, 늘상 그것을 수치스럽게 생각한 한 왕조는 드디어 막대한 물자가 전쟁의 위협보다 더 아깝다는 생각이 들기 시작한 것이다. 전한 초의 화친정책은 어느 정도 효과를 거두었으나 지나치게 많은 재화를 흉노에 보내면서 흉노는 또 흉노 나름대로 사치스런 생활에 빠져들어 그 병폐가 나타나고 있었다.

기원전 134년 한 무제는 왕회王恢[156]의 흉노 정벌책을 채택하였다. 그리고 그 이듬해 6월 왕회를 보내어 흉노를 무찌르려 했으나 사전에 이를 안 흉노가 미리 퇴각하여 싸움을 피했기 때문에 왕회는 싸움 한 번 하지 못하고 돌아갔다. 이 일로 흉노를 맞아 출전하지 않았다는 죄명을 쓴 왕회는 투옥돼 죽임을 당하였으며,[157] 흉노 정벌을 위한 한 무제 측의 첫 출정은 처참한 실패로 끝났다. 처음 왕회는 30만의 기병과 보병을 이끌고 마읍馬邑으로 들어가 산과 계곡에 의지해 매복하였다. 이때 흉노의 군신선우는 마읍 1백여 리의 땅을 휩쓸고 지나가며 약탈하는 중이었다. 그런데 마읍 가까이 다가가던 군신선우軍臣單于는 들판에 소와 양은 널려있는데 그것을 지키는 이가 없는 것을 보고 이상하다고 생각하고는 안문雁門에서 무주위사武州尉史[158]를 잡아 족쳐 한의 계책

---

156. 이광李廣 · 공손하公孫賀 · 한안국韓安國 등을 함께 파견.
157. 참수를 당했다고 한다. 그러나 한장유전韓長孺傳에 의하면 자살했다고 한다.
158. 안문 지역 방어 책임자. 안문위사雁門尉史라고도 한다. 100리마다 위사尉史 1인, 사사士史 1인을 두었다.

을 알아내고는 급히 군대를 돌려 퇴각하였다. 그 바람에 한나라 대군은 흉노를 공격할 틈이 없었던 것이다.[159]

이처럼 무제 즉위 초반까지 전한 정부는 흉노에 억눌려 있었다. 이런 상황을 역전시킨 것이 기원전 121년 휴저왕의 죽음과 그 부인 및 두 아들이 포로로 잡히고 훈야왕이 항복한 사건이었다. 이로 말미암아 흉노의 세력은 크게 꺾이었고, 전한 정권은 거꾸로 흉노를 압박할 수 있었다. 이에 앞서 장건이 오손·대완·대월지국을 찾아간 것은 이들과 연합하여 흉노를 고립시키고 반흉노 세력을 구축하기 위한 것이었다. 흉노 노상선우에게 죽임을 당한 아버지의 원한 관계를 이용해 대월지국왕을 끌어들였고, 오손 왕 곤막昆幕에게 유건劉建의 딸 유세군劉細君을 보내 정략혼을 맺었다.[160] 이렇게 하여 기원전 121년 감숙성 일대 흉노 우현왕과 훈야왕의 영역을 아우를 수 있었고, 우현왕의 통치권이었던 주천군酒泉郡에 서역으로 보내는 사절의 출발 거점을 두었다. 이로부터 서역 여러 나라로 오가는 사절이 서로 바라볼 정도로 빈번하였다.

기원전 2세기 초반 월지국의 차지였던 실크로드가 흉노인에게 넘어갔다가 드디어 무제 때 중국인의 손으로 옮겨가면서 서역과의 교류는 부쩍 늘어났으며 사람과 문물 교역의 증대에 따라 중국은 막대한 이익을 얻었다. 서역의 흥미로운 문물은 중국인들의 호기심을 더욱 부추겼고 비단과 자기 등 중국의 물자도 줄기차게 서역으로 향했다. 교역량의 증가와 함께 서역으로부터 들어온 각종 진귀한 물건들로 수도

---

159. 안문위사를 잡아 죽이려 하자 복병 30만이 있음을 알려주었다. 그러자 군신선우는 "내가 분명히 의심했노라"고 말하고는 곧장 퇴각하여 장성 밖으로 나간 뒤 "내가 위사를 얻은 것은 하늘의 도움이다"라고 하였다. 군신선우가 들어온 곳을 무주새武州塞라 하였다.

160. 곤막에게 보낸 세군은 우부인, 이때 마침 흉노가 보낸 여인은 좌부인이 되었으나 곤막 자신이 늙었다 하여 유세군은 곤막의 손자가 처로 삼았다.

서안은 볼거리가 크게 늘었다. 이때 로마 지역에서 수입된 유리와 유리 생산기술은 곧 한국 남부에까지 전해져 각종 유리구슬이 생산되었으며 귀족들은 장신구와 의복 치장물로 유리구슬을 많이 사용하였다. 그들의 호사스런 삶의 흔적이 가야와 신라 지역 고분에서 출토되는 엄청난 양의 유리구슬이다.

한국의 21세기 중앙아시아에 걸어보자

흉노는 내부 분열에 의해 남흉노와 북흉노로 나뉘고 이들 두 정권은 차례로 멸망하여 기원후 2세기가 되면 흉노족과 흉노인은 남아 있었으나 강력한 결집력을 가진 그들의 정권은 사라졌다.

기원후 91년 질지선우의 북흉노가 서쪽으로 달아난 것은 바로 기원전 2~3천 년 경에 그들의 조상이 떠나온 원래의 고향을 찾아가던 것이었다는 해석이 중국 학자로부터 제기되어 매우 그럴듯하게 들린다.[161] 즉 흉노인들은 서남 시베리아와 중앙아시아에 있던 몽고인종의 한 분파로서 기원전 2800~2900년 경 황하유역과 내몽고 지역으로

곽거병 무덤 앞에 있는 흉노마답상의 말발굽에 짓밟힌 흉노인의 얼굴.

---

161. 질지선우는 탈라스 강가에 머물다가 살해당한 것으로 보고 있다. 당시엔 탈라스를 도뢰수都賴水라 했다.

넘어왔다는 게 중국 학자들의 주장인데, 이것이 여러 설 중에서 가장 정확한 추론이라 할 수 있다. 진한[162] 시기 서북지역에서 온 흉노인의 인종적 특징은 '코가 높고 수염이 많다'[163]거나 '초록눈동자에 약간 붉은 수염을 가진 사람들'이었다. 우리와 똑같은 모습이지만 키가 크고 다부진 모습이었다. 또 다른 기록에는 '흉노의 본거지는 북해변'[164]이며 "북해는 강거康居에서 서북 2천리 거리에 있다"고 하였다. 카스피해 동편~아랄해[165] 일대와 그 주변 드넓은 초원지대로부터 바이칼호까지가 흉노인의 주거 영역이었음을 알려주는 내용이다. 서역 대하大夏[166]에 갔다 돌아오는 길에 장건이 '대하 동남쪽에 인도가 있다고 들었다'고 한 기록[167]에서도 대하가 인도의 서북방에 있음을 알 수 있으며, 여기서의 대하는 중국 하왕조를 세운 하족夏族들의 원래 고향을 암시하는 것이다. 지금의 카자흐스탄과 간다라가 있던 페샤와르를 포함한 키르기즈스탄[168]·우즈베키스탄·아프가니스탄·투르크메니스탄과 몽고에 이르는 넓은 지역일 것으로 추정된다. 특히 『산해경』에는 흉노의 고향이 서북임을 알려주는 단서가 있어[169] 이 또한 움직일 수 없는 증

---

162. 진秦과 전한 및 후한 시대.
163. 고비다수高鼻多鬚. 코는 높고 수염이 많은 것을 이르며, 이 경우 수鬚는 반드시 수염만을 의미하는 것이 아니라 몸에 털이 많은 것을 이르는 개념으로 파악하는 것이 좋겠다.
164. 本處北海之濱 [『태평어람太平御覽』권 79 三輔故事 樓敬語]이라고 했다. 당시 북해는 바이칼호이다.
165. "…奄蔡在康居西北可二千里…臨大澤 蓋乃北海…"(『사기』 대완열전)
166. 대하의 위치를 고대 박트리아로 보고 있다.
167. 『위서』 권 114 석로지
168. 페르가나 평원을 갖고 있으며 수도는 비슈케크이다. 수도 남서쪽으로 페르가나 평원이 있고 그 서쪽 끝에 오쉬가 있다. 오쉬는 키르키즈스탄 남부 실크로드상의 오아시스 도시이다. 이곳에 불교가 들어온 것은 6세기로 늦은 편이다.
169. 匈奴 開題之國 列人之國 并在西北[『산해경』 해내남경海內南經]

거라 하겠다.

흉노의 기원과 관련하여 인도 아리안계의 혈통이 섞인 사람들일 것이라는 추정이 러시아의 한 학자에 의해 제기된 적이 있다. 그리고 김일제가 8척2촌의 장신에 용모가 빼어났다고 한 점과 남흉노 선우 유연 劉淵[170]의 일족 다섯 남자가 모두 1.8m 이상의 장신에 미남이었다고 한 기록으로 미루어 남시베리아나 중앙아시아에서 백인과 섞인 혼혈로 보는 설도 있다. 나아가 이들의 신체적 특징을 몸집이 크고 피부가 희며 깨끗하다[171]고 한 사실에서 순수 몽골로이드가 아니라고 보고 그들의 기원지를 아랄해와 남시베리아 및 중앙아시아 일대에 진출해 있던 몽골로이드의 한 분파라고 보는 설도 나왔다. 곽거병의 묘 앞에 있는 마답흉노인상에서 말발굽에 밟힌 인물[172]을 증거로 들어 흉노인을 몽골로이드와 서구인의 혼혈로 보는 견해도 있다. 헝가리·중앙아시아의 여러 무덤에서 나온 인골 등과 비교하여 흉노인의 고향을 중앙아시아에 두고 있는 것이다. 물론 이 외에도 흉노라는 명칭이 인종적 특징에서 나온 것이 아니라 제국적 개념으로 이해해야 하며 흉노제국은 다민족 국가였다는 주장도 나와 있는데, 엄밀히 말하면 그것도 전혀 틀린 이야기는 아니다.[173] 하지만 흉노인은 오늘의 카자흐스탄이나 우즈

---

170. 흉노 대선우 모돈冒頓의 후손. 한 고조 유방이 딸을 주어 모돈이 처로 삼았으며 그 자손이 어미 성을 따라 유씨劉氏가 되었다. 아버지 豹пр는 좌현왕이었으며 아들 총聰은 유연의 뒤를 이었다. 유연은 몸집이 크고 훌륭하며 힘이 뛰어났다고 하였다. 기원후 3세기 말~4세기 초에 진양晉陽의 물가에 살았다.

171. 長大白晳[유요劉曜의 『불도징전佛圖澄傳』]

172. 馬踏匈奴人像. 한 나라의 군대와 말이 흉노인을 짓밟아 정복한 사실을 지념하여 곽거병의 묘 앞에 세운 말과 흉노인 상.

173. 마치 중국의 원元이나 청淸 왕조와 마찬가지로 흉노인에 의해 지배되었으나 중앙아시아로부터 북중국 일대에 이르는 광대한 영역에 있는 많은 민족을 아우른 흉노제국을 의미한다. 흉노제국은 동호東胡·오환선비·돌궐突厥·거란契丹·연연蠕蠕 등으로 구성되어 있었다.

베키스탄·키르키즈스탄·투르크메니스탄·몽고 등지에 살았던 사람들 중에서 우리와 똑같은 모습에 키는 더 크고 우람하며 피부색은 약간 검은 빛이 나거나 흰빛을 갖고 있으며, 눈동자는 초록색인 사람들이라고 이해해 두자.

내몽고 포두시에서 발굴한 많은 수의 신석기시대(기원전 2800~2300) 석축성은 중국의 삼황오제시대 이전의 성곽유적이다. 중국의 역사로 기록하기 이전, 그러니까 소위 전설시대에 만들어진 흉노의 유적이다. 고고학의 성과에 따르면 이 시기 중국 북방지역은 흉노의 땅이었으며, 기원전 288년 이후에도 흉노인들은 계속해서 중앙아시아 쪽에서 유입되었다. 유럽과 소아시아 그리고 크레타와 미케네에서 시작된 청동기 문명을 가지고 들어온 흉노인들은 중국 북방 오르도스와 요하 지역에서 가장 먼저 청동기문화를 만들어냈다. 중국인들이 북방청동기문화라고 정의하는 이 오르도스문화는 흉노인의 문화이다. 서역에서 청동기를 받아들여 중국에 들여온 주역이 흉노족이라는 연구에 대해 중국의 청동기 문화는 자신들이 발전시킨 문화라고 주장하는 이도 있지만 객관적인 측면에서 말하자면 청동기나 철기 모두 중국 내에서 시작된 것은 아니다.[174] 이들 두 가지 금속문명은 유럽에서 전파된 것으로 보는 게 옳다. 그리고 청동기와 철기 문명을 맨 처음 중국 땅에 전하고 또 그것을 향유한 민족 역시 흉노족이다. 이미 청동기시대 이전부터 중국 북방에서는 흉노를 비롯하여 다양한 민족(종족)이 서로 융합하고

---

174. 중국의 역사는 흉노족으로부터 시작되었으며, 진정한 의미에서의 중국 역사는 한족漢族들에 의해 한나라로부터 시작되었다고 할 수 있다. 흉노의 하 문화, 용산문화의 주체인 상나라 은 민족 그리고 근래 중국 학계에서 정설화되어 있는 희주姬周 융적설, 진秦의 흉노설(또는 융적설) 등은 진시황의 진나라까지 모두 흉노의 역사임을 알려주는 연구들이다. 실제 주周 문왕의 선조인 단보亶父가 북쪽에서 내려와 그 손자 문왕 때 크게 세력을 형성한 것도 주나라의 실체가 융적이었음을 말하는 것으로 보고 있다.

갈등하는 가운데 계속해서 새로운 종족이 출현하였고, 그 과정에서 새로운 문화가 명멸했다. 다른 종족과의 족적 결합을 통해 새로운 문화를 만들어내는 창조의 과정을 수천 년 동안 거쳐 오늘에 이른 것이다.

이와 마찬가지로 한국의 민족 형성에는 흉노와 선비·오환선비[175]·돌궐·숙신(말갈) 등 여러 민족이 있었다. 기원후 1~2세기까지는 흉노인의 유입이 많았으며 3~5세기까지는 선비인들이 많이 내려왔다. 흉노인들은 중앙아시아 지역에서 온 사람들이다. 현재 카자흐스탄에는 1백여 개의 민족이 살고 있으며 카자흐스탄의 알마티[176]라든가 실크로드의 길목 가운데 하나인 사마르칸드[177] 그리고 우즈베키스탄[178]·키르키즈스탄·투르크메니스탄 등에서는 우리와 꼭 닮은 사람들을 흔히 본다. 우리의 모습과 너무도 똑같은 사람들이 사는 이 나라들은 우리네 많은 한국인의 고향이기도 하다. 서울이나 부산의 어느 거리

---

[175]. 본래 동호였다. 흉노 대선우의 선조 무덤을 파헤치는 바람에 흉노인에게 망했다. 이로 인해 해마다 많은 공물과 미녀를 흉노에게 바쳐야 했다. "오환과 흉노는 대대로 원수처럼 지냈으며 그 힘이 약하고 외로웠으나 흉노에게 신복하지 않았다. 한 무제 때 표기장군 곽거병이 흉노 좌지를 격파하고 오환선비를 상곡·어양·우북평의 요서오군遼西五郡으로 옮겨서 한漢의 정찰로 삼아 흉노의 동정을 살피게 했다."(烏桓雖與匈奴有世仇 但其力量孤弱 所以不得不臣服于匈奴漢武帝時驃騎將軍霍去病擊破匈奴左地把烏桓遷徙到上谷漁陽右北平遼西五郡塞外爲漢偵察匈奴動靜)

[176]. 아랄해·카스피해 지역 무덤에서는 기원후 1~3세기의 유리구슬·철촉·청동화살촉 등이 출토되었다. 그리고 몽골인종과 유럽인의 인골이 많이 나왔다. 그 중에서 '눈은 작고 코는 높으며 얼굴이 넓적하고 광대뼈가 튀어나온 인골이 많이 나왔다. 이런 생김새를 흉노의 형질적 특징으로 꼽는다.

[177]. 타쉬겐트 남쪽 350km 거리에 있다. 우즈베키스탄의 수도. 원나라 때의 티무르 제국 수도이자 실크로드의 길목. 아프라시압 궁전 벽화가 있는 곳으로 유명하다. 고대 강국康國이라고 불리던 곳이다. '사마르'는 산스크리트어로 사람이 만나는 곳, '칸드'는 페르시아어로 '도시'의 뜻이라고 한다. 현재 우즈벡 민족은 약 2천만 가량이 있다.

[178]. 우즈벡Uzbek과 스탄의 합성어. 우즈는 투르크어로 '진짜' '순수한'이라는 뜻이며 백부장百部長이라는 뜻의 벡Bek을 차용한 말이라고 한다. 이 우즈Uz에서 월지月氏라는 말이 나왔다. 스탄-stan은 '나라'라는 뜻의 중세 페르시아어라고 한다.

에서나 보는 사람들의 모습과 영락없이 닮은 그들. 2천 년 가까이 서로 다른 지역에서 우리와 단절된 채로 다른 문화, 다른 언어를 누리며 살아왔으나 우리와 혈통이 같은 사람들이다. 그들은 기원전 3천여 년 전부터 중국 대륙에 넘어와 중국의 선사시대와 역사시대를 열었다. 그리고 서쪽으로 이동한 무리는 다뉴브강을 넘어가 서양의 역사를 바꾸어놓았다.

이제 다시 시간을 뛰어넘어 우리와 똑같은 모습을 한 이들이 있는 중앙아시아에 우리의 미래와 희망을 걸어볼 수 있으리라 생각한다. 유럽으로 진출하는 교두보로서 한국이 그 저력을 펼 수 있는 또 하나의 무대이자 21세기 이후 한국인에게 중요한 축의 하나가 될 수 있는 곳이기에 말이다. 이란계인 타지키스탄을 제외하고, 카자흐스탄 · 우즈베키스탄 · 키르기즈스탄 · 투르크메니스탄 등 아시아계 공화국들[179]은 우리와 친연성이 높다. 물론 그 바탕이 되는 것은 흉노족의 피가 흐른다는 점이다. 따라서 이 지역과의 교류를 늘리고 결혼에 의한 적극적인 유대관계를 다지는 동시에 한글과 우리의 문화를 보급함으로써 상호 이해를 높여나가면 한국의 역사는 또 다시 달라질 것이다. 부산과 목포를 출발점으로 하여 실크로드가 다시 열리는 날 한국은 한 번 더 크게 도약하게 될 것이다. 우리가 역사를 알아야 하는 이유는 과거에 대한 이해는 물론 역사 계승의식을 높이는 데 있지만, 그에 못지않게 미래를 예측하는 혜안을 길러 민족의 진로를 열어나가기 위한 목적도 있는 만큼 한국의 고대사에서 지금의 우리가 당면한 문제를 열어나가는 해답을 얻을 수도 있을 것이다.

---

179. 1991년 12월 공산 보수파의 쿠데타 이후 독립한 나라들.

참고문헌

夏文化北播及其與匈奴關係的初步考察, 陳立柱, 夏文化論叢(下), 鄭杰祥, 北京大學古代文明研究中心
　　學術叢書之二, 北京 文物出版社, 2002
春秋戰國時期中國北方文化帶的形成, 北京大學震旦古代文明研究中心學術叢書之十, 楊建華, 北京, 文物
　　\出版社, 2005
長安普渡村西周墓葬發掘記, 石興邦, 考古學報 第8冊, 1954年
西域通史, 中國邊疆通史叢書, 余太山, 中州古籍出版社, 2003
漢甘泉宮遺址勘查記, 姚生民, 考古與文物, 1980年 2期
漢甘泉宮遺址調查, 鄭洪春・姚生民, 人文雜志, 1980年 1期
秦漢置時研究, 全亞岐, 考古與文物, 1993年 3期
甲骨文字典, 徐中舒, 四川辭書出版社, 1998
甲骨文字詁林, 于省吾, 中華書局出版, 1996
也談漢陽信家銅器的所有者問題, 趙化成, 考古與文物, 1992年 1期
談漢陽信家銅器, 負安志, 文物, 1982年 9期
陽平 傾侯 銅石鼎及其他, 考古與文物, 1985年 5期
漢元帝渭陵調査記, 李宏濤・王丕忠, 考古與文物, 1980년 創刊號
楡林地區收藏的部分匈奴文物, 盧桂蘭, 文博, 1988年 6期
陝西神木縣出土匈奴文物, 戴應新・孫嘉祥, 文物 1983年 12期
隴縣出土的匈奴文物, 蕭琦, 文博 1991年 6期
延安地區文管會收藏的匈奴文物, 姬乃軍, 文博 1989年 4期
鳳翔縣發現羽陽宮銅鼎, 王光永, 考古與文物, 1981年 1期
陝西省鳳翔縣出土漢鏡擧要, 昭明, 1995年 3期
內蒙古 阿魯柴登發現的匈奴遺物, 田廣金・郭素新, 考古 1980年 4期
桃紅巴拉匈奴墓, 田廣金・郭素新, 考古學報 1976年 1期
陝西 眉縣 常興鎭漢墓發掘報告, 劉軍社・劉怀君, 文博, 1989年 1期
長安普渡村西周墓葬發現掘記, 石興邦, 考古學報 第8冊, 1954年
陝西 鳳翔縣出土漢鏡擧要, 昭明, 文博, 1995年 3期
匈奴通史, 林幹, 人民出版社, 1986
匈奴史稿, 陳序經, 中國人民大學出版社, 2008
匈奴族源初探-北方草原民族考古探討之一, 烏恩, 1993
姬周戎狄說, 王克林, 考古與文物, 1994年 4期
中國美術分類全集 中國畫像石全集 2-山東漢畫像石, 中國畫像石全集編輯委員會, 山東美術出版社, 2000
漢畫像的象征世界, 朱存明, 北京, 人民文學出版社, 2005
臨沂漢畫像石, 臨沂市博物館, 山東美術出版社, 2002
星湖僿說 經史門, 首露 許后, 李瀷(1681~1763)
城市發展戰略, 周天勇, 高等教育出版社, 2005
中國青銅器, 馬承源 主編;陳佩芬;吳鎭烽;熊傳新 [共]編撰, 南天書局有限公司, 民國80[1991]
中國西北地區古代居民種族研究, 韓康佳・譚婧澤 外, 2005
中國北方諸族的源流, 朱學淵, 中華書局, 2002
戰國策, 劉向, 上海古籍出版社, 2008

中國考古要論, 佟柱臣, 鷺江出版社, 2004
中國青銅器收藏與鑒賞全書(上·下), 韓欣 主編；楊勇；鄭培杰；陳紅 [共]副主編, 天津古籍出版社, 2005
古代中國青銅器, 朱鳳瀚 著, 南開大學出版社, 1995
中國青銅器全集 1~16, 中國青銅器全集編輯委員會編, 文物出版社, 1993~1998
中國青銅器收藏與鑒賞全書(上·下), 韓欣 主編：楊勇·鄭培杰·陳紅, 天津古籍出版社, 2005
中國遠古與太平印度兩洋的帆筏戈船方舟和樓船的研究, 凌純聲, 民國 83년(1994)
中國 宋代의 造船技術 및 海船類型에 관한 研究, 崔吉峰, 韓國海洋大學校, 2002
泉州港與海上絲綢之路, 中國航海學會, 泉州市人民政府, 中國社會科學出版社, 2002
中國歷史地理概述, 鄧逸麟, 上海教育出版社, 2006
古代中國青銅器, 朱鳳瀚 著, 南開大學出版社, 1995
燕下都(上冊), 河北省文物研究所, 北京 文物出版社, 1996
燕下都(上·下), 河北省文物研究所, 韓國人文科學院, 2001
中國東北民族發展史, 李德山 外, 中國社會科學出版社, 2003
中原, 南方所見匈奴文化의 影向, 喬梁, 東方考古 第一集, 山東大學 東方考古研究中心編, 北京, 科學出版社, 2004
滿洲源流考, 清 翰林院 編修, 弘益齋, 1993
滿洲源流考, 谷光世, 1937
古代民族, 甘肅考古文化叢書, 陳炳應·盧冬 著, 敦煌文藝出版社, 2003
甘肅省 第6卷, 東亞同文會, 1917~1920년
甘肅丁家閘十六國墓壁畵, 花平寧·靜安, 重慶出版社, 1999
中國考古集成(甘肅省, 靑海省), 靑銅時代 1~2, 戰國至秦漢 1~3, 新疆維吾爾自治區, 孫進己·孫海, 中州古籍出版社, 2000
西漢甘泉宮遺址內發現西漢石熊, 張民生, 中國文物報, 1989년 5월 26일, 제 20期
中國古今地名大詞典(上·中·下), 戴均良 外, 上海辭書出版社, 2005
中國古都研究, 제 15輯, 中國古都學會·新鄭古都學會編, 三秦出版社, 西安, 2004
中國歷史地名大辭典, 史爲樂, 中國社會科學出版社, 北京, 2005
河北省博物館文物精品集, 河北省博物館, 文物出版社, 1999
中國畵像石全集 1~8, 中國畵像石全集編輯委員會·山東美術出版社, 2000
黃河彩陶, 浙江人民美術出版社, 2000
中國地方志集成, 浙江府縣志輯 52
中國地方志集成, 福建府縣志輯 40
馮素弗墓, 文物, 1973年 3期, 1973
曲村秦漢墓葬分期, 楊哲峰, 北京大學考古學叢書, 考古學研究(四), 北京大學 考古學系 編, 北京 科學出版社, 2000
遼寧錦西邰集屯小荒地秦漢古城址試掘簡報 考古學集刊 p.130~153, 遼寧省文物考古研究所·吉林大學校考古學界, 中國大百科全書出版社, 1997
承德歷史考古研究, 杜江, 遼寧省民族出版社, 1997
赤峰紅山後滿州國熱河省赤峰紅山後先史遺蹟, 甲種第6冊, 東京, 東亞考古學會
內蒙古東部(赤峰)區域考古調査段性報告, 赤峰中美聯合考古研究項目, 科學出版社, 2003
東北史地考略, 第2集, 李建才, 吉林文史出版社, 2001
燕明刀幣의 出土與中國北方地區貨幣經濟의 發展, 陳隆文(中國鄭州大學), 中國史研究 第46輯, 中國史學會, 2007년 12월
商代前期都城考, 先史와 古代 25(2006년 12월), p.595~622, 安信元, 韓國古代學會, 2006

遼寧北票縣西官營子北燕馮素弗墓, 黎瑤渤, 文物, 1973年 3期
遼寧喇嘛洞墓地 1998年 發掘報告, 遼寧省文物考古研究所·朝陽市博物館·北票市文物管理所, 考古學報 2004年 第2期
河北省博物館文物精品集, 河北省博物館, 文物出版社, 1999
東北史考略, 第2集, 李健才, 吉林文史出版社, 2001
吉林西團山石棺墓發掘報告, 東北考古發掘團, 黑龍江文物叢刊, 1983年 4期
試論吉林地區西團山文化, 董學增, 考古學報, 1983年4期
試論西團山文化的裝飾品, 董學增, 考古, 1981年 9期
西團山文化墓葬類型及發展序列, 劉景文, 博物館研究, 1983年 1期
文化之源, 李微微, 中國友誼出版公司, 2006
蒙古 ノイン·ウラ 發見の遺物, 梅原末治, 東洋文庫叢 第27冊, 東京, 1960
商族的起源, 遷徙與發展, 朱彥民, 北京商務印書館, 2007
商文明的形成, 張渭蓮, 北京文物出版社, 2008
中國古代器物大詞典(兵器·刑具), 陸錫興, 河北教育出版社, 2004
夏商周靑銅器硏究(上海博物館藏品 1-6), 陳佩芬, 上海古籍出版社, 2004
史記 匈奴列傳, 司馬遷, 二十五史, 中國 藝文印書館, 1996~2000
前漢書, 班固, 二十五史, 中國 藝文印書館, 1996~2000
後漢書, 班超, 二十五史, 中國 藝文印書館, 1996~2000
三國志(烏丸, 鮮卑東夷傳, 韓傳), 范曄, 中華書局, 1965
朝鮮上古史鑑, 安在鴻, 民友社, 1948
試論我國從東北至西南的邊地半月形文化傳播帶, 童恩正, 『文物與考古論集』, 文物出版社, 1987
史記地名考(上·下), 錢穆, 中國商務印書館,, 2001
早期中國文明 海岱文化與齊魯文明, 高廣仁·邵望平, 江蘇教育出版社, 2005
齊魯文化通史1, 王志民·張富詳, 中華書局, 2004
中國地圖集, Tour Ways, 中國, 1999
中國歷史地圖集, 中國社會科學院, 譚其驤, 中國地圖出版社, 1982
赤壁土城, 湖北省 文物考古研究所, 咸寧市博物館·赤壁市博物館, 中國科學出版社, 2004
加耶史研究-大加耶의 政治와 文化, 朱甫暾 外, 1995
慶北大學校博物館 學術叢書 34, 傳大伽耶宮城址, 박천수 외, 慶北大學校博物館, 2006
古蹟調査報告書 第三十七冊 固城松鶴洞古墳群 第一號墳發掘調査報告書, 東亞大學校博物館, 2005
慶星大學校博物館 研究叢書 第10輯 金海大成洞古墳群 Ⅲ-展示館 敷地의 發掘調査 및 47·52號墳, 申敬澈 外, 慶北大學校博物館, 2003
加耶의 地域聯盟史研究, 白承忠, 1995
浦項 國道7號線 擴張工事區間內 浦項 玉城里古墳群發掘調査報告書, 慶尙北道文化財研究院·浦項市, 2003
광주첨단과학산업단지발굴조사보고서 2, 光州 月桂洞長鼓墳·雙岩洞古墳, 全南大學校博物館·광주직할시, 1994
國立光州博物館學術叢書 第38冊 海南 方山里 長鼓峰古墳試掘調査報告書, 國立光州博物館·해남군, 2001
金海 伽耶의 金造成敷地內·金海 茂溪里 共同住宅建設敷地內 遺蹟發掘調査報告書, (財)東亞細亞文化財研究院·金海市, 2006
全南大學校博物館學術叢書 78, 羅州 德山里古墳群, 全南大學校博物館·羅州市, 2002
學術調査研究叢書 第33輯, 金海 安養里古墳群, 慶南文化財研究院, 2004
蔚珍鳳坪新羅碑調査報告書, 文化財管理局, 1988
韓國古代史研究2, 지식산업사, 1989

고구려와 흉노, 송동건, 진명출판사, 2010
皇南大塚, 文化財研究所 美術工藝硏究室, 文化財管理局, 1985
皇南大塚-慶州市 皇南洞 第98號古墳南墳發掘調査報告書(本文), 慶州文化財研究所, 1994
皇南大塚-慶州市 皇南洞 第98號古墳南墳發掘調査報告書(圖版), 慶州文化財研究所, 1993
황남대총 유물보존처리보고서, 국립경주문화재연구소, 1995
三國遺事, 史書衍譯會, 高麗文化社, 1946
東胡, 퉁구스의 가신신앙, 김인희저, 경인문화사, 2004
陜川 玉田古墳群Ⅰ-木槨墓, 趙榮濟, 慶尙大學校博物館, 1988
陜川 玉田古墳群 1次發掘調査報告, 趙榮濟, 慶尙大學校博物館, 1986
陜川 玉田古墳群 : 67-A・B, 73~76號墳, 趙榮濟, 慶尙大學校博物館, 2000
陜川 玉田古墳群 2 : M3號墳, 慶尙大學校博物館, 1997
陜川 玉田古墳群, 慶尙大學校博物館, 1997
陜川 玉田古墳群 10, 88-102號墳, 趙榮濟・柳昌煥, 2003
陜川 玉田古墳群 M10, M11, M18號墳, 慶尙大學校博物館, 1995
陜川 玉田古墳群,7 : 12, 20, 24號墳, 慶尙大學校博物館, 1998
釜山大學校博物館硏究叢書 第29輯, 勒島貝塚과 墳墓群, 釜山大學校博物館, 2004
慶尙大學校博物館 調査報告 第6輯, 陜川 玉田古墳群Ⅱ M3號墳, 趙榮濟・朴升圭, 慶尙大學校博物館, 1990
慶尙大學校博物館 研究叢書 第23輯 陜川 玉田古墳群Ⅸ(67-AIX67-B, 73~76號墳), 慶尙大學校博物館, 2000
順川大學校博物館 學術調査叢書 第56冊, 光陽 馬老山城(건물지 Ⅰ), 崔仁善・李順葉, 光陽市・順川大學校博物館, 2005
史書衍譯會, 『삼국유사』, 高麗文化社, 1946
朝鮮史學會, 『삼국유사』, 東京 國書刊行會, 1971
日本全國古墳學入門, 土生田純之(はぶたよしゆき), 東京, 學生社, 2003
全北大學校 博物館叢書 22, 群山大學校 博物館 學術叢書 22, 鑛安 龍潭댐 水沒地區內 文化遺蹟 發掘調査報告書Ⅰ, 臥亭遺蹟, 全北大學校博物館・群山大學校博物館・진안군・한국수자원공사, 2001
人間の美術 2, 彌生・古墳時代 稻と權力, 佐原眞, 學研
高句麗研究叢書 19, 도서출판 열린문화사, 2004
唐草文樣의 系譜, 美術資料 18, 曺圭和, 1975년 12월
北方考古論文集, 田廣金・郭素新, 北京 科學出版社, 2004
六堂全集, 崔南善, 高麗大學校 亞細亞問題研究所, 玄岩社, 1974
六堂全集, 檀君小考, 崔南善
가라어와 백제전기어의 비교, 도수희, 1985
적석목곽분 출토 황금장식과 유리제품의 원류, 新羅文化, 동국대학교 신라문화연구소, 2004
중국 황토 지역의 역대 무덤들, 許自然 편저・최무장 편역, 연천선사박물관, 백산자료원, 2006
中國古代玻璃의考古發現與硏究, 安家瑤, 한국학연구 5, 고려대학교 한국학연구소
동서문화교류의 관점에서 본 한국의 고대유리, 제5회 학술강연회, 이인숙, 한국학연구 5, 고려대학교 한국학연구소
陶邑と須惠器生産, 畿內の巨大古墳とその時代, 白石耕治, 雄山閣, 2004
于勒12曲と大伽耶聯盟, 田中俊明, 東洋史研究 48-4, 京都大文學部, 1990
日本全局古墳學入門, はぶたよしゆき(土生田純之), 東京 學生社, 2003
邪馬臺國論爭, さえきありきよ(佐伯有淸), 岩波書店, 2006
弁辰韓의 世界, 부산광역시립박물관 복천분관, 1998
蕾園 鄭寅普全集, 연세대출판부, 1988

特別展 弁辰韓의 여명-점토대토기의 등장, 국립김해박물관 편저, 통천문화사, 2003
5~6세기 동아시아의 국제정세와 대가야, 양기석 외, 서울기획, 2007
加耶各國史研究, 白承玉, 혜안, 2003
가야 고고학의 새로운 조명, 부산대학교 한국민족문화연구소, 혜안, 2003
加耶의 美, 국립김해박물관, 개미, 2006
加耶史 史料集成, 金泰植·李益柱編, 駕洛國史蹟開發研究院, 1993
韓國金石文大系 3·4(慶尙南北道編), 趙東元 編著, 圓光大學校 出版局, 1993
가야의 무덤과 유물, 사회과학원 고고학연구소, 진인진, 2009
고대의 목간 그리고 산성, 국립가야문화재연구소·국립부여박물관, 2009
대가야연맹의 흥망-가야의 정치적 발전, 가야사론, 고려대한국학연구소, 1993
가야와 그 전환기의 고분문화, 국립창원문화재연구소, 2007
弁辰韓의 黎明-점토대토기의 등장, 국립김해박물관, 2003
가야의 개국설화에 대한 검토, 역사와 현실 33, 백승충, 1999
가야의 용례 및 시기별 분포상황-가야연맹체 개념의 적용과 관련하여, 부산사학 22, 백승충, 1992
요서지역의 청동기시대 문화연구 p.36, 복기대, 백산자료원, 2002
臨屯太守章 封泥를 통해 본 漢四郡의 위치, 복기대, 白山學報 제 61호 p.48~61, 2001
日本書紀, 成殷九 譯註, 고려원, 1993
古事記, 緖方惟章 譯, 勉誠出版, 2004
낙랑군연구, 오영찬, 사계절, 2006
고분자료로 본 대가야 연구, 김세기, 학연문화사, 2003
악성 우륵의 생애와 대가야의 문화, 노중국·주보돈 외, 고령군 대가야박물관·계명대학교 한국학연구원, 2006
大伽倻歷史新築敷地內 高靈 池山洞古墳群3·4·5, 慶尙北道文化財研究院·高靈郡, 2000
가야의 유적과 유물, 박천수 외, 학연문화사, 2003
국립중앙박물관 고적조사보고 제17책, 국립중앙박물관, 1985
朝鮮上古史鑑, 安在鴻, 民友社, 1948
加耶諸國의 王權, 仁濟大加耶文化研究所編, 新書苑, 1997
加耶의 遺蹟과 遺物, 박천수·홍보식 외, 학연문화사, 2003
陜川 梅岸里古碑에 대하여, 新羅文化 6, 金相鉉, 1989
신라의 사상과 문화, 金相鉉, 一志社, 1999
백마학술총서1, 韓國의 前方後圓墳, 申敬撤, 충남대출판부, 2000
韓半島의 前方後圓墳, 강인구, 동방미디어, 2001
承德歷史考古研究, 杜江, 遼寧民族出版社, 1997
中國歷史地理概述, 上海教育出版社, 2006
遼寧省博物館建館四十周年紀念, 서울 韓國人文科學院, 2001
韓國의 前方後圓墳 舞妓山과 長鼓山, 강인구, 한국정신문화원구원, 1987
浦上八國 戰爭과 그 性格, 伽倻文化第10號, 南在祐, 재단법인 가야문화연구원, 1997
發掘遺蹟과 遺物, 동아대학교 박물관, 2003
釜山 老圃洞古墳, 釜山市立博物館, 1985
釜山 老圃洞遺蹟, 釜山大學校博物館, 1988
校訂 世宗實錄地理志, 朝鮮總督府 中樞院調査課編, 文化財管理局藏書閣, 1973
芝峰類說, 李晬光, 景仁文化社, 1970
國譯 東史綱目, 安鼎福, 민족문화추진위원회, 1980

最近 北韓五萬分之一地形圖(上·下), 도서출판 景仁文化社, 1997
韓國의 騎馬民族論, 마문화연구총서Ⅷ, 金泰植·宋桂鉉 共著, 한국마사회 마사박물관, 2003
韓國의 古代木簡, 國立昌原文化財研究所, 2004
김수로왕비 허황옥-쌍어의 비밀, 김병모, 조선일보사, 1994
韓國의 古代甲冑, 福泉博物館, 2003
가야는 신비의 왕국이었나, 김경복·이희근, 청아출판사, 2001
新羅通史, 신형식, 도서출판 주류성, 2004
潛夫論, 王符 撰, 商務印書館, 民國 29年(1940)
잠부론, 왕부 지음, 임동석 역주, 건국대학교 출판부, 2004
4~5세기 일본고분껴묻거리의 성격에 대하여, 조선고고연구(Ⅰ), 권기홍, 북한, 1986~1987
영남지역 三角形粘土帶土器의 성격, 新羅文化 第23輯, 李在賢, 東國大學校 新羅文化研究所, 2004
三韓後期 辰韓勢力의 成長過程研究, 新羅文化 第23輯, 金榮民, 東國大學校 新羅文化研究所, 2004
적석목곽묘 출토 황금장식과 유리제품의 원류, 新羅文化 第23輯, 이한상, 東國大學校 新羅文化研究所, 2004
三國遺事, 一然, 김원중 옮김, 을유문화사, 2002
조선수군사, 오봉근, 조선, 평양, 사회과학출판사, 1991
한국 고대사 속의 고조선사, 송호정, 푸른역사, 2003
騎馬民族 日本列島 征服說에 대하여, 韓國學報 5, 盧泰敦, 1976
騎馬民族說에서의 韓倭 연합왕국론 비판, 韓國史 市民講座 11, 1992, 一潮閣
考古學上으로 본 伽耶와 日本의 관계, 崔秉鉉, 한국사 시민강좌 11, 1992, 一潮閣
미완의 문명 7백년 가야사, 김태식, 푸른역사, 2002
金海 禮安里 160號墳에 대하여, 伽耶考古學論叢1, 駕洛國史蹟開發研究院, 1993
금관가야의 성립과 연맹의 형성, 가야 각국사의 재구성, 부산대학교 민족문화연구소편, 혜안, 2000
알타이 지역 암각화에 나타난 태양신 숭배, 先史와 古代 26(2007년 6월), p.119~146, 임세권, 韓國古代學會, 2007
加耶初期馬具에 대하여, 釜大史學 18, 申敬澈, 1994
中島 Ⅰ·Ⅱ·Ⅲ, 國立中央博物館, 1980~1982
우륵12곡의 해석문제, 백승충, 한국고대사논총3, 1992
낙동강 하류에 꽃핀 가야문화-김해 대성동고분군에서 보이는 북방문화요소, 申敬澈, 역사산책 1991년 7월호
금관가야의 성립과 발전, 洪潽植, 加耶文化遺蹟調查 및 整理計劃, 1998, 경북·가야대학교 부설 가야문화연구소
長水 三峰里·東村里古墳群, 곽장근 외, 群山大學校 博物館·長水郡·文化財廳, 2005
大田~統營間 高速道路(茂朱~長溪間) 建設工事 文化遺蹟發掘調査報告書, 全北大學校博物館·群山大學校博物館·韓國道路公社, 2000. 10
華城 馬霞里古墳群, 이선복·김성남, 2004, 서울대학교박물관
華城 堂下里Ⅱ遺蹟, 權五榮·金斗權, 숭실대학교박물관·한국철도시설공단, 2004
金海 良洞里古墳發掘調査報告書, 1989, 文化財研究所
金海 良洞里古墳文化, 林孝澤·郭東哲, 東義大學校博物館, 2000
金海 良洞里古墳, 文化財研究所 遺蹟調査研究室編, 문화재연구소, 1989
東萊福泉洞古墳群1, 부산광역시립박물관, 1997
東萊福泉洞古墳群2(本文), 부산대학교박물관, 1990
東萊福泉洞古墳群2(圖面, 圖版), 부산대학교박물관, 1990
東萊福泉洞古墳群3, 부산대학교박물관, 1996
福泉洞古墳群第7次調査報告, 福泉博物館, 2004

楡樹 老下深, 吉林省文物考古研究所編, 文物出版社, 1987
浦項 玉城里古墳群 나지구 1·2, 영남매장문화재연구원, 1998
포항 국도7호선 확장공사구간내 포항 옥성리고분군 발굴조사보고서, 경상북도문화재연구원, 2003
咸安 安羅國의 成長과 變遷(韓國史研究 86), 金泰植, 1994, 한국사연구회
양산 부부총과 그 유물, 고적조사특별보고 제5책, 조선총독부, 昭和2년
大加耶의 成長과 發展, 대가야학술총서 2, 고령군·한국고대사학회편, 2004, 서경
譯註 加耶史 史料集成, 金泰植·李益柱·高慶錫·吳定燮, 재단법인 駕洛國史蹟開發研究院, 2004
河北定縣 北庄漢墓發掘報告, 考古學報, 1964年 제2기, 河北省文化局文物工作隊
韓國金石文集成(1), 任世權·李宇泰, 2002, 서경문화사
金海 大成洞古墳群 I-II, 慶星大博物館, 2000
金海 大成洞古墳群 I~III, 慶星大博物館, 2003
西部慶南爐形土器에 대한 一考察, 慶尙史學, 趙榮濟, 1986
高句麗壁畵古墳にみる武器と武裝-特に安岳3호분と藥水里壁畵古墳を中心に(展望アジア考古學-橿原
　　考古學研究所論集)
韓國의 馬具, 李蘭暎·金斗喆, 한국마사회박물관
辰弁韓地域의 外來系遺物, 고고학에서 본 변진한과 왜, 辛勇旻, 2000, 嶺南考古學會·九州考古學會
好太王碑の研究, 王健群, 1984, 雄渾社廣開土王陵碑文の任那加羅와 安羅人戌兵, 韓國古代史論叢6, 1984
新撰姓氏錄の加耶系氏族, 韓國古代史論叢2, 金恩淑, 1991, 한국고대사회연구소편, 가락국사적개발연구원
說文解字, 許愼, 中華書局, 1992
三韓後期 辰韓勢力의 成長過程研究, 『新羅文化』第23輯, 金榮珉, 東國大學校 新羅文化研究所, 2004
固城金氏大同譜, 김해김씨대동보소, 金聖大, 2001
慶南發展研究院, 歷史文化센터 調査研究報告書 第66冊, 馬山 鎭洞遺蹟 I -마산 진동지구 토지구획정리
　　지구내 문화재발굴조사, 경남발전연구원 역사문화센터, 2008
匈奴研究史 1, 生活社, 昭和 17년(1942), 日本
김해 가야의 숲 조성부지내 김해 무계리 공동주택 건설부지내 文化遺蹟 試掘調査報告書, 東亞細亞文化
　　財研究院, 2006
釜山大學校博物館研究叢書 第29輯, 勒島貝塚과 墳墓群, 釜山大學校博物館, 2004
高興 掌德里 獐洞遺蹟, (재)대한문화유산연구센터, 2009
(財)馬韓文化研究叢書 26, 순천 덕암동유적 I -墳墓, (財)馬韓文化研究院·한국토지신탁, 2008
(財)馬韓文化研究叢書 26, 순천 왕지동고분군, (財)馬韓文化研究院·한국토지신탁, 2008
長水 三峰里·東村里古墳群, 곽장근 외, 群山大學校 博物館·長水郡·文化財廳, 2005
大田~統營間 高速道路(茂朱-長溪間)建設工事 文化遺蹟發掘調査報告書, 全北大學校博物館·群山大學
　　校博物館·韓國道路公社, 2000. 10
車勇杰·趙詳紀, 調査報告 第29冊, 鎭川 松山里遺蹟發掘調査報告書, 忠北大學校博物館, 1991
湖南文化財研究院 學術調査報告 第37冊 高速國道 第12號線 古西-潭陽間 擴張工事 區間內 文化遺蹟發
　　掘調査 潭陽 桂洞古墳群, (財)湖南文化財研究院·韓國道路公社, 2005
潭陽 西玉古墳群, (財)湖南文化財研究院·潭陽郡, 2007
湖南文化財研究院 學術調査叢書 第51冊 潭陽 中玉里遺蹟, (財)湖南文化財研究院·韓國道路公社, 2005
湖南文化財研究院 學術調査報告 第72冊 潭陽 梧山遺蹟, (財)湖南文化財研究院·(주)담양골프랜드, 2007
勒島 貝塚과 墳墓群, 釜山大學校博物館, 2004
啓明大學校 博物館 遺蹟調査報告 第1輯 高靈 池山洞古墳群, 金鍾徹 外, 啓明大學校 博物館, 1981
高靈 池山洞古墳群II, 朴升圭 外, (財)嶺南文化財研究院, 2006
高靈 池山洞44號墳: 大伽倻王陵, 朴天秀·김재현·이재환 外, 慶北大學校博物館, 2009

傳金官伽倻宮墟址시굴조사보고서, 李昌熙, 釜山大學校博物館, 2006
高靈 池山洞30號墳, 영남매장문화재연구원, 1998
高靈 池山洞古墳群 1~6, 영남매장문화재연구원, 1998
東史綱目, 朝鮮古書刊行會編, 安鼎福, 景仁文化史, 1970
山淸 明洞遺蹟：단성~산청간 국도 확 · 포장공사구간내 유적발굴조사, 경남발전연구원 역사문화센터, 2004
山淸 明洞遺蹟 : 산청 신안리휴게소 건립부지내 유적 발굴조사3, 경남발전연구원 역사문화센터, 2009
泗川 勒島 C1~C2, 동아대학교박물관, 2005~2008
勒島貝塚 A地區 住居群, 경남고고학연구소, 2003
慶南發展硏究院 歷史文化센터 調査硏究報告書 第54冊, 山淸 平村里 遺蹟-山淸郡 生草 반갯들 水害復舊
　　事業地區內 遺蹟發掘調査, 慶南發展硏究院, 2008
樂浪 특별전, 국립중앙박물관, 솔출판사, 2001
1~3세기 가야세력의 성격과 그 추이-수로집단의 등장과 포상팔국의 난을 중심으로, 釜大史學 제13집
首露神話와 龜旨歌에 대한 한 管見, 金侑美, 한국민속학보 제5호, 한국민속학회, 1995
龜旨歌 연구-수로신화의 기능을 중심으로, 김균태, 한국국어교육연구회, 1996년 9월
龜旨歌硏究, 신용수, 동아대학교 인문과학대학 국어국문학과 제11집, 1992년 12월
龜旨歌硏究, 朴贊洙, 尙志大學校敎育大學院 碩士學位論文, 2001
龜旨歌의 戰爭敍事詩的 性格 硏究, 車在烱, 全南大 國語國文學科 석사논문, 2003
'가락'의 문화 기호론적 풀이, 정호완, 한글 238호, 한글학회, 1997년 겨울호
고대사의 비교언어학적 연구, 강길운, 1992.
가락국기의 신화학적 연구, 인문논총 제6호, 김현선, 경기대학교 인문대학 인문과학연구소, 1998
'가야'의 형태와 의미, 인문과학연구 14집, 대구대학교 인문과학연구소, 1995
우리나라 서북지방에서의 나무곽무덤의 기원과 발생시기에 대하여, 리순진, 조선고고연구Ⅳ
　　(1992~1993), 북한
完譯 龍飛御天歌(上 · 下), 李胤錫 譯, 효성여자대학교 한국전통문화연구소, 1992~1993
伽耶古墳 出土 鐙子에 대한 연구, 柳昌煥, 韓國考古學報 33집, 1995
義昌 茶戶里遺蹟發掘進展報告(1), 考古學誌 1, 李健茂, 韓國考古美術硏究所, 1989
昌原 茶戶里遺蹟發掘進展報告 Ⅳ(考古學誌 제7집), 한국고미술연구소, 1995년 12월
창원 다호리유적, 국립중앙박물관, 2001
慶州 舍羅里遺蹟 Ⅱ-木棺墓 · 住居址(嶺南文化財硏究院學術調査報告 第32冊), 영남문화재연구원, 2001
慶州 舍羅里遺蹟1, 赤錫木槨墓 · 石槨墓, 嶺南文化財硏究院, 1999
慶州 舍羅里遺蹟2, 木棺墓 · 居住地, 嶺南文化財硏究院, 2001
慶州 舍羅里遺蹟3, 木槨墓 · 甕棺墓, 嶺南文化財硏究院, 2007
비파형 단검문화의 미송리류형, 황기덕, 조선고구연구(Ⅱ), 북한, 1988~1989
국가와 군장사회 사이의 중간 단계에 대한 고찰, 강봉원, 韓國考古學報 제33집, 1995
伽耶古墳 出土 鐙子에 대한 硏究, 柳昌煥, 韓國考古學報 제33집, 1995
金海 良洞里古墳, 문화재연구소 유적조사연구실, 1989
金海 良洞里古墳文化, 東義大學校博物館學術叢書 7, 임효택 · 곽동철, 동의대학교박물관, 2000
金海 七山洞古墳群 Ⅰ-제3지구의 발굴조사, 慶星大學校博物館 遺蹟調査報告 第1輯, 1989, 경상북도 · 경
　　성대학교박물관
海東金石苑(上 · 下), 劉燕庭, 亞細亞文化社, 1976
SEM · EDS를 이용한 경남 김해 양동리 출토 유리구슬의 분석 고찰, 김규호 외, 보존과학회지 Vol 7, No. 1,
　　1998
蔚山 下垈里遺蹟-古墳 Ⅰ, 李在賢 · 정나리, 부산대학교 박물관 연구총서 제20집, 부산대학교박물관, 1997

영남지방 청동기 문화의 전개, 영남고고학 21, 이청규, 1997
한국고대사연구 45, 한국고대사학회, 2007년 3월
신라 분묘 속 서역계 문물의 현황화 解析, 이한상
前期加耶의 馬具, 加耶史論集1, 金斗喆, 1998, 김해시
호형 대구의 형식분류와 편년, 경북대학교 고고인류학과 20주년 기념논총, 김구군, 2000
百濟의 起源과 國家形成에 관한 재검토, 한국 고대국가의 형성, 한국고대사연구회편, 민음사, 1990
夢村土城 發掘調査報告書, 서울대학교 박물관, 1988
漢城百濟의 中央과 地方, 백제의 중앙과 지방, 충남대 백제연구소, 朴淳發, 서경문화사, 2001
新羅古墳研究, 崔秉鉉, 一志社, 1992
新羅金冠의 系統, 趙明基博士華甲紀念佛敎史學論叢, 金元龍, 1964
金冠塚, 朝鮮古蹟調査報告, 朝鮮總督府, 1922
壺杅塚, 朝鮮古蹟調査報告, 朝鮮總督府, 1922
首露傳說, 日鮮神話傳說の硏究, 三品彰英論文集 第四卷 增補 日鮮神話傳說の硏究, 三品彰英, 平凡社, 1972
仙桃山辨, 東都雜誌, 薝園 鄭寅譜全集 1, 연세대출판부, 1983
咸安 馬甲塚, 2002, 국립창원문화재연구소・함안군
鹽鐵論, 桓寬 著, 김한규・이철호 역, 한국학술진흥재단, 2002
4-5세기 신라 고분 피장자의 服飾品 着裝 定型, 한국고고학보 47, 李熙濬, 경북대학교 고고인류학과, 2002년 8월
積石木槨墳文化地域의 帶金具, 古文化 38, 朴普鉉, 1991
積石木槨墳의 階層性 試論, 古代研究 3, 朴普鉉, 1992
皇南洞古墳發掘調査槪報, 金宅圭・李殷昌, 嶺南大學校博物館, 1978
新羅의 古塚과 地域集團-大邱・慶山의 例, 金龍星, 1998, 춘추각
신비한 황금의 나라 新羅黃金, 국립경주박물관, 2001
토기에 의한 新羅 고분의 分期와 편년, 李熙濬, 韓國考古學報 36, 1997
慶州金鈴塚飾履塚發掘調査報告(大正 十三年度朝鮮古蹟調査報告, 朝鮮總督府, 1932
遠居의 匈奴, 盖山林・盖志浩, 內蒙古人民出版社, 2008
古新羅 積石木槨墳 研究(下)-墓型과 그 性格을 중심으로, 韓國史研究 32
考古資料를 통해 본 우리나라 古代의 冠, 三國時代 裝身具와 社會相, 제3회 부산광역시립박물관 복천분관 학술발표대회, 咸舜燮
三國時代 耳飾과 帶金具의 分類와 編年, 三國時代裝身具와 社會相(제3회 부산광역시립박물관 복천분관 학술발표대회), 李漢祥, 1999
新羅冠 研究를 위한 一試論, 考古學誌 11, 李漢祥, 2000
가야 고고학의 새로운 조명, 부산대학교 한국민족문화연구소 편, 혜안, 2003
伽耶史, 文定昌, 柏文堂, 1978
광개토대왕비와 한일관계, 한일관계사연구논집 편찬위원회 편, 景仁文化社, 2005
廣開土王碑 硏究 王健群, 林東錫 譯, 한국학술정보, 2004
加耶 各國史 研究 白承玉 지음 혜안, 2003
加耶文化遺蹟調査 및 整備計劃, 가야대학교 가야문화연구소 編, 경상북도, 1998
(加耶文化심포지움) 加耶文化圈 開發의 歷史的 意義과 課題, 加耶文化研究室 편, 加耶文化研究室, 2001
大加耶와 周邊諸國, 高靈郡・韓國上古史學會編, 학술문화사, 2002
加耶諸國의 鐵, 仁濟大學校加耶文化硏究所 編, 新書苑, 1995
조선환여승람, 김해문화원・가야문화연구회 [공편], 김해문화원・가야문화연구회, 2005
大加耶連盟の興亡と任那, 田中俊明, 吉川弘文館, 1993

가야사 연구 조희승 저, 사회과학출판사, 1994
가야사, 조희승, 과학백과사전종합출판사, 2001
昌原 進禮山城, 學術調査研究叢書 제 19집, 昌原市・慶南文化財硏究院, 2003
咸安 城山山城 Ⅱ, 學術\調査報告書 제27집, 國立昌原文化財硏究所, 2004
청동기시대의 大坪・大坪人, 國立晉州博物館, 2002
斗洛里, 尹德香・郭長根, 全羅北道 南原郡・全北大學校博物館, 1989
學術調査報告 第15輯 咸安 馬甲塚, 咸安郡・國立昌原文化財硏究所, 2002
南原 乾芝里古墳群 發掘調査報告書, 文化財硏究所, 1991
옥전고분군과 다라국, 趙榮濟, 혜안, 2007
固城東外洞遺蹟, 國立晉州博物館 遺蹟調査報告書 제 16冊, 晉州博物館,, 2003
咸安 馬甲塚, 學術調査報告 제15집, 國立昌原文化財硏究所, 2002
咸安 道項里古墳群V, 學術調査報告書 제26집, 국립창원문화재연구소, 2004
光陽 馬老山城Ⅰ, 順天大博物館 學術資料叢書 제56집, 光陽市・順天大學校博物館
釜山 蓮山洞遺蹟, 福泉博物館學術研究叢書 제15집, 福泉博物館, 2003
金海 良洞山城 精密地表調査, 學術調査研究叢書 제47집, 金海市・慶南文化財硏究院, 2006
몽골 모린 톨고이 흉노무덤(한-몽 공동 학술조사보고 제2책), 대한민국 중앙박물관・몽골국립역사박물관, 2001
국립중앙박물관 몽골 학술조사 성과 2002~2004(한몽 공동학술조사보고 제4책), 대한민국 중앙박물관・몽골국립역사박물관, 2004
몽골 호드긴 톨고이 흉노무덤, 국립중앙박물관・몽골국립역사박물관, 2003
몽골 흉노무덤 연구, 에렉젠, 서울대학교, 2009
古代 東北아시아의 民族과 文化, 김영수 編, 여강출판사, 1994
내몽고 중남부의 오르도스 청동기와 문화, 고구려연구재단, 2006
오르도스 청동기문화와 한국의 청동기문화 : 민족문화원형발굴 및 정체성 정립을 위한 학술대회Ⅱ, 한국고대학회, 2007
鎭川 松斗里遺蹟發掘調査報告書, 調査報告 第 29冊, 車勇杰・趙祥記, 忠北大學校博物館, 1999
星州 栢田 禮山里 土地區劃整理事業地區内 文化遺蹟發掘調査報告書, 學術調査報告 第 48冊, (財)慶尙北道文化財硏究院, 2005
我邦疆域考, 여유당전서, 丁若鏞, 丁海廉 譯註, 現代實學社, 2001
春秋戰國時期中國北方文化帶의 形成, 楊建華, 北京 文物出版社, 2004
中國古代北方民族通史, 林幹, 馬江出版社, 2003
欽定滿洲源流考, 朝鮮古書刊行會編, 景仁文化社, 1997
東事, 眉叟記言原集外編(제32~36권), 許穆
慶州 舍羅里遺蹟Ⅱ-木棺墓・住居址, 영남문화재연구원, 2001
慶州 路西里 壺衧塚과 銀鈴塚, 國立博物館 編輯部編, 韓國人文科學院, 1998
梁山 夫婦塚と其遺物, 朝鮮總督府編, 1927
天馬冢, 文化公報部 文化財管理局, 1974
평양일대의 벽돌칸무덤 삼국시기 마구에 관한 연구, 한인덕 외, 북한 사회과학출판사, 백산자료원, 2003
남양리 유적발굴보고, 박사・부교수 서국태, 북산 사회과학출판사, 백산자료원, 2003
欒城縣志, 河北省欒城縣地方志編纂委員會, 新華出版社, 1995
락랑구역일대의 고분발굴보고, 리순진・김재용, 북한 사회과학출판사, 백산자료원, 2002
國譯 金海邑誌, 權正錫 譯, 金海文化院, 1984
韓國近代邑誌 14(慶尙道 8, 金海邑誌), 韓國人文科學院 編輯部編, 한국인문과학원, 1991

錦城志(上・下), 한국정신문화연구원, 1981
中國考古集成7~11(甘肅省・靑海省・新疆維吾爾自治區, 孫進己・孫海, 中州 古籍出版社, 2000
陶質土器 成立 前夜와 展開, 韓國考古學報 12, 崔鍾圭, 1982
洛東江 下流域 土壙墓文化, 嶺南考古學 7, 林孝澤, 1990
星州 出土 一括瓦質土器, 尹武炳博士回甲紀念論叢, 韓炳三, 1984
朝鮮古蹟圖譜, 文獻編纂會出版部, 1961
가야 甲冑文化의 변화, 가야고분 편년의 연구Ⅲ, 송계현, 영남고고학회 발표회집, 1995
舍羅里遺蹟, 1~3세기 경주지역의 유적과 문화, 제16호 신라문화학술회의, 박승규, 1997
從考古學看我國東北古代民族'毁損'習俗, 張英, 北方文物, 1990년 3월
日本 初期 스에키의 發現, 동아시아 속의 한일관계, 부산대 한국민족문화연구소, 1997
白承玉, 「新羅・百濟 각축기의 比斯伐加耶」『釜大史學』15・16合輯, 1992
白承玉, 「比斯伐加耶의 形成과 國家的 性格」『韓國文化硏究』7, 부산대학교 한국민족문화연구소, 1995
白承玉, 「문헌자료를 통해 본 가야시기의 창녕」『가야시기 창녕지방의 역사・고고학적 성격』, 국립창원문화재연구소, 2001
海東繹史, 한치윤, 景仁文化社, 1989
天安 花城里百濟墓, 國立公州博物館, 1991
淸州 新鳳洞古墳群, 忠北大學校博物館, 1996
淸州 新鳳洞百濟古墳群發掘調査報告書, 忠北大學校博物館, 1990
盆山 笠店里古墳, 文化財硏究所, 1989
陜川 苧浦里 4號墳 出土 土器의 銘文, 채상식, 伽耶2, 1989
陜川 苧浦里古墳A發掘調査報告, 陜川댐水沒地區發掘調査報告Ⅰ, 嶺南大學校博物館, 1987
陜川댐水沒地區發掘調査報告6, 陜川 苧浦里E地區遺蹟, 釜山大學校博物館・慶尙南道, 1987
伽耶지역에서 발견된 金石文 자료, 金昌鎬, 鄕土史硏究1, 1989
國立慶州博物館 學術調査報告 第 11冊, 慶州 朝陽洞遺蹟Ⅰ, 國立慶州博物館, 2000
高靈 盤雲里 木槨墓, 김현정, 東洋大學校博物館, 2005
漢代 木槨墓硏究, 辛勇旻, 學硏文化社, 2000
國立慶州博物館 學術調査報告 第 13冊, 慶州 朝陽洞遺蹟Ⅱ(본문), 國立慶州博物館, 2003
國立慶州博物館 學術調査報告 第 13冊, 慶州 朝陽洞遺蹟Ⅱ(사진), 國立慶州博物館, 2001
宜寧 泉谷里古墳群Ⅰ, 1997, 社團法人 嶺南埋葬文化財硏究院・宜寧郡
韓國古代金石文資料集2, 新羅・伽耶篇, 國史編纂委員會, 1995
伽耶各國史硏究, 白承玉, 도서출판 혜안, 2003
伽耶諸國의 鐵, 仁濟大學校加耶文化硏究所編, 新書苑, 1995
咸安 城山山城, 學術調査報告書 第27輯, 國立昌原文化財硏究所, 2004
固城東外洞遺蹟, 國立晉州博物館 遺蹟調査報告書 第16冊, 國立晉州博物館, 2003
固城內山里古墳群Ⅰ, 學術調査報告 第18輯, 國立昌原文化財硏究所, 2002
固城內山里古墳群Ⅱ, 學術調査報告 第30輯, 國立昌原文化財硏究所, 2005
光州新昌洞低濕地遺蹟Ⅱ, 國立光州博物館, 2001
光州新昌洞低濕地遺蹟Ⅳ, 國立光州博物館, 2002
光州新昌洞低濕地遺蹟Ⅴ, 國立光州博物館, 2003
濟州終達里遺蹟Ⅰ, 國立濟州博物館, 2006
加羅史硏究, 민족문화학술총서 9, 丁仲煥, 도서출판 혜안, 2000
伽耶から倭國へ, 松尾絋一郞, 海鳥社, 2005
新羅伽耶社會のと起源成長, 李 盛周ㅣ木村光一, 雄山閣, 2005

義昌 茶戶里遺蹟發掘進展報告(Ⅰ), 考古學誌1, 李建茂, 韓國考古美術硏究所, 1989
金海龜旨路墳墓群, 慶星大學校博物館, 慶星大學校博物館硏究叢書 第3輯, 2000
創氏記念名字文換名簿, 同民會本部, 1940
韓國의 古代木簡, 國立昌原文化財硏究所, 2004
국도 24호선(울산-언양)확포장구간내유적, 울산대박물관, 2005
古代民族, 甘肅考古文化叢書, 陳炳應, 盧冬 著, 敦煌文藝出版社, 2003
수로신화와 구지가에 대한 한 관견, 김유미, 한국민속학보 제5호, 1995
구지가신연구, 박진태, 한국어논문집 2집, 1982
한국신화를 통해 본 고대사회, 이규동, 신동아, 1973
金海金氏璿源大同世譜, 김해김씨선원대동세보소편
宜寧南氏族譜(首卷), 의령남씨족보편찬위회편, 1992
固城金氏大同譜, 고령김씨대동보소, 金聖大, 2001
日本全局古墳學入門, 土生田純之, 學生社, 東京, 2003
전북동부지역 가야문화유산, 군산대학교박물관, 2004
전북동부지역 가야유물, 군산대학교박물관, 2005
伽耶지역에서 발견된 金石文 자료, 金昌鎬, 鄕土史硏究1, 1989
慶南發展硏究院, 歷史文化센터 調査硏究報告書 第66冊, 馬山 鑛洞遺蹟Ⅰ-마산·진동지구 토지구획정리지
    구내 문화재발굴조사, 경남발전연구원 역사문화센터, 2008
최근 가야지역의 고고학적 성과3~4세기의 제문제, 가야사론, 신경철
한국고대지명연구, 이병선, 1989
서단산문화와 길림지역의 청동기문화, 오강원, 學硏文化社, 2008
幻想의 樓蘭, 黑水城, NHK취재반 著, 서린문화사, 1986
中國藝術全鑑 1-6, 人民美術出版社, 2000
主山城 지표조사보고서, 김성구, 국립대구박물관·고령군, 1996
고구려와 흉노, 송동건, 진명출판사, 2010

사진 및 그림 출전(출처)

구지가는 구야국 마리 정복가
구지봉 입구에 있는 구지봉 표지석　서동인.
대성동고분박물관 옆에 있는 애구지　서동인.
대성동고분박물관 반대편에서 바라본 애꾸지　서동인.
구지봉에서 내려다본 애꾸지　서동인.

1세기 후반 김해 구야국 수장 나타나다
봉황동 3호목관묘. 피장자와 유물 부장 당시의 모습을 재현한 모식도　김해 가야의 숲 조성부지내 유적 발굴
　　조사 지도위원회 자료, 2004.
부채 및 칠초철검　김해 가야의 숲 조성부지내 유적 발굴조사 지도위원회 자료, 2004.
소문경　김해 무계리 공동주택 건설부지내 발굴조사보고서, 동아세아문화재연구원.
두형칠기에 새겨진 문양　김해 가야의 숲 조성부지내 유적 발굴조사 지도위원회 자료, 2004.
주머니호　김해 가야의 숲 조성부지내 유적 발굴조사 지도위원회 자료, 2004.
김해 봉황동 3호목관묘　김해 무계리 공동주택 건설부지내 발굴조사보고서.
봉황동 3호목관묘 출토 소문경 X-ray 사진　김해 무계리 공동주택 건설부지내 발굴조사보고서.
봉황동 3호목관묘 출토 동과와 X-Ray 사진 및 실측도　김해 무계리 공동주택 건설부지내 발굴조사보고서.
창원 다호리 출토 칠초동검　특별전 낙랑, 2001, 국립중앙박물관(유물번호 본관 5303).
봉황동 3호목관묘 출토 주머니호　김해 무계리 공동주택 건설부지내 발굴조사보고서.
봉황동 3호목관묘 출토 칠초철검 손잡이 복원도　김해 무계리 공동주택 건설부지내 발굴조사보고서.
봉황동 3호목관묘 출토 칠기부채 손잡이　김해 무계리 공동주택 건설부지내 발굴조사보고서.
봉황동 3호목관묘 출토 조합우각형파수부호　김해 무계리 공동주택 건설부지내 발굴조사보고서.
목관묘의 목관 및 부장공간　김해 무계리 공동주택 건설부지내 발굴조사보고서.
김해 구지로 12호분　김해 구지로분묘군, 경성대학교박물관, 2000.
김해 구지로 12호분 출토 유물　김해 구지로분묘군, 경성대학교박물관, 2000.

김해가야의 여전사들
경남 마산 진동유적 전경　馬山 鎭東 遺蹟 발굴조사 지도위원회 자료, 慶南發展硏究院, 2004.
마산 진동 A군 1호 고인돌 노출 전경　馬山 鎭東 遺蹟 발굴조사 지도위원회 자료, 慶南發展硏究院, 2004.
마산 진동 석관묘 나군 21호　馬山 鎭東 遺蹟 발굴조사 지도위원회 자료, 慶南發展硏究院, 2004.
마산 진동 A군 1호 주체부　馬山 鎭東 遺蹟 발굴조사 지도위원회 자료, 慶南發展硏究院, 2004.
김해 대성동 37호분 출토 살포 및 철모　김해 대성동고분군 Ⅲ, 경성대박물관, 2003.
김해 대성동 57호 고분에서 나온 김해가야의 여전사들　김해 대성동고분군 Ⅲ, 경성대박물관, 2003.
세 여인의 인골　김해 대성동고분군 Ⅲ, 경성대박물관, 2003.
중국 은의 영역　최병식.
중국 하남성 은허유적 전시관　최병식.
김해 대성동 57호분 출토 여전사용 투구　김해 대성동고분군 Ⅲ, 경성대박물관, 2003.
은허 출토 멧돼지 문양 용기　최병식.
은나라 사람들의 주거지 복원도　최병식.
부호묘 출토 두개골로 복원한 은나라 남녀 모습　최병식.
하남성 안양 소둔촌 127호갱 출토 귀갑　최병식.

김씨는 중국 서부 감숙성이 고향인 흉노인
문무왕릉 비편 내용   海東金石苑.
문무왕릉 비편   국립경주박물관, 2009.(허가번호 경박201104-410)
서안(西安) 곽거병 무덤 앞에 서있는 흉노마답상   서영각.
서안에 있는 곽거병의 무덤   서영각.
곽거병 무덤 표지석   서영각.
감천궁 출토 명문 와당   漢甘泉宮遺址勘査記, 姚生民.
감천궁 출토 운문 와당   漢甘泉宮遺址勘査記, 姚生民.
한 무제의 무덤인 무릉   서영각.
곽거병묘 측면에서 발견된 좌사공 제기석 탑본   西漢霍去病墓側新發現兩块左司空題記石, 考古與文物 1993年 1期.
전한 원제의 무덤인 위릉에서 출토된 와당   「漢元帝渭陵調査記」『考古與文物』1980年 創刊號.
『한서』 98 원후전(제68).

가라국의 1세수로는 김시
김수로왕릉   서동인.

알지는 제천금인의 금인
흥덕왕릉   서영각.
흥덕왕릉비 귀부   서영각.

김해 양동리고분군, 가야를 지배한 사람들의 무덤
김해 양동리 출토 노형토기   김해 양동리고분문화, 동의대학교박물관, 2000.
김해 양동리 346호 목곽묘 출토 양이부호   김해 양동리고분문화, 동의대학교박물관, 2000.
김해 양동리 371호 목곽묘 출토 양이부호   김해 양동리고분문화, 동의대학교박물관, 2000.
김해 양동리 74호 목곽묘 출토 연질옹   김해 양동리고분문화, 동의대학교박물관, 2000.
김해 양동리 125호 출토 원저광구호 및 기대   김해 양동리고분문화, 동의대학교박물관, 2000.
김해 양동리 283호 출토 원저광구호 및 기대   김해 양동리고분문화, 동의대학교박물관, 2000.
김해 양동리 107호 목곽묘 출토 토기류   김해 양동리고분문화, 동의대학교박물관, 2000.
김해 양동리 107호분 출토 경갑   김해 양동리고분문화, 동의대학교박물관, 2000.
김해 양동리 출토 소용돌이 문양 장식 판갑   김해 양동리고분문화, 동의대학교박물관, 2000.
김해 양동리 107호 목곽묘 출토 경갑 상세도   김해 양동리고분문화, 동의대학교박물관, 2000.
김해 양동리 200호 출토 광형동모   김해 양동리고분문화, 동의대학교박물관, 2000.
김해 양동리 200호 목곽묘 출토유물   김해 양동리고분문화, 동의대학교박물관, 2000.
김해 양동리 388호 출토 단경호   김해 양동리고분문화, 동의대학교박물관, 2000.
김해 양동리 388호 출토 양이부단경호   김해 양동리고분문화, 동의대학교박물관, 2000.
김해 양동리 235호 목곽묘와 출토유물   김해 양동리고분문화, 동의대학교박물관, 2000.
김해 양동리 출토 와질토기인 대부장경호   김해 양동리고분문화, 동의대학교박물관, 2000.
김해 양동리 출토 통형기대   김해 양동리고분문화, 동의대학교박물관, 2000.
김해 양동리 210호 출토 통형기대   김해 양동리고분문화, 동의대학교박물관, 2000.
김해 양동리 235호 목곽묘 출토 토기류   김해 양동리고분문화, 동의대학교박물관, 2000.
김해 양동리 출토 각배 및 기대   김해 양동리고분문화, 동의대학교박물관, 2000.
김해 양동리 출토 승마무늬 토기 및 동정   김해 양동리고분문화, 동의대학교박물관, 2000.
김해 양동리 출토 승마문이 있는 토기   김해 양동리고분문화, 동의대학교박물관, 2000.
김해 양동리 출토 말고삐   김해 양동리고분문화, 동의대학교박물관, 2000.
김해 양동리 출토 판상철부주형철정   김해 양동리고분문화, 동의대학교박물관, 2000.

김해 양동리 출토 유자이기 김해 양동리고분문화, 동의대학교박물관, 2000.
김해 양동리 78호 출토 철제판갑 김해 양동리고분문화, 동의대학교박물관, 2000.
김해 양동리 304호 목곽묘 출토 토기류 및 통형동기 김해 양동리고분문화, 동의대학교박물관, 2000.
김해 양동리 출토 철제투구 김해 양동리고분문화, 동의대학교박물관, 2000.
김해 양동리 출토 양동리식 동경 김해 양동리고분문화, 동의대학교박물관, 2000.
김해 양동리 출토 철복 김해 양동리고분문화, 동의대학교박물관, 2000.
김해 양동리 출토 마형대구 김해 양동리고분문화, 동의대학교박물관, 2000.
김해 양동리 출토 통형동기 김해 양동리고분문화, 동의대학교박물관, 2000.

가라국의 시작은 양동리 가곡마을
양동리 162호 목곽묘 김해 양동리고분문화, 동의대학교박물관, 2000.
양동리 출토 동경 김해 양동리고분문화, 동의대학교박물관, 2000.
구지봉의 고인돌 서동인.
양동리 340호 목곽묘 출토 토기류 김해 양동리고분문화, 동의대학교박물관, 2000.
양동리 322호 목곽묘 출토 목걸이 김해 양동리고분문화, 동의대학교박물관, 2000.
양동리고분 출토 토기류 김해 양동리고분문화, 동의대학교박물관, 2000.
동모편 김해 양동리고분문화, 동의대학교박물관, 2000.
양동리 출토 통형기대와 기타 토기류 김해 양동리고분문화, 동의대학교박물관, 2000.
양동리산성 실측도 金海 良洞山城 精密地表調査, 鄭義道, 金海市·慶南文化財研究院, 2006.
청동검파두식 김해 양동리고분문화, 동의대학교박물관, 2000.
양동리 162호 목곽묘 출토유물 김해 양동리고분문화, 동의대학교박물관, 2000.
김해 양동리 78호 목곽묘 출토 소용돌이 문양 판갑과 투구 김해 양동리고분문화, 동의대학교박물관, 2000.

양동리고분에서 출토한 청동정의 비밀
김해 양동리 322호분 출토 청동정 김해 양동리고분문화, 동의대학교박물관, 2000.
경주 천마총 출토 동정 천마총, 1974, 문화재관리국.
김해 양동리 322호분 출토 동정 김해 양동리고분문화, 동의대학교박물관, 2000.
양평(陽平) 경후(傾侯) 묘 출토 동정과 석정 陽平 傾侯 銅鼎及其他, 考古與文物, 1985年 5期.
우양궁정 鳳翔縣發現羽陽宮銅鼎, 王光永, 考古與文物, 1981年 1期.
김해 양동리 349호분 및 출토 토기류 김해 양동리고분문화, 동의대학교박물관, 2000.
곽거병의 무덤에서 바라본 한 무제의 무덤 무릉 서영각.
양동리 200호·212호 무덤 출토 철기류 김해 양동리고분문화, 동의대학교박물관, 2000.
양동리고분 출토 금속유물 김해 양동리고분문화, 동의대학교박물관, 2000.
양동리 212호 고분 출토유물 김해 양동리고분문화, 동의대학교박물관, 2000.
대당고김씨부인묘지명 권덕영, 부산외국어대학교.

허황후는 산동 제후국인 허국의 공주
구지봉 옆에 있는 허황후릉 서동인.
허황후릉 밑에 있는 파사석탑 서동인.
김수로왕릉 입구에 있는 쌍어문 서동인.
나주 복암리 3호분 출토 금동신발 나주 복암리3호분.
청동냄비 특별전 낙랑, 국립중앙박물관, 2001(유물번호 본관 5303).
청동냄비 속의 쌍어문 특별전 낙랑, 국립중앙박물관, 2001.

우리말 속의 흉노어 및 알타이어와 가야어
충남 예산·당진·서산 지역에서 '워라 감'으로 불리는 토종 감 김영선.

내몽고 오르도스 등지에 남긴 흉노인들의 암각화   從陰山岩畵古代游牧人的社會經濟生活, 盖山林, 考古與文物, 1981年 2期.
흉노인들이 남긴 중국 동북지역의 청동기시대 암각화   陰山岩畵看我國古代北方游牧人的習俗, 盖山林, 內蒙古大學學報 1983年 2期.

대성동고분군, 김해가야 역사를 토해내다
김해 대성동 39호분 발굴 당시의 모습   金海 大成洞古墳群 Ⅰ·Ⅱ, 慶星大學校博物館.
김해 대성동 18호분 발굴 당시의 모습   金海 大成洞古墳群 Ⅰ·Ⅱ, 慶星大學校博物館.
김해 대성동 2호분 출토 양이부단경호   金海 大成洞古墳群 Ⅰ·Ⅱ, 慶星大學校博物館.
김해 대성동 29호분 출토 양이부단경호   金海 大成洞古墳群 Ⅱ, 慶星大學校博物館.
김해 대성동 1호목관묘   金海 大成洞古墳群 Ⅰ·Ⅱ, 慶星大學校博物館.
김해 대성동 47호목곽묘 출토 토기류   金海 大成洞古墳群Ⅲ, 慶星大學校博物館.
김해 대성동 29호분 출토 직구단경호   金海 大成洞古墳群 Ⅱ, 慶星大學校博物館.
김해 대성동 29호분 출토 시루   金海 大成洞古墳群 Ⅱ, 慶星大學校博物館.
김해 대성동 출토 양이부호 실측도   金海 大成洞古墳群 Ⅰ·Ⅱ, 慶星大學校博物館.
김해 대성동 1호분 부곽 출토 토기류   金海 大成洞古墳群 Ⅰ·Ⅱ, 慶星大學校博物館.
김해 대성동 18호분 출토 몽고발형투구   金海 大成洞古墳群 Ⅱ, 慶星大學校博物館.
김해 대성동 1호분 발굴 당시의 주곽   金海 大成洞古墳群 Ⅰ·Ⅱ, 慶星大學校博物館.
김해 대성동 1호분 주곽 출토유물   金海 大成洞古墳群 Ⅰ·Ⅱ, 慶星大學校博物館.
김해 대성동 13호분 출토 조합우각형파수부호   金海 大成洞古墳群 Ⅱ, 慶星大學校博物館.
김해 대성동 출토지별 조합우각형파수부호   金海 大成洞古墳群 Ⅰ·Ⅱ, 慶星大學校博物館.
김해 대성동 11호분 출토 호형대구   金海 大成洞古墳群 Ⅰ·Ⅱ, 慶星大學校博物館.
김해 대성동 1호목곽묘 출토 철기 및 청동기류   金海 大成洞古墳群 Ⅰ·Ⅱ, 慶星大學校博物館.
김해 대성동 출토 경판비   金海 大成洞古墳群 Ⅰ·Ⅱ, 慶星大學校博物館.
가야의 갑옷과 갑옷들   서영각.
김해 대성동 2호분 출토 경판비   金海 大成洞古墳群 Ⅰ·Ⅱ, 慶星大學校博物館.
김해 대성동고분군 2호목곽묘 출토유물   金海 大成洞古墳群 Ⅰ·Ⅱ, 慶星大學校博物館.
김해 대성동 37호분 출토 등자·재갈 및 기타 마구류   金海 大成洞古墳群 Ⅰ·Ⅱ, 慶星大學校博物館.
부산·경남지역 철정   金海 大成洞古墳群 Ⅰ·Ⅱ, 慶星大學校博物館.
김해 대성동 1호분 출토 통형동기   金海 大成洞古墳群 Ⅰ·Ⅱ, 慶星大學校博物館.
김해 대성동 13호분 주곽 출토 파형동기   金海 大成洞古墳群 Ⅱ, 慶星大學校博物館.
김해 대성동 13호분 출토 당시의 파형동기   金海 大成洞古墳群 Ⅱ, 慶星大學校博物館.
김해 대성동 3호목곽묘 출토유물   金海 大成洞古墳群 Ⅰ·Ⅱ, 慶星大學校博物館.
김해 대성동 39호분 및 출토유물   金海 大成洞古墳群 Ⅰ·Ⅱ, 慶星大學校博物館.
김해 대성동 13호분 출토 금속유물   金海 大成洞古墳群 Ⅱ, 慶星大學校博物館.
김해 대성동 1호분 출토 금속유물   金海 大成洞古墳群 Ⅱ, 慶星大學校博物館.
김해 대성동 23호분 출토 방격구규사신경   金海 大成洞古墳群 Ⅰ·Ⅱ, 慶星大學校博物館.
김해 대성동 22호분 출토 노형토기   金海 大成洞古墳群 Ⅰ, 慶星大學校博物館.
김해 대성동 2호분 출토 노형토기   金海 大成洞古墳群 Ⅰ·Ⅱ, 慶星大學校博物館.
김해 대성동 2호분 출토 발형기대   金海 大成洞古墳群 Ⅰ·Ⅱ, 慶星大學校博物館.
김해 대성동 3호분 출토 발형기대   金海 大成洞古墳群 Ⅰ·Ⅱ, 慶星大學校博物館.
김해 대성동 3호분 출토 노형기대   金海 大成洞古墳群 Ⅰ·Ⅱ, 慶星大學校博物館.
김해 대성동 1호분 출토 고배   金海 大成洞古墳群 Ⅰ·Ⅱ, 慶星大學校博物館.
김해 대성동 11호분 출토 유개고배   金海 大成洞古墳群 Ⅰ·Ⅱ, 慶星大學校博物館.
김해 대성동 11호분 출토 대부파수부배   金海 大成洞古墳群 Ⅰ·Ⅱ, 慶星大學校博物館.
김해 대성동 11호분 출토 소형기대   金海 大成洞古墳群 Ⅰ·Ⅱ, 慶星大學校博物館.

김해 대성동 2호분 출토 통형기대　金海 大成洞古墳群 Ⅰ·Ⅱ, 慶星大學校博物館.
김해 대성동 11호분 출토 통형기대　金海 大成洞古墳群 Ⅰ·Ⅱ, 慶星大學校博物館.
김해 대성동 2호분 출토 고배　金海 大成洞古墳群 Ⅰ·Ⅱ, 慶星大學校博物館.
김해 대성동 1호분 부곽 출토유개장경호 및 발형기대　金海 大成洞古墳群 Ⅰ, 慶星大學校博物館.
김해 대성동 2호목곽묘　金海 大成洞古墳群 Ⅰ·Ⅱ, 慶星大學校博物館.
김해 대성동 2호분 출토 판갑 및 유물 출토상태　金海 大成洞古墳群 Ⅰ, 慶星大學校博物館.
김해 대성동 2호분 출토 유개대부호　金海 大成洞古墳群 Ⅰ·Ⅱ, 慶星大學校博物館.
길림 유수 노하심 M67호분 출토 몽고발형주 복원도　楡樹 老下深, 吉林省文物考古硏究所編.
김해 대성동 45호분 목곽묘 출토유물　金海 大成洞古墳群 Ⅰ·Ⅱ, 慶星大學校博物館.
길림성 유수현 노하심촌 위치도　楡樹 老下深, 吉林省文物考古硏究所編, 文物出版社.

고령 지산리고분군은 대가야 지배층의 무덤
고령 반운리 유적 목곽묘 출토 토기류　高靈 盤雲里 木槨墓, 東洋大學校 博物館, 2005.
노호산(老虎山) 유물과 노호산문화 비교　北方考古論文集.
고령 지산동 32호분 출토 금동관　신비의 고대왕국 가야 특별전, 국립중앙박물관·釜山市立博物館, 1991.(허가번호 중박 201104-197)
고령 지산동 32호분 출토 투구 및 판갑옷　신비의 고대왕국 가야 특별전, 국립중앙박물관·釜山市立博物館, 1991.(허가번호 중박 201104-197)
고령 지산동 32호분 석실 출토 금동관 실측도.
고령 지산동 45호분 평면도 및 봉토 단면도　高靈 池山洞古墳群 1~6, 영남매장문화재연구원, 2004.
고령 지산동 30호분　高靈 池山洞30號墳, 영남매장문화재연구원, 1998.
고령 지산동 32호분 평면도 및 봉토 단면도　高靈池山洞古墳群 32-35號墳, 啓明大學校博物館, 1981.
고령 지산동 32호분 석실 출토 토기류　高靈池山洞古墳群 32-35號墳, 啓明大學校博物館, 1981.
고령 지산동 32호분 석실 출토 충각부 투구　高靈池山洞古墳群 32-35號墳, 啓明大學校博物館, 1981.
고령 지산동 출토 몽고발형 투구 복원도　高靈池山洞古墳群 32-35號墳, 啓明大學校博物館, 1981.
고령 지산동 32호분 석실 출토 판갑　高靈池山洞古墳群 32-35號墳, 啓明大學校博物館, 1981.
고령 지산동 32호분 출토 마구류　高靈池山洞古墳群 32-35號墳, 啓明大學校博物館, 1981.
고령 지산동 35호분 석실 출토 토기류　高靈池山洞古墳群 32-35號墳, 啓明大學校博物館, 1981.
고령 지산동 35호분 석실 출토 토기류　高靈池山洞古墳群 32-35號墳, 啓明大學校博物館, 1981.
고령 지산동 30호분 주석실 개석 암각화　高靈 池山洞30號墳, 영남매장문화재연구원, 1998.

동복은 본래 흉노에 특유한 유물
길림성 유수 노하심에서 출토된 동복　楡樹 老河深, 吉林省文物考古硏究所.
길림성 유수현 노하심촌에서 출토된 동경　楡樹 老河深, 吉林省文物考古硏究所.
러시아 에니세이강 우안(右岸)의 미누신스크 지역에서 발견된 암각화 속의 동복　北方考古論文集.
내몽고 대청산 암각화　陰山岩畵賞析, 盖山林.
내몽고 오르도스 음산 암각화에 보이는 동복　陰山岩畵賞析, 盖山林.
석암리 9호분 출토 금제교구　특별전 낙랑, 국립중앙박물관, 2001.(유물번호 본관 4740)
신라 기마인물상 토우 속의 동복　新羅土偶-新羅人의 삶, 그 永遠한 現在, 국립경주박물관, 1997.
은제 드리개장식　특별전 낙랑, 국립중앙박물관, 2001.(유물번호 K52)
토성동 486호분 출토 촉각식동검　낙랑군 연구, 오영찬.
흉노인이 남긴 암각화 속의 인간과 동물　試論陰山岩畵的藝術成就. 內蒙古師大學報自然版 1984年 1期, 盖山林.
김해 대성동 47호분 출토 동복　金海 大成洞古墳群Ⅲ, 慶星大學校博物館.
김해 대성동 29호분 출토 동복　金海 大成洞古墳群 Ⅱ, 慶星大學校博物館.
김해 대성동 29호분 동복 출토상태　金海 大成洞古墳群 Ⅱ, 慶星大學校博物館.

무용총 천정의 장사는 스모선수다
객성장 M140호 흉노묘에서 출토된 씨름 투조장식 『東方考古』제1집.
중국 길림성 집안시에 각저총과 나란히 자리한 무용총 묘실 천정의 스모 모습 인류의 문화유산, 고구려고분벽화, 연합뉴스, 2006.
무용총 옆에 나란히 붙어 있는 각저총의 씨름 모습 인류의 문화유산, 고구려고분벽화, 연합뉴스, 2006.
안악3호분 씨름 벽화 인류의 문화유산, 고구려고분벽화, 연합뉴스, 2006.

양동리와 동시대 무덤인 경주 조양동고분군
조양동 2호 목곽묘와 출토 토기 慶州 朝陽洞 遺蹟, 國立慶州博物館, 2003.(허가번호 경박 201104-410)
조양동 1호 목곽묘 출토 말재갈 慶州 朝陽洞 遺蹟, 國立慶州博物館, 2003.(허가번호 경박 201104-410)
조양동 3호목곽묘 출토 철모 慶州 朝陽洞 遺蹟, 國立慶州博物館, 2003.(허가번호 경박 201104-410)
목관묘의 시기구분 「영남지역 삼각점토대토기의 성격」『신라문화』제23집.
경주 조양동 출토 동탁 특별전 낙랑, 국립중앙박물관, 2001.(유물번호 본관 5303)
조양동 5호목관묘 출토 토기류 慶州 朝陽洞 遺蹟, 國立慶州博物館, 2003.(허가번호 경박 201104-410)
조양동 3호 목관묘와 출토 토기 慶州 朝陽洞 遺蹟, 國立慶州博物館, 2003.(허가번호 경박 201104-410)
조양동 38호 목관묘 출토 토기와 동경 慶州 朝陽洞 遺蹟, 國立慶州博物館, 2003.(허가번호 경박 201104-410)
조양동 29호 목관묘 출토유물 慶州 朝陽洞 遺蹟, 國立慶州博物館, 2003).(허가번호 경박 201104-410)
조양동 38호 목관묘 출토 철기류 慶州 朝陽洞 遺蹟, 國立慶州博物館, 2003).(허가번호 경박 201104-410)
섬서(陝西) 봉상(鳳翔) 출토 한대 동경 陝西鳳翔出土漢鏡擧要, 文博 1995年 3期, 昭明.
조양동 9호 옹관묘 慶州 朝陽洞 遺蹟, 國立慶州博物館, 2003.(허가번호 경박 201104-410)
조양동 출토 조합우각형파수부호와 기타 토기류 慶州 朝陽洞 遺蹟, 國立慶州博物館, 2003.(허가번호 경박 201104-410)

흉노 김씨와 허황후는 최초의 불교 전래자
선우화친(單于和親) 와당『내몽고사회과학』1986年 5期.
김해 범방동에 있던 명월사사적비 탐본 한국고대금석문자료집Ⅱ-신라·가야편.

흉노인, 실크로드 장악하고 중국에 철기 전해
포두시 대청산(=음산) 석성 취락지 분포도 北方考古論文集.
중국 하남성 은허유적 최병식.
중국 하남성 은허유적 일대 최병식.
은의 옥기 최병식.
은의 옥기에 새겨진 귀면 문양 최병식.
흉노상방인(匈奴相邦印)에 보이는 흉노 远去的匈奴, 內蒙古人民出版社, 盖山林.
내몽고 오르도스 음산 암각화 「陰山岩畵藝術賞析」.
흉노와 한(漢)의 교전상황을 돌에 새긴 그림 『중국화상석전집』2.
흉노와 한인(漢人)의 교전 및 노예를 바치는 화상석 『중국화상석전집』2.
곽거병 무덤 앞에 있는 흉노마답상의 말발굽에 짓밟힌 흉노인의 얼굴 서영각.